Erfurter Reihe zum Arbeitsrecht

Herausgegeben von
Hans-Jürgen Dörner und Friedrich Hauck

Unternehmensumstrukturierung aus arbeitsrechtlicher Sicht

von

Dr. Rainer Sieg

Vorsitzender des Konzern- und des Gesamtsprecherausschusses,
Mitglied im Aufsichtsrat der Siemens AG, Erlangen

und

Dr. Frank Maschmann

o. Professor an der Universität Mannheim
Direktor des Instituts für Unternehmensrecht

2., neubearbeitete Auflage

Verlag C. H. Beck München 2010

Verlag C. H. Beck im Internet
beck.de

ISBN 978 3 406 59557 8

Wilhelmstraße 9, 80801 München
Druck: fgb · freiburger graphische betriebe
Bebelstraße 11, 79108 Freiburg

Satz: ottomedien, Darmstadt

Gedruckt auf säurefreiem, alterungsbeständigem Papier
(hergestellt aus chlorfrei gebleichtem Zellstoff)

Vorwort der Herausgeber

Das Thema „Betriebsübergang" ist auch in Zeiten der Wirtschaftskrise von ungebrochener Aktualität. Sowohl die Voraussetzungen eines Betriebsübergangs wie auch dessen Rechtsfolgen sind angesichts der ständig durchgeführten Umstrukturierungen in der deutschen Industrie und Wirtschaft von großer Bedeutung. Die arbeitsrechtlichen Grundlagen und Folgen eines Betriebsübergangs, die gerichtliche Geltendmachung und Durchsetzung individualrechtlicher Ansprüche sowie die Beteiligung des Betriebsrats an den Maßnahmen der Restrukturierung und Umstrukturierung sind weiterhin umstritten. Ferner gilt es, gemeinschaftsrechtliche Vorgaben zu beachten und die Rechtsprechung des Europäischen Gerichtshofs zu berücksichtigen. Im Übrigen wirft die Regelung der Abs. 5 und 6 in § 613a BGB, insbesondere die Unterrichtung der vom Betriebsübergang betroffenen Arbeitnehmer, neue Probleme auf.

Die vorliegende systematische Darstellung der mit einer Unternehmens- bzw. Betriebsumstrukturierung verbundenen Rechtsfragen möchte helfen, die dabei auftretenden Schwierigkeiten zu meistern. Die Autoren bieten vielfältige Handlungsempfehlungen zu den im Zusammenhang mit einem Betriebsübergang auftretenden Problemen und unterstreichen damit den Praxisbezug des Werkes. Ferner wird dem Anliegen der Erfurter Reihe in besonderer Weise dadurch Rechnung getragen, als Zusammenhänge mit anderen Rechtsgebieten, wie hier dem Gesellschafts-, Steuer-, Kartell- und Sozialversicherungsrecht, dargestellt werden.

Verlag und Herausgeber freuen sich, mit dem vorliegenden Werk einen Beitrag zu leisten, solche Restrukturierungs- bzw. Umstrukturierungsmaßnahmen unter Beteiligung der Arbeitnehmervertretungen zeitgerecht und wirksam durchführen zu können.

Erfurt, Januar 2010 *Die Herausgeber*

Vorwort der Autoren zur 2. Auflage

Der systematische Teil der Schrift wurde weitgehend neu verfasst. Grund dafür war die rasante Entwicklung der Rechtsprechung von EuGH und BAG seit dem Erscheinen der Erstauflage im Jahre 2005. Der § 613a BGB, der nach wie vor im Mittelpunkt steht, gleicht einer Großbaustelle. Viele Rechtsfragen sind weiterhin im Fluss. Das Werk gibt den Stand vom Februar 2010 wieder. Es konzentriert sich auf die Rechtsprechung, kommentiert diese und gibt Hinweise zur Umsetzung in der Praxis. Erheblich ausgebaut wurden die immer relevanter werdenden Themen Tatbestand des Betriebsübergangs, Änderung von Arbeitsbedingungen nach einem Betriebsübergang, Betriebsratslandschaft nach einer Umstrukturierung, Fortwirkung und Änderung von Betriebsvereinbarungen nach einer Umstrukturierung, Überleitungsvereinbarungen, sanierender Betriebsübergang. Grundlegend überarbeitet wurden die tarifrechtlichen Fragestellungen sowie die Bereiche Unterrichtungsschreiben und Widerspruchsrecht beim Betriebsübergang (§ 613a Abs. 5, 6 BGB).

Für tatkräftige Unterstützung bei der Neuauflage danken wir in Erlangen *Kerstin Viethen*, *Sebastian Jung*, *Karl Reismüller*, *Michael Vasilev*, *Carmen Först* und *Kerstin Höfler*, in Mannheim *Nikolaus Polzer*, *Stefan Fuhrmann*, *Ute Trautmann*, *Frank Kafka*, *Jonas Hofer*, *Bastian Jansen*, *Constance Karwatzki* und *Carola Oppermann-Ast*.

Mannheim/Erlangen, Februar 2010

Frank Maschmann
Rainer Sieg

Aus dem Vorwort zur 1. Auflage

Die Zahl von Unternehmens- und Betriebsumstrukturierungen steigt seit Jahren. Grund hierfür ist insbesondere die zunehmende Globalisierung wirtschaftlichen Handelns und die weltweite Wirtschaftskrise.

Die zügige Lösung arbeitsrechtlicher Problemstellungen kann für den wirtschaftlichen Erfolg einer Umstrukturierung ausschlaggebend sein.

Bei der Bewältigung dieser arbeitsrechtlichen Herausforderung möchte das vorliegende Buch betrieblichen Praktikern und Arbeitnehmervertretern, aber auch Rechtsanwälten und Unternehmensberatern behilflich sein. Daher beschränkt es sich nicht auf die systematische Darstellung der bei Umstrukturierungen zu beachtenden Rechtsfragen. Vielmehr wird anhand zweier Fallstudien – der rechtlichen Verselbstständigung eines Betriebs zum anschließenden Verkauf und der Ausgliederung eines Betriebsteils zu einem Erwerberunternehmen – Ablauf und Umfang der notwendigen Informationen gegenüber den Arbeitnehmern und deren Vertretungen dargestellt. Darüber hinaus bietet das Werk in der betrieblichen Praxis entwickelte Formulierungsvorschläge zur Ausgestaltung von Interessenausgleich und Sozialplan.

Über Anregungen und Kritik unserer Leser an Inhalt und Konzept dieses Buches freuen wir uns.

Mannheim/München, Januar 2005

Frank Maschmann
Rainer Sieg

Inhaltsübersicht

Inhaltsverzeichnis

Seite

Seite

E. Umstrukturierung und Belegschaftsvertretungen

Seite

F. Betriebsvereinbarungen nach Umstrukturierung

Seite

J. Beschäftigungsgesellschaft

K. Anhänge (Übersicht)

Seite

Abkürzungsverzeichnis

a. A. .... anderer Ansicht
a. a. O. .... am angegebenen Ort
ABl. .... Amtsblatt
a. E. .... am Ende
AEntG .... Arbeitnehmer-Entsendegesetz
a. F. .... alte Fassung
AG .... Aktiengesellschaft
AGG .... Allgemeines Gleichbehandlungsgesetz
AiB .... Arbeitsrecht im Betrieb (Zeitschrift)
AktG .... Aktiengesetz
allg. M. .... allgemeine Meinung
Alt. .... Alternative
ANErfG ...... Gesetz über Arbeitnehmererfindungen
Anh. .... Anhang
Anm. .... Anmerkung
AnwK-ArbR/
Bearbeiter ..... Hümmerich/Boecken/Düwell (Hrsg.), AnwaltKommentar Arbeitsrecht, 2. Aufl. 2010
AP .... Arbeitsrechtliche Praxis (Nachschlagewerk des Bundesarbeitsgerichts; Loseblattsammlung)
APS/*Bearbeiter* .. Ascheid/Preis/Schmidt, Großkommentar zum Kündigungsrecht, 3. Aufl. 2007
AR-Blattei ..... Arbeitsrechtsblattei (Loseblattsammlung)
ArbG .... Arbeitsgericht
ArbGG .... Arbeitsgerichtsgesetz
ArbPlSchG .... Arbeitsplatzschutzgesetz
ArbSchG ...... Arbeitsschutzgesetz
ArbVG .... Arbeitsvertragsgesetz
ArbZG .... Arbeitszeitgesetz
Art. .... Artikel
ASiG .... Arbeitssicherheitsgesetz
AT-Angestellte .. Außertarifliche Angestellte
ausf. .... ausführlich
AuA .... Arbeit und Arbeitsrecht (Zeitschrift)
AÜG .... Arbeitnehmerüberlassungsgesetz
Aufl. .... Auflage
AuR .... Arbeit und Recht (Zeitschrift)
AV .... Arbeitsvertrag
AVE .... Allgemeinverbindlicherklärung

BAG .... Bundesarbeitsgericht
BArbBl. .... Bundesarbeitsblatt (Zeitschrift)

BayObLG ...... Bayerisches Oberstes Landesgericht
BB .... Betriebs-Berater (Zeitschrift)
BBiG .... Berufsbildungsgesetz
BDSG .... Bundesdatenschutzgesetz
beE .... betriebsorganisatorisch eigenständige Einheit
Begr. .... Begründung
Beschl. .... Beschluss
BetrAVG .... Gesetz zur Verbesserung der betrieblichen Altersversorgung (Betriebsrentengesetz)
BetrVG .... Betriebsverfassungsgesetz
BG .... Beschäftigungsgesellschaft
BGB .... Bürgerliches Gesetzbuch
BGBl. .... Bundesgesetzblatt
BGH .... Bundesgerichtshof
BGHZ .... Entscheidungen des Bundesgerichtshofes in Zivilsachen
BKMT/*Bearbeiter* Bachner/Köstler/Matthießen/Trittin (Hrsg.), Arbeitsrecht bei Unternehmensumwandlung und Betriebsübergang, 3. Aufl. 2008
BR .... Betriebsrat
BR-Drs. .... Bundesrats-Drucksache
BSG .... Bundessozialgericht
BSGE .... Entscheidungen des Bundessozialgerichts
BT-Drs. .... Verhandlungen des Deutschen Bundestages, Drucksachen
BUrlG .... Bundesurlaubsgesetz
BVerfG .... Bundesverfassungsgericht
BVerfGE .... Entscheidungen des Bundesverfassungsgerichts
BVerwG .... Bundesverwaltungsgericht
BVerwGE ...... Entscheidungen des Bundesverwaltungsgerichtes

Däubler/*Bearbeiter* .... Tarifvertragsgesetz mit Arbeitnehmer-Entsendegesetz, 2. Aufl. 2006
Däubler/Dorndorf AGB-Kontrolle im Arbeitsrecht, 2. Aufl. 2008
DB .... Der Betrieb (Zeitschrift)
DBGrG .... Gesetz über die Gründung einer Deutsche Bahn Aktiengesellschaft (Deutsche Bahn Gründungsgesetz)
DFL/*Bearbeiter* .. Dornbusch/Fischermeier/Löwisch, Fachanwaltskommentar Arbeitsrecht, 3. Aufl. 2010
Diss. .... Dissertation
DKKW/*Bearbeiter* Däubler/Kittner/Klebe/Wedde, Betriebsverfassungsgesetz, 12. Aufl. 2010
DLW/*Bearbeiter* .. Dörner/Luczak/Wildschütz – Arbeitsrecht in der anwaltlichen und gerichtlichen Praxis, 8. Aufl. 2009
DVO .... Durchführungsverordnung

EBR .... Europäischer Betriebsrat
EBRG .... Gesetz über Europäische Betriebsräte

EfzG .... Entgeltfortzahlungsgesetz
e. G. .... eingetragene Genossenschaft
EG .... Europäische Gemeinschaft
EG-ABl. ...... Amtblatt der Europäischen Gemeinschaft
Einl. .... Einleitung
ErfK/*Bearbeiter* . Erfurter Kommentar zum Arbeitsrecht, 10. Aufl. 2010
Erman/*Bearbeiter* Bürgerliches Gesetzbuch Band 1, 11. Aufl. 2004
EU .... Europäische Union
EuGH .... Europäischer Gerichtshof
e. V. .... eingetragener Verein
EWG .... Europäische Wirtschaftsgemeinschaft
EWGV .... Vertrag zur Gründung der Europäischen Wirtschaftsgemeinschaft
EWiR .... Entscheidungen zum Wirtschaftsrecht (Loseblattsammlung)
EzA .... Entscheidungssammlung zum Arbeitsrecht (Loseblattsammlung)

Fitting .... Betriebsverfassungsgesetz, 25. Aufl. 2010
Fn. .... Fußnote
FS .... Festschrift

G. .... Gesetz
GBR .... Gesamtbetriebsrat
GG .... Grundgesetz
ggf. .... gegebenenfalls
GK .... Gemeinschaftskommentar
GK-BetrVG/*Bearbeiter* ..... Gemeinschaftskommentar zum Betriebsverfassungsgesetz, 9. Aufl. 2010
GmbH .... Gesellschaft mit beschränkter Haftung
GmbHG ...... Gesetz betreffend die Gesellschaften mit beschränkter Haftung
grundl. .... grundlegend
grds. .... grundsätzlich
GS .... Großer Senat
GSpA .... Gesamtsprecherausschuss

HGB .... Handelsgesetzbuch
h. L. .... herrschende Lehre
h. M. .... herrschende Meinung
Hrsg. .... Herausgeber
HWK/*Bearbeiter*. Henssler/Willemsen/Kalb (Hrsg.), Arbeitsrecht Kommentar, 3. Aufl. 2008

i. d. F. .... in der Fassung
i. E. .... im Ergebnis

insbes. . . . . insbesondere
InsO . . . . Insolvenzordnung

JZ . . . . Juristen-Zeitung (Zeitschrift)

Kallmeyer/
Bearbeiter . . . . . . Umwandlungsgesetz, 3. Aufl. 2006
KBR. . . . . Konzernbetriebsrat
KDZ/*Bearbeiter* . . Kittner/Däubler/Zwanziger (Hrsg.), Kündigungsschutzrecht, 7. Aufl. 2007
Kempen/Zachert. . Tarifvertragsgesetz, 4. Aufl. 2006
KG . . . . Kommanditgesellschaft
KO . . . . Konkursordnung
KR/*Bearbeiter* . . . Gemeinschaftskommentar zum Kündigungsrecht, 9. Aufl. 2009
KSchG . . . . Kündigungsschutzgesetz
KSpA . . . . Konzernsprecherausschuss
Küttner/*Bearbeiter* Personalbuch, 17. Aufl. 2010

LAG . . . . Landesarbeitsgericht
LAGE . . . . Entscheidungen der Landesarbeitsgerichte
LM . . . . Nachschlagewerk des BGH, herausgegeben von Lindenmaier und Möhring (Loseblattsammlung)
Löwisch/Rieble . . Tarifvertragsgesetz, 2. Aufl. 2004

MDR . . . . Monatsschrift für Deutsches Recht (Zeitschrift)
MitbestG . . . . . . Mitbestimmungsgesetz
m. R. . . . . mit Recht
MTV . . . . Manteltarifvertrag
MuSchG . . . . Mutterschutzgesetz
m. w. N. . . . . mit weiteren Nachweisen
MünchArbR/
Bearbeiter . . . . . . Richardi/Wissmann/Wlotzke/Oetker (Hrsg.), Münchener Handbuch zum Arbeitsrecht, 3. Aufl. 2009
MünchKomm/
Bearbeiter . . . . . . Rebmann/Säcker/Rixecker (Hrsg.), Münchener Kommentar zum Bürgerlichen Gesetzbuch, Band 4, 5. Aufl. 2009

n. F. . . . . neue Fassung
NJW . . . . Neue Juristische Wochenschrift (Zeitschrift)
NJW-RR . . . . NJW-Rechtsprechungs-Report (Zeitschrift)
n.v. . . . . nicht amtlich veröffentlicht
NZA . . . . Neue Zeitschrift für Arbeitsrecht (Zeitschrift)
NZA-RR . . . . NZA-Rechtsprechungs-Report (Zeitschrift)

OHG . . . . offene Handelsgesellschaft
OLG . . . . Oberlandesgericht

PostPersRG .... Gesetz zum Personalrecht der Beschäftigten der früheren Deutschen Bundespost (Postpersonalrechtsgesetz)
Preis .... Der Arbeitsvertrag, 3. Aufl. 2008

RAGE .... Entscheidungen des Reichsarbeitsgerichts
RdA .... Recht der Arbeit (Zeitschrift)
RGRK .... Das Bürgerliche Gesetzbuch mit besonderer Berücksichtigung der Rechtsprechung des Reichsgerichts und des Bundesgerichtshofes (Reichsgerichtsrätekommentar)
Richardi/*Bearbeiter* Betriebsverfassungsgesetz, 12. Aufl. 2010
RL .... Richtlinie
Rn. .... Randnummer
Rs. .... Rechtssache
Rspr. .... Rechtsprechung

SAE .... Sammlung arbeitsrechtlicher Entscheidungen (Zeitschrift)
Schaub .... Arbeitsrechtshandbuch, 13. Aufl. 2009
SGB .... Sozialgesetzbuch
Slg. .... Sammlung
Soergel/*Bearbeiter* Bürgerliches Gesetzbuch mit Einführungsgesetz und Nebengesetzen, 13. Aufl. 2005
SprAuG .... Sprecherausschussgesetz
Staudinger/
Bearbeiter ..... Kommentar zum Bürgerlichen Gesetzbuch mit Einführungsgesetz und Nebengesetzen, Dienstvertrag, 13. Neubearbeitung 2005
std. .... ständig
str. .... streitig
Straub/*Bearbeiter* Arbeits-Handbuch Personal, 6. Aufl. 2008

TV .... Tarifvertrag
TVG .... Tarifvertragsgesetz
Tz. .... Textziffer

Ulmer/Brandner/
Hensen .... AGB-Recht, 10. Aufl. 2006
UmwG .... Umwandlungsgesetz
Urt. .... Urteil

VBl. .... Verordnungsblatt
VermG........ Gesetz zur Regelung offener Vermögensfragen (Vermögensgesetz)
VO .... Verordnung
v. Hoyningen-
Huene/Linck ... Kündigungsschutzgesetz, 14. Aufl. 2007
Vorb. .... Vorbemerkung

WA .... Wirtschaftsausschuss
WahlO .... Wahlordnung
WHSS/*Bearbeiter* Willemsen/Hohenstatt/Schweibert/Seibt, Umstrukturierung und Übertragung von Unternehmen, 3. Aufl. 2008
Wiedemann/
Bearbeiter ...... Tarifvertragsgesetz, 7. Aufl. 2007
WM .... Zeitschrift für Wirtschafts- und Bankrecht (Wertpapier-Mitteilungen)
WPK/*Bearbeiter* .. Wlotzke/Preis/Kreft, Betriebsverfassungsgesetz, 4. Aufl. 2009

ZfA .... Zeitschrift für Arbeitsrecht
ZGR .... Zeitschrift für Unternehmens- und Gesellschaftsrecht
Ziff. .... Ziffer
ZIP .... Zeitschrift für Wirtschaftsrecht
ZPO .... Zivilprozessordnung
ZTR .... Zeitschrift für Tarifrecht

A. Einführung

I. Umstrukturierung von Unternehmen und Betrieben

1. Begriff

1 Der **Begriff** „Umstrukturierung" ist **nicht gesetzlich definiert;** die Wendung „rechtliche Umstrukturierung" findet sich aber in mehreren Vorschriften, namentlich in § 14 Abs. 2a TzBfG, der die sachgrundlose Befristung eines Arbeitsverhältnisses für die Dauer von insgesamt 4 Jahren mit unbeschränkt häufiger Verlängerung zulässt, wenn das Unternehmen nicht aus einer *rechtlichen Umstrukturierung* hervorgegangen ist, und in § 112a BetrVG, der nur solche „neu gegründeten" Unternehmen von der Sozialplanpflicht befreit, die nicht aus einer *rechtlichen Umstrukturierung* von Unternehmen und Konzernen hervorgegangen sind. Ausweislich der Gesetzesbegründung (BT-Drucks. 10/2102 S. 28) sind damit vor allem Umwandlungen i. S. v. § 1 UmwG gemeint, also Verschmelzungen, Spaltungen gemäß § 123 UmwG (Aufspaltungen, Abspaltungen und Ausgliederungen), Vermögensübertragungen und Formwechsel. Die h. M. versteht den Begriff aber sehr viel weiter und fasst z. B. auch das Management-Buyout darunter (BAG 22. 2. 1995 AP Nr. 7 zu § 112a BetrVG; Richardi/*Annuß* § 112a BetrVG Rn. 18).

2 Im Rahmen dieser Schrift sollen mit dem Begriff **„Umstrukturierung"** untechnisch **alle Änderungen in der Unternehmens- und Betriebsorganisation des Arbeitgebers** bezeichnet werden. Nicht darunter fallen Maßnahmen der **„Restrukturierung"**, also des Personalabbaus. Da in der Praxis Umstrukturierungen und Restrukturierungen häufig Hand in Hand gehen, werden die mit dem Personalabbau zusammenhängenden Probleme mitbehandelt, namentlich in den Kapiteln H (Beendigung von Arbeitsverhältnissen beim Betriebsübergang) und I (Beschäftigungsgesellschaften). Im Vordergrund stehen jedoch die Umstrukturierung von Unternehmen und Betrieben und hierbei die arbeitsrechtlichen Probleme des Betriebsübergangs nach § 613a BGB. **Unternehmen** meint dabei den Rechtsträger der Organisation (Gesellschaft oder Einzelperson) bzw. die Einheit, mit der wirtschaftliche oder ideelle Ziele verfolgt werden (BAG 7. 8. 1986 AP Nr. 5 zu § 1 BetrVG 1972), **Betrieb** die Organisationseinheit, die gegenständlich fassbar ist: das Grundstück, die Gebäude, die sonstigen Betriebsmittel und die Menschen, mit denen der Arbeitgeber arbeitstechnische Zwecke verfolgt (BAG 22. 6. 2005 AP Nr. 23 zu § 1 BetrVG 1972 Gemeinsamer Betrieb; *Fitting* § 1 BetrVG Rn. 63 m. w. N.): etwas herstellen, eine Dienstleistung erbringen, etwas verkaufen. Betrieb ist also das Werk, die Niederlassung, das Kaufhaus, das Hotel usw.

2. Reichweite

3 Die denkbaren Gestaltungsmöglichkeiten für Umstrukturierungen sind immens (vgl. dazu den Überblick bei WHSS/*Willemsen* B Rn. 5 ff., 39 ff., 55 ff.). Sie reichen von der Umgruppierung einer Abteilung mit nur wenigen Arbeitnehmern bis hin zu Ein- und Ausgliederungen großer Industriekomplexe. Häufig bleiben Umstrukturierungen nicht auf die Unternehmensebene beschränkt, sondern führen auch zu betrieblichen Umorganisationen, wenn beispielsweise nach dem Verkauf eines Werks die Verwaltung an den Hauptsitz des Käufers verlegt oder geschlossen wird. Idealtypisch kann man folgende **Fallgruppen** von Umstrukturierungen unterscheiden:

- Umstrukturierungen, die sich auf die Ebene des Unternehmens, d.h. des Rechtsträgers, beschränken
- Umstrukturierungen, die allein auf betrieblicher Ebene erfolgen und den Rechtsträger nicht antasten sowie
- Umstrukturierungen, die beide Ebenen berühren.

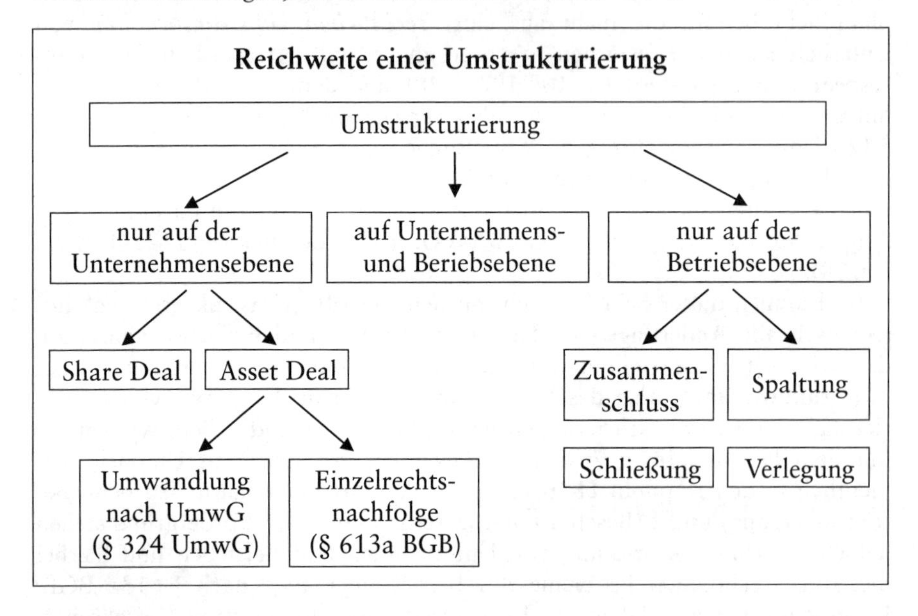

3. Gründe

4 Das Phänomen der Umstrukturierung von Unternehmen und Betrieben ist keineswegs neu. Selbst die Figur des Betriebsinhaberwechsels ist seit langem bekannt. Schon immer gelangten Betriebe, wenn ihr Inhaber verstorben war, im Wege der Gesamtrechtsnachfolge an die Erben (§ 1922 BGB). Mancher Betriebsinhaber hatte rechtzeitig vorgesorgt und seinen Betrieb bereits zu Lebzeiten seinen Nachkommen übertragen. Betriebe wurden auch aus anderen Gründen veräußert: etwa weil sich der Betriebsinhaber beruflich verändern oder zur Ruhe setzen wollte, weil man versuchte, unrentable Ge-

schäftszweige abzustoßen, um profitablere zu gewinnen, oder weil man sich in anderen Branchen, Sparten oder Regionen engagieren wollte. Nicht zu vergessen sind die zigtausend Fälle, in denen Betriebe nicht freiwillig veräußert wurden, sondern im Wege eines Zwangsvollstreckungs- oder Insolvenzverfahrens einen anderen Inhaber erhielten.

5 Seitdem die deutsche Wirtschaft unter dem verschärften Druck der ausländischen Konkurrenz steht, treten zu den „klassischen Motiven" neue Gründe für Umstrukturierungen hinzu: Moderne betriebswirtschaftliche Organisationskonzepte propagieren die Aufspaltung großer Einheiten, die nicht mehr steuerbar sind, zu kleineren Profit-Centern. Kostensenkungen verspricht die **Ausgliederung** bestimmter Betriebsteile (Kantine, Spedition), wenn für diese nach der Verselbständigung ein für den neuen Betriebsinhaber günstigerer Tarifvertrag gilt (s. Rn. 119 ff.). Noch größere Kostenvorteile winken beim **Outsourcing**. Hierbei beschaffen sich die Unternehmen Dienstleistungen, die bisher durch eigene Mitarbeiter erbracht wurden (Verpflegung, Reinigung, Bewachung, Transport), von Fremdfirmen (Gastronomieunternehmen, Raumpflegeunternehmen, Wach- und Schließgesellschaften, Speditionen). Dabei werden auch eng mit dem Produktionsprozess verbundene Tätigkeiten, wie die Fertigung von notwendigen Vorprodukten (BAG 7. 8. 1990 NZA 1991, 113), die Instandhaltung von Produktionsanlagen zu Festpreisen (BAG 30. 1. 1991 NZA 1992, 19) oder die Service- und Wartungsarbeiten an EDV-Anlagen (BAG 13. 5. 1992 NZA 1993, 357) auf der Basis von Werk- oder Dienstverträgen an Fremdfirmen vergeben. Selbst das Betreiben einer kompletten weiteren Schicht mit Fremdpersonal ist kein Tabu mehr. In all diesen Fällen können die Rechtsfolgen des § 613a BGB ausgelöst werden (s. Rn. 79 ff.).

6 Mittlerweile schlägt das Pendel zurück. Viele Unternehmen haben damit begonnen, die ausgegliederten Einheiten oder fremd vergebenen Dienstleistung wieder zurückzuverlagern. **„Insourcing" oder „Inhousing"** heißt vielerorts die Devise. Die Gründe hierfür sind vielfältig. Nicht zuletzt liegen sie in der Unzufriedenheit mit dem externen Dienstleister und in dem Verlust an Kontrollmöglichkeiten, aber auch in der Gefahr, dass Know-How aus dem Unternehmen abfließt, was vor allem bei hochqualifizierten Tätigkeiten (Rechts- und Steuerberatung, Ingenieurdienstleistungen) der Fall ist, die in der „Hochzeit" des Outsourcing ebenfalls auf Fremdfirmen ausgelagert wurden. Zuweilen werden Funktionen zurückverlagert, um die Beschäftigung im eigenen Unternehmen zu sichern, damit betriebsbedingte oder personenbedingte Kündigungen vermieden werden. Schließlich können sich Unternehmer aus strategischen Gründen entscheiden, ihr Leistungsspektrum zu erweitern und deshalb Funktionen zurückholen. Anders als das „Outsourcing" hat das „Insourcing" bislang so gut wie keine wissenschaftliche Behandlung erfahren (vgl. aber *Geisler* Insourcing, Diss. Mannheim 2010). Die für das Outsourcing entwickelten Strategien lassen sich wegen der veränderten Interessenlage der Beteiligten nur bedingt übertragen. Allerdings kann auch das Insourcing die Rechtsfolgen des § 613a BGB auslösen (s. Rn. 87).

4. Überblick über den weiteren Gang der Darstellung

7 Im Mittelpunkt dieser Schrift steht, wie gesagt, die rechtliche Behandlung des Betriebsübergangs (= Betriebsinhaberwechsels), die viele Zweifelsfragen aufwirft. Davon zeugen nicht zuletzt die knapp 400 Entscheidungen, die die Entscheidungssammlung „AP" mittlerweile zur Vorschrift des § 613a BGB verzeichnet, von denen über die Hälfte erst nach 1995 ergangen ist. Die Probleme resultieren nicht nur aus der unklaren Formulierung des § 613a BGB, sondern auch aus der Vielfalt der praktischen Anwendungen, insbesondere in Insolvenzfällen (s. Rn. 124 ff., 231 ff.), wo die Sanierung eines Unternehmens nicht selten gerade an den durch § 613a BGB angeordneten Rechtsfolgen scheitert (vgl. nur *Hanau* ZIP 1998, 1817).

8 Im Folgenden werden zunächst die Entstehungsgeschichte sowie der Sinn und Zweck des § 613a BGB behandelt (A II). **Kapitel B** ist dann dem Anwendungsbereich des § 613a BGB gewidmet, also den tatbestandlichen Voraussetzungen, die die zwingenden Rechtsfolgen der Norm auslösen. Dabei wird sowohl auf die deutsche als auch auf die gemeinschaftsrechtliche Rechtslage eingegangen. Im **Kapitel** C werden die Rechtfolgen eines Betriebsübergangs geschildert, zu denen neben dem Eintritt des Erwerbers in die Rechte und Pflichten der beim Veräußerer vorgefundenen Arbeitsverhältnisse auch die Unterrichtung der Arbeitnehmer über die mit dem Betriebsübergang verbundenen Folgen für das Arbeitsverhältnis zählt, die wegen der überzogenen Anforderungen der Rechtsprechung die Unternehmen vor große Schwierigkeiten stellt. Im Anhang findet sich unter 6.4 a–c und 7.4 a–c eine Reihe praxisbewährter Musteranschreiben. Am Ende des Kapitels werden Möglichkeiten und Grenzen einer Änderung von Arbeitsbedingungen im Zuge eines Betriebsübergangs erörtert.

9 Zu den schwierigsten Fragen bei Umstrukturierungen gehört die Fortwirkung der beim Veräußerer geltenden Tarifverträge. Sie ist von entscheidender Bedeutung, weil die meisten Arbeitsbedingungen tariflich geregelt sind. Nicht selten ist gerade die Flucht vor der Tarifgeltung der Grund für eine Umstrukturierung. Ihr hat die Rechtsprechung mit mehreren im Jahre 2009 ergangenen Entscheidungen, über die ausführlich im **Kapitel D** berichtet wird, einen Riegel vorgeschoben. Allerdings ist die Entwicklung im Fluss und muss im Auge behalten werden, zumal der Tarifsenat des BAG mit der Ankündigung, er wolle vom jahrzehntelang bewährten Grundsatz der Tarifeinheit im Betrieb („ein Betrieb – eine Gewerkschaft – ein Tarifvertrag") Abstand nehmen (BAG 27. 1. 2010 4 AZR 549/08), einen Systemwandel einleitet, dessen Folgen nicht einmal ansatzweise abschätzbar sind.

10 **Kapitel** E behandelt die Gestaltung der „Betriebsratslandschaft" – im Sinne der Struktur der Betriebe als betriebsverfassungsrechtlich relevanter Einheiten und der Organisation ihrer Belegschaftsvertretungen –, auf die bei einer Umstrukturierung besonders Rücksicht zu nehmen ist, weil sich nach ihr die Frage richtet, ob Mitbestimmungsrechte – etwa nach § 111 BetrVG – ausgelöst werden, auf die im **Kapitel G** näher eingegangen wird. Auch die Zuständigkeit einer Belegschaftsvertretung für aus- und eingegliederte Betriebe und Betriebsteile hängt davon ab. Diese hat wiederum Auswirkungen auf die Größe des Betriebs, nach der sich die Zahl der Betriebsratsmitglieder (§ 9 BetrVG) und der freizustellenden Mitglieder (§ 38 BetrVG) richtet. Noch größerer Sorgfalt bedarf die Prüfung, ob und inwieweit die bisherigen Einzel-, Gesamt- und Konzernbetriebsvereinbarungen nach einer Umstrukturierung fortwirken. Gegebenenfalls müssen Leistungen aus einer Gesamtbetriebsvereinbarung des Veräußerers „geschlossen" oder mittels Überleitungsvereinbarung für den Erwerber „passend" gemacht werden (dazu ausf. **Kapitel F**).

11 Da in der Praxis Umstrukturierungen häufig mit einem Personalabbau einhergehen, wird im **Kapitel H** die Beendigung von Arbeitsverhältnissen beim Betriebsübergang beschrieben, insbesondere der „sanierende Betriebsübergang", der vor allem in Insolvenzfällen Bedeutung erlangt, und im **Kapitel I** das Thema „Beschäftigungsgesellschaft", mit dem der rechtssystematische Teil endet.

II. Betriebsübergang nach § 613a BGB

1. Abgrenzung Inhaberwechsel – Gesellschafterwechsel

12 § 613a BGB regelt, was bei einem Betriebsinhaberwechsel mit den im Betrieb bestehenden Arbeitsverhältnissen geschieht. **Kein Betriebsinhaberwechsel** i. S. d. § 613a BGB ist die schlichte Übertragung von Anteilen am Rechtsträger, etwa die Veräußerung von Aktien einer AG. Es handelt sich um einen kauf- bzw. gesellschaftsrechtlichen Vorgang, der arbeitsrechtlich keine Probleme bereitet. Bei einem solchen **Anteilskauf (Share Deal)** bleibt der Rechtsträger und damit der Betriebsinhaber und der Arbeitgeber derselbe, nur der hinter dem Arbeitgeber stehende Anteilsinhaber wechselt. Darin unterscheidet sich der Anteilskauf vom Betriebsinhaberwechsel. Bei diesem erhält der Betrieb einen neuen Inhaber und der Arbeitnehmer einen neuen Vertragspartner. Unter einem „Betriebsinhaberwechsel" versteht man den Übergang eines Betriebs oder Betriebsteils als Organisationseinheit mit allen dazugehörigen materiellen und immateriellen Betriebsmitteln (**„assets"**) auf einen anderen Rechtsträger (**Asset Deal**). Der andere Rechtsträger – der „Betriebsinhaber" – kann eine natürliche oder juristische Person sein; er kann bereits vor dem Betriebsübergang bestehen oder erst aus Anlass des Betriebsübergangs gegründet werden.

2. Betriebsübergang durch Gesamt- oder Einzelrechtsnachfolge

13 Ein Betriebsübergang ist rechtlich auf zwei Wegen möglich: durch Gesamtrechtsnachfolge (Universalsukzession) oder durch Einzelrechtsnachfolge (Singularsukzession).

a) Gesamtrechtsnachfolge

14 Bei einer Gesamtrechtsnachfolge tritt ein neuer Rechtsträger kraft Gesetzes an die Stelle des bisherigen Rechtsträgers; dessen Vermögen geht auf den neuen Rechtsträger uno actu über.

15 aa) **Erbfall.** Der wichtigste Fall eines Betriebsübergangs durch Gesamtrechtsnachfolge ist der Erbfall. Nach § 1922 BGB rückt der Erbe ohne Weiteres in die Rechtsstellung des Erblassers ein. Zwar ist der Anspruch auf die arbeitsvertraglich geschuldeten Dienste im Zweifel nicht übertragbar (§ 613 Satz 2 BGB), d.h. der Arbeitnehmer hat seine Arbeitspflicht bei seinem Arbeitgeber zu erfüllen, und zwar persönlich (§ 613 Satz 1 BGB). Das bedeutet jedoch nicht, dass der Anspruch unvererblich wäre. Vielmehr geht beim Tode des Arbeitgebers das Arbeitsverhältnis grundsätzlich auf die Erben über. Das hat das Gesetz zwar nur für den Auftrag ausdrücklich geregelt (§ 672 Satz 1 BGB); dieselbe Rechtsfolge gilt aber für den Arbeitsvertrag. Der Erbe, der nach § 1922 BGB in den Arbeitsvertrag eintritt, wird ohne Weiteres Gläubiger der Arbeitspflicht. Er hat aber die Möglichkeit, das Arbeitsverhältnis ordentlich oder außerordentlich zu kündigen. Nur wenn die versprochene Arbeit ausschließlich oder überwiegend für die Person des Arbeitgebers zu erbringen ist (z.B. als Krankenschwester oder Privatsekretär), kann das Arbeitsverhältnis mit dem Tod des Arbeitgebers erlöschen, weil sein Zweck nicht mehr erreicht werden kann (§ 620 Abs. 2 BGB).

16 **bb) Unternehmensumwandlung nach dem UmwG** Zu einer (partiellen) Gesamtrechtsnachfolge kommt es auch, wenn Unternehmen nach den Vorschriften des Umwandlungsgesetzes (v. 28.10.2004, BGBl. I, S. 3210) verschmolzen oder aufgespalten werden oder wenn sie ihre Rechtsform ändern. Die Behandlung der wichtigsten arbeitsrechtlichen Probleme erfolgt nicht nach den Regeln der Gesamtrechtsnachfolge, sondern nach § 613a BGB, d.h. der für den Betriebsübergang im Wege der Einzelrechtsnachfolge maßgeblichen Vorschrift (s. Rn. 118ff.). Das ergibt sich aus dem nicht gerade klar formulierten § 324 UmwG.

b) Betriebsübergang durch Einzelrechtsnachfolge

17 Praktisch bedeutsamer, aber rechtlich komplizierter ist der Betriebsübergang durch Einzelrechtsnachfolge. Von einer Einzelrechtsnachfolge ist die Rede, wenn ein Betrieb oder Betriebsteil durch Rechtsgeschäft auf einen anderen Inhaber übertragen wird, wobei die materiellen oder immateriellen Betriebsmittel einzeln übertragen werden. Hiermit wird der sachliche Anwendungsbereich des § 613a BGB eröffnet.

3. Entstehungsgeschichte des § 613a BGB

18 § 613a BGB regelt nach dem Vorbild des § 566 BGB („Kauf bricht nicht Miete“) den gesetzlichen Übergang des Arbeitsverhältnisses. Vor Inkrafttreten dieser Vorschrift galten für den Betriebsübergang die allgemeinen Regeln über die Vertragsübernahme (MünchArbR/*Wank* § 120 Rn. 1). Allgemein ist für eine Vertragsübernahme die Zustimmung aller Beteiligten erforderlich (vgl. im Einzelnen *Larenz* Schuldrecht I § 37 III). Wurde der Betrieb im Wege der Einzelrechtsnachfolge auf einen neuen Inhaber übertragen, nahm man aber schon damals an, dass die Arbeitsverhältnisse auch ohne Zustimmung der Arbeitnehmer auf den Erwerber übergingen. Allerdings mussten der Veräußerer und der Erwerber dem Übergang der Arbeitsverhältnisse zustimmen (BAG 2. 10. 1974 AP BGB § 613a Nr. 1; BAG 12. 2. 1959 AP BGB § 419 BGB Nr. 1), was nicht gerade häufig geschah.

19 Um den Bestand des Arbeitsverhältnisses auch bei Betriebsübergängen zu schützen, erließ der Gesetzgeber 1972 den § 613a BGB. Ein weiterer Zweck des Gesetzes war die Sicherung die Kontinuität des Betriebsratsamtes. Die Bestimmungen über die kollektivrechtlichen Folgen eines Betriebsübergangs (§ 613a Abs. 1 Sätze 2–4 BGB) gelangten erst 1980 in das BGB. Der Gesetzgeber hatte damit die europäische Richtlinie zur Angleichung der Rechtsvorschriften der Mitgliedstaaten über die Wahrung von Ansprüchen der Arbeitnehmer beim Übergang von Unternehmen, Betrieben oder Betriebsteilen (Richtlinie 77/187/EWG v. 5. 3. 1977 ABl. Nr. L 61 S. 26) in deutsches Recht umgesetzt. Da § 613a BGB maßgeblich auf einer EG-Richtlinie beruht, ist diese Vorschrift gemeinschaftsrechts- und richtlinienkonform auszulegen. Bestehen für § 613a BGB mehrere Auslegungsmöglichkeiten, so ist diejenige zu wählen, die den Zweck der Richtlinie – Schutz des Arbeitnehmers bei Betriebsübergängen – am besten erfüllt (EuGH 14. 4. 1994 NZA 1994, 545 – Christel Schmidt; BAG 19. 9. 1995 NZA 1995, 1031 – Rygaard; BAG 11. 3. 1997 NZA 1997, 433 – Ayse Süzen). Über die Auslegung der Richtlinie entscheidet der EuGH, der im Wege der Vorabentscheidung nach Art. 267 AEUV (ex-Art. 234 EG) von den Gerichten der Mitgliedstaaten angerufen werden kann (zu den Problemen des Vorabentscheidungsverfahren, insbesondere zu den Rechten der Parteien *Maschmann* NZA 1995, 920 ff.). Mittlerweile hat der EuGH zu den Fragen des Betriebsübergangs eine umfangreiche Rechtsprechung entwickelt, der sich das BAG seit 1997 vollumfänglich angeschlossen hat. 1998 wurde die EG-Richtlinie zum Betriebsübergang novelliert (Richtlinie 98/50/EG v. 29. 6. 1998 ABl. EG Nr. L 201 S. 88). Damit sollte der Anwendungsbereich der Richtlinie präzisiert werden, ohne die bisherige EuGH-Rechtsprechung zum Betriebsübergang zu korrigieren. Der erhoffte Zugewinn an Rechtssicherheit ist allerdings gering. Sofern die Mitgliedstaaten nichts anderes vorsehen, ist die Betriebsübergangsrichtlinie bei insolvenzbedingten Betriebsveräußerungen nicht mehr anzuwenden. Weiterhin wurde für die Mitgliedstaaten die Möglichkeit geschaffen, die vor Eröffnung eines Insolvenzverfahrens fälligen Verbindlichkeiten des Veräußerers aus Arbeitsverhältnissen beim Betriebsübergang nicht auf den Erwerber übergehen zu lassen; zugleich sollen die Betriebsparteien die Möglichkeit erhalten, im Rahmen des geltenden Rechts Änderungen der Arbeitsbedingungen zu beschließen, soweit dies dem Erhalt der Arbeitsplätze dient. Das deutsche Recht entspricht bereits den veränderten gemeinschaftsrechtlichen Vorgaben. 2001 wurde die Richtlinie noch einmal neu gefasst (Richtlinie 2001/23/EG v. 12. 3. 2001, ABl. Nr. L 82 S. 13) und um Vorschriften über die Unterrichtung der Belegschaftsvertretung bei einem Betriebsübergang ergänzt. Sie ist auszugsweise im Anhang unter 1.5 abgedruckt.

4. Normzwecke des § 613a BGB

20 § 613a BGB soll im Falle eines Betriebsübergangs

- dem Arbeitnehmer den Bestand und den Inhalt seines Arbeitsverhältnisses sichern
- den Bestand des Betriebsrats und seiner Mitbestimmungsrechte garantieren
- die Funktionsfähigkeit und die Kontinuität des Betriebs durch Beibehaltung einer eingearbeiteten Belegschaft schützen
- die Haftung des Veräußerers und des Erwerbers für bereits entstandene Arbeitnehmeransprüche regeln
- die Fortwirkung von Tarifverträgen und Betriebsvereinbarungen gewährleisten, es dabei aber dem Erwerber ermöglichen, die kollektivrechtlichen Regelungen seines Vorgängers an die bei ihm geltenden Tarifverträge und Betriebsvereinbarungen anzupassen (vgl. Begründung RegE, BT-Drucksache VI/1786 S. 27 f.).

5. Mittel zur Erreichung der Normzwecke

21 § 613a BGB schützt in erster Linie den Bestand und den Inhalt des Arbeitsverhältnisses. Das Arbeitsverhältnis soll unverändert fortbestehen, wenn zwar der Inhaber des Betriebs oder Betriebsteils wechselt, aber der Arbeitsplatz, d. h. die konkrete Arbeitsaufgabe innerhalb der vom Veräußerer geschaffenen und vom Erwerber übernommenen Arbeitsorganisation, erhalten bleibt.

22 Zu diesem Zweck wird das Arbeitsverhältnis von der Person des bisherigen Arbeitgebers gelöst und an den Fortbestand der betrieblichen Organisation beim Erwerber geknüpft (Soergel/*Raab* § 613a BGB Rn. 19, 46). Macht sich der Erwerber die vorgefundene und noch funktionsfähige Organisation des bisherigen Inhabers zur Verfolgung eigener Zwecke zunutze, so tritt er von Gesetzes wegen in die Rechte und Pflichten aus den Arbeitsverhältnissen ein, die zu dieser Organisation gehören (*Willemsen* RdA 1991, 204, 211). Ob er die beim bisherigen Inhaber beschäftigten Arbeitnehmer übernehmen will oder nicht, spielt keine Rolle. Die freiwillige Übernahme von Mitarbeitern, sei es durch den Abschluss neuer Arbeitsverträge, sei es durch

Vertragsübernahme, wird durch § 613a BGB nicht ausgeschlossen. Früher war das der einzige Weg, die Arbeitsverhältnisse zu sichern (vgl. BAGE 9, 62, 70f.; BAGE 18, 286, 290f.). Heute deutet die freiwillige Übernahme eines nach Zahl und Sachkunde wesentlichen Teils der Belegschaft unter Aufrechterhaltung der organisatorischen Einheit auf einen Betriebsübergang hin. Freiwillig ist dann zwar die Personalübernahme; der neue Arbeitgeber muss den Übernommenen aber wegen § 613a Abs. 1 BGB die bisherigen Arbeitsbedingungen fortgewähren (BAG 13. 11. 1997 NZA 1998, 251). Außerdem gehen die Arbeitsverhältnisse der nicht übernommenen Mitarbeiter, die in dem Betrieb ober Betriebsteil tätig waren, auf ihn über.

23 Damit der von § 613a BGB bezweckte Bestands- und Inhaltsschutz nicht leerläuft, schließt der Gesetzgeber auch die Kündigung wegen eines Betriebsübergangs aus (§ 613a Abs. 4 Satz 1 BGB). Zulässig bleibt die Kündigung aus anderen Gründen (§ 613a Abs. 4 Satz 2 BGB), etwa wegen der Stilllegung eines Betriebs oder Betriebsteils. Bestands- und Inhaltsschutz werden dem Arbeitnehmer aber nicht aufgedrängt; er kann dem Übergang des Arbeitsverhältnisses auf einen neuen Inhaber widersprechen (§ 613a Abs. 6 BGB). Damit bleibt zwar das Arbeitsverhältnis mit dem alten Arbeitgeber bestehen, der Arbeitnehmer trägt aber das Risiko einer betriebsbedingten Kündigung, wenn er von ihm nicht mehr beschäftigt werden kann (so ausdrücklich BAG 19. 3. 1998 NZA 1998, 750). In aller Regel büßt er damit seinen Arbeitsplatz ein, und zwar vielfach, ohne dass er während der Kündigungsfrist Entgelt erhielte, § 615 Satz 2 BGB (BAG 19. 3. 1998 NZA 1998, 750), und häufig, ohne dass ihm Leistungen aus einem Sozialplan zustünden, weil er eine zumutbare andere Tätigkeit ausgeschlagen hat (BAG 5. 2. 1997 NZA 1998, 158).

B. Der Tatbestand des Betriebsübergangs im Sinne des § 613a BGB

I. Grundzüge der Regelung nach deutschem Recht

1. Betrieb und Betriebsteil im Sinne des § 613a BGB

a) Begriff des Betriebs

24 § 613a BGB ist anwendbar, wenn ein Betrieb im Ganzen oder ein Betriebsteil auf einen anderen Inhaber übergeht. Lange Zeit war streitig, ob zum Betrieb im Sinne des § 613a BGB nur die sächlichen und immateriellen Arbeitsmittel gehören, wie die Rechtsprechung anfänglich annahm (BAG 22.5.1985 NZA 1985, 775; BAG 29.9.1988 NZA 1989, 799), oder ob der Begriff des Betriebs im allgemeinen arbeitsrechtlichen Sinne zu verstehen ist, d.h. einschließlich der Arbeitnehmer, wie die h.L. (statt aller *Henssler* NZA 1994, 913, 915) meinte. Das BAG war der Ansicht, dass der Übergang der Arbeitsverhältnisse Rechtsfolge des § 613a BGB sei und dass er deshalb nicht zugleich zum Tatbestand der Norm gehören könne. Mit diesem eher formallogischen Argument lehnte es das Gericht ab, § 613a BGB auf Fälle anzuwenden, bei denen der Erwerber keine sächlichen oder immateriellen Betriebsmittel übernahm, sondern nur die Arbeitnehmer, um mit ihnen bestimmte betriebliche Funktionen (z.B. Verpflegung, Bewachung, Reinigung) zu erfüllen. 1997 hat das BAG vor dem Hintergrund der Rechtsprechung des EuGH (EuGH 14.4.1994 NZA 1994, 545 – Christel Schmidt) seine restriktive Ansicht aufgegeben. Nunmehr geht es mit der h.L. davon aus, dass der Übernahme des Personals der gleiche Rang wie den übrigen Kriterien eines Betriebsübergangs zukommt (BAG 22.5.1997 NZA 1997, 1050). Der Begriff des „Betriebs" ist daher auch bei § 613a BGB im allgemeinen arbeitsrechtlichen Sinne zu verstehen (MünchKomm/*Müller-Glöge* § 613a BGB Rn. 14). **Betrieb ist danach die organisatorische Einheit, innerhalb der der Arbeitgeber allein oder mit seinen Arbeitnehmern mit Hilfe von sächlichen und immateriellen Mitteln bestimmte arbeitstechnische Zwecke fortgesetzt verfolgt, die sich nicht in der Befriedigung des Eigenbedarfs erschöpfen** (BAG 17.1.2007 NZA 2007, 703, 704 m.w.N.). Unerheblich ist, ob ein oder mehrere arbeitstechnische Zwecke verfolgt werden. Das Kriterium des arbeitstechnischen Zwecks soll nur den Betriebsbegriff vom Unternehmensbegriff abgrenzen. Es soll die Einheit in ihrem gegenständlich-fassbaren Aspekt bezeichnen als Ort des Wirtschaftens, also der Herstellung oder Bearbeitung von Waren oder der Erbringung von Dienstleistungen. Der Betrieb kann z.B. ein Werk, eine Produktionsstätte, eine Niederlassung, eine Filiale oder ein Geschäft sein. Man kann ihn

schlagwortartig als arbeitstechnisch-organisatorische Einheit umreißen (*Hromadka/Maschmann* Arbeitsrecht 1 § 3 Rn. 49).

b) Geltung für alle Betriebe

25 § 613a BGB soll bestehende Arbeitsverhältnisse bei einem Wechsel des Betriebsinhabers schützen. Dieser Zweck trifft grundsätzlich auf jeden Betrieb zu. Keine Rolle spielen deshalb:

- der arbeitstechnische Zweck des Betriebs und seine Zugehörigkeit zu einem bestimmten Wirtschafts- oder Verwaltungszweig: auch eine Rechtsanwaltskanzlei (vgl. BAG 30. 10. 2008 NZA 2009, 485), ein Notariat (vgl. BAG 26. 8. 1999 NZA 2000, 371) oder eine Arztpraxis können ein Betrieb im Sinne des § 613a BGB sein
- seine Größe (Kapitalausstattung, Umsatz, Rentabilität, Zahl der Arbeitskräfte); auch Klein- und Kleinstbetriebe fallen unter § 613a BGB
- seine Einstufung als Haupt-, Hilfs- oder Nebenbetrieb
- seine wirtschaftliche Situation: werbend, faktisch konkursreif (vgl. EuGH 7. 12. 1995 NZA 1996, 305), tatsächlich insolvent, im Liquidationsstadium; § 613a BGB gilt – mit gewissen Einschränkungen – auch im Insolvenzverfahren (s. Rn. 124 ff., 231 ff.)
- seine Zugehörigkeit zu einem Unternehmen, das mit anderen Unternehmen konzernmäßig verbunden ist (BAG 19. 1. 1988 NZA 1988, 501 m. w. N.); Konzernunternehmen sind also nicht privilegiert
- der privatrechtliche oder öffentlich-rechtliche Status des hinter dem Betrieb stehenden Rechtsträgers (BAG 28. 9. 2006 NZA 2007, 352); auch die Privatisierung ursprünglich öffentlich-rechtlich verfasster Organisationseinheiten – z. B. Eigenbetriebe einer Gemeinde, wie etwa Krankenhäuser (BAG 25. 5. 2000 NZA 2000, 1115), Schwimmbäder, E- und Gaswerke, Theater (BAG 2. 3. 2006 NZA 2006, 848) – fällt unter § 613a BGB, jedenfalls soweit durch Sondergesetze nichts anderes bestimmt ist (BAG 18. 12. 2008 8 AZR 660/07 BeckRS 2009 58466).

c) Begriff des Betriebsteils

26 Die Rechtsfolgen des § 613a BGB werden bereits dann ausgelöst, wenn der Erwerber nur einen Teil des Betriebs übernimmt. Der Begriff „Betriebsteil" im Sinne des § 613a BGB entspricht nicht dem der §§ 4, 111 Satz 1 BetrVG und knüpft auch nicht an den kündigungsrechtlichen Begriff der Betriebsabteilung in § 15 Abs. 5 KSchG an (Staudinger/*Annuß* § 613a BGB Rn. 55). Nach dem Zweck der Vorschrift, dem Arbeitnehmer bei einem Betriebs(teil)übergang den Arbeitsplatz zu erhalten, ist der Terminus weit auszulegen. Kennzeichnend für einen Betriebsteil ist eine **Teilorganisation, in der sächlich und organisatorisch abgrenzbare arbeitstechnische Teilzwecke erfüllt werden,** bei denen es sich auch um bloße Hilfsfunktionen für den restlichen Betrieb handeln kann (BAG 16. 2. 2006 NZA 2006, 794, 796 m. w. N.; BAG 21. 5. 2008 NZA 2009, 144, 146; MünchKomm/*Müller-Glöge* § 613a BGB Rn. 18).

Beispiel: Forschungs- und Entwicklungslabor, Stanzerei, Lackiererei, Montage, Verpackung, Verwaltung, Vertrieb, Kundendienst, Kantine, Reinigung

27 **Nicht entscheidend** für den Begriff des Betriebsteils ist:

- eine bestimmte Mindestgröße (z.B. eine bestimmte Arbeitnehmerzahl) des übertragenen Teils; ein Betriebsteil kann auch nur aus einem einzigen Arbeitnehmer bestehen, wenn zumindest betriebliche Teilzwecke fortgeführt werden können (EuGH 14.4.1994 NZA 1994, 545 – Christel Schmidt)
- ob der übertragene Teil nur eine untergeordnete Hilfsfunktion für den Betrieb ausübt (BAG 16.2.2006 NZA 2006, 794, 796 m.w.N.; BAG 21.5.2008 NZA 2009, 144; anders noch BAG 22.5.1985 NZA 1985, 775)
- ob der übertragene Teil in einem notwendigen Zusammenhang mit dem Unternehmenszweck steht (EuGH 12.11.1992 EWiR 1993, 147; BAG 14.4.1994 NZA 1994, 545)
- ob der übertragene Teil selbst am Markt tätig wird, also Produkte oder Dienste für jedermann anbietet, oder seine Leistungen – wie häufig beim Outsourcing der Fall – nur für den Veräußerer erbringt (BAG 9.2.1994 NZA 1994, 686).

28 Allerdings muss die organisatorische Teileinheit bereits vor dem Übergang **hinreichend strukturiert und selbständig gewesen sein** (BAG 16.2.2006 NZA 2006, 794, 796 m.w.N.). Das hat die Rechtsprechung für die Reinigungsarbeiten in einem Krankenhaus bejaht (BAG 21.5.2008 NZA 2009, 144, 146). In dem vom BAG entschiedenen Fall bildeten diese eine betriebliche Teilorganisation, weil für die Reinigung nur bestimmte Arbeitnehmer eingesetzt wurden, denen ein konkret abgegrenztes Aufgabengebiet – die Krankenhausreinigung – zugewiesen wurde, für das genaue Anweisungen bestanden und das auf eine dauerhafte Erfüllung angelegt war. Anders hat die Rechtsprechung bei Anwaltsgehilfinnen entschieden, die in einer Sozietät überwiegend für einen Partner arbeiteten, nachdem die Kanzlei aufgelöst wurde und die Partner ihre bisherigen Mandate fortgeführt hatten (BAG 30.10.2008 NZA 2009, 495, 488). Die organisatorische Arbeitszuteilung rechtfertige für sich allein noch nicht die Annahme eines organisatorisch abgrenzbaren Betriebsteils, weil eine Anwaltssozietät eine einheitliche, unteilbare Organisation darstelle. Auch ein „Fuhrpark", der lediglich aus einem LKW und einem Fahrer besteht, bildet nach der Rechtsprechung noch keinen selbständig übertragbaren Betriebsteil (BAG 3.9.1998 NZA 1999, 147).

29 Es genügt auch nicht, dass ein Erwerber mit einzelnen, bislang nicht teilbetrieblich organisierten Betriebsmitteln erst einen Betrieb oder Betriebsteil gründen will. Der Übergang eines Betriebsteils ist nämlich von der bloßen Übertragung einzelner Betriebsmittel (Anlagen, Maschinen usw.) zu unterscheiden. § 613a BGB ist nur anwendbar, wenn nicht allein eine Summe von Wirtschaftsgütern übertragen wird (BAG 22.5.1985, 30.10.1986 NZA 1985, 775, NZA 1987, 382), sondern eine Organisationseinheit, mit der der Inhaber den Betriebsteil im Wesentlichen unverändert fortführt (BAG 22.5.1985 NZA 1985, 775). Die bloße Veräußerung einzelner Maschinen und Einrichtungsgegenstände aus einer größeren Gesamtheit oder die Veräußerung des Betriebsgrundstücks ohne Maschinen und Einrichtungsgegenstände kann für den Bestand und die Weiterführung des Betriebs ohne jede Bedeutung sein. Stets kommt es darauf an, ob mit den veräußerten Betriebsmitteln der bisherige (Teil-)Zweck fortgeführt wird (EuGH 10.12.1998 NZA 1999, 189, 190; BAG 12.11.1998 NZA 1999, 310) oder fortgeführt werden könnte (EuGH 12.2.2009 NZA 2009, 251). Die **„funktionelle Verknüpfung" zwischen den übertragenen Betriebsmitteln und den sonstigen Produktionsfaktoren (z.B. den Arbeitskräften, den immateriellen Betriebsmitteln, dem Kundenstamm) muss beibehalten werden.** Sie muss es dem Erwerber erlauben, mit den übernommenen Faktoren derselben oder einer gleichartigen wirtschaftlichen Tätigkeit nachzugehen (EuGH 12.2. 2009 NZA 2009, 251, 253 m.w.N.). Ist das der Fall, kommt es nicht darauf an, ob der verbleibende Restbetrieb noch fortgeführt werden könnte. Der Betriebsübergang folgt aus der Wahrung der Identität des übernommenen Betriebs beim Erwerber und nicht aus dem Untergang der früheren Identität des Gesamtbetriebs (BAG 18.4.2002 NZA 2002, 1207).

d) Auslegung der Begriffe im Lichte des EG-Rechts

30 Schon an dieser Stelle ist darauf hinzuweisen, dass die Begriffe „Betrieb" und „Betriebsteil" des deutschen Rechts im Lichte des EG-Rechts ausgelegt werden müssen (HWK/*Willemsen* § 613a BGB Rn. 12 m.w.N.). § 613a BGB beruht auf einer EG-Richtlinie, die die arbeitsrechtlichen Folgen von Betriebsübergängen für alle Mitgliedstaaten identisch regelt und deren Anwendungsbereich deshalb innerhalb der EG einheitlich zu bestimmen ist. Die Auslegung kann deshalb nicht beim Wortlaut des § 613a BGB stehenbleiben, sondern muss an den begrifflichen Merkmalen des Gemeinschaftsrechts anknüpfen. Das gilt um so mehr, als sich das BAG seit seiner Entscheidung vom 22.5.1997 (NZA 1997, 1050) im Gefolge der Ayse-Süzen-Entscheidung (EuGH 11.3.1997 NZA 1997, 433) die Terminologie des EuGH zu eigen gemacht hat (Staudinger/*Annuß* § 613a BGB Rn. 48). Maßgeblich ist danach der „identitätswahrende Übergang einer wirtschaftlichen Einheit" (s. Rn. 35 ff.).

2. Betriebsübergang

a) Bestehender Betrieb

31 Der Betriebsübergang im Sinne des § 613a BGB setzt voraus, dass **schon vor dem Inhaberwechsel ein Betrieb oder Betriebsteil bestanden hat.** Daran fehlt es, wenn nur einzelne Betriebsmittel erworben werden, mit denen ein Betrieb erst gegründet werden soll (BAG 4.3.1993 NZA 1994, 260, 263 m.w.N.), oder wenn ein Betrieb bereits zuvor stillgelegt war (BAG 30.10. 2008 NZA 2009, 485, 487 m.w.N.). Stillgelegt ist ein Betrieb aber nur dann, wenn die zwischen Arbeitgeber und Arbeitnehmer bestehende Betriebs- und Produktionsgemeinschaft aufgelöst ist, d.h. wenn die bisherige wirtschaftliche Betätigung in der ernstlichen Absicht eingestellt wurde, den bisherigen Betriebszweck nicht mehr zu verfolgen (s. Rn. 99 ff.). Das ist nicht der Fall, wenn der Inhaber den Betrieb oder Betriebsteil auf einen anderen überträgt, der ihn sodann fortführt. Betriebsstilllegung und Betriebsveräußerung schließen einander systematisch aus (BAG 28.5.2009 NZA 2009, 1269, 1270 m.w.N).

b) Übergang

32 Der Übergang erfolgt mit dem **Wechsel in der Person des Betriebsinhabers. Betriebsinhaber ist, wer den Betrieb führt** (s. Rn. 89). Nicht erforderlich ist, dass ihm der Betrieb gehört (HWK/*Willemsen* § 613a BGB Rn. 46 m. w. N.). Deshalb kann auch der Wechsel eines Kantinenpächters die Folgen des § 613 a BGB auslösen (BAG 18. 3. 1999 NZA 1999, 704). Der bisherige Inhaber muss die wirtschaftliche Betätigung in dem Betrieb oder Betriebsteil zugunsten des Erwerbers einstellen, und der Erwerber muss die Organisations- und Leitungsmacht über die übernommene organisatorische Einheit erhalten (BAG 27.4.1995 NZA 1995, 1155 m.w.N.; BAG 25.9.1997 NZA 1998, 640). Die Leitungsmacht braucht zwar nicht besonders übertragen zu werden (BAG 22.7.2004 NZA 2004, 1383); zu einem Betriebsübergang kommt es jedoch nicht, wenn der neue Inhaber den Betrieb gar nicht führt (BAG 12.11.1998 NZA 1999, 310). Der **Erwerber muss für den Betrieb als neuer Inhaber „verantwortlich" sein** (BAG 18.3.1999 NZA 1999, 704; EuGH 10.12.1998 NZA 1999, 189). Verantwortlich ist, wer den Betrieb im eigenen Namen leitet und nach außen – und nicht nur im Innenverhältnis zur Belegschaft – als Betriebsinhaber auftritt (BAG 20.3.2003 NZA 2003, 1338; BAG 31.1.2008 8 AZR 4/07 BeckRS 2008 55657). Dass der Betrieb nicht auf eigene, sondern auf fremde Rechnung geführt wird, schadet dabei ebenso wenig wie die Abführung der Gewinne des Betriebs an einen anderen (BAG a.a.O.). Es genügt, dass der Erwerber die **Leitungsmacht** über den Betrieb erhält und diese auch ausübt (BAG 2.3.2006 NZA 2006, 1105 für die Bereederung eines fremden, dem Betreiber nicht gehörenden Schiffes). Mit der Leitungsmacht sind die **Nutzungs-, Verfügungs- und Entscheidungsbefugnisse** gemeint (BAG 26.2.1987 NZA 1987, 589). Was hierzu im Einzelnen übertragen werden muss, richtet sich nach der Art des jeweiligen Betriebs. Ein erstes Grobraster bildet die Unterteilung in „betriebsmittelreiche" Produktionsbetriebe und „betriebsmittelarme" Dienstleister (BAG 6.4.2006 NZA 2006, 723, 726).

3. Übergang durch Rechtsgeschäft

33 § 613a BGB findet nur bei einem **rechtsgeschäftlichen** Betriebsübergang Anwendung (s. Rn. 89 ff., 106 ff.). Gemeint ist ein Betriebsinhaberwechsel, der sich im Wege der Einzelrechtsnachfolge vollzieht (s. Rn. 17). Beim Inhaberwechsel kraft Gesamtrechtsnachfolge (s. Rn. 14 ff.) ist die Vorschrift un-

anwendbar. Das gilt mit einer Ausnahme: Wird ein Unternehmen nach den Vorschriften des Umwandlungsgesetzes durch Gesamtrechtsnachfolge umgewandelt (s. Rn. 89ff.), finden § 613a Abs. 1 und 4–6 BGB über die Verweisung in § 324 UmwG entsprechende Anwendung.

4. Zusammenfassende Übersicht

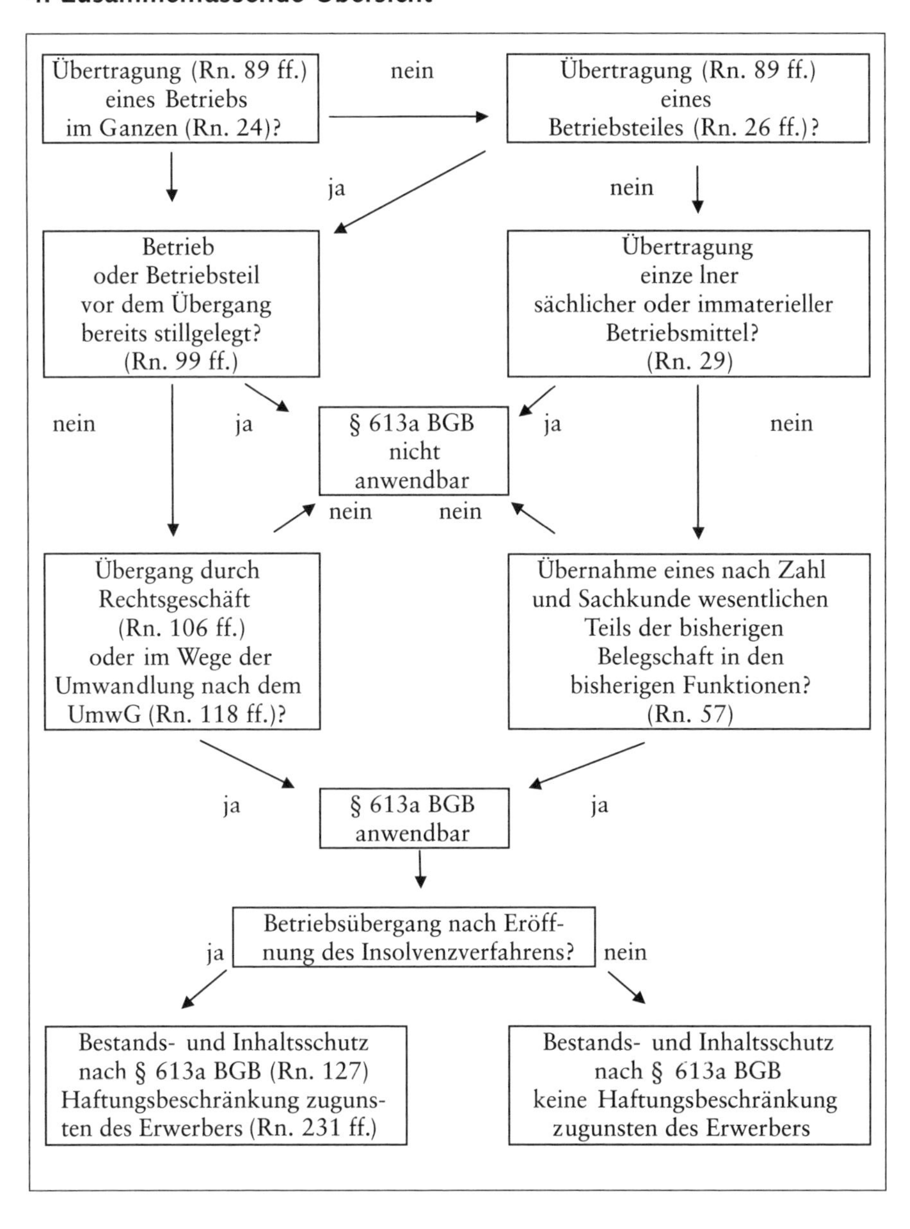

II. EG-rechtliche Vorgaben

1. Konzept des Gemeinschaftsrechts

34 § 613a BGB muss in Übereinstimmung mit der EG-Richtlinie über die Wahrung von Ansprüchen der Arbeitnehmer beim Übergang von Unternehmen, Betrieben oder Betriebsteilen (RL 2001/23, ABl. L 82 v. 22. 3. 2001, S. 16, s. im Anhang 1.5) gemeinschaftsrechtskonform im Lichte dieser Richtlinie und der dazu ergangenen Rechtsprechung des EuGH ausgelegt werden. Deshalb kann – worauf bereits oben hingewiesen wurde – nicht mehr unmittelbar unter die Tatbestandsmerkmale des § 613a BGB subsumiert werden. Maßgeblich sind vielmehr die Begriffe des EG-Rechts.

35 Als Übergang im Sinne der Betriebsübergangsrichtlinie gilt der **„identitätswahrende Übergang einer wirtschaftlichen Einheit“**, worunter Art. 1 Abs. 1b RL 2001/23 die **„organisierte Zusammenfassung von Ressourcen zur Verfolgung einer wirtschaftlichen Haupt- oder Nebentätigkeit“** versteht. „Wirtschaftliche Einheit“ ist – wie sich aus Art. 1 Abs. 1a RL 2001/23 ergibt – der Oberbegriff für die aus dem deutschen Recht bekannten Termini „Unternehmen und Betrieb bzw. Unternehmensteil und Betriebsteil“ (s. Rn. 44 ff.). Die in der Richtlinie verwendeten Begriffe gehen auf die ständige Rechtsprechung des EuGH zurück. Bereits in der Entscheidung „Spijkers“ (EuGH 18. 3. 1986 BeckRS 2004, 72554) hatte der EuGH ausgeführt, dass es Ziel der Betriebsübergangsrichtlinie sei, die Kontinuität der im Rahmen einer wirtschaftlichen Einheit bestehenden Arbeitsverhältnisse unabhängig von einem Inhaberwechsel zu gewährleisten. Vom Übergang eines Unternehmens, eines Betriebs oder eines Betriebsteiles könne jedoch nicht schon dann gesprochen werden, wenn nur dessen Aktiva veräußert würden; maßgeblich sei vielmehr, ob eine **noch bestehende wirtschaftliche Einheit** veräußert worden sei. Das sei zu bejahen, wenn ihr Betrieb von dem neuen Inhaber **mit derselben oder einer gleichartigen Geschäftstätigkeit tatsächlich weitergeführt oder wieder aufgenommen werde.** Dazu müssten sämtliche Umstände berücksichtigt werden. Nichts anderes verbirgt sich hinter der Formel vom „identitätswahrenden Übergang einer wirtschaftlichen Einheit“, die die Richtlinie wortgetreu übernommen hat. Die Richtlinie gilt bei „vertraglichen Übertragungen“ ebenso wie bei „Verschmelzungen“ (Art. 1 Abs. 1b RL 2001/23 am Ende). Das entspricht dem aus dem deutschen Recht bekannten Kriterium einer Übertragung „durch Rechtsgeschäft“. Unterschiedlich ist allerdings die vorgängige Prüfung des Merkmals „Betriebsübergang“. Sie vollzieht sich in **drei Stufen.**

36 Zunächst muss festgestellt werden, ob die auf eine andere Person übertragene Organisation eine **„wirtschaftliche Einheit“** darstellt, wozu nach Ansicht des EuGH die Tätigkeit von Arbeitnehmern auf bestimmten Arbeitsplätzen für sich allein noch nicht genügt (EuGH 11. 3. 1997 NZA 1997, 433 – Ayse Süzen, unter Aufgabe von EuGH 14. 4. 1994 NZA 1994, 545 – Christel Schmidt). Sodann ist zu untersuchen, worin ihre **identitätsprägenden Merkmale** bestehen. Schließlich ist zu prüfen, **ob der Inhaberwechsel**

die identitätsprägenden Merkmale der wirtschaftlichen Einheit unberührt gelassen hat. Das erfordert – so der EuGH (erstmals EuGH 18. 3. 1986 BeckRS 2004, 72554; zuletzt EuGH 12. 2. 2009 NZA 2009, 251 m. w. N.) – eine Gesamtbewertung aller Umstände, bei der insbesondere zu berücksichtigen sind:

- die Art des betreffenden Unternehmens oder Betriebs (s. Rn. 53 ff.)
- der etwaige Übergang materieller Betriebsmittel, wie Gebäude und beweglicher Güter (s. Rn. 68 ff.)
- der Wert der immateriellen Aktiva im Zeitpunkt des Übergangs (s. Rn. 74.)
- die etwaige Übernahme der Hauptbelegschaft durch den neuen Inhaber (s. Rn. 75)
- der etwaige Übergang der Kundschaft (s. Rn. 76)
- der Grad der Ähnlichkeit zwischen den vor und nach dem Übergang verrichteten Tätigkeiten (s. Rn. 77) und
- die Dauer einer eventuellen Unterbrechung dieser Tätigkeiten (s. Rn. 78).

2. Kritik

37 Die Konzeption des Gemeinschaftsrechts ist nicht unproblematisch. Die von der Rechtsprechung geforderte Berücksichtigung aller Umstände (EuGH 12. 2. 2009 NZA 2009, 251, 253 m. w. N.) mag zwar den Besonderheiten des Einzelfalles gerecht werden; sie geht aber mangels eindeutiger Bewertungsmaßstäbe auf Kosten der Rechtssicherheit. Überdies erlaubt sie es dem Erwerber, Einfluss auf den Eintritt der Rechtsfolgen des § 613a BGB zu nehmen, da es hierfür nur auf die tatsächliche Fortführung des Betriebs, nicht aber auf die schlichte Fortführungsmöglichkeit ankommt (EuGH 15. 12. 2005 NZA 2006, 29 – Güney-Görres; BAG 21. 8. 2008 NZA 2009, 29; BAG 26. 7. 2007 NZA 2008, 112). Macht sich der Erwerber die übernommene Einheit nicht für die Verfolgung eigener Zwecke zunutze, obwohl dies die übernommenen Produktionsfaktoren an sich zuließen, schließt allein dies bereits einen Betriebsübergang aus (BAG 6. 4. 2006 NZA 2006, 723). Bei betriebsmittelarmen Dienstleistungsbetrieben hängt die Anwendung des § 613a BGB entscheidend davon ab, ob der neue Inhaber freiwillig die bisherige Hauptbelegschaft übernimmt. Das wird er vermeiden, wenn er, so wie es § 613a BGB vorsieht, die Übernommenen nur zu den bisherigen Arbeitsbedingungen beschäftigen darf. Die beschäftigungssichernde Wirkung des § 613a BGB wird damit in ihr Gegenteil verkehrt (*Hanau* ZIP 1998, 1817).

38 Die Rechtsprechung hat sich der Kritik angenommen und auf zwei Wegen für Abhilfe gesorgt: zum einen durch eine restriktivere Interpretation des Begriffs „betriebsmittelarmer Dienstleistungsbetrieb“ (EuGH 20. 11. 2003 NZA 2003, 1385 – Abler; EuGH 15. 12. 2005 NZA 2006, 29 – Güney-Görres), zum anderen durch ein Aufweichen des Merkmals der tatsächlichen Fortführung. Neuerdings soll es genügen, dass der Erwerber die „funktionelle Verknüpfung der Produktionsfaktoren“ übernimmt, selbst wenn diese Faktoren bei ihm in eine andere Organisationsstruktur eingegliedert werden und der Erwerber nicht mehr „derselben“ wirtschaftlichen Tätigkeit wie der Veräußerer nachgeht, sondern nur noch einer „gleichartigen“ (EuGH 12.2.2009 NZA 2009, 251, 253 – Klarenberg; BAG 22.1.2009 NZA 2009, 905 – Charité).

39 Nach wie vor handelt es sich aber bei der Formel vom „identitätswahrenden Übergang der wirtschaftlichen Einheit“ um eine abstrakte Generalklausel, die für eine sachgerechte Anwendung auf den Einzelfall konkretisiert werden muss. Dieses Schicksal teilt sie mit anderen Generalklauseln, wie dem Merkmal der persönlichen Abhängigkeit, das nach h.M. den „Arbeitnehmerstatus“ kennzeichnet (statt aller *Maschmann* Arbeitsverträge und Verträge mit Selbständigen). Hier wie dort ist einer „typologischen Gesamtbetrachtung“ aller Merkmale, wie sie immer wieder von der Literatur propagiert (vor allem ErfK/*Preis* § 613a BGB Rn. 10; *Moll* RdA 1999, 233, 236) und leider auch von der Rechtsprechung gefordert wird (vgl. nur EuGH 12.2.2009 NZA 2009, 251, 253 – Klarenberg; BAG 22.1.2009 NZA 2009, 905), eine klare Absage zu erteilen. Wird der Katalog relevanter Entscheidungskriterien offen gehalten, gerät die Bestimmung des Anwendungsbereichs des § 613a BGB in die Gefahr, zu einer Sache reiner (richterlicher) Dezision zu werden. Zugleich wird der methodische Unterschied zwischen der abstrakt-generellen Festlegung des Anwendungsbereichs von § 613a BGB und der Beurteilung eines individuell-konkreten „Übernahmefalls“ verwischt. Ein solches Vorgehen widerspricht den Geboten der Rechtssicherheit und der gleichmäßigen Anwendung des Rechts. Der Tatbestand des Betriebsübergangs muss deshalb „geschlossen“ und die Zahl seiner Abgrenzungsmerkmale begrenzt werden. Dass sich wegen der Vielgestalt der Arbeitswelt Unschärfen an den Rändern des § 613a BGB nicht immer vermeiden lassen, ist evident. Ziel der Abgrenzung muss jedoch sein, den Unschärfebereich durch prägnante Tatbestandsmerkmale so klein wie möglich zu halten.

3. Maßgebliche Kriterien

40 Maßgeblich können letztlich nur Sinn und Zweck der Norm sein. Wenn § 613a BGB bei einem Betriebsübergang den Gleichlauf von Arbeitsplatz und Arbeitsverhältnis sicherstellen soll (*Willemsen* RdA 1993, 133, 134; *Pietzko* Tatbestand des § 613a BGB S. 109), kommt es darauf an, dass die wirtschaftliche Einheit beim Übergang intakt bleibt. Es darf nur der Inhaber der übertragenen Einheit wechseln, ohne dass es zu organisatorischen Veränderungen kommt, die die Zugehörigkeit des Arbeitsplatzes zum Transaktionsobjekt „wirtschaftliche Einheit“ in Frage stellen. Entscheidendes Merkmal ist folglich die **tatsächliche Beibehaltung einer bereits beim Veräußerer vorhandenen, auf bestimmte arbeitstechnische Ziele ausgerichteten Organisation.** Bildhaft ausgedrückt muss sich der Erwerber „in ein gemachtes Nest“ legen und darf „kein neues bauen“. Ohne tatsächliche Weiternutzung einer bereits beim Veräußerer bestehenden Arbeitsorganisation gibt es keinen Betriebsübergang (BAG 22.1.2009 NZA 2009, 905 – Charité; BAG 17.12.2009 8 AZR 1019/08 – Kantine). Der Erwerber muss sich die vom Veräußerer geschaffene spezifische Kombination von materiellen, immateriellen und personellen Produktionsfaktoren zu Eigen machen und ihre bisherige „Widmung“ zu Erreichung eines bestimmten arbeitstechnischen Zwecks fortführen (HWK/*Willemsen* § 613a BGB Rn. 9 m.w.N.).

41 Schon bei Zugrundelegung dieses Merkmals lässt sich die Mehrzahl der Fälle zweifelsfrei lösen. Übernimmt der Erwerber einen Betrieb im Ganzen, ist § 613a BGB ohne Weiteres anwendbar. Umgekehrt gilt: macht sich der Erwerber die beim Veräußerer schon vorhandene Organisation überhaupt nicht zunutze – legt er sich also nicht „ins gemachte Nest“ –, scheidet § 613a BGB schon aus diesem Grunde aus. Das ist der Fall, wenn der Erwerber nur ein einzelnes Betriebsmittel übernimmt, ohne die damit verbundene Betriebsorganisation fortzuführen, wie etwa beim Kauf einer einzelnen Maschine aus einer Insolvenzmasse. Nicht von ungefähr heißt es in § 613a BGB „Betriebsübergang“ und nicht „Betriebs*mittel*übergang“, wenngleich bei betriebsmittelgeprägten Produktionsbetrieben ein Betriebsübergang ohne die Übertragung von Betriebsmitteln kaum denkbar ist. Um die Rechtsfolgen des § 613a BGB auszulösen, muss also neben den Betriebsmitteln auch die betriebliche Organisation ganz oder teilweise mit übertragen werden. Nichts anderes ist gemeint, wenn der EuGH neuerdings davon spricht, dass für einen Betriebsübergang die **„Beibehaltung der funktionellen Verknüpfung der Wechselbeziehung und gegenseitigen Ergänzung der Produktionsfaktoren“** erforderlich sei (EuGH 12.2.2009 NZA 2009, 251, 253 – Klarenberg). Sie ist es, die eine lose Anhäufung von materiellen und immateriellen Betriebsmitteln sowie Personal (mindestens) zu einem Betriebsteil werden lässt, mit dem der Erwerber arbeitstechnische Teilzwecke für den betrieblichen Gesamtzweck erfüllen kann. Dass der Erwerber die konkrete Organisation ändert, schadet nicht, solange er derselben oder einer gleichartigen wirtschaftlichen Tätigkeit wie der Veräußerer nachgeht (EuGH a.a.O.). Art. 1 Abs. 1b RL 2001/23 betont nicht allein das Merkmal der *Organisation* der übertragenen Einheit, an die angeknüpft werden kann, aber nicht muss, sondern auch das der *Verfolgung ihrer wirtschaftlichen Tätigkeit* (EuGH a.a.O.). Der Erwerber kann deshalb eine beim Veräußerer organisatorisch verselbständigte Teileinheit nach der Übernahme in seine eigene Betriebsorganisation eingliedern, ohne dass dies etwas an den Rechtsfolgen des § 613a BGB ändert (EuGH a.a.O.). Gegen einen Betriebsübergang spricht aber, wenn der Erwerber (überhaupt) keine Produktionsfaktoren nutzt, wie sie in ihrer Wechselbeziehung und gegenseitigen Ergänzung beim Veräußerer bestanden haben (BAG 17.12.2009 8 AZR 1019/08). Das kann der Fall sein, wenn er einer sehr viel umfassenderen wirtschaftlichen Tätigkeit nachgeht wie der Erwerber (BAG 22.1. 2009 NZA 2009, 905).

42 Problematisch sind letztlich nur zwei Konstellationen. Zum einen kann zweifelhaft sein, ob vor dem Übergang überhaupt schon eine übertragungsfähige Betriebsorganisation bestanden hat. Dazu gehören Fälle, in denen sich die Organisation nicht bereits in materiellen Betriebsmitteln manifestiert, sondern allenfalls Mitarbeiter mit speziellen Fähigkeiten und Fertigkeiten (Know-how-Träger) oder zumindest gut eingespielte „Teams“ vorhanden sind oder langfristige Bindungen zu Kunden bestehen („Absatzkanäle“). Zum anderen bereitet es Kopfzerbrechen, wenn sich der Erwerber nur Teile der beim Veräußerer bestehenden Organisation zunutze macht, die er seiner eigenen Betriebsstruktur einverleibt.

43 Um auch in diesen Zweifelsfällen die Anwendbarkeit von § 613a BGB sicher zu beurteilen, bedarf es einer genaueren Analyse der relevanten Fallgruppen, die mit Blick auf die beiden eingangs erwähnten Fragen erfolgen muss: Anhand welcher Merkmale bemisst sich das Vorhandensein einer übertragungsfähigen Organisationseinheit? und: Welche Kennzeichen sprechen für die tatsächliche Fortführung einer solchen Einheit?

III. Wirtschaftliche Einheit

1. Begriff im Europäischen Recht

44 Art. 1 Abs. 1b RL 2001/23 definiert das Übertragungsobjekt **„wirtschaftliche Einheit“**, bei dem die Arbeitsverhältnisse bestehen, deren Bestand bei einem Inhaberwechsel geschützt werden sollen, als **„organisierte Zusammenfassung von Ressourcen zur Verfolgung einer wirtschaftlichen Haupt- oder Nebentätigkeit“**. Diese Definition weist große Ähnlichkeit mit dem Betriebsbegriff des deutschen Rechts auf. Unter einem Betrieb versteht das deutsche Recht bekanntlich ebenfalls die organisierte Zusammenfassung von Betriebsmitteln und Personal (BAG 17. 1. 2007 NZA 2007, 703, 704 m. w. N.). Anders als das Gemeinschaftsrecht stellt das deutsche Recht jedoch nicht auf die Verfolgung von wirtschaftlichen, sondern von arbeitstechnischen Zwecken ab. Hinter diesen arbeitstechnischen Zwecken können erwerbswirtschaftliche Ziele stehen – also die Erzielung von Gewinn –, aber auch ideelle, dem Gemeinwohl verpflichtete karitative, erzieherische, wissenschaftliche Ziele. Dagegen umfasst der Begriff „wirtschaftliche Haupt- und Nebentätigkeit“ im Gemeinschaftsrecht – wieder anders als der deutsche Begriff der (erwerbs-)wirtschaftlichen Tätigkeit – nicht nur auf Gewinnerzielung ausgerichte Unternehmen und Betriebe. Art. 1 Abs. 1c RL 2001/23 bestimmt ausdrücklich, dass die Richtlinie für öffentliche und private Unternehmen gilt, die eine wirtschaftliche Tätigkeit ausüben, unabhängig davon, ob sie Erwerbszwecke ausüben. **„Wirtschaftliche Tätigkeit“ im Sinne des EG-Rechts meint deshalb jede auf einem Markt für Güter oder Dienstleistungen entfaltete Tätigkeit,** gleichgültig, ob damit Gewinne erzielt werden sollen oder nicht. Erfüllt daher ein Übertragungsobjekt die Kriterien für einen Betrieb nach deutschem Recht, liegt zugleich eine wirtschaftliche Einheit im Sinne der Betriebsübergangsrichtlinie vor. Freilich stellt sich auch für das EG-Recht die schwierige Frage, wann das Merkmal der „wirtschaftlichen Einheit“ erfüllt ist, wenn die Produktionsfaktoren des Übertragungsobjekts weder in materiellen noch in immateriellen Betriebsmitteln bestehen, und welches Mindestmaß an „spezifischer Koordinierungsleistung“

ein Veräußerer erbracht haben muss, damit aus einer schlichten Ansammlung von Produktionsfaktoren eine übertragungsfähige wirtschaftliche Einheit wird (Staudinger/*Annuß* § 613a BGB Rn. 50).

2. Kriterien

45 Die Abgrenzungsmerkmale für den Begriff „wirtschaftliche Einheit" ergeben sich nicht aus dem deutschen Recht, sondern müssen aus einer „autonomen" Interpretation der Betriebsübergangsrichtlinie gewonnen werden. Das gilt auch dann, wenn es in Art. 1 Abs. 1a RL 2001/23 heißt „Diese Richtlinie ist auf den Übergang von Unternehmen, Betrieben, Unternehmen- bzw. Betriebsteilen auf einen anderen Inhaber (...) anwendbar" und das EG-Recht damit sichtlich an Begriffe anknüpft, die auch für den Betriebsübergang nach § 613a BGB maßgeblich sind. Allerdings ist zur Auslegung des Begriffs „wirtschaftliche Einheit" allein der EuGH befugt, der für eine einheitliche Anwendung der Betriebsübergangsrichtlinie in der gesamten EG sorgen muss und der deshalb auf die spezifische Auslegung von Begriffen in einzelnen Mitgliedstaaten keine Rücksicht nehmen kann. Seit dem Erlass der Richtlinie in ihrer ersten Fassung im Jahre 1977 hat sich der EuGH denn auch um eine Konkretisierung der hoch abstrakten Begrifflichkeiten bemüht. Wenngleich seine Rechtsprechung nicht immer geradlinig verlaufen ist, dürften jedoch folgende Erkenntnisse als gesichert gelten:

a) Organisierte Zusammenfassung von Ressourcen

46 Das Übertragungsobjekt muss eine „organisierte Zusammenfassung von Ressourcen" darstellen, wie es in Art. 1 Abs. 1b RL 2001/23 ausdrücklich heißt. Ähnlich spricht der EuGH von einer **„organisierten Gesamtheit von Personen und Sachen zur Ausübung einer wirtschaftlichen Tätigkeit mit eigener Zielsetzung"** (EuGH 11. 3. 1997 NZA 1997, 433, 434 m. w. N. – Ayse Süzen). Schon in der Rechtssache „Spijkers" (EuGH 18. 3. 1986 BeckRS 2004, 72554) hatte das Gericht befunden, dass die Übertragung **einzelner Betriebsmittel** noch nicht die in der Betriebsübergangsrichtlinie bestimmten Rechtsfolgen auslöst. **Hinzukommen müssten weitere „Produktionsfaktoren"**, wie etwa immaterielle Betriebsmittel (Know-how, Goodwill, Patente und Lizenzen), persönliche Faktoren (die Übernahme der Hauptbelegschaft) und die Übernahme eines Kundenstammes. In der Tat können alle diese Faktoren die wirtschaftliche Einheit prägen. Diese besteht aber nicht von selbst, sondern nimmt erst durch die Koordination der Produktionsfaktoren durch den bisherigen Inhaber Gestalt an. Nichts anderes ist gemeint, wenn neuerdings von der **funktionellen Verknüpfung der Wechselbeziehung und der gegenseitigen Ergänzung der Produktionsfaktoren** die Rede ist, die bei einem Betriebsübergang erhalten bleiben muss (EuGH 12. 2. 2009 NZA 2009, 251, 253 – Klarenberg). Worin diese für den jeweiligen Betrieb charakteristische Organisationsleistung besteht, kann nur fallgruppenspezifisch bestimmt werden. Für betriebsmittelgeprägte Produktionsbetriebe gelten andere Gesichtspunkte als für betriebsmittelarme Dienstleister. Bei ersteren besteht die Koordinierungsleistung in der Organisation vor allem der materiellen Betriebsmittel, bei letzteren kommt es auf die Zusammenführung fachlich versierten Personals in einer organisatorisch abgrenzbaren Einheit an. Dass überhaupt eine bestimmte Dienstleistung erbracht wird, genügt für sich allein noch nicht, weshalb auch der bloße Verlust eines Dienstleistungsauftrags an einen Mitbewerber keinen Betriebsübergang begründet (EuGH 11. 3. 1997 NZA 1997, 433, 434 m. w. N. – Ayse Süzen).

b) Auf Dauer angelegt

47 Vergleichsweise früh ist der EuGH zu der Überzeugung gelangt, dass der von der Richtlinie intendierte Zweck, die Kontinuität des Arbeitsverhältnisses bei einem Betriebsübergang zu schützen, voraussetzt, dass die übertragene wirtschaftliche Einheit **auf Dauer angelegt ist und sich nicht auf die Ausführung eines bestimmten Vorhabens beschränkt** (EuGH 19. 9. 1995 NZA 1995, 1031 – Rygaard). Wo Arbeitsplätze schon beim Veräußerer nicht ständig bestehen, weil nur ein einziges Vorhaben realisiert wird (Errichtung eines Gebäudes, Aufbau eines Messestandes usw.), kann der Erwerber nicht über die Betriebsübergangsrichtlinie gezwungen werden, solche auf Dauer einzurichten. Folgerichtig hat der EuGH die Anwendbarkeit der Richtlinie verneint, wenn ein Unternehmen einen Bauauftrag von einem Wettbewerber zwecks Fertigstellung der von ihm begonnenen, aber nicht termingerecht beendeten Arbeiten übernimmt, weil es bereits beim Veräußerer an dauerhaft eingerichteten Arbeitsplätzen fehlt (EuGH 19. 9. 1995 NZA 1995, 1031 – Rygaard). Allerdings deutet nicht jeder befristete Auftrag darauf hin, dass eine bestimmte Tätigkeit nicht auf Dauer angelegt ist (MünchKomm/*Müller-Glöge* § 613a BGB Rn. 23). Die Erledigung von Daueraufgaben kann nämlich befristet übertragen sein (z. B. Bewachung eines Objekts für zwei Jahre durch eine Fremdfirma, Verpflegung eines Krankenhauses durch einen Caterer für eine gewisse Zeit). Besteht nach dem Befristungsende der Bedarf für die Tätigkeit fort, wird deren Erfüllung aber einem anderen Dienstleister übertragen, kann darin die Übertragung einer wirtschaftlichen Einheit liegen, wenn der Erwerber nicht nur die Aufgaben, sondern auch die zur Aufgabenerfüllung erforderliche Betriebsorganisation des bisherigen Dienstleisters übernimmt (EuGH 20. 11. 2003 NZA 2003, 1385 – Abler). Entscheidend ist, dass die Verknüpfung der materiellen, immateriellen und personellen Betriebsfaktoren mit einer gewissen Nachhaltigkeit erfolgt (HWK/*Willemsen* § 613a BGB Rn. 20).

c) Zwecksetzungen

48 aa) **Wirtschaftliche und ideelle Ziele.** Da Art. 1 Abs. 1c RL 2001/23 ausdrücklich bestimmt, dass die übernommene wirtschaftliche Einheit keine Erwerbszwecke verfolgen muss, fällt auch der gesamte Sektor der gemeinnützig tätigen Unternehmen – etwa Stiftungen und Vereine, die nur auf der

Basis von Subventionen unentgeltliche Dienste für Dritte erbringen (EuGH 19.5.1992 NZA 1994, 207 – Redmont Stichting), – unter den Anwendungsbereich der Richtlinie (ErfK/*Preis* § 613a BGB Rn. 13). Entscheidend ist nach Ansicht des EuGH der wirtschaftliche Charakter der jeweiligen Tätigkeit (EuGH 26.9.2000 NZA 2000, 1327 – Mayeur). Dieser ist schon immer dann gegeben, wenn materielle, immaterielle und personelle Ressourcen zielgerichtet zum Einsatz gelangen (HWK/*Willemsen* § 613a BGB Rn. 22).

Beispiele: Herausgabe eines Magazins im Interesse einer Gemeinde durch einen Verein (EuGH 26.9.2000 NZA 2000, 1327 – Mayeur), Drogenhilfe durch eine gemeinnützige Stiftung (EuGH 19.5.1992 NZA 1994, 207 – Redmont Stichting), gemeinnütziger Haushilfedienst für Personen in einer Notlage (EuGH 10.12.1998 NZA 1999, 189 – Hidalgo).

49 **bb) Öffentliche und private Unternehmen.** Nach Art. 1 Abs. 1c RL 2001/23 hängt die Anwendbarkeit der Richtlinie nicht von der öffentlich-rechtlichen oder privatrechtlichen Rechtsform des Unternehmens ab. Das spielt vor allem bei der Privatisierung eine Rolle. Wird eine bislang von der öffentlichen Hand erledigte Aufgabe einem privatrechtlich verfassten Träger übertragen, der nicht nur die Aufgabe, sondern auch die entsprechende Organisation übernimmt, kann dies die Rechtsfolgen des § 613a BGB auslösen. Das hat der EuGH z.B. angenommen für die Privatisierung von ursprünglich durch den Staat erbrachten Telekommunikationsdiensten (EuGH 14.9. 2000 NZA 2000, 1279 – Collino) und für die Fremdvergabe der Fluggastkontrolle an ein privates Sicherungsunternehmen (EuGH 15.12.2005 NZA 2006, 29 – Güney-Görres). Das BAG hat sich dem angeschlossen (BAG 2.3.2006 NZA 2006, 848). Dagegen liegt kein Betriebsübergang vor, wenn Verwaltungsaufgaben von einer Behörde auf eine andere übertragen werden, weil Art. 1 Abs. 1c Satz 2 RL 2001/23 diese Vorgänge ausdrücklich vom Anwendungsbereich der Betriebsübergangsrichtlinie ausgenommen hat. Ob damit nur die hoheitlichen Aufgaben gemeint sind (so MünchKomm/*Müller-Glöge* § 613a BGB Rn. 29) oder jede Übertragung von Aufgaben auf einen anderen (DFL/*Bayreuther* § 613a BGB Rn. 35), ist offen. Für letztere Ansicht spricht der Schutzzweck der Norm, der verlangt, ihre Ausnahmebereiche so klein wie möglich zu halten. Freilich kann auch hier § 613a BGB durch eine gesetzliche Sondernorm verdrängt werden, die aber ihrerseits nicht gegen die Betriebsübergangsrichtlinie verstoßen darf; zulässig sind allenfalls Konkretisierungen (so im Ergebnis BAG 13.6.2006 NZA 2006, 848 m.w.N.).

50 **cc) Haupt- oder Nebenzweck.** Nach Art. 1 Abs. 1b RL 2001/23 a. E. spielt es keine Rolle, ob in der übertragenen Organisationseinheit zuvor eine Haupt- oder Nebentätigkeit verrichtet wurde. Das ist nur folgerichtig. Wenn es im EG-Recht – anders als nach § 613a BGB – nicht auf arbeitstechnische, sondern auf wirtschaftliche Zwecke ankommt und diese denkbar weit verstanden werden, muss auch die Übertragung von Einheiten unter die Betriebsübergangsrichtlinie fallen, denen für das Gepräge des gesamten Unternehmens oder Betriebs keine wesentliche Bedeutung zukommt. Das ist von Belang, wenn nur bestimmte Teile einer Organisationseinheit übertragen werden; auch dies kann die Rechtsfolgen des § 613a BGB auslösen.

IV. Identitätswahrender Übergang

1. Konzept

51 Steht fest, dass es sich bei dem Übertragungsobjekt um eine wirtschaftliche Einheit handelt, sind im nächsten Schritt die für diese Einheit charakteristischen Merkmale zu bestimmen. Nur wenn klar ist, worin das „Besondere" des Transaktionsobjekts liegt, kann festgestellt werden, ob diese prägenden Züge nach einem Inhaberwechsel noch vorhanden sind. Bleiben die typischen Merkmale nach dem Übergang erhalten, übernimmt der Erwerber nicht einfach nur Betriebsmittel, sondern Beschäftigungsmöglichkeiten. Dann aber ist es gerechtfertigt, die mit diesen korrespondierenden Arbeitsverhältnisse auf ihn übergehen zu lassen, damit es beim Betriebsübergang zu dem von der Richtlinie intendierten Gleichlauf von Arbeitsplatz und Arbeitsverhältnis kommt. Allerdings werden die hier klar voneinander abgegrenzten Prüfungsschritte – (1) wirtschaftliche Einheit, (2) Identität, (3) Wahrung der Identität beim Inhaberwechsel – in der Praxis nicht strikt nachvollzogen. Vielmehr soll es nach der Rechtsprechung auf eine typologische Gesamtbetrachtung aller Umstände des Einzelfalls ankommen (EuGH 12. 2. 2009 NZA 2009 251, 253; BAG 30. 10. 2008 NZA 2009, 485, 487 m. w. N.). Ein solches Vorgehen gefährdet die Rechtssicherheit, weil nicht mehr klar vorhersehbar ist, ob es zur Anwendung von § 613a BGB kommt. Trotz vielfacher Kritik aus dem Schrifttum (zuletzt *Willemsen* NZA 2009, 289), hält die Rechtsprechung an ihrem Konzept fest (EuGH, a. a. O.; BAG a. a. O.).

52 Als Merkmale, die das Transaktionsobjekt kennzeichnen, sind nach der Rechtsprechung (EuGH 18. 3. 1986 BeckRS 2004, 72554; BAG 30. 10. 2008 NZA 2009, 485, 487 m.w.N) die im Folgenden näher darzulegenden **sieben Kriterien jeweils einzeln** und sodann in ihrer **Gesamtheit** zu berücksichtigen. Dabei können in einem speziellen Anwendungsfall – ganz der **typologischen Methode** folgend – die Einzelmerkmale bald stärker, bald schwächer ausgeprägt sein, mitunter auch vollständig fehlen. Manchen Kriterien – wie etwa dem Übergang von Betriebsmitteln – kommt eine besonders starke Indizwirkung zu, andere spielen nur eine Nebenrolle – wie etwa der Übergang der Kundschaft. Freilich hängt auch das wieder vom konkreten Fall ab: Was für einen Produktionsbetrieb wesentlich ist – die Übernahme von Betriebsmitteln – kann bei einem Dienstleister nebensächlich sein; hier kann z. B. der Übergang von Kundenbeziehungen den Ausschlag geben. Manche Kriterien haben eine **positive Indizfunktion:** ihr Vorliegen in einem konkreten Fall deutet auf einen Betriebsübergang hin, wie etwa die Übernahme von Betriebsmitteln bei Produktionsbetrieben. Dass sie in einem anderen Fall fehlen, muss nicht unbedingt gegen einen Betriebsübergang sprechen: die Übernahme von materiellen Betriebsmitteln spielt bei Dienstleistern nur eine untergeordnete Rolle; bei ihnen kommt es auf die tatsächliche, freiwillige Übernahme der Hauptbelegschaft an. Andere Kriterien entfalten ein **negatives Indiz.** Liegen sie vor, spricht das gegen einen Betriebsübergang. Das trifft z. B. für das letzte Merkmal – Dauer einer eventuellen Unterbrechung der wirtschaftlichen Betätigung – zu. Wurde der Betrieb der wirtschaftlichen Einheit für eine sehr lange Zeit unterbrochen, schließt das tendenziell einen Betriebsübergang aus, weil davon auszugehen ist, dass der Betrieb stillgelegt wurde und stillgelegte Betriebe nicht mehr auf einen anderen Inhaber übergehen können. Nach welcher Dauer aus einer (unschädlichen) Betriebsunterbrechung eine Betriebsstilllegung wird, hängt allerdings wieder von den Umständen des Einzelfalls, namentlich von der Art des Betriebs ab.

2. Kriterium 1: Art des betreffenden Unternehmens oder Betriebs

53 Nach der Rechtsprechung soll es für die Anwendbarkeit des § 613a BGB zunächst auf die Art des betreffenden Unternehmens oder Betriebs ankommen. Die Unternehmens- oder Betriebsart stellt jedoch **kein eigenständiges Tatbestandsmerkmal** dar (DFL/*Bayreuther* § 613a BGB Rn. 6), sondern ist ausschlaggebend dafür, welches Gewicht den sechs anderen Merkmalen bei der notwendigen Gesamtabwägung zukommt (ErfK/*Preis* § 613a BGB Rn. 12). Die Rechtsprechung unterscheidet insoweit vor allem die folgenden Fallgruppen:

a) Produktionsbetriebe

54 Bei „betriebsmittelreichen“ Produktionsbetrieben sind die Arbeitsplätze in der Regel an Maschinen und Einrichtungsgegenstände gebunden. Um die Produktion in der bisherigen Weise fortzusetzen, benötigt der Erwerber Produktionsanlagen und Werkzeuge, Schutzrechte, Konstruktionszeichnungen etc. für die produzierten Güter (BAG 14. 7. 1994 NZA 1995, 27; ErfK/*Preis* § 613a BGB Rn. 12). Für die Anwendung des § 613a BGB spricht es, wenn die zur Aufrechterhaltung der bisherigen Organisation erforderlichen **sächlichen und immateriellen Produktionsmittel übertragen** und vom Erwerber tatsächlich genutzt werden (BAG 19. 1. 1988 NZA 1988, 501). Die Produktionsanlagen und Werkzeuge sind dabei wichtiger als die jederzeit wiederbeschaffbaren Roh-, Hilfs- und Betriebsstoffe (BAG 22. 9. 1994 NZA 1995, 165); werden die sonstigen sächlichen und immateriellen Betriebsmittel eines Produktionsbetriebs übernommen, scheitert der Betriebsübergang nicht allein daran, dass die jederzeit ersetzbaren Bestände des Materiallagers ergänzt werden müssen, selbst wenn dies erhebliche Investitionen (sogar in Millionenhöhe) erforderlich macht (BAG a. a. O.). Unzureichend ist die bloße Übernahme von Büromaterial oder von Maschinen für die Hauswerkstatt. Nicht unbedingt erforderlich ist, dass die gleichen Produkte wie bisher hergestellt werden (BAG 22. 5. 1985 NZA 1985, 775), wenn die Arbeitsverfahren und Betriebsabläufe im Wesentlichen erhalten bleiben (vgl. BAG 16. 5. 2002 NZA 2003, 93). Neben den sächlichen Betriebsmitteln können auch immaterielle Betriebsmittel übertragen werden. Deren alleinige Übertragung genügt in der Regel jedoch nicht (MünchKomm/*Müller-Glöge* § 613a BGB Rn. 33 m. w. N.). Die Veräußerung einer einzelnen Maschine führt ebenfalls zu keinem Betriebsübergang, erst recht nicht, wenn der Erwerber nicht die Organisation, in die die Maschine beim Veräußerer eingebunden war, übernimmt, sondern sie in seine eigene, bereits bestehende betriebliche Organisation integriert (BAG 16. 5. 2002 NZA 2003, 93). Rohstoffe spielen nur dann eine Rolle, wenn sie nicht jederzeit auf dem freien Markt zu beschaffen sind. Vereinbaren Veräußerer und Erwerber in einem Übernahmevertrag ausdrücklich nur die Übernahme wesentlicher Betriebsmittel aus bestimmten Betriebsteilen (z. B. gewerbliche Abteilungen), geht eine hiervon organisatorisch abgegrenzte selbständige Verwaltungsabteilung nicht mit auf den Erwerber über. Das Arbeitsverhältnis des Leiters der Verwaltung wird deshalb von dem Betriebsteilübergang nicht erfasst (BAG 24. 8. 2006 NJOZ 2007, 5216).

55 Dass der Erwerber das Personal eines betriebsmittelreichen Produktionsbetriebs nicht übernimmt, schließt den Betriebsübergang dagegen nicht aus (EuGH 20. 11. 2003 NZA 2003, 1385; BAG 22. 7. 2004 NZA 2004, 1383). Sind die Voraussetzungen des § 613a BGB erfüllt, geht das im übernommenen Betrieb beschäftigte Personal von Gesetzes wegen auf den Erwerber über. Keine Rolle spielt bei der Übernahme, ob der Erwerber das Eigentum an den Betriebsmitteln erwirbt oder ob er diese aufgrund einer Nutzungsvereinbarung (Pacht, Nießbrauch, atypischer Vertrag usw.) einsetzen darf (EuGH 20. 3. 2003 NZA 2003, 1385; BAG 6. 4. 2006 NZA 2007, 723, 726). Entscheidend ist, dass er den Betrieb als Verantwortlicher im eigenen Namen leitet (BAG 20. 3. 2003 NZA 2003, 1338; BAG 31. 1. 2008 8 AZR 4/07, BeckRS 2008 55657).

b) Dienstleistungsbetriebe

56 Welche Merkmale Dienstleistungsbetriebe prägen, ist schwieriger zu beantworten. Bei ihnen ist die Arbeit von Menschen wichtiger als der Einsatz von Betriebsmitteln, die häufig nur eine Hilfsfunktion haben (Literatur bei einem Juristen, PC bei einem Programmierer, Besen und Lappen bei einer Reinigungskraft usw.). Soll der Mangel an Betriebsmitteln den Betriebsübergang nicht von vornherein ausschließen, was angesichts des gesetzgeberischen Ziels, kein Sonderrecht für bestimmte Betriebsformen oder Branchen zu schaffen, nicht ernsthaft in Betracht kommt, kann der Anknüpfungspunkt für die übertragungsfähige Einheit nur die **Gesamtheit der Mitarbeiter** des Dienstleisters sein, wenn sie durch ihre gemeinsame Tätigkeit **für eine gewisse Dauer organisatorisch verbunden** sind (MünchKomm/*Müller-Glöge* § 613a BGB Rn. 39 f.).

57 Mit Recht stellt die Rechtsprechung deshalb darauf ab, ob der neue Inhaber die bisherige Belegschaft ganz oder zum größten Teil übernimmt und sie gezielt in der bisherigen Funktion weiterbeschäftigt (EuGH 11.3.1997 NZA 1997, 433 – Ayse Süzen). Dass er schlicht die Dienste seines Vorgängers fortführt (z.B. den gekündigten Reinigungs-, Bewachungs-, Verpflegungsvertrag), genügt für sich allein nicht (EuGH 24.1.2002 NZA 2002, 265 – Temco; BAG 22.1.2009 NZA 2009, 905 – Charité). Eine organisatorische Einheit macht er sich nur dann zunutze, wenn er – rein tatsächlich – einen **nach Zahl oder Sachkunde wesentlichen Teil des Personals übernimmt**, das sein Vorgänger gezielt bei dieser Tätigkeit eingesetzt hatte (EuGH 12.2.2009 NZA 2009, 251 – Klarenberg). Übernimmt er freiwillig die wesentliche Belegschaft, bewirkt § 613a BGB, dass die nicht übernommenen Arbeitnehmer von Gesetzes wegen auf ihn übergehen und für sämtliche Mitarbeiter die beim alten Inhaber geltenden Bedingungen gelten. Will er diese Rechtsfolgen vermeiden, darf er freiwillig allenfalls einen geringen Teil des Personals übernehmen, das er zudem mit anderen als den bisherigen Aufgaben betrauen sollte.

58 Um eine Umgehung von § 613a BGB zu verhindern, hebt die Rechtsprechung seit neuerer Zeit darauf ab, ob für die Erbringung einer Dienstleistung die **Verwendung von Betriebsmitteln wesentlich ist.** § 613a BGB sei schon dann anwendbar, wenn die von der Belegschaft benutzten **Betriebsmittel den eigentlichen Kern des zur Wertschöpfung erforderlichen Funktionszusammenhangs ausmachen** (BAG 6.4.2006 NZA 2006, 723; BAG 13.6.2006 NZA 2006, 1101, 1104). Eine Rolle spielt dabei, ob die **Dienste** schlicht **„an"** bestimmten Betriebsmitteln erfolgen oder ob sie **„mit"** ihnen erbracht werden. Im ersten Fall können die Dienste zwar nicht ohne die Betriebsmittel verrichtet werden, weshalb sie nicht unverzichtbar, sondern notwendig sind. Die **Betriebsmittel** machen aber nicht den Kern der *eigenen* unternehmerischen Koordinationsleistung aus, sondern sie sind das **Objekt der Dienstleistung.**

Beispiele: Reinigungsdienste (BAG 21.5.2008 NZA 2009, 144), Bewachung eines Truppenübungsplatzes (BAG 25.9.2008 NZA-RR 2009, 469), Hausmeisterdienste (BAG 22.1.2009 NZA 2009, 905); Kommissionierung in einem Lager (BAG 13.12.2007 NZA 2008, 1021), Telefonauskunft in einem Callcenter (BAG 25.6.2009 NZA 2009, 1412).

59 All diese Dienste können zwar nicht an beliebigen Betriebsmitteln, sondern nur in den Räumen des Auftraggebers erbracht werden. Was den Betrieb des bisherigen Dienstleisters (Reinigung, Bewachung, Kommissionierung usw.) prägt, ist aber nicht der Ort der Dienstleistung, sondern die Zusammenstellung, Anleitung und Koordination des Personals. Sie macht bei „personalintensiven Dienstleistungen" den Kern des Wertschöpfungsprozesses aus. Das Arbeitsergebnis beruht hier im Wesentlichen auf der menschlichen Arbeitsleistung und nicht auf den Betriebsmitteln (*Willemsen/Müntefering* NZA 2006, 1185, 1189). Übernimmt der neue Dienstleister nicht das alte Personal, greift er auf keine bereits vorhandenen Strukturen zurück. Bei einer Dienstleistung „an" (fremden) Betriebsmitteln schließt deshalb bereits die Nichtübernahme des bisherigen Personalstamms die Anwendung von § 613a BGB aus. Die bloße Fortführung des Dienstleistungsauftrags genügt für sich allein nicht (BAG 22.1.2009 NZA 2009, 905).

60 **Anders** liegt es, wenn die Dienste nicht nur „an den", sondern **„mit den"** Betriebsmitteln verrichtet werden, wenn sie bei wertender Betrachtung den wesentlichen Teil der unternehmerischen Koordinationsleistung darstellen. Prägend für solche **„betriebsmittelreichen Dienstleistungen"** (BAG 13. 12. 2007 NZA 2008, 1021) sind die von den Anlagen und Maschinen vorgegebenen Arbeitsprozesse. Sie und nicht die Menschen sind es, die über die Betriebsabläufe und das Arbeitsergebnis bestimmen und die deshalb den Kern des Wertschöpfungsprozesses ausmachen. Von solchen betriebsmittelreichen Diensten geht die Rechtsprechung aus, wenn die zu bedienenden oder zu überwachenden Anlagen besonders kapitalintensiv und wertvoll sind oder wenn die für die Dienstleistung zur Verfügung gestellte technische Ausstattung nicht frei am Markte erhältlich ist und der Auftraggeber ihren Einsatz zwingend vorschreibt.

61 **Beispiele:** Bei einem **Caterer,** der dauerhaft die Patienten und das Personal eines **Krankenhauses verpflegt,** die vom Krankenhaus zur Verfügung gestellten Räumlichkeiten, Wasser, Energie und das Groß- und Kleininventar, insbesondere das zur Zubereitung der Speisen erforderliche unbewegliche Inventar und die Spülmaschinen (EuGH 20. 11. 2003 NZA 2003, 1385 – Abler; abw. BAG 17. 12. 2009 – 8 AZR 1019/08); bei einer **Fluggastkontrolle am Flughafen** die Torbogensonden, Durchleuchtungsgeräte, Sprengstoffspürgeräte usw. (EuGH 15. 12. 2005 NZA 2006, 29 – Güney-Görres; BAG 13. 6. 2006 NZA 2006, 1101, 1104); bei einer technisch hochkomplexen **Druckweiterverarbeitung** in einem Verlagshaus die standortgebundenen Anlagen und Maschinen (BAG 6. 4. 2006 NZA 2006, 723, 726); bei einem **Schlachthof** die zur Durchführung der Schlacht- und Zerlegearbeiten vom Eigentümer des Schlachthofs zur Verfügung gestellten industriellen Schlachtanlagen (BAG 29. 3. 2007 NZA 2007, 927); bei einem industriellen **Lagerbetrieb** u. U. Lagerhalle, Lager- und Fördermittel, nicht aber das konkrete Lagerbewirtschaftungssystem (BAG 13. 12. 2007 NZA 2008, 1021); bei einem vom **Bodenpersonal einer Fluglinie auf einem Großflughafen wahrgenommenen Aufgaben** die umfängliche Logistik des Flughafens und eigene technische Betriebsmittel, nicht aber die Überspielung von Dateien für einzelne Aufträge oder Flüge (BAG 16. 5. 2007 NZA 2007, 1296).

62 **Sind die Anlagen und Geräte** nicht bloßes Objekt, sondern das **Mittel der Dienstleistung,** löst bereits die Fortführung der Dienste unter Einsatz der bisherigen Anlagen und Gerätschaften die Rechtsfolgen des § 613a BGB aus. Einer zusätzlichen Übernahme des Personals bedarf es nicht, weil die Belegschaft von Gesetzes wegen auf den neuen Dienstleister übergeht. Keine Rolle spielt, ob der neue Auftragnehmer die identitätsprägenden Betriebsmittel zu Eigentum erwirbt oder diese nur aufgrund einer Nutzungsvereinbarung (Pacht, Nießbrauch, atypischer Vertrag usw.) einsetzen darf (BAG 6. 4. 2006 NZA 2006, 723, 726). Liegt eine „betriebsmittelreiche" Dienstleistung im beschriebenen Sinne vor, lassen sich die Rechtsfolgen des § 613a BGB also nicht durch eine schlichte Nichtübernahme des Personals verhindern (BAG 13. 12. 2007 NZA 2008, 1021), wohl aber dadurch, dass das Konzept und die Organisation der Dienste wesentlich verändert werden (BAG 17. 12. 2009 8 AZR 1019/08; s. auch Rn. 96 ff.). Freilich bleibt in Grenzfällen, in denen sowohl die Betriebsmittel als auch die Arbeitnehmer für eine Dienstleistung „wesentlich", weil „unverzichtbar" sind, die Abgrenzung schwierig, zumal sämtliche Umstände des Einzelfalls in ihrer

Gesamtheit zu berücksichtigen sind. Hilfreich für die Entscheidung können folgende Kontrollfragen sein: Welchen Wert haben die materiellen Betriebsmittel? Lassen sie sich leicht oder schwer austauschen? Sind die Arbeitsabläufe durch die Anordnung der Anlagen und Maschinen zwingend vorgegeben oder zumindest vorgezeichnet? Welche Qualifikation haben die Mitarbeiter? Lassen sie sich leicht oder schwer austauschen? Wie hoch sind die Personalkosten im Vergleich zu den Kosten für die Nutzung der Betriebsmittel? (vgl. *Willemsen/Müntefering* NZA 2006, 1185, 1189f.).

c) Betriebe des Handels

63 Eine weitere Fallgruppe bilden Handelsbetriebe, die in Betriebe des **Großhandels und des Einzelhandels** unterteilt werden können. In beiden Fällen wird die Betriebsstruktur weniger von den eingesetzten Betriebsmitteln geprägt, die – wie beim Ladengeschäft die Räume – ohnehin häufig nur angemietet sind oder – wie die umzuschlagenden Waren – nur vorübergehend vorhanden sind. Maßgeblich ist, ob der neue Inhaber den Kundenstamm des bisherigen Betriebs übernimmt.

64 Bei **Ladengeschäften** kommt es darauf an, ob die Grundlagen für den Erhalt des Kundenstamms gewahrt bleiben (BAG 30.10.1986 NZA 1987, 382; BAG 2.12.1999 NZA 2000, 369). Dazu gehören im Regelfall die **Geschäftsräume**, soweit sie für die Übernahme des Kundenkreises von Bedeutung sind, und die Fortführung eines zumindest gleichartigen **Warensortiments,** wobei nicht allein die Branche (Textil, Schuhe, Elektro usw.) maßgeblich ist, sondern auch die Qualitätsstufe (Markenware, Billigware usw.). Überdies muss die **Betriebsform** (Fachgeschäft, SB-Laden, Kaufhaus) beibehalten werden. Werden also in den bisherigen Geschäftsräumen gleichartige Waren in vergleichbarer Art und Weise angeboten – in ein Schmuckgeschäft zieht wieder ein Schmuckgeschäft – spricht das für einen Betriebsübergang; werden Sortiment oder Betriebsform geändert, spricht das gegen ihn. Dass dieselben Räume benutzt werden, genügt für sich allein nicht (BAG 30.10.1986 NZA 1987, 382; BAG 26.2.1987 NZA 1987, 589). Wird das Geschäft mit demselben Sortiment und derselben Betriebsform von einem neuen Inhaber an einen anderen Ort verlegt, schließt das den Betriebsübergang solange nicht aus, wie der Kundenstamm erhalten bleibt. Davon ist auszugehen, wenn ein neues Ladenlokal in unmittelbarer Nähe bezogen wird (BAG 2.12.1999 NZA 2000, 369). Soll ein Geschäft in den bisherigen Räumen mit gleichartigem Angebot in vergleichbarer Betriebsform fortgeführt werden, hängt die Anwendbarkeit von § 613a BGB letztlich davon ab, wie lange die Geschäftstätigkeit geruht hat. Absolute „Unterbrechungsfristen“ hat die Rechtsprechung bislang nicht aufgestellt. Bei einem Restaurant hat die Rechtsprechung sechs Monate (BAG 11.9.1997 NZA 1998, 31), bei einem Textilgeschäft neun Monate (BAG 22.5.1997 NZA 1997, 1050) genügen lassen. Entscheidend ist, wie lange das „Sachsubstrat“ – d.h. der Kundenstamm – trotz des Ruhens der Geschäftstätigkeit erhalten bleibt. Bei **Großhandelsbetrieben** kommt es weniger auf die Art und die Lage der Geschäftsräume an als auf die – langfristigen – Lieferbeziehungen zum Einzelhandel und das Vorhandensein von gewerblichen Schutzrechten (BAG 28. 4. 1988 NZA 1989, 265).

d) Hotels und Gaststätten

65 Bei Hotels und Gaststätten gibt die **Beibehaltung des Kundenstamms** den Ausschlag. Für ein **Hotel** spielen die Zweckbestimmung (Ferien-, Übernachtungs-, Tagungs-, Familienhotel usw.), die Kategorie und die Ausstattung eine Rolle. Weniger bedeutsam ist der Name. Wird dieser geändert, ohne dass eine andere Zielgruppe angesprochen wird, schließt das den § 613a BGB selbst dann nicht aus, wenn das Hotel mit einer anderen Kette zusammenarbeitet (BAG 21. 8. 2008 NZA 2009, 29, 33). Auch spricht es nicht gegen einen Betriebsübergang, wenn nur die Gebäude und Einrichtungsgegenstände, nicht aber die Mitarbeiter des Hotels übernommen werden, weil es sich bei einem Hotel im Regelfall um einen „betriebsmittelreichen" Betrieb handelt (BAG a. a. O.). Bei einer **Gaststätte** kann trotz Übernahme des Inventars (Tresen, Stühle, Tische usw.) ein Betriebsübergang ausscheiden, wenn der neue Wirt ein ganz neues Gastronomiekonzept verfolgt („orientalische Erlebnisgastronomie" statt „gutbürgerlicher deutscher Küche"). In diesem Fall nutzt der Erwerber nicht den Kundenstamm, der den Betrieb bisher geprägt hat, sondern muss einen neuen aufbauen (BAG 11. 9. 1997 NZA 1998, 31). Er legt sich nicht „ins gemachte Nest".

e) Aufgaben der öffentlichen Hand

66 Ob der hinter dem Übertragungsobjekt stehende Rechtsträger öffentlichrechtlich oder privatrechtlich verfasst ist, spielt für einen Betriebsübergang keine Rolle (vgl. Art. 1 Abs. 1c RL 2001/23 und oben Rn. 49). § 613a BGB kann Anwendung finden, wenn Aufgaben der öffentlichen Hand auf Private übertragen werden – z. B. Telekommunikationsdienstleistungen (EuGH 14. 9. 2000 NZA 2000, 1279 – Collino), Fluggastkontrolle (EuGH 15. 12. 2005 NZA 2006, 29 – Güney-Görres) Bewachung eines Truppenübungsplatzes (BAG 25. 9. 2008 NZA-RR 2009, 469) –, aber auch dann, wenn die öffentliche Hand einen privaten Betrieb übernimmt. Dagegen gilt § 613a BGB nicht, wenn Verwaltungsaufgaben lediglich von der einen auf die andere Behörde übertragen werden (Art. 1 Abs. 1c Satz 2 RL 2001/23) oder wenn die Vorschrift durch spezialgesetzliche Sondervorschriften ausgeschlossen wurde, wie etwa die Überführung der Opern in Berlin als ehemalige Eigenbetrieb der Bundeshauptstadt in eine „Stiftung Oper in Berlin" (BAG 13. 6. 2006 NZA 2006, 848 m. w. N.) oder der Übergang der als Hamburger Anstalt des öffentlichen Rechts geführte Landesbetrieb Krankenhäuser auf eine GmbH (BAG 22. 10. 2009 8 AZR 889/08 BeckRS 2010 65868) durch entsprechende Landesgesetze.

f) Nicht-gewerbliche Betriebe

67 Nicht entscheidend ist, ob das Unternehmen mit wirtschaftlicher oder ideeller Zielsetzung betrieben wird. So kann auch ein Unternehmen in der Rechtsform einer Stiftung oder eines Vereins, das nur auf der Basis von Subventionen gemeinnützig unentgeltliche Dienstleistungen erbringt, unter § 613a BGB fallen (EuGH 19. 5. 1992 EAS RL 77/187/EWG Art. 1 Nr. 7). Ist das Substrat des Unternehmens mit der höchstpersönlichen Amtsstellung des Inhabers identisch (Beispiel: Notariat), geht mit der Entlassung des Inhabers die organisatorische Einheit unter. Wird durch eine amtliche Stelle ein neuer Inhaber bestellt, tritt kein Betriebsübergang ein (BAG 26. 8. 1999 NZA 2000, 371).

3. Kriterium 2: Übernahme materieller Betriebsmittel

a) Begriff

68 Wichtigstes Indiz für einen Betriebsübergang ist die Übertragung materieller Betriebsmittel (ErfK/*Preis* § 613a BGB Rn. 17 m. w. N.: „Schlüsselfunktion"). Das gilt vor allem für Produktionsbetriebe, die ohne Gebäude, Produktionsanlagen, Maschinen, Werkzeuge, Roh-, Hilfs-, und Betriebsstoffe, Fahrzeuge und Transportgeräte nicht auskommen. Werden sämtliche dieser Betriebsmittel übertragen, ist regelmäßig von einem Betriebsübergang auszugehen (EuGH 14. 4. 1994 NZA 1994, 545). Ob der neue Inhaber Eigentümer der übertragenen Betriebsmittel wird, ist unerheblich; es genügt, dass er die arbeitstechnische Organisationsgewalt über sie erhält (EuGH 15. 12. 2005 NZA 2006, 29 – Güney-Görres; BAG 15. 2. 2007 NZA 2007, 793), weil sie an ihn vermietet, verpachtet oder sonst wie zur Nutzung überlassen sind (DFL/*Bayreuther* § 613a BGB Rn. 7).

b) Kein notwendiges Kriterium (mehr)

69 Rechtsprechung (BAG 22. 5. 1985 NZA 1985, 775) und h. L. (vgl. RGRK/*Ascheid* § 613a BGB Rn. 78; Staudinger/*Richardi* § 613a BGB Rn. 40) hatten bis 1997 angenommen, dass jeder Betriebsübergang tatbestandlich den Übergang sächlicher oder immaterieller Betriebsmittel, d. h. eines gegenständlichen „Substrats" voraussetze; die Rechtsfolge sei dann der Übergang der Arbeitsverhältnisse. Die Verlagerung von Arbeitsplätzen oder Arbeitsmöglichkeiten auf einen Dritten sollte nach damaliger Ansicht grundsätzlich nicht genügen. Die betriebsmittellose Funktionsnachfolge wurde deshalb nicht als Betriebsübergang anerkannt. Davon ist die Rechtsprechung abgerückt (BAG 22. 5. 1997 NZA 1997, 1050; BAG 11. 12. 1997 NZA 1998, 534). Mittlerweile hält sie die Übertragung materieller Betriebsmittel zumindest dann für entbehrlich, wenn ein nach Zahl und Sachkunde wesentlicher Teil der bisherigen Belegschaft in seiner bisherigen Funktion übernommen

wird, falls das Personal – wie bei den meisten Dienstleistungsbetrieben – das Substrat der wirtschaftlichen Einheit bildet (MünchKomm/*Müller-Glöge* § 613a BGB Rn. 41). Entscheidend ist dann, ob die Betriebsmethoden und die Arbeitsorganisation gleichbleiben oder verändert werden (BAG 13. 12. 2007 NZA 2008, 1021; BAG 17. 12. 2009 8 AZR 1019/08).

c) Kein hinreichendes Kriterium

70 **aa) Grundsatz.** Die Übernahme materieller Betriebsmittel ist aber auch kein hinreichendes Kriterium für die Anwendbarkeit des § 613a BGB. Die Übertragung einzelner oder einer Summe von Wirtschaftsgütern führt nur dann zum Betriebsübergang, wenn sie bereits vor der Übernahme eine übertragungsfähige Organisationseinheit – also zumindest eine Betriebsabteilung – gebildet haben. Das wird man bei einzelnen Betriebsmitteln regelmäßig verneinen müssen (BAG 3. 9. 1998 NZA 1999, 174). Das gilt selbst dann, wenn eine übernommene Maschine zwar das wesentliche Betriebsmittel darstellt, das aber in eine personalbetonte oder durch immaterielle Betriebsmittel geprägte Betriebsorganisation eingebunden ist, die nicht mit übertragen wird (BAG 18. 2. 1999 NZA 1999, 648).

71 **Beispiele:** Überträgt **ein IT-Unternehmen**, nachdem es seine Geschäftstätigkeit eingestellt hat, lediglich einzelne Programme und Dateien auf einen nachfolgenden Auftragnehmer, fehlt es an einer übertragungsfähigen Organisationseinheit (BAG 24. 4. 1997 NZA 1998, 253). Bei einer **Gaststätte** kann die Übernahme selbst von erheblichen Teilen des Inventars (Kegelbahn, Tresen, Stühle, Tische) nicht die Rechtsfolgen des § 613a BGB auslösen, wenn der neue Wirt ein anderes Konzept verfolgt als der alte („türkische Erlebnisgastronomie" statt „gutbürgerlicher deutscher Küche"); bei **Ladenlokalen** spielen weder die Räumlichkeiten noch das Inventar die entscheidende Rolle, sondern die Übernahme von Kundenstamm und Hauptbelegschaft (BAG 11. 9. 1997 NZA 1998, 31). Entsprechendes gilt, wenn der Erwerber einer **Schuhfabrik** die übernommenen Betriebsmittel in die vorhandene Organisation seiner Produktion eingliedert, aber nicht wie bisher Schuhe in Massenproduktion, sondern Musterstücke in Handarbeit fertigt (BAG 16. 5. 2002 NZA 2003, 93).

72 **bb) Ausnahme.** Umgekehrt kann bereits die Übernahme materieller Betriebsmittel die Rechtsfolgen des § 613a BGB auslösen, wenn sie den eigentlichen Kern der betrieblichen Wertschöpfung bilden (EuGH 15. 12. 2005 NZA 2006, 29 – Güney-Görres). Kann der neue Inhaber bereits durch den Erwerb oder die Nutzung wertvoller oder kapitalintensiver Betriebsmittel, wie etwa identitätsstiftender Grundstücke, Betriebsgebäude oder Maschinen, die Arbeitsabläufe strukturieren, führt allein das zur Anwendung von § 613a BGB, ohne dass es der Übernahme von Personal, Kundschaft oder immaterieller Betriebsmittel bedarf (DFL/*Bayreuther* § 613a BGB Rn. 8).

73 **Beispiele:** Übernahme des zur Zubereitung von Speisen notwendigen Inventars in einer **Krankenhausküche** (EuGH 20. 11. 2003 NZA 2003, 1385 – Abler); Übernahme von Tor- und Handsonden und Gepäckprüfanlagen zur **Fluggastkontrolle** (EuGH 15. 12. 2005 NZA 2006, 29 – Güney-Görres); Übernahme der industriellen Schlacht- und Zerlegeeinrichtungen in einem **Schlachthof** (BAG 29. 3. 2007 NZA 2007, 927); Übernahme der standortgebundenen Anlagen und Maschinen zur **Druckweiterverarbeitung** in einem

Verlagshaus (BAG 6.4.2006 NZA 2006, 723, 726); Übernahme von Lagerhalle, Lager- und Fördermittel bei einem industriellen **Lagerbetrieb** (BAG 13.12.2007 NZA 2008, 1021); Erwerb eines **Seeschiffes** (BAG 2.3.2006 NZA 2006, 1105); Übernahme von Gebäuden und Einrichtungsgegenständen eines **Hotels** (BAG 21.8.2008 NZA 2009, 391).

4. Kriterium 3: Übernahme immaterieller Betriebsmittel

74 Zu den immateriellen Betriebsmitteln, die die Identität einer wirtschaftlichen Einheit prägen, gehören **Patent- und Gebrauchsmusterrechte, Schutzrechte und Lizenzen, aber auch das Know-how der Mitarbeiter und der Goodwill,** d.h. der Firmenwert des Übertragungsobjekts (ErfK/*Preis* § 613a BGB Rn. 23 m.w.N.). Ihre Übernahme spielt vor allem bei betriebsmittelarmen Dienstleistungsbetrieben eine Rolle, deren charakteristisches Substrat das Wissen und Können der Mitarbeiter bildet. Werden Schlüsselkräfte oder besonders qualifizierte Arbeitnehmer weiterbeschäftigt, die das Know-how des Betriebs verkörpern – z.B. der Koch eines Restaurants (BAG 9.2.1994 NZA 1994, 612), nicht aber das Reinigungs- und Bedienpersonal bei einem Hotel (BAG 21.8.2008 NZA 2009, 29, 30) –, kann dies für einen Betriebsübergang sprechen (MünchKomm/*Müller-Glöge* § 613a BGB Rn. 36 m.w.N.). Die **Übertragung von Patent- und Gebrauchsmusterrechten ist stets ein Indiz für einen Betriebsübergang** (*Hergenröder* AR-Blattei SD 500.1 Rn. 190), die Nichtübernahme spricht dagegen (BAG 13.11.1997 NZA 1998, 249). Entsprechendes gilt bei Produktionsbetrieben für die Übertragung der zum späteren Vertrieb der Produkte notwendigen Schutzrechte und Lizenzen (BAG 22.2.1978 AP BGB § 613a Nr. 11). Stellt eine **Lizenz** das den Betrieb prägende immaterielle Betriebsmittel dar, so bedeutet die Kündigung des Lizenzvertrags durch den Lizenzgeber keine Übernahme von Betriebsmitteln, wenn der Lizenzgeber das Patentrecht zur uneingeschränkten Eigennutzung parallel zum Lizenznehmer selbst innehatte (BAG 21.5.2008 NZA 2008, 753). Die **Übernahme des Firmennamens** kann einen Anhaltspunkt dafür bieten, dass die Marktstellung des bisherigen Betriebsinhabers genutzt werden soll (BAG 21.8.2008 NZA 2009, 29, 33 m.w.N.). Umgekehrt beseitigt allein die Änderung des Namens, unter dem ein Betrieb geführt wird, nicht die Identität der übernommenen wirtschaftlichen Einheit, wenn ihre Zielsetzung dieselbe bleibt (BAG a.a.O. für die Änderung eines Hotelnamens). Wird Markenware unter einem **Güte- oder Warenzeichen** vertrieben, kann diese den Kundenkreis mitbestimmen (BAG 16.2.1993 NZA 1993, 643 für ein RAL-Gütezeichen für Verkehrsschilder; BAG 28.4.1988 NZA 1989, 265, 266 für ein Warenzeichen, unter dem hochwertige Porzellan-, Keramik- und Glaswaren vertrieben werden). Der Absatzmarkt – und damit der für die wirtschaftliche Einheit charakteristische Kundenstamm – bleibt erhalten, wenn das Waren- oder Gütezeichen übernommen und unter ihm weiter vertrieben wird. Das spricht für einen Betriebsübergang.

5. Kriterium 4: Übernahme der Hauptbelegschaft

75 In Branchen, in denen es im Wesentlichen auf die menschliche Arbeitskraft ankommt, kann auch eine Gesamtheit von Arbeitnehmern, die durch eine gemeinsame Tätigkeit dauerhaft verbunden sind, eine wirtschaftliche Einheit darstellen. Ihre Identität bleibt gewahrt, wenn der neue Betriebsinhaber nicht nur die betreffende Tätigkeit weiterführt, sondern auch **einen nach Zahl und Sachkunde wesentlichen Teil des Personals übernimmt,** das sein Vorgänger gezielt bei dieser Tätigkeit eingesetzt hatte (EuGH 24.1. 2002 NZA 2002, 265 – Temco; BAG 21.5.2008 NZA 2009, 144; BAG 6.4.2006 NZA 2006, 725, 726 m.w.N.). Entscheidend ist die **Austauschbarkeit** der Arbeitnehmer. Sind die Übernommenen Spezialisten, deren Fachkenntnisse für die Betriebsführung von Bedeutung sind und die sich nur mit besonderem Aufwand auf dem Arbeitsmarkt gewinnen lassen, kann bereits die Übernahme weniger Know-how-Träger für den Betriebsübergang sprechen (BAG 21.8.2008 NZA 2009, 29, 33 m.w.N.). Bei weniger qualifizierten Dienstleistungen (Reinigung, Bewachung, Verpflegung, Kommissionierung, Service in Hotels und Gaststätten usw.), für die neues Personal leicht zu gewinnen ist, kommt es darauf an, ob der neue Inhaber die bereits beim Vorgänger vorhandene Arbeitsorganisation fortführt (BAG 11.12.1997 NZA 1998, 534, 535). Das in ihr verkörperte Erfahrungswissen macht er sich dann zunutze, wenn er ein gut eingespieltes Team übernimmt (BAG 30.10.2008 NZA 2009, 485, 488; instruktiv HWK/*Willemsen* § 613a BGB Rn. 148f.). Wie viele Arbeitnehmer er (freiwillig) an den alten Arbeitsplätzen mit unveränderten Aufgaben weiterbeschäftigen muss, damit die Rechtsfolgen des § 613a BGB ausgelöst werden, hängt von der Struktur des Betriebs oder Betriebsteils ab. **Je geringer der Qualifikationsgrad, desto größer muss die Quote der Übernommenen sein** (BAG a.a.O.). 40–60 % des bisherigen Personals genügen nicht (BAG 24.5.2005 NZA 2006, 31, 33; BAG 27.10.2005 NZA 2006, 668), selbst 75 % sind bei wenig Qualifizierten noch zu gering, wenn der neue Auftragnehmer die frühere Arbeitsorganisation nicht aufrechterhält (BAG 10.12.1998 NZA 1999, 420). Bei Reinigungskräften soll die Weiterbeschäftigung von 85 % der bisherigen Belegschaft ausreichen, wenn der neue Inhaber keine Betriebsmittel übernimmt (BAG 11.12.1997 NZA 1998, 534, 535). Entsprechendes gilt, wenn ein kommunales Krankenhaus sein gesamtes Reinigungspersonal durch einzelvertragliche Vereinbarungen auf eine Service-GmbH überträgt, die die übernommenen Reinigungskräfte im Wege der Arbeitnehmerüberlassung wieder an das Krankenhaus „zurück verleiht", die dort die gleichen Tätigkeiten wie bisher verrichten (BAG 21.5.2008 NZA 2009, 144). Der „Rückverleih" führt zum Betriebsübergang. Die zwischen dem Krankenhaus und seinen ehemaligen Reinigungskräften geschlossenen Aufhebungsverträge sind wegen Umgehung von § 613a Abs. 4 BGB unwirksam (BAG a.a.O.). Dass freiwillig übernommene Mitarbeiter, die bereits einschlägig ausgebildet sind, weiter geschult werden müssen, um nach dem Übergang schwierigere und komplexere Aufgaben zu erfüllen, steht einem Betriebsübergang solange nicht entgegen, wie der neue Inhaber wesentliche Teile der Belegschaft übernimmt (BAG 25.6.2009 DB 2009, 2554 – Callcenter). In betriebsmittelreichen Betrieben kann die Weiterbeschäftigung von Know-how-Trägern neben der Übernahme von Betriebsmitteln ein zusätzliches Indiz für den Betriebsübergang bilden (BAG 14.5.1998 NZA 1999, 483; HWK/*Willemsen* § 613a BGB Rn. 150). Wird das dortige Personal nicht übernommen, ist dies unschädlich, wenn der Einsatz der auf den Erwerber übertragenen Betriebsmittel und nicht die menschliche Arbeitskraft den wesentlichen Kern der Wertschöpfung ausmacht (BAG 6.4.2006 NZA 2006, 723; BAG 13.6. 2006 NZA 2006, 1101, 1104).

6. Kriterium 5: Übergang der Kundschaft

76 Auch die Übernahme der Kundschaft kann auf einen Betriebsübergang hindeuten (BAG 14.8.2007 NZA 2007, 1428). Freilich lässt sich diese in einer Marktwirtschaft nicht einfach auf einen Erwerber überführen: sie zu gewinnen oder zu erhalten, ist nicht Voraussetzung, sondern das Ziel der unternehmerischen Tätigkeit (ErfK/*Preis* § 613a BGB Rn. 31). Gemeint ist mit dem Kriterium, ob dem Erwerber die sächlich-gegenständlichen oder organisatorischen Voraussetzungen übertragen werden, die ihm den Zugang zum bisherigen Kundenkreis des Veräußerers ermöglichen (HWK/*Willemsen* § 613a BGB Rn. 156). Was hierzu erforderlich ist, richtet sich nach der Art des Betriebs und dem mit ihm verfolgten Zweck. Bei klassischen **Produktionsbetrieben** steht die Herstellung von Gütern im Mittelpunkt; der Eintritt in laufende Kundenbeziehungen ist nicht erforderlich, wenn die organisierten Betriebsmittel (Anlagen, Maschinen, Gebäude) übernommen werden (HWK/*Willemsen* § 613a BGB Rn. 164 m.w.N.). Demgegenüber spielt bei **Ladengeschäften** der Erhalt des Kundenkreises die größte Rolle (BAG 30.10.1986 NZA 1987, 382; BAG 2.12.1999 NZA 2000, 369). Dieser bleibt gewahrt, wenn Geschäftsräume, Warensortiment und Betriebsform im Wesentlichen beibehalten werden. Die bloße Weiternutzung des Ladenlokals genügt nicht, wenn der (neue) Mieter das Sortiment oder die Betriebsform (wesentlich) ändert (BAG 30.10.1986 NZA 1987, 382; BAG 26.2.1987 NZA 1987, 589), z.B. statt teure Markenmöbel Billigmöbel zum Selbstabholen und Selbstaufbauen anbietet (BAG 13.7.2006 NZA 2006, 1357). Bleiben bei der Übernahme eines Ladenlokals Sortiment und Betriebsform erhalten, kann ein Betriebsübergang daran scheitern, dass die Geschäftstätigkeit längere Zeit geruht hat; der neue Inhaber übernimmt dann keinen festen Kundenstamm, sondern muss erst einen neuen aufbauen. Bei einem **Restaurant** hat die Rechtsprechung sechs Monate (BAG 11.9.1997 NZA 1998, 31), bei einem **Textileinzelhandelsgeschäft** neun Monate (BAG 22.5. 1997 NZA 1997, 1050) genügen lassen. Auch bei einem **Hotelbetrieb** spielt die Beibehaltung des Kundenkreises eine entscheidende Rolle. Maßgeblich sind hier seine Zweckbestimmung (Ferien-, Übernachtungs-, Tagungs-, Familienhotel usw.), seine Kategorie und seine Ausstattung, weniger der Name (BAG 21.8.2008 NZA 2009, 29, 33). Ähnliches gilt für **Gaststätten**. Hier kann trotz der Übernahme des Lokals ein Betriebsübergang zu verneinen sein, wenn der Erwerber wegen eines veränderten Gastronomiekonzepts nicht den bisherigen Kundenstamm anspricht (BAG 11.9.1997 NZA 1998, 31). Wechselt der **Pächter einer Betriebskantine**, kann der Übergang der Kundenbeziehungen zu den an der Betriebsverpflegung teilnehmenden Mitarbeitern auf einen Betriebsübergang hindeuten (MünchKomm/*Müller-Glöge* § 613a BGB Rn. 48). Anderes sollte nach früherer Rechtsprechung gelten, wenn ein **Caterer** die Verpflegung namens und auf Rechnung des versorgten Betriebs übernahm und der Verpflegungsauftrag neu vergeben wurde (BAG 11.12.1997 NZA 1998, 532); die Neuvergabe stellte eine schlichte Funktionsnachfolge dar, die nicht zum Betriebsübergang führte. Die neuere Rechtsprechung prüft, ob die Nutzung der für das Catering notwendigen Betriebsmittel den unverzichtbaren Kern der unternehmerischen Wertschöpfung ausmachen; ist das der Fall, kann bereits dies den Betriebsübergang auslösen (EuGH 20.11.2003 NZA 2003, 1385 – Abler). Allerdings scheidet ein Betriebsübergang auch dann aus, wenn bei einem Wechsel des Caterers der neue Caterer das Betriebskonzept wesentlich verändert (z.B. statt frischer Zubereitung der Speisen vor Ort beim Auftraggeber nur noch Aufwärmen und Ausgeben von Speisen, die in der eigenen Betriebsstätte des Caterers bereits vorgefertigt wurden, vgl. BAG 17.12.2009 8 AZR 1019/08; LAG Nürnberg 27.8.2008, BeckRS 2009, 50007). Indiz für einen Betriebsübergang können auch die **Übernahme einer Kundenkartei** oder **der Erwerb einer Lizenz zum Alleinvertrieb** sein (EuGH 7.3.1996 NZA 1996, 413 – Merckx, für eine Berechtigung zum Vertrieb von Kraftfahrzeugen für ein bestimmtes Gebiet; vgl. weiter BAG 21.1.1988 NZA 1988, 838). Auch die Übernahme eines Patienten- oder Mandantenstamms einer **Praxis oder Kanzlei** kann auf einen Betriebsübergang deuten (HWK/*Willemsen* § 613a BGB Rn. 165). Sie ist aber nur ein Merkmal unter anderen. Betreuen Anwälte einer aufgelösten Kanzlei bisherige Mandanten weiter, ohne das bislang zur Betreuung eingesetzte Personal oder nennenswerte Betriebsmittel zu übernehmen, steht dies einem Betriebsübergang entgegen, wenn die Mandate in einer neuen Organisation mit anderem Personal betreut werden (BAG 30.10.2008 NZA 2009, 485, 488). Übernimmt ein Dritter die bisherigen Kundenbeziehungen eines Unternehmens und beauftragt er nunmehr dieses, in seinem Namen die Aufträge der „übernommenen" Kunden in der bisherigen Art und Weise zu erledigen, so führt dies allein nicht zu einem Betriebsübergang, wenn das beauftragte Unternehmen im Wesentlichen die gleichen Tätigkeiten wie bisher ausübt; dass es diese nicht mehr auf Grund vertraglicher Verpflichtungen gegenüber den einzelnen Kunden verrichtet, sondern aufgrund einer Vereinbarung mit dem Dritten, schadet nicht (BAG 14.8.2007 NZA 2007, 1428 für die Übernahme eines Vertrags über die Einlagerung von Kühlware in einem Frischelager).

7. Kriterium 6: Ähnlichkeit der vor und nach dem Übergang verrichteten Tätigkeiten

77 Die wirtschaftliche Einheit verliert ihre Identität, wenn sie vom Erwerber (wesentlich) anders als bisher geführt wird. Insofern kommt dem Kriterium „Ähnlichkeit der vor und nach dem Übergang verrichteten Tätigkeiten", das ersichtlich auf den arbeitsorganisatorischen Zweck abstellt, eine **Ausschlusswirkung** zu. Unterscheiden sich die Tätigkeiten, spricht bereits dies gegen einen Betriebsübergang; ähneln sie sich, steht der Betriebsübergang dennoch nicht ohne Weiteres fest, da eine schlichte Funktionsnachfolge, bei der ein Dienstleister nur den Auftrag seines Vorgängers ohne dessen Betriebsorganisation übernimmt, gerade nicht die Rechtsfolgen des § 613a BGB auslöst (EuGH 11.3.1997 NZA 1997, 433 – Ayse Süzen). Der Verlust eines Auftrags an einen Mitbewerber begründet für sich allein keinen Betriebsübergang, da die wirtschaftliche Einheit nicht auf eine bloße Tätigkeit reduziert werden kann (BAG 25.6.2009 8 AZR 258/08). Entsprechendes gilt für die erstmalige Fremdvergabe einer bislang vom Unternehmen selbst erbrachten Dienstleistung (BAG 22.1.1998 NZA 1998, 536 Outsourcing des Kundendienstes bei einem Kaufhaus). Bei einem Produktionsunternehmen kann einem Betriebsübergang entgegenstehen, dass der Erwerber zwar die organisierten Betriebsmittel übernimmt, aber die Produktion wesentlich umstellt, z.B. von industrieller Massenproduktion auf die eher handwerklich geprägte Herstellung von Mustern und Prototypen (BAG 16.5.2002 NZA 2003, 93). Auch sonst können erhebliche Änderungen in den Betriebsabläufen und der sonstigen Organisation zu einem Identitätsverlust der wirtschaftlichen Einheit führen (BAG 13.7.2006 NZA 2006, 1357 für einen Möbelmarkt; BAG 17.12.2009 8 AZR 1019/08 für einen Caterer). Eine schlichte Namensänderung schadet dagegen nicht, wenn die Abläufe sonst gleich bleiben (BAG 21.8.2008 NZA 2009, 29: weitere Nutzung eines Hotelkomplexes als Übernachtungs- und Tagungshotel in der gleichen Kategorie und bei gleicher Ausstattung). Ebenfalls unschädlich ist die Verlegung des übernommenen Betriebs an einen anderen Standort, wenn die Tätigkeit im Wesentlichen dieselbe bleibt und der Sitz nicht die Identität des Betriebs prägt (zur Betriebsverlegung s. Rn. 104).

8. Kriterium 7: Unterbrechung der Geschäftstätigkeit

78 Gegen einen Betriebsübergang spricht es, wenn die übernommene Einheit ihre Geschäftstätigkeit vorher eingestellt hatte. Betriebsstilllegung und Betriebsübergang schließen einander aus (BAG 30.10.2008 NZA 2009, 485, 487). Da mit der Stilllegung die Betriebs- und Produktionsgemeinschaft aufgelöst wird und ihre Geschäftstätigkeit einstellt, verliert die wirtschaftliche Einheit schon vor dem Übergang ihre Identität und scheidet damit als Übertragungsobjekt aus (s. ausführlich Rn. 99). Unschädlich sind allenfalls vorübergehende Unterbrechungen der Geschäftstätigkeit für wenige Tage

oder Wochen (MünchKomm/*Müller-Glöge* § 613a BGB Rn. 53). Eine **feste zeitliche Grenze gibt es hierfür nicht** (HWK/*Willemsen*, § 613a BGB Rn. 176). Maßgeblich ist, ob die Unterbrechung die bestehende wirtschaftliche Einheit zerschlägt (ErfK/*Preis* § 613a BGB Rn. 35). Das hängt von der Art des jeweiligen Betriebs ab. Die Unterbrechung ist unschädlich, wenn der Erwerber die vom Vorgänger geschaffene Organisation trotzdem für seine eigenen Zwecke nutzen kann. Das wird bei **Produktionsbetrieben** auch nach längerer Zeit noch der Fall sein, wenn nicht nur einzelne Betriebsmittel übertragen werden und sich die Tätigkeiten gleichen. Die Grenze dürfte bei 6 Monaten liegen; dreimonatige Unterbrechungen sind dagegen zumeist problemlos (HWK/*Willemsen* § 613a BGB Rn. 182 m. w. N.). Unterbrechungen, die länger als die längste vom bisherigen Inhaber einzuhaltende Kündigungsfrist dauern, dürften regelmäßig gegen einen Betriebsübergang sprechen (BAG 22. 5. 1997 NZA 1997, 1050). Bei **Saisonbetrieben** sind die Schließung zum Ende der Saison und die Wiedereröffnung in der nächsten Saison unschädlich (EuGH 17. 12. 1987 Slg. 1987, 5465 – Ny Mölle Kro). Anderes gilt für Ladengeschäfte. Hier kommt es darauf an, ob sich die Kunden während der Unterbrechung neu orientieren, so dass der neue Inhaber nicht auf den bisherigen Kundenkreis zurückgreifen kann, sondern einen neuen aufbauen muss. Bei **Betrieben mit relativ geringer Kundenbindung** und Vorhandensein mehrerer Alternativen vor Ort steht eine fast halbjährige Schließung einer Übernahme des Kundenstammes in aller Regel entgegen (BAG 11. 9. 1997 NZA 1998, 31). Erst recht gilt dies bei einem **Textilgeschäft**, das neun Monate lang wegen **Umbaus** jede Verkaufstätigkeit eingestellt hat (BAG 22. 5. 1997 NZA 1997, 1050). Hier haben sich modebewusste Kunden bereits umorientiert. Bei einem Restaurant kann eine zweimonatige Unterbrechung noch unschädlich sein, insbesondere dann, wenn es sich um einen Saisonbetrieb handelt (EuGH 17. 12. 1987 Slg. 1987, 5465 – Ny Mölle Kro; EuGH 15. 6. 1988 Slg. 1988, 3057), bei einer **Bowlingbahn** vier Monate, wenn unterdessen die Anlage repariert oder ausgetauscht wird (BAG 3. 7. 1986 NZA 1987, 123). Anderes gilt für die dreimonatige Schließung eines **Kindergartens**, wenn die Kinder zwischenzeitlich in anderen Tagesstätten untergebracht wurden (LAG Köln 2. 10. 1997 NZA-RR 1998, 290). Ähnlich kurze Unterbrechungen schaden bei Einrichtungen, die auf die kontinuierliche Betreuung von Menschen ausgerichtet sind, wie Altersheime und Pflegedienste (MünchKomm/*Müller-Glöge* § 613a BGB Rn. 53).

V. Betriebsübergang und Funktionsnachfolge (Outsourcing)

1. Überblick

a) Begriff und Arten

Eine Funktionsnachfolge liegt vor, wenn ein Unternehmen eine betriebliche Aufgabe (Verpflegung, Reinigung, Überwachung, Transport usw.) nicht mehr durch die eigenen Arbeitnehmer erbringen lässt, sondern durch eine Fremdfirma (Gastronomieunternehmen, Raumpflegedienst, Wach- und Schließgesellschaft, Spedition usw.). Überträgt das Unternehmen eine solche Funktion zum ersten Mal an eine Fremdfirma, so spricht man von **Erstvergabe;** will es die bereits von einer Fremdfirma geleisteten Dienste von einem anderen Dienstleistungsunternehmen verrichten lassen, von **Neuvergabe.** Die Dienstleistung kann entweder objektbezogen, d.h. weiterhin in den bisherigen Räumlichkeiten erbracht werden (z.B. Fremdvergabe von Reinigung oder Bewachung – „indoor-outsourcing"), oder außerhalb des Betriebs in den Räumen des Fremdunternehmens erfolgen (z.B. Fremdvergabe der Buchhaltung oder von EDV-Leistungen – „outdoor-outsourcing"). Werden fremdvergebene Unternehmensfunktionen zurückgeholt und die Dienste wieder durch eigenes Personal erbracht, ist von **„Insourcing"** oder **„Inhousing"** die Rede (BAG 22.7.2004 NZA 2004, 1383; ausführl. *Geisler,* Insourcing, Diss. Mannheim 2010). **79**

b) Gründe

Die Gründe für ein Outsourcing sind vielfältig. Manche Unternehmensfunktionen werden durch externe Anbieter, die in ihrem Bereich Spezialisten sind, rationeller, kostengünstiger und in besserer Qualität erbracht. Das trifft nicht nur für die einfachen Hilfsfunktionen zu, sondern auch für qualifizierte Dienstleistungen (Datenverarbeitung, Rechts- und Steuerberatung, Schulung). Würde die Funktionsnachfolge die Rechtsfolgen des § 613a BGB auslösen, so hätte die Fremdfirma die Arbeitnehmer, die zuvor im Unternehmen die entsprechenden Dienste verrichtet haben, zu übernehmen. Da der externe Dienstleistende selbst Stammpersonal vorhalten muss, würde das Outsourcing nicht selten scheitern. Gründe für ein Insourcing können sein: die Unzufriedenheit mit dem externen Dienstleister, der Abfluss von Knowhow, Probleme bei der Koordination, aber auch die Suche nach Beschäftigungsmöglichkeiten für Arbeitnehmer, deren bisheriger Arbeitsplatz weggefallen ist, denen der Arbeitgeber aber nicht (mehr) ordentlich kündigen kann oder will. **80**

2. Anwendbarkeit des § 613a BGB

a) Rechtslage vor 1997

81 Rechtsprechung (BAG 22. 5. 1985, 18. 10. 1990, NZA 1985, 775, NZA 1991, 305) und h. L. (vgl. RGRK/*Ascheid* § 613a BGB Rn. 78; Staudinger/*Richardi* § 613a BGB Rn. 40) haben früher angenommen, dass die **reine Funktionsnachfolge keinen Betriebsübergang darstellt.** Ein Betriebs(teil)-übergang setze tatbestandlich stets den Übergang sächlicher oder immaterieller Betriebsmittel, d. h. eines gegenständlichen „Substrats" voraus; die Rechtsfolge sei dann der Übergang der Arbeitsverhältnisse. Die Verlagerung von Arbeitsplätzen oder Arbeitsmöglichkeiten auf einen Dritten genüge nicht. Anderes sollte gelten, wenn sich bestimmte immaterielle Betriebsmittel (Know-how, Goodwill, Kenntnisse über Kunden und die Branche, Geschäftsbeziehungen) in einzelnen Arbeitnehmern „verkörperten". Wechselten diese Know-how-Träger zum neuen Betriebsinhaber, so gingen immaterielle Werte auf diesen über und nicht nur Leistungen von Arbeitnehmern, die erst in der Zukunft zu erbringen seien; der Betriebsinhaber erspare sich dadurch nämlich den Neuaufbau von Geschäftsbeziehungen (BAG 29. 9. 1988 NZA 1989, 799). Das könne ein besonders starkes Indiz für einen Betriebsübergang im Sinne des § 613a BGB sein (BAG 9. 2. 1994 NZA 1994, 612).

b) Jetzige Rechtslage

82 Seit 1997 sieht das BAG die Übertragung von materiellen oder immateriellen Betriebsmitteln nicht mehr als notwendig für die Annahme eines Betriebsübergangs an. Mache sich die Fremdfirma die zur Erfüllung der übernommenen betrieblichen Funktion vorhandene Arbeitsorganisation zunutze, indem sie freiwillig eine **„organisierte Gesamtheit von Arbeitnehmern"** übernehme (BAG 11. 12. 1997 NZA 1998, 534), denen eine gemeinsame Aufgabe auf Dauer zugewiesen sei (EuGH 10. 12. 1998 NZA 1999, 189 Tz. 26), dann könne auch eine betriebsmittellose Funktionsnachfolge die Rechtsfolgen des § 613a BGB auslösen. Die bloße Fortführung einer Arbeitsaufgabe bedeutet jedoch ebenso wenig einen Betriebsübergang wie der Verlust des Dienstleistungsauftrags einer Fremdfirma an einen Mitbewerber (EuGH 11. 3. 1997 NZA 1997, 433 – Ayse Süzen; BAG 25. 9. 2008 8 AZR 607/07).

83 Die **Kurskorrektur** des BAG beruht im Wesentlichen auf den Vorgaben **durch** die Rechtsprechung des **EuGH** (11. 3. 1997 NZA 1997, 433 – Ayse Süzen). Danach ist für den Übergang die Wahrung der Identität der wirtschaftlichen Einheit maßgeblich. In **betriebsmittelarmen,** personalintensiven Betrieben kommt es im Wesentlichen auf die menschliche Arbeitskraft an. Identitätsprägend sind die Tätigkeiten, das Personal, die Führungskräfte und die Arbeitsorganisation (BAG 22. 5. 1997 NZA 1997, 1050; BAG 22. 1. 1998 NZA 1998, 536). Deshalb kann bereits die freiwillige Weiterbeschäftigung des Personals die Rechtsfolgen des § 613a BGB auslösen (BAG

25.9.2008 8 AZR 607/07). Dabei hängt es von der Struktur eines Betriebs oder Betriebsteiles ab, welcher nach Zahl und Sachkunde zu bestimmende Teil der Belegschaft übernommen werden muss, um von der Übernahme einer bestehenden Arbeitsorganisation ausgehen zu können (BAG 21.1. 1999 8 AZR 680/97).

c) Einfache Dienstleistungen

84 Einfache Dienstleistungen (Reinigung, Verpflegung, Überwachung) lassen sich durch **gering qualifizierte Mitarbeiter** erbringen, die zudem leicht austauschbar sind. Identitätsprägendes Merkmal ist deshalb nicht das Know-how der Mitarbeiter, sondern das in der „Struktur der Arbeitsorganisation verkörperte Erfahrungswissen". Die Identität einer solchen wirtschaftlichen Einheit wird gewahrt, wenn die Fremdfirma die Arbeitnehmer an ihren alten Arbeitsplätzen mit im Wesentlichen unveränderten Aufgaben weiterbeschäftigt, also ein **eingearbeitetes Team übernimmt,** mit dem sich die betriebliche (Teil-)Aufgabe erfolgreich fortführen lässt. Sind die Arbeitnehmer nur gering qualifiziert, muss eine hohe Anzahl von ihnen weiterbeschäftigt werden, um auf den Fortbestand der bisherigen Arbeitsorganisation schließen zu können; **85 % reichen aus, 60 % sind zu wenig** (BAG 24.5.2005 NZA 2006, 31, 33; ähnlich BAG 25.9.2008 NZA-RR 2009, 469: kein Betriebsübergang bei der Übernahme eines Auftrags zur Bewachung eines Bundeswehr-Truppenübungsplatzes, wenn der neue Auftragnehmer von 36 Vollzeitkräften des bisherigen Bewachungsunternehmens nur 14 und von den 12 Aushilfskräften nur 5 übernimmt). Es genügt nicht, dass einzelne Arbeitnehmer ihre Arbeitsleistung auch beim neuen Betriebsinhaber erbringen könnten, weil die Tätigkeiten ähnlich sind. Eine Einheit oder Teileinheit darf nicht als bloße Beschäftigungsmöglichkeit verstanden werden. Wird ein Großteil der Belegschaft übernommen, schadet es nicht, wenn der Auftraggeber Einfluss auf die Dienstleistung des Beauftragten nimmt, sofern dem Beauftragten eine gewisse, wenn auch eingeschränkte Freiheit in der Organisation und Durchführung bleibt. Seine Aufgabe darf sich nur nicht in der bloßen Bereitstellung von Personal erschöpfen (EuGH 10.12.1998 NZA 1999, 189 Tz. 26 f). Hält der neue Auftragnehmer die frühere Arbeitsorganisation nicht aufrecht und stellen die Arbeitsplätze keine hohen Anforderungen an die Qualifikation der Arbeitnehmer, genügt auch ein Anteil von 75 % der früheren Beschäftigten nicht, um die Übernahme der Hauptbelegschaft feststellen zu können (BAG 10.12.1998 DB 1999, 539; BAG 18.2. 1999 ZInsO 1999, 420).

d) Qualifizierte Dienstleistungen

85 Anders liegt es bei qualifizierten Dienstleistungen (IT-Dienste, Rechtsberatung, Buchhaltung usw.). Da es hier auf das Spezialwissen und die besondere Qualifikation einzelner Mitarbeiter ankommt, die häufig nur schwer austauschbar sind, kann – neben anderen Kriterien – die **Übernahme der**

Know-How-Träger genügen, um die Rechtsfolgen des § 613a BGB auszulösen (BAG 9.2.1994 NZA 1994, 612; BAG 21.8.2008 NZA 2009, 33). Allerdings führt bei einem Privatschulbetrieb – den die Rechtsprechung als betriebsmittelarmes Dienstleistungsunternehmen angesehen hat – die Übernahme von nur 30% der angestellten Lehrkräfte als Know-How-Träger noch nicht zu einem Betriebsübergang, wenn der Erwerber eine neue Arbeitsorganisation nach einem eigenen Lehrkonzept aufbaut (BAG 18.2. 1999 NZA 1999, 648).

e) Teilweise Übernahme einer Unternehmensfunktion

86 Übernimmt eine Fremdfirma nur einen Teil der vom bisherigen Arbeitgeber erfüllten Arbeitsaufgabe, so ist § 613a BGB anwendbar, wenn sie das zur Erfüllung dieser Aufgabe erforderliche Personal übernimmt (BAG 11.12.1997 NZA 1998, 534). Dabei muss es sich um „Daueraufgaben" handeln (EuGH 19.9.1995 NZA 1995, 1031), die erfüllt werden müssen, solange das Unternehmen, für das die Dienste erbracht werden, am Markt besteht. Ferner muss bereits beim Veräußerer eine abgrenzbare, hinreichend strukturierte und selbständige Organisationseinheit bestanden haben (EuGH 10.12.1998 NZA 1999, 189 und NZA 1999, 253). Unerheblich ist, ob der Fremdfirma die Aufgabe befristet oder unbefristet übertragen wird (BAG 11.12.1997 NZA 1998, 534) und ob der Auftrag von einem Privaten oder durch eine Einrichtung des öffentlichen Rechts erteilt wurde (EuGH 10.12.1998 NZA 1999, 189 Tz. 24).

f) Insourcing

87 Werden die fremdvergebenen Dienste zurückübertragen und wieder in Eigenregie erbracht (**„Insourcing"**), kann darin ein Betriebsübergang liegen, wenn das Unternehmen die Betriebsmittel und die Organisation der Fremdfirma übernimmt. Die Nichtübernahme von Personal kann nur bei betriebsmittelarmen Betrieben den Tatbestand des § 613a BGB ausschließen (BAG 22.7.2004 NZA 2004, 1383). Die Überlegungen zum Outsourcing gelten beim Insourcing entsprechend (vgl. ausf. *Geisler* Insourcing, Diss. Mannheim 2010).

g) Betriebsteilstilllegung und Fortsetzungsanspruch

88 Wird eine betriebliche Aufgabe einer anderen Fremdfirma übertragen und übernimmt diese kein Personal, dann kann der bisherige Auftragnehmer den Arbeitnehmern betriebsbedingt kündigen, wenn für sie keine Beschäftigungsmöglichkeit mehr besteht. Übernimmt die neue Fremdfirma später doch noch einen nach Zahl und Sachkunde wesentlichen Teil der bisherigen Belegschaft, so haben die gekündigten Arbeitnehmer einen Anspruch auf Wiedereinstellung (s. Rn. 575 ff.).

VI. Übergang

1. Übergang als Inhaberwechsel

a) Betriebsinhaber

Der Betriebsübergang erfolgt mit dem Wechsel in der Person des Betriebsinhabers. Als Betriebsinhaber und damit als Arbeitgeber kommen natürliche und juristische Personen des privaten und des öffentlichen Rechts sowie Personengesellschaften in Betracht (ErfK/*Preis* § 613a BGB Rn. 43). **Betriebsinhaber** ist die Person, die für den Betrieb **„verantwortlich"** ist (BAG 18. 3. 1999 NZA 1999, 704, EuGH 10. 12.1998 NZA 1999, 189). Verantwortlich ist, wer den Betrieb im eigenen Namen leitet und nach außen – und nicht nur im Innenverhältnis zur Belegschaft (etwa als Vorgesetzter oder Betriebsleiter) – als Betriebsinhaber auftritt (BAG 20. 3. 2003 NZA 2003, 1338; BAG 31. 1. 2008 8 AZR 4/07 BeckRS 2008 55657). Keine Rolle spielt dabei, ob dem Inhaber die betrieblichen Grundstücke, Räume, Anlagen, Maschinen, Betriebsmittel usw. gehören, oder ob er diese nur auf Grund eines Vertrags (Miete, Pacht, Nießbrauch usw.) nutzen darf (EuGH 20. 3. 2003 NZA 2003, 1385; BAG 6. 4. 2006 NZA 2007, 723, 726). Es genügt, dass er die Leitungsmacht über den Betrieb innehat – d. h. die Nutzungs-, Verfügungs- und Entscheidungsbefugnisse (BAG 26. 2. 1987 NZA 1987, 589) – und er diese auch tatsächlich ausübt (BAG 2. 3. 2006 NZA 2006, 1105). Maßgeblich ist, dass der Inhaber den Betrieb lenkt, nicht, dass er ihm gehört (HWK/*Willemsen* § 613a BGB Rn. 46). Dass der Betrieb nicht auf eigene, sondern auf fremde Rechnung geführt wird, schadet dabei ebenso wenig wie die Abführung der Gewinne des Betriebs an einen anderen (BAG 2. 3. 2006 NZA 2006, 1105). Ebensowenig setzt der Betriebsübergang voraus, dass das Direktionsrecht gegenüber den Arbeitnehmern durch den Betriebsinhaber bzw. durch dessen vertretungsberechtigtes Organ selbst ausgeübt wird (BAG NZA 2006, 597; BAG 25. 10. 2007 NZA 2008, 367). Ein **Pächter** ist Inhaber, wenn er den Betrieb im eigenen Namen leitet (BAG 18. 3. 1999 NZA 1999, 704). Auch bei Treuhandverhältnissen kommt es auf die eigene Betriebsführung an. Wurden die Betriebsmittel einer Bank zur Sicherheit übereignet, ist diese nicht der Inhaber des Betriebs, solange sie ihn nicht selbst leitet (BAG 20. 3. 2003 NZA 2003, 1338). Der Treugeber bleibt solange Inhaber, wie er den Betrieb selbst führt. **Keine Betriebsinhaber sind Testamentsvollstrecker, Nachlass-, Insolvenz- und Zwangsverwalter, weil sie als Parteien kraft Amtes** den Betrieb nur im Namen des jeweiligen Inhabers leiten (MünchKomm/*Müller-Glöge* § 613a BGB Rn. 55). **89**

b) Inhaberwechsel

Der bisherige Inhaber muss die wirtschaftliche Betätigung in dem Betrieb oder Betriebsteil zugunsten des Erwerbers einstellen, und der Erwerber muss **90** die Organisations- und Leitungsmacht über die übernommene organisatorische Einheit erhalten (BAG 27.4.1995 NZA 1995, 1155 m.w.N.; BAG 25.9.1997 NZA 1998, 640). Diese braucht aber nicht besonders übertragen zu werden (BAG 22.7.2004 NZA 2004, 1383). Entscheidend ist, dass der Erwerber den Betrieb nach dem Übergang in eigener Verantwortung und auf eigene oder auf fremde Rechnung führt (BAG 2.3.2006 NZA 2006, 1105). Keine Rolle spielt dabei, ob er das Eigentum an den Betriebsmitteln erwirbt (BAG 20.3.2003 NZA 2003, 1338). Auch der Wechsel eines Pächters bedeutet einen Betriebsübergang (BAG 18.3.1999 NZA 1999, 704). Stets muss sich aber die natürliche oder juristische Person des Inhabers ändern. Das ist der Fall, wenn ein Betrieb von der einen Konzerngesellschaft auf eine andere übertragen wird (EuGH 2.12.1999 NZA 2000, 587 – Allen). Ein Wechsel der Gesellschafter der den Betrieb führenden juristischen Person oder Personengesellschaft ist dagegen kein Betriebsübergang (BAG 14.8.2007 NZA 2007, 1428). Solange nur die Anteile am Unternehmensträger veräußert werden, liegt ein Share deal vor; der Arbeitgeber selbst ändert sich dadurch nicht.

c) Tatsächliche Fortführung

91 Zu einem Betriebsübergang kommt es auch dann nicht, wenn der neue Inhaber den Betrieb gar nicht führt (BAG 12.11.1998 NZA 1999, 310). Dass er ihn fortführen könnte, genügt nicht (BAG 4.5.2006 NZA 2006, 1096, 1100 m.w.N.). § 613a BGB schützt das Arbeitsverhältnis nur, wenn der Arbeitsplatz trotz des Betriebsübergangs beim neuen Inhaber erhalten bleibt. Daran fehlt es, wenn der Erwerber die übernommene Einheit nicht wie der Veräußerer nutzt, selbst wenn er dies kraft seines Vertrags dürfte (BAG 21.2.2008 NZA 2008, 825). § 613a BGB gilt deshalb nicht, wenn bei der Rückgabe eines verpachteten Betriebs der Verpächter nur das Pachtobjekt instandsetzt und einen neuen Pächter sucht (BAG 18.3.1999 NZA 1999, 704). Wie lange ein Betrieb nach der Übernahme fortgeführt wird, spielt keine Rolle. Selbst eine Betriebstätigkeit von wenigen Tagen mit dem Ziel einer späteren Betriebsstilllegung kann die Rechtsfolgen des § 613a BGB auslösen (vgl. BAG 22.4.1994 NZA 1995, 165; HWK/*Willemsen* § 613a BGB Rn. 72). Anders ist es nur, wenn der Betrieb von vornherein stillgelegt werden soll. Freilich schließt allein der Wille des Erwerbers, den Betrieb nicht dauerhaft fortzuführen, § 613a BGB nicht aus (MünchKomm/*Müller-Glöge* § 613a BGB Rn. 58). Entscheidend ist, ob der neue Inhaber tatsächlich die Leitungsmacht innehat, und sei es auch nur für eine kurze Zeit.

92 Allerdings hat die Rechtsprechung **bislang einen Betriebsübergang verneint**, wenn der Erwerber die übernommene Betriebsorganisation nicht als eigene, mehr oder weniger selbständige **Organisationseinheit** bei sich fortführt, sondern nur die übertragenen Betriebsmittel und das freiwillig übernommene Personal in einen bei ihm bereits bestehenden Betrieb **eingliedert oder** das **Betriebskonzept ändert.**

93 **Beispiele:** Statt des Verkaufs und der Lieferung von **Markenmöbeln** werden im übertragenen Betrieb Möbel zum Selbstabholen und Selbstaufbau zu Discountpreisen vertrieben (BAG 13.7.2006 NZA 2006, 1357). Ein von einem Sozialverband übernommenes **Frauenhaus** wird nicht mehr als geschützte Unterbringungsstätte für misshandelte Frauen in Form eines selbständigen Betriebs geführt, sondern organisatorisch und personell mit anderen Beratungsstellen zusammengefasst, mit denen der übernehmende Sozialträger ein andersartiges, sehr viel umfassenderes Hilfskonzept verfolgt, bei dem die Unterbringung im Frauenhaus nur als letztes Hilfsangebot in Betracht kommt (BAG 4.5.2006 NZA 2006, 1096, 1100). Ein von der britischen Royal Air Force übernommener **Schießplatz** in Norddeutschland wird in die voll funktionsfähige und mit eigenem Personal ausgestattete Militärorganisation der Bundeswehr eingegliedert (BAG 25.9.2003 NZA 2004, 316).

94 Da in all diesen Fällen ein Betriebsübergang nach der Konzeption der Rechtsprechung ausscheiden musste, ließ sich § 613a BGB bereits dadurch umgehen, dass der Erwerber die beim Veräußerer vorhandene **Organisation zerschlug.** Dem hat der EuGH durch die Klarenberg-Entscheidung (EuGH 12.2.2009 NZA 2009, 251, 253) einen Riegel vorgeschoben. Nach **neuester Rechtsprechung** kommt es nicht mehr darauf an, ob der der Erwerber die Betriebsorganisation als solche aufrechterhält, also einen übernommenen Betrieb oder Betriebsteil bei sich als „organisatorische Enklave" innerhalb seiner bisherigen Betriebsstruktur fortführt (so bereits DFL/*Bayreuther* § 613a BGB Rn. 19), sondern darauf, ob er die die **übernommenen Ressourcen in ihrer funktionellen Verknüpfung weiter nutzt.** Dass der Erwerber die konkrete Organisation der übernommenen Einheit ändert, schadet nicht, solange er **derselben oder einer gleichartigen wirtschaftlichen Tätigkeit wie der Veräußerer nachgeht** (EuGH a.a.O.). § 613a BGB ist auch dann anwendbar, wenn der Erwerber nur materielle und immaterielle Betriebsmittel und einzelne Mitarbeiter übernimmt, um mit ihnen – ohne die bisherige Betriebsorganisation fortzuführen – dieselben oder vergleichbare Betriebszwecke zu erreichen.

95 Freilich verabschiedet sich der EuGH mit dieser **erneuten „Wende"** in seiner Rechtsprechung (*Willemsen* NZA 2009, 289) von seinem bisherigen betriebsorganisatorischen Ansatz mit der Gefahr, dass der konturlose Tatbestand des § 613a BGB vollends verschwimmt, weil bereits die Übernahme einzelner Mitarbeiter oder einzelner Betriebsmittel einen Betriebsübergang auslösen können. Soll – wie dem EuGH offenbar vorschwebt – die Fortführung des Betriebszwecks maßgeblich sein, müsste bei betriebsmittelarmen Dienstleistungsbetrieben auch eine bloße Funktionsnachfolge einen Betriebsübergang auslösen – eine Konsequenz, die der EuGH selbst bisher nicht gezogen hat (EuGH 11.3.1997 NZA 1997, 433 – Ayse Süzen). Auch das BAG ist bislang davon ausgegangen, dass der Verlust eines Auftrags an einen Mitbewerber für sich allein keinen Betriebsübergang begründet, da die wirtschaftliche Einheit nicht auf eine bloße Tätigkeit reduziert werden kann (BAG 25.6.2009 DB 2009, 2554).

96 Rechtssicherer Halt lässt sich nur zurückgewinnen, wenn darauf abgestellt wird, ob das **Übertragungsobjekt** als **organisatorisch abgegrenzte Funktionseinheit deutlich von den restlichen Teilen des Veräußererbetriebs unterscheidbar ist.** Wo schon beim Veräußerer bestimmte Betriebsmittel nur

mehr oder weniger zufällig verbunden sind, kann deren Übernahme noch nicht die Rechtsfolgen des § 613a BGB auslösen. Erst recht muss § 613a BGB ausscheiden, wenn der Erwerber einzelner Betriebsmittel oder der Nachfolger in einem Dienstleistungsauftrag ein **vollkommen anderes Betriebskonzept** als der bisherige Betriebsinhaber verfolgt.

97 **Beispiel:** A bewirtschaftet das **Betriebsrestaurant** des B. Er ist verpflichtet, die anzubietenden Mittagessen vor Ort frisch zuzubereiten. Dazu beschäftigt A einen Koch und zwei Küchenhilfen. Da B mit den Leistungen des A nicht zufrieden ist, überträgt er die Bewirtschaftung dem C, der die von ihm in seinem eigenen Betrieb vorgefertigten Speisen in der Kantine des A nur noch aufwärmen und ausgeben lässt. Köche sind in der Kantine nicht mehr tätig; C beschäftigt nur noch Hilfskräfte.

98 Mit Recht hat das BAG hier einen **Betriebsübergang verneint,** weil C den früher ausdrücklich vereinbarten Betriebszweck, die Verköstigung der Firmenmitarbeiter mit vor Ort frisch zubereiteten Speisen, verändert hat. Die neue Betriebs- und Arbeitsorganisation kommt ohne die bisherigen Betriebsmittel – wie Küche und Funktionsräume – aus. Mit den Köchen sind zudem die früheren Arbeitsplätze der Know-How-Träger weggefallen (BAG 17. 12. 2009 8 AZR 1019/08).

d) Keine Betriebsstilllegung

99 Erst recht ist ein Betriebsübergang ausgeschlossen, wenn ein Betrieb zuvor bereits stillgelegt war. Ein Betrieb oder Betriebsteil, der nicht mehr besteht, kann auch nicht auf einen anderen Inhaber übergehen (st. Rspr., vgl. zusammenfassend BAG 28. 5. 2009 NZA 2009, 1267, 1268 f. m. w. N.). Unter einer Stilllegung versteht die Rechtsprechung die **Auflösung** der zwischen Arbeitgeber und Arbeitnehmer bestehenden **Betriebs- und Produktionsgemeinschaft**, die ihre Veranlassung und zugleich ihren unmittelbaren Ausdruck darin findet, dass der Unternehmer die bisherige wirtschaftliche Betätigung in der ernstlichen Absicht einstellt, die Verfolgung des bisherigen Betriebszweckes dauernd oder für eine der Dauer nach unbestimmte, wirtschaftlich nicht unerhebliche Zeitspanne nicht weiter zu verfolgen (BAG 30. 10. 2008 NZA 2009, 485, 487). Die **Schließungsabsicht muss endgültig sein** (BAG 26. 4. 2007 NZA 2008, 72 Os. = NJOZ 2008, 108). Daran fehlt es, wenn der Arbeitgeber (doch noch) beabsichtigt, seinen Betrieb oder einzelne seiner Teile zu veräußern.

100 Der Stilllegungswille muss **„greifbare Formen"** angenommen haben, d. h. er muss durch die Auflösung der Betriebsorganisation zum Ausdruck gebracht werden (BAG 30. 10. 1986 NZA 1987, 382, 383). Entscheidend ist die tatsächliche Stilllegung, ohne dass zu prüfen ist, ob die Stilllegung unsachlich, unvernünftig oder willkürlich ist. Dabei kann sich die Stilllegung auf einen Betriebsteil beschränken (BAG 26. 4. 2007 NJOZ 2008, 108).

101 **Zur Betriebsstilllegung gehören im Regelfalle:**

- bei einer GmbH: Beschluss der Gesellschafterversammlung über die vorgesehene Stilllegung (BAG 28. 5. 2009 NZA 2009, 1267, 1269)
- vollständige Einstellung der Betriebstätigkeit oder Unterbrechung von langer Dauer (BAG 22. 5. 1997 NZA 1997, 1050)

- Auflösung der dem Betriebszweck dienenden Organisation (BAG 13.11. 1986 NZA 1987, 458)
- Kündigung aller Arbeitsverhältnisse
- Herauslösung der Produktionsmittel aus dem Produktionsprozess durch getrennte Veräußerung an verschiedene Erwerber
- nicht unerhebliche Verlegung des Betriebs, wenn dadurch die alte Betriebsgemeinschaft tatsächlich aufgelöst wird und der Aufbau einer im wesentlichen neuen Betriebsgemeinschaft erfolgt (BAG 12.2.1987 NZA 1988, 170)

Noch keine Betriebsstilllegung ist gegeben bei: **102**

- Gewerbeabmeldung (BAG 3.7.1986 NZA 1987, 123)
- Antrag auf Eröffnung eines Insolvenzverfahrens, weil der Betrieb vom Insolvenzverwalter fortgeführt werden kann (BAG 3.7.1986 NZA 1987, 123)
- Beendigung des Miet- oder Pachtverhältnisses, weil der Betrieb auf Vermieter zurückfallen und von diesem auf einen neuen Mieter oder Pächter übergehen kann (BAG 27.4.1995 NZA 1995, 1155)
- Kündigung der Arbeitsverhältnisse durch die Arbeitnehmer unter dem Übernahmeversprechen, dass ein Großteil vom neuen Erwerber übernommen werde; der Betrieb bleibt funktionsfähig, weil die Arbeitnehmer dem Erwerber sofort zur Verfügung stehen (BAG 13.11.1986 NZA 1987, 458)
- Austausch einzelner Betriebsteile zum Zwecke der Erneuerung, auch wenn der Austausch einige Zeit in Anspruch nimmt (BAG 3.7.1986 NZA 1987, 123)
- Einstellung der Produktion, wenn die dem Betriebszweck dienende Organisation bestehen bleibt (BAG 3.7.1986 NZA 1987, 123)
- Tatsächliche Fortführung des Betriebs durch den Erwerber (BAG 3.7. 1986 NZA 1987, 123)
- Verlegung des Betriebs, wenn die alte Betriebsgemeinschaft bestehen bleibt (BAG 13.11.1986 NZA 1987, 458)

103 Eine Betriebsstilllegung schließt nur dann die Anwendung des § 613a BGB aus, wenn sie bereits vor der Veräußerung des Betriebs oder von Betriebsteilen erfolgt ist. Will ein Pächter einen Betrieb stilllegen, so ist zu berücksichtigen, dass dieser den Betrieb nicht genauso zerschlagen kann, wie dies der Eigentümer könnte. Insbesondere ist es dem Pächter nicht erlaubt, das Betriebsgrundstück und die sonstigen Betriebsmittel zu veräußern. Die Rechtsprechung (BAG 16.7.1998 NZA 1998, 1233) geht in diesen Fällen von einer Stilllegung aus, wenn der Pächter seine Stilllegungsabsicht unmissverständlich äußert, die Betriebstätigkeit vollständig einstellt, allen Arbeitnehmern kündigt, den Pachtvertrag zum nächstmöglichen Termin beendet und zumindest die Betriebsmittel, über die er selbst verfügen kann, veräußert. Die Stilllegung muss für eine unbestimmte, nicht unerhebliche Zeitspanne erfolgen, anderenfalls liegt nur eine unerhebliche Betriebspause oder Betriebsunterbrechung vor (BAG 3.7.1986 NZA 1987, 123; BAG 22.5. 1997 NZA 1997, 1050). Diese kann, wenn der Betrieb später von einem anderen fortgeführt wird, die Rechtsfolgen des § 613a BGB auslösen. Deshalb stellt der EuGH in seiner Formel vom „identitätswahrenden Übergang der wirtschaftlichen Einheit" ausdrücklich auf die „Dauer einer eventuellen Unterbrechung der Tätigkeit" ab (EuGH 18. 3. 1986, Rs. 24/95, Slg. 1986, 1119 = BeckRS 2004 72554). Vor allem bei alsbaldiger Wiedereröffnung des Betriebs spricht eine tatsächliche Vermutung gegen eine ernsthafte Stilllegungsabsicht (BAG 12. 2. 1987 NZA 1988, 170 m. w. N.). Im Prozess muss dann der als neuer Arbeitgeber in Anspruch Genommene diese Vermutung durch Darlegung von Tatsachen, die für eine Stilllegung sprechen, widerlegen (BAG 22. 5. 1997 NZA 1997, 1050).

e) Betriebsübergang und Betriebsverlegung

104 Ein Betriebsübergang wird nicht dadurch ausgeschlossen, dass der Erwerber den Betrieb an einen anderen Standort verlegt. Entscheidend ist auch hier, dass die Identität der wirtschaftlichen Einheit gewahrt bleibt (BAG 12. 2. 1987 NZA 1988, 170). Wird ein **Produktionsbetrieb** verlegt, bleibt seine Identität gewahrt, wenn der technisch-organisatorische Funktionszusammenhang der Produktionsanlagen am neuen Standort unverändert fortbesteht (ErfK/*Preis* § 613a BGB Rn. 57 m. w. N.). Werden alle wesentlichen Betriebsgrundlagen oder Teile davon funktionsfähig in die neuen Geschäftsräume überführt und bestehen noch so viele Arbeitsverhältnisse fort, dass die bisherige Betriebsgemeinschaft aufrechterhalten bleibt, liegt eine Betriebsverlegung und keine Betriebsstilllegung vor (BAG a. a. O.). Anderes gilt, wenn die Verfolgung des arbeitstechnischen Zwecks an einen bestimmten Standort gebunden ist (z. B. Steinbruch, Wasserkraftwerk) und der Betrieb, wenn man ihn verlagern würde, nicht mehr derselbe wäre oder wenn der Betrieb an einem weiter entfernten Ort angesiedelt wird, wo ihn der Erwerber mit einer im Wesentlich neuen Belegschaft fortführt (BAG a. a. O.). Ob der Arbeitgeber von seinen Arbeitnehmern verlangen kann, ihm an einen anderen Standort zu folgen, richtet sich nach den arbeitsvertraglichen Vereinbarungen und nach der Entfernung des neuen Standorts. Wird der Betrieb innerhalb eines Ortes verlegt oder handelt es sich um eine nur geringfügige Ortsverlagerung, kann der Arbeitgeber den neuen Arbeitsort per Direktionsrecht zuweisen. Ändert der Umzug den Leistungsort wesentlich oder wird der Betrieb ins Ausland verlegt, besteht keine Folgepflicht. In diesem Fall lässt die Betriebsverlegung die Betriebsidentität nur dann unberührt, wenn die Arbeitnehmer freiwillig folgen (vgl. insgesamt BAG 20. 4. 1989 NZA 1990, 32). Bei **Ladengeschäften und ähnlichen Betrieben (Gaststätten, Kinos, Theater, Kindertagesstätten usw.)** steht die Standortverlegung einem Betriebsübergang entgegen, wenn damit der bisherige Kundenkreis verloren geht, was meist der Fall ist (BAG 2. 12. 1999 NZA 2000, 369). Standortunabhängig sind dagegen **Großhandels- und Versandbetriebe,** wenn und soweit sie ihre Kunden auch von einem anderen Ort aus beliefern können; für sie gilt das für Produktionsbetriebe Gesagte entsprechend.

f) Zeitpunkt des Übergangs

105 Der Betrieb geht zu dem Zeitpunkt über, zu dem der neue Inhaber die Geschäftstätigkeit **tatsächlich weiterführt oder wieder aufnimmt** (BAG 21. 2. 2008 NZA 2008, 825). Keine Rolle spielt dagegen, welcher Zeitpunkt für den Betriebsübergang vereinbart wurde (a. A. MünchKomm/*Müller-Glöge* § 613a BGB Rn. 58). Ließe man derartige Vereinbarungen zu, könnten Veräußerer und Erwerber den Kreis der vom Betriebsübergang betroffenen Arbeitnehmer unzulässig beeinflussen oder bestimmen, dass ein tarifgebundener Betrieb auf einen nicht tarifgebundenen Erwerber noch kurz vor einer Tariflohnerhöhung übergeht. Überdies könnten Haftungszeiträume manipuliert werden. All dies muss angesichts des zwingenden Charakters des § 613a BGB (BAG 18. 3. 1997 NZA 1998, 97) ausgeschlossen werden, gleichviel, ob der Übergangszeitpunkt vorgezogen oder auf später verschoben werden soll (EuGH 26. 5. 2005 NZA 2005, 681). Allerdings können Zeitabsprachen im Rahmen der vorzunehmenden Gesamtwürdigung für einen Betriebsübergang zu dem vereinbarten Zeitpunkt sprechen. Liegen indes tatsächliche Umstände vor, die der Annahme eines Betriebsübergangs zu dem vereinbarten Zeitpunkt widersprechen, scheidet ein Betriebsübergang zu dem vereinbarten Zeitpunkt aus (BAG 21. 2. 2008 NZA 2008, 825).

2. Übergang durch Rechtsgeschäft

106 Der Übergang eines Betriebs oder Betriebsteils löst nur dann die Rechtsfolgen des § 613a BGB aus, wenn er sich „durch Rechtsgeschäft" vollzieht.

a) Zweck des Merkmals

107 In Fällen einer Gesamtrechtsnachfolge (z. B. nach § 1922 BGB bei einem Erbfall) gehen die Arbeitsverhältnisse von Gesetzes wegen ohne weiteres auf den neuen Betriebsinhaber über. Bei der Einzelrechtsnachfolge war diese Rechtsfolge vor Schaffung des § 613a BGB umstritten. Die damals h. M. verneinte in Fällen der Einzelrechtsnachfolge einen automatischen Übergang der Arbeitsverhältnisse (BAG 17. 1. 1980, 6. 2. 1980 AP BGB § 613a Nrn. 18, 21). Mit § 613a BGB wollte der Gesetzgeber seinerzeit die Lücke schließen, die sich bei einer rechtsgeschäftlichen Betriebsübernahme für den Bestandsschutz der Arbeitsverhältnisse nach der damaligen h. M. ergab. Das dabei in den Tatbestand aufgenommene Merkmal „durch Rechtsgeschäft" sollte den **Anwendungsbereich** der Vorschrift nicht einschränken, sondern ihn lediglich **gegenüber den Fällen der Gesamtrechtsnachfolge abgrenzen.** Der Gesetzgeber hat in § 613a BGB die Rechtsfolgen dieser Vorschrift auf den Betriebsübergang durch Rechtsgeschäft beschränkt, weil er davon ausgegangen ist, dass bei einem Betriebserwerb kraft Gesetzes auch die Arbeitsverhältnisse auf den Rechtsnachfolger übergehen (BAG 6. 2. 1985 NZA 1986, 286).

b) Willentliche Übernahme der Leitungsmacht

108 Um jedoch einen lückenlosen Bestandsschutz zu gewährleisten, ist das Merkmal „durch Rechtsgeschäft" weit auszulegen (BAG 9. 2. 1994 NZA 1994, 612; BAG 26. 8. 1999 DB 2000, 383 m. w. N.). Es soll, wie gesagt, nur zur Abgrenzung des Betriebsübergangs im Wege der Gesamtrechtsnachfolge dienen, der nicht von § 613a BGB umfasst ist (BAG 27. 7. 1994 NZA 1995, 222). Das BAG stellt darauf ab, ob der Übergang der Leitungsmacht auf dem Willen der betroffenen Betriebsinhaber beruht oder ob er sich aufgrund einer Norm oder eines Verwaltungsaktes automatisch vollzieht (BAG 4. 3. 1993, NZA 1994, 260; BAG 9. 2. 1994 NZA 1994, 612). Ein Rechtsgeschäft liegt bereits dann vor, wenn der Erwerber mit Willen des Veräußerers die Leitungsmacht des Betriebs tatsächlich übernimmt (BAG 28. 5. 2009 NZA 2009, 1267, 1270). Ähnlich unterscheidet der EuGH. Für ihn kommt es darauf an, ob die für den Betrieb des Unternehmens verantwortliche natürliche oder juristische Person, die die Arbeitgeberverpflichtungen gegenüber den Beschäftigten des Unternehmens hat, „im Rahmen vertraglicher Beziehungen" wechselt (EuGH 19. 5. 1992 NZA 1994, 207 – Redmont Stichting).

3. Rechtsgeschäftliche Grundlage

109 Das Rechtsgeschäft muss sich auf den Übergang der tatsächlichen Nutzungs- und Verfügungsgewalt über die für den Betrieb maßgeblichen Betriebsmittel beziehen (BAG 22. 5. 1985, 16. 10. 1987, NZA 1985, 1348, EzA § 613a BGB Nr. 66). Gleichgültig ist die Art des Rechtsgeschäfts oder die Rechtsnatur des Vertragsverhältnisses, das die Nutzung verschafft (BAG 15. 5. 1985 NZA 1985, 736). Gleichgültig ist auch, ob ein Betriebsübergang mit dem Rechtsgeschäft bezweckt wurde; das ist insbesondere beim Rückfall des Betriebs nach Beendigung eines Vertragsverhältnisses (Miete, Pacht) von Bedeutung. Nach der Lebenserfahrung kann auf das Vorliegen eines Rechtsgeschäfts geschlossen werden, wenn geldwerte Betriebsmittel auf einen Betriebsnachfolger übergehen (BAG 15. 5. 1985 NZA 1985, 736).

110 Grundlagen eines rechtsgeschäftlichen Betriebsübergangs können sein:

- Kaufvertrag, auch bei Insolvenz (BAG 13. 11. 1986 NZA 1987, 458)
- Schenkungsvertrag (Schaub/*Koch* § 117 Rn. 30 m. w. N.)
- Miet- oder Pachtvertrag, wenn der Mieter bzw. Pächter die Nutzungsbefugnis erlangt und den Betrieb im eigenen Namen und für eigene Rechnung betreiben kann (BAG 30. 10. 1986, NZA 1987, 382; BAG 26. 2. 1987, NZA 1987, 589)
- Nutzungsvereinbarung (BAG 31. 1. 2008 8 AZR 4/07 BeckRS 2008 55657)
- Bestellung eines Nießbrauchs an einem einzelnen, aber für den Betrieb oder Betriebsteil wesentlichen Gegenstand (BAG 15. 5. 1985 NZA 1985, 736)

- Gesellschaftsvertrag, der bei einer Sachgründung zur Überlassung des Betriebs- oder Betriebsteils als Sacheinlage verpflichtet (BAG 20.6.2002 NZA 2003, 318), nicht aber die Änderung der Rechtsform einer Gesellschaft oder der Wechsel der Gesellschafter, da hierbei der Rechtsträger – und damit der Betriebsinhaber – derselbe bleibt.
- Gesellschaftsvertrag, in dem der Veräußerer mit Dritten eine Auffanggesellschaft gründet, um Teile seines Betriebs durch diese fortführen zu lassen (BAG 25.6.1985 NZA 1986, 93).

111 Auf die **Wirksamkeit des Rechtsgeschäftes kommt es nicht an.** § 613a BGB findet auch bei nichtigen Rechtsgeschäften Anwendung, da diese Vorschrift einen lückenlosen Arbeitnehmerschutz sicherstellen soll, wenn der Erwerber mit dem Einverständnis des Veräußerers die tatsächliche Leitungs- und Organisationsmacht des Betriebs übernimmt (BAG 6.2.1985 NZA 1986, 286).

4. Parteien des Rechtsgeschäfts

112 Um die Rechtsfolgen des § 613a BGB auszulösen, muss das **Rechtsgeschäft nicht unmittelbar zwischen dem bisherigen und dem neuen Betriebsinhaber abgeschlossen werden** (BAG 28.5.2009 NZA 2009, 1267, 1270). Nach dem Schutzzweck des § 613a BGB kommt es nur darauf an, ob der Erwerber die Leitungsmacht über den Betrieb mit Willen des Veräußerers tatsächlich übernehmen kann (BAG 6.2.1985 NZA 1986, 286).

a) Fallgruppe 1: „Kettenübertragung"

113 Ein rechtsgeschäftlicher Betriebsübergang kann auch dann gegeben sein, wenn er durch die Zwischenschaltung weiterer Personen in einer Kette von Rechtsgeschäften erfolgt (BAG 20.4.1994, 27.7.1994 NZA 1994, 1140, NZA 1995, 222). Deshalb können auch Rechtsgeschäfte mit Dritten, die über Betriebsmittel verfügen, zum Betriebsübergang im Sinne des § 613a BGB führen (BAG 4.3.1993, 27.7.1994 NZA 1994, 260, NZA 1995, 222).

114 Ein Betriebsübergang im Sinne des § 613a BGB kann vorliegen, wenn der Erwerber die für die Betriebsführung wesentlichen sächlichen Betriebsmittel von Dritten erhält, die als Sicherungseigentümer oder aufgrund einer ähnlichen Rechtsstellung über das Betriebsvermögen verfügen können. Hierbei kommt es darauf an, dass die mehreren Rechtsgeschäfte insgesamt dazu dienen, einen funktionsfähigen Betrieb zu erwerben (BAG 22.5.1985 NZA 1985, 773).

115 Der EuGH hat einen Betriebsübergang angenommen, wenn ein nicht übertragbares Pachtverhältnis über einen Restaurant- und Barbetrieb aufgelöst und anschließend mit einem neuen Pächter ein neuer Pachtvertrag geschlossen wurde. Dass die Übertragung in zwei Schritten erfolgt – der Betrieb wurde zunächst vom ersten Pächter auf den Eigentümer zurück übertragen, worauf der Eigentümer den Betrieb auf einen neuen Pächter übertragen hat –, ist unerheblich, wenn die betroffene „wirtschaftliche Einheit" bei den Übertragungen ihre Identität bewahrt (EuGH 10.2.1988 BeckRS 2004 70807 – Daddy's Dance Hall). Dasselbe soll gelten bei der Veräußerung eines Bar- und Diskothekenbetriebs im Wege des Mietkaufs und der Rückgabe des Betriebs aufgrund einer gerichtlichen Entscheidung (EuGH 5.5. 1988 EuZW 1990, 482 – Berg).

b) Fallgruppe 2: „Rückfall eines zeitweise überlassenen Betriebs"

116 Ein rechtsgeschäftlicher Betriebsübergang kann auch beim „Rückfall" eines verpachteten Betriebs an den Verpächter nach Beendigung des Pachtverhältnisses vorliegen (BAG 27.4.1995 NZA 1995, 1155). Ist die Einräumung der Nutzungsbefugnis an den Pächter ein Betriebsübergang, kann für den gegenläufigen Akt nichts anderes gelten. Das Rechtsgeschäft liegt in der Vereinbarung der Betriebsüberlassung auf Zeit, wodurch die vertragliche Rückgabepflicht begründet wird. Erfolgt die Rückgabe, leitet der Verpächter die Befugnis zur weiteren Betriebsführung folglich aus einem Rechtsgeschäft her. Dass der Rückgabeanspruch in den §§ 581, 546 BGB gesetzlich geregelt ist, ändert nichts an seinem rechtsgeschäftlichen Charakter. Nach älterer Rechtsprechung kam es nicht darauf an, ob der Verpächter die Organisations- und Leitungsmacht über den verpachteten Betrieb selbst bereits einmal ausgeübt oder ähnliche Betriebe wie den verpachteten betrieben hatte. Maßgeblich war die Fortführbarkeit, nicht die tatsächliche Fortführung des Betriebs (BAG 26.2.1987 NZA 1987, 419; BAG 21.1.1988 NZA 1988, 838; BAG 27.4.1995 NZA 1995, 1155).

117 Die neuere Rechtsprechung nimmt einen Betriebsübergang nur noch dann an, wenn der Betrieb vom Verpächter selbst tatsächlich fortgeführt wird; die Fortführungsmöglichkeit für sich allein genügt nicht (EuGH 10.12.1998 NZA 1999, 189; BAG 12.11.1998 DB 1999, 337, 338; BAG 18.3.1999 NZA 1999, 704). Schon an der Fortführungsmöglichkeit fehlt es, wenn der Betrieb von dem früheren Pächter unmittelbar auf einen Nachpächter übergeht (BAG 27.4.1995 NZA 1995, 1155). Hatte der Verpächter zu keinem Zeitpunkt die Organisations- und Leitungsmacht übernommen, gehen die Arbeitsverhältnisse unmittelbar vom alten auf den neuen Pächter über, wenn dieser den Betrieb im Wesentlichen unverändert und ohne Unterbrechung fortführt (BAG 25.2.1981 AP BGB § 613a Nr. 24).

5. Unternehmensumwandlung nach dem UmwG

a) Arten

118 Ein Fall der Gesamtrechtsnachfolge (vgl. §§ 20, 131 Abs. 1 Nr. 1 UmwG) liegt auch vor, wenn der Rechtsträger eines Unternehmens (z.B. AG, GmbH, OHG) nach den Vorschriften des UmwG umgewandelt wird. Eine Umwandlung ist möglich durch: Verschmelzung, Spaltung, Vermögensübertragung, Formwechsel.

b) Speziell: Unternehmensspaltung

119 Seit Inkrafttreten des neuen Umwandlungsgesetzes am 1. 1. 1995 können Unternehmensteile auch im Wege einer vollständigen oder teilweisen Gesamtrechtsnachfolge übertragen werden. Das hat den Vorteil, dass stille Reserven nicht aufgedeckt werden müssen. Die Übertragung von Unternehmensteilen durch einzelne Rechtsgeschäfte bleibt aber nach wie vor möglich. Das UmwG will die bestehenden Handlungsmöglichkeiten erweitern, nicht beschränken (*Däubler* RdA 1995, 138; *Zöllner* ZGR 1993, 337).

120 Entscheidet sich der Unternehmer für die Spaltung seines Unternehmens im Wege der Gesamtrechtsnachfolge, so ist er an die in § 123 UmwG vorgesehenen Spaltungsformen gebunden, da § 1 Abs. 2 UmwG einen Typenzwang vorsieht. Zulässig sind nur die Aufspaltung, die Abspaltung und die Ausgliederung von Unternehmen.

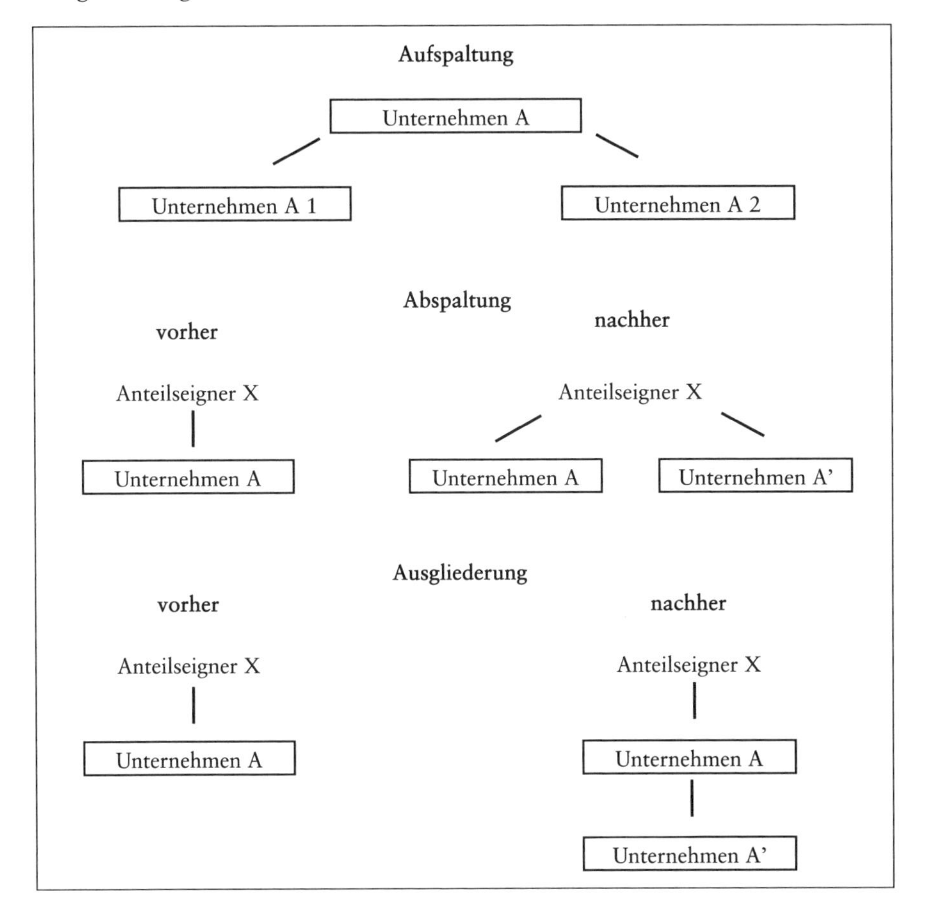

121 Bei der Aufspaltung geht das Vermögen des bisherigen Unternehmens (A) auf zwei oder mehr Rechtsträger (A1 und A2) über; das bisherige Unternehmen erlischt (§ 123 Abs. 1 UmwG). Bei der Abspaltung überträgt das bisherige Unternehmen (A) Vermögensteile auf einen oder mehrere Rechtsträger (A und A'); das bisherige Unternehmen bleibt bestehen. Die Anteilseigner (X) des übertragenden Rechtsträgers (A) erhalten nach § 123 Abs. 2 UmwG Anteile an dem übernehmenden Rechtsträger (A'). Durch die Abspaltung entsteht eine Schwestergesellschaft. Bei der Ausgliederung überträgt das bisherige Unternehmen (A) wie bei der Abspaltung Vermögensteile auf einen oder mehrere Rechtsträger (A') und bleibt selbst bestehen. Anders als bei der Abspaltung erhält der übertragende Rechtsträger (A) aber selbst die Anteile am ausgegliederten Unternehmen (§ 123 Abs. 3 UmwG). Durch die Ausgliederung entsteht eine Tochtergesellschaft (A'). Besteht der übernehmende Rechtsträger bereits, so spricht das Gesetz von einer „Spaltung zur Aufnahme" (§ 123 Abs. 1 Nr. 1, Abs. 2 Nr. 1, Abs. 3 Nr. 1 UmwG). Wird der übernehmende Rechtsträger erst mit der Übertragung der Vermögensteile geschaffen, so spricht das Gesetz von einer „Spaltung zur Neugründung" (§ 123 Abs. 1 Nr. 2, Abs. 2 Nr. 2, Abs. 3 Nr. 2 UmwG).

c) Anwendung des § 613a BGB in diesen Fällen

122 § 613a BGB ist dann nicht anzuwenden, wenn nach einer Unternehmensumwandlung die Identität des Betriebs und seiner Rechtsträger erhalten bleibt. In diesen Fällen liegt ein Wechsel der Gesellschafter vor, und dieser stellt nach h. M. keinen Betriebsübergang dar (BAG 12. 7. 1990 NZA 1991, 63).

123 Nach § 324 UmwG bleiben § 613a Abs. 1 und 4 BGB durch die Wirkungen der Eintragung einer Verschmelzung, Spaltung oder Vermögensübertragung unberührt. Gemeint ist, dass § 613a BGB auch dann anwendbar sein soll, wenn ein Betrieb durch (partielle) Gesamtrechtsnachfolge nach dem UmwG auf einen anderen Rechtsträger übertragen wird (vgl. BAG 25. 5. 2000 NZA 2000, 1115). Es würde keinen Sinn machen, eine Vorschrift, die sowieso nicht anwendbar ist, unberührt zu lassen (*Hromadka/Maschmann/Wallner* Der Tarifwechsel Rn. 210 m. w. N.). Diese Auslegung entspricht auch der EG-Richtlinie zum Betriebsübergang (77/187/EWG), die auf den Übergang von Unternehmen, Betrieben und Betriebsteilen auf einen anderen Inhaber durch vertragliche Übertragung oder Verschmelzung anwendbar ist. Die Spaltung ist dabei das Gegenstück zur Verschmelzung. Sie entspricht schließlich auch dem Willen des deutschen Gesetzgebers (vgl. BR-Drucksache 75/94, S. 118, 121). Geht daher im Zuge einer Unternehmensumwandlung nach dem neuen UmwG ein Betrieb oder Betriebsteil auf einen anderen Inhaber über, so löst dies die Rechtsfolgen des § 613a BGB aus. Der Umwandlungs- oder Spaltungsvertrag ist das für § 613a BGB erforderliche Rechtsgeschäft. Der Übergang der Arbeitsverhältnisse auf den neuen Rechtsträger ergibt sich also nicht als gesetzliche Folge der Universalsukzession, sondern aus § 613a BGB; abweichende Festlegungen in einem Spaltungsplan (§ 126 UmwG) sind nicht möglich. Freilich entbindet § 324 UmwG nicht von der Prüfung der tatbestandlichen Voraussetzungen des § 613a BGB: Übergang eines Betriebs oder Betriebsteils bzw. – nach EuGH – „Wahrung der Identität der wirtschaftlichen Einheit" (BAG 25. 5. 2000

NZA 2000, 115). Die Vorschrift des § 324 UmwG enthält eine Rechtsgrundverweisung mit der Maßgabe, dass der Übergang nicht durch Rechtsgeschäft erfolgt sein muss (BAG 6. 10. 2005 NZA 2006, 990, 994).

VII. Sonderfälle

1. Betriebsübergang im Insolvenzverfahren

124 Nicht selten werden Betriebe oder Betriebsteile im Zuge eines Insolvenzverfahrens veräußert. Der Erfolg eines Insolvenzverfahrens hängt häufig davon ab, ob und zu welchen Bedingungen der Erwerber die Mitarbeiter übernehmen muss.

a) Europarechtliche Vorgaben

125 Nach Art. 5 Abs. 1 Nr. 1 der RL 2001/23/EG ist die Betriebsübergangs-Richtlinie bei Betriebsübergängen im Rahmen eines Konkurs- bzw. Insolvenzverfahrens, sofern die Mitgliedstaaten nichts anderes vorsehen, nicht anzuwenden. Die Mitgliedstaaten werden ermächtigt, die vor Eröffnung eines Insolvenzverfahrens fälligen Verbindlichkeiten aus Arbeitsverhältnissen nicht auf den Erwerber übergehen zu lassen, wenn für die Arbeitnehmer ein gewisser Mindestschutz gewährleistet ist (Art. 4a der RL 98/50/EG vom 29. 6. 1998, ABl. L 201, S. 88). Das entspricht im Wesentlichen der Situation nach deutschem Recht.

b) Fortführung des Betriebs durch den Insolvenzverwalter

126 Der insolvent gewordene Betrieb wird in der Regel zunächst eine Zeitlang von einem Insolvenzverwalter geführt. Darin liegt noch kein Betriebsübergang im Sinne des § 613a BGB. Der Insolvenzverwalter erhält zwar die Organisations- und Leitungsmacht (§§ 80, 148 InsO); er erwirbt sie aber nicht „durch Rechtsgeschäft". Vielmehr übt er die Verwaltungs- und Verfügungsmacht des insolvent gewordenen Betriebsinhabers kraft Staatsaktes (§ 56 InsO) als Partei kraft Amtes aus (BAG 4. 12. 1986 NZA 1987, 460). Entsprechendes gilt für den Sequester (BAG 21. 2. 1990 NZA 1990, 522). Nimmt der Insolvenzverwalter eine angebotene Arbeitsleistung nicht an, so steht dem Arbeitnehmer der Anspruch auf die Vergütung wegen Annahmeverzugs zu (§ 615 BGB); hierfür haftet die Insolvenzmasse nach § 55 Abs. 1 Nr. 2 InsO. Setzt der Insolvenzverwalter den Betrieb nach der Eröffnung des Insolvenzverfahrens fort und hält er es für erforderlich, aus betrieblichen Gründen Kündigungen auszusprechen, so greift das Verbot des § 613a Abs. 4 Satz 1 BGB nicht ein, weil die Kündigungen nicht aus Anlass eines Betriebsübergangs ausgesprochen werden.

c) Betriebsveräußerung durch den Insolvenzverwalter

127 Veräußert der Insolvenzverwalter den Betrieb oder einen Betriebsteil an einen Dritten, so ist § 613a BGB anwendbar (BAG 17. 1. 1980 AP BGB § 613a Nr. 18 m. w. N.). Die Nichtanwendung des § 613a BGB würde zu einer empfindlichen Lücke im System der Arbeitsplatzsicherung beim Betriebsinhaberwechsel führen. Allerdings ist es dem Erwerber unbenommen, nach dem Betriebsübergang betriebsbedingte Kündigungen zur Rationalisierung oder zur Sanierung des Betriebs gemäß § 613a Abs. 4 Satz 2 BGB auszusprechen (EuGH 7. 12. 1995 NZA 1996, 305). Die insolvenzrechtlichen Besonderheiten des Kündigungsrechts (§§ 125 ff. InsO) gelten auch für den Betriebserwerber (vgl. im Einzelnen § 128 InsO). Seine Haftung für Altschulden ist überdies eingeschränkt (s. Rn. 231 ff.).

2. Betriebsübergang bei Zwangsvollstreckung in Betriebsgrundstücke

a) Zwangsversteigerung von Betriebsgrundstücken

128 § 613a BGB findet keine Anwendung, wenn der Betrieb durch den Zuschlag in einer Zwangsversteigerung übergeht. Der Erwerber erhält das Eigentum kraft Hoheitsakts und nicht durch Rechtsgeschäft. Außerdem ist Gegenstand der Zwangsversteigerung nicht der Betrieb, sondern das Betriebsgrundstück und die Gegenstände, auf die sich die Beschlagnahme erstreckt (*Richardi* RdA 1976, 59 f.; *Seiter* Betriebsinhaberwechsel 1980, S. 140). Will der Erwerber den Betrieb fortführen, muss er mit dem Eigentümer eine entsprechende Vereinbarung treffen. Diese Vereinbarung ist ein Rechtsgeschäft im Sinne des § 613a BGB, sofern der Erwerber hierdurch die zur Fortführung des Betriebs erforderlichen Betriebsmittel erhält (BAG 14. 10. 1982 AP BGB § 613a Nr. 36).

b) Zwangsverwaltung

129 Die Anordnung der Zwangsverwaltung eines Grundstücks erfasst ebenfalls nur das Betriebsgrundstück, nicht den Betrieb als solchen, und sie erfolgt wie die Zwangsversteigerung durch Hoheitsakt, nicht aufgrund eines Rechtsgeschäfts. Nach § 152 Abs. 1 ZVG hat der Verwalter das Recht und die Pflicht, alle Handlungen vorzunehmen, die erforderlich sind, um das Grundstück in seinem wirtschaftlichen Bestand zu erhalten und ordnungsgemäß zu benutzen. Dazu kann er den Betrieb fortführen, er muss es aber nicht. Entschließt er sich zur Fortführung, findet § 613a BGB Anwendung (Soergel/*Raab* § 613a BGB Rn. 63 f.; BAG 9. 1. 1980 AP BGB § 613a Nr. 19 stellt darauf ab, ob der Zwangsverwalter den Betrieb oder Betriebsteil mit rechtsgeschäftlicher Einwilligung des Schuldners fortführt).

C. Individualrechtliche Rechtsfolgen des Betriebsübergangs

I. Übergang der Arbeitsverhältnisse

130 Die wichtigste Rechtsfolge des § 613a BGB ist der Übergang der Arbeitsverhältnisse, die im Zeitpunkt des Betriebsübergangs bestehen auf den Erwerber. Voraussetzung ist, dass

- ein Arbeitsverhältnis (s. Rn. 131 ff.)
- zum Zeitpunkt des Betriebsübergangs bereits und noch besteht (s. Rn. 134 ff.),
- das dem übergegangenen Betrieb oder Betriebsteil zuzuordnen ist (s. Rn. 136 ff.).

1. Übergang von Arbeitsverhältnissen

131 § 613a BGB findet auf alle Arbeitsverhältnisse Anwendung. Für den Arbeitnehmerbegriff ist nach der RL 2001/23/EG auf das deutsche Arbeitsrecht abzustellen (EuGH 14. 9. 2000 NZA 2000, 1279 – Collino). Es gilt die Definition des Arbeitsverhältnisses im allgemeinen arbeitsrechtlichen Sinne (dazu ausf. *Maschmann*, Arbeitsverträge und Verträgen mit Selbständigen). Bei einem Betriebsübergang **gehen daher auch die Arbeitsverhältnisse über von:**

- **leitenden Angestellten** (BAG 22. 2. 1978 AP BGB § 613a Nr. 11)
- **Auszubildenden** kraft des Verweises in § 10 Abs. 2 BBiG auf die für den Arbeitsvertrag geltenden Vorschriften; Besonderheiten aus dem Wesen oder dem Zweck des Berufsausbildungsverhältnisses oder dem BBiG stehen der Anwendung des § 613a BGB nicht entgegen (BAG 13. 7. 2006 NZA 2006, 1406); entsprechendes gilt wegen § 26 BBiG auch für Volontäre und Praktikanten im Sinne dieser Vorschrift
- **Außendienstmitarbeitern, Telearbeitnehmern**
- **Teilzeitbeschäftigten und Aushilfskräften,** soweit der Arbeitsvertrag reicht (ErfK/*Preis* § 613a BGB Rn. 67).

132 Bei einem Betriebsübergang gehen **nicht** über die Vertragsverhältnisse von

- **Heimarbeitern** (BAG 24. 3. 1998 NZA 1998, 200; a. A. DFL/*Bayreuther* § 613a BGB Rn. 36)
- **Organmitgliedern** juristischer Personen, z. B. von **GmbH-Geschäftsführern** (BAG 13. 2. 2003 NZA 2003, 552); allerdings kann im Einzelfall ein solches Rechtsverhältnis ein Arbeitsverhältnis sein, namentlich dann, wenn ein Fremdgeschäftsführer seine Dienste in persönlicher Abhängigkeit leistet; in diesem Fall geht sein Arbeitsverhältnis auf den Erwerber

über (MünchKomm/*Müller-Glöge* § 613a BGB Rn. 82). Ein solches Arbeitsverhältnis kann auch erst anlässlich einer fehlgeschlagenen Verschmelzung zwischen dem Geschäftsführer der betriebsveräußernden GmbH und deren Erwerber begründet werden; das Fortbestehen der Organstellung des Geschäftsführers steht dem nicht entgegen (BAG 13. 2. 2003 NZA 2003, 552).
- **freien Mitarbeitern** (BAG 13. 2. 2003 NZA 2003, 845)
- **Bewerbern** um eine Stelle, soweit noch kein Vertragsverhältnis begründet wurde.
- **Leiharbeitnehmern,** wenn der Betrieb des Entleihers übergeht, sofern nicht zu diesem kraft Gesetzes nach § 10 AÜG ein Arbeitsverhältnis begründet wurde (MünchKomm/*Müller-Glöge* § 613a BGB Rn. 80).

133 Ist die Rechtsnatur eines Vertrags zwischen den Parteien streitig, ist für die Anwendbarkeit des § 613a BGB die objektive Qualifikation maßgeblich. Stellt ein Gericht in einem Statusprozess rückwirkend fest, dass es sich bei dem zu beurteilenden Vertrag um einen Arbeitsvertrag handelt, ist dieser kraft Gesetzes auf den Erwerber übergegangen (MünchKomm/*Müller-Glöge* § 613a BGB Rn. 81).

2. Bestehen eines Arbeitsverhältnisses

134 Nur die bereits beim Veräußerer bestehenden Arbeitsverhältnisse gehen auf den Erwerber über. Entscheidend ist der rechtliche Bestand. Ob der Arbeitnehmer tatsächlich Arbeit leistet oder von der Arbeit freigestellt ist, ist unerheblich (BAG 22. 2. 1978 AP BGB § 613a BGB Nr. 11). Ohne Einschränkung **tritt der Erwerber daher ein:**
- in fehlerhaft begründete („faktische") Arbeitsverhältnisse (ErfK/*Preis* § 613a BGB Rn. 68)
- in Arbeitsverhältnisse mit ganz oder teilweise suspendierten Hauptleistungspflichten, etwa bei Elternzeit (BAG 2. 12. 1999 NZA 2000, 369), unbezahltem Urlaub, Kurzarbeit, Ableistung einer gesetzlichen Dienstpflicht (MünchKomm/*Müller-Glöge* § 613a BGB Rn. 83)
- in bereits gekündigte Arbeitsverhältnisse, solange die Kündigungsfrist läuft (BAG 22. 2. 1978 AP BGB § 613a Nr. 11; BAG 23. 9. 1999 8 AZR 612–621/98, jurisdok 642616); will der gekündigte Arbeitnehmer dies vermeiden, muss er dem Betriebsübergang widersprechen
- in bereits gekündigte Arbeitsverhältnisse nach Ablauf der Kündigungsfrist, wenn ein Anspruch auf Weiterbeschäftigung besteht, sei es aus § 102 Abs. 2 BetrVG beim Widerspruch des Betriebsrats, sei es aus dem richterrechtlich entwickelten allgemeinen Weiterbeschäftigungsanspruch (vgl. HWK/*Willemsen* § 613a BGB Rn. 222b).

135 Dagegen tritt der Erwerber **nicht ein:**
- in **nur zum Schein begründete Arbeitsverhältnisse.** Die Darlegungs- und Beweislast dafür, dass ein freies Dienstverhältnis nur zum Schein in ein abhängiges Arbeitsverhältnis umgewandelt und daher nicht vom nachfol-

genden Betriebsübergang erfasst wurde, trägt die Partei, die sich auf die Nichtigkeit des Scheingeschäfts nach § 117 I BGB beruft (BAG 13.2. 2003 NZA 2003, 845)

- in bereits zum Zeitpunkt des Erwerbs **beendete Arbeitsverhältnisse.** Allerdings gebietet es der Schutzzweck des § 613a Abs. 1 BGB, mehrere Arbeitsverhältnisse als ein einheitliches zu behandeln, wenn ein hinreichend enger Zusammenhang zwischen beiden Arbeitsverhältnissen besteht. Das hat die Rechtsprechung bejaht, wenn ein auf den Tag vor dem Betriebsübergang befristeter Arbeitsvertrag vom Erwerber nahtlos auf der Basis eines Vertrags fortgesetzt wurde (BAG 19. 5. 2005 NZA-RR 2006, 373).
- in die **Ruhestandsverhältnisse oder in die Versorgungsanwartschaften bereits ausgeschiedener Arbeitnehmer** (st. Rspr., zuletzt BAG 11. 3. 2008 NZA 2009, 709 Tz. 17). Ihre Versorgungsansprüche hat der Erwerber nicht zu erfüllen (BAG 27. 6. 2006 NZA-RR 2008, 35). Die beim Veräußerer verbleibenden Versorgungsverbindlichkeiten können durch eine umwandlungsrechtliche Ausgliederung im Wege der partiellen Gesamtrechtsnachfolge nach § 131 Abs. 1 Nr. 1 UmwG auf eine „Rentnergesellschaft" übertragen werden. Dem Versorgungsempfänger steht dabei kein Widerspruchsrecht zu. Einer Zustimmung des Versorgungsempfängers oder des Pensions-Sicherungs-Vereins bedarf es weder nach §§ 414, 415 BGB noch nach § 4 BetrAVG (BAG 11. 3. 2008 NZA 2009, 709).

3. Zugehörigkeit zum übergegangenen Betrieb oder Betriebsteil

136 Es gehen nur solche Arbeitsverhältnisse auf den Erwerber über, die dem übertragenen Betrieb oder Betriebsteil zuzuordnen sind, nicht aber solche, die zu stillgelegten oder beim Veräußerer verbleibenden Betriebsteilen gehören (BAG 13. 11. 1986 NZA 1987, 458; BAG 13. 11. 1997 NZA 1998, 249). Maßgeblich ist die **rechtliche Zuordnung.** Keine Rolle spielt, ob der Arbeitnehmer seine Arbeit tatsächlich verrichtet. Einem übergehenden Betrieb oder Betriebsteil gehören deshalb auch solche Arbeitnehmer an, die zum Zeitpunkt des Betriebsübergangs **arbeitsunfähig erkrankt** oder sogar **erwerbsunfähig** sind (BAG 21. 2. 2006 NZA 2007, 931). Erfasst werden überdies Arbeitnehmer, die vom Veräußerer aufgrund eines **Entsendungsvertrags ins Ausland** beordert wurden. Das Arbeitsverhältnis geht mit den Rechten und Pflichten zum Zeitpunkt der Entsendung, also in Gestalt des Entsendungsvertrags, über (Hess. LAG 15. 3. 2004 16 Sa 1377/03).

137 Problematisch ist die Betriebszugehörigkeit, wenn sich das **Arbeitsverhältnis nicht eindeutig einem Betrieb oder Betriebsteil zuordnen lässt,** etwa bei „Springern", die wechselnd in verschiedenen Betriebsabteilungen eingesetzt werden, bei Arbeitnehmern mit überbetrieblichen Leitungsfunktionen (Leiter des Einkaufs für mehrere Betriebe) und bei Arbeitnehmern in Stabs- und Querschnittsbereichen (zentrale Buchhaltung, EDV, Personalverwaltung, Kantine usw.). Nach der früheren Rechtsprechung sollte in erster Linie der Wille der Beteiligten zu beachten sein (BAG 20. 7. 1982 AP BGB § 613a Nr. 31; BAG 25. 6. 1985 NZA 1986, 93). Im Übrigen sollte es auf den

Schwerpunkt der Betriebstätigkeit ankommen (BAG 20.7.1982 AP BGB § 613a Nr. 31). Abgestellt wurde auf den überwiegenden Ort der Arbeit, den Arbeitsaufwand (Arbeitszeit), die Bedeutung der Tätigkeit für den übergegangenen Betrieb und die Zuordnung zu Vorgesetzten und Mitarbeitern (MünchArbR/*Wank* § 120 Rn. 114 m. w. N. zu weiteren Kriterien).

138 **Nach neuerer Rechtsprechung** genügt es für die Zuordnung zum übertragenen Betrieb oder Betriebsteil nicht, dass jemand in einer nicht übertragenen Abteilung Tätigkeiten für den übertragenen Betriebsteil verrichtet hat (BAG 3.11.1997 NZA 1998, 249, 250; BAG 21.1.1999 ZInsO 1999, 361); er **muss dem übertragenen Betriebsteil angehören,** d. h. dort eingegliedert sein (EuGH AP EWG-Richtlinie Nr. 77/187 Nr. 5 – Rask; BAG 13.2.2003 NZA 2003, 1111). **Arbeitnehmer in Stabsfunktionen** werden bei der Ausgliederung einzelner Abteilungen nicht „anteilig" diesen Betriebsteilen zugeordnet – selbst dann nicht, wenn ihre Tätigkeit ausschließlich oder überwiegend den übergehenden Betriebsteilen zu Gute kommt (so aber LAG Köln NZA-RR 2002, 513) –, sondern sie verbleiben beim Restbetrieb (BAG 24.8.2006 NZA 2007, 1320). Können sie dort nicht mehr beschäftigt werden, kann ihnen betriebsbedingt gekündigt werden. § 613a Abs. 4 BGB steht dem nicht entgegen (BAG 13.2.2003 NZA 2003, 1111). Die Zuordnung zu einem Betriebsteil kann auch noch kurzzeitig vor einem Übergang im Wege des Direktionsrechts erfolgen (MünchKomm/*Müller-Glöge* § 613a BGB Rn. 87). Sie setzt keine entsprechende arbeitsvertragliche Beschränkung des Weisungsrechts voraus, sondern richtet sich nach tatsächlichen Kriterien (BAG 22.7.2004 NZA 2004, 1383, 1389). Bei **freigestellten Betriebsratsmitgliedern** ist auf den Arbeitsplatz vor der Freistellung abzustellen (Küttner/*Kreitner* Betriebsübergang Rn. 23). Bei Umwandlungen nach dem UmwG schafft § 323 Abs. 2 UmwG die Möglichkeit, die Zuordnung von Arbeitnehmern zu bestimmten Betriebsteilen im Wege des Interessenausgleichs zu regeln, der vom Gericht – soweit es die Tatsachen betrifft – nur auf grobe Fehlerhaftigkeit überprüft werden kann. **Widerspricht ein Arbeitnehmer** dem Übergang seines Arbeitsverhältnisses auf Grund eines Teilbetriebsübergangs, bedarf es einer ausdrücklichen oder konkludenten Zuordnungsentscheidung des Arbeitgebers, wenn das Arbeitsverhältnis von einem weiteren Teilbetriebsübergang erfasst werden soll (BAG 13.2.2003 NZA 2003, 1111).

II. Unterrichtung der Arbeitnehmer

1. Allgemeines

a) Inhalt und Zweck der Unterrichtung

139 § 613a Abs. 5 BGB verpflichtet den bisherigen oder den neuen Betriebsinhaber, die von einem Betriebsübergang betroffenen Arbeitnehmer über die wichtigsten damit zusammenhängenden Fragen aufzuklären. Dazu gehören mindestens Angaben über

- den tatsächlichen oder den geplanten Zeitpunkt des Übergangs (s. Rn. 156 ff.)
- den Grund für den Übergang (s. Rn. 159)
- seine rechtlichen, wirtschaftlichen und sozialen Folgen für die betroffenen Arbeitnehmer (s. Rn. 160 ff.)
- sowie die für sie in Aussicht genommenen Maßnahmen (s. Rn. 168).

140 Die Unterrichtung soll den Arbeitnehmer in die Lage versetzen, nach Abwägung aller Gesichtspunkte den Übergang seines Arbeitsverhältnisses auf den Erwerber hinzunehmen oder ihm zu widersprechen und beim bisherigen Arbeitgeber weiterzuarbeiten (vgl. Begr. RegE, BT-Drucks. 14/7760 S. 19). Freilich riskiert er mit dem Widerspruch eine betriebsbedingte Kündigung, wenn sein Arbeitsplatz auf den Erwerber übergegangen ist und beim alten Betriebsinhaber keine Beschäftigungsmöglichkeit besteht (s. Rn. 194 ff.). Nach dem Willen des Gesetzgebers (BT-Drucks. 14/7760 S. 19) – der freilich nicht im Wortlaut des § 613a Abs. 5 BGB zum Ausdruck gelangt ist – **setzt nur eine vollständige und fehlerfreie Information die einmonatige Widerspruchsfrist des** § 613a Abs. 6 BGB in Gang (BAG 13. 7. 2006 NZA 2006, 1273; BAG 23. 7. 2009 NZA 2010, 89). Da eine nicht angelaufene Frist auch nicht ablaufen kann, ermöglichen schon kleinere Fehler bei der Unterrichtung einen Widerspruch noch lange Zeit nach dem Betriebsübergang (bis zu einer ordnungsgemäßen Unterrichtung BAG 20. 3. 2008 NZA 2008, 1297, 1301). Soll das Widerspruchsrecht nicht zu einem „Reuerecht" für den Fall werden, dass der Arbeitnehmer beim neuen Arbeitgeber für sich keine Zukunft sieht, muss die Unterrichtung besonders sorgfältig erfolgen. Ordnungsgemäße Schreiben zu erstellen, ist angesichts einer ausufernden Rechtsprechung (vor allem der Instanzgerichte s. *Dzida* NZA 2009, 641, 642 ff.; *Schiefer/Worzalla* NJW 2009, 558) allerdings äußerst schwierig. Von daher hat sich die aktuelle Diskussion auf die Frage verschoben, ob und wann der Widerspruch eines nicht gehörig unterrichteten Arbeitnehmers nach § 242 BGB **verwirkt** sein kann (s. Rn. 185 ff.) und ob es alternative Gestaltungsmöglichkeiten gibt, die zu größerer Rechtssicherheit führen (dazu *Rieble/Wiebauer* NZA 2009, 401; *Göpfert/Siegrist* ArbRAktuell 2010 297506).

b) (Überschießende) Umsetzung gemeinschaftsrechtlicher Vorgaben

141 § 613a Abs. 5 BGB dient der Umsetzung von Art. 7 Abs. 6 RL 2001/23/EG. Der deutsche Gesetzgeber ist deutlich über die gemeinschaftsrechtliche Zielvorgabe hinausgegangen (*Franzen* RdA 2002, 258, 261; *Gaul/Otto* DB 2002, 634). Diese sieht nämlich einen individuellen, jedem Arbeitnehmer zustehenden Unterrichtungsanspruch nur subsidiär für den Fall vor, dass in dem von einem Übergang betroffenen Betrieb oder Unternehmen keine Arbeitnehmervertretung besteht. Näher gelegen hätte es, die Richtlinie „1 : 1" umzusetzen, dem Betriebsrat getreu der gemeinschaftsrechtlichen Vorgabe einen kollektivrechtlichen Unterrichtungsanspruch einzuräumen und den individualrechtlichen Anspruch auf betriebsratslose Betriebe zu beschränken. Das ist jedoch nicht geschehen. Die **„überschießende" Umsetzung** führt dazu, dass die individualrechtliche Unterrichtung aller Arbeitnehmer neben die kollektivrechtliche der Belegschaftsvertretungen (s. Rn. 466 ff.; 501 ff.) tritt. Diese „Mehrspurigkeit" ist gewollt (vgl. BT-Drucks. 14/7760, S. 19). Mit einem Betriebsinhaberwechsel können für den Arbeitnehmer wesentliche Änderungen seiner Arbeitsbedingungen und beruflichen Entwicklungsmöglichkeiten verbunden sein, die ihn möglicherweise veranlassen, dem Übergang seines Arbeitsverhältnisses auf einen anderen Arbeitgeber zu widersprechen. Es sei deshalb geboten, dass alle Arbeitnehmer über den Übergang und die für sie eintretenden Folgen unmittelbar durch die beteiligten Arbeitgeber unterrichtet würden. Hinzukomme, dass der Betriebsrat nur dann über einen Betriebsübergang informiert werden müsse, wenn zugleich eine Betriebsänderung nach § 111 BetrVG vorläge, was nur bei Betriebsspaltungen oder -verschmelzungen der Falls sei (s. Rn. 495 ff.). Freilich verlangt das Gemeinschaftsrecht nicht, dem Arbeitnehmer die Befugnis einzuräumen, dem Übergang seines Arbeitsverhältnisses auf einen neuen Betriebsinhabers zu widersprechen, und erst recht nicht die (unselige) Verbindung zwischen Unterrichtungspflicht und Widerspruchsrecht. Auch die Arbeitnehmer in Textform über den Betriebsübergang zu informieren, ist gemeinschaftsrechtlich nicht geboten; Art. 7 RL 2001/23/EG enthält keinerlei Formerfordernis.

c) Unterrichtungspflicht und Rechtsnatur der Unterrichtung

142 **Vor der Reform des § 613a BGB im Jahr 2001** sah die Rechtsprechung (BAG 22. 4. 1993 NZA 1994, 505) in der **Unterrichtung eine reine Obliegenheit,** deren Nichterfüllung allein das Nichtanlaufen der Widerspruchsfrist bewirkte, die nach damaligem Recht mit der Kenntnis der betroffenen Arbeitnehmer von den den Betriebsübergang begründenden Umständen begann. Die Information lag daher im wohlverstandenen Eigeninteresse des Veräußerers, wollte dieser nicht noch nach Jahr und Tag Widersprüche riskieren, konnte aber von den betroffenen Arbeitnehmern nicht eingefordert werden (*Franzen* RdA 2002, 258, 262). Mit Einführung des § 613a Abs. 5 BGB wird überwiegend davon ausgegangen, dass eine Rechtspflicht zur Unterrichtung besteht (statt vieler *Hauck* NZA Beil. 1/2009, S. 18, 19; MünchKomm/*Müller-Glöge* § 613a BGB Rn. 114 m. w. N.). Die Gegenmeinung (*Bauer/von Steinau-Steinrück* ZIP 2002, 457, 463; *Grobys* BB 2002, 726, 727) überzeugt nicht. Dieser ist zwar zuzugeben, dass der Gesetzgeber mit der Unterrichtung die Widerspruchsfrist beginnen lässt, so dass – wie bereits vor der Reform – die Nichtunterrichtung zum Nichtanlaufen der Frist führt. Trotzdem handelt es sich nicht um eine schlichte Obliegenheit. Dagegen spricht, dass nach Art. 9 RL 2001/23/EG die Mitgliedstaaten gehalten sind, innerstaatliche Regelungen zu treffen, „um allen Arbeitnehmern und Vertretern der Arbeitnehmer, die ihrer Ansicht nach durch die Nichtbeachtung der sich aus dieser Richtlinie ergebenden Verpflichtungen benachteiligt sind, die Möglichkeit zu geben, ihre Forderung durch Gerichtsverfahren einzuklagen …" Bei richtlinienkonformer Auslegung muss daher § 613a Abs. 5 BGB eine Unterrichtungspflicht entnommen werden. Das entspricht auch der Ansicht der Rechtsprechung (BAG 24. 5. 2005 NZA 2005, 1302; BAG 13. 7.

2006 NZA 2006, 1406). Die Unterrichtung kann deshalb eingeklagt werden (Staudinger/*Annuß* § 613a BGB Rn. 173), ihre nicht oder nicht gehörig erfolgte Erfüllung Schadensersatzansprüche nach § 280 Abs. 1 BGB auslösen (BAG 20. 3. 2008 NZA 2008, 1297; s. im Einzelnen Rn. 173).

143 Die Unterrichtungspflicht gilt **bei allen Betriebsübergängen,** gleichgültig ob sie im Wege der Einzel- oder der Gesamtrechtsnachfolge vollzogen werden; letzteres hat der Gesetzgeber durch den in § 324 UmwG eingefügten Verweis auf § 613a Abs. 5 BGB ausdrücklich festgeschrieben. Sie besteht unabhängig von der Verpflichtung nach §§ 5 Abs. 1 Nr. 9, 126 Abs. 1 Nr. 11 UmwG, im Umwandlungsvertrag die Folgen der Umwandlung für die Arbeitnehmer und ihre Vertretungen sowie die insoweit vorgesehenen Maßnahmen anzugeben und diese Information dem Betriebsrat gemäß §§ 5 Abs. 3, 126 Abs. 3 UmwG zuzuleiten (*Gaul/Otto* DB 2002, 632, 634). Auch die kollektivrechtlichen Informationspflichten (§§ 106, 111 BetrVG usw.) lassen die Pflichten nach § 613a Abs. 5 BGB unberührt. Weder die Größe des Unternehmens noch die des Übertragungsobjekts spielen eine Rolle. Selbst bei einem Kleinbetrieb bzw. bei der Ausgliederung einer nur aus wenigen Personen bestehenden Betriebsabteilung ist nach Maßgabe von § 613a Abs. 5 BGB zu informieren, wenn die tatbestandlichen Voraussetzungen eines Betriebsübergangs erfüllt sind. Das kann problematisch sein, wenn an einem Betriebsübergang mehr als zwei Parteien beteiligt sind (s. Rn. 113 ff.), wie z. B. bei Rückfall und Neuverpachtung eines Betriebs oder bei der Neuvergabe eines bereits fremd vergebenen Dienstleistungsauftrags (Bewachung, Reinigung, Verpflegung usw.).

144 Die Unterrichtung ist eine **Wissensmitteilung über Tatsachen, keine Willenserklärung** (*Schiefer/Worzalla* NJW 2009, 558, 560). Die Vorschriften über Willensmängel greifen daher nicht, weshalb eine Anfechtung wegen Irrtums nicht in Betracht kommt. Die Vorschriften über den Zugang von Willenserklärungen (§ 130 BGB) können aber entsprechend angewendet werden (MünchKomm/*Müller-Glöge* § 613a BGB Rn. 112). Für den ordnungsgemäßen Zugang der Mitteilung tragen die Unterrichtungspflichtigen die Beweislast (DFL/*Bayreuther* § 613a BGB Rn. 120). Die Unterrichtung nach § 613a Abs. 5 BGB kann nicht durch Übermittlung eines Überleitungsvertrags ersetzt werden, durch den beim Arbeitnehmer der Eindruck vermittelt wird, sein Arbeitsverhältnis solle mittels einer Änderung seines bisherigen Arbeitsvertrags mit einem anderen Arbeitgeber weitergeführt werden und nicht im Wege eines Betriebsteilübergangs nach § 613a Abs. 1 BGB auf diesen neuen Arbeitgeber übergehen (BAG 21. 8. 2008 NZA-RR 2009, 62, 65). Ebenso problematisch sind Hinweise, dass sich der Erwerber verpflichtet habe, sämtliche von einem Betriebsübergang betroffenen Arbeitsverhältnisse mit allen Rechten und Pflichten zu übernehmen, weil dadurch beim Erklärungsempfänger der Eindruck entsteht, die Übernahme der Arbeitsverhältnisse und die Fortwirkung der Vertragsbedingungen stünde im Belieben des Erwerbers (BAG 13. 7. 2006 NZA 2006, 1268, 1272).

2. Verpflichtete und Adressaten der Unterrichtung

a) Verpflichtete

145 Zur Unterrichtung verpflichtet sind der **bisherige Arbeitgeber oder der neue Inhaber** (§ 613a Abs. 5 Einleitungssatz BGB). Die h. M. geht von einer **gesamtschuldnerischen Verpflichtung** i. S. d. §§ 421 ff. BGB aus (BAG 27. 11. 2008 NZA 2009, 552, 556; *Hauck* NZA Beil. 1/2009, S. 19; MünchKomm/*Müller-Glöge* § 613a BGB Rn. 111 m. w. N.; *Rupp* NZA 2007, 301 m. w. N.). Sie sieht Veräußerer und Erwerber als „Informationseinheit"(BAG a. a. O.) und gelangt damit hinsichtlich der Erfüllung zur Anwendung von § 422 Abs. 1 S. 1 BGB: Informiert der Veräußerer seine Arbeitnehmer ordnungsgemäß, hat damit auch der Erwerber seine Verpflichtung erfüllt. Entsprechendes gilt im umgekehrten Fall (*Willemsen/Lembke* NJW 2002, 1159, 1162). Gegen die Gesamtschuldnerschaft spricht allerdings, dass sich die von einem Betriebsübergang Betroffenen nicht wahlweise an den einen oder den anderen halten können, sondern umgekehrt die Auskunftspflichtigen bestimmen, wer die geschuldete Information erteilt (*Schiefer/Worzalla* NJW 2009, 558, 559). **Veräußerer und Erwerber sollen sich untereinander verständigen,** in welcher Weise sie die Informationspflicht erfüllen wollen (Begr. RegE, BT-Drucks. 14/7760 S. 19). Das geschieht am besten im **Übernahmevertrag.** Dort kann auch geregelt werden, welche Abstimmungsprozesse der Unterrichtung vorausgehen, wie Meinungsverschiedenheiten zwischen den Parteien gelöst werden und wer die Kosten der Information – auch die einer möglicherweise fehlerhaften – trägt (*Jaeger* ZIP 2004, 433, *Meyer* Unterrichtung Rn. 17 ff).

146 Im günstigsten Fall **unterrichten Veräußerer und Erwerber gemeinsam.** Damit werden Auslegungsstreitigkeiten und die Gefahr inhaltlich unterschiedlicher Auskünfte vermieden (*Meyer* Unterrichtung Rn. 16). Überdies kann das Widerspruchsrisiko gesenkt werden, da das gemeinsam verfasste Schreiben den Betroffenen zeigt, dass alter und neuer Betriebsinhaber hinter dem Betriebsübergang stehen. Falls nicht anders vereinbart, tragen die Unterrichtungspflichtigen die Kosten der Information je zur Hälfte (§ 426 Abs. 1 Satz 1 BGB), und zwar auch dann, wenn nur einer der Verpflichteten anwaltlichen Rat einholt (*Grau* Informationspflicht, S. 94). Wollen oder können die Unterrichtungspflichtigen kein gemeinsames Schreiben verfassen, lässt sich eine Koordinierung dadurch bewerkstelligen, dass der Veräußerer ein Abschieds-, der Erwerber ein Willkommensschreiben verfasst, die beide aufeinander abgestimmt sind.

147 **Unterrichten die Verpflichteten getrennt voneinander** oder informiert nur einer der beiden, ist die Unterrichtungspflicht erst dann erfüllt, wenn sich aus der Gesamtschau aller erteilten Informationen eine ordnungsgemäße Unterrichtung ergibt (*Bauer/von Steinau-Steinrück* ZIP 2002, 457, 463). Eine **vollständige Information kann also auch durch eine Kombination von Teilinformationen erfolgen** (Staudinger/*Annuß* § 613a BGB Rn. 151; ErfK/*Preis* § 613a BGB Rn. 90). Problematisch sind allerdings **widersprüchliche**

Unterrichtungsschreiben (dazu *Rupp* NZA 2007, 301). Hat einer der Verpflichteten ordnungsgemäß informiert, schadet eine spätere Falschinformation durch den anderen nicht, da mit der ersten Unterrichtung die Pflicht aus § 613a Abs. 5 BGB bereits erfüllt wurde (MünchKomm/*Müller-Glöge* § 613a BGB Rn. 111; a. A. Staudinger/*Annuß* § 613a BGB Rn. 152). Im umgekehrten Fall – falsche vor richtiger Information – beginnt die Widerspruchsfrist mangels einer eindeutigen Unterrichtung ebenso wenig zu laufen, wie im Fall, dass keines der Schreiben ordnungsgemäß ist (*Rupp* NZA 2007, 301, 305).

148 **Informiert der bisherige Arbeitgeber** über den Betriebsübergang, so kann er naturgemäß nur über solche Umstände aufklären, die ihm zum Zeitpunkt des Betriebsübergangs bekannt oder konkret erkennbar sind. Wie der Erwerber den Betrieb zu führen gedenkt, entzieht sich seines Einflusses und ist zum Zeitpunkt der Übernahme der betrieblichen Leitungsmacht häufig noch offen. Keinesfalls ist der Veräußerer gehalten, Garantieerklärungen für künftige Entwicklungen abzugeben, da er insoweit nicht risikobelastet ist. Umgekehrt kann er sich seiner Aufklärungspflicht nicht allein mit der Begründung entziehen, dass nur der Erwerber über die benötigten Informationen verfügt (vgl. BAG 16. 10. 2007 NZA 2008, 298). **Weigert sich der Erwerber, die auf ihn übergehenden Arbeitnehmer ordnungsgemäß zu informieren, hat der Veräußerer gegen ihn einen Auskunftsanspruch**, um nun selbst die Arbeitnehmer unterrichten zu können (DFL/*Bayreuther* § 613a BGB Rn. 121; *Mückl* RdA 2008, 343). Dass § 613a Abs. 5 BGB keinen spezialgesetzlichen Auskunftsanspruch vorsieht, steht dem nicht entgegen. Außerhalb der gesetzlich oder vertraglich geregelten Auskunftsansprüche besteht ein Auskunftsrecht immer dann, wenn die Rechtsbeziehungen der Parteien es mit sich bringen, dass der Berechtigte in entschuldbarer Weise über Bestehen und Umfang eines Rechts im Ungewissen ist und der Verpflichtete die zur Beseitigung der Ungewissheit erforderlichen tatsächlichen Angaben unschwer machen kann (BAG 22. 5. 2007 NZA 2007, 1285; BAG 19. 4. 2005 NZA 2005, 983 Rn. 21 m. w. N.). Entsprechendes gilt, wenn nicht der mögliche Berechtigte im Unklaren über ein Recht ist, sondern wenn der Anspruchsteller zur Erfüllung einer Pflicht die Auskunft benötigt (BAG 16. 10. 2007 NZA 2008, 298). So liegt es bei der Information des Veräußerers über ihm unbekannte Umstände in der Sphäre des Erwebers. Kann er darüber nicht ordnungsgemäß informieren, läuft die Widerspruchsfrist nicht an, weshalb nur er – aber nicht der Erwerber – mit dem Problem konfrontiert ist, dass die Arbeitsverhältnisse widersprechender Arbeitnehmer auf ihn zurückfallen. Er ist deshalb dringend auf die ihm nicht zugänglichen Informationen angewiesen. Allerdings kann der Erwerber ein Interesse daran haben, dass Betriebs- und Geschäftsgeheimnisse nicht offenbart werden; soweit dies berechtigt ist, kann er die Auskunft verweigern (wie hier *Bauer/von Steinau-Steinrück* ZIP 2002, 457, 461 f.; *Franzen* RdA 2002, 258, 265; a. A. Staudinger/*Annuß* § 613a BGB Rn. 151, der die Unterrichtungspflicht nach § 613a Abs. 5 BGB stets für vorrangig hält, damit aber übersieht, dass selbst bei dem Erwerber bereits Beschäftigte keinen Anspruch auf Offenbarung von Betriebsgeheimnissen haben).

149 Obwohl in § 613a Abs. 5 BGB nicht ausdrücklich erwähnt, gehört zu einer ordnungsgemäßen Unterrichtung auch die **Mitteilung, auf wen der Betrieb übergehen soll,** d. h. wer der neue Arbeitgeber wird (BAG 21. 8. 2008 NZA-RR 2009, 62, 65). Anzugeben sind sein Name oder seine Firma (§ 17 Abs. 1 HGB), sein Firmensitz, um das zuständige Handelsregister einsehen zu können, und die Angabe einer Geschäftsadresse, an die ggf. ein Widerspruch gerichtet werden kann (BAG 23. 7. 2009 NZA 2010, 89 m. w. N.; BAG 13. 7. 2006 NZA 2006, 1268; BAG 14. 12. 2006 NZA 2007, 682; LAG Düsseldorf 29. 4. 2008 NZA-RR 2008, 625). Der Erwerber muss zweifelsfrei identifizierbar und lokalisierbar sein (*Schiefer/Worzalla* NJW 2009, 562), so dass der Arbeitnehmer ggf. eigene Ermittlungen anstellen kann (BAG 23. 7. 2009 NZA 2010, 89; DFL/*Bayreuther* § 613a BGB Rn. 125). Der Hinweis, der Erwerber gehöre zum XY-Konzern, genügt deshalb ebenso wenig (BAG 23. 7. 2009 NZA 2010, 89; LAG Düsseldorf 29. 4. 2008 AuR 2008, 226; LAG München 17. 4. 2008 AuR 2008, 226 Staudinger/*Annuß* § 613a BGB Rn. 156) wie die Angabe, bei dem neuen Unternehmen handele es sich um eine erst neu gegründete GmbH (BAG 21. 8. 2008 NZA-RR 2009, 62, 65; BAG 23. 7. 2009 NZA 2010, 89). Zur vollständigen Bezeichnung gehört bei einer GmbH & Co oHG die exakte Bezeichnung der Zahl der an der oHG beteiligten Gesellschafter einschließlich der Benennung ihrer gesetzlichen Vertreter, also der Geschäftsführer, falls die Gesellschafterinnen ausschließlich GmbHs sind. Darüber hinaus ist durch den Zusatz „i. Gr." deutlich zu machen, wenn die oHG im Zeitpunkt der Information noch nicht einmal in das Handelsregister eingetragen ist (BAG 23. 7. 2009, NZA 2010, 89, 91; LAG München 29. 4. 2008, 7 Sa 986/07, ZInsO 2008, 1280). Besteht hinsichtlich des Namens Verwechslungsgefahr, müssen der Vorname oder sonstige individualisierende Kennzeichen hinzugefügt werden (BAG 14. 12. 2006 NZA 2007, 682). Nicht genügt die Angabe der Anschrift eines Mitarbeiters der Personalabteilung des ehemaligen Arbeitgebers, bei dem das Widerspruchsschreiben angebracht werden kann (BAG 23. 7. 2009 NZA 2010, 89 90; LAG Düsseldorf 29. 4. 2008 NZA-RR 2008, 625). Angaben über den Erwerber, die über diese Anforderungen hinausgehen, müssen zutreffen und dürfen nicht „ins Blaue hinein" erfolgen. Unzulässig ist etwa die Angabe, bei einer erst zur Eintragung in das Handelsregister angemeldeten Neugründung handele es sich um ein erfahrenes und erfolgreiches mittelständisches Industrieunternehmen (LAG München 30. 8. 2005, 8 Sa 523/05; s. auch LAG München 14. 9. 2005, 5 Sa 460/05, BeckRS 2009 68026). Gehört der Erwerber einem Konzern an, ist auf die künftigen Konzernverflechtungen, auf die Positionierung des Erwerbers im Konzern und auf die Geschäftsaktivitäten anderer Konzernunternehmen einzugehen. Schlagwortartige Hinweise auf den gegenwärtigen oder künftigen Auftritt einer Marke des Erwerber-Konzerns im Weltmarkt genügen nicht, sondern können die Adressaten des Unterrichtungsschreiben sogar verwirren (BAG 23. 7. 2009 NZA 2010, 89, 92 – Siemens/BenQ).

150 Überdies ist der **Gegenstand des Betriebsübergangs** mitzuteilen (BAG 13. 7. 2006 NZA 2006, 1268). Geht nur ein Betriebsteil über, ist dieser hinreichend genau zu definieren (BAG 14. 12. 2006 NZA 2007, 682, 684; LAG

München 12.5.2005, 2 Sa 1098/04, BeckRS 2005 30464190). Gegebenenfalls sind die zugeordneten Arbeitnehmer und der Grund für die Zuordnung anzugeben (*Schiefer/Worzalla* NJW 2009, 562). Wird ein Unternehmen in eine Betriebs- und eine Anlagegesellschaft aufgespalten und sollen die Arbeitsverhältnisse auf die Betriebsgesellschaft übergehen, ist darüber aufzuklären, dass auf diese keine wertvollen Vermögenswerte, wie etwa das Betriebsgrundstück und die Gebäude samt Anlagen, übertragen werden, sondern nur die beweglichen Anlageteile des Betriebs (BAG 31.1.2008 NZA 2008, 642, 644). Da mit der Spaltung die Haftungsmasse für nicht erfüllte Ansprüche aus dem Arbeitsverhältnis schrumpft, kann diese Information Arbeitnehmer veranlassen, von ihrem Widerspruchsrecht Gebrauch zu machen. Mögliche Geheimhaltungsinteressen stehen schon deswegen nicht entgegen, weil die neuen Eigentumsverhältnisse im Grundbuch öffentlich kundgetan werden (BAG a.a.O.).

b) Adressaten

151 Zu unterrichten sind **die von einem Betriebsübergang betroffenen Arbeitnehmer.** Das sind **diejenigen, die dem übergehenden Betrieb oder Betriebsteil angehören** (BAG 20.3.2008 NZA 2008, 1354, 1358; s. Rn. 136ff.). Für sie schafft § 613a Abs. 5 BGB einen individuellen Auskunftsanspruch, unabhängig davon, ob der Arbeitnehmer Kündigungsschutz genießt und ob im Betrieb ein Betriebsrat besteht. Die Unterrichtung kann durch **standardisierte Schreiben** erfolgen (BAG 13.7.2006 NZA 2006, 1268 und 1273). Eine individuelle Information ist nicht erforderlich (Staudinger/*Annuß* § 613a BGB Rn. 168 m.w.N); etwaige Besonderheiten für bestimmte Arbeitnehmergruppen (z.B. für Tarifmitarbeiter, AT-Angestellte und Leitende) sind aber zu berücksichtigen (BAG 14.12.2006 NZA 2007, 682; DFL/*Bayreuther* § 613a BGB Rn. 122).

152 Umstritten ist, ob außer den Arbeitnehmern, deren Arbeitsverhältnisse übergehen, **auch all jene zu informieren sind, auf die der Betriebsübergang im weitesten Sinne Auswirkung hat** (*Riesenhuber* RdA 2004, 340, 350). Das könnten die im Restbetrieb Verbleibenden oder die bereits im aufnehmenden Betrieb Beschäftigten sein. Für sie könnten sich z.B. Änderungen hinsichtlich arbeitsrechtlich relevanter Schwellenwerte ergeben (*Schiefer/Worzalla* NJW 2009, 560). Der Wortlaut steht dieser weiten Auslegung nicht entgegen. Sinn und Zweck der Aufklärungspflicht bestehen aber darin, die Widerspruchsberechtigten so über die näheren Umstände des Betriebsübergangs in Kenntnis zu setzen, dass sie ihr Widerspruchsrecht auf einer hinreichenden Tatsachengrundlage ausüben können. **Das Widerspruchsrecht steht jedoch nur Arbeitnehmern zu, deren Arbeitsverhältnis auf den Erwerber übergeht; auf diese muss sich die Unterrichtspflicht beschränken,** soll der personelle Anwendungsbereich der Unterrichtungspflicht nach § 613a Abs. 5 BGB nicht konturlos werden (so im Ergebnis mit Recht BAG 20.3.2008 NZA 2008, 1354, 1358; *Hauck* NZA Beil. 1/2009, S. 19; *Meyer* Unterrichtung Rn. 33, der zwar eine Verpflichtung ablehnt, eine freiwillige Information aber personalpolitisch für durchaus sinnvoll hält; anders *Schnitker/Grau* BB 2005, 2238).

3. Inhalt der Unterrichtung

153 Die **Umstände,** über die beim Betriebsübergang aufzuklären ist, sind in § 613a Abs. 5 BGB **abschließend,** jedoch wenig präzise geregelt. Der deutsche Gesetzgeber hat sich darauf beschränkt, die Vorgaben des Gemeinschaftsrechts aus Art. 7 Abs. 6 RL 2001/23/EG wortgleich in deutsches Recht zu übertragen. Wegen dieser Umsetzungsfunktion ist § 613a Abs. 5 BGB im Lichte des Gemeinschaftsrechts und der dazu ergangenen Rechtsprechung des EuGH auszulegen (*Maschmann* BB-Special 6/2006, 29 ff.). **Keinesfalls genügt die schlichte Wiederholung des Gesetzeswortlauts; erforderlich ist eine konkrete betriebsbezogene Darstellung in einer auch für juristische Laien möglichst verständlichen Sprache** (BAG 14. 12. 2006 NZA 2007, 682, 684). Freilich kommt das wegen der ausufernden Anforderungen an eine ordnungsgemäße Unterrichtung einer Quadratur des Kreises gleich, da vielseitige Informationsschreiben die Gefahr einer wegen Intransparenz unwirksamen Unterrichtung heraufbeschwören. Indes beharrt die Rechtsprechung darauf, dass die Unterrichtung **vollständig, präzise und fehlerfrei** sein muss (BAG 20. 3. 2008 NZA 2008, 1354, 1356; BAG 23. 7. 2009 NZA 2010, 89, 93). Es genüge nicht, dass sie nur „im Kern richtig" oder lediglich „ausreichend" sei (BAG 22. 1. 2009 NZA 2009, 547, 548 m. w. N.). Die **Grundsätze der „subjektiven Determinierung",** nach denen es bei der Anhörung des Betriebsrats gemäß § 102 BetrVG ausreicht, wenn der Arbeitgeber die von ihm für maßgeblich gehaltenen Umstände und Tatsachen mitteilt (BAG 8. 9. 1988 NZA 1989, 852), **gelten bei** § 613a Abs. 5 BGB nicht (Staudinger/*Annuß* § 613a BGB Rn. 155; DFL/*Bayreuther* § 613a BGB Rn. 121; a. A. LAG München 12. 5. 2005, BeckRS 2005 30464190; *Lindemann*/*Wolter-Roßtäuscher* BB 2007, 938, 940 MünchKomm/*Müller-Glöge* § 613a BGB Rn. 106 m. w. N.). Zu unterrichten ist auch nicht nur über die „Nachteile des Betriebsübergangs" für den Arbeitnehmer, sondern über alle relevanten Folgen (LAG Düsseldorf 30. 4. 2008, 7 (12) Sa 1099/06, BeckRS 2008 58108). Die Arbeitnehmer können ebenso wenig darauf verwiesen werden, bei Unklarheiten bei den Unterrichtungspflichtigen nachzufragen (a. A. *Meyer* Unterrichtung, Rn. 312, der insoweit eine Obliegenheit der Arbeitnehmer annimmt) oder sich anderweitig kundig zu machen (so aber LAG München 12. 5. 2005 BeckRS 2005 30464190), weil die Unterrichtung vollständig und umfassend zu sein hat (BAG 23. 7. 2009 NZA 2010, 89, 91; Staudinger/*Annuß* § 613a BGB Rn. 155). Schädlich sind falsche oder ins Blaue hinein gemachte Angaben über den Erwerber (DFL/*Bayreuther* § 613a BGB Rn. 124). Angesichts der vielen von der höchstrichterlichen Rechtsprechung noch nicht entschiedenen Rechtsfragen **genügt es, wenn bei komplexen Rechtsproblemen eine „rechtlich vertretbare Rechtsposition" kundgegeben wird,** nachdem zuvor die Rechtslage angemessen geprüft wurde, was laut BAG gegebenenfalls die Einholung von Rechtsrat über die höchstrichterliche Rechtsprechung verlangt (BAG 13. 7. 2006 NZA 2006, 1273). Das betrifft vor allem die besonders schwierig zu beurteilende Frage der Fortwirkung von Tarifverträgen und Betriebsvereinbarungen beim

Erwerber (s. Rn. 263 ff., 401 ff.). In der Literatur ist umstritten, ob dies sogar die Erstattung eines ausführlichen Rechtsgutachtens erfordert (so MünchKomm/*Müller-Glöge* § 613a BGB Rn. 108; *Waldenmaier/Pichler* NZA-RR 2008, 1, 4; a. A. *Hohenstatt/Grau* NZA 2007, 13, 16: Kurzgutachten).

154 Ob die Unterrichtung ordnungsgemäß war und die Tatsachen korrekt dargestellt wurden, können die Gerichte vollständig überprüfen. Darzulegen und zu beweisen haben dies der Veräußerer und der Erwerber (BAG 13. 7. 2006 NZA 2006, 1268). Genügt eine Unterrichtung zunächst formal den Anforderungen des § 613a Abs. 5 BGB – was durch Vorlage eines gehörig gestalteten Unterrichtungsschreibens und den Nachweis ihres Zugangs beim Arbeitnehmer dargetan werden kann (*Meyer* Unterrichtung Rn. 27) – und ist sie nicht offensichtlich fehlerhaft, ist es Sache des Arbeitnehmers, Mängel näher zu beanstanden (BAG 31. 1. 2008 NZA 2008, 642, 644). Hierzu ist er im Rahmen einer abgestuften Darlegungslast nach § 138 Abs. 3 ZPO verpflichtet. Die Unterrichtungspflichtigen können die Einwände mit entsprechenden Darlegungen und Beweisantritten entkräften (BAG 13. 7. 2006 NZA 2006, 1268).

155 Da § 613a Abs. 5 BGB **nur Mindestanforderungen** enthält, steht es Veräußerer und Erwerber frei, den Betroffenen weitergehende Auskünfte zu erteilen, etwa über die finanzielle Ausstattung des Erwerbers oder das künftige Unternehmenskonzept, um die Mitarbeiter im Betrieb zu halten (dazu *Meyer* BB 2002, 1013). Diese Informationen müssen aber wahrheitsgemäß und vollständig sein (*Reinhard* NZA 2009, 63, 69).

a) Zeitpunkt oder geplanter Zeitpunkt des Übergangs

156 Die Unterrichtung hat *vor* dem Betriebsübergang zu erfolgen. Da sie aber nur die zeitnahe Klärung bezweckt, welche Arbeitsverhältnisse bei einem Betriebsinhaberwechsel auf den Erwerber übergehen (BT-Drucks. 14/7760, S. 19), muss sie nachgeholt werden, wenn der Betriebsübergang bereits vollzogen wurde (BAG 14. 12. 2006 NZA 2006, 682, 686), da sonst die Unterrichtungspflicht umgangen werden könnte (h. M. ErfK/*Preis* § 613a BGB Rn. 88). Da § 613a Abs. 5 BGB keine Vorgaben zum genauen Unterrichtungszeitpunkt enthält, kann auch schon sehr früh vor dem geplanten Übergabetag informiert werden, soweit eine sachdienliche Unterrichtung bereits möglich ist, selbst wenn sich im nachhinein gewisse Umstände noch ändern können (Staudinger/*Annuß* § 613a BGB Rn. 154).

157 **Anzugeben ist der tatsächliche oder der geplante Zeitpunkt des Betriebsübergangs.** Der tatsächliche Zeitpunkt ist der Stichtag, an dem der neue Inhaber die Geschäftstätigkeit tatsächlich weiterführt oder wieder aufnimmt (BAG 21. 2. 2008 NZA 2008, 825, 827 m. w. N.). Da es bei der Übernahme zu Verzögerungen kommen kann – eine notwendige Genehmigung der Kartellbehörde wird nicht rechtzeitig erteilt, die Umstellung der rechnergestützten Gehaltsabrechnung nimmt länger als geplant in Anspruch –, empfiehlt es sich, den geplanten Zeitpunkt des Betriebsübergangs anzugeben. Lässt sich dieser Termin nicht einhalten, sind die Arbeitnehmer nachträglich darüber zu informieren, wann die Leitungsmacht tatsächlich wechselt oder gewechselt hat (*Meyer* BB 2003, 1012). Eine erneute vollständige Information nach § 613a Abs. 5 BGB kann nicht verlangt werden, wenn sich an den materiellen Bedingungen des Betriebsübergangs nichts geändert hat (*Bauer/von Steinau-Steinrück* ZIP 2002, 457, 463; *Franzen* RdA 2002, 258, 266; *Willemsen/Lembke* NJW 2002, 1162).

158 Allgemein bestimmt sich die **Reichweite der Information nach dem Kenntnisstand beider Unterrichtungspflichtigen zum Zeitpunkt der Unterrichtung** (BAG 14. 12. 2006 NZA 2007, 682, 684; BAG 23. 7. 2009 NZA 2010, 89, 91; *Meyer* BB 2003, 1010, 1012; *Grobys* BB 2002, 726 728). Das Wissen des einen muss sich der andere zurechnen lassen (*Schiefer/Worzalla* NJW 2009, 561), weshalb sich beide untereinander zu informieren haben (BAG 16. 10. 2007 NZA 2008, 298). Wurde der Arbeitnehmer ordnungsgemäß nach dem Stand der Informationen unterrichtet, die zum Zeitpunkt der Unterrichtung vorlagen, besteht **kein Anspruch auf ergänzende Unterrichtung, wenn sich der Übergang nicht wie geplant realisieren lässt** (BAG 13. 7. 2006 NZA 2006, 1273, 1276). Anderes gilt, wenn sich die Umstände so wesentlich ändern, dass die Maßnahme bei objektiver Betrachtung eine völlig andere ist als die, über die unterrichtet wurde (BAG 25. 10. 2007 NZA 2008, 358, 360 m. w. N.). Das kann der Fall sein, wenn ein anderer als der mitgeteilte Arbeitgeber den Betrieb übernimmt (BAG 13. 7. 2006 NZA 2006, 1273, 1276), wenn der Arbeitnehmer zu früh unterrichtet wurde und die Folgen des Betriebsübergangs deshalb noch nicht konkret genug mitgeteilt werden konnten (BAG 23. 7. 2009 NZA 2010, 89, 91; HWK/*Willemsen/Müller-Bonani* § 613a BGB Rn. 344) oder wenn sonstige Umstände eintreten, von denen anzunehmen ist, dass der Arbeitnehmer bei rechtzeitiger Kenntnis dem Übergang seines Arbeitsverhältnisses widersprochen hätte (*Hohenstatt/Grau* NZA 2007, 13, 18; *Meyer* Unterrichtung, Rn. 318).

b) Grund für den Übergang

159 Bei der Angabe des Grundes für den Übergang ist in erster Linie an den **Rechtsgrund** gedacht (*Hauck* NZA Beil. 1/2009, S. 18, 20), also etwa die Information, dass der Betriebsübergang auf einem Verkauf, dem Abschluss eines Betriebsführungsvertrags oder einer gesellschaftsrechtlichen Umwandlung beruht. Dargestellt werden müssen die zwischen dem Veräußerer und dem Erwerber getroffenen Vereinbarungen. Wird der Grund für den Übergang zwischen dem Erwerber und einem Dritten vereinbart, ist auch darauf hinzuweisen (BAG 23. 7. 2009, NZA 2010, 89). Anders als vielfach in der Literatur vertreten (*Gaul/Otto* DB 2002, 634, 635; *Willemsen/Lembke* NJW 2002, 1159, 1162; *Worzalla* NZA 2002, 353, 354), genügt das nach der Rechtsprechung allein jedoch nicht. Da die Unterrichtung dem Arbeitnehmer ermöglichen soll, sachgerecht über die Ausübung des Widerspruchs zu befinden, müssen zumindest jene unternehmerischen Gründe für den Betriebsübergang schlagwortartig mitgeteilt werden, die sich im Falle eines Widerspruchs auf den Arbeitsplatz auswirken können (BAG 23. 7. 2009,

8 AZR 357/08; BAG 14.12.2006 NZA 2007, 682, 684). Nicht unbedingt anzugeben sind die wirtschaftlichen Gründe oder die sonstigen Motive, die die Beteiligten zur Übertragung des Betriebs bewogen haben, wie von Teilen des Schrifttums verlangt wird (Staudinger/*Annuß* § 613a Rn. 159; *Franzen* RdA 2002, 258, 265; *Nehls* NZA 2003, 822, 824; APS/*Steffan* § 613a BGB Rn. 208), weil in der englischen Fassung der Richtlinie von „reason for the transfer" und in der französischen von „motif du tranfer" die Rede sei, die beide mehr meinten als den bloßen Rechtsgrund. Eine schlagwortartige Angabe der zu Grunde liegenden Umstände schadet sicher nicht, wie etwa „Beschränkung auf die Kernkompetenzen", „Optimierung der Kostenstruktur", „Bereinigung des Produkt-Portfolios" (*Hauck* NZA-Beil. Heft 18/2004, S. 17, 23). Tiefschürfende Ausführungen sind weder zumutbar noch für den Arbeitnehmer von Nutzen. Verlangt werden kann allerdings die Angabe, wie eine Ausgliederung durchgeführt wird, dass etwa der Erwerber die Betriebsmittel eines ausgegliederten Geschäftsbereichs erhält und künftig die Dienste leistet, die der Veräußerer früher selbst erbracht hat, so dass bei einem Widerspruch mit einer Kündigung gerechnet werden muss, weil bei ihm die entsprechenden Arbeitsplätze wegfallen (BAG 14.12.2006 NZA 2007, 682, 684; BAG 23.7.2009, 8 AZR 357/08).

c) Rechtliche, wirtschaftliche und soziale Folgen des Übergangs für die Arbeitnehmer

160 Was mit der Information über die rechtlichen, wirtschaftlichen und sozialen Folgen des Betriebsübergangs für die Arbeitnehmer gemeint ist, hat das Gesetz nicht weiter bestimmt. Nimmt man den Gesetzgeber beim Wort, müsste es – zumindest was die rechtlichen Folgen des Betriebsübergangs anbelangt – an sich genügen, schlicht den Wortlaut des § 613a BGB zu wiederholen, da sich aus ihm die wesentlichen Rechte und Pflichten beim Betriebsübergang ergeben. Das wird allerdings allgemein abgelehnt, da nicht allein über die rechtlichen, sondern auch über die wirtschaftlichen und sozialen Folgen aufzuklären ist (BAG 13.7.2006 NZA 2006, 1268; BAG 13.7. 2006 NZA 2006, 1273; *Gaul/Otto* DB 2002, 634, 635; *Meyer* BB 2003, 1012; *Willemsen/Lembke* NJW 2002, 1159, 1163; *Worzalla* NZA 2001, 353, 354; für die Unterrichtspflicht nach §§ 5 Abs. 1 Nr. 9, 129 Abs. 1 Nr. 11 UmwG vgl. OLG Düsseldorf 15.5.1998, DB 1998, 1399; deutlich restriktiver aber *Bauer/von Steinau-Steinrück* ZIP 2002, 457, 462). Umgekehrt kann sich die Unterrichtungspflicht nicht auf jedes einzelne Detail eines Betriebsübergangs erstrecken, sollen die Arbeitnehmer nicht mit für sie vollkommen nutzlosen Informationen überfrachtet werden. Ein ausführliches Rechtsgutachten kann jedenfalls nicht verlangt werden (*Schiefer/Worzalla* NJW 2009, 558, 561).

161 Richtigerweise muss sich der Umfang der Informationen am Zweck der Hinweispflicht orientieren, Entscheidungsgrundlage für die Ausübung des Widerspruchsrechts zu sein (BAG 13.7.2006 NZA 2006, 1268; ErfK/*Preis* § 613a BGB Rn. 85). Da es um die Folgen für die Arbeitnehmer im Allgemeinen gilt, müssen diese nicht auf das einzelne Arbeitsverhältnis bezogen werden. Es **genügt eine allgemein-abstrakte Darstellung,** die gegebenenfalls auf die Besonderheiten für bestimmte Arbeitnehmergruppen (z.B. tariflich geführte Mitarbeiter, AT-Angestellte, leitende Angestellte) eingeht (*Gaul/Otto* DB 2002, 634, 635; *Willemsen/Lembke* NJW 2002, 1159, 1163). Weichen die Überleitungsbedingungen für die verschiedenen Mitarbeitergruppen erheblich voneinander ab, kann es sich anbieten, mit unterschiedlichen Informationsschreiben zu arbeiten.

162 Ausweislich der Begründung des Regierungsentwurfs (BT-Drucks. 14/7760, S. 19), die sich die Rechtsprechung zu eigen gemacht hat (BAG 14.12.2006 NZA 2007, 682; BAG 23.7.2009, 8 AZR 357/08), ist zunächst über die rechtlichen Folgen zu informieren, die sich unmittelbar aus dem Betriebsübergang ergeben. Dies verlangt als erstes einen **Hinweis auf den Eintritt des Übernehmers in die Rechte und Pflichten aus dem bestehenden Arbeitsverhältnis** (§ 613a Abs. 1 Satz 1 BGB). Schädlich ist es, wenn beim Arbeitnehmer durch Aushändigung eines Überleitungsvertrags der Eindruck vermittelt wird, sein Arbeitsverhältnis solle per Änderungsvertrag und nicht im Wege eines Betriebsteilübergangs nach § 613a Abs. 1 BGB auf den neuen Arbeitgeber übergehen (BAG 21.8.2008 NZA-RR 2009, 62, 65). Da die Unterrichtung die Nachweispflicht nach **§ 2 NachwG** im Arbeitsverhältnis zum Veräußerer mit Blick auf den Betriebsübergang ergänzt (BAG 14.12.2006 NZA 2007, 682, 685), können die dort genannten Gegenstände einen Anhaltspunkt bieten, über welche Vertragsbedingungen informiert werden sollte, falls es beim Erwerber zu Änderungen kommt, wobei eine „Gesamtschau“ möglich ist (*Hauck* NZA Beil. 1/2009, S. 21). Notwendig sind jedenfalls **Aussagen zu den wesentlichen Bedingungen** (*Schiefer/Worzalla* NJW 2009, 558, 562): **Inhalt, Ort und Zeit der Arbeitsleistung, Höhe und Zusammensetzung des Entgelts sowie Name und (zustellungsfähige) Anschrift des Erwerbers.** Dabei muss sorgfältig zwischen der Fortwirkung arbeitsvertraglicher Regelungen und der Überführung von beim Erwerber nicht mehr kollektivrechtlich geltenden Tarifverträgen und Betriebsvereinbarungen in das Arbeitsverhältnis unterschieden werden, da nur für letztere die Zeitschranke des § 613a Abs. 1 S. 2 BGB gilt (BAG 13.7. 2006 NZA 2006, 1268, 1272).

163 Sodann ist die **gesamtschuldnerische Haftung von Veräußerer und Erwerber** nach § 613a Abs. 2 BGB darzustellen (BAG 14.12.2006 NZA 2007, 682, 685). Dabei ist zu verdeutlichen, dass der Veräußerer neben dem Erwerber für Verpflichtungen aus dem Arbeitsverhältnis, soweit sie vor dem Zeitpunkt des Übergangs entstanden sind und vor Ablauf von einem Jahr nach diesem Zeitpunkt fällig werden, als Gesamtschuldner haftet (BAG 23.7.2009 NZA 2010, 89, 93). Falls solche Verpflichtungen erst nach dem Zeitpunkt des Übergangs fällig werden, ist darauf hinzuweisen, dass der Veräußerer nur in dem Umfang haftet, der dem im Zeitpunkt des Übergangs abgelaufenen Teil ihres Bemessungszeitraums entspricht (s. Rn. 261). Schon kleinere Ungenauigkeiten in der Darstellung des Haftungssystems machen das gesamte Unterrichtungsschreiben fehlerhaft und führen zum Nichtanlaufen der Widerspruchsfrist (BAG 21.8.2008 NZA-RR 2009, 62, 65). Auf die Nachhaftung des Veräußerers ist selbst dann einzugehen, wenn es um Ansprüche geht, für die der Veräußerer gar nicht haftet, da nur dadurch der Arbeitnehmer in die Lage versetzt wird, gegebenenfalls näheren Rat einzuholen, wer in welchem Umfang für welche seiner Ansprüche einzustehen hat (BAG 20. 3. 2008 NZA 2008, 1354, 1357).

164 Ferner ist auf die **kündigungsrechtliche Situation** hinzuweisen, falls Kündigungen im Raum stehen (BAG 14. 12. 2006 NZA 2007, 682, 685). Ist mit dem Betriebsübergang eine Betriebsänderung i. S. d. §§ 111 ff. BetrVG verbunden, genügt der Hinweis auf einen vorzunehmenden Interessenausgleich und den Sozialplan (DFL/*Bayreuther* § 613a BGB Rn. 129).

165 Überdies ist auf die **weitere Anwendbarkeit tariflicher und betrieblicher Normen einzugehen**, insbesondere auf die Frage, inwieweit beim Veräußerer geltende Tarifverträge und Betriebsvereinbarungen durch beim Erwerber geltende Tarifverträge und Betriebsvereinbarungen abgelöst werden (BAG 13. 7. 2006 NZA 2006, 1268). Dabei ist keine detaillierte Bezeichnung einzelner Tarifverträge und Betriebsvereinbarungen nötig, da sich der Arbeitnehmer – insoweit nach Erhalt der in Textform zu erteilenden Information – selbst näher erkundigen kann (vgl. BT-Dr 14/7760, S. 19). Umgekehrt genügt die bloße Wiederholung des Wortlauts von § 613a Abs. 1 S. 2–4 BGB nicht (DFL/*Bayreuther* § 613a BGB Rn. 128). Notwendig ist vielmehr ein **Hinweis darauf, ob die Normen kollektivrechtlich oder individualrechtlich fortwirken** (BAG 14. 12. 2006 NZA 2007, 682, 685; BAG 23. 7. 2009 NZA 2010 89, 93). Das ist angesichts des mittlerweile erfolgten „Kurswechsels" in der Rechtsprechung des Tarifsenats des BAG besonders schwierig (s. Rn. 282 ff.). Der Hinweis „Tarifverträge und Betriebsvereinbarungen gelten gem. § 613a BGB weiter" genügt jedenfalls nicht (BAG 27. 3. 2009 NZA 2010, 89).

166 Auch über das **Recht zum Widerspruch** gegen den Übergang des Arbeitsverhältnisses ist als rechtliche Folge nach § 613a Abs. 5 Nr. 3 BGB zu informieren (BAG 13. 7. 2006 NZA 2006, 1273; a. A. *Bauer/von Steinau-Steinrück* ZIP 2002, 457, 463; ErfK/*Preis* § 613a BGB Rn. 85). Wenn der Sinn der Unterrichtungspflicht darin besteht, den betroffenen Arbeitnehmern eine ausreichende Wissensgrundlage für die Ausübung oder Nichtausübung ihres Widerspruchsrechts zu verschaffen (BT-Dr 14/7760, S. 19), wäre es paradox, das Recht zum Widerspruch von der Informationspflicht auszunehmen (*Grau* Unterrichtung, S. 173 f.; *Schielke* MDR 2007, 1052, 1055; *Worzalla* NZA 2002, 353, 355). Dabei ist zu erläutern, dass der Widerspruch **nur schriftlich gegenüber dem alten und dem neuen Betriebsinhaber erklärt werden kann und die Monatsfrist zu beachten ist** (BAG 20. 3. 2008 NZA 2008, 1354, 1357). Außerdem ist darüber aufzuklären, ob bei einem Widerspruch mit einer **Kündigung** und einer **Freistellung von der Arbeit** gerechnet werden muss, wenn nach dem Übergang keine Weiterbeschäftigungsmöglichkeit beim Veräußerer mehr besteht (BAG 20. 3. 2008 NZA 2008, 1354, 1358) und ob dann Abfindungsansprüche in Betracht kommen (BAG 13. 7. 2006 NZA 2006, 1273, 1276). Über einen **Interessenausgleich oder Sozialplan** muss nur informiert werden, falls diese bestehen (BAG 31. 1. 2008 NZA 2008, 642, 644). Dann kann ein Hinweis erforderlich sein, dass Abfindungsansprüche erst bei einer Kündigung entstehen und der Veräußerer hierfür nicht mehr haftet, wenn erst der Erwerber kündigt (BAG 20. 3. 2008 NZA 2008, 1297). In jedem Fall zu unterrichten ist über eine gerade und nur für den Fall eines Betriebsübergangs vereinbarte Verschlechterung von ansonsten weiter geltenden Sozialplänen (BAG 23. 7. 2009 NZA 2010, 89).

167 Unklar ist bislang, inwieweit über die **wirtschaftliche und finanzielle Lage des Erwerbers zu unterrichten** ist. Da sich diese kaum eindeutig anhand von Tatsachen beurteilen lässt und justitiable Kriterien für die Einschätzung der künftigen wirtschaftlichen Entwicklung fehlen, muss über das „wirtschaftliche Potential" des Erwerbers im Allgemeinen nicht unterrichtet werden (BAG 14. 12. 2006 NZA 2007, 682, 684 m. w. N.). Andererseits kann aber gerade die wirtschaftliche Lage des Erwerbers für die Einlegung des Widerspruchs von Bedeutung sein, etwa wenn der Erwerber offensichtlich notleidend ist. Einig ist man sich, dass über **ein bereits eingeleitetes Insolvenzverfahren** zu informieren ist (BAG 31. 1. 2008 NZA 2008, 642, 643, ErfK/*Preis* § 613a BGB Rn. 88; *Grau* Unterrichtung, S. 180; *Hergenröder* RdA 2007, 218, 227; *Lindemann/Wolter-Roßteutscher* BB 2007, 938, 942). Ob darüber hinaus Umstände mitzuteilen sind, die die wirtschaftliche Situation des Erwerbers beeinflussen, ist umstritten. Die Rechtsprechung bejaht das für den Fall, dass sich durch den Betriebsübergang die ökonomischen Rahmenbedingungen so verändern, dass es zu einer gravierenden Gefährdung der wirtschaftlichen Absicherung der Arbeitsplätze beim Erwerber kommt (BAG 31. 1. 2008 NZA 2008, 642, 643; *Kania/Joppich* FS Küttner, S. 383). Mitzuteilen ist deshalb eine **nicht unerhebliche Verringerung der Haftungsgrundlage**, so etwa wenn bisher dem übergehenden Betrieb zuzurechnende Vermögensgegenstände von erheblichem Wert (Betriebsgelände, Gebäude, fest montierte Anlagen, Patente und Markenrechte, wenn diese einen wesentlichen Teil des Firmenwerts ausmachen) nicht auf den Erwerber übergehen (BAG 31. 1. 2008 NZA 2008, 642, 643; *Menze* Widerspruchsrecht beim Betriebsübergang, S. 59). Zahlreiche Stimmen in der Literatur halten dies für zu weitgehend (*Dzida* NZA 2009, 641, 642 ff.; *Rieble/Wiebauer* NZA 2009, 401; *Schiefer/Worzalla* NJW 2009, 558). Unterdessen verlangt die Rechtsprechung der Instanzgerichte auch die Unterrichtung über die **Zahlung eines „negativen Kaufpreises"** für die Abwicklung der mit einem Betriebsübergang verbundenen Lasten an den Erwerber (LAG München 17. 1. 2008, 6 Sa 658/07, AuR 2008, 360; LAG Düsseldorf 29. 4. 2008 NZA-RR 2008, 625; LAG München 29. 4. 2008, 7 Sa 986/07, Beck RS 2009 61875). Anzugeben sei ferner eine **erhebliche Unterkapitalisierung einer erst neu gegründeten Tochtergesellschaft eines ausländischen Konzerns,** insbesondere wenn auf dessen Größe, Bedeutung und (angebliche) internationale Marktmacht abgestellt wird (LAG Düsseldorf 29. 4. 2008, a. a. O.; LAG München 29. 4. 2008 a. a. O.: Ausstattung einer GmbH mit 50.000 € bei Übernahme eines Geschäftsbereichs mit 3000 Arbeitnehmern). Die Unterrichtung ist auch dann fehlerhaft, wenn die wirtschaftliche Lage des Erwerbers wesentlich besser dargestellt ist, als sie tatsächlich ist (LAG Köln 4. 6. 2007, 14 Sa 88/07, BeckRS 46504).

d) Hinsichtlich der Arbeitnehmer in Aussicht genommene Maßnahmen

168 Zu den hinsichtlich der Arbeitnehmer in Aussicht genommenen Maßnahmen gehören nach der Gesetzesbegründung **Weiterbildungsmaßnahmen** im Zusammenhang mit geplanten Produktionsumstellungen oder **Umstrukturierungen** sowie andere **Maßnahmen, die die berufliche Entwicklung der Arbeitnehmer** betreffen (RegE, BT-Drucks. 14/7760 S. 19). Nicht gefolgt werden kann der von Teilen in der Literatur (*Franzen* RdA 2002, 258, 265) vertretenen Ansicht, den Tatbestand weit zu verstehen im Sinne „jeder vom Veräußerer oder Erwerber bewusst oder unbewusst herbeigeführten Änderung der wirtschaftlichen, rechtlichen oder sozialen Situation der Arbeitnehmer im Betrieb, die sich nicht unerheblich zum Nachteil der Arbeitnehmer auswirken kann". Damit verschwimmt der Tatbestand vollends. Eine wichtige Einschränkung ergibt sich aus dem Wortlaut des § 613a Abs. 5 Nr. 4 BGB. Die **Maßnahme muss bereits „in Aussicht genommen" worden sein,** was verlangt, dass sie bereits ein konkretes Planungsstadium erreicht hat (so m. R. *Franzen* RdA 2002, 258, 265; *Willemsen/Lembke* NJW 2002, 1159, 1163). In diese Richtung entscheidet mittlerweile auch die Rechtsprechung. In Aussicht genommen sind Maßnahmen frühestens dann, wenn ein Stadium konkreter Planung erreicht ist (BAG 13. 7. 2006 NZA 2006, 1268; BAG 13. 7. 2006 NZA 2006, 1273; BAG 14. 12. 2006 NZA 2007, 682). Besteht seitens des Arbeitgebers keine Absicht, im Falle des Widerspruchs mehrerer Arbeitnehmer ein Interessenausgleichsverfahren durchzuführen und einen Sozialplan abzuschließen und ist er hierzu auch aufgrund der zu geringen Anzahl der Arbeitnehmer nicht verpflichtet, ist eine fehlende Unterrichtung über derartige Maßnahmen nach § 613a Abs. 5 BGB unschädlich (BAG 13. 7. 2006 NZA 2006, 1273).

4. Form der Unterrichtung und Nachweis ihres Zugangs

169 Die Unterrichtung hat in Textform gemäß den Erfordernissen des § 126b BGB zu erfolgen. Eine mündliche Unterrichtung – etwa im Rahmen einer Belegschaftsversammlung anlässlich einer Betriebsveräußerung – genügt ebenso wenig wie ein Aushang am Schwarzen Brett, weil dieser für den Arbeitnehmer nicht dauerhaft verfügbar ist (DFL/*Bayreuther* § 613a BGB Rn. 120; *Meyer* Unterrichtung, Rn. 328). Die Textform soll es dem Arbeitnehmer ermöglichen, die für ihn neuen und nicht sofort überschaubaren Informationen nachzulesen, sich weitergehend zu erkundigen und gegebenenfalls beraten zu lassen und auf dieser Grundlage zu entscheiden, ob er dem Übergang seines Arbeitsverhältnisses widersprechen will (BT-Drucks. 14/7760, S. 19). Das Textformerfordernis verlangt ein schriftliche Erklärung, die sich dauerhaft wiedergeben lässt. Das wird im Regelfall ein Schriftstück in Papierform sein, in Betracht kommen aber auch elektronische Formen wie Fax und E-Mail (*Hauck* NZA-Beil. 1/2009, S. 19). Die Mitteilung muss die Person des Unterrichtenden so angeben, dass der Aussteller der Erklärung erkennbar wird. Der räumliche Abschluss der Unterrichtung muss in

geeigneter Weise verdeutlicht werden, etwa durch Namensnennung, Faksimile, eingescannte Unterschrift, Datierung, eine Grußformel oder durch den Zusatz „die Erklärung ist nicht unterschrieben" (Begr. RegE, BT-Drucks. 14/4987, S. 20). Die eigenhändige Unterschrift der Unterrichtungspflichtigen ist nicht erforderlich. Sie ist gleichwohl möglich, wird aber nur bei kleineren Übertragungen in Betracht kommen. Bei größeren Transaktionen stellt die Unterrichtung einen „Massenvorgang" dar, für den die Anordnung der Textform durchaus sachgerecht ist, zumal die Informations- und Dokumentationsfunktion der Unterrichtung im Vordergrund steht, nicht ihre Beweis- oder Warnfunktion (MünchKomm/*Müller-Glöge* § 613a BGB Rn. 112). Maßgeblich ist, dass die Information dem Empfänger nicht nur flüchtig (mündlich) zugeht, sondern sie ihm dauerhaft zur Verfügung steht (vgl. BT-Drucks. 14/ 4987, S. 19).

170 Die Information kann **auf Deutsch erfolgen**, da Abweichendes nicht ausdrücklich gesetzlich bestimmt ist (anders z. B. § 2 Abs. 5 WahlO BetrVG, vgl. dazu BAG DB 2005, 675). Das gilt zumindest dann, wenn sich für den Arbeitgeber keine Anhaltspunkte ergeben, dass ein Arbeitnehmer der deutschen Sprache nicht hinreichend mächtig ist (*Schiefer/Worzalla* NJW 2009, 558, 560; DFL/*Bayreuther* § 613a BGB Rn. 122; strenger aber Schaub/*Koch* § 118 Rn. 36; differenzierend *Schnittker/Grau* BB 2005, 2238). Auch im AGB-Recht gilt, dass der Verwender bei einem in Deutschland geschlossenen, dem deutschen Recht unterliegenden Vertrag keine Übersetzungen seiner AGB bereitzuhalten hat (BGH 10. 3. 1983, BGHZ 87, 115; Palandt/*Grüneberg* § 305 BGB Rn. 42). Ansonsten ist die Übersetzung eine Frage der Zweckmäßigkeit. Sie kann angezeigt sein, wenn der Arbeitgeber seine ausländischen Arbeitnehmer auch sonst in ihrer Muttersprache informiert (*Meyer* Unterrichtung, Rn. 330).

171 Da der **Arbeitgeber** in einem späteren Prozess den **Zugang der Unterrichtung nachweisen muss**, empfiehlt sich die persönliche Aushändigung der schriftlichen Mitteilung mit einem schriftlichen Empfangsbekenntnis, am besten im Anschluss an eine entsprechende Informationsveranstaltung. Ein entsprechendes Muster findet sich im Anhang 4. Ist eine persönliche Übergabe der Mitteilung nicht möglich, etwa weil der Mitarbeiter erkrankt oder im Urlaub ist, muss § 130 BGB als allgemeine Vorschrift über den Zugang von (Willens-)Erklärungen beachtet werden. Die Übermittlung der Mitteilung durch Fax oder E-Mail ist danach nur möglich, wenn der Empfänger durch Mitteilung seiner Faxnummer oder E-Mail-Adresse oder in sonstiger Weise zu erkennen gibt, dass er mit einer telekommunikativen Übermittlung von rechtserheblichen Erklärungen einverstanden ist (Palandt/*Heinrichs* § 126b BGB Rn. 3). Darüber hinaus ist sicherzustellen, dass die Mitteilung den Empfänger auch tatsächlich erreicht.

5. Folgen fehlender oder nicht ordnungsgemäßer Information

a) Nichtanlaufen der Frist

172 Die Verletzung der Informationspflicht führt zunächst dazu, dass die Monatsfrist, binnen derer der Arbeitnehmer dem Übergang seines Arbeitsverhältnisses nach § 613a BGB Abs. 6 BGB widersprechen kann, **nicht zu laufen beginnt** (st. Rspr., BAG 22. 1. 2009 NZA 2009, 547, 549 m. w. N.; BAG 2. 4. 2009 NZA 2009, 1149). Fehlerhafte Unterrichtungsschreiben können aber **nachträglich korrigiert, unvollständige vervollständigt werden.** Die Widerspruchsfrist beginnt dann mit dem Zugang des ordnungsgemäßen Schreibens, wobei aus Gründen der Rechtsklarheit im Falle einer **Vervollständigung diese auch als solche zu bezeichnen ist,** damit die Arbeitnehmer vom nunmehrigen Beginn der Widerspruchsfrist Kenntnis erlangen kann (BAG 23. 7. 2009 NZA 2010, 89, 91 f.). Dass die Adressaten eines fehlerhaften oder unvollständigen Schreibens die zutreffenden Tatsachen „irgendwann und irgendwie“ auf andere Weise erfahren – etwa im Rahmen der Fortsetzung des Arbeitsverhältnisses mit dem Erwerber – hilft den zur Information Verpflichteten nicht, da nur ein Unterrichtungsschreiben nach § 613a Abs. 5 BGB den Anlauf der Widerspruchsfrist bewirkt.

b) Schadensersatzansprüche

173 Da die Unterrichtung nach § 613a Abs. 5 BGB keine bloße Obliegenheit, sondern eine echte Rechtspflicht darstellt, können sich bei deren Verletzung **Schadensersatzansprüche** ergeben (BAG 13. 7. 2006 NJW 2007, 250). Der Veräußerer kann nach § 280 Abs. 1 BGB, der Erwerber nach §§ 280 Abs. 1, 311 Abs. 2 Nr. 3, § 241 Abs. 2 BGB haftbar sein (*Franzen* RdA 2002, 258, 267; *Gaul/Otto* DB 2002, 634, 639; *Willemsen/Lembke* NJW 2002, 1159, 1164). Voraussetzung ist, dass die unterbliebene, unvollständige oder fehlerhafte Unterrichtung beim Arbeitnehmer zu einem Schaden geführt hat (BAG 31. 1. 2008 NZA 2008, 642), und der Arbeitnehmer geltend machen kann, dass er sich bei ordnungsgemäßer Unterrichtung anders verhalten hätte. Dafür trägt er die Darlegungs- und Beweislast (BAG 13. 7. 2006, 2007, 250, 255; BAG 31. 1. 2008 NZA 2008, 642). Bei der Verletzung von Aufklärungspflichten kann eine Vermutung dafür bestehen, dass sich der Geschädigte aufklärungsgerecht verhalten hätte (BAG 13. 7. 2006, 2007, 250, 255 im Anschluss an BGHZ 61, 118). Das setzt aber voraus, dass nur eine Handlungsmöglichkeit besteht (BAG 20. 3. 2008 NZA 2008, 1297, 1301). Unterlässt der Arbeitnehmer den Widerspruch wegen fehlerhafter Unterrichtung, kommt ein Schadensersatzanspruch regelmäßig nicht in Betracht, weil die Widerspruchsfrist wegen der nicht ordnungsgemäßen Information weder an- noch abgelaufen ist und der Arbeitnehmer deshalb weiterhin widersprechen kann (BAG 20. 3. 2008 NZA 2008, 1297, 1301; *Franzen* RdA 2002, 258, 267; *Willemsen/Lembke* NJW 2002, 1159, 1164). Erklärt der Arbeitnehmer den Widerspruch, den er bei ordnungsgemäßer Unterrichtung unter-

lassen hätte – sei es, dass er über die Folgen, die der Widerspruch selbst hatte, nicht richtig informiert wurde, sei es, dass ihm die beim Erwerber geltenden Arbeitsbedingungen fehlerhaft mitgeteilt wurden –, muss der Arbeitnehmer so gestellt werden, wie wenn er dem Übergang seines Arbeitsverhältnisses auf den Erwerber nicht widersprochen hätte. Die Einstellung beim Erwerber kann der Arbeitnehmer allerdings nicht verlangen; für derart weit in die Vertragsfreiheit des Erwerbers einschneidende Herstellungsansprüche hätte es einer klaren Anordnung des Gesetzgebers bedurft. Dem Restitutionsinteresse des geschädigten Arbeitnehmers wird regelmäßig durch Zuerkennung eines Geldanspruchs genüge getan. Im Regelfall ist er auf den Ausgleich der Gehaltsdifferenz zwischen dem Veräußerer- und dem Erwerberbetrieb gerichtet (*Franzen* RdA 2002, 258, 267; *Gaul/Otto* DB 2002, 634, 639).

III. Widerspruchsrecht des Arbeitnehmers

1. Grundlagen

174 Der Erwerber tritt zwar in die Arbeitsverhältnisse der im übernommenen Betrieb Beschäftigten ein, ohne dass es ihrer Zustimmung bedarf (BAG 30.10.1986 NZA 1987, 524). Seit Inkrafttreten des § 613a BGB hat die Rechtsprechung dem Arbeitnehmer aber das Recht gewährt, dem Übergang seines Arbeitsverhältnisses auf den Erwerber zu widersprechen (BAG 19.3.1998, 25.1.2001 NZA 1998, 750, NZA 2001, 840). Das BAG berief sich dabei auf das Grundrecht der freien Berufswahl (Art. 12 Abs. 1 GG) und auf den höchstpersönlichen Charakter der Dienstleistung (§ 613 BGB), die einen aufgezwungenen Schuldnerwechsel zu Lasten des Arbeitnehmers verböten. Ein „Verkauf" des Arbeitnehmers gegen seinen Willen widerspräche überdies dem allgemeinen Persönlichkeitsrecht aus Art. 2 Abs. 1, 1 Abs. 1 GG (BAG 22.4.1993 NZA 1994, 357). Der Sache nach bedeutet der Widerspruch den Verzicht auf Arbeitnehmerschutzrecht, da ohne § 613a BGB bei einem Betriebsübergang zwar der Arbeitsplatz, nicht aber das Arbeitsverhältnis auf den Erwerber übergehen würde. Dass der Arbeitnehmer eine solche Schutzposition freiwillig aufgeben darf, versteht sich von selbst. Gleichwohl sah sich der Gesetzgeber bemüßigt, das Widerspruchsrecht im Jahr 2002 gesetzlich zu regeln (s. BGBl. I 2002, 1163) und seine Ausübung durch den neuen § 613a Abs. 6 BGB an die Einhaltung strenger Form- und Fristvorschriften zu binden. Die Neuregelung gilt für Betriebsübergänge, die nach dem 1.4.2002 erfolgen. Sie gilt auch für Umwandlungen nach dem UmwandlungsG, wenn es hierbei zu Betriebsübergängen kommt, weil § 324 UmwG ausdrücklich auf § 613a Abs. 6 BGB verweist. Das Widerspruchsrecht besteht auch in Gemeinschaftsbetrieben (vgl. § 1 Abs. 1 Satz 2 BetrVG) zwischen mehreren rechtlich selbständigen Unternehmen, wenn die Inhaberschaft an einem Betriebsteil auf ein anderes am gemeinschaftlichen Betrieb beteiligtes Unternehmen übergeht (BAG 15.2.2007 DB 2007, 1759).

175 **Kein Recht zum Widerspruch besteht,** wo § 613a BGB keine Anwendung findet, d.h. bei Betriebsübergängen, die kraft Gesetzes im Wege der Gesamtrechtsnachfolge vollzogen werden, etwa wenn ein **Gesetz zwingend die Überleitung von Arbeitsverhältnissen** von einem Bundesland auf eine Stiftung des öffentlichen Rechts anordnet (BAG 2.3.2006 NZA 2006, 848). Der mit dem durch die zwingende Auswechslung des Arbeitgebers verbundene Eingriff in die Freiheit der Arbeitsplatzwahl des Arbeitnehmers verstößt jedenfalls dann nicht gegen Art. 12 Abs. 1 GG, wenn die Nichteinräumung eines Widerspruchsrechts die Funktionsfähigkeit einer Einrichtung der Daseinsvorsorge erhalten soll, sich die Arbeitsbedingungen nicht wesentlich ändern und dem Arbeitnehmer mit dem neuen Arbeitgeber ein vergleichbar potenter Schuldner gegenübersteht (BAG 2.3.2006 NZA 2006, 848; BAG 28.9.2006 NZA 2007, 352; BAG 18.12.2008, 8 AZR 660/07, BeckRS 2009 58466). Ebenfalls kein Recht zum Widerspruch besteht bei Betriebsübergängen im Zuge von **Umwandlungen, bei denen der bisherige Rechtsträger erlischt** und der neue Arbeitgeber durch gesellschaftsrechtliche Gesamtrechtsnachfolge in die Arbeitsverhältnisse eintritt. So liegt es, wenn eine Personengesellschaft auf eine Kapitalgesellschaft verschmolzen wird. (BAG 21.2.2008 NZA 2008, 815). In diesem Fall ist ein dennoch erklärter Widerspruch unbeachtlich (BAG a.a.O.). § 613a Abs. 6 BGB muss insoweit teleologisch reduziert werden (s. Rn. 193). Offengelassen hat das BAG die Frage, ob das Widerspruchsrecht individualvertraglich vereinbart werden kann. Der Widerspruch geht ins Leere, wenn der Betriebsübergang, über den unterrichtet wurde, nicht erfolgt (BAG 25.10.2007 NZA 2008, 357).

176 Der **EuGH** hat die **gemeinschaftsrechtliche Zulässigkeit des Widerspruchsrechts bejaht.** Art. 3 Abs. 1 der Richtlinie 77/187/EWG verwehre es einem von einem Betriebsübergang betroffenen Arbeitnehmer nicht, dem Übergang seines Arbeitsverhältnisses zu widersprechen. Die Richtlinie verpflichte die Mitgliedstaaten nicht, die Aufrechterhaltung des Arbeitsverhältnisses mit dem Erwerber auch dann anzuordnen, wenn sich der Arbeitnehmer gegen eine Fortsetzung seines Arbeitsverhältnisses mit dem Erwerber entscheide. Die Richtlinie stehe dem aber auch nicht entgegen. Es sei Sache der Mitgliedstaaten zu bestimmen, was in einem solchen Fall mit dem Arbeitsverhältnis zum Veräußerer geschehe (EuGH 16.12.1992 NZA 1993, 169).

2. Ausübung des Widerspruchs

a) Erklärung

177 aa) **Gestaltungsrecht.** Das Widerspruchsrecht stellt ein **Rechtsfolgeverweigerungsrecht** dar. Es ist ein **Gestaltungsrecht,** mit dem der Arbeitnehmer den von § 613a BGB vorgesehenen Übergang seines Arbeitsverhältnisses verhindern oder rückgängig machen kann (BAG 30.10.2003 NZA 2004, 481). Das Widerspruchsrecht ist als Gestaltungsrecht grundsätzlich **bedingungsfeindlich** (MünchKomm/*Müller-Glöge* § 613a BGB Rn. 115 m.w.N.). Des-

halb ist der vom Arbeitnehmer erklärte Vorbehalt, dass er nur dann von seinem Widerspruchsrecht keinen Gebrauch mache, wenn ihm vom Erwerber nicht gekündigt werde, unwirksam (*Gaul/Otto* DB 2003, 634, 647; ErfK/*Preis* § 613a BGB Rn. 92). Unschädlich ist dagegen, dass der Widerspruch nur für den Fall erklärt wird, dass (wirklich) ein Betriebsübergang vorliegt, da es sich insoweit um eine reine Rechtsbedingung handelt (BAG 13. 7. 2006 NJW 2007, 250, 253).

178 **bb) Willenserklärung.** Die Ausübung des Widerspruchsrechts erfolgt durch **einseitige empfangsbedürftige Willenserklärung** (BAG 22. 4. 1993 NZA 1994, 360). Der Widerspruch wird **wirksam mit dem Zugang** beim Adressaten, wofür der Arbeitnehmer die Darlegungs- und Beweislast trägt (*Worzalla* NZA 2002, 353, 357). Bis dahin kann der Widerspruch frei **widerrufen** werden (§ 130 BGB). Danach ist der Widerruf unwirksam (BAG 30. 10. 2003 NZA 2004, 481). Einen einmal zugegangenen Widerspruch kann der Arbeitnehmer auch nicht wieder **zurücknehmen** (LAG Schleswig Holstein 30. 10. 2002 AuA 2003, 48), selbst dann nicht, wenn der Veräußerer damit einverstanden ist. Eine entsprechende Vereinbarung wäre ein unzulässiger Vertrag zu Lasten des Erwerbers. Die Rücknahme des Widerspruchs belastet ihn nämlich mit der Entgeltzahlungs- und Beschäftigungspflicht; sie ist nur zulässig, wenn sich der Erwerber damit ausdrücklich oder konkludent einverstanden erklärt (BAG 30. 10. 2003 NZA 2004, 481). Diese Grundsätze gelten auch dann, wenn der Widerspruch bereits vor einer ordnungsgemäßen Unterrichtung erklärt wurde (MünchKomm/*Müller-Glöge* § 613a BGB Rn. 115). Unterlag der Arbeitnehmer bei der Abgabe seines Widerspruchs einem Irrtum, kann er seine Erklärung nach § 142 BGB **anfechten** (LAG Bremen 18. 9. 1987 LAGE BGB § 613a Nr. 9). Zur Anfechtung berechtigt nur ein Inhalts- oder Erklärungsirrtum im Sinne des § 119 BGB, nicht aber eine Fehlvorstellung über die Rechtsfolgen des Widerspruchs oder über die Entwicklung des Arbeitsverhältnisses beim Erwerber. Wurde der Arbeitnehmer arglistig getäuscht – etwa durch eine bewusst wahrheitswidrige Unterrichtung nach § 613a Abs. 5 BGB –, kann er den Widerspruch nach § 123 BGB anfechten (ErfK/*Preis* § 613a BGB Rn. 92; *Willemsen/Lembke* NJW 2002, 1159, 1164).

179 **cc) Persönliche Ausübung.** Der Arbeitnehmer muss das Widerspruchsrecht selbst ausüben. Unzulässig ist deshalb eine Betriebsvereinbarung mit entsprechendem Inhalt (BAG 2. 10. 1974 AP BGB § 613a Nr. 1; Staudinger/*Annuß* § 613a BGB Rn. 200). **Zulässig ist dagegen die kollektive Ausübung des Widerspruchsrechts** im Sinne einer gleichzeitigen persönlichen Geltendmachung durch eine Vielzahl von Arbeitnehmern (BAG 30. 9. 2004 NZA 2005, 43, 46 f. m. w. N.; BAG 23. 7. 2009 NZA 2010, 89, 94). Anderenfalls würde das Widerspruchsrecht ins Leere laufen, da ein Betriebsübergang zumeist eine größere Zahl von Arbeitnehmern betrifft. Das gilt nach der Rechtsprechung sogar dann, wenn sich die Arbeitnehmer untereinander absprechen. Sei die Ausübung eines Rechts individuell erlaubt, könne dessen kollektive Geltendmachung nicht ohne weiteres verboten sein. Der kollektive Widerspruch stelle auch keine Arbeitskampfmaßnahme dar, weil er nicht den Zweck verfolge, die vom Arbeitgeber vorgenommene Vertragsgestaltung zu ändern, sondern die Auswechslung des Arbeitgebers verhindern soll; Ziel sei allein der Erhalt der bisherigen Arbeitsbedingungen. Dass der kollektive Widerspruch den Veräußerer unter Druck setze, ändere daran nichts (str.; wie hier BAG 30. 9. 2004 NZA 2005, 43, 47; a. A. *Rieble* NZA 2005, 1 m. w. N.). Allerdings darf das Widerspruchrecht **nicht rechtsmissbräuchlich** ausgeübt werden. Der Grundsatz von Treu und Glauben (§ 242 BGB) zieht als allgemeines Rechtsprinzip allen Rechten eine äußerste Grenze. Rechtsmissbrauch liegt vor, wenn einer Rechtsausübung kein schutzwürdiges Eigeninteresse zu Grunde liegt, sie als Vorwand für die Erreichung vertragsfremder oder unlauterer Zwecke dient oder nur beabsichtigt, einem anderen Schaden zuzufügen (§ 226 BGB). Rechtsmissbräuchlich wird das Widerspruchsrecht dann ausgeübt, **wenn damit der Betriebsübergang als solcher verhindert werden soll**, weil dies die grundgesetzlich geschützte unternehmerische Entscheidungsfreiheit des Arbeitgebers beeinträchtigen würde, oder wenn **Vergünstigungen erzielt werden sollen, auf die die Arbeitnehmer keinen Rechtsanspruch haben** (BAG 30. 9. 2004 NZA 2005, 43, 47). Die Beweislast hierfür trägt der Veräußerer. Dass eine Gewerkschaft ihre Mitglieder auf Informationsveranstaltungen über das Widerspruchsrecht informiert und entsprechende Schreiben vorformuliert, die später gesammelt der Personalabteilung übergeben werden, belegt nur das abgestimmte Verhalten, nicht aber die Absicht, den Betriebsübergang als solchen zu verhindern (BAG 23. 7. 2009 NZA 2010, 89, 94). Hinzukommt, dass die Arbeitnehmer keine Gründe für den Widerspruch nennen müssen (s. ferner *Krause* RdA 2006, 228; *Merlot de Beauregard* BB 2005, 826; *Schmalenberg* AuR 2008, 165). Ebenso wenig ist es rechtsmissbräuchlich, wenn ein Widersprechender **mit dem Erwerber über den Abschluss eines Arbeitsvertrags zu günstigeren Bedingungen verhandelt** und nach dem Fehlschlagen dieser Verhandlungen seine Arbeit beim Veräußerer fortsetzt (BAG 19. 2. 2009 NZA 2009, 1095).

b) Form, Inhalt, Adressat

180 **aa) Schriftform.** Der Widerspruch muss **schriftlich** erfolgen; die elektronische Form (§ 126a BGB) ist ausgeschlossen (§ 613a Abs. 6 Satz 1 BGB). Ziel der gesetzlichen Neuregelung war es, dem Arbeitnehmer durch das Erfordernis der **eigenhändigen Unterzeichnung seiner Erklärung** die Bedeutung des Widerspruchs bewusst werden zu lassen und ihn vor übereiltem Handeln zu schützen (BT-Drucks. 14/7760, S. 20). Eine Übersendung per Fax ist nicht möglich, weil der Empfänger hierbei nicht das Original, sondern eine Kopie des schriftlichen Widerspruchs erhält (ErfK/*Preis* § 613a BGB Rn. 93). Wird die Form verfehlt, der Widerspruch etwa nur mündlich erklärt, besteht das Arbeitsverhältnis zum Erwerber fort (MünchKomm/*Müller-Glöge* § 613a BGB Rn. 117). Allerdings muss der Widerspruch **nicht ausdrücklich erklärt werden.** Nach der sog. **Andeutungstheorie** genügt es, dass der einschlägige rechtsgeschäftliche Wille des Arbeitnehmers in einer formgerechten Urkunde einen andeutungsweisen Ausdruck gefunden hat. Ein formgemäßer Widerspruch kann deshalb **auch in einer Klageerhebung** liegen, wenn sich aus dem Schriftsatz der Wille des Arbeitnehmers ergibt, den Übergang seines Arbeitsverhältnisses zu verhindern (BAG 13. 7. 2006 NJW 2007, 250, 252). Hierfür genügt es allerdings nicht, dass der Arbeitnehmer zugleich den Veräußerer und den Erwerber verklagt, um zu verhindern, dass der falsche Anspruchsgegner in Anspruch genommen wird (BAG a. a. O.). Anders ist es, wenn das Arbeitsgericht den Anspruch gegen den Erwerber abweist, weil nach seiner Ansicht gar kein Betriebsübergang vorliegt, und der Arbeitnehmer die Klage gegen seinen bisherigen Arbeitgeber weiterverfolgt (BAG a. a. O.).

181 **bb) Inhalt und Adressat.** Der Arbeitnehmer braucht in seinem Schreiben nicht ausdrücklich das Wort „Widerspruch" zu verwenden. Es muss nur aus objektiver Empfängersicht erkennbar sein, dass sich der Arbeitnehmer gegen den Übergang seines Arbeitsverhältnisses auf den Erwerber wendet (MünchKomm/*Müller-Glöge* § 613a BGB Rn. 118). Die Widerspruchserklärung als solche ist gemäß den §§ 133, 157 BGB auszulegen (BAG 15. 2. 2007 NZA 2007, 793,796). Der **Angabe eines Grundes für den Widerspruch bedarf es nicht** (BAG 30. 9. 2004 NZA 2005, 43; BAG 19. 2. 2009, 8 AZR 176/08). Der Arbeitnehmer hat selbst zu entscheiden, ob er widersprechen will. Es liegt an ihm, das mit dem Widerspruch verbundene Risiko eigenverantwortlich zu beurteilen (BAG 30. 10. 2003 NZA 2004, 481; *Franzen* RdA 2002, 258 264 m. w. N.). Einem grundlos Widersprechenden hatte das BAG allerdings früher die Berufung auf eine fehlerhafte Sozialauswahl im Falle einer betriebsbedingten Kündigung infolge Wegfalls des Arbeitsplatzes nach einem Betriebsübergangs versagt (BAG 21. 5. 1992, 7. 4. 1993 NZA 1992, 762 NZA 1993, 795). Von dieser Ansicht hat sich das BAG mittlerweile verabschiedet. Nach neuester Rechtsprechung (BAG 31. 5. 2007 NZA 2008, 33) kann sich auch der Widersprechende auf eine fehlerhafte Sozialauswahl berufen. Die – guten oder schlechten – Gründe für den Widerspruch können auch nicht mehr im Rahmen der Sozialauswahl berücksichtigt werden, da § 1 Abs. 3 Satz 1 KSchG die Auswahlkriterien seit dem 1. 1. 2004 abschließend bestimmt hat (s. Rn. 199). Der Widerspruch kann **gegenüber dem bisherigen Arbeitgeber oder dem neuen Inhaber erklärt** werden (§ 613a Abs. 6 Satz 2 BGB). Hat der Arbeitnehmer gegenüber seinem bisherigen Arbeitgeber widersprochen, muss dieser den neuen Inhaber hierüber informieren und umgekehrt (Begr. RegE, BT-Drucks. 14/7760, S. 20). Veräußerer und Erwerber steht wechselseitig ein entsprechender Auskunftsanspruch zu (*Willemsen/Lembke* NJW 2002, 1160). Dieser besteht als vertragliche Nebenpflicht (§ 241 Abs. 2 BGB) aus dem Rechtsgeschäft, das dem Betriebsübergang zugrunde liegt (Kaufvertrag, Einbringungsvertrag usw.). **Geht bei einem Betriebsübergang im Wege einer Verschmelzung der übertragende Rechtsträger unter,** kann weder gegenüber dem alten noch gegenüber dem neuen Rechtsträger widersprochen werden (BAG 21. 2. 2008 NZA 2008, 815, 816). Ein gleichwohl erfolgter Widerspruch kann zumindest dann nicht als ein Angebot auf Abschluss eines Aufhebungsvertrags ausgelegt werden, wenn der übertragende Rechtsträger im Unterrichtungsschreiben die Rechtsansicht vertritt, ein Widerspruch würde automatisch zur Beendigung des Arbeitsverhältnisses führen (BAG, a.a.O.). Der Widerspruch lässt sich auch nicht in eine Eigenkündigung umdeuten. § 140 BGB verlangt insoweit, dass das umzudeutende nichtige oder wirkungslose Rechtsgeschäft den Erfordernissen eines anderen Rechtsgeschäfts entspricht, das in seinen rechtlichen Wirkungen aber nicht weiter reichen darf als das unwirksame. Das wäre jedoch der Fall, wenn ein wirksamer Widerspruch nicht zur Beendigung des Arbeitsverhältnisses, sondern zu dessen Fortbestand mit dem bisherigen Arbeitgeber führen würde (BAG, a.a.O.).

c) Erklärungsfrist

182 Die Frist zur Erklärung des Widerspruchs **beträgt einen Monat.** Sie **beginnt mit dem Zugang der ordnungsgemäßen** Unterrichtung nach § 613a Abs. 5 BGB (st. Rspr., zuletzt BAG 22.1.2009, NZA 2009, 547, 549 m.w.N.). Wann der Betriebsübergang tatsächlich erfolgt, spielt keine Rolle. Die Widerspruchsfrist beginnt deshalb auch dann mit der Unterrichtung, wenn der Arbeitnehmer entgegen § 613a Abs. 5 BGB erst nach dem Betriebsübergang unterrichtet wurde (BAG 14.12.2006 NZA 2007, 682; vgl. auch Begr. RegE, BT-Drucks. 14/7760, S. 20) oder wenn er seine Informationen aus anderen Quellen (Betriebsversammlung, Gerüchte, Zeitungsberichte) bezogen hat (BAG 23.7.2009 NZA 2010, 89; *Gaul/Otto* DB 2002, 634, 637). Geht der Betrieb später als in der Unterrichtung angekündigt auf den Erwerber über, läuft die Frist ebenfalls bereits mit Zugang der Unterrichtung an (ErfK/*Preis* § 613a BGB Rn. 96). Veräußerer und Erwerber haben daher die Möglichkeit, durch frühzeitige Information ein klares Bild über den möglichen Verbleib von Arbeitnehmern beim Veräußerer zu erhalten (ErfK/*Preis* § 613a BGB Rn. 100). Die bisherige Rechtsprechung, nach der der Widerspruch nur bis zum Zeitpunkt erklärt werden konnte, zu dem der Betrieb auf den Erwerber tatsächlich überging (BAG 22.4.1993 NZA 1994, 360), ist mit der Neufassung des § 613a BGB überholt. War die Unterrichtung fehlerhaft, kann der Widerspruch – weil die Frist des § 613a Abs. 6 BGB nicht angelaufen ist – bis zur Grenze der Verwirkung erklärt werden (s. Rn. 185 ff.). Einer Darlegung, dass der Widerspruch bei ordnungsgemäßer Unterrichtung fristgemäß erklärt worden wäre, bedarf es schon deshalb nicht, weil der Widerspruch auch sonst nicht begründet zu werden braucht (BAG 24.7.2008 NZA-RR 2009, 294, 297) und das Gesetz keine Kausalität zwischen der fehlerhaften Information und dem nicht ausgeübten Widerspruch vorsieht (BAG 22.1.2009 NZA 2009, 547, 550; a.A. LAG München 11.2.2009, 11 Sa 381/08, BeckRS 2009 67542).

183 Die Widerspruchsfrist **berechnet sich nach den allgemeinen Vorschriften.** Sie beginnt am Tag nach der Unterrichtung (§ 187 Abs. 1 BGB) und endet mit dem Ablauf desjenigen Tages des Folgemonats, der durch seine Benennung dem Tag des Zugangs entspricht (§ 188 Abs. 2 BGB). Bei Unterrichtung am 30.4. endet die Widerspruchsfrist also am 30.5., bei Unterrichtung am 31.5. am 30.6. (§ 188 Abs. 3 BGB). Fällt das Ende der Frist auf einen Samstag, einen Sonntag oder einen am Erklärungs- oder Leistungsort staatlich anerkannten Feiertag, endet die Frist am darauf folgenden Werktag (§ 193 BGB). Der Arbeitgeber kann die Widerspruchsfrist nicht einseitig verkürzen. § 613a Abs. 6 BGB ist insoweit zwingendes Recht (*Gaul/Otto* DB 2002, 637; ErfK/*Preis* § 613a BGB Rn. 103). Eine Verlängerung der Frist ist möglich, wenn alle Beteiligten (Arbeitnehmer, bisheriger Arbeitgeber und Erwerber) damit einverstanden sind (MünchKomm/*Müller-Glöge* § 613a BGB Rn. 120). Eine lediglich zweiseitige Vereinbarung wäre ein unzulässiger Vertrag zu Lasten Dritter.

184 Das Widerspruchsrecht kann auch dann noch ausgeübt werden, wenn die Monatsfrist wegen Falschinformation nicht angelaufen war, das Arbeitsverhältnis aber beim Erwerber bereits beendet wurde (BAG 24. 7. 2008 NZA-RR 2009, 294). Das **Widerspruchsrecht wirkt dann auf den Zeitpunkt des Betriebsübergangs zurück** (BAG 20. 3. 2008 NZA 2008, 1354, 1358; *Rieble/Wiebauer* NZA 2009, 401, 403). Der Wortlaut des § 613a Abs. 6 S. 1 BGB steht dem nicht entgegen, da das Widerspruchsrecht „dem Arbeitnehmer" zukommt und der Fristbeginn vom Zugang der Unterrichtung abhängt, die unterschiedslos gegenüber allen „von dem Übergang betroffenen Arbeitnehmern" zu erfolgen hat. Die Gestaltungs- und Verfügungsbefugnis zur Ausübung des Widerspruchsrechts besteht deshalb auch nachvertraglich fort (BAG 20. 3. 2008 NZA 2008, 1354, 1358; BAG 27. 11. 2008 NZA 2009, 752). Das spielt zwar keine Rolle für die tatsächliche Beschäftigung, die nach einem Widerspruch nicht mehr rückgängig zu machen ist, wohl aber für die Fragen, wer die Gegenleistung zu erbringen hat, wer für noch offene Zahlungsansprüche haftet und wem gegenüber gegebenenfalls nachvertragliche Pflichten bestehen. Auf den Grund für das Ausscheiden kommt es nach der Rechtsprechung nicht an. Der Arbeitnehmer kann auch dann noch (nachträglich) dem Übergang seines Arbeitsverhältnisses widersprechen, wenn das Arbeitsverhältnis beim Erwerber durch einen Vergleich beendet wurde (BAG 24. 7. 2008 NZA-RR 2009, 294).

d) Verwirkung

185 aa) **Grundsatz.** Wurde der Arbeitnehmer nicht oder nicht ordnungsgemäß unterrichtet, läuft nach h. M. die Widerspruchsfrist nicht an (BAG 13. 7. 2006 NJW 2007, 250, 253 m. w. N.). Sie kann folglich auch nicht ablaufen. Vorschläge, die die Ausübung des Widerspruchsrechts auf eine absolute Höchstfrist begrenzen wollten, etwa 3 Monate (Empfehlung des Rechtsausschusses, BR-Drucks. 831/1/01 S. 2) oder 6 Monate (Änderungsantrag der CDU/CSU- und der FDP-Fraktion, BT-Drucks. 14/8128, S. 4) nach dem Betriebsübergang, haben sich im Gesetzgebungsverfahren nicht durchsetzen können. Umgekehrt bedeutet dies nicht, dass das Widerspruchsrecht ohne jede zeitliche Grenze besteht. Vielmehr kann es, wie jedes subjektive Recht, verwirken (BAG 13. 7. 2006 NJW 2007, 250, 253). Die Tatsache, dass mit § 613a Abs. 6 BGB eine gesetzlich bestimmte Widerspruchsfrist eingeführt wurde, schließt eine Anwendung der allgemeinen Grundsätze nicht aus, weil jedes Recht nur unter Berücksichtigung der Grundsätze von Treu und Glauben (§ 242 BGB) ausgeübt werden darf (BAG 14. 12. 2006 NZA

2007, 682). Genau darum geht es bei der Verwirkung. Sie schließt die illoyal verspätete Ausübung von Rechten aus (BAG 27.11.2009 NZA 2009, 552, 554). Ihr Ziel ist der Schutz berechtigter Vertrauenserwartungen des Verpflichteten (BAG 24.7.2008 NZA 2008, 1294, 1295). Ein solches Vertrauen kann sich nur dann bilden, wenn der Gläubiger – in Kenntnis seiner Befugnisse – längere Zeit seine Rechte nicht geltend macht (**Zeitmoment**). Das allein genügt jedoch nicht. Hinzukommen müssen Umstände, die beim Schuldner den Eindruck erwecken, dass der Gläubiger seine Rechte nicht mehr geltend machen will (**Umstandsmoment**). Das Erfordernis des Vertrauensschutzes auf Seiten des Verpflichteten muss das Interesse des Berechtigten derart überwiegen, dass ihm die Erfüllung des Anspruchs nicht mehr zuzumuten ist (BAG 20.3.2008 NZA 2008, 1354, 1358). Dabei ist zu berücksichtigen, dass das **Risiko der nicht anlaufenden Widerspruchsfrist grundsätzlich vom Arbeitgeber zu tragen** ist, weil er es in der Hand hat, die Unterrichtung ordnungsgemäß zu erteilen und nachträglich festgestellte Mängel zu beseitigen, um den Anlauf Widerspruchsfrist zu bewirken (LAG Düsseldorf 30.4.2008, 7 Sa 586/07, BeckRS 2008 57215). **Veräußerer und Erwerber gelten hierbei als Einheit,** weil sie die Informationspflicht nach der Rechtsprechung als Gesamtschuldner trifft und weil der Arbeitnehmer beiden gegenüber widersprechen kann. Folglich kann der Widerspruch nicht gegenüber dem Erwerber verwirkt sein, weil er die eingetretenen „Umstände“ subjektiv kennt, gegenüber dem Veräußerer wegen dessen Unkenntnis jedoch nicht. Vielmehr können sich beide wechselseitig auf die Kenntnis des anderen vom Arbeitnehmerverhalten berufen (BAG 2.4.2009 NZA 2009, 1149, 1151 im Anschluss an *Gaul/Niklas* DB 2009, 452).

186 **bb) Zeitmoment.** Wie lange der Arbeitnehmer von seinem Widerspruchsrecht keinen Gebrauch gemacht haben darf, um berechtigte Vertrauenserwartungen des Erwerbers auf die Nichtausübung zu wecken, steht nicht von vornherein fest (BAG 20.3.2008 NZA 2008, 1354, 1358). **Eine starre Höchst- oder Regelfrist** – z.B. ein Monat oder ein Jahr nach dem Betriebsübergang (so wie hier in der Vorauflage vertreten) – **existiert nicht** (BAG 27.11.2008 NZA 2009, 552, 555; BAG 23.7.2009 NZA 2010, 89; *Willemsen/Lembke* NJW 2002, 1159; a.A. *Worzalla* NZA 2003, 353, 357), zumal im Gesetzgebungsverfahren die Vorschläge auf Aufnahme einer generellen Höchstfrist nicht aufgegriffen wurden. Maßgeblich sind vielmehr die konkreten Umstände des Einzelfalls, weil sich die Frage des Rechtsmissbrauchs – um die es bei der Verwirkung letztlich geht – einer schematischen Beurteilung entzieht. Zeitmoment und Umstandsmoment stehen **in Wechselwirkung** (BAG 24.7.2008 NZA 2008, 1294, 1295). Je gewichtiger das Umstandsmoment ist, desto schneller kann ein Anspruch verwirken (BAG 13.6.2006 NJW 2007, 250, 254; BAG 24.7.2008 NZA 2008, 1294, 1295). Umgekehrt verwirken bei schwierigen Sachverhalten die Rechte der Arbeitnehmer erst später (BAG 27.11.2008 NZA 2009, 552, 555). Da es sich beim Zeitmoment um keine gesetzlich, gerichtlich oder vertraglich vorgegebene Frist handelt, für die bestimmte Anfangs- und Endzeitpunkte gelten, sondern eine Gesamtbetrachtung von Zeit- und Umstandsmomenten erfolgt, ist es auch nicht geboten, auf einen bestimmten Fristbeginn abzustellen (BAG a.a.O.). **Maßgeblich dürfte im Regelfall aber die Zeit sein, die nach Ablauf der Monatsfrist nach dem Zugang der Unterrichtung verstrichen ist,** weil der Arbeitgeber mit der Unterrichtung zu erkennen gegeben hat, dass er später erklärte Widersprüche nicht mehr erwartet (BAG 20.3.2008 NZA 2008, 1354, 1359). Eine Verwirkung des Widerspruchsrechts kann daher auch schon vor der Korrektur von Falschangaben im Unterrichtungsschreiben in Betracht kommen (BAG 27.11. 2008 NZA 2009, 552, 555; a.A. LAG Köln 4.6.2007 AuR 2007, 443).

187 **cc) Umstandsmoment.** Das Umstandsmoment ist erfüllt, wenn der Arbeitgeber darauf vertrauen durfte, dass der Arbeitnehmer nicht mehr widerspricht (*Dzida* NZA 2009, 641; *Rieble/Wiebauer* NZA 2009, 401). Die **widerspruchslose Weiterarbeit beim Erwerber genügt für sich allein nicht,** da der Arbeitnehmer damit nur seine Arbeitspflicht erfüllt. Wäre es anders, würde das Ziel, falsch unterrichteten Arbeitnehmern das Widerspruchsrecht zu erhalten, unterlaufen (BAG 24.7.2008 NZA 2008, 1294, 1296; BAG 24.7.2008 NZA-RR 2009, 294, 298; BAG 27.11.2008 NZA 2009, 752; *Gaul/Otto* DB 2002, 638; *Rieble/Wiebauer* NZA 2009, 401, 402; a.A. *Bauer/von Steinau-Steinrück* ZIP 2002, 457, 464; *Grobys* BB 2002, 726, 730). Das gilt sogar dann, wenn der Arbeitnehmer schon über ein Jahr widerspruchslos beim Erwerber tätig wurde (BAG 23.7.2009 NZA 2010, 89, 94) und das Unterrichtungsschreiben so wenig fehlerhaft war, dass es für die Willensbildung des Arbeitnehmers keine Rolle gespielt hat. Das Gesetz unterscheidet nicht danach, ob und aus welchen Gründen der Arbeitnehmer überhaupt nicht, nicht ausreichend bzw. ganz oder in Teilen fehlerhaft informiert wurde (LAG Düsseldorf 30.4.2008, 7 Sa 586/07, BeckRS 2008 57215; a.A. MünchKomm/*Müller-Glöge* § 613a BGB Rn. 120; *Olbertz/Ungnad* BB 2004, 213, 215). Erst recht verdient der Veräußerer keinen Schutz, wenn der Arbeitnehmer die **fehlerhafte oder unvollständige Unterrichtung ausdrücklich bei ihm reklamiert** hat (BAG 21.8.2008 NZA-RR 2009, 62; BAG 24.7.2008 NZA-RR 2009, 294), wozu ihn allerdings weder eine Pflicht noch eine Obliegenheit trifft (LAG Düsseldorf 30.4.2008, 7 Sa 586/07, BeckRS 2008 57215; *Rieble/Wiebauer* NZA 2009, 401, 403; a.A. *Willemsen/Lembke* NJW 2002, 1160), oder wenn der **Arbeitnehmer aufgefordert wird, zur Vermeidung von Rechtsnachteilen beim Erwerber weiterzuarbeiten** (LAG Düsseldorf a.a.O.). Etwas anderes kann gelten, wenn der Arbeitnehmer und der Erwerber das **Arbeitsverhältnis in seinem Bestand verändern** und dies unabhängig vom Übergang des Arbeitsverhältnisses geschieht (BAG 27.11.2008 NZA 2009, 752; *Löwisch/Göpfert/Siegrist* DB 2007, 2538 m.w.N.). Der Veräußerer kann insbesondere dann auf die Nichtausübung des Widerspruchsrechts vertrauen, wenn der **Arbeitnehmer selbst über eine Beendigung des Arbeitsverhältnisses disponiert, indem er beispielsweise einen Aufhebungsvertrag mit dem Erwerber schließt** (BAG 23.7.2009, 8 AZR 357/07; LAG Düsseldorf 30.4.2008, 7 Sa 1119/07, BeckRS 2008 57243) **oder eine von diesem nach dem Betriebsübergang erklärte Kündigung hinnimmt** (BAG 20.3.2008 NZA 2008, 1354, 1359;

BAG 24.7.2008 NZA-RR 2009, 294, 298) und eine ihm angebotene **Abwicklungsregelung akzeptiert** (LAG München 4.1.2009, 10 Sa 360/08, BeckRS 2009 67491). Dasselbe gilt, wenn der Arbeitnehmer nach einem Betriebsübergang länger als ein Jahr widerspruchslos beim Erwerber weiterarbeitet und im Rahmen eines Gerichtsverfahrens gegen eine vom Erwerber ausgesprochene Kündigung erklärt, er habe dem Betriebsübergang nicht widersprochen (BAG 15.2.2007 NZA 2007, 793, 798), oder wenn er sich konkludent mit dem Betriebsübergang einverstanden erklärt, indem er – anwaltlich vertreten – gegen den Veräußerer nur noch Ansprüche aus der Mithaftung nach § 613a Abs. 2 BGB erhebt (BAG 24.7.2008 NZA 2008, 1294, 1296). Ist dagegen eine Beendigung des Arbeitsverhältnisses lediglich Folge einer bereits weit vor dem Betriebsübergang durch den Veräußerer erklärten Kündigung, kann der Widerspruch auch nach der Beendigung erklärt werden (BAG 15.2.2007 NZA 2007, 793, 798). In der **Nichterhebung einer Kündigungsschutzklage** gegen eine vom Erwerber ausgesprochene Kündigung kann ebenfalls kein konkludenter Verzicht auf die Ausübung des Widerspruchsrechts gesehen werden, wenn der Arbeitnehmer keine Kenntnis von einem noch bestehenden Widerspruchsrecht hat (LAG Düsseldorf 30.4.2008, 7 Sa 586/07, BeckRS 2008 57215). Entsprechendes gilt, wenn ein Arbeitnehmer seinen **Widerspruch nicht zur gleichen Zeit wie die anderen von einem Betriebsübergang betroffenen Arbeitnehmer** erklärt; gerade weil bereits Widersprüche erfolgt sind, muss der Veräußerer jederzeit mit neuen Widersprüchen rechnen (LAG Düsseldorf, a.a.O.). Nutzt ein Arbeitnehmer über einen Zeitraum von zwölf Monaten in Kenntnis eines (noch) bestehenden Widerspruchsrechts die **Vorteile einer Beschäftigungs- und Qualifizierungsmaßnahme**, die vom Veräußerer mitfinanziert wird, kann sein Widerspruch unmittelbar nach Beendigung der rechtsmissbräuchlich sein (LAG Düsseldorf 30.4.2008, 7 Sa 1119/07, BeckRS 2008 57243). Zu weiteren Umständen, die zu einer Verwirkung des Widerspruchsrechts führen können, s. *Dzida* NZA 2009, 641; *Rieble/Wiebauer,* NZA 2009, 401; *Göpfert/Siegrist* ArbRAktuell 2010 297506).

e) Verzicht

188 Da der Widerspruch allein dem Schutz des Arbeitnehmers dient, kann er darauf verzichten (BAG 15.2.2007 NZA 2007, 793, 798; *Bauer/von Steinau-Steinrück* ZIP 2002, 457, 464; *Worzalla* NZA 2002, 353, 357). Das BAG hat einen solchen Verzicht anerkannt, wenn er in Ansehung eines konkret bevorstehenden Betriebsübergangs erfolgt (BAG 15.2.1984, BAG 19.3.1998 NZA 1984, 32 NZA 1998, 750). Der Arbeitnehmer könnte mit dem Erwerber auch einen Arbeitsvertrag vereinbaren und damit das Arbeitsverhältnis einvernehmlich auf ihn überleiten. § 613a BGB soll den Arbeitnehmer beim Betriebsübergang vor dem Verlust seines Arbeitsplatzes bewahren, nicht aber seine Vertragsfreiheit beschränken (ErfK/*Preis* § 613a BGB Rn. 102). Dagegen ist ein **Vorausverzicht bereits bei der Einstellung unzulässig** (*Hauck* NZA Beil. 1/2009, S. 18, 22). Da das Widerspruchsrecht höchstpersönlicher Natur ist, kann darauf auch nicht durch Tarifvertrag oder Betriebsvereinbarung verzichtet werden (*D. Gaul* ZfA 1990, S. 87, 92). Der Arbeitgeber kann den Verzicht gegenüber dem bisherigen Arbeitgeber oder dem Erwerber erklären. Dem Verzicht steht es gleich, wenn der Arbeitnehmer mit dem bisherigen Arbeitgeber oder mit dem Erwerber den Übergang seines Arbeitsverhältnisses vereinbart (BAG 30. 10. 2003 NZA 2004, 481) oder seine Zustimmung zum Übergang erklärt (*D. Gaul* ZfA 1990, 87, 92). Um das Schriftformgebot des § 613a Abs. 6 BGB und die damit verbundene Warn- und Beweisfunktion nicht leerlaufen zu lassen, muss der Verzicht **schriftlich** erklärt werden (*Olbertz/Ungnad* BB 2004, 213, 217; ErfK/*Preis* § 613a BGB Rn. 102). Ein konkludenter Verzicht – etwa durch stillschweigende Weiterarbeit beim Erwerber in Kenntnis der Rechtslage – ist nicht (mehr) möglich (*Hauck*, NZA Beil. 1/2009, S. 18, 22; zur früheren Rechtslage LAG Hamm 28. 8. 1997 LAGE BGB § 613a Nr. 64). Das Schriftformgebot ist allerdings erfüllt, wenn der Arbeitnehmer beim Erwerber einen neuen Arbeitsvertrag unterschreibt oder mit ihm – schriftlich – einen Aufhebungsvertrag schließt (*Rieble/Wiebauer* NZA 2009, 401, 404 ff.). Ob ein wirksamer Verzicht eine **vollständige und fehlerfreie Unterrichtung nach** § 613a Abs. 5 BGB voraussetzt, ist umstritten (bejahend *Hauck* NZA Beil. 1/2009, S. 18, 22; a. A. *Rieble/Wiebauer* NZA 2009, 401, 404 ff.; nach *Meyer* Unterrichtung Rn. 389, soll zumindest eine „Basisunterrichtung" erforderlich sein, die den Arbeitnehmer in die Lage versetzt, weiteren Rat einzuholen). Darauf kann es jedenfalls dann nicht ankommen, wenn der Arbeitnehmer aus freien Stücken mit dem Erwerber formwirksam einen neuen Vertrag schließt oder sich sonstwie ausdrücklich mit dem Übergang seines Arbeitsverhältnisses einverstanden erklärt (BAG 19. 3. 1998 NZA 1995, 165).

3. Rechtsfolgen des Widerspruchs

a) Verhinderung des Übergangs des Arbeitsverhältnisses

189 **aa) Grundsatz.** Der Widerspruch des Arbeitnehmers verhindert den Übergang des Arbeitsverhältnisses auf den Erwerber; zum Veräußerer bleibt es bestehen (BAG 2. 10. 1974 AP BGB § 613a Nr. 1). Erfolgt der Widerspruch erst nach dem Betriebsübergang – etwa weil der Arbeitnehmer nicht gehörig unterrichtet wurde –, so tritt die rechtsgestaltende **Wirkung des Widerspruchs ex tunc ein,** d. h. der **Widerspruch wirkt auf den Zeitpunkt des Betriebsübergangs zurück** (st. Rspr., BAG 13. 7. 2006 NZA 2006, 1406, 1410 m. w. N.; *Franzen* RdA 2002, 258, 270, 272; *Worzalla* NZA 2002, 353, 358; a. A. Schaub/*Koch* § 118 Rn. 46; *Rieble* NZA 2004, 1, 4 ff.; *Seiter* Betriebsinhaberwechsel, S. 72 f.). Die Rechtslage wird – wie bei der Anfechtung (vgl. § 142 BGB) – rückwirkend umgestaltet, da dem Arbeitnehmer nach Sinn und Zweck der Norm auch nicht vorübergehend ein anderer Arbeitgeber aufgezwungen werden soll (BAG 22. 4. 1993 NZA 1994, 360). Freilich führt das zu schwierigen Rückabwicklungsfragen, wenn der Arbeitnehmer nach dem Betriebsübergang beim Erwerber weiterarbeitet. Zu den

Folgen für die betriebliche Altersversorgung und deren Insolvenzsicherung s. *Neufeld/Beyer* NZA 2008, 1157.

bb) Rechtsverhältnis zwischen Arbeitnehmer und Erwerber. Fällt das Arbeitsverhältnis – so wie vom BAG angenommen – rückwirkend weg, erbringt der Arbeitnehmer Leistungen auf ein beim Erwerber nicht bestehendes Arbeitsverhältnis, die an sich bereicherungsrechtlich rückabzuwickeln wären. Da die Anwendung der §§ 812 ff. BGB auf in Vollzug gesetzte Arbeitsverhältnisse Schwierigkeiten bereitet (s. nur BAG 3. 12. 1998 NZA 1999, 584), arbeitet die h. M. mit der Figur des „fehlerhaften Arbeitsverhältnisses" (RGRK/*Ascheid* § 613a BGB Rn. 169; *Gaul* ZfA 1990, 87, 99 ff.; Soergel/*Raab* § 613a BGB Rn. 157; *Worzalla* NZA 2002, 753, 758). Im Ergebnis kann der Arbeitnehmer für die Zeit, die er nach dem Betriebsübergang beim Erwerber gearbeitet hat, von diesem auch eine Vergütung verlangen. Damit droht eine „Verdoppelung" von Ansprüchen, weil sich der Arbeitnehmer wegen seines Widerspruchs auch an den Veräußerer halten kann, auf den das Arbeitsverhältnis rückwirkend zurückfällt (s. im Einzelnen *Rieble* NZA 2004, 1, 6). Stellt man den Übergang des Arbeitsverhältnisses – wie vereinzelt vorgeschlagen (Staudinger/*Richardi/Annuß* § 613a BGB Rn. 128) – unter die aufschiebende Bedingung, dass das Widerspruchsrecht wegfällt – sei es durch Fristablauf, sei es durch wirksamen Verzicht –, würde das Arbeitsverhältnis zwar bis zum Eintritt der Bedingung nur zum Veräußerer, nicht aber zum Erwerber bestehen; eine solche Bedingung wäre jedoch kaum mit dem Wortlaut und der Systematik des § 613a BGB zu vereinbaren und entspräche auch nicht den Interessen des Veräußerers (so m. R. *Franzen* RdA 2002, 258, 270). Kündigt der Erwerber nach dem Betriebsübergang, aber vor der wirksamen Ausübung des rückwirkenden Widerspruchs, wirkt diese Kündigung unmittelbar für und gegen den Veräußerer, sofern dieser die Kündigung zumindest konkludent genehmigt (LAG Köln 5. 10. 2007 NZA-RR 2008, 5). Nach anderer Ansicht sollen zwischenzeitliche Maßnahmen des Erwerbers wegen des ex-tunc-Rückfalls des Arbeitsverhältnisses auf den Veräußerer ihre Wirkung verlieren, weil das Widerspruchsrecht einen Arbeitgeberwechsel in jeder Hinsicht verhindern soll (*Grau* Unterrichtung, S. 378; *Meyer* Unterrichtung, Rn. 356). **190**

cc) Rechtsverhältnis zwischen Arbeitnehmer und Veräußerer. Fällt das zunächst auf den Erwerber übergegangene Arbeitsverhältnis rückwirkend auf den Veräußerer zurück, besteht diesem gegenüber auch der Vergütungsanspruch. Dem Einwand des Veräußerers „ohne Arbeit kein Lohn" (§ 326 Abs. 1 Satz 1 BGB) wird der Arbeitnehmer den Annahmeverzug des Veräußerers entgegenhalten (§ 615 Satz 1 BGB; s. ausführlich *Schneider/Sittard* BB 2007, 2230). Dieser Einwand ist insoweit beachtlich, als mit dem Rückfall des Arbeitsvertrags auf den Veräußerer auch ein erfüllbarer Anspruch besteht, mit dessen „Annahme" der Veräußerer in Verzug geraten kann. Maßgeblich ist deshalb, ob der Arbeitnehmer dem Veräußerer seine Dienste in einer den Annahmeverzug begründenden Weise angeboten hat. Das wäre der Fall, wenn der Arbeitnehmer ausdrücklich erklärt, seine Dienste sollen nur dem Veräußerer zugute kommen. Das wird nur ausnahmsweise gesche- **191**

hen. Im Regelfall wird der Arbeitnehmer ohne Erklärungen schlicht an seinem Arbeitsplatz weiterarbeiten. Dann wird man ihm unterstellen können und müssen, dass er seine Dienste dem „zuständigen" Arbeitgeber anbieten will und auch tatsächlich angeboten hat, jedenfalls wenn sich arbeitsorganisatorisch nichts ändert und nur der Betriebsinhaber wechselt. Der Vergleich mit der von einem Leiharbeitnehmer angebotenen Arbeitsleistung liegt auf der Hand. Hier ist anerkannt, dass der Leiharbeitnehmer seinen Vertragsarbeitgeber (den „Verleiher") bereits damit in Annahmeverzug setzen kann, dass er seine Dienste dem tatsächlichen Arbeitgeber („dem Entleiher") anbietet (ErfK/*Preis* § 615 BGB Rn. 20). Warum das beim Betriebsinhaberwechsel anders sein soll, leuchtet nicht ein. Man wird also davon ausgehen müssen, dass die dem Erwerber angebotene Arbeit dem Veräußerer mit angeboten wird. Von daher kommt der Veräußerer auch dann in Verzug, wenn das Arbeitsverhältnis nach dem Widerspruch rückwirkend auf ihn zurückfällt. Die Rechtsprechung gelangt zum selben Ergebnis, argumentiert aber mit § 162 BGB (BAG 13. 7. 2006 NZA 2006, 1406, 1411). Danach kann das dem Veräußerer tatsächlich unterbreitete Angebot der Arbeitsleistung entbehrlich sein, wenn die unterbliebene oder fehlerhafte Unterrichtung zu einer verspäteten Ausübung des Widerspruchs führt und nur diese den nachträglichen Rückfall des zunächst übergegangenen Arbeitsverhältnisses auf den Veräußerer bewirkt. Kann der Arbeitnehmer beweisen, dass er bei einer ordnungsgemäßen Unterrichtung noch vor dem Betriebsübergang von seinem Widerspruchsrecht Gebrauch gemacht und seine Arbeitsleistung weiterhin seinem bisherigen Arbeitgeber angeboten hätte, wird der Veräußerer nicht mit dem Einwand gehört, dass ein tatsächliches Arbeitsangebot unterblieben sei. Der Veräußerer würde sich treuwidrig verhalten, wenn er den nicht fristgerechten Widerspruch und damit den erst nachträglich Rückfall des Arbeitsverhältnisses auf sich selbst verursacht, zugleich aber vom Arbeitnehmer verlangt, ihm vom Zeitpunkt des Betriebsübergangs an die Arbeitsleistung auch tatsächlich anzubieten (BAG a. a. O.). Auf den gegen den Veräußerer nach §§ 615 Satz 1, 611 BGB bestehenden Vergütungsanspruch muss sich der Arbeitnehmer aber die Vergütung anrechnen lassen, die er vom Erwerber erhält (§ 615 Satz 2 Alt. 2 BGB). Im **Ergebnis** kann der Arbeitnehmer den **Veräußerer also nur soweit in Anspruch nehmen, wie die vom Erwerber geschuldete Vergütung tatsächlich hinter der vom Veräußerer geschuldeten zurückbleibt,** sei es, dass die (kollektiven) Leistungen beim Erwerber geringer sind als beim Veräußerer, sei es, dass der Erwerber insolvent wird und gar keine Vergütung mehr bezahlt (*Franzen* RdA 2002, 271).

192 **dd) Anrechnung anderweitigen Erwerbs.** Hat der Arbeitnehmer seine Dienste ausdrücklich dem Veräußerer angeboten, kommt dieser in Annahmeverzug, wenn er das Arbeitsangebot nicht annimmt. Er hat den widersprechenden Arbeitnehmer also weiterhin zu vergüten (§§ 611, 615 S. 1 BGB). Die **Vergütungspflicht** kann aber nach § 615 Satz 2 Alt. 3 BGB ganz oder teilweise **entfallen**, wenn es der **Widersprechende böswillig unterlässt, eine andere Arbeit aufzunehmen.** Böswillig handelt, wer während des Annahmeverzug trotz Kenntnis aller objektiven Umstände (Arbeitsmöglichkeit, Zumutbarkeit der Arbeit, nachteilige Folgen für den Arbeitgeber) vorsätzlich untätig bleibt oder die Aufnahme der Arbeit bewusst verhindert (BAG 18.10.1958, 18.6.1965, AP BGB § 615 Böswilligkeit Nr. 1, 2). Ob der **Widersprechende auch beim Erwerber arbeiten muss,** ist fraglich, da der Widerspruch den Übergang des Arbeitsverhältnisses gerade verhindern soll. Das BAG bejaht das selbst dann, wenn der Arbeitnehmer berechtigterweise von seinem Widerspruchsrecht Gebrauch macht (BAG 19.3.1998 NZA 1998, 750). Mit dem Widerspruch solle lediglich der Übergang des Arbeitsverhältnisses verhindert werden. Ein böswilliges Unterlassen liege nur dann nicht vor, wenn es dem Arbeitnehmer aufgrund konkreter Umstände, die in der Person des Erwerbers, der Art der Arbeit oder den sonstigen Arbeitsbedingungen liegen könnten, unzumutbar sei, beim Erwerber zu arbeiten (BAG a.a.O.). Allerdings setzt dies zumindest die sichere Kenntnis des Arbeitnehmers voraus, dass ihn der Erwerber unabhängig von seinem Widerspruch beschäftigen würde (BAG 27.11.2008 NJOZ 2009, 2495, 2502).

b) Sonderfall: Erlöschen des übertragenden Rechtsträgers

193 Ausweislich § 324 UmwG besteht das Widerspruchsrecht auch dann, wenn sich der Betriebsübergang im Zuge einer Unternehmensumwandlung nach den Vorschriften des UmwG vollzieht. Das führt dann zu Problemen, wenn der übertragende Rechtsträger in Folge der Umwandlung erlischt, etwa bei der Verschmelzung zweier Rechtsträger oder bei der vollständigen Aufspaltung eines Unternehmens, wenn sämtliche Geschäftsaktivitäten auf die übernehmenden Rechtsträger überführt werden. Da nach einer solchen Umwandlung der übertragende Rechtsträger wegfällt, geht der Widerspruch letztlich ins Leere. Teile der Literatur lehnen beim Wegfall des Veräußerers das Widerspruchsrecht von vornherein ab (*Gaul/Otto* DB 2002, 634, 636; *Kallmeyer* § 132 UmwG Rn. 14; *Wlotzke* DB 1995, 40, 45); andere gehen von einer sofortigen Beendigung des Arbeitsverhältnisses in Folge des Widerspruchs aus (*Bauer/Lingemann* NZA 1994, 1057, 1061; *Boecken* ZIP 1994, 1087, 1089; *Rieble* ZIP 1997, 301, 306). Das BAG hat sich im Urteil vom 21.2.2008 (NZA 2008, 815) mit Recht der ersten Ansicht angeschlossen. **§ 613a Abs. 6 BGB könne beim Erlöschen des übertragenden Rechtsträgers nicht angewandt werden und müsse daher teleologisch reduziert werden.** Das entspreche auch dem Willen des Gesetzgebers (vgl. Begr. RegE zu § 132 UmwG, BT-Drucks. 12/6699, S. 121, und Begr RegE zum § 613a Abs. 6 BGB, BT-Drucks. 14/7760, S. 20). Das BAG hat auch den für diese Fälle vorgeschlagenen besonderen Beendigungstatbestand eines „automatischen Erlöschens" des Arbeitsverhältnisses abgelehnt. Der Sinn des Widerspruchsrechts erschöpfe sich nicht allein darin, den Arbeitnehmer vor einem ihm aufgedrängten neuen Arbeitgeber zu bewahren, sondern führe auch zum Fortbestand des Arbeitsverhältnisses mit dem bisherigen Arbeitgeber. Die beiden Rechtsfolgen ließen sich nicht voneinander trennen. Sei der bisherige Arbeitgeber erloschen, bedürfe es auch mit Blick auf die durch Art. 2 Abs. 1 und 12 Abs. 1 GG gewährleistete Vertrags- und Berufsfreiheit des Arbeitnehmers keines Widerspruchsrechts zur Abwehr eines aufgedrängten Vertragspartners. Wolle der Arbeitnehmer das Arbeitsverhältnis nicht bei dem neuen Arbeitgeber fortsetzen, könne er ohne Rechtsverlust von seinem Kündigungsrecht Gebrauch machen.

c) Betriebsbedingte Kündigung nach Widerspruch

194 **aa) Kein Kündigungsverbot bei Wegfall einer Beschäftigungsmöglichkeit nach einem Widerspruch.** Fällt infolge des Betriebsübergangs beim Veräußerer der Arbeitsplatz weg und besteht für den Arbeitnehmer keine anderweitige Beschäftigungsmöglichkeit im gesamten Unternehmen des Veräußerers – was immer dann der Fall ist, wenn der Betrieb im Ganzen übertragen wird und der Veräußerer über keine weiteren Betriebe als den übertragenen verfügt –, trägt der Arbeitnehmer das Risiko, dass der Veräußerer eine betriebsbedingte Kündigung ausspricht (BAG 2. 10. 1974, 30. 10. 2003 AP BGB § 613a Nr. 1 NZA 2004, 481). Die Ausübung des Widerspruchsrechts enthält der Sache nach einen Verzicht auf den durch § 613a BGB erweiterten Bestandsschutz. § 613a Abs. 4 BGB findet deshalb keine Anwendung, wenn der Arbeitgeber nach dem Widerspruch wegen des Wegfalls einer Beschäftigungsmöglichkeit kündigt (BAG 25. 5. 2000 NZA 2000, 1115 1119 m. w. N.; Staudinger/*Annuß* § 613a BGB Rn. 190 m. w. N.). Ein Arbeitnehmer, dessen ordentliche Kündigung tariflich ausgeschlossen ist, kann außerordentlich gekündigt werden, wenn sein Arbeitsplatz infolge des Betriebsübergangs weggefallen ist und der Arbeitgeber alle zumutbaren Mittel ausgeschöpft hat, die eine sinnvolle Weiterbeschäftigung – ggf. nach einer entsprechenden Umschulung – ermöglichen (BAG 5. 2. 1998, 17. 9. 1998 AP BGB § 626 Nr. 143, 148). Der Arbeitgeber ist nicht verpflichtet, ein sinnentleertes Arbeitsverhältnis bis zum Erreichen der Altersgrenze fortzuführen, für das er ein Entgelt ohne jede Gegenleistung zahlen müsste. Die Darlegungs- und Beweislast hierfür ist gegenüber einer ordentlichen Kündigung erheblich gesteigert (BAG 30. 9. 2004 NZA 2005, 43, 50 m. w. N.). Erst wenn alle anderen Lösungsversuche gescheitert sind, kommt eine außerordentliche Kündigung in Betracht. Das gilt sogar dann, wenn die weggefallene Beschäftigungsmöglichkeit gar nicht im eigenen Betrieb bestand, sondern der Arbeitnehmer im Wege der Personalgestellung für eine andere Konzerngesellschaft tätig war (BAG 29. 3. 2007 NZA 2008, 48). In diesem Fall muss der Arbeitgeber prüfen, ob der Arbeitnehmer bei einer anderen Konzerngesellschaft eingesetzt werden kann, gegebenenfalls auch unter Zahlung eines Differenzbetrags an diese Gesellschaft (BAG a. a. O.).

195 Ob die **Arbeitsagentur eine Sperrzeit** verhängen muss, wenn der Widersprechende nach der Kündigung Arbeitslosengeld beantragt, ist umstritten. Nach § 144 Abs. 1 Satz 2 Nr. 1 SGB III tritt eine Sperrzeit nur dann ein, wenn der Arbeitslose das Beschäftigungsverhältnis gelöst oder durch arbeitsvertragswidriges Verhalten Anlass für die Lösung gegeben und dadurch vorsätzlich oder grob fahrlässig die Arbeitslosigkeit herbeigeführt hat. Das wird von einer im Vordringen befindlichen Meinung **bejaht,** weil der Widerspruch zumindest mitursächlich für die betriebsbedingte Kündigung war, die

bei einem Verzicht auf den Widerspruch unterblieben wäre; wer seine Arbeitslosigkeit sehenden Auges billigend in Kauf nähme, könne nicht den Schutz der Solidargemeinschaft der Versicherten für sich reklamieren (LSG Baden-Württemberg 11.5.2007, L 8 L 271/05; *Engesser Means/Klebeck* NZA 2008, 143, 145ff.; *Commandeur* NJW 1996, 2537, 2544). **Das BSG sieht das mit Recht anders** (BSG 8.7.2009 BB 2010, 443). Soll das Widerspruchsrecht nicht leerlaufen, muss das Tatbestandsmerkmal „Lösen des Beschäftigungsverhältnisses" in § 144 Abs. 1 S. 2 Nr. 1 Alt. 1 SGB III eng ausgelegt werden. Nur wenn der Arbeitslose eine Erklärung abgibt, durch die das Beschäftigungsverhältnis unmittelbar endet, tritt die Sperrzeit ein (so auch DFL/*Bayreuther* § 613a BGB Rn. 146; *Klumpp* NZA 2009, 354, 357; Schaub/*Koch* § 118 Rn. 47). Dass der Widersprechende nicht verhaltensbedingt gekündigt werden darf, versteht sich von selbst; eine solche Kündigung ist schon deshalb unzulässig, weil der Arbeitnehmer von einem ihm zustehenden Recht Gebrauch macht (§ 612a BGB).

196 **bb) Sonderfall Betriebsteilübergang.** Wird nicht der Betrieb im Ganzen, sondern nur ein Teil veräußert, besteht **kein dringendes Bedürfnis für eine betriebsbedingte Kündigung, wenn der Widersprechende auf einer freien Stelle im nicht übertragenen Restbetrieb weiterbeschäftigt werden kann** und diese mit der bisherigen Stelle vergleichbar ist. Sind alle Stellen besetzt, muss der Arbeitgeber keine Stelle freikündigen, um den Beschäftigungswunsch des Arbeitnehmers zu erfüllen. Das soll nach Ansicht des für den Betriebsübergang zuständigen 8. Senats des BAG nur dann anders sein, wenn der Beschäftigungswunsch durch die kurzfristige Neubesetzung einer zuvor offenen Stelle treuwidrig vereitelt wird. Unter diesen Umständen sei dem Arbeitgeber die Berufung auf das Fehlen einer Weiterbeschäftigungsmöglichkeit aus dem Rechtsgedanken des § 162 BGB versagt; eine gleichwohl erklärte Kündigung sei unwirksam (BAG 15.8.2002 NZA 2003, 430). Der 8. Senat stützt sich auf Judikate des 2. Senats, in denen es dem Arbeitgeber, der ohne Teilbetriebsveräußerung Stellen abgebaut hatte, ebenfalls verwehrt wurde, sich auf den Wegfall freier Stellen zu berufen, die noch kurz vor der Kündigung mit neuen Mitarbeitern besetzt wurden. Der Vergleich trägt jedoch nicht. Missbräuchlich handelt der Arbeitgeber nur, wenn er gezielt die Neubesetzung einer an sich offenen Stelle ausnutzt, um anschließend einem anderen, vergleichbaren Arbeitnehmer betriebsbedingt zu kündigen. Die Besetzung eines freien Arbeitsplatzes in einer nicht vom Betriebsübergang betroffenen Abteilung kann jedoch schon deshalb nicht missbräuchlich sein, weil der von einem Betriebsübergang betroffene Arbeitnehmer dadurch keine unzumutbaren Rechtsnachteile erleidet (so auch *Franzen* Anm. zu BAG 15.8.2002 NZA 2003, 430; *Lunk/Möller* NZA 2004, 9, 10f.). Er kann die betriebsbedingte Kündigung bereits dadurch vermeiden, dass er dem Übergang seines Arbeitsverhältnisses auf den Erwerber nicht widerspricht und damit den Gleichlauf von auf den Erwerber übergegangenem Arbeitsplatz und Arbeitsverhältnis ermöglicht. Das BAG sieht das freilich anders. Es hält den Veräußerer bei einem bevorstehenden Teilbetriebsübergang für verpflichtet, einem davon betroffenen Arbeitnehmer die Weiterbeschäftigung auf einem freien

Arbeitsplatz anzubieten, sobald damit zu rechnen ist, dass der Arbeitnehmer dem Übergang seines Arbeitsverhältnis widerspricht (BAG 15. 8. 2002 NZA 2003, 430). **Im Ergebnis** postuliert das BAG **bei Betriebsteilübergängen ein Verbot von Neueinstellungen im Restbetrieb** (*Pomberg* DB 2003, 2177, 2178). Die negative Folgen dieses Judikats werden nur wenig abgemildert, wenn das BAG „im Interesse der betrieblichen Handhabbarkeit" erwägt, den Zeitraum, innerhalb dessen Weiterbeschäftigungsmöglichkeiten im Restbetrieb für möglicherweise widersprechende Arbeitnehmer zu berücksichtigen sind, auf die Zeit zwischen der Unterrichtung nach § 613a Abs. 5 und dem Ablauf der Widerspruchsfrist nach § 613a Abs. 6 BGB zu begrenzen (BAG 15. 8. 2002 NZA 2003, 430).

197 Sonderprobleme bereitet der Widerspruch eines Arbeitnehmers beim **Übergang eines Betriebsteils, der zu einem Gemeinschaftsbetrieb gehört, wenn dieser auf ein anderes am Gemeinschaftsbetrieb beteiligtes Unternehmen übertragen wird.** Hier verbleibt der Widersprechende beim bisherigen Inhaber des Teilbetriebs oder der Betriebsabteilung (BAG 15. 2. 2007 DB 2007, 1759). Will dieser eine betriebsbedingte Kündigung erklären, kommt es für deren soziale Rechtfertigung auf die Verhältnisse im Gemeinschaftsbetrieb an. Wird die Betriebsabteilung innerhalb des einheitlichen Betriebs unverändert nur mit neuem Inhaber fortgeführt, so entfällt beim früheren Inhaber der Beschäftigungsbedarf für den widersprechenden Arbeitnehmer nicht. Der bisherige, ebenfalls weiterhin am Gemeinschaftsbetrieb beteiligte Betriebsinhaber kann regelmäßig durch seine Beteiligung an der Leitung des Gemeinschaftsbetriebs die Weiterbeschäftigung dieses Arbeitnehmers durchsetzen (BAG a. a. O.). Bei einer solchen Sachlage ist auch beim bisherigen Betriebsinhaber nicht von der Stilllegung eines Betriebsteils oder einer Betriebsabteilung iSd. § 15 Abs. 4 oder Abs. 5 KSchG auszugehen.

198 cc) **Sozialauswahl.** Ist eine betriebsbedingte Kündigung unvermeidlich, weil dem Arbeitgeber keine offenen Stellen mehr zur Verfügung stehen, fragt es sich, inwieweit die Ausschlagung des Arbeitsplatzes beim neuen Arbeitgeber im Rahmen der Sozialauswahl nach § 1 Abs. 3 KSchG zu berücksichtigen ist. Für eine Berücksichtigung zu Lasten des Widersprechenden spricht, dass mit dem Widerspruch der Sache nach auf den Bestandsschutz nach § 613a BGB verzichtet wird. Es ist nicht einzusehen, warum dieses Recht zu Lasten anderer Arbeitnehmer wahrgenommen werden soll (BAG 16. 7. 1998, 8 AZR 283/97 und 8 AZR 284/97 n.v.; *Franzen* Anm. zu BAG 15. 8. 2002 AP Nr. 241 zu § 613a BGB). Andererseits hat der Arbeitnehmer nur dann Wahlfreiheit, wenn er seine Entscheidung nicht mit einem verminderten Bestandsschutz bezahlen muss (*Fischer* AuR 2002, 291; *Linck* Soziale Auswahl bei betriebsbedingter Kündigung S. 34 ff.). Offenbar enthält § 1 Abs. 3 KSchG im Hinblick auf die Berücksichtigung eines Widerspruchs beim Betriebsübergang eine planwidrige Regelungslücke, die im Wege teleologischer Reduktion zu schließen ist (*Oetker* DZWiR 1993, 143).

199 Die Rechtsprechung geht davon aus, dass sich der Arbeitnehmer **auch dann auf eine mangelhafte Sozialauswahl berufen kann,** wenn der Verlust seines Arbeitsplatzes darauf beruht, dass er dem Übergang seines Arbeitsverhältnisses auf einen (Teil-)Betriebserwerber **widersprochen** hat (BAG 18.3. 1999 NZA 1995, 114; BAG 31.5.2007 NZA 2008, 33). Bei der Prüfung der sozialen Gesichtspunkte wollte die Rechtsprechung bis 2007 die Gründe für den Widerspruch berücksichtigen (BAG 5.12.2002 AP KSchG 1969 § 1 Betriebsbedingte Kündigung Nr. 126). Dies entsprach der damals h.L. (*Moll* NJW 1993, 2017; *Oetker* DZWiR 1993, 143). Je geringer die Unterschiede in der sozialen Schutzbedürftigkeit der für eine Kündigung in Betracht kommenden vergleichbaren Arbeitnehmer waren, desto gewichtiger mussten die Gründe des widersprechenden Arbeitnehmers sein (BAG 18.3.1999 NZA 1999, 114). Nur wenn dieser einen baldigen Arbeitsplatzverlust oder eine baldige wesentliche Verschlechterung seiner Arbeitsbedingungen bei dem Erwerber zu befürchten hatte, konnte er einen Arbeitskollegen, der nicht ganz erheblich weniger schutzbedürftig war, verdrängen. Von dieser Rechtsprechung hat sich BAG mit Urteil vom 31.5.2007 (NZA 2008, 33) verabschiedet. **Die Gründe für den Widerspruch** seien bei der Abwägung der sozialen Auswahlkriterien **nicht mehr zu berücksichtigen,** weil diese in der gesetzlichen Neufassung des § 1 Abs. 3 Satz 1 KSchG seit dem 1.1. 2004 vom Gesetzgeber abschließend benannt worden seien. Die Gründe für den Widerspruch könnten auch nicht über § 1 Abs. 3 Satz 2 KSchG Berücksichtigung finden. Unzulässig sei es, alle nicht von einem Betriebsübergang Betroffenen aus der Sozialauswahl herauszunehmen und damit letztlich den Kreis der für eine Kündigung in Betracht zu ziehenden Arbeitnehmer auf die widersprechenden Arbeitnehmer zu beschränken. Eine solche Nichtberücksichtigung dieser Arbeitnehmer ließe sich auch schwerlich allein mit der Sicherung einer ausgewogenen Personalstruktur rechtfertigen. Allerdings hält das BAG Fälle für denkbar, in denen durch den Widerspruch etwa einer größeren Anzahl von Arbeitnehmern gegen einen Betriebsübergang und der in ihrer Folge vom Arbeitgeber durchzuführenden Sozialauswahl tiefgreifende Umorganisationen notwendig würden, die zu schweren betrieblichen Ablaufstörungen führen könnten, so dass nach § 1 Abs. 3 Satz 2 KSchG Teile der vom Betriebsteilübergang nicht betroffenen Arbeitnehmer aus diesem Grund nicht in die Sozialauswahl einbezogen werden müssten.

200 An der bisherigen Rechtsprechung ist – entgegen der mittlerweile h.L. (Staudinger/*Annuß* § 613a BGB Rn. 193; DFL/*Bayreuther* § 613a BGB Rn. 146; *Eylert/Spinner* BB 2008, 50; *Gaul* NZA 2005, 730, 733; Schaub/ *Linck* § 135 Rn. 22; MünchKomm/*Müller-Glöge* § 613a BGB Rn. 128) festzuhalten. Für eine Abkehr von den bewährten Grundsätzen spricht jedenfalls nicht die Neufassung des § 613a BGB. Zwar enthält das nun in Abs. 6 geregelte Widerspruchsrecht nicht ausdrücklich eine Einschränkung der Sozialauswahl in Fällen eines grundlosen Widerspruchs. Anhaltspunkte dafür, den Schutz des grundlos Widersprechenden zu Lasten von Betriebsangehörigen auszudehnen, die keine Möglichkeit hatten, den Bestand ihres Arbeitsverhältnis durch einen „Nichtwiderspruch" zu wahren, bestehen aber auch nicht. Der Gesetzgeber wollte durch die Neuregelung widersprechende Arbeitnehmer schützen (Begr. RegE, BT-Drucks. 14/7760, S. 19). Dass dies auf Kosten anderer geschehen sollte, ergibt sich aus den Materialien allerdings nicht (wie hier *Franzen* Anm. zu BAG 15.8.2002 AP Nr. 241 zu § 613a

BGB). Der Berücksichtigung sachlicher Gründe für den Widerspruch steht auch die Neufassung des § 1 Abs. 3 KSchG nicht entgegen. Selbst wenn die die Sozialauswahl auf die vier Merkmale Dienstalter, Lebensalter, Unterhaltspflichten und Schwerbehinderung des Arbeitnehmers beschränkt worden ist, lässt sich der Umstand, ob ein Sachgrund für den Widerspruch vorgelegen hat, weiter berücksichtigen. Das BAG hat das Fehlen eines Sachgrunds nämlich nie als zusätzliches Kriterium neben den jetzt ausdrücklich genannten aufgefasst, sondern als Merkmal, dass bei der Gewichtung der drei (bzw. vier) sozialen Auswahlmerkmale zu berücksichtigen ist. Wie die vier Auswahlmerkmale im Verhältnis zueinander zu berücksichtigen sind, ist aber in § 1 Abs. 3 KSchG gerade nicht ausdrücklich vorgegeben worden. Von daher bietet es sich an, das Vorliegen oder Fehlen eines Sachgrunds beim Widerspruch gegen den Übergang des Arbeitsverhältnisses an dieser Stelle zu berücksichtigen (im Ergebnis ähnlich *Helml* AiB 2006, 350; *Lipinski* DB 2002, 1214, 1216; *C. Meyer* NZA, 2005, 9, 12; *Nicolai* BB 2006, 1162; *Quecke* ZIP 2007, 1846 für eine Rechtsmissbrauchskontrolle nach § 242 BGB, bei der (nur) noch offensichtlich unsachgemäße Widerspruchsgründe zu Lasten des Widersprechenden berücksichtigt werden sollen, *Schumacher-Mohr/Urban* NZA 2008, 513).

d) Änderungskündigung nach Widerspruch

201 Fällt infolge des Betriebsübergangs der Arbeitsplatz weg, kann der bisherige Arbeitgeber, der einen Arbeitnehmer nach dessen Widerspruch weiterbeschäftigen muss, aber dazu nicht mehr in der Lage ist, zur Vermeidung einer betriebsbedingten Beendigungskündigung eine Änderungskündigung aussprechen (BAG 29. 3. 2007 NZA 2007, 855). Das damit unterbreitete Angebot, den Widersprechenden an den Erwerber auszuleihen, damit er dort wie bisher weiterarbeiten kann, verstößt selbst dann nicht gegen den Verhältnismäßigkeitsgrundsatz, wenn die Fortsetzung des Arbeitsverhältnisses nur zu dem (geringeren) Entgelt angeboten wird, das der Erwerber nach den in seinem Betrieb einschlägigen Tarifverträgen seinen Arbeitnehmern zahlt (BAG a. a. O.).

e) Ausscheiden aus der Belegschaftsvertretung

202 Ist der Widersprechende Mitglied der Belegschaftsvertretung des übergehenden Betriebs, so scheidet er mit dem Widerspruch aus dem Vertretungsorgan aus. Die Belegschaftsvertretung ist bei seiner Kündigung auch dann nicht mehr zu beteiligen, wenn er in dem übergegangenen Betrieb aufgrund einer Arbeitnehmerüberlassung beschäftigt wird. Der Widersprechende genießt zwar nach seinem Ausscheiden den nachwirkenden Sonderkündigungsschutz (§ 15 Abs. 1 Satz 2 bzw. § 15 Abs. 2 Satz 2 KSchG); ihm kann aber entsprechend § 15 Abs. 4, 5 KSchG gekündigt werden (BAG 25. 5. 2000 NZA 2000, 1115).

IV. Eintritt des Erwerbers in die Rechte und Pflichten

203 Liegen die Voraussetzungen des § 613a BGB vor, kommt es zu einem kraft Gesetzes angeordneten Vertragspartnerwechsel auf Arbeitgeberseite (ErfK/*Preis* § 613a BGB Rn. 66), wenn der Arbeitnehmer dem nicht nach § 613a Abs. 6 BGB widerspricht. Einer Zustimmung zu diesem Gläubigerwechsel bedarf es nicht. Der Erwerber tritt als neuer Arbeitgeber in die Rechte (s. Rn. 204 ff.) und die Pflichten (s. Rn. 217 ff.) des im Zeitpunkt des Betriebsübergangs bestehenden Arbeitsvertrags ein (§ 613a Abs. 1 Satz 1 BGB). Der Veräußerer scheidet aus dem Arbeitsverhältnis aus, bleibt aber nach Maßgabe des § 613a Abs. 2 BGB Haftungsschuldner (s. Rn. 260 ff.).

1. Eintritt in die Rechte

204 Der Erwerber wird Gläubiger aller Haupt- und Nebenpflichten des mit dem Veräußerer begründeten Arbeitsvertrags. Das betrifft zunächst die **Arbeitspflicht** des Arbeitnehmers, die der Erwerber durch das ebenfalls auf ihn übergegangene Weisungsrecht nach Maßgabe von § 106 GewO und des Arbeitsvertrags konkretisieren kann (MünchKomm/*Müller-Glöge* § 613a BGB Rn. 100). Die Arbeitspflicht gegenüber dem Veräußerer erlischt. Auch alle anderen Rechte des Veräußerers gehen auf den Erwerber über, soweit sie auf dem Arbeitsvertrag beruhen. Das können Ansprüche wegen **ungerechtfertigter Bereicherung** sein – etwa wegen überzahlten Lohns – (ErfK/*Preis* § 613a BGB Rn. 79), aber auch **Schadensersatz- und Herausgabeansprüche** (HWK/*Willemsen* § 613a BGB Rn. 239). Ein dem Arbeitnehmer gewährtes **Arbeitgeberdarlehen** geht auf den Erwerber über, wenn es zu den Rechten und Pflichten aus dem Arbeitsverhältnis gehört. Das ist dann der Fall, wenn der Arbeitgeber das Darlehen als Lohn- oder Gehaltsvorschuss gewährt hat. Anders liegt es, wenn die Parteien einen Darlehensvertrag geschlossen haben, der neben dem Arbeitsvertrag und unabhängig von diesem besteht (BAG 21. 1. 1999 8 AZR 373/97 BeckRS 1999 30368263).

205 Ferner kann der Erwerber die ursprünglich dem Veräußerer zustehenden **Gestaltungsrechte** (Kündigung, Anfechtung) gegenüber dem Arbeitnehmer ausüben, da § 613a BGB einen vollständigen Austausch der Vertragsparteien bewirken soll. Der Erwerber übernimmt das Arbeitsverhältnis, so wie er es tatsächlich vorfindet (BAG 21. 3. 1991 NZA 1991, 726). Zumindest dann, wenn die beim Veräußerer vorliegenden Anfechtungs- oder Kündigungsgründe auch die Interessen des neuen Arbeitgebers berühren, darf er die Gestaltungsrechte ausüben (*Schaub* ZIP 1984, 272, 277). Bei einer außerordentlichen Kündigung muss er etwaiges Wissen des Veräußerers einschließlich der verstrichenen Frist im Rahmen von § 626 Abs. 2 BGB gegen sich gelten lassen (MünchKomm/*Müller-Glöge* § 613a BGB Rn. 100 m. w. N.). Entsprechendes gilt für die Kenntnis des Veräußerers von einer bestehenden Schwangerschaft einer Arbeitnehmerin (HWK/*Willemsen* § 613a BGB Rn. 239).

206 Daneben hat der Erwerber einen Anspruch auf **Erfüllung der Nebenpflichten,** insbesondere der Rücksichtnahme- und Verschwiegenheitspflichten. Der Arbeitnehmer ist an das **gesetzliche Wettbewerbsverbot** (§ 60 HGB) gebunden, dessen Inhalt und Reichweite nach dem Übergang von der Eigenart des Unternehmens des Erwerbers abhängt (Staudinger/*Annuß* § 613a BGB Rn. 241). Verfolgt der Erwerber einen anderen oder weitergehenden Unternehmenszweck als der Veräußerer, passt sich das Verbot entsprechend an (h. M. vgl. ErfK/*Preis* § 613a BGB Rn. 80; a. A. Soergel/*Raab* § 613a BGB Rn. 86, der dem Arbeitnehmer einen Vertrauensschutz zubilligt). Der Arbeitnehmer ist dann verpflichtet, die Nebentätigkeit innerhalb einer angemessenen Übergangsfrist einzustellen (HWK/*Willemsen* § 613a BGB Rn. 240). An eine vom Veräußerer erteilte Genehmigung ist der Erwerber allerdings gebunden (*Schaub* ZIP 1984, 272, 275).

207 Ein **nachvertragliches Wettbewerbsverbot** (§ 110 GewO, §§ 74 ff. GewO, § 12 BBiG), das noch der Veräußerer mit dem Arbeitnehmer vereinbart hatte, geht als Bestandteil des Arbeitsvertrags auf den Erwerber über und berechtigt und verpflichtet ausschließlich diesen und nicht den Veräußerer, wenn der Arbeitnehmer nach dem Übergang ausscheidet (BAG 27. 11. 1991 NZA 1992, 800). Scheidet er vorher aus, geht das Wettbewerbsverbot jedenfalls nicht nach § 613a BGB über. Manche plädieren deshalb für eine analoge Anwendung der Vorschrift, da die Leistung des Arbeitnehmers (Unterlassen von Wettbewerb) nach dem Übergang noch nicht vollständig in das Betriebsvermögen geflossen sei und der Erwerber ein berechtigtes Interesse an der Leistung habe, die er durch die Karenzentschädigung auch vergüten müsse (MünchKomm/*Müller-Glöge* § 613a BGB Rn. 102 m. w. N.).

208 War der Arbeitnehmer zum **Datenschutzbeauftragten** bestellt, geht diese Stellung bei einem Betriebsübergang regelmäßig von Gesetzes wegen **auf den Erwerber über** (a. A. *Liedtke* NZA 2005, 390). Das BDSG regelt zwar nicht, welches Rechtsverhältnis mit der Bestellung begründet werden soll, sondern schreibt in § 4f Abs. 2 Satz 1 lediglich vor, dass zum Beauftragten nur bestellt werden darf, wer die erforderliche Fachkunde und Zuverlässigkeit besitzt. Das BAG ist allerdings der Auffassung, dass ein zum Beauftragten bestellter Arbeitnehmer diese Aufgabe regelmäßig neben seinen sonstigen arbeitsvertraglichen Pflichten wahrnehme (BAG 22. 3. 1994 NZA 1994, 1049); nur ausnahmsweise und nur bei ausdrücklicher Vereinbarung werde ein gesonderter Geschäftsbesorgungsvertrag nach den §§ 611, 675 BGB geschlossen (BAG 13. 3. 2007 NZA 2007, 563), für den dann § 613a BGB allerdings nicht gelte.

209 Hatte der Veräußerer einem Arbeitnehmer handelsrechtliche Vollmachten erteilt (**Prokura, Handlungsvollmacht**), gehen diese beim Betriebsübergang **nicht mit über,** da sie abstrakt sind und nicht zu den Rechten aus dem Arbeitsverhältnis gehören (Staudinger/*Annuß* § 613a BGB Rn. 209). Da die Vollmachten nicht mit dem Ausscheiden des Veräußerers aus dem bisherigen Arbeitsvertrag erlöschen, bedürfen sie eines Widerrufs, der bei der Prokura im Handelsregister eingetragen werden muss (MünchKomm/*Müller-Glöge* § 613a BGB Rn. 92; a. A. HWK/*Willemsen/Müller-Bonanni* § 613a BGB Rn. 235).

2. Berücksichtigung tatsächlicher Umstände

210 Der vollständige Eintritt des Erwerbers in die Rechte und Pflichten des Veräußerers bedeutet nicht nur eine Nachfolge in die rechtlichen Beziehungen. Der Übernehmer muss sich auch Gegebenheiten zurechnen lassen, die als Tatbestandsmerkmale für spätere Rechtsfolgen von Bedeutung sind. Der Arbeitnehmer soll einen Anspruch oder ein Recht nicht deshalb verlieren, weil der Betrieb übergeht, obwohl der Arbeitnehmer beim Veräußerer zuvor alle Voraussetzungen für die Entstehung des Anspruchs oder des Rechts geschaffen hatte (BAG 21. 3. 1991 NZA 1991, 726).

a) Berücksichtigung der Dauer der Betriebszugehörigkeit

211 Bei Rechten, zu deren Verwirklichung es auf die Dauer der Betriebszugehörigkeit ankommt, muss der Erwerber **Zeiten vor dem Betriebsübergang berücksichtigen** (Hümmerich/Boecken/Düwell-*Hauck* § 613a BGB Rn. 103). Das gilt vor allem für:

- verlängerte gesetzliche, tarifliche und arbeitsvertragliche Kündigungsfristen
- tarifliche „Unkündbarkeitsregelungen"
- die Sechsmonatsfrist des § 1 Abs. 1 KSchG; das gilt auch bei kurzfristigen Unterbrechungen anlässlich des Betriebsübergangs, soweit die Arbeitsverhältnisse in einem engen sachlichen Zusammenhang stehen (BAG 27. 6. 2002 NZA 2003, 145); davon unberührt bleibt die Wahrung der betrieblichen Anwendungsvoraussetzungen nach § 23 Abs. 1 KSchG; sind diese beim Erwerber nicht mehr erfüllt, hilft es dem Arbeitnehmer nicht, dass beim Veräußerer der Schwellenwert überschritten war (BAG 15. 2. 2007 NZA 2007, 739); anders gilt nur im Anwendungsbereich von § 323 Abs. 1 UmwG (s. Rn. 216)
- Wartezeiten beim Urlaub (LAG Düsseldorf 9. 11. 2000 LAGE BGB § 613a Nr. 80a)
- Gewährung zusätzlicher sozialer Leistungen des Arbeitgebers, die von der Dauer der Betriebszugehörigkeit abhängen, wie etwa Gratifikationen, Treueprämien, Jubiläumsgelder (MünchKomm/*Müller-Glöge* § 613a BGB Rn. 97). Hat der Veräußerer kein Jubiläumsgeld zugesagt, ist der Erwerber nicht verpflichtet, die vor dem Betriebsübergang zurückgelegte Beschäftigungszeit auf die Dienstzeit anzurechnen, die für das von ihm gewährte Jubiläumsgeld erforderlich ist. Aus § 613a BGB ergibt sich nicht, dass durch den Betriebsübergang neue Ansprüche der übernommenen Arbeitnehmer begründet werden (BAG 26. 9. 2007 NZA 2007, 1426)
- Versorgungsanwartschaften, die von der Dauer der Betriebszugehörigkeit abhängen, selbst wenn der Veräußerer keine Versorgungszusage erteilt hatte (BAG 20. 7. 1993 NZA 1994, 121)
- Ruhegeldanwartschaften (BAG 21. 2. 1979 EzA § 847 BGB Nr. 3).

212 Zuweilen wird versucht, die „Betriebskontinuität" der übernommenen Arbeitnehmer zu unterbrechen. Mit den Betroffenen werden dazu Aufhebungsverträge geschlossen, wobei ihnen zugleich neue Arbeitsverträge mit dem

Betriebserwerber angeboten oder verbindlich in Aussicht gestellt werden. Das BAG hat dieser Praxis eine Absage erteilt (BAG 10.12.1998 DB 1999, 537). Solange Aufhebungsverträge nicht auf das endgültige Ausscheiden des Arbeitnehmers aus dem Betrieb gerichtet sind, sind sie wegen objektiver Gesetzesumgehung unwirksam, wenn sie lediglich der Beseitigung der Kontinuität des Arbeitsverhältnisses bei gleichzeitigem Erhalt des Arbeitsplatzes dienen (s. ausf. Rn. 244 ff.).

b) Berücksichtigung des Laufs von Verjährungs- und Ausschlussfristen

213 Beide Parteien müssen bei der Geltendmachung von Rechten den Ablauf von Verjährungs- und Ausschlussfristen gegen sich gelten lassen. Diese laufen nach dem Betriebsübergang grundsätzlich so weiter, als ob das Arbeitsverhältnis zur selben Partei fortbestünde (*Gaul* Betriebsspaltung, § 13 Rn. 144). Ist eine Ausschlussfrist gegenüber dem Veräußerer gewahrt, wirkt dies auch gegenüber dem Erwerber (BAG 21.3.1991 NZA 1991, 726). Bei einer zweistufigen Ausschlussfrist muss eine Klage gegen den Erwerber gerichtet werden, wenn der Übergang während des Laufs der zweiten Stufe erfolgt ist (BAG a.a.O.). Für Ansprüche gegen den Veräußerer läuft mit dem Zeitpunkt des Übergangs eine Frist, sofern diese an das Ausscheiden aus dem Arbeitsverhältnis anknüpft (BAG 10.8.1994 NZA 1995, 742)

c) Berücksichtigung eines Angebots auf Arbeitsleistung

214 Hat der Arbeitnehmer seine Arbeitsleistung gegenüber dem Veräußerer angeboten und diesen in Annahmeverzug gesetzt (§ 615 BGB), muss sich der Erwerber die rein tatsächliche Nichtannahme der Arbeitsleistung durch den Veräußerer zurechnen lassen (BAG 21.3.1991 NZA 1991, 726). Das gilt nicht zuletzt dann, wenn der Arbeitnehmer bei einem Betriebsübergang gegenüber dem Veräußerer eine erfolgreiche Kündigungsschutzklage erhebt (BAG 9.7.1987, 2 AZR 467/86 n.v.; BAG 8.4.1988, 2 AZR 681/87 n.v.).

3. § 323 UmwG

215 Geht der Betrieb oder Betriebsteil auf den neuen Inhaber im Rahmen einer Unternehmensumwandlung über, die nach dem UmwG erfolgt, so ist § 323 UmwG zu beachten. Nach § 323 Abs. 1 UmwG darf sich bei einer Spaltung des Unternehmens (oder einer Vermögensteilübertragung) die kündigungsrechtliche Stellung der Arbeitnehmer innerhalb eines Zeitraums von zwei Jahren nicht verschlechtern.

216 § 323 UmwG betrifft zunächst den Fall, dass im übertragenen Betrieb oder Betriebsteil die für die Anwendung des KSchG erforderliche **Beschäftigtenzahl** (§ 23 KSchG) nicht mehr erreicht wird (Begr. RegE, BR-Drucksache 75/94 vom 4.2.1994, S. 175). Weiterhin will § 323 UmwG die zweijährige Weitergeltung eines bereits bestehenden **vertraglichen oder tariflichen Aus-**

schlusses der ordentlichen Kündigung sowie den Fortbestand Kündigungsfristen sichern, wenn und soweit sie günstiger sind als die beim neuen Arbeitgeber geltenden. § 323 UmwG geht dem § 613a BGB als lex specialis vor (*Wlotzke* DB 1995, 40, 44). Fiele also ein Arbeitnehmer durch eine Umwandlung aus dem Anwendungsbereich einer für ihn günstigeren gesetzlichen oder kollektivrechtlichen kündigungsrechtlichen Schutzregelung heraus, stünde dem § 323 UmwG entgegen (KR/*Pfeiffer* § 613a BGB Rn. 70a).

4. Eintritt in die Pflichten

a) Zahlung des geschuldeten Entgelts

217 Der Erwerber tritt so in die Haupt- und Nebenpflichten ein, wie sie der Veräußerer vor dem Betriebsübergang zu erfüllen hatte. Das betrifft vor allem die Erfüllung von Ansprüchen auf:

- Löhne und Gehälter, soweit sie auf arbeitsvertraglicher Grundlage beruhen; für Ansprüche aus Tarifverträgen s. unten Kapitel D (Rn. 263 ff.), für solche aus Betriebsvereinbarungen s. unten Kapitel F (Rn. 401 ff.)
- Lohnersatzleistungen (Entgeltfortzahlung im Krankheitsfall usw.)
- Nebenleistungen (Gratifikationen, Sonderzuwendungen usw.)
- rückständigen Lohn (BAG 18. 8. 1976 AP BGB § 613a Nr. 4).

218 Hat der Arbeitnehmer seine Leistung vor dem Betriebsübergang erbracht, für die die Vergütung erst nach dem Betriebsübergang fällig wird, muss sie der Erwerber erfüllen. Dabei ist jedoch die Mithaftung des Veräußerers nach § 613a Abs. 2 BGB zu beachten (s. Rn. 260 ff.).

b) Gewährung sonstiger Leistungen

219 aa) **Grundsatz.** Ob der Erwerber sonstige Leistungen fortzugewähren hat, hängt davon ab, ob sie beim Veräußerer als Teil des Arbeitsvertrags vereinbart waren, weil sie nur dann nach § 613a Abs. 1 BGB auf den Erwerber übergehen (HWK/*Willemsen* § 613a BGB Rn. 231). Für nicht kraft Arbeitsvertrags gewährte Ansprüche muss sich der Arbeitnehmer an seinen bisherigen Vertragspartner halten, soweit nichts anderes vereinbart ist. Im Einzelnen gilt Folgendes:

220 bb) **Ansprüche aus einem Aktienoptionsplan des Veräußerers.** Mit Recht betont die Rechtsprechung, dass solche Ansprüche nicht stets auf einer arbeitsvertraglichen Grundlage beruhen müssen. Maßgeblich sind die konkreten vertraglichen Vereinbarungen. Eine rechtliche Verpflichtung, Aktienoptionen arbeitsvertraglich als Teil der geschuldeten Vergütung zu vereinbaren, gibt es jedenfalls nicht. Ebenso wenig besteht eine tatsächliche Vermutung für eine solche Vertragsgestaltung (BAG 12. 2. 2003 NZA 2003, 487). Existiert eine arbeitsvertragliche Vereinbarung, ist streitig, ob für den Fall des Betriebsübergangs eine Verfallklausel vereinbart werden kann (offengelassen vom BAG; bejahend *Bauer/Göpfert/von Steinau-Steinrück* ZIP 2001, 1129 1132;

verneinend *Tappert* NZA 2002, 1188, 1192; differenzierend *Mechlem/Melms* DB 2000, 1614, 1616). Verneint man dies, werden Aktienoptionsansprüche bei einem Betriebsübergang nach den Regeln ergänzender Vertragsauslegung an die geänderte Geschäftsgrundlage anzupassen sein, wenn der Erwerber weder die mit einem Aktienoptionsplan regelmäßig verbundene Kapitalerhöhung noch die Ausgabe neuer Aktien selbst bewirken kann (*B. Gaul* Betriebsspaltung § 13 Rn. 43 ff.; *Schnitker/Grau* BB 2002, 2497, 2500). **Schließt der Arbeitnehmer eine Vereinbarung über die Gewährung von Aktienoptionen** statt mit seinem Arbeitgeber **mit einem anderen Konzernunternehmen** – etwa der Muttergesellschaft –, so können Ansprüche aus dieser Vereinbarung grundsätzlich nur gegenüber dem vertragsschließenden Konzernunternehmen geltend gemacht werden; derartige Ansprüche werden nicht Bestandteil des Arbeitsverhältnisses mit der Tochtergesellschaft (BAG 12. 2. 2003 NZA 2003, 487). Der Vertrag über die Gewährung von Aktienoptionen steht rechtlich selbständig neben dem Arbeitsvertrag mit der Tochtergesellschaft (*Lingemann/Diller/Mengel* NZA 2000, 1191, 1198). Geht bei einer solchen Vertragsgestaltung das Arbeitsverhältnis nach § 613a BGB über, ist der Eintritt des Erwerbers in die Rechte und Pflichten aus der Aktienoptionsvereinbarung ausgeschlossen (BAG a. a. O.; *B. Gaul* Betriebsspaltung § 13 Rn. 51; *Nehls/Sudmeyer* ZIP 2002, 201, 204 f.; a. A. *Lipinski/Melms* BB 2003, 150, 154). Da der Arbeitnehmer weiß, dass er im konkreten Fall nicht mit seinem Arbeitgeber, sondern mit einem weiteren Vertragspartner kontrahiert hat, muss er seine Ansprüche im Rahmen dieses Vertragsverhältnisses verfolgen. Auch aus einem **Çarried Interest-Plan“** stehen dem Arbeitnehmer keine Ansprüche gegen den Erwerber zu, wenn der Schuldner der Planleistungen nicht der Veräußerer, sondern ein drittes Unternehmen war, an das sich der Arbeitnehmer halten muss (BAG 3. 5. 2006 NZA-RR 2006, 582).

221 cc) **Personaleinkauf.** Die Möglichkeit, vom Arbeitgeber hergestellte Waren zu einem gegenüber dem Marktpreis geminderten Preis zu erwerben – z. B. Jahreswagen in der Automobilindustrie –, ist **Entgelt im weiteren Sinne** und kann deshalb als Verpflichtung aus dem Arbeitsvertrag auf den Erwerber nach § 613a BGB übergehen. Allerdings steht eine solche Zusage nach Ansicht der Rechtsprechung unter dem **stillschweigenden Vorbehalt,** dass der **Arbeitgeber die Waren selbst herstellt;** der Personaleinkauf soll die Motivation der Mitarbeiter und ihre Identifikation mit dem Unternehmen stärken; zugleich soll der Verkauf angekurbelt werden. Stellt der Arbeitgeber die Produktion ein oder veräußert er einen Betriebsteil, ohne dass der Erwerber die Produktion übernimmt, kann die Vergünstigung ihr ursprüngliches Ziel nicht mehr erreichen. Damit erlischt der Anspruch auf den verbilligten Warenbezug (BAG 7. 9. 2003 NZA 2005, 941). Für jeden redlich denkenden Arbeitnehmer ist erkennbar, dass der Arbeitgeber regelmäßig kein Interesse daran hat, seiner Belegschaft Produkte von Fremdfirmen rabattiert anzubieten.

dd) Bei der Überlassung einer Werkswohnung kommt es darauf an, ob es sich um eine Werksdienstwohnung (§ 576b BGB) oder eine Werksmietwohnung (§§ 576, 576a BGB) handelt. Im ersten Fall gehört das Wohnrecht zum Inhalt des Arbeitsvertrags und ist daher vom Erwerber nach § 613a Abs. 1 Satz 1 BGB auch nach dem Übergang zu gewähren. Im zweiten Fall ist die Wohnung zwar mit Rücksicht auf das bestehende Arbeitsverhältnis vermietet, jedoch besteht neben diesem ein eigenständiges Mietverhältnis, für das § 613a BGB nicht gilt (ErfK/*Preis* § 613a BGB Rn. 77). War der Veräußerer arbeitsvertraglich zur Stellung einer Wohnung verpflichtet, geht diese Verpflichtung auf den Erwerber über (Staudinger/*Annuß* § 613a BGB Rn. 240). **222**

c) Erfüllung von Nebenpflichten

aa) Ansprüche auf Erholungsurlaub sind so zu erfüllen, als ob kein Betriebsübergang stattgefunden hätte. Wurde vor dem Betriebsübergang noch kein Erholungsurlaub genommen, muss ihn der Erwerber gewähren. Der Wechsel des Arbeitgebers durch Betriebsübergang stellt kein Ende des Arbeitsverhältnisses zum Veräußerer dar, auf Grund dessen sich der Urlaub gesetzlich (§ 7 Abs. 4 BUrlG) oder auf Grund vertraglicher Regelungen in einen Abgeltungsanspruch gegenüber dem Veräußerer umwandelt (BAG 18. 11. 2003 NZA 2004, 651). Der Veräußerer schuldet dem Erwerber hierfür aber einen anteiligen Ausgleich in Geld (BAG 4. 7. 1985 NZA 1985, 737). **223**

bb) Der Anspruch auf **Erteilung eines Arbeitszeugnisses** – etwa aus Anlass der Beendigung eines Arbeitsverhältnisses – richtet sich beim Betriebsübergang gegen den Erwerber (ErfK/*Müller-Glöge* § 109 GewO Rn. 3). Dieser ist als neuer Arbeitgeber an den Inhalt eines vom Veräußerer erteilten Zwischenzeugnisses gebunden, von dessen Inhalt er nur abweichen darf, wenn sich nach der Erteilung ein weiterer Beurteilungszeitraum anschließt und die späteren Leistungen oder das spätere Verhalten des Arbeitnehmers die Abweichung rechtfertigen (BAG 16. 10. 2007 NZA 2008, 298). Der Anspruch besteht unabhängig davon, wie lange das Arbeitsverhältnis nach dem Betriebsübergang fortgesetzt wurde. Ob der Erwerber, sein gesetzlicher Vertreter oder die für ihn handelnden Personen den Arbeitnehmer persönlich kennen, spielt keine Rolle. Fehlen dem Erwerber die nötigen Informationen, um die Tätigkeit, die Leistung und das Verhalten des Arbeitnehmers vor dem Betriebsübergang zu beurteilen, steht ihm nach Treu und Glauben (§ 242 BGB) im Regelfall ein Auskunftsanspruch gegen den Veräußerer zu (BAG a. a. O.), weshalb er sich im Verhältnis zum Arbeitnehmer nicht auf die Unkenntnis der zeugnisrelevanten Tatsachen vor dem Betriebsübergang berufen kann. **224**

d) Betriebliche Übung

225 Ansprüche aus bereits beim Veräußerer wirksam gewordenen betrieblichen Übungen – etwa auf Zahlung eines Weihnachtsgelds, die bereits dann entstehen, wenn der Arbeitgeber seinen Arbeitnehmern dreimal hintereinander vorbehaltlos denselben Betrag zahlt (BAG 28.2.1996 NZA 1997, 758) – muss auch der Erwerber erfüllen (MünchKomm/*Müller-Glöge* § 613a BGB Rn. 95). Das gilt **sogar dann, wenn der Erwerber nicht wusste,** dass der Veräußerer einen entsprechenden Vertrauenstatbestand gesetzt hatte (ErfK/*Preis* § 613a BGB Rn. 74). Der **Anspruch wird auch nicht dadurch aufgehoben,** dass der Erwerber das Weihnachtsgeld später unter dem Vorbehalt zahlt, das Weihnachtsgeldes sei eine freiwillige Leistung, auf die kein Rechtsanspruch bestehe und die Arbeitnehmer der neuen Handhabung über drei Jahre hinweg nicht widersprechen (BAG 18.3.2009 NZA 2009, 601). Zumindest bei Gratifikationen gibt es eine gegenläufige, **„negative" betriebliche Übung nicht** (BAG a.a.O. unter Aufgabe von BAG 4.5. 1999 NZA 1999, 1162). Die Annahme, durch eine dreimalige widerspruchslose Entgegennahme einer vom Arbeitgeber ausdrücklich unter dem Vorbehalt der Freiwilligkeit gezahlten Gratifikation würde die Verpflichtung zur Gratifikationszahlung beendet, ist mit dem Klauselverbot für fingierte Erklärungen in § 308 Nr. 5 BGB nicht zu vereinbaren. Eine Obliegenheit, ein solches Änderungsangebot ausdrücklich abzulehnen, besteht nicht. Das Unterlassen einer Handlung und damit auch das **Schweigen** hat – von wenigen Ausnahmen abgesehen – keine Erklärung und kann vor allem im Geschäftsverkehr der Verbraucher auch nicht als solche gedeutet werden oder Erklärungswirkung entfalten (Ulmer/Brandner/Hensen-*H. Schmidt* AGB-Recht, 10. Aufl., § 308 Nr. 5 BGB Rn. 5). Allerdings ist in der Rechtsprechung anerkannt, dass eine **widerspruchslose Fortsetzung der Tätigkeit** durch den Arbeitnehmer nach einem Änderungsangebot des Arbeitgebers gemäß den §§ 133, 157 BGB als **konkludente Annahme der Vertragsänderung** ausgelegt werden kann. Das hat das BAG aber nur für den Fall bejaht, dass sich die **Änderung unmittelbar im Arbeitsverhältnis auswirkt,** nicht hingegen, wenn deren Folgen nicht sofort hervortreten (BAG 1.8.2001 NZA 2003, 924; BAG 13.5.1987 NZA 1988, 95; BAG 22.12.1970 AP BGB § 305 Billigkeitskontrolle Nr. 2), wie etwa bei einem in der Lohnabrechnung erklärten Vorbehalt der Freiwilligkeit einer Zahlung; in einem solchen Fall muss ein Arbeitnehmer nicht erkennen, dass seine widerspruchslose Weiterarbeit als Einverständnis mit einer Vertragsänderung verstanden wird (BAG 18.3.2009 NZA 2009, 601). Ganz allgemein gilt, dass das Schweigen auf ein günstiges Angebot – etwa bei der Entstehung einer betrieblichen Übung – dem Schweigen auf ein verschlechterndes Angebot nicht gleichgestellt werden kann (vgl. Schaub/*Koch*, § 111 Rn. 28).

226 Vergütungsansprüche aus betrieblicher Übung stehen auch **nicht** unter dem **stillschweigenden Vorbehalt einer ablösenden Betriebsvereinbarung** (BAG 5.8.2009 NZA 2009, 1105). Hat der Veräußerer mehr als zehn Jahre ohne jeden Vorbehalt einen bestimmten Prozentsatz der jeweiligen Bruttomonatsvergütung als Weihnachtsgeld gezahlt, wird der aus betrieblicher

Übung entstandene vertragliche Anspruch auf Weihnachtsgeld nicht für ein Jahr durch eine Betriebsvereinbarung aufgehoben, die regelt, dass für dieses Jahr kein Weihnachtsgeld gezahlt wird. Im Verhältnis eines vertraglichen Vergütungsanspruchs zu den Regelungen in einer Betriebsvereinbarung gilt das Günstigkeitsprinzip. Der Erwerber kann nur die **Entstehung neuer Betriebsübungen** verhindern, etwa indem er freiwillige Sonderzuwendungen (Weihnachtsgeld, Urlaubsgeld etc.) unter einen ausdrücklichen Freiwilligkeits- oder Widerrufsvorbehalt stellt (st. Rspr. vgl. BAG 18.3.2009 NZA 2009, 535).

5. Besonderheiten bei Versorgungsanwartschaften und Versorgungsansprüchen

a) Versorgungsanwartschaften aktiver Arbeitnehmer

227 Der Erwerber tritt grundsätzlich auch in die bestehenden Versorgungsanwartschaften der übernommenen Arbeitnehmer ein (BAG 12.5.1992 NZA 1992, 1080). Es wäre mit dem Schutzzweck des § 613a BGB nicht zu vereinbaren, den Erwerber von der Erfüllung von Ansprüchen auf Leistungen aus der betrieblichen Altersversorgung gänzlich freizustellen (BAG 29.10. 1985 EzA § 613a BGB Nr. 52). Das gilt für Direktzusagen des alten Arbeitgebers, für Zusagen über die Versorgung aus einer Unterstützungskasse (BAG 28.1.1989 NZA 1989, 681) und für eine Versorgung durch eine Lebensversicherung (BAG 8.11.1988 NZA 1989, 679). Das gilt auch und gerade dann, wenn die alte Unterstützungskasse (BAG 28.1.1989 NZA 1989, 681) oder die Lebensversicherungsgesellschaft (BAG 8.11.1988 NZA 1989, 679) nicht zahlen.

228 Der Übergang der Anwartschaften kann nicht durch den Übernahmevertrag zwischen dem Veräußerer und dem Erwerber ausgeschlossen werden (BAG 14.7.1981 EzA § 613a BGB Nr. 31), auch nicht zum Zwecke der Sanierung. Möglich ist aber ein Verzicht der Arbeitnehmer auf diese Rechte (BAG 12.5.1992 NZA 1992, 1080). Entsprechende Verträge unterliegen jedoch einer gerichtlichen Inhaltskontrolle (BAG a.a.O.).

229 Soweit die Höhe oder die Unverfallbarkeit von Ansprüchen von der Dauer der Betriebszugehörigkeit abhängen, sind Beschäftigungszeiten beim alten und beim neuen Arbeitgeber zu addieren (BAG 8.2.1984 EzA § 613a BGB Nr. 37). Der Erwerber ist als neuer Arbeitgeber gemäß § 16 BetrAVG verpflichtet, alle drei Jahre die Anpassung der Betriebsrente zu prüfen (BAG 21.2.2006 NZA 2007, 931). Haben Veräußerer und Arbeitnehmer vor dem Betriebsübergang Regelungen über den Inhalt des Arbeitsverhältnisses getroffen, bleibt der Veräußerer aus diesen Vereinbarungen nach dem Betriebsübergang nur dann verpflichtet, wenn dies aus besonderen Umständen deutlich wird (BAG a.a.O.).

b) Versorgungsansprüche ausgeschiedener Arbeitnehmer

230 Bereits entstandene Versorgungsansprüche oder unverfallbare Anwartschaften ausgeschiedener Arbeitnehmer gehen nicht über. Der Erwerber kann vom Veräußerer aber eine Unterstützungskasse erwerben und sich gegenüber dem alten Arbeitgeber im Innenverhältnis zur Freistellung verpflichten. Falls die Kasse oder der Erwerber nicht zahlen, kann sich der Arbeitnehmer an den alten Arbeitgeber halten. Zu beachten ist aber § 4 BetrAVG. Der Erwerber ist im Hinblick auf Ruhegeldansprüche und -anwartschaften kein zulässiger Versorgungsträger. Eine Vereinbarung, nach der der Erwerber die Ruhegeldzusage übernimmt, ist nur mit Zustimmung des einzelnen Arbeitnehmers und des Pensionssicherungsvereins wirksam (BAG 17. 3. 1987 NZA 1988, 21).

6. Betriebsübergang im Rahmen eines Insolvenzverfahrens

a) Bestandsschutz

231 Wird der Betrieb im Rahmen eines Insolvenzverfahrens vom Insolvenzverwalter veräußert, geht das Arbeitsverhältnis auf den Erwerber über. Bestand und Inhalt des Arbeitsverhältnisses sind auch bei Insolvenz nach § 613a BGB geschützt.

b) Haftung des Betriebserwerbers für Altschulden

232 **aa) Problem.** Der Grundsatz der gleichmäßigen Befriedigung aller Gläubiger in einem Insolvenzverfahren (par conditio creditorum) gebietet jedoch bezüglich der Haftung des Erwerbers für die vom Veräußerer nicht erfüllten Ansprüche aus dem Arbeitsverhältnis eine teleologische Reduktion des § 613a Abs. 1 Satz 1 BGB. Müsste der Erwerber auch Ansprüche der Arbeitnehmer aus der Zeit vor der Eröffnung des Insolvenzverfahrens erfüllen, würde der erzielbare Kaufpreis geringer und damit die Verteilungsmasse geschmälert. Die Sicherung der Arbeitnehmer, die mit dem neuen Betriebsinhaber einen zahlungsfähigen Schuldner erhalten, würde von den übrigen Gläubigern finanziert. Die Arbeitnehmer haben überdies Anspruch auf Insolvenzgeld für die Vergütung, die ihnen der bisherige Arbeitgeber im Zeitraum von drei Monaten vor der Eröffnung des Insolvenzverfahrens schuldig geblieben ist (vgl. §§ 183 ff. SGB III).

233 **bb) Lösung.** Der Erwerber haftet nicht nach § 613a BGB für Ansprüche, die bereits bei Eröffnung des Insolvenzverfahrens bestanden (BAG 17. 1. 1980 AP BGB § 613a Nr. 18). Seine Haftung beschränkt sich auf Masseverbindlichkeiten im Sinne des § 55 InsO, d. h. auf Ansprüche aus dem Arbeitsvertrag, soweit deren Erfüllung nach Eröffnung des Insolvenzverfahrens verlangt wird. Entscheidend für die Haftungsbeschränkung des Erwerbers ist, dass der Betriebsübergang nach der Eröffnung des Insolvenzverfahrens stattgefunden hat.

234 Der Betriebsübergang erfolgt zu dem Zeitpunkt, in dem der neue Inhaber die Geschäftstätigkeit **tatsächlich weiterführt oder wieder aufnimmt** (BAG 21.2.2008 NZA 2008, 825). Keine Rolle spielt, welcher Zeitpunkt für den Betriebsübergang vereinbart wurde (a.A. MünchKomm/*Müller-Glöge* § 613a BGB Rn. 58; nach BAG 16.10.1987 AP BGB § 613a Nr. 69 sollte der zwischen Verwalter und Erwerber vereinbarte Übernahmetermin maßgeblich sein; als wichtiges Indiz für die Übertragung wertete die Rechtsprechung, dass alle für den Betriebsübergang erforderlichen Rechtsgeschäfte bereits vor der Eröffnung des Insolvenzverfahrens abschließend verhandelt waren, vgl. BAG 16.2.1993 AP BetrAVG § 1 Betriebsveräußerung Nr. 15; BAG 26.3.1996 NZA 1997, 94). Absprachen hinsichtlich des Zeitpunkts können im Rahmen der vorzunehmenden Gesamtwürdigung für einen Betriebsübergang zu dem vereinbarten Zeitpunkt sprechen (BAG 21.2.2008 NZA 2008, 825).

235 Das BAG (26.3.1996 NZA 1997, 94) hat für die Frage der Übernahme der Haftungsbeschränkung die Beweislast wie folgt verteilt:

- Zuerst muss der Erwerber den nach seiner Auffassung maßgeblichen und von der Haftung entlastenden Erwerbstatbestand nach der Eröffnung des Insolvenzverfahrens hinsichtlich Inhalt und Zeitpunkt darlegen und ggf. beweisen.
- Danach muss, wer sich auf die unbeschränkte Haftung des Erwerbers beruft, Tatsachen vortragen, aus denen sich ergibt, dass bereits vor dem behaupteten Zeitpunkt dem Erwerber die rechtliche Möglichkeit eingeräumt worden war, die Leitungsmacht auszuüben.
- Der bloße Hinweis auf im Wesentlichen abgeschlossene Übernahmeverhandlungen genügt hierzu nicht.
- Ist der Wechsel in der Leitungsmacht nicht nach außen hin deutlich geworden, kann ein Betriebsübergang vor Eröffnung des Insolvenzverfahrens vorliegen, wenn dargelegt und ggf. bewiesen wird, dass es zu einer Vereinbarung gekommen ist, nach der die betriebliche Leitungsmacht schon vor dem konkreten Abschluss der einzelnen Erwerbsgeschäfte übergegangen ist.

236 Entscheidend ist, wann der Anspruch entstanden ist, nicht seine Fälligkeit. Ansprüche, die in einer unmittelbaren Austauschbeziehung zur Arbeitspflicht stehen, entstehen pro rata temporis mit Erbringung der Arbeitsleistung. Der Erwerber hat daher nur für den Teil der Vergütung einzustehen, der nach Eröffnung des Insolvenzverfahrens noch offen ist. Eine Leistung, die an einen bestimmten Stichtag geknüpft ist, muss der Erwerber in voller Höhe erbringen, wenn der Stichtag nach der Eröffnung des Insolvenzverfahrens liegt (BAG 11.10.1995 NZA 1996, 432). Die Haftungsbegrenzung tritt nur ein, wenn das Insolvenzverfahren tatsächlich stattfindet, dann allerdings auch, wenn es mangels Masse wieder eingestellt wird (BAG 11.2. 1992 AP BetrAVG § 1 Betriebsveräußerung Nr. 13); sie tritt nicht ein, wenn ein Antrag auf Eröffnung des Insolvenzverfahrens nicht gestellt oder mangels Masse abgelehnt wird (BAG 20.11.1984 NZA 1995, 393). Maßgeblicher

Zeitpunkt für die Haftungsbeschränkung ist die Eröffnung des Insolvenzverfahrens. Ein Erwerber, der die Leitungs- und Organisationsmacht über den übernommenen Betrieb vorher erhält, haftet unbeschränkt (BAG 12.11. 1991, 16.2.1993 AP BGB BetrAVG § 1 Betriebsveräußerung Nr. 12, 15).

c) Besonderheiten bei der betrieblichen Altersversorgung

237 Auch hier gilt zunächst der Grundsatz: Wird ein Betrieb im Rahmen eines Insolvenzverfahrens veräußert, haftet der Erwerber nicht für die vor der Eröffnung des Insolvenzverfahrens entstandenen Ansprüche. Insoweit haben die Verteilungsgrundsätze des Insolvenzverfahrens Vorrang (BAG 17.1.1980 AP BGB § 613a Nr. 18).

238 Für die betriebliche Altersversorgung bedeutet dies:

- Der Erwerber tritt in die Versorgungsanwartschaften der übernommenen Belegschaft ein; er schuldet im Versorgungsfall aber nicht die volle Betriebsrente (BAG 17.1.1980 AP BGB § 613a Nr. 18), sondern nur den Anteil, den der Arbeitnehmer in der Zeit beim Erwerber erdient hat (BAG 12.11.1991 NZA 1992, 929).
- War die übernommene Versorgungsanwartschaft schon bei der Eröffnung des Insolvenzverfahrens unverfallbar, haftet der Träger der Insolvenzsicherung für den bereits erdienten Teil zeitanteilig, vgl. § 7 BetrAVG (BAG 17.1.1980 AP BGB § 613a Nr. 18).
- Auf die bis zur Eröffnung des Insolvenzverfahrens entstandenen Ruhegeldansprüche bereits ausgeschiedener Arbeitnehmer ist § 613a BGB nicht anwendbar. Für sie muss der Pensionssicherungsverein aufkommen (BAG 3.7.1980 AP BGB § 613a Nr. 22; BAG 23.7.1991 NJW 1992, 708).
- Bei Anwartschaften, für deren Erfüllung der Erwerber nicht nach § 613a BGB haftet, ist zu unterscheiden: Verfallbare Anwartschaften sind im Insolvenzverfahren des Veräußerers geltend zu machen (BAG 29.10.1985 AP BetrAVG § 1 Betriebsveräußerung Nr. 4). Für unverfallbare Anwartschaften muss der Pensionssicherungsverein als Träger der Insolvenzsicherung nach § 2 Abs. 2 Satz 1, 3 BetrAVG eintreten.

V. Änderung von Arbeitsbedingungen beim Betriebsübergang

1. Grundsätze

a) Besitzstandwahrung oder Angleichung von Arbeitsbedingungen

239 Werden Betriebe mit unterschiedlichen Arbeitsbedingungen zusammengeführt, steht der Erwerber vor der schwierigen Entscheidung, alles beim Alten zu belassen oder die Bedingungen aneinander anzupassen. Das personalwirtschaftliche Kalkül wird meist auf Anpassung gerichtet sein. Die Erfahrung lehrt, dass einheitliche Belegschaften nicht auf Dauer ungleich behandelt werden können. Trotz aller technischen Möglichkeiten, die die moderne

EDV mittlerweile bietet, lassen sich gespaltene Belegschaften nur mit großem personellen und organisatorischen Aufwand betreuen, der sich allenfalls bei erheblichen Unterschieden im Vergütungsniveau rechnet. Hinzukommt eine zumindest latente Störung des Betriebsfriedens. Zu sehr hängen die Arbeitnehmer dem Gedanken an, dass innerhalb derselben Belegschaft, in der „jeder jeden kennt", für gleiche, zumindest für vergleichbare Arbeit auch das gleiche Entgelt zu zahlen ist. Freilich heißt das nicht, dass nicht auch Ausnahmen von der Anpassungsregel und damit Gründe für „gespaltene Belegschaften" bestehen könnten. Manchmal liegen sie schlicht in der Schwierigkeit, die verschiedenen Arbeitsbedingungen nach einer Zusammenlegung aneinander anzupassen. Scheitern die Bemühungen, bleibt es bei der durch § 613a Abs. 1 BGB bewirkten Wahrung des Besitzstandes. Damit verbindet sich die richtige Erkenntnis, dass Besitzstandwahrung als solche bereits einen Grund für die Ungleichbehandlung liefert (so zutreffend BAG 29. 8. 2001 NZA 2002, 863). Schlichtes „Nichtstun" führt also gerade nicht zu einem Anspruch auf Anpassung (BAG 31. 8. 2005 NZA 2006, 265).

b) Struktur der Fallgruppen

240 Sollen die Arbeitsbedingungen geändert werden, kann dies noch beim Veräußerer geschehen, etwa wenn der Erwerber den Betrieb nur zu für ihn akzeptablen Konditionen oder nur mit bestimmten Mitarbeitern übernehmen will. § 613a BGB zieht solchen Änderungen enge Grenzen, wenn mit ihnen der durch die Norm bezweckte Bestands- und Inhaltsschutz umgangen wird (s. Rn. 241 ff.). Leichter fallen Änderungen, die der Erwerber nach dem Übergang vornimmt, um beispielsweise die Arbeitsbedingungen der Übernommenen denen der Stammbelegschaft anzupassen. Bei ihm stellen sich vor allem Fragen der Gleichbehandlung (s. Rn. 252 ff.). Hinsichtlich der Instrumente kann unterschieden werden nach Änderungen, die der Arbeitgeber einseitig kraft seines Weisungsrechts oder mittels vereinbarter Änderungsvorbehalte (Versetzungsklausel, Freiwilligkeits- und Widerrrufsvorbehalt usw.) vornehmen kann (s. Rn. 241), und solchen, zu denen er das Einvernehmen des Arbeitnehmers benötigt (Änderungsvertrag). Im Folgenden wird nur die Änderung arbeitsvertraglich geregelter Arbeitsbedingungen erörtert, die grundsätzlich nur mit arbeitsvertraglichen Instrumenten und nicht durch Kollektivvertrag (Betriebsvereinbarung oder Tarifvertrag) bewirkt werden kann (st. Rspr., vgl. zuletzt BAG 5. 8. 2009 NZA 2009, 1105).

2. Änderung durch den Veräußerer

a) Einseitige Änderungen

241 Änderungen, zu denen der Veräußerer das Einverständnis des Arbeitnehmers nicht benötigt, sind möglich, soweit dies das **Weisungsrecht** oder die im Arbeitsvertrag vereinbarten **Änderungsvorbehalte** erlauben. Praxisrelevant sind vor allem Änderungen hinsichtlich der Tätigkeit, des genauen Arbeitsorts und der Unterstellung. Übernimmt der Erwerber nur einen Betriebsteil, kann die Zugehörigkeit eines Arbeitnehmers zu diesem Betriebsteil im Wege des Weisungsrechts hergestellt oder beseitigt werden. Arbeitnehmer, die in zentralen Einheiten (Personal, Buchhaltung usw.) bislang zwar für den Betriebsteil, aber nicht in dem Betriebsteil gearbeitet haben und deren Arbeitsverhältnis nicht auf den Erwerber übergeht (BAG 24. 8. 2006 NZA 2007, 1320), können in den Betriebsteil **versetzt** werden, soweit im Arbeitsvertrag nichts Gegenteiliges bestimmt ist. Regelmäßig wird der Arbeitnehmer nicht für eine bestimmte Abteilung, sondern für den gesamten Betrieb eingestellt. Wurde eine konkrete Stellenbeschreibung samt Einsatzort zum Inhalt des Arbeitsvertrags gemacht, ist eine Versetzung nur dann möglich, wenn sie im Arbeitsvertrag vorbehalten wurde. Derartige Klauseln sind zulässig, soweit sie sich auf eine Änderung des ursprünglichen Arbeitsorts beschränken und dem Arbeitnehmer garantieren, dass ihm nur gleichwertige oder nur solche Arbeiten zugewiesen werden, die seiner Ausbildung und seiner beruflichen Entwicklung oder seiner vorherigen Tätigkeit entsprechen (BAG 11. 4. 2006 NZA 2006, 1149; BAG 3. 12. 2008 NZA-RR 2009, 527). Bei jeder Versetzung müssen die berechtigten Belange des Arbeitnehmers gewahrt bleiben (§ 315 BGB). Das ist bei einer Versetzung in den zu übertragenden Betriebsteil regelmäßig der Fall, wenn der ursprüngliche Arbeitsplatz im Restbetrieb wegfällt. Die Zuordnung zu einem Betriebsteil kann dann sogar noch kurz vor einem Übergang im Wege des Weisungsrechts erfolgen (MünchKomm/*Müller-Glöge* § 613a BGB Rn. 87). Billigem Ermessen kann es entsprechen, einen sozial weniger schutzbedürftigen Arbeitnehmer in den übergehenden Betriebsteil zu versetzen (vgl. BAG 13. 3. 2007 NZA-RR 2008, 504). **Mitbestimmungsrechte nach den** §§ 99, 95 Abs. 3 BetrVG bestehen nur, wenn dem Arbeitnehmer ein anderer Arbeitsbereich zugewiesen wird und sich dadurch das **„Gesamtbild der Tätigkeit" nicht unwesentlich verändert** (statt aller Richardi/*Thüsing* § 99 BetrVG Rn. 99 ff.). Das ist bei einer schlichten Änderung der Unterstellung (z. B. bei einem Personalreferenten, dessen Vorgesetzter nicht mehr der Personalleiter, sondern der Chef des übertragenen Betriebsteils ist) regelmäßig nicht der Fall, wohl aber, wenn er an einen anderen Arbeitsort versetzt wird und er dadurch wesentlich längere Fahrtzeiten in Kauf nehmen muss (BAG 8. 8. 1989 NZA 1990, 198). Bei innerbetrieblichen Umsetzungen, die über eine Änderung der Unterstellung hinausgehen, kommt es darauf an, ob zu der regelmäßig nur geringfügigen räumlichen Verlegung des bisherigen Arbeitsplatzes im Einzelfall weitere Umstände hinzutreten. Das hat die Rechtsprechung bejaht, wenn eine Pflegekraft in eine im selben Haus gelegene Pflegestation wechselt (BAG 29. 2. 2000 NZA 2000, 1357). Ein Zustimmungsverweigerungsrecht kann der Betriebsrat aber nur reklamieren, wenn dem zu Versetzenden oder der Restbelegschaft Nachteile drohen, die betrieblich nicht gerechtfertigt sind. Das ist nur bei willkürlichen Umsetzungen der Fall.

242 Änderungen von Arbeitsort und Tätigkeit können weiterhin dann erforderlich werden, wenn der Arbeitnehmer dem Übergang seines Arbeitsverhältnisses auf Grund eines Teilbetriebsübergangs widerspricht und er dann anderweitig eingesetzt werden muss, weil sein bisheriger Arbeitsplatz auf den Erwerber übergegangen ist (s. Rn. 189ff.). Hierfür gilt das in Rn. 241 Gesagte sinngemäß. Soll sein Arbeitsverhältnis von einem weiteren Teilbetriebsübergang erfasst werden, bedarf es jedenfalls einer ausdrücklichen oder konkludenten Zuordnungsentscheidung des Arbeitgebers (BAG 13.2. 2003 NZA 2003, 1111).

b) Änderungsverträge

243 Kann der Veräußerer die Vertragsbedingungen vor dem Übergang nicht einseitig durch Weisung oder kraft Änderungsvorbehalts anpassen, ist ein Änderungsvertrag erforderlich. Das betrifft vor allem Änderungen hinsichtlich des Entgelts und der Dauer der Arbeitszeit. Derartige Vereinbarungen müssen dem **Transparenzgebot** des § 307 Abs. 1 Satz 2 BGB genügen (BAG 19.3.2009 NZA 2009, 1091, 1093). Soweit die Hauptleistungspflichten (Tätigkeit, Arbeitsentgelt, Dauer der Arbeitszeit) geändert werden sollen, unterliegt der Änderungsvertrag grundsätzlich keiner richterlichen Inhaltskontrolle; nur Nebenabreden zu den Hauptleistungspflichten werden anhand der §§ 307ff. BGB auf Unangemessenheit hin überprüft (BAG 27.11. 2003 NZA 2004, 597). Im Übrigen müssen die Parteien frei darin sein, die Bedingungen ihres Vertrags einvernehmlich zu ändern. Solche Änderungen spielen gerade beim Betriebsübergang eine große Rolle, etwa um die bisherigen Arbeitsbedingungen an die beim Erwerber geltenden anzupassen. Mitunter hängt der Erfolg eines Betriebsübergangs – und damit der Erhalt der Arbeitsplätze – allein von einer Änderung der Arbeitsbedingungen ab, die zu akzeptieren viele Mitarbeiter durchaus bereit sind, vor allem in Insolvenzfällen.

244 Gleichwohl hält der 8. Senat des BAG **Änderungsvereinbarungen,** die zwischen dem Veräußerer und seinen Arbeitnehmern **vor** einem Betriebsübergang geschlossen werden, für **unwirksam, wenn damit die zwingenden Rechtsfolgen des** § 613a Abs. 1 BGB umgangen werden (BAG 19.3.2009 NZA 2009, 1091 m.w.N.). Das Gesetz bestimme nicht nur, dass der Erwerber „an sich“ neuer Arbeitgeber werde, sondern lege zugleich fest, dass dieser in die Rechte und Pflichten aus den im Zeitpunkt des Übergangs bestehenden Arbeitsverhältnissen eintrete. Folglich werde der Inhalt eines Arbeitsverhältnisses genauso geschützt wie sein Bestand. Durch § 613a Abs. 1 BGB solle insbesondere verhindert werden, dass ein Betriebsübergang zum Anlass genommen würde, die erworbenen Besitzstände der Arbeitnehmer abzubauen. Dies sei unzulässig (BAG 19.5.2005 NZA-RR 2006, 373; BAG 21.2.2006 NZA 2007, 931). Der Betriebsübergang dürfe sich nicht nachteilig auf den Inhalt des Arbeitsverhältnisses auswirken. Dabei mache es, gemessen an dem Schutzzweck der Norm, keinen Unterschied, ob die bisher geltenden Arbeitsbedingungen aufgrund einer Abrede zwischen Veräußerer und Erwerber des Betriebs zum Nachteil der Arbeitnehmer verändert würden oder ob der Veräußerer mit seinen Arbeitnehmern Regelungen treffe, die dem Erwerber einen „altlastenfreien“ Betriebserwerb erlaubten (BAG 12.5.1992 NZA 1992, 1080, 1081). Sämtliche Rechte und Pflichten, die beim Veräußerer bestünden, müssten vom Erwerber übernommen werden.

Es sei nicht Ziel des § 613a BGB, Sanierungen im Falle eines Betriebsübergangs zu ermöglichen oder zu erleichtern (BAG 27. 4. 1988 NZA 1988, 655). Nichts anderes werde durch die Richtlinie 2001/23/EG gefordert, die sicherstellen solle, dass einem Arbeitnehmer beim Betriebsübergang Ansprüche aus seinem Arbeitsvertrag erhalten blieben. Dieser Schutz sei als zwingendes Recht einer Verfügung der Arbeitsvertragsparteien entzogen. Der von einem Betriebsübergang Betroffene solle in seinen Rechtsbeziehungen zum Erwerber in gleicher Weise geschützt werden wie er es in seinen Beziehungen zum Veräußerer war. Der Betriebsübergang als solcher bilde weder Grund noch Anlass für eine den Arbeitnehmer belastende Änderung (BAG 19. 3. 2009 NZA 2009, 1091 m. w. N.).

245 **Die Argumentation des 8. Senats überzeugt nicht.** In der Tat kann über den Schutz, den § 613a BGB bei einem Betriebsübergang für den Bestand und den Inhalt eines Arbeitsverhältnisses bewirken soll, nicht disponiert werden. Dieses Vereinbarungsverbot macht jedoch nur bei Abschluss des Arbeitsvertrags Sinn, weil hier der Arbeitnehmer dem Arbeitgeber strukturell unterlegen ist und deshalb kaum nennenswerten Einfluss auf die Gestaltung der Arbeitsbedingungen nehmen kann. Im laufenden Arbeitsverhältnis ist seine Verhandlungsposition ungleich stärker, weil er eine ihm angetragene Vertragsänderung schlicht ablehnen kann und der Arbeitgeber dann auf das Mittel der Änderungskündigung verwiesen ist, für die strenge Voraussetzungen bestehen. Auch sonst unterzieht das BAG die einvernehmliche Änderung von Hauptpflichten keiner Angemessenheits- sondern allenfalls einer Rechts- und Sittenwidrigkeitskontrolle (vgl. nur BAG 22. 4. 2009 NZA 2009, 837). Warum das bei einem Betriebsübergang anders sein soll, leuchtet nicht ein, zumal der Arbeitnehmer auf den Schutz, den § 613a BGB ihm hier bietet, vollständig verzichten kann: er braucht nur dem Übergang seines Arbeitsverhältnisses zu widersprechen. Ist aber der vollständige Verzicht zulässig, muss es auch der teilweise Verzicht sein. Offenbar ist die Rechtsprechung von der Annahme geleitet, durch den Betriebsübergang änderten sich die Arbeitsbedingungen von selbst. Das ist aber gar nicht der Fall. Stets bedarf es des Einverständnisses des Arbeitnehmers. Wo dieses aber ausdrücklich oder konkludent erteilt wurde, braucht der Erklärende nicht vor sich selbst geschützt zu werden, wenn er eine ihm angetragene Vertragsänderung akzeptiert. Wurde er hierzu unzulässig durch Täuschung oder Drohung bestimmt, kann er seine Erklärung anfechten. Eine richterliche Inhaltskontrolle schießt hier über das Ziel hinaus. Sie ist weder im deutschen noch im europäischen Recht angelegt (so im Ergebnis zutreffend der 5. Senat, vgl. BAG 7. 11. 2007 NZA 2008, 530, 531; skeptisch aber beim Verzicht auf Vorsorgungsanwartschaften in einer „Drucksituation“ der 3. Senat, vgl. BAG 12. 5. 1992 NZA 1992, 1080, 1081). § 613a BGB schützt – wie Abs. 4 belegt – nur vor Kündigungen, also vor einseitigen Maßnahmen, allerdings auch vor Änderungskündigungen). Bei einvernehmlichen Regelungen bietet § 613a Abs. 1 Satz 2 nur Schutz vor Verschlechterungen von in den Arbeitsvertrag überführten Inhaltsnormen von Kollektivverträgen; doch selbst dieser Schutz ist auf den Zeitraum von einem Jahr nach dem Betriebsübergang beschränkt und wird durch die vorzeitigen Änderungsoptionen in Satz 4 noch weiter aufgelockert. Auch das europäische Recht bietet keinen darüber hinausgehenden Veränderungsschutz (vgl. zuletzt EuGH 27.11.2008 NZA 2008, 1405 – Juuri). Die Betriebsübergangs-Richtlinie solle zwar gewährleisten, dass der Arbeitnehmer bei einem Wechsel des Betriebsinhabers das Beschäftigungsverhältnis mit dem neuen Arbeitgeber zu den Bedingungen fortsetzt, die mit dem Veräußerer vereinbart waren (so bereits EuGH 10.2. 1988, Slg. 1988, 739 = BeckRS 2004, 70807 – Daddy's Dance Hall). Die Richtlinie verwehrt es jedoch nicht, die Arbeitsbedingungen zu ändern, soweit das nationale Recht eine solche Änderung unabhängig von einem Betriebsübergang zulasse (EuGH 14.9.2000 NZA 2000, 1279 – Collino; EuGH 12.11.1992 NZA 1995, 475 L).

246 Die besseren Argumente sprechen daher gegen ein Änderungsverbot (wie hier MünchKomm/*Müller-Glöge* § 613a BGB Rn. 89, 200; WHSS/*Willemsen* G Rn. 210, 211). Da das BAG seine Rechtsprechung aber in mehreren Entscheidungen bestätigt hat (zuletzt BAG 19.3.2009 NZA 2009, 1091 m.w.N.), ist mit einer baldigen Aufgabe nicht zu rechnen. Die Praxis wird sich deshalb darauf einstellen und die vom BAG aufgezeigten Spielräume ausloten müssen.

247 Nach der Rechtsprechung sind nicht nur mit dem Veräußerer geschlossene **Änderungsvereinbarungen** vor einem Betriebsübergang **unwirksam,** wenn sie den Arbeitnehmer benachteiligen. Eine unzulässige Umgehung von § 613a Abs. 1 BGB sieht sie auch darin, dass ein Arbeitnehmer im Zuge eines Betriebsübergangs zu einer **Eigenkündigung oder zum Abschluss eines Aufhebungsvertrags** veranlasst wird, um danach mit dem Erwerber einen neuen Arbeitsvertrag zu schließen. Das gilt nicht nur, wenn mit der **„Beendigungs-Neubegründungs-Lösung"** bei sonst gleichbleibenden Arbeitsbedingungen die bisherige Dauer der Betriebszugehörigkeit abgekürzt werden soll (dazu BAG 25.10.2007 NZA-RR 2008, 367; BAG 18.8.2005 NZA 2006, 145), sondern ganz allgemein, wenn sich Arbeitsbedingungen verschlechtern (BAG 21.5.2008 NZA 2009, 144).

248 **Nicht verpönt** sind benachteiligende Änderungsverträge, wenn für ihren Abschluss ein **sachlicher Grund** besteht (BAG 21.5.2008 NZA 2009, 144; BAG NZA 2007, 866). Welche Umstände eine Benachteiligung rechtfertigen, ist erst ansatzweise geklärt. Insbesondere ist offen, ob der **Erhalt von Arbeitsplätzen** einen tauglichen Sachgrund liefert. Einen solchen hat die Rechtsprechung jedenfalls in der Vergangenheit angenommen (BAG 26.1. 1977 NJW 1977, 1470), so etwa, wenn sich ein bisheriger Arbeitskollege in einer Notlage bereitfand, den Betrieb weiterzuführen, ohne dabei nennenswertes Betriebskapital zu übernehmen (BAG 18.8.1976 NJW 1976, 1168). Seit einiger Zeit steht das BAG solchen als „neutral" zu bezeichnenden Regelungen eher reserviert gegenüber (vgl. BAG 20.4.1999 NZA 1999, 887), weil damit das Verschlechterungsverbot leerläuft. Die Literatur erkennt den Erhalt von Arbeitsplätzen als Sachgrund an (z.B. ErfK/*Preis* § 613a BGB Rn. 83; *C. Meyer* DB 2009, 1350, 1352). Ohne Sachgrund zulässig sind auch (verschlechternde) Änderungsverträge zur Ablösung von in den Arbeitsvertrag transformierten Kollektivvereinbarungen, soweit die Zeitschranke des § 613a Abs. 1 Satz 2 BGB und die Ausnahmen hiervon in

Satz 4 BGB beachtet werden. Bei geringfügigen Änderungen sind die Anforderungen niedriger (BAG 17. 1. 1980 NJW 1980, 1124). Auf **Versorgungsanwartschaften** kann nach h. M. nur dann verzichtet werden, wenn auch eine Unterstützungskasse ihre Leistungen widerrufen könnte (BAG 29. 10. 1985 AP BetrAVG § 1 Betriebsveräußerung Nr. 4).

249 **Ein weiterer Äußerungsgrund** liegt nach zutreffender Ansicht in dem Ziel, die Arbeitsbedingungen des Veräußerers an die beim Erwerber geltenden **Regelungen anzupassen.** Eine solche Harmonisierung ist erforderlich, wenn der Erwerber nur einen Betriebsteil übernimmt, den er in einen bereits von ihm geführten Betrieb integrieren will (s. C. *Meyer* DB 2009, 1350, 1352). Soll hier eine mehrfache Inanspruchnahme des Erwerbers aus eigenen und aus übernommenen Pflichten vermieden werden, die sachlich nicht gerechtfertigt wäre, müssen Änderungen zulässig sein (a. A. aber für verschlechternde Vorruhestandsregelungen, die an das Niveau des Erwerbers angepasst werden sollen, EuGH 6. 11. 2003 NZA 2003, 1325 – Martin u. a.). Dass der Gesetzgeber ein solches Harmonisierungsbedürfnis im Grundsatz anerkennt, belegt für die Änderung kollektiver Regelungen § 613a Abs. 1 Satz 3 BGB; in den Arbeitsvertrag überführte Inhaltsnormen eines Tarifvertrags oder einer Betriebsvereinbarung werden von selbst abgelöst, wenn im Erwerberbetrieb zum selben Regelungsgegenstand eine kollektivrechtliche Vereinbarung besteht oder nachträglich geschlossen wird; das gilt sogar dann, wenn diese Vereinbarung für den Arbeitnehmer ungünstiger als die bisherige Regelung ist. Was an Harmonisierung bei Kollektivverträgen erlaubt ist, kann aber bei Individualverträgen nicht verboten sein, jedenfalls dann nicht, wenn sich die Arbeitnehmer damit einverstanden erklären und der Verlust bestimmter Sozialleistungen, die nur der Veräußerer, aber nicht der Erwerber bieten kann oder will, durch **Zahlung von Einmalbeträgen kompensiert wird.**

250 **Keinen sachlichen Grund** sieht die Rechtsprechung in der schlichten Ankündigung des Erwerbers, den Betrieb nicht ohne vorherige Vertragsänderungen oder Erlassverträge übernehmen zu wollen (BAG 19. 3. 2009 NZA 2009, 1091 m. w. N.). Verfolge eine benachteiligende Vertragsänderung allein das Ziel, den Erwerber vor dem Übergang bestimmter Pflichten des Veräußerers zu bewahren, sei das nicht mit der insoweit zwingenden Regelung des § 613a BGB vereinbar, da dieser Sanierungen weder ermöglichen noch erleichtern wolle (BAG 27. 4. 1988 NZA 1988, 655). Offen ist allerdings, ob das Änderungsverbot ausschließlich für den Verzicht auf bereits erworbene Rechte gilt oder auch künftige Ansprüche erfasst (vgl. BAG 7. 11. 2007 NZA 2008, 530, 531). In der Entscheidung des 8. Senats ging es lediglich um den Erlass rückständigen Lohns (BAG 19. 3. 2009 NZA 2009, 1091).

251 **In zeitlicher Hinsicht** greift das Änderungsverbot allein für solche Vereinbarungen, die der Veräußerer aus Anlass oder im Zusammenhang mit einem Betriebsübergang schließt. Nicht vom Änderungsverbot erfasst werden sie, solange ein Betriebsübergang weder feststeht noch greifbare Formen angenommen hat (vgl. BAG 19. 5. 1988 NZA 1989, 461; BAG 13. 11. 1997 NZA 1998, 251). Zulässig sind auch Vereinbarungen, die erst der Erwerber trifft, nachdem die Arbeitsverhältnisse auf ihn übergangen sind (BAG 7.11. 2007 NZA 2008, 530). Das Änderungsverbot wird aber nicht schon dadurch außer Kraft gesetzt, dass der Erwerber eine vor dem Übergang zwischen Veräußerer und Arbeitnehmer getroffene Vereinbarung mit unterschreibt. Regelungen, die den Arbeitnehmer belasten, bedürfen auch in diesem Fall eines sachlichen Grundes.

3. Änderung durch Erwerber

a) Änderung bei den Übernommenen

Nach dem Betriebsübergang kann der Erwerber die individualvertraglich geregelten Arbeitsbedingungen so ändern, wie es der Veräußerer vermocht hätte (EuGH 6.11.2003 NZA 2003, 1325 – Martin u.a.). Die Zeitschranke des § 613a Abs. 1 Satz 2 BGB gilt hierfür nicht. Zulässig sind also z.B. die Erteilung neuer Weisungen aufgrund des Direktionsrechts des Arbeitgebers, insbesondere die Zuweisung einer anderen Arbeit, die Ausübung von Widerrufsvorbehalten und Versetzungen aufgrund Versetzungsklauseln. **252**

Soweit eine nach § 613a Abs. 1 Satz 1 BGB an sich unverändert übergeleitete Regelung der Disposition der Arbeitsvertragsparteien unterliegt, kann sie durch Vereinbarung mit dem neuen Inhaber geändert werden (BAG 7.11.2007 NZA 2008, 530, 531). Eines sachlichen Grundes bedürfen allerdings auch beim Erwerber Vereinbarungen, mit denen auf rückständigen Lohn verzichtet wird oder die Ansprüche auf betriebliche Altersversorgung verschlechtern (BAG 18.8. 1976 NJW 1977, 1168; BAG 18.8.2005 NZA 2006, 145). Änderungskündigungen sind zulässig, wenn und soweit sie das Kündigungsverbot des § 613a Abs. 4 BGB beachten (BAG 20.4.1989 NZA 1990, 32, s. Rn. 567ff.). Eine Verschlechterung individualrechtlich begründeter Arbeitsbedingungen **durch Betriebsvereinbarung** ist grundsätzlich unzulässig, selbst wenn die Arbeitsbedingungen – wie etwa bei Ansprüchen aus einer betrieblichen Übung – einen kollektiven Bezug aufweisen (st. Rspr., vgl. zuletzt BAG 5.8.2009 NZA 2009, 1105). Vergütungsansprüche aus betriebZulässig sind auch licher Übung stehen auch **nicht** unter dem **stillschweigenden Vorbehalt einer ablösenden Betriebsvereinbarung** (BAG a.a.O.). Zwischen dem (Individual-) Arbeitsvertrag und der Betriebsvereinbarung gilt das Günstigkeitsprinzip und nicht das Ordnungsprinzip (BAG a.a.O.). Bei Sozialleistungen mit kollektivem Bezug sind lediglich umstrukturierende Betriebsvereinbarungen zulässig; diese müssen aber dem kollektiven Günstigkeitsprinzip genügen (BAG GS 16.9.1986 AP BGB § 613a Nr. 17 zu § 77 BetrVG 1972). Die Änderung kollektivvertraglich geregelter Arbeitsbedingungen regelt sich nach § 613a Abs. 1 Satz 2–4 BGB. **253**

b) Anspruch der Stammbelegschaft auf Gleichbehandlung?

Dass die **Stammbelegschaft** des Erwerbers bei einem Betriebsübergang **nicht die Arbeitsbedingungen der Übernommenen erwarten kann,** unterliegt **254** keinem Zweifel. Führte die Übernahme einiger weniger zu einer Angleichung der Arbeitsbedingungen auf das höhere Niveau der Übernommenen, würde niemand mehr einen Betrieb oder Betriebsteil übernehmen. Allerdings sind die Begründungen für dieses allseits akzeptierte Ergebnis (statt aller MünchKomm/*Müller-Glöge* § 613a BGB Rn. 96) unterschiedlich. In seiner Entscheidung vom 29. 8. 2001 hat der 4. Senat (BAG NZA 2002, 863) die Pflicht zur Gleichbehandlung unter Hinweis darauf verneint, dass Übernommene und Stammbelegschaft von vornherein nicht vergleichbar seien. Das überzeugt wenig, wenn beide im selben Betrieb vergleichbare Arbeiten verrichten und es letztlich um die Vergütung für diese Tätigkeiten geht. Im Urteil vom 25. 8. 1976 meinte das BAG, die Ungleichbehandlung sei zulässig, weil sie sachlich gerechtfertigt sei (AP BGB § 242 Gleichbehandlung Nr. 41). Richtig ist, was das BAG in seinem Urteil vom 31. 8. 2005 (NZA 2006, 265) angenommen hat. Der Gleichbehandlungssatz sei schon deshalb nicht einschlägig, weil der Arbeitgeber die Übernommenen nicht „behandele", sondern ihnen nur das gewähre, was § 613a BGB vom Arbeitgeber verlange: den Erhalt der beim Veräußerer vorgefundenen Arbeitsbedingungen. Wo der Arbeitgeber aber nicht selbst „behandele", sondern nur eine fremde Rechtsvorschrift vollziehe, sei für eine Gleichbehandlung kein Raum. Das trifft in der Tat den Kern. **Nur dort, wo der Arbeitgeber selbst eine Regel schafft, kann er an den Gleichbehandlungsgrundsatz gebunden sein.** Das hat mit der dogmatischen Verankerung des Gleichbehandlungsgrundsatzes als Ausprägung der iustitia distributiva zu tun. Liegt seine Wurzel im Prinzip der Verteilungsgerechtigkeit („… suum cuique tribuere …"), muss der Grundsatz immer dort Anwendung finden, wo der Arbeitgeber die Möglichkeit hat, Arbeitnehmer gleich oder ungleich zu „behandeln". Ob diese Möglichkeit auf Rechtsmacht oder auf tatsächlicher Macht beruht, ist gleichgültig. Voraussetzung ist stets, dass der Arbeitgeber ausdrücklich oder durch schlüssiges Verhalten eine *eigene* Regel aufstellt (*Hromadka/Maschmann* Arbeitsrecht 1, § 7 Rn. 109). Das ist bei den Arbeitsbedingungen der Übernommenen nicht der Fall; ihre Ansprüche beruhen auf einer Regel, die nicht vom Erwerber, sondern vom Veräußerer stammt (BAG 31. 8. 2005 NZA 2006, 265). Keine Rolle spielt dabei, ob die vom Veräußerer übernommenen Arbeitsbedingungen „originäre" arbeitsvertragliche Bedingungen waren – also z. B. auf betrieblicher Übung, Gesamtzusage oder vertraglicher Einheitsregelung beruhten – oder ob sie als ursprünglich kollektivvertragliche Regelungen über den Transformationsweg des § 613a Abs. 1 Satz 2 BGB in den Arbeitsvertrag Eingang gefunden haben. Stets handelt es sich um Vorschriften, die nicht der Gestaltungsmacht des Erwerbers unterlagen und daher für den Gleichbehandlungsgrundsatz nicht von Belang sind.

255 Umgekehrt ist auch **keine Angleichung nach unten möglich** (MünchKomm/*Müller-Glöge* § 613a BGB Rn. 96). An diese könnte der Erwerber denken, wenn die Arbeitsbedingungen der Übernommenen schlechter als die der Stammbelegschaft wären. Eine solche Anpassung scheitert schon daran, dass der Gleichbehandlungsgrundsatz in dieser Richtung nicht gilt, da der Erwerber ja keine eigene Regel aufgestellt hat, sondern eine fremde Regel vollzieht. Aber selbst wenn der Gleichbehandlungsgrundsatz anwendbar wäre, ließe er gleichwohl keine Angleichung nach unten zu. Der Gleichbehandlungsgrundsatz wirkt nur anspruchserzeugend, nicht anspruchsvernichtend (statt aller Schaub/*Linck* AR-Handbuch, § 112 Rn. 31). Vor allem liefert er keinen Grund für eine Änderungskündigung zur Absenkung der Arbeitsbedingungen (BAG 28. 4. 1982, 1. 7. 1999 AP KSchG 1969 § 2 Nr. 3, 53).

c) Anspruch der Übernommenen auf Gleichbehandlung?

256 Schwieriger zu beurteilen ist die Frage, ob die Übernommenen nicht das Recht haben, wie die Stammbelegschaft behandelt zu werden. Dass der allgemeine Gleichbehandlungsgrundsatz in dieser Richtung zumindest im Ansatz Wirkung entfalten kann, liegt auf der Hand. Denn nun ist es der Erwerber, der durch eine von ihm selbst aufgestellte Regel Stammbelegschaft und Übernommene ungleich behandelt. Er vollzieht kein fremdes Recht, sondern schafft eigenes. Gleichzubehandeln hat der Arbeitgeber immer dann, wenn er Leistungen erkennbar nach einem generalisierenden Prinzip, d. h. unter bestimmten Voraussetzungen oder zu einem bestimmten Zweck gewährt, oder wenn er im Betrieb mehrere Vergütungssysteme anwendet, bei denen er nicht nur einzelne Arbeitnehmer besserstellt (BAG 19. 8. 1992 NZA 1993, 171).

257 So liegt es, wenn der Erwerber alle Übernommenen von den für die Stammkräfte geltenden Regelungen ausschließt. Allerdings muss ein solcher **Ausschluss ausdrücklich und unmissverständlich erfolgen.** Bei kollektiven Regelungen auf individualrechtlicher Grundlage, also bei solchen, die aus Gesamtzusagen, vertraglichen Einheitsregeln („Richtlinien", „Rundschreiben", Verlautbarungen am schwarzen Brett oder im Intranet) oder aus betrieblichen Übungen entstanden sind, müssen die Übernommenen – soweit nichts anderes bestimmt ist – davon ausgehen, dass sie ausnahmslos für alle Belegschaftsangehörigen gelten. Sollen sie ausgeschlossen werden, bedarf es entsprechender Erklärungen, die – das gebietet der Vertrauensschutz – bereits bei der Übernahme zu erfolgen haben. Es genügt nicht, den Übernommenen die Leistungen erst dann zu versagen, wenn sie von ihnen beansprucht werden. Vielmehr müssen dieselben Grundsätze wie für neu eingestellte Mitarbeiter gelten. Ihnen **wird bei der Einstellung das „Betriebsübliche" zugesagt, wenn nicht ausdrücklich Abweichendes vereinbart ist** (ErfK/*Preis* § 611 BGB Rn. 268). Es kann aber keinen Unterschied machen, ob ein einzelner Bewerber beim Arbeitgeber anheuert oder eine Vielzahl von Leuten übernommen wird. Wollte man wegen § 613a BGB anders entscheiden, verkehrte sich der Inhaltsschutz der Norm ins Gegenteil. Für Gesamtzusagen hat dies das BAG bereits entsprechend entschieden (vgl. BAG 23. 9. 2009, 5 AZR 628/08, BeckRS 2009 74377). Bei ihnen unterbreitet der Arbeitgeber der Gesamtbelegschaft ein Leistungsangebot, dessen ausdrückliche Annahme nicht erwartet wird (§ 151 BGB). Gesamtzusagen werden bereits dann bindend, wenn sie so verlautbart werden, dass die Arbeitnehmer von der Erklärung Kenntnis nehmen können. Verspricht der Arbeitgeber keine einmalige, sondern eine dauerhafte Leistung, gilt die Zusage nicht nur für die im Zeitpunkt der Erklärung im Betrieb Beschäftigten, sondern sie wird auch gegenüber erst später eingestellten Arbeitnehmern abgegeben, die das Angebot ebenfalls nach § 151 BGB annehmen (BAG 11.12.2007, 1 AZR 953/06 Tz. 26; BAG 10.12.2002 NZA 2003, 1360).

258 Vor diesem Hintergrund dürfte schon aus praktischen Gesichtspunkten das „Potenzial" für Ungleichbehandlungen nicht allzu groß sein. Die Übernommenen ausdrücklich aus dem Anwendungsbereich betrieblicher Regelungen auszunehmen, wird im Betriebsalltag kaum realisierbar sein. Die Benutzung von Sozialeinrichtungen (Kantine, Arzt, Werkseinkauf usw.) wird man ihnen nicht ernsthaft verweigern oder an schlechtere als die betriebsüblichen Bedingungen binden können. Bei Fragen der Arbeitszeit und des Urlaubs mag es anders aussehen. Hier bringen die Übernommenen zumeist ihre alten Regelungen mit, die der neue Arbeitgeber nach § 613a Abs. 1 Satz 1 BGB als erworbenen Besitzstand zu wahren hat. Darin liegt schon deshalb keine Schlechterstellung, weil die Übernommenen nur mit den Kollegen des alten Betriebs verglichen werden dürfen. Überdies führt **schlichte Besitzstandwahrung noch nicht zur Aufstellung eigener Regeln;** allein diese bände den Erwerber an den Gleichbehandlungsgrundsatz (BAG 31.8.2005 NZA 2006, 265). Die unterschiedlichen Arbeitsbedingungen muss der Arbeitgeber selbst nach längerer Zeit nicht angleichen, denn auch die jahrelange Fortschreibung des Bisherigen ist nichts anderes als Besitzstandwahrung (BAG a.a.O.).

259 **Erst mit der Schaffung neuer Vergütungssysteme nach abstrakt-generellen Regeln kommt der Gleichbehandlungsgrundsatz ins Spiel.** Dieser gilt beispielsweise dann, wenn der Erwerber nur seiner Stammbelegschaft, nicht aber den Übernommenen eine Gehaltserhöhung gewährt. Die Benachteiligung der Übernommenen ist zulässig, wenn es für sie einen sachlichen Grund gibt. Die unterschiedlichen Arbeitsvertrags- und Vergütungssysteme bei der Stammbelegschaft und den Übernommenen bilden für sich allein keinen Rechtfertigungsgrund (BAG 14.3.2007 NZA 2007, 862). Ein **sachlicher Grund** kann aber in der **Angleichung der Arbeitsbedingungen liegen.** Die Herstellung einheitlicher Arbeitsbedingungen durch den Ausgleich von Nachteilen und die Angleichung an die Bedingungen der übernommenen Belegschaft ist ein berechtigtes Anliegen des Arbeitgebers, weil unterschiedliche Arbeitsbedingungen die Zusammenarbeit der Arbeitnehmer erschweren. Eine Benachteiligung der Stammbelegschaft kann der Arbeitgeber dadurch beseitigen, dass er nur bei ihr, nicht aber bei den Übernommenen den Lohn erhöht, obwohl damit nur die allgemeine Geldentwertung ausgeglichen werden soll, die alle Arbeitnehmer gleich trifft (BAG a.a.O.). Entsprechendes gilt, wenn umgekehrt die Übernommenen benachteiligt sind und sie durch eine nur ihnen gewährte Lohnerhöhung an das im Betrieb Übliche Niveau herangeführt werden sollen.

VI. Rechtsstellung des bisherigen Arbeitgebers

1. Erlöschen des Arbeitsverhältnisses

260 Mit dem Übergang des Arbeitsverhältnisses auf den Erwerber endet das Arbeitsverhältnis zum bisherigen Arbeitgeber (BAG 10.8.1994 NZA 1995, 742). Etwaige tarifliche Ausschlussfristen beginnen ab diesem Zeitpunkt zu laufen (BAG a.a.O.).

2. Haftung

261 Der Veräußerer haftet dem Arbeitnehmer neben dem Erwerber als **Gesamtschuldner** für Ansprüche aus dem Arbeitsverhältnis, soweit sie vor dem Zeitpunkt des Betriebsübergangs entstanden sind und vor Ablauf von einem Jahr nach diesem Zeitpunkt fällig werden (§ 613a Abs. 2 Satz 1 BGB). Werden Ansprüche erst nach dem Betriebsübergang fällig, so haftet der Veräußerer nur in dem Umfang, der dem im Zeitpunkt des Betriebsübergangs abgelaufenen Teil ihres Bemessungszeitraums entspricht (§ 613a Abs. 2 Satz 2 BGB).

Beispiel: Im Arbeitsvertrag wird ohne weitere Bedingungen ein 13. Monatsgehalt versprochen, das im Dezember fällig wird. Der Betriebsübergang erfolgt am 1.6.2010. Der Erwerber haftet nach § 613a Abs. 1 Satz 1 BGB für das volle 13. Gehalt. Daneben haftet der Veräußerer für die Zeit vom 1.1. bis 1.6.2010.

262 Der Veräußerer haftet nicht für Ansprüche, die erst nach dem Betriebsübergang entstehen. Hat der Arbeitnehmer vor dem Betriebsübergang noch keinen Urlaub genommen, haftet hierfür nicht der Veräußerer, sondern der Erwerber; der Anspruch auf Urlaub ist ein Anspruch auf Freistellung von der Arbeitspflicht, den nur der Erwerber erfüllen kann, weil nur er dem Arbeitnehmer nach dem Betriebsübergang zu Weisungen berechtigt ist. § 613a BGB regelt nur die Haftung des Arbeitgebers gegenüber dem Arbeitnehmer. Wer im Innenverhältnis zwischen Veräußerer und Erwerber die Schuld zu tragen hat, hängt von den im Übernahmevertrag getroffenen Vereinbarungen ab. Fehlt eine solche Vereinbarung, gilt § 426 Abs. 1 Satz 1 BGB (BGH 4.7.1985 NZA 1985, 737).

D. Fortwirkung und Änderung tariflich geregelter Arbeitsbedingungen

I. Überblick

263 Zu den schwierigsten Fragen des Betriebsübergangs gehört die Fortwirkung der beim Veräußerer geltenden Tarifverträge. Sie ist von entscheidender Bedeutung, weil Arbeitsbedingungen häufig tariflich geregelt sind. Für die Art und Weise der Fortwirkung kommt es darauf an, ob die tariflichen Arbeitsbedingungen beim Veräußerer normativ gelten, weil der Veräußerer einen Firmentarifvertrag geschlossen hat oder im zuständigen Arbeitgeberverband organisiert ist und er ein Gewerkschaftsmitglied beschäftigt (s Rn. 264 ff.), oder ob die Tarifnormen durch eine arbeitsvertragliche Verweisungsklausel in Bezug genommen wurden (s. Rn. 337 ff.). Je nachdem können die Tarifbedingungen auch beim Erwerber normativ oder individualrechtlich weitergelten. Ist der Erwerber an keinen Tarifvertrag gebunden, sorgt § 613a Abs. 1 Satz 2 BGB als Auffangnorm dafür, dass beim Veräußerer tariflich geregelte Arbeitsbedingungen zunächst erhalten bleiben (s. Rn. 279 ff).

II. Normative Fortwirkung

264 Normative Fortwirkung bedeutet, dass die beim Veräußerer unmittelbar und (einseitig) zwingend geltenden Tarifverträge auch beim Erwerber normativ wirken, d. h. nicht eigens zwischen den Arbeitsvertragsparteien vereinbart werden müssen und auch nicht Bestandteil des Arbeitsvertrags werden, sondern wie Gesetze in ihrer jeweiligen Fassung auf das Arbeitsverhältnis einwirken (§ 4 Abs. 1 TVG). Normativ wirken Tarifverträge bei einem Betriebsübergang nur dann fort, wenn beide Arbeitsvertragsparteien auch nach dem Inhaberwechsel im Sinne des § 3 TVG an denselben Tarifvertrag gebunden sind (vgl. BAG 10. 6. 2009 NZA 2010, 51). Dabei macht es einen Unterschied, ob der Veräußerer an einen Verbands- oder an einen Firmentarifvertrag gebunden war und ob der Betrieb im Wege der Einzel- oder der Gesamtrechtsnachfolge übertragen wird.

1. Verbandstarifvertrag

a) Fortwirkung bei Einzelrechtsnachfolge

265 An einen Verbandstarifvertrag ist gebunden, wer Mitglied im tarifschließenden Arbeitgeberverband ist. Da die Verbandsmitgliedschaft höchstpersönlicher Natur ist, geht diese bei einem Betriebsübergang grundsätzlich nicht auf den Erwerber über. Das ergibt sich bereits aus § 38 BGB. Soll der Verbandstarifvertrag normativ fortwirken, muss der Erwerber deshalb dem Arbeitgeberverband beitreten. Unterlässt er dies, endet die normative Wirkung. Ein anderes Ergebnis wäre nicht mit der negativen Koalitionsfreiheit des Arbeitgebers zu vereinbaren. Nicht zuletzt aus diesem Grunde verneint die Rechtsprechung auch eine verlängerte Tarifgebundenheit des Erwerbers analog § 3 Abs. 3 TVG (BAG 4. 12. 1974 AP TVG § 3 Nr. 2; BAG 5. 10. 1993 NZA 1994, 848). Eine Analogie zur Sicherung des mit dieser Vorschrift bezweckten Schutzes, den Arbeitnehmern die alten Tarifbedingungen auch bei Wegfall der Verbandsmitgliedschaft des Arbeitgebers bis zum Ablauf eines Tarifvertrags zu gewähren, setzt voraus, dass überhaupt einmal eine Tarifbindung bestanden hat. War der Erwerber jedoch niemals Verbandsmitglied, kann auch keine Fortwirkung der Mitgliedschaft fingiert werden (*Gussen/Dauck* Weitergeltung, S. 239 f.; *Henssler* FS Schaub 1998, S. 311, 315; *Hromadka/Maschmann/Wallner* Der Tarifwechsel, Rn. 236; Wiedemann/*Oetker* § 3 TVG Rn. 166; *Schaub* ZTR 1997, S. 245, 246).

266 Zu einer normativen Fortwirkung des Tarifvertrags kommt es also nur, wenn der Erwerber demselben Arbeitgeberverband angehört wie der Veräußerer oder der Tarifvertrag für allgemeinverbindlich erklärt ist und der Betrieb nach dem Inhaberwechsel in den Geltungsbereich des bisherigen Tarifvertrags fällt. An Letzterem fehlt es, wenn sich nach dem Übergang der Betriebszweck ändert oder wenn der Erwerber nicht den gesamten Betrieb übernimmt, sondern nur einen Teil und diesen Betriebsteil als selbständigen Betrieb mit einer Zwecksetzung weiterführt, die nicht mehr in den Geltungsbereich des bisherigen Tarifvertrags fällt.

Beispiel: Der Erwerber übernimmt die Kantine eines Metallbetriebs und führt sie als selbständigen Betrieb weiter. Der Kantinenbetrieb fällt nicht in den Geltungsbereich des Metalltarifvertrags. Eine normative Fortwirkung des Metalltarifvertrags kommt deshalb nicht in Betracht. Der notwendige Bestandsschutz wird durch § 613a Abs. 1 Sätze 2–4 BGB gewahrt.

b) Fortwirkung bei Gesamtrechtsnachfolge

267 Erfolgt der Betriebsübergang im Wege der Gesamtrechtsnachfolge, gelten dieselben Grundsätze wie bei der Einzelrechtsnachfolge. Dabei macht es keinen Unterschied, ob der hinter dem Betrieb stehende Rechtsträger verschmolzen oder gespalten wird. Zu einer normativen Fortwirkung des Verbandstarifvertrags kommt es – außer bei allgemeinverbindlichen Tarifverträgen – nämlich nur, wenn der Rechtsträger des übergegangenen Betriebs Mitglied im tarifschließenden Arbeitgeberverband ist. Die Mitgliedschaft im Arbeitgeberverband geht jedoch auch bei einem Betriebsübergang im Wege der Gesamtrechtsnachfolge nicht von selbst über (BAG 24. 6. 1998 NZA 1998, 1346; Däubler/*Lorenz* § 3 TVG Rn. 168 ff; Wiedemann/*Oetker* § 3 TVG Rn. 163 ff.).

268 **Beispiel Verschmelzung:** Unternehmen A, das Mitglied im zuständigen Arbeitgeberverband ist, wird auf Unternehmen B verschmolzen, das dem Verband bislang ferngeblieben ist. Die Verbandsmitgliedschaft von A wird nicht dadurch erworben, dass A auf B verschmolzen wird. Folglich gelten die im Betrieb gültigen Tarifverträge nach der Verschmelzung nicht normativ fort. Zu einer Fortwirkung kommt es auch nicht über §3 Abs. 3 TVG bzw. §4 Abs. 5 TVG. Der notwendige Bestandsschutz wird vielmehr durch §613a Abs. 1 S. 2–4 BGB gewahrt, der über §324 UmwG Anwendung findet.

269 **Beispiel Aufspaltung:** Unternehmen X, das Mitglied im Arbeitgeberverband ist, führt einen Betrieb in München und einen weiteren in Nürnberg. Das Unternehmen wird in die Unternehmen X1 und X2 aufgespalten. X1 übernimmt den Münchner, X2 den Nürnberger Betrieb. Weder X1 noch X2 sind im Arbeitgeberverband organisiert. Nach der Aufspaltung kommt es mangels Mitgliedschaft von X1 und X2 im Arbeitgeberverband weder in München noch in Nürnberg zu einer normativen Fortwirkung des Verbandstarifvertrags. Auch hier gewährt §324 UmwG i.V.m. §613a Abs. 1 S. 2–4 BGB einen gewissen Bestandsschutz.

2. Firmentarifvertrag

270 Partei eines Firmentarifvertrags ist nicht der Arbeitgeberverband, sondern ein einzelner Arbeitgeber; auch dieser ist nach §2 TVG tariffähig. Firmentarifverträge können für einzelne, mehrere oder sämtliche Betriebe eines Unternehmens geschlossen werden und sogar für Betriebsteile. Entscheidend für die normative Fortwirkung eines Firmentarifvertrags ist die Tarifbindung des Erwerbers. Sie hängt davon ab, ob der Betrieb oder Betriebsteil im Wege der Einzel- oder der Gesamtrechtsnachfolge übertragen wird.

a) Fortwirkung bei Einzelrechtsnachfolge

271 Übernimmt der Erwerber den Betrieb im Wege der Einzelrechtsnachfolge, so tritt dieser nach §613a Abs. 1 Satz 1 BGB nur in die auf ihn übergegangenen Arbeitsverhältnisse ein. Da der Erwerber bei einer Einzelrechtsnachfolge in keine weiteren Rechtspositionen des Veräußerers eintritt – vor allem nicht in die Stellung als Tarifvertragspartei (BAG 10.6.2009 NZA 2010, 51; BAG 26.8.2009, 4 AZR 280/08) –, endet mit dem Betriebsübergang die normative Geltung des Firmentarifvertrags. Bei einer Einzelrechtsnachfolge geht ein Firmentarifvertrag also nicht ipso iure auf den Erwerber über (h.M., vgl. BAG 20.6.2001 NZA 2002, 517; *B. Gaul* Betriebsspaltung, S. 878; *Henssler* ZfA 1998, 517, 519; *Kania* DB 1994, 529, 534; *Schiefer/Pogge* NJW 2003, 3734, 3739; *Wieland* Firmentarifvertrag Rn. 267; a.A. *Kempen/Zachert* §3 TVG Rn. 47, 57; Däubler/*Lorenz* §3 TVG Rn. 176). Normativ wirkt der Firmentarifvertrag nur dann beim Erwerber fort, wenn er diesen übernimmt. Hierzu bedarf es eines dreiseitigen Rechtsgeschäfts zwischen Veräußerer, Erwerber und tarifschließender Gewerkschaft (BAG 26.8.2009, 4 AZR 280/08; *Gaul* Betriebsspaltung, S. 880; *Löwisch/Rieble* §1 TVG Rn. 476). Wird der Firmentarifvertrag nicht übernommen, wird er nach Maßgabe von §613a Abs. 1 S. 2–4 BGB in das Arbeitsverhältnis transformiert (s. unten Rn. 279 ff). Eine Verpflichtung zur Übernahme besteht für den Erwerber grundsätzlich nicht (s. zu einer Ausnahme BAG 11.9.1991 NZA 1992, 321).

b) Fortwirkung bei Gesamtrechtsnachfolge: Grundsätze

272 Bei einer Gesamtrechtsnachfolge tritt der Erwerber vollständig die Rechtsnachfolge des Veräußerers an. Da die Stellung als Partei eines Firmentarifvertrags – anders als die Mitgliedschaft in einem Arbeitgeberverband – nicht höchstpersönlicher Natur ist, wird der Erwerber bei einer Gesamtrechtsnachfolge automatisch Partei des Firmentarifvertrags. Im Grundsatz gilt deshalb der Firmentarifvertrag beim Erwerber normativ fort (BAG 24.6.1998 NZA 1998, 1346; BAG 4.7.2007 NZA 2008, 307; *Hromadka/Maschmann/Wallner* Tarifwechsel Rn. 237; *Löwisch/Rieble* § 3 TVG Rn. 154ff.; Däubler/*Lorenz* § 3 TVG Rn. 179; *Wieland* Firmentarifvertrag Rn. 287). Das leuchtet unmittelbar ein, wenn eine juristische Person in eine andere juristische umgewandelt wird, weil sie beim Formwechsel kraft Fiktion ihre Identität bewahrt (*Henssler* FS Schaub, S. 311, 314). In allen anderen Fällen stellen sich schwierige Fragen. Die beiden wichtigsten Fallgruppen der Gesamtrechtsnachfolge sind die **Verschmelzung** (s. Rn. 273ff.) und die **Spaltung** (s. Rn. 276ff.). Für die Fortwirkung des Tarifvertrags kommt es weiter darauf an, ob der Rechtsträger des Erwerber-Unternehmens bereits besteht – dann spricht man von „Verschmelzung zur Aufnahme", „Abspaltung zur Aufnahme" usw. – oder ob der Rechtsträger erst im Zuge der Gesamtrechtsnachfolge gegründet werden muss – dann ist von „Verschmelzung zur Neugründung", „Abspaltung zur Neugründung" usw. die Rede. Ferner spielt es eine Rolle, ob der Erwerber schon vor dem Betriebsübergang selbst an einen Verbands- oder Firmentarifvertrag gebunden war. Schließlich ist zu beachten, dass ein Firmentarifvertrag nicht für das gesamte Unternehmen des Veräußerers gelten muss, sondern seine Anwendung auf einzelne Betriebe oder Betriebsteile beschränkt sein kann – etwa auf ein nicht vom Erwerber übernommenes Werk. Wegen der Vielzahl der Varianten können im Folgenden nur einige besonders wichtige Fälle dargestellt werden.

c) Fortwirkung bei Verschmelzung

273 Wird das Unternehmen A, bei dem ein Firmentarifvertrag gilt, mit dem Unternehmen B ohne Tarifvertrag zu dem neuen Unternehmen C verschmolzen, gilt der Firmentarifvertrag auch bei C. Der bei A bestehende Firmentarifvertrag gehört zu den Verbindlichkeiten, die nach § 20 Abs. 1 UmwG kraft Gesamtrechtsnachfolge auf C übergehen. Entsprechendes gilt, wenn das Unternehmen A, bei dem ein Firmentarifvertrag gilt, auf das Unternehmen B ohne Tarifvertrag „aufgeschmolzen" wird. Da B die Gesamtrechtsnachfolge von A antritt, geht auch der Firmentarifvertrag gemäß § 20 Abs. 1 UmwG auf B über (BAG 24.6.1998 NZA 1998, 1346; BAG 4.7.2007 NZA 2008, 307, 310 m.w.N.; *Löwisch/Rieble* § 3 TVG Rn. 154; Däubler/*Lorenz* § 3 TVG Rn. 180; Wiedemann/*Oetker* § 3 TVG Rn. 154; a.A. *B. Gaul* NZA 1995, 717, 722; *Hanau* ZGR 1990, 548, 554f.; *Hanau/Vossen* FS Hilger/Stumpf, S. 271, 297). Freilich gilt der Firmentarifvertrag nur für die ursprünglich bei A beschäftigten Arbeitnehmer, weil er nach sei-

nem Geltungsbereich ursprünglich nur für diese abgeschlossen war. Galt der Firmentarifvertrag nur für bestimmte Betriebe von A, endet die normative Fortwirkung bei B dann, wenn sich B entschließt, die von A übernommenen Betriebe auch organisatorisch in die bei B bestehenden Betriebe einzugliedern. Da die Betriebe ihre Selbständigkeit verlieren, endet auch die normative Fortwirkung des Firmentarifvertrags. Damit gelangt § 613a Abs. 1 Satz 2–4 BGB als Auffanglösung zur Anwendung, nach dessen Maßgabe der Firmentarifvertrag zum Inhalt des Arbeitsvertrags wird.

274 Ist B allerdings selbst an einen Verbands- oder Firmentarifvertrag gebunden, wird die Lage komplizierter. Vergleichsweise einfach zu lösen ist der Fall, wenn A zwar auf B verschmolzen wird, die jeweils bei A und B bestehenden Betriebe aber auch nach der Verschmelzung erhalten bleiben.

Beispiel: Die A-GmbH (mit Firmentarifvertrag A) hat Betriebe in München und Nürnberg, die B-GmbH (mit Verbands- oder Firmentarifvertrag) hat Betriebe in Stuttgart und Mannheim. Durch die Verschmelzung der A-GmbH auf die B-GmbH gelten in allen Betrieben die bisherigen Tarifverträge normativ fort. § 613a BGB kommt als „Auffangregelung" deshalb nicht zur Anwendung (h. M. WHSS/*Hohenstatt* E Rn. 102 m. w. N.).

275 Die Schwierigkeiten beginnen, wenn die Betriebe von A auch betriebsorganisatorisch in die von B eingegliedert werden. Manche Autoren befürworten auch für diesen Fall die normative Fortwirkung des Firmentarifvertrags von A, zumindest für die ursprünglich bei A Beschäftigten (Däubler/*Lorenz* § 3 TVG Rn. 182). Das widerspricht jedoch dem Grundsatz der Tarifeinheit im Betrieb. Richtigerweise endet die normative Fortwirkung des Firmentarifvertrags, und es kommt zur Transformation der Tarifnormen in das Arbeitsverhältnis nach § 613a Abs. 1 Satz 2 BGB.

d) Fortwirkung bei Spaltung

276 Die Spaltung eines Rechtsträgers kann gemäß § 123 UmwG als Aufspaltung, Abspaltung oder Ausgliederung erfolgen (s. oben Rn. 90 ff.). Bei einer Aufspaltung wird der übertragende Rechtsträger (A) aufgelöst und auf mindestens zwei Rechtsträger (A1 und A2) übertragen, die bereits bestehen können oder erst zu gründen sind. Mit der Auflösung des übertragenden Rechtsträgers (A) endet dessen Tarifbindung (statt aller Wiedemann/*Oetker* § 3 TVG Rn. 155). Streitig ist, ob sämtliche aus der Aufspaltung hervorgegangenen Rechtsträger (A1 und A2) normativ an den beim übertragenden Rechtsträger (A) geltenden Firmentarifvertrag gebunden sind (so *Bachner/Köstler/Trittin/Trümner* Unternehmensumwandlung, S. 117; *Däubler* RdA 1995, 136, 140; *Kempen/Zachert* § 3 TVG Rn. 57; Däubler/*Lorenz* § 3 TVG Rn. 185; *Wellenhofer-Klein* ZfA 1999, 239, 262). Dafür spricht die Natur der Gesamtrechtsnachfolge, die an sich auch zum Eintritt in die Stellung als Partei eines Firmentarifvertrags führt (so *Gaul* Betriebsspaltung, S. 881 für die Spaltung durch Neugründung). Allerdings würde der bei A geltende Tarifvertrag damit seinen Charakter als „Firmentarifvertrag" verlieren, da er nach der Spaltung von A sämtliche Unternehmen tariflich bindet, die Rechtsnachfolger von A sind (A1 und A2). Damit entstünde –

wenn nicht ein „mehrgliedriger Tarifvertrag“ (Wiedemann/*Oetker* § 3 TVG Rn. 159) – so doch eine „Mehrzahl“ neuer Tarifverträge. Eine solche „Zersplitterung“ wird mit Recht von der Gegenmeinung abgelehnt (*Boecken* Unternehmensumwandlungen Rn. 207; *Löwisch/Rieble* § 2 TVG Rn. 155; Wiedemann/*Oetker* § 3 TVG Rn. 156). Richtigerweise werden diejenigen Rechtsträger, die nach einer Aufspaltung an den Firmentarifvertrag gebunden sein sollen, bereits im Spaltungs- und Übernahmevertrag bzw. im Spaltungsplan nach § 126 Abs. 1 Nr. 9 UmwG festgelegt (*B. Gaul* Betriebsspaltung, S. 884; *Löwisch/Rieble* § 2 TVG Rn. 155). Eine solche Bestimmung gehört zur „Spaltungswillkür“ der beteiligten Rechtsträger (*Rieble* Anm. zu BAG EzA § 20 UmwG Nr. 1). Wurde vereinbart, dass in einem bestimmten Rechtsträger nach der Spaltung der Firmentarifvertrag nicht normativ fortgilt, bleibt als Notnagel die Überführung des Firmentarifvertrags in das Arbeitsverhältnis nach § 613a Abs. 1 Satz 2–4 BGB.

277 Kopfzerbrechen bereitet die normative Fortwirkung des Firmentarifvertrags, wenn nach der Spaltung im aufnehmenden Unternehmen bereits ein Verbands- oder Firmentarifvertrag gilt. Das Problem ist nach den oben dargestellten Grundsätzen zu lösen. Solange die Unternehmensspaltung keine Änderung der Organisationsstruktur der Betriebe mit sich bringt, bleibt alles beim Alten.

278 **Beispiel:** Die A-GmbH (mit Firmentarifvertrag A) hat Betriebe in München und Nürnberg. Sie wird aufgespalten und danach auf die A1-GmbH (mit Firmentarifvertrag A1) und auf die A2-GmbH (mit Verbandstarifvertrag) „aufgeschmolzen“, die beide nach dem Spaltungsplan an den Firmentarifvertrag A gebunden sein sollen. Die A1-GmbH hat einen Betrieb in Stuttgart, die A2-GmbH einen Betrieb in Mannheim. Durch die Aufschmelzung der A-GmbH auf die A1-GmbH und die A2-GmbH gelten in allen Betrieben die bisherigen Tarifverträge normativ fort. § 613a BGB kommt als „Auffangregelung“ deshalb nicht zur Anwendung. Werden die Betriebe von A auch betriebsorganisatorisch in die von A1 und A2 eingegliedert, endet die normative Fortwirkung des Firmentarifvertrags von A, da sie dem Grundsatz der Tarifeinheit im Betrieb widerspricht (wie hier *B. Gaul* Betriebsspaltung, S. 883; a. A. Däubler/*Lorenz* § 3 TVG Rn. 188). Es kommt zur Überführung des Firmentarifvertrags in das Arbeitsverhältnis nach § 613a Abs. 1 Satz 2 BGB.

III. Überführung normativ geltender Tarifbestimmungen in das Arbeitsverhältnis

1. Grundsätze

a) Inhalt und Zweck der Überführung

279 Ist der Erwerber nicht an den beim Veräußerer geltenden Tarifvertrag gebunden, verlieren die bisherigen Tarifnormen ihre Wirkung. Um das zu vermeiden, ordnet § 613a Abs. 1 Satz 2 BGB an, dass Rechte und Pflichten, die durch Rechtsnormen eines für Arbeitgeber und Arbeitnehmer verbindlichen Tarifvertrags geregelt sind, **zum Inhalt des Arbeitsverhältnisses werden** und vor **Ablauf eines Jahres** nach dem Zeitpunkt des Betriebsübergangs **nicht zum Nachteil des Arbeitnehmers geändert werden dürfen.** Der durch die Überführung bewirkte Inhaltsschutz ist jedoch beschränkt. Denn zu einer Überführung kommt es nicht, wenn die Rechte und Pflichten beim Erwerber durch Rechtsnormen eines anderen Tarifvertrags geregelt werden (§ 613a Abs. 1 Satz 3 BGB). In diesem Fall bewirkt der beim Erwerber geltende Tarifvertrag den nötigen Schutz. Dass dieser allein gilt, vermeidet ein „Tarif-Wirrwarr", zu dem es käme, wenn auch noch der alte Tarifvertrag gölte. Überdies können Erwerber und Arbeitnehmer vor Ablauf der Jahresfrist andere als die bisherigen Tarifbedingungen vereinbaren, wenn der bisherige Tarifvertrag nicht mehr gilt oder wenn ein neuer Tarifvertrag einschlägig ist, der aber nicht normativ gilt, weil die Arbeitsvertragsparteien (noch) nicht an ihn gebunden sind (§ 613a Abs. 1 Satz 4 BGB).

b) Rechtsnatur der überführten Tarifnomen

280 Der Gesetzgeber hat den Charakter der transformierten Normen nicht eindeutig festgelegt. Er hat nur bestimmt, dass die ursprünglich normativ geltenden Tarifregelungen Inhalt des Arbeitsverhältnisses werden. Die Art und Weise der Fortwirkung sind jedoch umstritten. Der Streit ist nicht rein akademischer Natur, sondern führt in der Praxis zu erheblichen Unterschieden.

281 aa) **Arbeitsvertragliche Fortwirkung.** Die bislang h. M. hat angenommen, dass die Tarifnormen in den Arbeitsvertrag überführt werden und nicht mehr als normative, sondern als vertragliche Bedingungen weitergelten (BAG 29. 8. 2001 NZA 2002, 513 m. w. N.; MünchKomm/*Müller-Glöge* § 613a BGB Rn. 131; Wiedemann/*Oetker* § 3 TVG Rn. 229; ErfK/*Preis* § 613a BGB Rn. 112). Sie wirken dann nicht mehr wie ein Gesetz auf das Arbeitsverhältnis ein, sondern werden zu Bestandteilen des Arbeitsvertrags, so als hätten sie Erwerber und Arbeitnehmer miteinander vereinbart. Die Überführung in den Arbeitsvertrag ersetzt die Bindung des Erwerbers an den bisherigen Tarifvertrag. Sie ist verzichtbar, weil der Erwerber so in den Arbeitsvertrag eintritt, wie er ihn beim Betriebsübergang vorfindet, d. h. mit den in ihn überführten Tarifnormen. Dass die Tarifnormen nicht mehr von außen auf das Arbeitsverhältnis einwirken, sondern Teil des Arbeitsvertrags werden, bewirkt zweierlei: Sie können nur durch Vereinbarung zwischen Erwerber und Arbeitnehmer geändert werden. Und, wichtiger: Ändert sich der Tarifvertrag nach dem Betriebsübergang, bleibt das für den Arbeitsvertrag – und für die in diesen überführten Tarifnormen – folgenlos; **die bisherigen Tarifbedingungen gelten nur noch „statisch" und nicht mehr „dynamisch"**, d. h. nicht mehr in ihrer jeweiligen Fassung, sondern nur noch in der zur Zeit des Betriebsübergangs gültigen. Sie werden also „eingefroren". Ein Anspruch auf Teilhabe an der dynamischen Fortentwicklung der Tarifregelung oder eine dynamische Verweisung widerspräche dem Zweck der Norm. § 613a Abs. 1 Satz 2 BGB soll dem Arbeitnehmer beim Betriebsübergang die bisherigen Arbeitsbedingungen („Rechte und Pflichten") erhalten. Zu dieser „Besitzstandswahrung" genügt die statische Weitergeltung der Tarifnormen.

Folgerichtig schreibt § 613a Abs. 1 Satz 2 BGB nicht die Fortwirkung der Tarifnorm als einer auf das Arbeitsverhältnis einwirkenden Bestimmung vor, sondern den Eingang des Regelungsgehalts in das Arbeitsverhältnis (BAG 13. 11. 1985 NZA 1986, 422). Eine dynamische Fortwirkung würde zudem mit der negativen Koalitionsfreiheit des (tarifungebundenen) Erwerbers kollidieren, der nämlich an künftige Tarifentwicklungen in den kraft Betriebsübergangs übergegangenen Arbeitsverhältnissen gebunden wäre, ohne sich von dieser faktisch zwingenden Wirkung künftiger Tarifentwicklungen durch Verbandsaustritt lösen zu können (vgl. BAG 19. 9. 2007 NZA 2008, 241, 243 m. w. N.). Eine solche Rechtsfolge wäre auch gemeinschaftsrechtlich bedenklich. Der EuGH hat in der Rechtssache *Werhof* (EuGH 9. 3. 2006 NZA 2006, 376) deutlich gemacht, dass die Betriebsübergangsrichtlinie keine Bindung des Erwerbers an Kollektivverträge verlangt, die dem zum Zeitpunkt des Betriebsübergangs geltenden nachfolgen. Im Gegenteil würde eine derart verlängerte Tarifgebundenheit sogar einen Verstoß gegen die in Art. 11 EMRK geschützte Vereinigungsfreiheit bedeuten. Das gelte auch dann, wenn der Tarifvertrag nur arbeitsvertraglich in Bezug genommen worden sei (EuGH a. a. O.).

282 **bb) Kollektivrechtliche Fortwirkung.** Seit seiner Entscheidung vom 22. 4. 2009 geht das BAG (NZA 2010, 41, 46 ff.) mit einer Mindermeinung in der Literatur (Staudinger/*Annuß* § 613a BGB Rn. 249 f.; *Schliemann* NZA 2003 Sonderbeil. zu H. 16, S. 3, 11; HWK/*Willemsen*/*Müller-Bonanni* § 613a BGB Rn. 247) davon aus, dass die nach § 613a Abs. 1 Satz 2 BGB transformierten Normen auch beim Erwerber ihren kollektivrechtlichen Charakter beibehalten. Der Erwerber sei an die transformierten Regelungen in einer Weise gebunden, die der Nachbindung des aus einem tarifschließenden Arbeitgeberverband ausgetretenen Arbeitgebers gemäß § 3 Abs. 3 TVG entspreche, allerdings zeitlich begrenzt auf eine Höchstdauer von einem Jahr. Das BAG begründet seine Ansicht zunächst mit dem Wortlaut der Norm (BAG a. a. O. Tz. 62). § 613a Abs. 1 Satz 2 BGB ordne die Überführung der Tarifnormen „*in das Arbeitsverhältnis*" an, und *nicht* – wie die h. M. fälschlich annehme – *in den Arbeitsvertrag*. Überdies würde die arbeitsvertragliche Fortwirkung der bisherigen Tarifnormen zu Wertungswidersprüchen führen. Nicht zu erklären sei mit dem arbeitsvertraglichen Ansatz, weshalb die überführten Tarifnormen jederzeit durch einen beim Erwerber geltenden Tarifvertrag abgelöst und sogar verschlechtert werden könnten (vgl. § 613a Abs. 1 Satz 3 BGB), obwohl zwischen tariflichen und arbeitsvertraglichen Regelungen das Günstigkeitsprinzip gelte (§ 4 Abs. 3 TVG). Zwanglos begründen lasse sich dies nur, wenn man von einer kollektivrechtlichen Fortwirkung des bisherigen Tarifvertrags ausgehe, weil zwischen einem alten und einem neuen Tarifvertrag nicht das Günstigkeits-, sondern das Ablöseprinzip gelte (BAG a. a. O. Tz. 64). Mit der kollektivrechtlichen Fortwirkung sei auch die jederzeitige Ablösung durch eine für Arbeitnehmer günstigere Vereinbarung besser erklärbar; hierin zeige sich der Charakter von Tarifnormen, die als kollektivrechtliche Mindestarbeitsbedingungen durch eine Individualvereinbarung nur verbessert, aber nicht verschlechtert werden dürften (BAG a. a. O. Tz. 63). Auch die Betriebsübergangs-Richtlinie 2001/23/EG weise auf die kollektiv-rechtliche Struktur der transformierten Normen und die für die Wirkungsweise heranzuziehende Analogie zur Nachbindung hin. Danach sei der Erwerber verpflichtet, die in einem Kollektivvertrag vereinbarten Arbeitsbedingungen bis zur Kündigung oder zum Ablauf des Kollektivvertrags bzw. bis zum Inkrafttreten oder bis zur Anwendung eines anderen Kollektivvertrags in dem gleichen Maße aufrecht zu erhalten, wie sie in dem Kollektivvertrag für den Veräußerer vorgesehen waren (BAG a.a.O. Tz. 77). Schließlich verlangten auch der Sinn und Zweck der Überführung die kollektivrechtliche Fortwirkung der Tarifnormen. Ziel sei die Verhinderung einer unzulässigen Tarifflucht (BAG a.a.O. Tz. 68). Wenn der bloße Austritt des Arbeitgebers aus dem Arbeitgeberverband wegen § 3 Abs. 3 TVG noch nicht die Tarifbindung entfallen lasse, dürfe im Ergebnis nichts anderes gelten, wenn ein Betrieb auf einen nicht tarifgebundenen Erwerber übertragen werde. Dem Erwerber geschehe kein Unrecht, weil er sich vor dem Erwerb eines Betriebs über die beim Veräußerer geltenden Tarifverträge informieren und ggf. vom Erwerb Abstand nehmen könne.

283 Der „Kurswechsel" des BAG überzeugt nicht. Zuzugeben ist, dass sich der Gesetzgeber in der Tat kaum Gedanken über die dogmatische Konstruktion seiner Überführungslösung gemacht hat. Nur so ist es zu erklären, dass es in § 613a Abs. 1 Satz 2 BGB „Arbeitsverhältnis" statt – richtig – „Arbeitsvertrag" heißt. Eine Überführung in das Arbeitsverhältnis macht keinen Sinn, weil dieses nur die Gesamtheit aller Rechte und Pflichten aus dem zwischen den Arbeitsvertragsparteien bestehenden Dauerschuldverhältnis bezeichnet. Hätte der Gesetzgeber die vom BAG vertretene kollektivrechtliche Fortwirkung gewollt, hätte es näher gelegen, diese – so wie in § 3 Abs. 3 TVG geschehen – ausdrücklich anzuordnen. Das Schweigen des Gesetzgebers ist jedoch beredt: Eine kollektivrechtliche Fortwirkung war gerade nicht gewollt, insbesondere nicht die vom BAG propagierte „dynamische" Weitergeltung, zu der es zuweilen kommen kann (s. Rn. 287) und die besonders misslich ist, wenn sie der Erwerber nicht beeinflussen kann. Sie ist auch gar nicht zu dem von der Norm intendierten Inhaltsschutz erforderlich, weil hierzu eine statische Fortgeltung ausgereicht hätte. Da das BAG seine Rechtsansicht sorgfältig begründet und in zwei Folgeentscheidungen (BAG 26. 8. 2009, 5 AZR 969/08; BAG 26. 8. 2009, 4 AZR 280/08) noch einmal bekräftigt hat, muss sich die Praxis darauf einstellen, zumal sich auch erste Stimmen im Schrifttum dieser Meinung angeschlossen haben (*Hohenstatt* NZA 2010, 23).

c) Konsequenzen der kollektiv-rechtlichen Fortwirkung

284 aa) **Grundsatz.** Im Ergebnis wird der Erwerber nach der Lösung des BAG wie ein tarifgebundener Arbeitgeber nach Verlassen seines Verbandes gestellt. Für diesen ordnet § 3 Abs. 3 TVG die verlängerte Tarifgebundenheit bis zum Ende des Tarifvertrags an. Allerdings ist die Weiterbindung an die Tarifnormen des Veräußererbetriebs auf ein Jahr befristet. Dann wird gleichsam das Ende des Tarifvertrags i. S. von § 3 Abs. 3 TVG fingiert; die bisher zwingend geltenden Normen sind im Grundfall nunmehr auch zu Lasten des Arbeitnehmers abänderbar. Dies entspricht dem Regelungsmechanismus, wie er nach Eintritt der Nachwirkung gem. § 4 Abs. 5 TVG auch beim Veräußerer nach dem Ende des Tarifvertrags gölte (BAG 22.4. 2009 NZA 2010, 41 Tz. 70).

285 **bb) Lösung weiterer Fallgestaltungen.** Bei der vom BAG geforderten Parallelwertung mit dem Fall eines Austritts aus dem Arbeitgeberverband lassen sich die folgenden Fälle konsistent lösen:

- Endet der Tarifvertrag – etwa wegen Fristablaufs – im Veräußererbetrieb bereits vor Ablauf der Jahresfrist, so endet seine zwingende Wirkung auch im Erwerberbetrieb. Diese ausdrücklich in § 613a Abs. 1 S. 4 Alt. 1 BGB angeordnete Rechtsfolge entspricht der Rechtslage beim Verbandsaustritt, wenn der Tarifvertrag beendet ist, wo es zur Nachwirkung des Verbandstarifvertrags nach § 4 Abs. 5 TVG kommt. Dementsprechend endet beim Betriebsübergang die Sperrfrist für die Abänderung, und die bisher zwingend geltenden transformierten Normen sind auch im Erwerberbetrieb nunmehr einer einvernehmlichen Änderung zugänglich.
- War der Tarifvertrag zum Zeitpunkt des Betriebsübergangs bereits gekündigt, endet die zwingende Wirkung der transformierten Normen bereits mit dem Ende des Tarifvertrags, wenn dieses innerhalb der Jahresfrist eintritt (MünchKomm/*Müller-Glöge* § 613a BGB Rn. 137; *Preis/Steffan* FS Kraft, S. 477, 484; *Schliemann* NZA 2003; Beil. H. 16, 1, 12).
- Waren die Tarifnormen bereits beim Veräußerer in der Nachwirkung, gehen sie in diesem Status als transformierte Normen auf den Erwerber über (BAG 27.11.1991 NZA 1992, 800). Auch hier gilt jedoch die Parallelwertung: so wie nachwirkende Normen im Veräußererbetrieb jederzeit durch eine Vereinbarung der Arbeitsvertragsparteien geändert werden können, ist dies vom ersten Tage an auch im Erwerberbetrieb möglich.
- Waren die Tarifnormen bereits beim Veräußerer vertragsdispositiv, geht diese Tarifdispositivität auch auf den Erwerber über, mit der Folge, dass dieser sogleich einzelvertraglich Abweichendes vereinbaren darf (Staudinger/*Annuß* § 613a BGB Rn. 266; ErfK/*Preis* § 613a BGB Rn. 119).
- War die Nachwirkung des transformierten Tarifvertrags von vorneherein ausgeschlossen, bewirkt das Ende dieses Tarifvertrags beim Veräußerer nicht den Eintritt der Abänderbarkeit der Normen, sondern deren ersatzlosen Wegfall. Sie gelten dann nicht mehr in den übergegangenen Arbeitsverhältnissen (Staudinger/*Annuß* § 613a BGB Rn. 286; HWK/*Willemsen/Müller-Bonanni* § 613a Rn. 263b). An die Stelle der bisher tariflich geregelten treten die sonst einzelvertraglich vereinbarten oder auf einer betrieblichen Übung beruhenden, u. U. auch für den Arbeitnehmer ungünstigeren Arbeitsbedingungen.

286 **cc) Statische oder dynamische Fortwirkung?** Für den aus dem Verband ausgetretenen Arbeitgeber endet die Nachbindung des § 3 Abs. 3 TVG auch dann, wenn der Tarifvertrag nach seinem Austritt geändert wird, da er sonst ohne mitgliedschaftliche Legitimation der Normsetzungsmacht der Tarifvertragsparteien unterworfen wäre (h. M., statt aller Wiedemann/*Oetker* § 3 TVG

Rn. 95 ff.). Entsprechendes muss dann auch beim Übergang des Betriebs auf einen nicht tarifgebundenen Erwerber gelten (BAG 22. 4. 2009 NZA 2010, 41, LS 1 und Tz. 83). **Eine Änderung des Tarifvertrags nach einem Betriebsübergang hat also für die auf den Erwerber übergegangenen Arbeitsverhältnisse keine Auswirkungen** (BAG 4. 8. 1999 NZA 2000, 154). Folglich partizipieren die Arbeitnehmer auch nicht mehr an späteren Tariflohnerhöhungen, soweit diese auf neuen Tarifabschlüssen beruhen (BAG 19. 9. 2007 NZA 2008, 241). Ihre Arbeitsbedingungen werden auf den beim Betriebsübergang gültigen Stand „eingefroren" (Däubler/*Lorenz* § 3 TVG Rn. 198).

287 **Ist allerdings in der (statisch) fortwirkenden Norm selbst eine Dynamik angelegt, soll diese auch nach dem Betriebsübergang erhalten bleiben** (BAG 19. 9. 2007 NZA 2008, 241; BAG 14. 11. 2007 NZA 2008, 420, 421; BAG 22. 4. 2009 NZA 2010, 41, Tz. 84). Sehen die in den Arbeitsvertrag überführten Tarifnormen bereits vor dem Übergang Abschmelzungen oder Erhöhungen vor, die erst in der Zukunft wirksam werden sollen, gehen auch sie mit diesem Inhalt auf den Erwerber über. Der Erwerber ist an diese Dynamik gebunden, weil die Änderungen auch beim Veräußerer auf Grund bloßen Zeitablaufs wirksam werden würden, und zwar selbst dann, wenn dieser bereits den Verband verlassen hätte, weil ihre Geltung durch seine frühere Mitgliedschaft im Verband legitimiert war (str.; BAG 22. 4. 2009 NZA 2010, 41 LS 1; BAG 26. 8. 2009, 4 AZR 280/07; Staudinger/*Annuß* § 613a BGB Rn. 266; *Bepler* RdA 2009, 65, 67; Erman/*Edenfeld* § 613a BGB Rn. 81; *Lambrich* FS Ehmann, S. 169, 193f.; a. A. WHSS/*Hohenstatt* E Rn. 127; MünchKomm/*Müller-Glöge* § 613a BGB Rn. 134).

288 **Beispiele:** Sieht ein Entgelttarif bereits bei seinem Abschluss **drei zeitlich gestaffelte Tariflohnerhöhungen** vor, ist der Erwerber an sämtliche Steigerungen gebunden, auch wenn sie erst nach dem Betriebsübergang wirksam werden (BAG 19. 9. 2007 NZA 2008, 241). Enthält ein Tarifvertrag ein **Entgeltfindungssystem, das am Dienst- oder Lebensalter orientierte Steigerungen vorsieht,** nimmt ein Arbeitnehmer auch nach einem Betriebsübergang an einem Aufstieg in den Lebensaltersstufen seiner Vergütungsgruppe teil, die in dem beim Betriebsübergang geltenden Tarifvertrag vorgesehen ist (BAG 14. 11. 2007 NZA 2008, 420, 421). Auch hier gibt es keinen Grund, die in das Arbeitsverhältnis transformierten bisherigen Kollektivnormen anders zu behandeln als individuell vereinbarte Stufensteigerungen. Verspricht ein **Tarifvertrag** bei einer bestimmten Betriebszugehörigkeit eine **Treueprämie,** ist diese auch von einem tarifungebundenen Erwerber zu gewähren, wenn die für den Erhalt der Prämie notwendige Dauer der Betriebszugehörigkeit erst nach dem Betriebsübergang beim Erwerber erreicht wird (*Bepler* RdA 2009, 65, 68). Freilich kann der Erwerber für eine in seinem Betrieb bereits bestehende Jubiläumsgeldregelung bestimmen, dass nur die bei ihm selbst zurückgelegten Zeiten einer Betriebszugehörigkeit zu berücksichtigen sind (BAG 26. 9. 2007 DB 2008, 44).

289 Ein „Einfrieren" einer in einer Tarifnorm angelegten Dynamik kommt dagegen in Betracht, wenn der Tarifvertrag die Umsetzung dieser Dynamik von einer weiteren außervertraglichen dynamischen Komponente abhängig macht, so dass es nicht ausschließlich auf den Zeitablauf ankommt (BAG 17. 5. 2000 NZA 2001, 453; BAG 19. 9. 2007 NZA 2008, 241, 243).

Beispiel: Ein Flächentarifvertrag in Ostdeutschland sieht eine automatische Anpassung an einen Flächentarifvertrag in Westdeutschland für den Fall vor, dass dieser geändert wird. Hier hängt die Dynamik nicht allein vom Zeitablauf, sondern davon ab, ob die Tarifvertragsparteien in Westdeutschland tatsächlich einen neuen **Tarifvertrag** vereinbaren (BAG 17.5.2000 NZA 2001, 453, 456). Für den nicht tarifgebundenen Erwerber gelten die erst nach dem Betriebsübergang vereinbarten Tariflohnsteigerungen daher nicht mehr. Dasselbe soll für eine dynamische Verweisung in einem Firmentarifvertrag des Veräußerers auf den einschlägigen Verbandstarifvertrag gelten. An diesen ist der nicht tarifgebundene Erwerber nur in der Fassung zum Zeitpunkt des Betriebsübergangs gebunden. An der Weiterentwicklung der Tarifverträge nehmen die Arbeitsverhältnisse nicht mehr teil (BAG 26.8.2009, 5 AZR 969/08 Tz.22 m.w.N.). Das wäre nur dann anders, wenn das bisherige Verhalten des Veräußerers deutliche Anhaltspunkte dafür gegeben hätte, dass er auf Dauer die von den Tarifvertragsparteien ausgehandelten Tariflohnerhöhungen übernehmen wollte. Die wiederholte Zahlung bestimmter ERA-Strukturkomponenten der Tarifverträge der Metallindustrie begründet für sich allein noch keine betriebliche Übung (BAG a.a.O.). Der Erwerber ist selbst dann nicht zur Einführung von ERA verpflichtet, wenn der Firmentarifvertrag des Veräußerers dynamisch auf die Tarifverträge der Metallindustrie, und damit auch die ERA-Tarifverträge verweist (BAG a.a.O.). **290**

dd) Erhalt der Dynamik des Tarifwerks durch Regelungen im Übernahmevertrag. **291** Entfällt nach einem Betriebsübergang die dynamische Fortwirkung eines beim Veräußerer gültigen Tarifvertrags, kann sich der Erwerber im Übernahmevertrag verpflichten, den Tarifvertrag bei sich dynamisch anzuwenden. Fraglich ist dann, ob der Übernahmevertrag insoweit auch eigene Ansprüche der Arbeitnehmer begründen soll und damit als echter Vertrag zugunsten Dritter zu gelten hat. Das ist durch Auslegung des jeweiligen Übernahmevertrags zu ermitteln (BAG 20.4.2005 NZA 2006, 281). Entscheidend ist, ob nach dem objektiven Empfängerhorizont entsprechende Forderungsrechte begründet werden sollen oder ob es sich um schlichte Wissenserklärungen handelt (*Hohenstatt/Schramm* NZA 2006, 251, 252; *C. Meyer* SAE 2007, 9). Letzteres wird man regelmäßig bei den Unterrichtungsschreiben nach § 613a Abs. 5 BGB anzunehmen haben. Handelt es sich dagegen um eine Erklärung, die nach Verhandlungen unter Einschaltung der Arbeitnehmervertretung erfolgt ist, dürfte die Annahme einer direkten Verbindlichkeit gegenüber den Arbeitnehmern naheliegen (*Bepler* RdA 2009, 69). Das gilt erst recht, wenn den Arbeitnehmern im Übernahmevertrag ein Wahlrecht zwischen der bisherigen Tarifanwendung und der an sich für den Erwerber gültigen zugestanden wird und der Erwerber nach dem Betriebsübergang zunächst die Tariflohnerhöhungen ohne jeglichen Vorbehalt weitergibt (BAG 20.4.2005 NZA 2006, 281; *Hohenstatt/Schramm* NZA 2006, 251, 252). Freilich besteht mit der Zusicherung der dynamischen Anwendbarkeit der Vergütungstarifverträge die Gefahr, dass sich die tariflichen Regelungen nach dem Betriebsübergang verschlechtern können. Der den Arbeitnehmern unmittelbar Ansprüche einräumende Übernahmevertrag wäre dann ein unzulässiger Vertrag zu Lasten Dritter (BAG 16.2. 2000 NZA 2001, 331). Um dies zu verhindern, muss dem Arbeitnehmer ein Abwahlrecht eingeräumt werden (BAG 20.4.2005 NZA 2006, 281, 283). Wollen Veräußerer und Erwerber drittbegünstigende Ansprüche vermeiden, empfehlen sich entsprechende Formulierungen.

Beispiele: „Die Parteien gehen von der Anwendbarkeit von § 613a BGB aus" oder „Der Erwerber wird gemäß § 613a Abs. 2 Satz 2 BGB den BAT-Kommunal in der Fassung vom ... anwenden" (*Hohenstatt/Schramm* NZA 2006, 251, 252).

292 Soll der Übernahmevertrag unmittelbare Ansprüche begründen, empfiehlt es sich, Widerrufsvorbehalte vorzusehen, falls sich der Erwerber von diesen Verpflichtungen befreien will. Wegen der Unmittelbarkeit der Ansprüche wird man die für Widerrufsvorbehalte in Arbeitsverträgen geltenden Voraussetzungen (BAG 30.7. 2008 NZA 2008, 1173, BAG 10. 12. 2008 NZA 2009, 258) entsprechend anzuwenden haben (a. A. *Hohenstatt/Schramm* NZA 2006, 251, 252). Wurde die Regelung im Übernahmevertrag durch Androhung eines ansonsten massenhaft erklärten Widerspruchs der Arbeitnehmer gegen den Übergang ihrer Arbeitsverhältnisse auf den Erwerber erzwungen, kommt eine Anfechtung nach § 123 BGB in Betracht (*Meyer* SAE 2007, 9; a. A. *Bepler* RdA 2009, 69, der meint, ein kollektiv erklärter Widerspruch sei zumindest dann nicht rechtsmissbräuchlich, wenn damit nur der Status Quo der beim Veräußerer geltenden Regelungen erhalten werden soll).

d) Fortwirkung nur von Inhaltsnormen

293 § 613a Abs. 1 Satz 2 BGB beschränkt die Transformation auf Tarifnormen, die Rechte und Pflichten der Arbeitsvertragsparteien bestimmen. Schuldrechtliche Vereinbarungen, die die Tarifvertragsparteien untereinander getroffen haben, werden hiervon nicht erfasst (MünchKomm/*Müller-Glöge* § 613a BGB Rn. 135 m. w. N.; Wiedemann/*Oetker* § 3 TVG Rn. 243). Bei den in das Arbeitsverhältnis überführten Bestimmungen wird es sich in erster Linie um die sog. Inhaltsnormen handeln, die den Inhalt und die Beendigung des Arbeitsverhältnisses regeln (Staudinger/*Annuß* § 613a BGB Rn. 263 m. w. N.). Dagegen betreffen „Abschlussnormen" und „betriebsverfassungsrechtliche Normen" nicht unmittelbar Pflichten aus bereits konkret bestehenden, einzelnen Arbeitsverhältnissen, so dass eine Transformation grundsätzlich nicht in Betracht kommt (WHSS/*Hohenstatt* E Rn. 124). „Betriebsnormen" werden nur dann überführt, wenn sie zugleich den Inhalt der Arbeitsverhältnisse gestalten und ihnen damit die Wirkung von Inhaltsnormen zukommt (*Hanau/Vossen* FS Hilger/Stumpf, S. 291; MünchKomm/*Müller-Glöge* § 613a BGB Rn. 135). Das können beispielsweise betriebseinheitlich geltende Regelungen über die Altersteilzeit oder den Vorruhestand sein (WHSS/*Hohenstatt* E Rn. 124).

e) Bindung an mehrere Tarifverträge

294 **aa) Grundsatz.** Waren die Rechte und Pflichten beim Veräußerer in mehreren Tarifverträgen geregelt, so geht der Gesamtbestand der Tarifnormen auf das mit dem Erwerber fortbestehende Arbeitsverhältnis über (BAG 22. 4. 2009 NZA 2010, 41, LS 1 und Tz. 83). Auch dies entspricht der Wirkungsweise der Nachbindung gem. § 3 Abs. 3 TVG. Dabei wird die beim Veräußerer bestehende „Tariflage" nicht nur dann in das Arbeitsverhältnis transformiert, wenn die verschiedenen Tarifverträge voneinander abgrenzbare Regelungsbereiche erfassen (Entgelt-, Mantel-, Altersteilzeit-, Beschäftigungssicherungs-TV usw.), sondern auch, wenn sich deren Regelungsbereiche überschneiden. Auch das weitere Schicksal der Tarifverträge ist für die Übertragungslösung von Belang. Der Erwerber ist so lange an sie gebunden, wie diese – jeweils – gelten. Wird etwa der Entgelttarifvertrag geändert, der Manteltarifvertrag jedoch nicht, endet die Nachbindung des ausgetretenen Arbeitgebers an den Entgelttarifvertrag. Hinsichtlich des Manteltarifvertrags bleibt es bis zu dessen Änderung oder Beendigung bei der zwingenden und unmittelbaren Wirkung (Wiedemann/*Oetker* § 3 TVG Rn. 84). Nichts anderes gilt für den nicht tarifgebundenen Erwerber.

bb) Fortgeltung von Sanierungstarifverträgen. Die Transformation einer gesamten „Tariflage" bedarf bei Sanierungsverträgen sorgfältiger Beachtung. Durch diese werden die Bestimmungen eines Verbandstarifvertrags durch nur für den Veräußerer geltende Regelungen modifiziert. Das kann durch einen Firmenvertrag oder einen firmenbezogenen Verbandstarifvertrag geschehen. In beiden Fällen geht die gesamte „Tariflage" auf den Erwerber über. Die Verbandstarifverträge werden durch einen Sanierungstarifvertrag aber nur verdrängt und nicht abgelöst. Endet der Sanierungstarif ohne Nachwirkung, gelten die bis dahin nur überlagerten Normen des unverändert fortbestehenden Manteltarifvertrags (BAG 22. 4. 2009 NZA 2010, 41 Tz. 87 ff.). Das gilt sowohl dann, wenn ein Arbeitgeber aus dem Verband austritt – beide Tarifverträge sind durch bei ihrem jeweiligen Abschluss noch bestehende Mitgliedschaft des Arbeitgebers im Verband legitimiert, so dass die Anwendung von § 3 Abs. 3 TVG gerechtfertigt ist –, als auch bei der Übertragung des Betriebs auf einen nicht tarifgebundenen Erwerber. **295**

Keine Rolle spielt, weshalb der Sanierungstarif – nachwirkungslos – beendet wurde. Ein bloßer Fristablauf kommt dabei ebenso in Betracht wie eine Kündigung durch den tarifschließenden Arbeitgeberverband oder die zuständige Gewerkschaft (BAG a. a. O. Tz. 91). Die **Kündigung eines firmenbezogenen Verbandstarifvertrags muss gegenüber dem tarifschließenden Verband, die eines Firmentarifvertrags gegenüber dem Veräußerer erfolgen,** weil nur er und nicht der Erwerber Vertragspartei ist, jedenfalls dann nicht, wenn dieser den Vertrag nicht übernommen hat (s. Rn. 271). Dass es aufgrund der Betriebsveräußerung an einem (räumlichen) Anwendungsbereich für den Firmentarifvertrag fehlt, wenn der Veräußerer seine Geschäftstätigkeit bezogen auf den veräußerten Betrieb eingestellt hat, steht dem nicht entgegen, da der Tarifvertrag weiterhin rechtlichen Bestand hat (BAG 26. 8. 2009, 4 AZR 280/08 Tz. 24; Däubler/*Deinert* § 4 TVG Rn. 77; Wiedemann/*Wank* § 4 TVG Rn. 14). Ein Erwerber sollte also **genau prüfen,** wie die Beendigung eines beim Veräußerer bestehenden Sanierungstarifvertrags geregelt ist, insbesondere, ob die **Nachwirkung nach dessen Laufzeitende oder Kündigung ausgeschlossen ist.** Umgekehrt kann die Gewerkschaft ein Interesse daran haben, dass der Veräußerer den Tarifvertrag nach einem Betriebsübergang nicht kündigt, um den Erwerber die Änderung der Arbeits- **296** bedingungen zu ermöglichen. Zur Wahrung der Arbeitnehmerrechte kann (nur) die ordentliche Kündigung ausgeschlossen oder die Nachwirkung vereinbart werden. Denkbar wäre auch eine Vereinbarung im Unternehmenskaufvertrag, nach der sich der Erwerber verpflichtet, den am Stichtag geltenden Tarifvertrag – unabhängig von seinem Fortbestand – gegenüber den übernommenen Arbeitnehmern weiter anzuwenden (BAG 20. 4. 2005 NZA 2006, 281; *Hohenstatt/Schramm* NZA 2006, 251, 252).

297 Kündigt die Gewerkschaft einen Sanierungstarifvertrag gegenüber dem Veräußerer geht diese Kündigung ins Leere. Sie kann auch nicht von den Arbeitnehmern „genehmigt" werden, da sie nicht Vertragspartei des Tarifvertrags sind. Ihnen steht auch kein aus dem Kündigungsrecht der Tarifvertragsparteien abgeleitetes Kündigungsrecht zu. Selbst wenn ein solches anzuerkennen wäre, würde es nicht zu den in das Arbeitsverhältnis transformierten Regelungen zählen, da diese nur die tariflichen Inhaltsnormen, nicht aber die schuldrechtlichen Absprachen der Tarifvertragsparteien betreffen, zu denen das Kündigungsrecht gehört (BAG a. a. O. Tz. 31). Von den – schlechteren – Tarifbedingungen des Sanierungstarifs, der über § 613a Abs. 1 Satz 2 BGB auch beim Erwerber gilt, können sich die Arbeitnehmer auch nicht im Wege einer allein hierauf bezogenen Teilkündigung lösen, da diese unzulässig ist (BAG 26. 8. 2009, 4 AZR 280/08 Tz. 32). Für eine Transformation des Sanierungstarifvertrags in das Arbeitsverhältnis entfällt auch nicht die Geschäftsgrundlage (§ 313 BGB), wenn beim Erwerber kein Sanierungsbedarf (mehr) besteht; Grundlage für die Transformation ist allein die normative Geltung der Tarifnormen vor dem Betriebsübergang. Dass die tatsächlichen Bedingungen beim Erwerber andere sind als beim Veräußerer, ist die Regel, nicht die Ausnahme (BAG a. a. O. Tz. 21). Wollen die Tarifvertragsparteien die Geltung des Sanierungstarifs an die fortbestehende Inhaberschaft des Arbeitgebers binden, der den Tarifvertrag geschlossen hat, müsste eine auflösende Bedingung vereinbart werden (BAG a. a. O. Tz. 22).

f) Keine Fortwirkung für beim Erwerber neu eingestellte Arbeitnehmer

298 § 613a Abs. 1 Satz 2 BGB soll den beim Veräußerer Beschäftigten die bei Betriebsübergang geltenden Tarifbedingungen erhalten. Dagegen verbietet es die Vorschrift dem Erwerber nicht, mit neu eingestellten Arbeitnehmern andere, auch ungünstigere Bedingungen zu vereinbaren (BAG 22. 4. 2009 NZA 2010, 41, 48; Staudinger/*Annuß* § 613a BGB Rn. 165). Diese haben auch nicht aus dem allgemeinen Gleichbehandlungsgrundsatz Anspruch auf die beim Veräußerer geltenden Tarifbedingungen. Dieser setzt die Aufstellung einer eigenen Regel durch den Arbeitgeber voraus, von der er nicht ohne Sachgrund abweichen darf. Bei der Gewährung der Tarifbedingungen an die übernommenen Arbeitnehmer des Veräußerers vollzieht der Erwerber aber nur die sich aus dem Betriebsübergang nach § 613a Abs. 1 Satz 2 BGB ergebenden gesetzlichen Rechtsfolgen, ohne selbst eine verteilende Entscheidung zu treffen (BAG 31. 8. 2005 NZA 2006, 265).

Überführung tariflicher Normen in das Arbeitsverhältnis bei einem Betriebsübergang

I. Voraussetzungen

1. Rechtsgeschäftlicher Betriebs- oder Betriebsteilübergang im Wege der Einzel- oder der Gesamtrechtsnachfolge nach dem UmwG
2. Arbeitsbedingungen beim Veräußerer tarifrechtlich geregelt auf Grund
   a) kongruenter Verbandsmitgliedschaft der Arbeitsvertragsparteien
   b) Firmentarifvertrags, an den der Arbeitnehmer auf Grund Mitgliedschaft in der tarifschließenden Gewerkschaft gebunden ist
   c) allgemeinverbindlichen Tarifvertrags
3. Tarifvertrag gilt beim Erwerber nicht normativ
   a) Erwerber nicht Mitglied im Verband, der den beim Veräußerer geltenden Tarifvertrag geschlossen hat, und
   b) Tarifvertrag beim Erwerber nicht allgemeinverbindlich
   c) Erwerber übernimmt nicht den Firmentarifvertrag des Veräußerers

II. Rechtsfolge
Überführung der Tarifnormen in das Arbeitsverhältnis
(§ 613a Abs. 1 Satz 2 BGB)

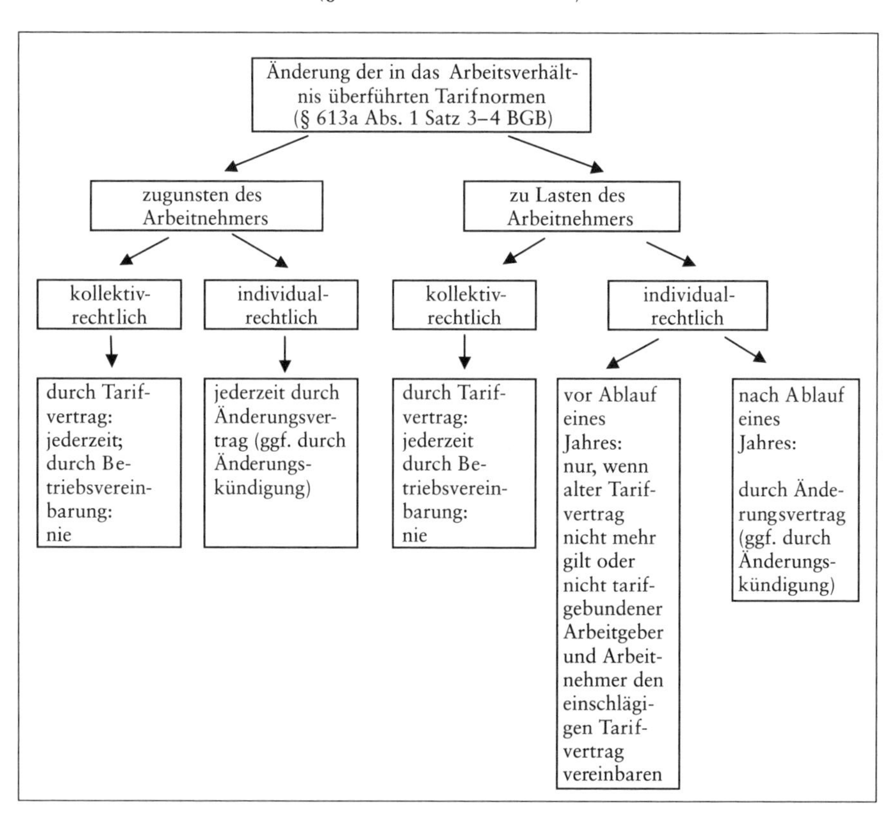

2. Voraussetzungen der Überführung

a) Betriebs(teil)übergang i.S.d. §613a BGB

299 Es müssen die allgemeinen Voraussetzungen eines Betriebsinhaberwechsels vorliegen, so wie sie im Kapitel B (Rn. 24ff.) beschrieben wurden.

b) Bisherige normative Tarifwirkung

300 §613a Abs. 1 Satz 2 BGB erfasst nur die Arbeitsverhältnisse, für die vor dem Betriebsübergang Tarifverträge normativ gegolten haben (BAG 19.9. 2007 NZA 2008, 241, 242; WHSS/*Hohenstatt* E Rn. 116 m.w.N.; MünchKomm/*Müller-Glöge* §613a BGB Rn. 133). Das ist der Fall, wenn

- beide Arbeitsvertragsparteien an einen Firmenvertrag gebunden sind oder
- beide Arbeitsvertragsparteien Mitglieder in Verbänden sind, die einen für das betreffende Arbeitsverhältnis einschlägigen Tarifvertrag geschlossen haben oder
- das Arbeitsverhältnis in den Geltungsbereich eines für allgemeinverbindlich erklärten Tarifvertrags fällt.

301 Schließt ein Arbeitgeberverband einen Tarifvertrag ab, sind hieran nur die Mitglieder bei Tarifabschluss gebunden, nicht auch deren Nachfolger (BAG 10.11.1993 NZA 1994, 948). Gelten Tarifnormen auf Grund einer Bezugnahmeklausel im Arbeitsvertrag, so findet nicht §613a Abs. 1 Satz 2 BGB, sondern Satz 1 Anwendung (BAG 29.8.2007 NZA 2008, 364; MünchKomm/*Müller-Glöge* §613a BGB Rn. 144). Tariflich geregelte Arbeitsbedingungen, die auf Grund einer arbeitsvertraglichen Bezugnahme gelten, unterliegen nicht der zeitlichen Änderungssperre des §613a Abs. 1 Satz 2 BGB. Sie können sofort nach dem Betriebsübergang durch Änderungsvertrag oder Änderungskündigung zugunsten und zu Lasten des Arbeitnehmers verändert werden (BAG 4.3.1993 NZA 1994, 260, 262; BAG 28.5.1997 NZA 1997, 1066, 1069; *Gaul* Betriebsspaltung, S. 850; *Löwisch/Rieble* §3 TVG Rn. 211; MünchKomm/*Müller-Glöge* §613a BGB Rn. 144).

c) Fehlende normative Tarifwirkung beim Erwerber

302 §613a Abs. 1 Satz 2 BGB ordnet die Überführung der Tarifnormen in das Arbeitsverhältnis **nur für den Fall an, dass der bisher geltende Tarifvertrag nicht normativ beim Erwerber fortwirkt** (BAG 24.6.1998 NZA 1998, 1346; BAG 19.9.2007 NZA 2008, 241, 242 m.w.N.; *Kania* DB 1995, 625; *Hromadka/Maschmann/Wallner* Tarifwechsel Rn. 345, 361 m.w.N.). Die Vorschrift ist nicht abschließend gemeint. Der Gesetzgeber hat bei der Regelung des Betriebsinhaberwechsels keine umfassende Neuregelung aller Arbeitsrechtsfragen beabsichtigt. Da die normative Fortwirkung von Tarifverträgen den Arbeitnehmern wegen der zwingenden Wirkung einen größeren Schutz bietet, geht sie der Überführung in das Arbeitsverhältnis vor

(WHSS/*Hohenstatt* E Rn. 121; *Löwisch/Rieble* § 3 Rn. 198; Däubler/*Lorenz* § 3 TVG Rn. 128; Wiedemann/*Oetker* § 3 TVG Rn. 184). § 613a Abs. 1 S. 2 BGB muss teleologisch auf die Fälle reduziert werden, in denen nach einem Betriebsinhaberwechsel die Tarifverträge nicht bereits normativ weitergelten.

d) Betriebsinhaberwechsel und Betriebszweckwechsel

303 § 613a Abs. 1 S. 2 BGB ist auch dann anwendbar, wenn mit dem Betriebsinhaberwechsel ein Betriebszweckwechsel einhergeht, d. h. wenn der Erwerber mit dem Betrieb einen anderen Zweck verfolgt als der Veräußerer und wenn der Betrieb deshalb in den fachlichen Geltungsbereich eines anderen Tarifvertrags fällt (*Hanau/Vossen* FS Hilger/Stumpf, S. 271, 288; *Kania* DB 1995, 625).

Beispiel: Aus einem Betrieb der Metall- und Elektroindustrie wird die Kantine ausgegliedert und rechtlich zu einer GmbH verselbständigt. Die Kantine verfolgt nach der Ausgliederung einen selbständigen Betriebszweck („Verpflegung"), der nicht mehr in dem (Haupt-)Zweck des Metallbetriebs aufgeht und deshalb auch nicht in den Anwendungsbereich der Tarifverträge der Metall- und Elektroindustrie fällt.

304 Ein **Verbandstarifvertrag** gilt zwar normativ weiter, wenn der Erwerber und die bei ihm beschäftigten Arbeitnehmer tarifgebunden sind. Die normative Geltung beschränkt sich aber auf den bisherigen Tarifvertrag; entscheidend ist die Erhaltung der Tarifidentität. Ändert sich der Betriebszweck und fällt der Betrieb damit aus dem Geltungsbereich dieses Tarifvertrags heraus, dann entfällt die Grundlage für die Regelung. Eine normative Geltung kommt nicht mehr in Betracht. Damit findet § 613a Abs. 1 Satz 2 BGB subsidiär Anwendung. In diesem Zusammenhang hat das BAG 1993 ausdrücklich entschieden, dass es auch dann, wenn mit dem Betriebsinhaberwechsel ein Branchenwechsel verbunden ist, nicht zu einer Fortwirkung der Tarifwirkungen nach § 4 Abs. 5 TVG kommt, sondern die Tarifnormen in das Arbeitsverhältnis überführt werden (BAG 5. 10. 1993 NZA 1994, 848, 850).

305 Entsprechendes gilt bei einem **Firmentarifvertrag**, wenn der Betrieb wegen einer Zweckänderung aus der Zuständigkeit der tarifschließenden Gewerkschaft herausfällt. Da nach Rechtsprechung (BAG 27. 11. 1964 AP TVG § 2 Tarifzuständigkeit Nr. 1; BAG 24. 7. 1990 NZA 1991, 21) und h. L (*Hromadka/Maschmann/Wallner* Tarifwechsel Rn. 31 m. w. N. in Fn. 68) die Tarifzuständigkeit Wirksamkeitsvoraussetzung für den Tarifvertrag ist, endet der Firmentarifvertrag. Eine normative Fortwirkung der Tarifnormen scheidet aus. Die Rechtslage bestimmt sich ebenfalls nach § 613a Abs. 1 Satz 2 BGB.

e) Mehrfacher Betriebsinhaberwechsel

306 Geht der übertragene Betrieb auf einen weiteren Betriebsinhaber über, so tritt der neue Inhaber ebenfalls in die Arbeitsverhältnisse der im Betrieb Beschäftigten ein und ist an die bisherigen Tarifregelungen gebunden. Fraglich ist, ob diese Bindung über § 613a Abs. 1 Satz BGB bewirkt wird, weil die Tarifnormen schon beim Ersterwerber nicht mehr normativ fortgewirkt haben, sondern in das Arbeitsverhältnis überführt wurden, oder über § 613a Abs. 1 Satz 2 BGB. Das BAG hat die Frage offengelassen, aber mit Recht Sympathie für die zweite Lösung bekundet (BAG 20. 4. 1994 NZA 1994, 1140; BAG 22. 3. 2005 NZA 2006, 383, 389). Damit sind die überführten Tarifnormen zwar nach Maßgabe von § 613a Abs. 1 Satz 2 und 4 BGB vor verschlechternden individualvertraglichen Ablösungen geschützt, nicht jedoch vor verschlechternden Kollektivregelungen nach § 613a Abs. 1 Satz 3 BGB (*Bepler* RdA 2009, 62, 70; WHSS/*Hohenstatt* E Rn. 138 f.; a. A. Wiedemann/*Oetker* § 3 TVG Rn. 192). Die Jahresfrist des § 613a Abs. 1 Satz 2 BGB rechnet dabei allein vom ersten Betriebsübergang an (Staudinger/*Annuß* § 613a BGB Rn. 267; a. A. KR/*Pfeiffer* § 613a BGB Rn. 161, der bei jedem Betriebsübergang eine neue Frist anlaufen lassen will).

3. Ablösung der überführten Tarifnormen

307 Die Überführung der bisher geltenden Tarifnormen in das Arbeitsverhältnis bewirkt nur einen zeitweiligen Schutz, weil die überführten Tarifnormen ablösbar sind. Die Ablösung kann kollektivrechtlich (§ 613a Abs. 1 Satz 3 BGB) oder individualrechtlich durch einen Änderungsvertrag geschehen (§ 613a Abs. 1 Satz 2, 4 BGB).

a) Ablösung durch Tarifvertrag

308 Zu einer Überführung kommt es dann nicht, wenn die Rechte und Pflichten beim Erwerber durch die Rechtsnormen eines anderen Tarifvertrags geregelt werden (§ 613a Abs. 1 Satz 3 BGB). Fehlt eine entsprechende Regelung, so wird der alte Tarifvertrag nicht abgelöst. Das widerspräche dem Schutzgedanken des § 613a Abs. 1 Satz 2 BGB (BAG 23. 1. 2007 AP Nr. 63 zu § 1 TVG Bezugnahme auf Tarifvertrag m. w. N.; WHSS/*Hohenstatt* E Rn. 145 ff.; MünchKomm/*Müller-Glöge*,§ 613a BGB Rn. 142). Entscheidend ist, dass der neue Tarifvertrag eine Regelung enthält, nicht, wie sie aussieht (*Hromadka/Maschmann/Wallner* Tarifwechsel Rn. 345 m. w. N.). Soweit sich die Regelungsbereiche nicht decken, können die Regelungen des alten Tarifvertrags über § 613a Abs. 1 Satz 2 BGB fortwirken (BAG 20. 4. 1994 NZA 1994, 1140, 1142; *Bepler* RdA 2009, 65, 70 m. w. N.). Ob derselbe Regelungsgegenstand betroffen ist, ist durch Auslegung des Tarifvertrags zu ermitteln (BAG a. a. O.). Maßgeblich ist danach, ob die nach Satz 2 zum Inhalt des Arbeitsverhältnisses gewordenen und die bei dem Erwerber geltenden Regelungen die gleichen Rechte und Pflichten betreffen, wobei der tarifliche Sachzusammenhang zu beachten ist (BAG 23.1.2007 AP Nr. 63 zu § 1 TVG Bezugnahme auf Tarifvertrag m.w.N.).

309 **Beispiel:** Sieht der bisherige Tarifvertrag die Zahlung eines 13. Monatsgehalts vor, der nunmehr einschlägige aber nur 12, so ist ein zusätzliches Monatsgehalt nicht geregelt, und es bleibt bei 13 Monatsgehältern. Der Sache nach enthält der alte Tarifvertrag nämlich mit der Gewährung des 13. Monatsgehalts eine Gratifikationsregelung, die im neuen Tarifvertrag fehlt. Da der neue Tarifvertrag nichts zur Frage von Gratifikationen sagt, bleibt es bei der Gratifikationsregelung des alten Tarifvertrags. Anders ist die Rechtslage, wenn der neue Tarifvertrag 12,5 Monatsgehälter vorsieht (Beispiel nach *Hanau/Vossen* FS Hilger/Stumpf S. 271, 292). Hier wird diese Frage mit der Gewährung eines halben zusätzlichen Monatsgehalts ausdrücklich geregelt; die Regelung im neuen Tarifvertrag verdrängt die des alten.

310 Nach anderer Ansicht (WHSS/*Hohenstatt* E Rn. 147; vgl. auch *Hanau* RdA 2000, 186; *Löwisch/Rieble* § 3 TVG Rn. 203; *C. Meyer* DB 2004, 1886; *Zöllner* DB 1995, 1401, 1403) sollen sämtliche tariflichen Vergütungsregelungen beim Veräußerer bereits durch Entgelttarifverträge oder damit im Zusammenhang stehende kollektive Vereinbarungen verdrängt werden, weil sonst die Gefahr eines „Rosinenpickens" bestünde. Vergütungsregelungen dürften nicht jeweils für sich betrachtet werden, sondern stünden in einem „Gesamtzusammenhang". Das fehlende 13. Monatsgehalt könnte beim Erwerber durch ein entsprechend höheres Monatsgehalt ausgeglichen werden. Die Vorteile des beim Veräußerer geltenden Tarifvertrags dürften nicht einfach auf die beim Erwerber geltenden Regelungen „draufgesattelt" werden.

311 Richtig an dieser Ansicht ist, dass die tariflichen Regelungen nicht „atomisiert" miteinander verglichen werden dürfen, sondern dass **„Sachgruppen"** gebildet werden müssen, da sonst die Zufälligkeiten der unterschiedlichen Tarifgestaltung über Fortbestehen oder Ablösung tariflicher Regelungen entscheiden (MünchKomm/*Müller-Glöge* § 613a BGB Rn. 142). Zu weit geht es aber, jede beliebige Entgeltregelung im Erwerbertarifvertrag als Tarifnorm anzusehen, die eine beliebige andere Entgeltregelung im Veräußerertarifvertrag verdrängt, denn das verkehrt das Regel-Ausnahme-Verhältnis zwischen Satz 2 und 3 des § 613a Abs. 1 BGB (ähnlich Däubler/*Lorenz* § 3 TVG Rn. 199). Maßgeblich muss der konkrete Zweck sein, der mit einer bestimmten Vergütungsregel verfolgt wird (*Gaul* Betriebsspaltung, S. 832). Dass letztlich jede Vergütung als Gegenleistung für erbrachte Dienste gezahlt wird, genügt für sich allein nicht.

312 **Beispiel:** Beim Erwerber findet sich eine übliche, ins Einzelne gehende Urlaubsregelung, in der nichts über die Gewährung eines Urlaubsgelds gesagt ist. Angesichts der erkennbar umfassenden Normierung des Regelungskomplexes „Urlaub" wird man davon ausgehen müssen, dass der Tarifvertrag die Frage des Urlaubsgelds mit geregelt hat, und zwar „negativ", weil eine ausdrückliche Vorschrift fehlt: es soll keinen Anspruch geben. Ein beim Veräußerer tariflich zu zahlendes Urlaubsgeld müsste der Erwerber nicht mehr gewähren (*Bepler* RdA 2009, 65 70).

313 Insoweit kann also auch eine **„bewusste Nichtregelung"** im Erwerber-Tarifvertrag eine in das Arbeitsverhältnis transformierte Tarifnorm des Veräußerer-Tarifvertrags ablösen. Dasselbe gilt, wenn der Erwerber-Tarifvertrag,

ohne eine Sachregelung zu enthalten, schlicht bestimmt, dass die in das Arbeitsverhältnis überführten Tarifnormen abgelöst werden sollen (*Bepler* RdA 2009, 65, 70). Eine Erklärung im Erwerbertarifvertrag, dass zu dem entsprechenden Gegenstand erst in der Zukunft Tarifverhandlungen aufgenommen werden sollen, genügt dagegen nicht; sie lässt die Ansprüche aus dem beim Veräußerer geltenden Tarifvertrag für die Zeit bis zur Neuregelung im Erwerbertarifvertrag noch nicht entfallen (BAG 22.1.2003 AP BGB § 613a Nr. 242).

b) Beiderseitige Tarifbindung?

314 Umstritten ist, ob die Ablösung der in das Arbeitsverhältnis überführten Tarifnormen voraussetzt, dass Erwerber und Arbeitnehmer kongruent an den neuen Tarifvertrag gebunden sind. Möglicherweise endet die Überführung schon mit der alleinigen Bindung des Erwerbers. Der Wortlaut des § 613a Abs. 1 Satz 3 BGB ist auch hier wenig klar. Er verlangt nur, dass die Arbeitsbedingungen im Erwerberbetrieb durch einen anderen als den bisherigen Tarifvertrag „geregelt werden“. „Geregelt werden“ kann abstrakt gemeint sein; dann muss der Erwerberbetrieb in den fachlichen Geltungsbereich des neuen Tarifvertrags fallen, und der Erwerber muss an diesen Tarifvertrag gebunden sein. „Geregelt werden“ kann aber auch konkret zu verstehen sein; dann muss der neue Tarifvertrag unmittelbar auf das Arbeitsverhältnis einwirken, und das ist nur bei beiderseitiger Tarifbindung der Arbeitsvertragsparteien oder bei Allgemeinverbindlichkeit des neuen Tarifvertrags der Fall.

315 Die Rechtsprechung versteht „geregelt werden“ konkret. Eine andere Regelung im Sinne des § 613a Abs. 1 Satz 3 BGB ist nur ein Tarifvertrag, an den **sowohl der Erwerber als auch der Arbeitnehmer** auf Grund kongruenter Verbandsmitgliedschaft oder Allgemeinverbindlichkeit des neuen Tarifvertrags **gebunden sind** (BAG 20.8.2000 NZA 2001, 510; BAG 21.2.2001 NZA 2001, 1318; BAG 11.5.2005 NZA 2005, 1362 m.w.N.). Das entspricht der Rechtslage bei § 4 Abs. 5 TVG. Auch Tarifnormen, die nach dieser Vorschrift nachwirken, werden nur dann durch einen neuen Tarifvertrag abgelöst, wenn er konkret auf das jeweilige Arbeitsverhältnis anwendbar ist. Die h.L. folgt der Rechtsprechung (statt aller MünchKomm/*Müller-Glöge* § 613a BGB Rn. 139 m.w.N.).

316 Eine automatische Ablösung der in das Arbeitsverhältnis überführten Tarifnormen durch einen beim Erwerber geltenden Tarifvertrag, an den nur dieser gebunden sei, verstoße gegen die negative Koalitionsfreiheit des übernommenen Arbeitnehmers. Diese sichere die Freiheit, einer Koalition fernzubleiben und nicht mit Regelungen überzogen zu werden, die nicht mitgliedschaftlich legitimiert seien (*Gaul* Betriebsspaltung, S. 836 f.; *Kania* DB 1994, 529, 530; a.A. WHSS/*Hohenstatt* E Rn. 149 ff.). Eine Ablösung der alten Tarifnormen bei bloß einseitiger Tarifbindung lasse § 613a Abs. 1 Satz 3 BGB deshalb nicht zu.

c) Verdrängung statt Ablösung?

317 Denkbar ist jedoch, dass § 613a Abs. 1 Satz 3 BGB bei einseitiger Bindung des Erwerbers an den neuen Tarifvertrag nur die Überführung in das Arbeitsverhältnis entfallen lässt, ohne zugleich die Geltung der neuen Tarifbedingungen anzuordnen. Dann würde § 613a Abs. 1 Satz 3 BGB für Arbeitnehmer, die sich weigerten, der Gewerkschaft beizutreten, die den jetzt einschlägigen Tarifvertrag geschlossen hat, einen tariffreien Raum schaffen. Für sie würden dann die im Arbeitsvertrag vereinbarten Bedingungen gelten und, soweit Regelungen fehlen, die gesetzlichen (Mindest-) Arbeitsbedingungen, etwa aus § 616 BGB und dem EntgeltfortzG (so LAG Schleswig-Holstein 4. 3. 1998 NZA-RR 1999, 251; LAG Köln 30. 9. 1999 NZA-RR 2000, 179; *Heinze* FS Schaub, S. 275, 293; *Henssler* FS Schaub, S. 311, 319; *Schiefer* NJW 1998, 1817, 1821; *Zöllner* DB 1995, 1401). Für diese Lösung spricht das vom Gesetzgeber ausdrücklich anerkannte Vereinheitlichungsinteresse des Erwerbers (vgl. BT-Drucks. 8/3317 S. 11; dazu BAG 20. 4. 1994 AP BGB § 613a Nr. 108; krit. *Gaul* Betriebsspaltung, S. 835: gewollt war keine „generelle Vereinheitlichung"). Der Sache nach schafft die Fortwirkung der alten Tarifnormen einen ähnlichen Zustand wie bei Tarifpluralität. Der Erwerber ist auf Grund Mitgliedschaft bei einem Verband oder als Tarifvertragspartei oder durch Allgemeinverbindlichkeit an den neuen Tarifvertrag gebunden. Zugleich gelten für ihn die alten Tarifnormen fort, zwar nicht tarifrechtlich, wohl aber auf Grund Überführung in den Arbeitsvertrag nach § 613a Abs. 1 Satz 2 BGB. Dieser Zustand widerspricht dem Prinzip der Tarifeinheit im Betrieb (*Hromadka/Maschmann/Wallner* Tarifwechsel Rn. 350). Wenn § 613a Abs. 1 Satz 3 BGB es zur Vermeidung eines Tarifwirrwarrs ermöglichen soll, tarifliche Regelungen an die betrieblichen Verhältnisse und Notwendigkeiten beim Erwerber anzupassen, müsste die alleinige Bindung des Erwerbers an den neuen Tarifvertrag zur Beendigung der Fortwirkung der alten Tarifnormen genügen. Fordert man bei § 613a Abs. 1 Satz 3 BGB zur Ablösung arbeitsvertraglich fortwirkender Tarifnormen die beiderseitige Bindung der Arbeitsvertragsparteien an den neuen Tarifvertrag, so besagt § 613a Abs. 1 Satz 3 BGB etwas völlig Selbstverständliches: nämlich dass die neuen Tarifbedingungen kraft Kollektivrechts gälten.

318 **Das BAG (21. 2. 2001 NZA 2001, 1318) ist der „Verdrängungslösung" nicht gefolgt,** weil es die Fortwirkung des bisherigen Tarifvertrags höher bewertet als das Vereinheitlichungsinteresse des Erwerbers. Der Schutzzweck des § 613a BGB verbiete die Schaffung „tarifloser Zustände". Dass der Arbeitnehmer einen solchen Zustand durch seinen Beitritt in die zuständige Gewerkschaft vermeiden könne, spiele keine Rolle, weil ihm ein solcher Beitritt angesichts der negativen Koalitionsfreiheit nicht zuzumuten sei. Nur die beiderseitige kongruente Tarifgebundenheit verhindere einen tariflosen Zustand, und nur dieses Ergebnis stimme mit der Lösung bei § 4 Abs. 5 TVG überein. Nachwirkende und in das Arbeitsverhältnis transformierte Tarifnormen ließen sich nicht schon bei einseitiger Bindung des Arbeitgebers an einen neuen Tarifvertrag verdrängen. **Die h. L. hat sich dem mittlerweile**

angeschlossen (*Bepler* RdA 2009, 65, 70; *Gaul* Betriebsspaltung, S. 834 ff.; *Gussen* Anm. zu BAG 21. 2. 2001 AP TVG § 4 Nr. 20; *Kania* DB 1995, 625, 626; *Kempen/Zachert* § 3 TVG Rn. 60; *Löwisch/Rieble* § 3 TVG Rn. 207; Däubler/*Lorenz* § 3 TVG Rn. 201; Wiedemann/*Oetker* § 3 TVG Rn. 199; *Prange* NZA 2002, 817, 821). Da das BAG seinen Standpunkt überaus ausführlich begründet hat (BAG 21. 2. 2001 NZA 2001, 1318), ist kaum mit einem baldigen Umschwung der Rechtsprechung zu rechnen. Die Praxis wird sich darauf einzustellen haben, auch wenn dies zu erheblichen Schwierigkeiten führt (WHS/*Hohenstatt* E Rn. 160).

d) Ablösung nur durch bereits bestehenden Tarifvertrag?

319 Nach dem Wortlaut des § 613a Abs. 1 Satz 3 BGB („geregelt werden", nicht „geregelt sind") ist nicht ganz eindeutig, ob die alten tarifvertraglichen Normen nur dann nicht in das Arbeitsverhältnis überführt werden, wenn zur Zeit des Betriebsübergangs im Betrieb des Erwerbers bereits ein Tarifvertrag gilt, oder ob es ausreicht, wenn erst nach dem Betriebsübergang ein Tarifvertrag abgeschlossen wird. In letzterem Fall würden die alten tarifvertraglichen Normen zunächst Teil des Arbeitsverhältnisses, könnten dann aber von einem neuen Tarifvertrag abgelöst werden.

320 Die Rechtsprechung wendet § 613a Abs. 1 Satz 3 BGB zu Recht **auch dann an, wenn erst nach dem Betriebsübergang ein Tarifvertrag abgeschlossen wird,** an den die Arbeitsvertragsparteien gebunden sind (BAG 22. 4. 2009 NZA 2010, 41, 47 m. w. N.). Dafür spricht bereits der Gesetzeswortlaut, der die Verdrängung des bisherigen Tarifvertrags nicht auf den Fall beschränkt, dass die Rechte und Pflichten bei dem neuen Inhaber geregelt „sind", sondern darauf abstellt, ob diese dort geregelt „werden". Dies schließt gerade auch den Fall der später begründeten normativen Tarifgeltung ein (BAG 11. 5. 2005 NZA 2005, 1362, 1365 m. w. N.). § 613a Abs. 1 Satz 3 BGB ist überdies Ausdruck der Wertung, dass ein Arbeitnehmer des Schutzes durch den bisher für ihn geltenden Tarifvertrag nicht mehr bedarf, wenn er durch neue, für den Erwerber geltende Tarifbedingungen geschützt ist. Deshalb ist es unerheblich, ob die neuen Tarifbedingungen bereits beim Betriebsübergang vorliegen oder erst einige Zeit danach geschaffen werden. Das entspricht der h. M. auch im Schrifttum (*Bepler* RdA 2009, 65 70; WHSS/*Hohenstatt* E Rn. 142 m. w. N.; MünchKomm/*Müller-Glöge* § 613a BGB Rn. 141). Der normativ geltende neue Tarifvertrag verdrängt auch die nach § 613a Abs. 1 Satz 2 BGB kraft gesetzlicher Anordnung geltenden Regelungen eines anderen Tarifvertrags (BAG 16. 5. 1995 NZA 1995, 1166). Eine zeitliche Grenze für die Anwendbarkeit des § 613a Abs. 1 Satz 3 BGB gibt es nicht. Die Vorschrift ordnet die Nichtgeltung von Satz 2 an, ohne diese Rechtsfolge an eine Frist zu knüpfen (BAG 11. 5. 2005 NZA 2005, 1362, 1365 m. w. N.).

e) Günstigkeitsvergleich?

321 Nach h.M. **löst** der beim Erwerber geltende Tarifvertrag die in den Arbeitsvertrag eingegangenen alten Tarifnormen **auch dann ab,** wenn seine Regelungen für den Arbeitnehmer **ungünstiger** sind (statt aller WHSS/*Hohenstatt* E 144 m.w.N.).

322 Zwar wird das Tarifrecht vom Günstigkeitsprinzip beherrscht. Dieses findet grundsätzlich dann Anwendung, wenn zwei Rechtsquellen unterschiedlicher Geltungshöhe zusammentreffen, wie hier ein Tarifvertrag und ein Arbeitsvertrag. Nach dem Gesetzeszweck soll aber dem beim Erwerber geltenden Tarifvertrag auf jeden Fall der Vorrang zukommen. § 613a Abs. 1 Satz 3 BGB schließt deshalb für den Fall des Betriebsübergangs das Günstigkeitsprinzip aus. Im Übrigen ist die Ausgestaltung der Fortwirkung der tariflichen Normen als Individualvereinbarung nur ein rechtstechnischer Kunstgriff. Im Verhältnis zu einem anderen Tarifvertrag dürfen die in den Arbeitsvertrag übertragenen Tarifnormen nur als tarifvertragliche, nicht als arbeitsvertragliche Normen aufgefasst werden (*Wank* NZA 1987, 505, 510; ähnlich *Wiedemann* FS Fleck, S. 447, 455).

323 Die Rechtsprechung folgt der h.M. (BAG 11. 5. 2005 NZA 2005, 1362, 1365 m.w.N.; BAG 22. 4. 2009 NZA 2010, 41, 47). Sie stellt auf den ursprünglich kollektivrechtlichen Charakter der in den Arbeitsvertrag eingegangenen Tarifnormen ab und nimmt an, dass auch bei einem Betriebsübergang die ursprünglich kollektivrechtlichen Arbeitnehmerrechte einer Veränderung durch eine Kollektivvereinbarung zugänglich blieben.

4. Ablösung durch Betriebsvereinbarung?

324 § 613a Abs. 1 Satz 3 BGB bestimmt, dass Satz 2 nicht gilt, „wenn die Rechte und Pflichten bei dem neuen Inhaber durch Rechtsnormen eines anderen Tarifvertrags oder durch eine andere Betriebsvereinbarung geregelt werden". Seinem Wortlaut nach könnte die Vorschrift dahin verstanden werden, dass der alte Tarifvertrag nur durch einen neuen Tarifvertrag und eine Betriebsvereinbarung nur durch eine neue Betriebsvereinbarung abgelöst werden können (so Staudinger/*Annuß* § 613a BGB Rn. 274; *Bepler* RdA 2009, 65, 71 f.; *Fitting* § 1 BetrVG Rn. 135; KDZ/*Kittner* § 613a BGB Rn. 66). Tarifvertrag und Betriebsvereinbarung seien zwei nicht beliebig austauschbare Rechtsquellen, weil ihre Legitimationsgrundlage nicht dieselbe sei (LAG Düsseldorf 16. 8. 2007 NZA-RR 2008, 23, 24 m.w.N.).

325 Die **h.L.** hat das bislang anders gesehen. **Für die Möglichkeit einer „Überkreuzablösung"** sprachen bisher Entstehungsgeschichte und Sinn und Zweck der Vorschrift. § 613a Abs. 1 Sätze 2–4 BGB dient der Umsetzung der EG-Richtlinie zum Betriebsübergang (2001/23/EG v. 12. 3. 2001, ABl. Nr. L 82 S. 13), die nur den Begriff „Kollektivvereinbarungen" kennt. Wenn aber der europäische Gesetzgeber nicht zwischen Kollektivvereinbarungen verschiedener Hierarchien unterscheidet, darf nach dem Gebot der richtlinienkonformen Auslegung bei der Anwendung des § 613a BGB ebenfalls nicht zwischen den unterschiedlichen kollektivvertraglichen Ebenen differenziert werden. § 613a Abs. 1 Satz 3 BGB will es dem Erwerber ermöglichen, die Arbeitsbedingungen der Arbeitnehmer des übernommenen Betriebs an die in seinem Betrieb üblichen Bedingungen anzugleichen. Auf die Art der Kollektivvereinbarung kann es nicht ankommen. In den Arbeitsvertrag überführte Tarifnormen müssen sich deshalb grundsätzlich auch durch beim Erwerber geltende Betriebsvereinbarungen „über Kreuz" ablösen lassen (*Gaul* Betriebsspaltung, S. 842; *Heinze* NZA Sonderheft 2001 S. 75, 79; *Kania* DB 1995, 625, 626; *Löwisch/Rieble* § 3 TVG Rn. 206; Däubler/*Lorenz* § 3 TVG Rn. 206; *C. Meyer* NZA 2001, 251; *Moll* RdA 1996, 275, 283; *Wank* NZA 1987, 505, 510).

326 Das **BAG** hat sich in mehreren Entscheidungen (BAG 6. 11. 2007 NZA 2008, 542; BAG 13. 11. 2007 NZA 2008, 600) **gegen eine solche Überkreuzablösung** ausgesprochen. Jedenfalls außerhalb des Bereichs der erzwingbaren Mitbestimmung könnten in den Arbeitsvertrag überführte Tarifnormen nicht nach § 613a Abs. 1 S. 3 BGB durch eine verschlechternde Betriebsvereinbarung abgelöst werden; auf § 77 Abs. 3 BetrVG komme es schon deshalb nicht an. Der Wortlaut des § 613a Abs. 1 Satz 3 BGB lege es nahe, dass tarifliche Regelungen nur durch tarifliche Regelungen ablösbar seien; dafür, dass der Gesetzgeber eine Überkreuzablösung zulassen wollte, gäben die Gesetzesmaterialien nichts her. Zudem widersprächen Verschlechterungen tariflicher Regelungen durch Betriebsvereinbarung dem Schutzzweck der Norm. Art. 3 RL 2001/23/EG und § 613a Abs. 1 BGB verfolgten ersichtlich das Ziel, die Rechtsstellung der Arbeitnehmer beim Betriebsübergang zu erhalten. Auch systematische Bedenken stünden entgegen. Außerhalb eines Betriebsübergangs verhindere das in § 4 Abs. 3 TVG kodifizierte Günstigkeitsprinzip Abweichungen vom Tarifvertrag durch Betriebsvereinbarung. Eine lediglich nachwirkende Tarifnorm könne – zumindest außerhalb des Bereichs der zwingenden Mitbestimmung – ebenfalls nicht durch Betriebsvereinbarung verschlechtert werden. Warum das bei einem Betriebsübergang anders sein soll, ließe sich nicht erklären. Generell sei es den Betriebsparteien verboten, in individualrechtliche Positionen zu Lasten des Arbeitnehmers einzugreifen. Dass müsse auch für die in den Arbeitsvertrag transformierte Tarifnormen gelten. Dass diese Rechtspositionen einen kollektiv-rechtlichen Ursprung hätten, stehe nicht entgegen. Dieser Umstand berechtige allenfalls zu einer Ablösung von zuvor auf einer Betriebsvereinbarung beruhenden individualrechtlichen Positionen durch eine spätere, ungünstigere Betriebsvereinbarung beim Erwerber (BAG 18. 11. 2003 NZA 2004, 803 m. w. N.), nicht aber zu Überkreuzablösungen ursprünglich tariflicher Regelung durch beim Erwerber geltende Betriebsvereinbarungen.

327 **Die Argumentation des BAG überzeugt nicht** (wie hier *Döring/Grau* BB 2009, 158; ErfK/*Kania* § 77 BetrVG Rn. 61–63; *C. Meyer* BB 2006, 440; a. A. DFL/*Bayreuther* § 613a BGB Rn. 64; *Bepler* RdA 2009, 65, 71 f.). In der Tat kann weder durch Betriebsvereinbarung noch durch Einzelvertrag von zwingenden Tarifnormen zum Nachteil des Arbeitnehmers abgewichen werden. Im Stadium der Nachwirkung, die das BAG hier ganz richtig als Parallele heranzieht, ist das aber anders. Hier können durch Betriebsvereinbarung sehr wohl Regelungen getroffen werden, die für den Arbeitnehmer ungünstiger als die tariflichen sind (vgl. allgemein zur Möglichkeit verschlechternder Regelungen im Nachwirkungszeitraum BAG 20.5.2009, 4 AZR 230/08); die einzige Schranke bildet nach der Rechtsprechung § 77 Abs. 3 BetrVG, der aber von § 87 Abs. 1 BetrVG verdrängt wird (BAG 29.10.2002 NZA 2003, 393, 395 m.w.N.) und im Bereich der erzwingbaren Mitbestimmung Betriebsvereinbarungen zulässt, die von günstigeren, aber nur noch nachwirkenden Tarifnormen abweichen. Warum das beim Betriebsübergang anders sein soll, leuchtet nicht ein, zumal die Überführung der Tarifnormen in den Arbeitsvertrag nur ein Kunstgriff des Gesetzgebers war, um dem Arbeitnehmer den Schutz der beim Erwerber nicht mehr kollektivrechtlich fortwirkenden Tarifverträge zu erhalten. Ob sich eine Betriebsvereinbarung in das Tarifgeschehen einmischen darf, regelt allein § 77 Abs. 3 BetrVG (*Löwisch/Rieble* § 2 TVG Rn. 206). Die Ansicht der Rechtsprechung würde zu einer Besserstellung der von einem Betriebsübergang betroffenen Arbeitnehmer führen, die sachlich nicht gerechtfertigt ist und den Erwerber auf den mühsamen Weg von Änderungsverträgen mit sämtlichen Mitarbeitern verweist. Angesichts der mittlerweile **gefestigten höchstrichterlichen Rechtsprechung** wird sich die Praxis allerdings hierauf einzustellen haben. Sie gilt nicht nur für tarifliche Regelungen, die beim Veräußerer normativ gegolten haben, sondern **auch für kraft Arbeitsvertrag in Bezug genommene** (BAG 6.11.2007 NZA 2008, 542). Erst recht unzulässig sind Betriebsvereinbarungen, die bestimmen, dass nach einem Betriebsübergang allein die Tarifverträge des Erwerbers gelten sollen. Solche Vereinbarung tragen zwar dem verständlichen Harmonisierungsinteresse des Erwerbers Rechnung, verstoßen aber gegen den Tarifvorbehalt des § 77 Abs. 3 BetrVG und missachten die grundlegende Unterscheidung zwischen tariflicher und betrieblicher Regelungsebene (WHSS/*Hohenstatt* E Rn. 248; *Dzida/Wagner* NZA 2008, 571, 572).

328 Die Ablösung von in das Arbeitsverhältnis überführten Tarifnormen durch verschlechternde Betriebsvereinbarungen ist allenfalls **noch im Bereich der erzwingbaren Mitbestimmung zulässig** (BAG 6.11.2007 NZA 2008, 542; BAG 13.11.2007 NZA 2008, 600; zweifelnd *Bepler* RdA 2009, 65, 71 f, der jede Ablösung für unzulässig hält). Verschlechterungen durch freiwillige Betriebsvereinbarung sind dagegen nicht mehr möglich (BAG 22.3.2005 NZA 2006, 383, 389). Eine Ablösung kommt dabei nur soweit in Betracht, wie das Mitbestimmungsrecht des Betriebsrats reicht. Sie scheidet aus, wo eine Betriebsvereinbarung einen nicht der Mitbestimmung unterfallenden Tatbestand regelt. Das gilt auch für nur teilweise der Mitbestimmung unterliegende Regelungsgegenstände (BAG 13.11.2007 NZA 2008, 600, 603). Hier fehlt es an der notwendigen Kongruenz des Umfangs der „erzwingbaren" Regelungsmacht der Tarifpartner auf der einen und der Betriebspartner auf der anderen Seite (BAG a.a.O.). **Damit scheidet eine Ablösung in den wichtigsten Fällen aus.** Bei der Arbeitszeit hat der Betriebsrat ein Mitbestimmungsrecht nur bei der Lage und der vorübergehenden Änderung der Dauer, nicht bei der Dauer schlechthin (BAG 24.1.2006 NZA 2006, 862, 868). Bei der Vergütung ist nur die Bestimmung der Entlohnungsgrundsätze mitbestimmungspflichtig, nicht die Höhe der Entlohnung (BAG GS 3.12.1991 NZA 1992, 749). Bei der betrieblichen Altersversorgung entscheidet der Arbeitgeber frei, ob er überhaupt eine Betriebsrente gewährt, wie viele Mittel er hierfür bereitstellen und welchen Personenkreis er begünstigen will (BAG 26.4.1988 NZA 1989, 219); nur beim Leistungsplan und bei der Heranziehung der Arbeitnehmer zu Beiträgen hat der Betriebsrat mitzubestimmen; das genügt aber nicht für eine Ablösung eines tariflichen Betriebsrentensystems durch eine Betriebsvereinbarung aus Anlass eines Betriebsübergangs (BAG 13.11.2007 NZA 2008, 600, 603).

5. Ablösung durch Änderungsvertrag

a) Grundsätze

329 Eine Änderung im Sinne des § 613a Abs. 1 Satz 2 BGB kann auch durch die Arbeitsvertragsparteien herbeigeführt werden (ausf. C. *Meyer* NZA 2002, 246 ff.). Der Gesetzgeber hat in Satz 4 (Alt. 2) die einvernehmliche Änderung durch die Arbeitsvertragsparteien ausdrücklich erwähnt. Für sie gilt dasselbe wie für die Ablösung wegen § 4 Abs. 5 TVG nachwirkender Tarifnormen durch Arbeitsvertrag (dazu *Hromadka/Maschmann/Wallner* Tarifwechsel Rn. 282 ff.; *Löwisch/Rieble* § 4 TVG Rn. 384). Dabei kann eine bereits vor dem Eintritt der Nachwirkung oder vor dem Betriebsübergang abgeschlossene einzelvertragliche Vereinbarung von untertariflichen Arbeitsbedingungen die nachwirkende bzw. in das Arbeitsverhältnis überführte Tarifnorm allerdings nur dann ablösen, wenn der Regelungswille der Arbeitsvertragsparteien darauf gerichtet war, diese bestimmte Tarifregelung in Anbetracht ihrer absehbar bevorstehenden Beendigung und des darauf folgenden Eintritts der Nachwirkung abzuändern (BAG 22.10.2008 NZA 2009, 265; BAG 1.7.2009 NZA-RR 2010, 30). Daran dürfte es regelmäßig fehlen. Jedenfalls leben frühere arbeitsvertragliche Vereinbarungen, die während der zwingenden und unmittelbaren Geltung eines Tarifvertrags verdrängt wurden, nicht automatisch wieder auf; sie können das Arbeitsverhältnis im Nachwirkungszeitraum nicht abweichend vom abgelaufenen Tarifvertrag gestalten (BAG a.a.O.).

330 Vereinbart der Erwerber mit dem Arbeitnehmer die **andere Abmachung in Form Allgemeiner Geschäftsbedingungen,** werden diese einer Inhaltskontrolle nach § 307 Abs. 1, 2 BGB unterzogen. (Verschlechternde) Abmachungen sind unzulässig, wenn sie den Arbeitnehmer unangemessen benachteiligen. **Maßstab hierfür sind jedoch nicht die bisherigen Tarifregelungen.** Da der beim Veräußerer geltende Tarifvertrag mit dem Betriebsübergang für den Erwerber keine normative Wirkung mehr entfaltet, verliert er insoweit auch seine Leitbildfunktion. Seine Regelungen gelten daher auch nicht als Rechtsvorschrift im Sinne von § 307 Abs. 3 Satz 1 BGB, von der nicht unangemessen abgewichen werden darf (BAG 3.4.2007 NZA 2007, 1045 für andere Abmachungen nach § 4 Abs. 5 TVG). Als Leitbild für die Inhaltskontrolle kommen daher nur dispositive gesetzliche Vorschriften in Betracht. Unangemessen benachteiligend können die anderen Abmachungen allerdings sein, wenn sie **nicht hinreichend transparent** sind (§ 307 Abs. 1 S. 2 BGB). Rechte und Pflichten müssen möglichst klar und durchschaubar dargestellt werden, wobei auch auf wirtschaftliche Nachteile und Belastungen einzugehen ist, soweit dies nach den Umständen gefordert werden kann. Einseitige Bestimmungsvorbehalte können nur hingenommen werden, soweit sie bei unsicherer Entwicklung der Verhältnisse als Instrument der Anpassung notwendig sind und den Anlass, aus dem das Bestimmungsrecht entsteht, sowie die Richtlinien und Grenzen seiner Ausübung möglichst konkret angeben (BAG 11. 4. 2006 NZA 2006, 1149). **Zulässig ist es, in der anderen Abmachung auf ein anderes Regelungswerk zu verweisen** (BAG 3. 4. 2007 NZA 2007, 1045), etwa den beim Erwerber geltenden Tarifvertrag. Ein Verstoß gegen das Transparenzgebot liegt nicht schon darin, dass der Arbeitnehmer keine oder nur eine erschwerte Möglichkeit hat, die betroffene Regelung zu verstehen oder einzusehen. Erst wenn die Gefahr droht, dass er wegen unklar abgefasster Allgemeiner Vertragsbedingungen seine Rechte nicht wahrnimmt, liegt eine unangemessene Benachteiligung im Sinne von § 307 Abs. 1 Satz 2 BGB vor (BAG 14. 3. 2007 NZA 2008, 45). **Unangemessen** benachteiligend ist eine andere Abmachung allerdings dann, wenn sie **auf ein einseitig vom Erwerber vorgegebenes Regelungswerk Bezug nimmt,** das in der jeweils gültigen Fassung gelten soll und dem Erwerber die Möglichkeit gewährt, nahezu sämtliche Arbeitsbedingungen einseitig abzuändern, ohne dass Gründe für eine Verschlechterung genannt oder erkennbar sind (BAG 11. 2. 2009 NZA 2009, 428).

b) Zeitschranke

331 Nach Satz 2 ist eine individualrechtliche Änderung der alten, ursprünglich kollektivrechtlichen Regelungen zum Nachteil des Arbeitnehmers **erst zulässig nach Ablauf eines Jahres**, vom Zeitpunkt des Übergangs an gerechnet. Abmachungen, die die Zeitschranke missachten, sind unwirksam (BAG 22. 4. 2009 NZA 2010, 41, 47 ff.; BAG 11. 12. 1997 NZA 1999, 262, 263; ErfK/*Preis* § 613a BGB Rn. 119). § 613a Abs. 1 S. 2 BGB ist zwingendes Recht (WHSS/*Hohenstatt* E Rn. 133, 233 m. w. N.). Unwirksam sind auch rechtsgeschäftliche Gestaltungen, die die Zeitschranke zu umgehen suchen (§ 134 BGB), wie etwa der Abschluss eines Aufhebungsvertrags und die sich sofort daran anschließende Neueinstellung auf demselben Arbeitsplatz (BAG 11. 7. 1995 NZA 1996, 207 m. w. N.). Jederzeit zulässig sind Abmachungen, die für den Arbeitnehmer günstiger als die bisherigen Tarifregelungen sind (BAG 22. 4. 2009 NZA 2010, 41, 46), was im Wege eines Sachgruppenvergleichs zu ermitteln ist (MünchKomm/*Müller-Glöge* § 613a BGB Rn. 136). Die Zeitschranke gilt allerdings nur für Tarifnormen, die vor dem Betriebsübergang normativ gegolten haben. Tarifregelungen, die beim Veräußerer kraft arbeitsvertraglicher Bezugnahme angewendet wurden und die deshalb als arbeitsvertragliche Regelungen nach § 613a Abs. 1 Satz 1 BGB auf den Erwerber übergehen, können jederzeit auch zum Nachteil des Arbeitnehmers einvernehmlich geändert werden (vgl. BAG 7. 11. 2007 NZA

2008, 530; *Dzida/Wagner* NZA 2008, 571). Nach Ablauf der Jahresfrist können auch die ursprünglich normativ geltenden Tarifregelungen zum Nachteil des Arbeitnehmers durch eine entsprechende Abmahnung geändert werden (BAG 22.4.2009 NZA 2010, 41, 47ff.; ErfK/*Preis* § 613a BGB Rn. 120).

c) Ausnahmen von der Zeitschranke

332 Ausnahmsweise ist den Arbeitsvertragsparteien nach § 613a Abs. 1 Satz 4 eine vorzeitige Änderung gestattet, wenn der Tarifvertrag, dessen Normen § 613a Abs. 1 Satz 2 in das Arbeitsverhältnis überführt, nicht mehr „gilt". In der Literatur wird darunter der Ablauf des Tarifvertrags verstanden, entweder weil er befristet war oder weil er wirksam gekündigt ist; eine Nachwirkung nach § 4 Abs. 5 TVG soll kein Hinderungsgrund für eine vorzeitige Vereinbarung sein (Staudinger/*Annuß* § 613a BGB Rn. 286; *C. Meyer* NZA 2002, 246, 251; *Haußmann* ArbRAktuell 2009, 72; *Hohenstatt* NZA 2010, 23, 25; ErfK/*Preis* § 613a BGB Rn. 121). Dem hat sich das BAG angeschlossen (BAG 22.4.2009 NZA 2010, 41, 47ff.; BAG 26.8.2009, 4 AZR 280/08). Der Arbeitnehmer soll durch den Betriebsübergang nicht besser gestellt werden, als er bei seinem bisherigen Arbeitgeber stünde. Mit Eintritt der Befristung oder mit Ablauf der Kündigungsfrist wäre dort die zwingende Wirkung des Tarifvertrags entfallen, und eine verschlechternde individualrechtliche Vereinbarung wäre möglich gewesen. Nichts anderes besagt § 613a Abs. 1 Satz 4 BGB (WHSS/*Hohenstatt* E Rn. 134 m.w.N.).

333 Nach § 613a Abs. 1 Satz 4 Alt. 2 BGB ist eine sofortige Ablösung überdies zulässig, wenn bei fehlender beiderseitiger Tarifgebundenheit die Anwendung des nach dem Übergang einschlägigen Tarifvertrags vereinbart wird. Das setzt voraus, dass der einschlägige Tarifvertrag dem Arbeitsvertrag vollständig zugrundegelegt wird. Nur bei vollständiger Anwendung streitet eine Richtigkeitsgewähr für den Tarifvertrag, und nur in diesem Fall ist die Entziehung des durch die alten Bestimmungen vermittelten tariflichen Schutzes gerechtfertigt (BAG 22.4.2009 NZA 2010, 41, 47 Tz. 66; HWK/*Willemsen/Müller-Bonanni* § 613a BGB Rn. 283; MünchKomm/*Müller-Glöge* § 613a BGB Rn. 137). Der Arbeitnehmer ist zum Abschluss einer derartigen Vereinbarung nicht verpflichtet (ErfK/*Preis* § 613a BGB Rn. 122). Wegen des Tarifvorbehalts des § 77 Abs. 3 BetrVG ist es nicht möglich, den einschlägigen Tarifvertrag durch Betriebsvereinbarung in Bezug zu nehmen (*Kania* DB 1995, 626). Über den Wortlaut des § 613a Abs. 1 Satz 4 Alt. 2 BGB hinaus („beiderseitige Tarifgebundenheit") lässt die herrschende Lehre die Vereinbarung des einschlägigen Tarifvertrags auch zu, wenn nur eine Vertragspartei an diesen Tarifvertrag gebunden ist. (ErfK/*Preis* § 613a BGB Rn. 122; MünchKomm/*Müller-Glöge* § 613a BGB Rn. 138; a.A. Däubler/*Lorenz* § 3 TVG Rn. 212).

334 Bislang nicht entschieden ist die Frage, ob eine mit dem Veräußerer vereinbarte große dynamische Verweisungsklausel die Voraussetzungen des § 613a Abs. 1 Satz 4 Alt. 2 BGB vorwegnehmen kann. Die wohl h.M. verneint das mit Hinweis auf den Wortlaut der Norm, der ausdrücklich eine

Vereinbarung mit dem neuen Inhaber verlangt (MünchKomm/*Müller-Glöge* § 613a BGB Rn. 138 m. w. N.; a. A. Staudinger/*Annuß* § 613a BGB Rn. 287; *Bauer/Günther* NZA 2008, 6, 11). Angesichts der nur noch eingeschränkten Zulässigkeit von großen dynamischen Verweisungsklauseln (BAG 16. 10. 2002 NZA 2003, 390; BAG 24. 9. 2008 NZA 2009, 154) kommt der Frage kaum praktische Bedeutung zu.

6. Ablösung durch Änderungskündigung

a) Grundsatz

335 Das Einverständnis des Arbeitnehmers zur Änderung der gemäß § 613a Abs. 1 Satz 2 BGB in das Arbeitsverhältnis überführten Tarifnormen darf nach Ablauf der Jahresfrist auch mit Hilfe einer Änderungskündigung erzwungen werden (KDZ/*Däubler/Zwanziger* § 613a BGB Rn. 70; WHSS/*Hohenstatt* E Rn. 243 m. w. N.). Eine zu diesem Zweck erklärte Änderungskündigung scheitert auch nicht an § 613a Abs. 4 BGB. Zwar ist die Änderungskündigung eine Kündigung im Sinne dieser Vorschrift (ErfK/*Preis* § 613a BGB Rn. 153). Dass dem Erwerber Änderungen der übernommenen Arbeitsbedingungen möglich sein müssen, zeigen aber schon § 613a Abs. 1 Satz 2 und 4 BGB. Das Kündigungsverbot des § 613a Abs. 4 BGB soll lediglich bewirken, dass der Arbeitnehmer durch den Betriebsübergang nicht deshalb seinen Arbeitsplatz verliert, weil der Erwerber seine Beschäftigung ablehnt (*Hromadka/Maschmann/Wallner* Tarifwechsel Rn. 378). § 613a Abs. 4 BGB schützt den Arbeitnehmer nur vor Veränderungen „wegen des Betriebsübergangs“, nicht aber vor einer Anpassung an die neue betriebliche Situation (vgl. BAG 25. 8. 1975 AP BGB § 242 Gleichbehandlung Nr. 41).

b) Durchführbarkeit der Änderungskündigung

336 Für die Durchführbarkeit der Änderungskündigung gelten die allgemeinen Grundsätze (KDZ/*Däubler/Zwanziger* § 613a BGB Rn. 70; ErfK/*Preis* § 613a BGB Rn. 120). Ist das Kündigungsschutzgesetz auf das Arbeitsverhältnis anwendbar, so ist zu fragen, ob ein dringender betrieblicher Grund die Änderung bedingt und ob sich der Arbeitgeber darauf beschränkt hat, dem Arbeitnehmer nur solche Änderungen vorzuschlagen, deren Annahme ihm zumutbar sind (BAG 27. 11. 2008 NZA 2009, 481, 483). Einen besonderen Kündigungsgrund zur Durchführung der Änderungen nach § 613a Abs. 1 Satz 4 BGB gibt es nicht (*Kania* DB 1994, 529, 531; *Zöllner* DB 1995, 1401, 1403). Gegenteilige Stimmen in der Literatur (MünchKomm/*Müller-Glöge* § 613a BGB Rn. 138; *Röder* DB 1981, 1980, 1982; *Zöllner* DB 1995, 1401, 1403, insbes. Fn. 33) haben sich bislang nicht durchsetzen können. Das Interesse des Erwerbers, in seinem Betrieb einheitliche Vertragsbedingungen zu schaffen, rechtfertigt für sich allein noch keine Änderungskündigung, insbesondere dann nicht, wenn damit eine Entgeltsenkung verbunden ist (BAG 12. 1. 2006 NZA 2006, 587). Ebenso wenig genügt die

Wahrung des Gleichbehandlungsgrundsatzes (BAG 28.4.1982 AP KSchG 1969 § 2 Nr. 3), selbst dann nicht, wenn die Ungleichbehandlung zu einer Störung des Betriebsfriedens führt (BAG 15.3.1991 NZA 1992, 120). Änderungskündigungen, die zu einer erheblichen Lohnsenkung führen, sind nur dann begründet, wenn bei einer Aufrechterhaltung der bisherigen Personalkostenstruktur weitere, betrieblich nicht mehr auffangbare Verluste entstehen, die absehbar zu einer Reduzierung der Belegschaft oder sogar zu einer Schließung des Betriebs führen (BAG 12.1.2006 NZA 2006, 587). (Massen-)Änderungskündigungen zur Vereinheitlichung der Arbeitsbedingungen werden deshalb kaum in Betracht kommen (WHSS/*Hohenstatt* E Rn. 236).

IV. Arbeitsvertragliche Bezugnahme auf den Tarifvertrag

1. Allgemeines

a) Bedeutung

337 Der Tarifvertrag gilt gemäß § 4 Abs. 1 TVG nur für die beiderseits tarifgebundenen Arbeitsvertragsparteien. Der im Arbeitgeberverband organisierte Arbeitgeber müsste demnach bei den Arbeitsbedingungen nach der Zugehörigkeit seiner Arbeitnehmer zur tarifschließenden Gewerkschaft differenzieren. Wegen der damit verbundenen Ungleichbehandlung wären Spannungen in der Belegschaft nicht zu verhindern. Mit großer Selbstverständlichkeit erwarten alle, auch die nichtorganisierten Arbeitnehmer, die Anwendung der tariflichen Mindestbedingungen auf ihre Arbeitsverhältnisse. Im Allgemeinen fragt der Arbeitgeber nicht einmal nach der Gewerkschaftszugehörigkeit; bei der Einstellung wäre diese Frage wegen Art. 9 Abs. 3 GG gar nicht zulässig. Bei **tarifgebundenen Arbeitgebern** ist es deshalb üblich, im Arbeitsvertrag die Anwendung der Tarifbestimmungen auch für die nichtorganisierten Arbeitnehmer zu vereinbaren. Sie fungiert hier als **„Gleichstellungsabrede“** (so die frühere st. Rspr., vgl. BAG 26.9.2001 NZA 2002, 634; *Bauer/Haussmann* DB 2003, 610, 612; *Kempen/Zachert* § 3 TVG Rn. 62; Wiedemann/*Oetker* § 3 TVG Rn. 210 m.w.N.), die das widerspiegeln soll, was tarifrechtlich gilt (*Löwisch/Rieble* § 3 TVG Rn. 229). Sie ersetzt nur die fehlende Mitgliedschaft des Arbeitnehmers in der Gewerkschaft und stellt ihn so, als wäre er tarifgebunden. Das weiß auch der Arbeitnehmer. Üblicherweise wird eine Bezugnahmeklausel nicht von ihm gefordert, sondern sie ist in dem vom Arbeitgeber vorformulierten Arbeitsvertrag bereits enthalten. Will der Arbeitnehmer etwas anderes als die reine Gleichstellung – etwa eine Garantie der bisherigen Tarifbedingungen auch für den Fall, dass der Arbeitgeber den Verband verlässt oder wechselt – so trifft den Arbeitnehmer die „Vereinbarungslast“ (BAG 26.9.2001 NZA 2002, 634).

338 Von diesen Grundsätzen hat sich das BAG mit seiner Entscheidung vom 14.12.2005 (NZA 2006, 607) verabschiedet. Die bisherige Auslegung von

Bezugnahmeklauseln knüpfe an einen Umstand an, der im an sich eindeutigen Wortlaut dynamischer einzelvertraglicher Inbezugnahmen von Tarifverträgen keinen Anhalt finde. Dabei sei es ohne weiteres möglich, die Abhängigkeit der Dynamik in Bezug genommener Tarifverträge oder Tarifwerke von der Tarifgebundenheit des den Vertragswortlaut vorgebenden Arbeitgebers im Vertragstext zweifelsfrei zum Ausdruck zu bringen. Angesichts dessen sei es nicht vertretbar, dem Arbeitnehmer die Aufgabe zuzuweisen, sich gegenüber dem eine an sich eindeutige Vertragsklausel vorgebenden Arbeitgeber zu vergewissern, ob er die Klausel im Hinblick auf seine mögliche Tarifgebundenheit oder unabhängig davon vereinbaren wolle. Es sei problematisch, dass derselbe Vertragswortlaut unterschiedliche Rechtsfolgen auslöse, je nachdem, ob bei Vertragsschluss der für die zweckorientierte Auslegung der bisherigen Rechtsprechung maßgebliche, aber für den Arbeitnehmer als Vertragspartner nicht erkennbare Umstand der Tarifgebundenheit des Arbeitgebers vorliege oder nicht. Deshalb kann nach der neueren Rechtsprechung (BAG 14.12.2005 NZA 2006, 607) **eine einzelvertraglich vereinbarte dynamische Bezugnahme** auf einen bestimmten Tarifvertrag in Verträgen, die **nach dem 31.12.2001 geschlossen** wurden, **nicht mehr als Gleichstellungsabrede qualifiziert werden.** Wurde die Tarifgebundenheit des Arbeitgebers an den im Arbeitsvertrag genannten Tarifvertrag nicht in einer für den Arbeitnehmer erkennbaren Weise zur auflösenden Bedingung der Vereinbarung gemacht, liegt eine konstitutive Verweisungsklausel vor, die durch einen Verbandsaustritt des Arbeitgebers oder einen sonstigen Wegfall seiner Tarifgebundenheit nicht berührt wird (BAG 18.4.2007 NZA 2007, 965; BAG 29.8.2007 NZA 2008, 364). Für die Auslegung von arbeitsvertraglichen Bezugnahmeklauseln in **bis zum 31.12.2001** abgeschlossenen Arbeitsverträgen („Altverträge“) gilt **aus Gründen des Vertrauensschutzes weiter die Auslegungsregel,** wonach die Bezugnahme in einem von einem tarifgebundenen Arbeitgeber vorformulierten Arbeitsvertrag auf die für das Arbeitsverhältnis einschlägigen Tarifverträge regelmäßig als **Gleichstellungsabrede** auszulegen ist, also nur die Gleichstellung nicht tarifgebundener mit tarifgebundenen Arbeitnehmern bezweckt (BAG 14.12.2005 NZA 2006, 607).

339 Bei einem **nicht tarifgebundenen Arbeitgeber** kann die Verweisung von vornherein keine Gleichstellung bezwecken (BAG 25.9.2002 NZA 2003, 807). Wendet ein nicht verbandlich organisierter Arbeitgeber den für sein Unternehmen oder seinen Betrieb einschlägigen Tarifvertrag an, erspart er sich das Aushandeln der Arbeitsbedingungen mit jedem einzelnen Arbeitnehmer (*Hanau/Kania* FS Schaub 1998, S.239, 245f.; *Löwisch/Rieble* § 3 TVG Rn.236; Däubler/*Lorenz* § 3 TVG Rn.217). Die Verweisung dient insoweit der Vereinheitlichung der Arbeitsbedingungen (s. dazu BAG 26.9.2001 NZA 2002, 634). Häufig gewährt auch der nichtorganisierte Arbeitgeber die branchenüblichen Bedingungen. Damit will er aber keinen unabänderlichen Mindeststandard schaffen, sondern seine Bedingungen am sachnächsten Tarifvertrag orientieren, vor allem dann, wenn in seiner Branche üblicherweise nach dem einschlägigen Tarifvertrag entlohnt wird (*Heinze* FS Henckel, S.401, 407; *Hromadka/Maschmann/Wallner* Tarifwechsel Rn. 116; a.A. BAG 25.9.2002 NZA 2003, 807, das den nicht organisierten Arbeitgeber auch bei einem Branchenwechsel an den bisherigen Tarifvertrag binden will).

b) Wirkung

340 Die rechtliche Zulässigkeit einer Bezugnahmeklausel beruht auf dem Grundsatz der Vertragsfreiheit (Art. 2 Abs. 1 GG; § 311 BGB). Der Gesetzgeber selbst hat die Bezugnahme in einigen Bestimmungen ausdrücklich gestattet (z.B. §§ 613a Abs. 1 Satz 4, 622 Abs. 4 Satz 2 BGB; § 13 Abs. 1 Satz 2 BUrlG; § 4 Abs. 4 Satz 2 EfzG; §§ 8 Abs. 4 Satz 4, 12 Abs. 3 Satz 2, 13 Abs. 4 Satz 2, 14 Abs. 2 Satz 4 TzBfG). Die Bezugnahme führt dazu, dass der Inhalt des Tarifvertrags zum Inhalt des Arbeitsvertrags wird. Er wirkt jetzt schuldrechtlich, nicht normativ wie bei beiderseitiger Tarifbindung nach § 4 Abs. 1 TVG (h.M. BAG 7.12.1977 AP TVG § 4 TVG Nachwirkung Nr. 9; statt aller *Thüsing/Lambrich* RdA 2002, 193, 194; a.A. *von Hoyningen-Huene* RdA 1974, 138). Da die Tarifnormen so in Bezug genommen werden, wie sie sind, erlischt die Vereinbarung, wenn der Tarifvertrag endet und nicht nach § 4 Abs. 5 TVG nachwirkt (BAG 29.1.1975 AP TVG § 4 Nachwirkung Nr. 8). Es ist den Parteien aber unbenommen, die Geltung des Tarifvertrags für den Arbeitsvertrag ohne Rücksicht auf dessen tarifrechtliche Geltung (BAG 20.9.2006 AP TVG § 1 Bezugnahme auf Tarifvertrag Nr. 44; BAG 5.6.2007 NZA 2007, 1369) oder gar auf dessen Wirksamkeit (vgl. BAG 7.12.1977 AP TVG § 4 Nachwirkung Nr. 9 m. zust. Anm. *Herschel*) zu vereinbaren. Die Arbeitsvertragsparteien können die Bezugnahmeklausel jederzeit wieder ändern, sie können sie mit einer Ausschlussfrist versehen, und der Arbeitnehmer kann auf Ansprüche aus der Vereinbarung verzichten (BAG 5.11.1963 AP TVG § 1 Bezugnahme auf Tarifvertrag Nr. 1; *Etzel* NZA 1987, Beil. 1 S. 19, 28).

c) Zustandekommen

341 Tarifbestimmungen können durch die ausdrückliche Wiederholung von Tarifnormen oder durch Verweisung auf einzelne Normen oder auf den Tarifvertrag insgesamt zum Inhalt des Arbeitsvertrags werden. Die Verweisung kann schriftlich, mündlich oder konkludent erfolgen (Däubler/*Lorenz* § 3 TVG Rn. 216; Wiedemann/*Oetker* § 3 TVG Rn. 233 m.w.N.). Normalfall ist die schriftliche Verweisung im Arbeitsvertrag. Mitunter kommt auch eine stillschweigende Bezugnahme in Betracht. Das ist zulässig, weil der Arbeitsvertrag nicht formgebunden ist und damit auch die Bezugnahmeklausel keinem Formgebot unterliegt (BAG 19.1.1999 NZA 1999, 879; *Löwisch/Rieble* § 3 TVG Rn. 248; Wiedemann/*Oetker* § 3 TVG Rn. 233 m.w.N.; a.A. *Kempen/Zachert* § 3 TVG Rn. 73). Das Angebot kann darin liegen, dass der Arbeitgeber Tarifbestimmungen anwendet und der Arbeitnehmer das widerspruchslos hinnimmt. Möglich ist auch eine Bezugnahme durch betriebliche Übung (BAG 19.1.1999 NZA 1999, 879; dazu ausf. *Sutschet*

NZA 2008, 679). Allerdings führt auch der mehrfache Nachvollzug einer Tarifänderung zu keiner dauerhaften dynamischen Bindung an den Tarifvertrag (BAG 16.1.2002 NZA 2002, 632). Der Tarifvertrag kann ganz oder teilweise in Bezug genommen werden. Sollen bei einer umfassenden Verweisung bestimmte Regelungen ausgeklammert sein – etwa über eine betriebliche Altersversorgung –, muss diese Einschränkung hinreichend klar zum Ausdruck gebracht werden (BAG 12.12.2006 AP TVG § 1 Bezugnahme auf Tarifvertrag Nr. 55). Umgekehrt rechtfertigt die punktuelle Anwendung einzelner Tarifnormen noch keine umfassende Bezugnahme aller Tarifbestimmungen (BAG 26.9.1990 NZA 1991, 247).

d) Deklaratorische und konstitutive Bezugnahme

342 aa) **Unterschied.** Die Bezugnahme kann deklaratorisch oder konstitutiv gemeint sein:

- Eine **deklaratorische Bezugnahme** ist nichts anderes als ein **Hinweis** auf die geltende Rechtslage. Sie setzt deshalb voraus, dass die Tarifbedingungen schon aus einem anderen Grund gelten, und das setzt wiederum voraus, dass Arbeitgeber und Arbeitnehmer kraft kongruenter Verbandsmitgliedschaft oder allgemeinverbindlichen Tarifvertrags tarifgebunden sind.
- Eine **konstitutive Bezugnahme** bedeutet die **vertragliche Vereinbarung** der einschlägigen tariflichen Bestimmungen. Sie kann sowohl dann erfolgen, wenn Arbeitgeber und Arbeitnehmer tarifgebunden sind, als auch, wenn es an der Tarifbindung fehlt.

343 bb) **Auslegung.** Ob eine Klausel deklaratorisch oder konstitutiv wirkt, entscheidet die Vereinbarung. Bei **Außenseitern**, die keiner Gewerkschaft angehören, ist die Bezugnahme jedenfalls dann konstitutiv, wenn der Tarifvertrag nicht für allgemeinverbindlich erklärt ist. Ferner wirkt eine Verweisungsklausel konstitutiv, wenn ein **räumlich oder fachlich nicht einschlägiger Tarifvertrag** in Bezug genommen wird.

Beispiel: Ein in ganz Deutschland tätiges Unternehmen der Metall- und Elektrobranche vereinbart mit den Arbeitnehmern in seinem Bielefelder Betrieb die Anwendung des Tarifvertrags der Metallindustrie von Nordwürttemberg/Nordbaden (BAG 21.8.2002 NZA 2003, 442: Gleichstellungsklausel in einem tarifgebietsübergreifenden Unternehmen).

344 Dagegen soll nach einer weit verbreiteten Ansicht bei bereits verbandlich organisierten Arbeitsvertragsparteien die Bezugnahme lediglich deklaratorisch sein (*Etzel* NZA 1987 Beil. 1, S. 19, 25; wohl auch *Thüsing/Lambrich* RdA 2002, 193, 202). Das BAG ist zu Recht von der gegenteiligen Ansicht ausgegangen. **Im Zweifel** ist die Verweisung auch bei Organisierten **konstitutiv** gemeint (BAG 22.4.2009 NZA 2010, 41, 44; BAG 29.8.2007 NZA 2008, 364; *Bauer/Günther* NZA 2008, 6, 7; *Bepler* RdA 2009, 65, 72; *Hromadka/Maschmann/Wallner* Tarifwechsel Rn. 103 ff.). Die Unterscheidung ist durchaus bedeutsam: Wirkt die Bezugnahme nur deklaratorisch, bleibt es beim Austritt aus der Gewerkschaft für die (nun ehemals) Organisierten beim nachwirkenden tariflichen Anspruch. Ist sie aber, wie generell bei den Außenseitern, konstitutiver Art, so haben die (ehemals) Organisierten zusätzlich zu ihrem tarifrechtlichen einen arbeitsvertraglichen Anspruch auf die tariflichen Bedingungen. Zwischen beiden gilt das Günstigkeitsprinzip. Das kann Bedeutung erlangen, wenn sich beide nach einem Betriebsübergang auseinanderentwickeln (dazu BAG 12. 12. 2007 NZA 2008, 649; s. auch unten Rn. 365). Um das zu verhindern, kann es sich anbieten, die Wirkung der Bezugnahmeklausel ausdrücklich auf die Arbeitsverhältnisse nicht tarifgebundener Arbeitnehmer zu beschränken (dazu *Preis/Greiner* NZA 2007, 1073, 1079; krit. *Bauer/Günther* NZA 2008, 6, 8).

e) Statische und dynamische Bezugnahme

345 **aa) Inhalt.** Bezugnahmeklauseln können verweisen auf

- den Tarifvertrag xy in der Fassung vom ... (**statische Bezugnahmeklausel**) oder auf den Tarifvertrag xy in seiner jeweiligen Fassung (**kleine oder „zeit"-dynamische Bezugnahmeklausel**)
- den einschlägigen Tarifvertrag, wobei dieser Tarifvertrag genau bezeichnet wird („Tarifvertrag der ... Industrie") oder den jeweils einschlägigen Tarifvertrag, ohne dass dieser Tarifvertrag näher spezifiziert wird (**große dynamische Bezugnahmeklausel, auch „Tarifwechselklausel" genannt**)
- einen anderen, konkret bezeichneten Tarifvertrag
- den gesamten Tarifvertrag („Auf das Arbeitsverhältnis findet der Tarifvertrag ... Anwendung", sog. **Globalverweisung**) oder auf einzelne Materien („Der Urlaub richtet sich nach den Vorschriften des ... Tarifvertrags". „Für die Kündigung gelten die gesetzlichen und tariflichen Bestimmungen").

346 **bb) Statische Bezugnahme.** Die statische Bezugnahme führt dazu, dass alle oder ein Teil der Vorschriften eines bestimmten Tarifvertrags auf Dauer zum Bestandteil des Arbeitsvertrags werden. Die in Bezug genommenen Bestimmungen gelten ohne Rücksicht auf die weitere Entwicklung des Tarifvertrags, also auch, wenn dieser von den Tarifvertragsparteien aufgehoben oder geändert werden sollte (WHSS/*Hohenstatt* E Rn. 180; *Hromadka/Maschmann/Wallner* Tarifwechsel Rn. 121). Es ist so, als wären sie wörtlich in den Arbeitsvertrag aufgenommen worden. Die statische Verweisung kommt in der Praxis selten vor. Die Rechtsprechung (BAG 9. 11. 2005 NZA 2006, 202) nimmt deshalb mit Recht an, dass eine dynamische Verweisung sachnäher ist, weil sie auch künftige Änderungen erfasst und weil sie damit den Interessen der Parteien in der Regel besser gerecht wird, jedenfalls bei Verweisungen auf Entgelttarifverträge (skeptisch aber für solche auf Manteltarifverträge BAG 24. 9. 2008 NZA 2009, 154, 157). **Im Zweifel sei daher eine Verweisung auch ohne eine ausdrückliche Regelung als eine (zeit-) dynamische Bezugnahmeklausel auszulegen** (BAG 26. 9. 2001 NZA 2002, 634, 635). Wenn die Parteien etwas anderes wollten, müssten sie das zum Ausdruck bringen (BAG 16. 8. 1988 NZA 1989, 102). Eine statische Bezugnahme liegt vor, wenn der Arbeitgeber die Höhe des Entgelts im Arbeitsvertrag festlegt und die Verweisung auf die entsprechende Tarifgruppe ersichtlich nur die Lohnfindung erklären soll (*Bauer/Diller* DB 1993, 1085, 1087; *Schwab* BB 1994, 781, 783). Eine statische Bezugnahme ist auch gewollt, wenn die Parteien global auf einen Tarifvertrag verweisen und daneben eine tarifliche Bestimmung in veränderter Form ausdrücklich in den Arbeitsvertrag aufnehmen (LAG Hamm 17.5.1995 LAGE TVG § 3 Bezugnahme auf Tarifvertrag Nr. 4). Schließlich ist von einer statischen Bezugnahme auszugehen, wenn der Tarifvertrag im Arbeitsvertrag ausdrücklich mit Datum bezeichnet wird (wie hier LAG Frankfurt/Main 5.1.1988 LAGE TVG § 3 Bezugnahme auf Tarifvertrag Nr. 2; *Bauer/Günther* NZA 2008, 6; Kempen/Zachert/*Stein* § 3 TVG Rn. 180). Dabei macht es keinen Unterschied, ob es heißt „Der Tarifvertrag vom ...“ oder „Der Tarifvertrag in der Fassung vom ...“. Die Gegenansicht (Staudinger/*Annuß* § 613a BGB Rn. 295; WHSS/*Hohenstatt* E Rn. 181; Däubler/*Lorenz* § 3 TVG Rn. 229) überzeugt nicht. Der Arbeitsvertrag hat klar geregelt, dass der Tarifvertrag in einer bestimmten und eben nicht in seiner jeweiligen Fassung gelten soll. Ohne besondere Anhaltspunkte darf der Wortlaut dieser Klausel nicht überschritten werden, zumal nicht ohne weiteres davon ausgegangen werden kann, dass der Arbeitnehmer auch mit einer Verschlechterung seiner Arbeitsbedingungen einverstanden wäre, wenn die Parteien ihrem Vertrag ausdrücklich eine bestimmte Fassung des Tarifvertrags zugrundegelegt haben. Es besteht kein Anlass, den Arbeitsvertragsparteien aufzugeben, ihre Klausel vor einer abweichenden Auslegung zu schützen („Der Tarifvertrag soll selbst dann nur in der Fassung vom ... gelten, wenn er sich später ändert“).

cc) **Dynamische Bezugnahme.** Bei der dynamischen Verweisung sind zwei Gestaltungsformen zu unterscheiden:

347 (1) Wird Bezug genommen auf die „jeweils für den Arbeitgeber einschlägigen Tarifverträge“, ohne dass diese – insbesondere im Hinblick auf den fachlichen Geltungsbereich – näher konkretisiert werden, so spricht man im Anschluss an *Hromadka/Maschmann/Wallner* (Tarifwechsel Rn. 111) von einer **„großen“ dynamischen Verweisungsklausel** (BAG 29.8.2007 NZA 2008, 364 m.w.N.). Da mit einer solchen Klausel bei einem Branchenwechsel die jeweils sachnächsten Tarifverträge auf alle Arbeitnehmer des Betriebs angewendet werden sollen, ist auch von einer **„Tarifwechselklausel“** die Rede (BAG 16.10.2002 NZA 2003, 390; *Bauer/Günter* NZA 2008, 6).

348 (2) Wird dagegen auf die „Tarifverträge der XY-Industrie in ihrer jeweils geltenden Fassung“ oder auf einzelne Bestimmungen daraus verwiesen, spricht man von einer **„kleinen“ oder „zeit“-dynamischen Verweisungsklausel.** Damit sollen die Regelungen der zeitlich abfolgenden Tarifverträge einer bestimmten Branche angewendet werden (BAG 29.8.2007 NZA 2008, 364 m.w.N.; Staudinger/*Annuß* § 613a BGB Rn. 291; AnwK-ArbR/*Friedrich* § 3 TVG Rn. 90f.).

349 dd) **Wirksamkeit dynamischer Bezugnahmeklauseln.** In der Literatur wurde diskutiert, ob dynamische Bezugnahmeklauseln gegen das **Transparenzgebot** (§ 307 Abs. 1 Satz 2 BGB) verstoßen oder als **überraschende Klauseln** wegen § 305c Abs. 2 BGB unwirksam sind (*Bauer/Haußmann* DB 2003, 613; *Bayreuther* DB 2002, 1008, 1010; *Thüsing/Lambrich* RdA 2002, 193, 201).

Dass Verweisungsklauseln einer Inhalts- und einer Transparenzkontrolle nach § 307 Abs. 1 BGB unterliegen, ist unstreitig, da sie nicht von der Ausnahmevorschrift des § 310 Abs. 4 Satz 1 BGB erfasst werden, der nur Tarifverträge von der AGB-Kontrolle befreit (BAG 9. 5. 2007 AP BGB § 305c Nr. 8). Gleichwohl **halten zumindest kleine dynamische Bezugnahmeklauseln einer AGB-Kontrolle stand** (BAG 24. 9. 2008 NZA 2009, 154, 157 m. w. N.). Die Verweisung auf andere Rechtsnormen ist dem geltenden Recht nicht fremd (BGH 21. 6. 1990 BGHZ 111, 388, 391). Dynamische Bezugnahmeklauseln entsprechen einer üblichen Regelungstechnik und dienen den Interessen beider Parteien, weil das Arbeitsverhältnis als Dauerschuldverhältnis auf die Zukunft gerichtet ist. Das Transparenzgebot verlangt lediglich, dass die tatbestandlichen Voraussetzungen und Rechtsfolgen einer Klausel so genau beschrieben werden, dass für den Verwender keine ungerechtfertigten Beurteilungsspielräume entstehen und der Gefahr vorgebeugt wird, dass der Vertragspartner von der Durchsetzung bestehender Rechte abgehalten wird (vgl. BGH 5. 11. 2003 NJW 2004, 1598). Das ist bei kleinen dynamischen Verweisungsklauseln nicht der Fall (BAG 24. 9. 2008 NZA 2009, 154, 157 m. w. N.). Es genügt, dass die in Bezug genommenen Tarifverträge im Zeitpunkt ihrer jeweiligen Anwendung bestimmbar sind (BAG 13. 3. 2007 NZA-RR 2008, 504 Os; BAG 15. 4. 2008 NZA-RR 2008, 586). Gegen das Überraschungsverbot des § 305c Abs. 2 BGB wird allenfalls dann verstoßen, wenn tarifliche Bestimmungen zum Vertragsinhalt werden sollen, die für die Vertragspartner bei Abschluss des Vertrags schlechterdings nicht vorhersehbar waren (BAG 24. 9. 2008 NZA 2009, 154, 156; Däubler/Dorndorf/Bonin/Deinert/*Däubler* § 305c BGB Rn. 22; *Lakies* AR-Blattei SD 35, Rn. 121).

350 ee) **Auslegung.** Vor der Schuldrechtsreform hat die Rechtsprechung Verweisungsklauseln vor allem nach dem von den Parteien mit ihrer Vereinbarung erstrebten Zweck ausgelegt. Aus dem Zweck ergab sich der Umfang des Bindungswillens (BAG 30. 8. 2000 NZA 2001, 510). Seit dem Urteil vom 14. 12. 2005 (NZA 2006, 607) orientiert sich das BAG – jedenfalls für nach dem 31. 12. 2001 geschlossene Neuverträge – stärker am Wortlaut. Nur ausnahmsweise und bei Altverträgen lässt das Gericht eine Berufung auf den Zweck der Klausel zu. Diesen Paradigmenwechsel hat das BAG in einer Reihe von Entscheidungen bestätigt und ausgebaut (BAG 18. 4. 2007 NZA 2007, 965; BAG 22. 4. 2009 NZA 2010, 41, 44).

351 Für den **tarifgebundenen Arbeitgeber** gilt:

- Eine kleine dynamische Verweisung kann über ihren Wortlaut hinaus nur dann als große dynamische Verweisung (Bezugnahme auf den jeweils für den Betrieb fachlich/betrieblich geltenden Tarifvertrag) ausgelegt werden, wenn sich dies aus besonderen Umständen ergibt (BAG 22. 4. 2009 NZA 2010, 41, 44). Dies gilt auch dann, wenn die Bezugnahmeklausel die Gleichstellung nicht tarifgebundener Arbeitnehmer mit den tarifgebundenen bezweckt. Mangels gegenteiliger Anhaltspunkte beschränkt sich die Gleichstellung auf das benannte Tarifwerk (BAG 29. 8. 2007 NZA 2008, 364). Diese Auslegungsregel gilt nicht nur, wenn auf einen bestimmten

Tarifvertrag verwiesen wird, sondern auch, wenn ohne Einschränkung das gesamte Tarifwerk einer Branche in Bezug genommen wird (BAG 14.12.2005 NZA 2006, 607; BAG 22.10.2008 NZA 2009, 323).

- Die Verweisung auf die Tarifverträge einer bestimmten Branche umfasst regelmäßig auch etwaige Firmentarifverträge zur Abänderung eines Branchentarifvertrags (BAG 22.4.2009 NZA 2010, 41, 44).
- Eine kleine dynamische Verweisung in einem Vertrag, der nach dem 31.1.2001 geschlossen wurde, verweist auch bei einem Verbandsaustritt des Arbeitgebers auf den bisherigen Tarifvertrag in seiner jeweiligen Fassung, wenn eine Tarifgebundenheit des Arbeitgebers an den im Arbeitsvertrag genannten Tarifvertrag nicht in einer für den Arbeitnehmer erkennbaren Weise zur auflösenden Bedingung der Vereinbarung gemacht worden ist. Im Zweifel ist sie als „unbedingte zeitdynamische Verweisung" zu qualifizieren (BAG 18.4.2007 NZA 2008, 965; BAG 22.10.2008 NZA 2009, 323).
- Bei einem Branchenwechsel bleibt es – bei Verträgen, die nach dem 31.1.2001 geschlossen wurden – bei der Verweisung auf den bisherigen Tarifvertrag, und zwar nicht nur in statischer, sondern in dynamischer Form; es gelten also die bisherigen Tarifverträge in ihrer jeweiligen Fassung (BAG 29.8.2007 NZA 2008, 364).
- Wurde eine Tarifwechselklausel wirksam vereinbart, erfasst diese auch den Wechsel von einem Firmen- zu einem Verbandstarifvertrag (BAG 16.10.2002 NZA 2003, 390).

352 Für den **nicht tarifgebundene Arbeitgeber** gilt:

- Im Regelfall kann eine Bezugnahmeklausel bei einem nicht tarifgebundenen Arbeitgeber nicht als Gleichstellungsklausel verstanden werden (BAG 25.9.2002 NZA 2003, 807, 808).
- Sie lässt sich nur dann als große dynamische Klausel auslegen, wenn hierfür besondere Umstände sprechen (BAG 25.9.2002 NZA 2003, 807, 808). Solche besonderen Umstände müssen schon deshalb vorliegen, weil die Arbeitsvertragsparteien auch ausdrücklich im Arbeitsvertrag vereinbaren könnten, dass das Arbeitsverhältnis den für den Betrieb jeweils anzuwendenden „einschlägigen" Tarifverträgen unterstellt wird (BAG 30.8.2000 NZA 2001, 510). Die Parteien müssen also ausdrücklich eine „Tarifwechselklausel" vereinbaren.
- Fehlt es daran, bleibt es auch bei einem Branchenwechsel bei der Verweisung auf den bisherigen Tarifvertrag, und zwar – anders als bei einer Gleichstellungsklausel – nicht nur in statischer, sondern in dynamischer Form; es gelten also die bisherigen Tarifverträge in ihrer jeweiligen Fassung (BAG 25.9.2002 NZA 2003, 807, 809).
- Bei einem Branchenwechsel lässt sich eine Bezugnahmeklausel nur dann nach den Grundsätzen über den Wegfall oder die Änderung der Geschäftsgrundlage (§ 313 BGB) korrigieren, wenn das Festhalten an der ursprünglichen Regelung zu einem untragbaren mit Recht und Gerechtigkeit schlechthin nicht mehr zu vereinbarenden Ergebnis führen würde (BAG 25.9.2002 NZA 2003, 807, 809). Der Branchenwechsel für sich allein genügt nicht.

f) Klauselmuster

353 **aa) Gestaltungsaufgabe des Arbeitgebers.** Angesichts der noch immer im Fluss befindlichen Rechtsprechung ist die Gestaltung rechtssicherer Bezugnahmeklauseln schwierig. Das BAG sieht den Arbeitgeber in der Pflicht. Er habe es als Verwender in der Hand, die Klauseln so zu gestalten, dass entsprechende Vorbehalte in einer für den Arbeitnehmer hinreichend erkennbaren Form zum Ausdruck kämen (BAG 18.4.2007 NZA 2007, 965; BAG 22.10.2008 NZA 2009, 323, 326), so etwa, wenn er als tarifgebundener mit der Bezugnahmeklausel nichts weiter als die Gleichstellung seiner nicht organisierten Arbeitnehmer mit den Gewerkschaftsmitgliedern bezwecke. Wie sich solche Klauseln rechtswirksam gestalten lassen, ist nach wie vor offen. Mittlerweile zeichnen sich erste Regelungsmuster ab, die auch von der Rechtsprechung akzeptiert werden.

Beispiele:

354 **(Kleine (zeit-)dynamische Bezugnahmeklausel).** Im Übrigen gilt der Tarifvertrag XY in seiner jeweils gültigen Fassung. Diese Abrede gilt, weil und solange der Arbeitgeber tarifgebunden ist. Sie bezweckt die Gleichstellung nicht organisierter mit organisierten Arbeitnehmern. Endet oder entfällt die Tarifbindung des Arbeitgebers, gelten die in Bezug genommenen Tarifverträge mit dem Inhalt, den sie bei Ende der Tarifbindung des Arbeitgebers hatten. Das gilt auch im Falle eines Betriebsübergangs.

355 **(Große dynamische Bezugnahmeklausel).** Im Übrigen gelten die jeweils für den Arbeitgeber anwendbaren Tarifverträge in ihrer jeweils gültigen Fassung so, als wäre der Arbeitnehmer Mitglied der tarifschließenden Gewerkschaft. Derzeit sind dies die Tarifverträge der XY-Industrie. Endet oder entfällt die Tarifbindung des Arbeitgebers, gelten die in Bezug genommenen Tarifverträge mit dem Inhalt, den sie bei Ende der Tarifbindung des Arbeitgebers hatten. Wechselt der Arbeitgeber den Verband oder die Branche oder geht der Betrieb auf einen anderen Inhaber über, gelten die dann anwendbaren Tarifverträge in ihrer jeweils gültigen Fassung so, als wäre der Arbeitnehmer Mitglied der tarifschließenden Gewerkschaft (vgl. *Bauer/Günter* NZA 2008, 1, 7).

356 Weitere aktuelle Klauselmuster finden sich bei *Giesen* NZA 2006, 625, 629 ff.; WHSS/*Hohenstatt* E Rn. 214 ff.; *Preis* Arbeitsvertrag, 3. Aufl., S. 1454 ff.; *Zerres* NJW 2006, 3533, 3537. Bestehen im Betrieb mehrere Tarifverträge kann es sich anbieten, dem Arbeitgeber das Recht einzuräumen, den maßgeblichen Tarifvertrag nach billigem Ermessen (§ 315 BGB) zu bestimmen (*Hromadka/Schmitt-Rolfes* Der unbefristete Arbeitsvertrag, 2006, S. 144; *Klebeck* NZA 2006, 15, 20) oder auf den repräsentativsten Tarifvertrag abzustellen (*Preis/Greiner* NZA 2007, 1073, 1078).

357 **bb) Änderung von Klauseln.** Will der Arbeitgeber die bislang von ihm verwendeten Bezugnahmeklauseln an den Stand der geänderten Rechtsprechung anpassen, bedarf es einer Vertragsänderung, für die die allgemeinen Regeln gelten. Lehnt der Arbeitnehmer das Änderungsangebot ab, bleibt dem Arbeitgeber nur der Ausspruch einer Änderungskündigung, die im Anwendungsbereich des KSchG zu ihrer Wirksamkeit sozial gerechtfertigt sein muss (§ 2 KSchG). Ob hierfür die strengen Anforderungen wie bei Änderungskündigungen mit dem Ziel einer Entgeltsenkung gelten, ist umstritten.

Im Schrifttum wird dies zumindest für Fälle verneint, in denen mit der Vertragsänderung keine unmittelbare Entgeltsenkung und kein sofortiger Tarifwechsel bezweckt ist, sondern eine unklar gewordene Gleichstellungsabrede an das geltende Recht angepasst werden soll (*Giesen* NZA 2006, 625, 631; WHSS/*Hohenstatt* E Rn. 216). Die Rechtsprechung sieht das kritischer. Weder das Bedürfnis, unterschiedliche Arbeitsbedingungen im Betrieb zu harmonisieren, noch eine geänderte Rechtslage berechtigen als solche zu einer Änderungskündigung (BAG 12. 1. 2006 NZA 2006, 587).

2. Bezugnahmeklauseln beim Betriebsübergang

a) Grundsatz

358 Bei einem Betriebsübergang ist der Erwerber an eine Bezugnahmeklausel genauso gebunden, wie es vor dem Übergang der Veräußerer war. Nach § 613a Abs. 1 Satz 1 BGB tritt der Inhaber in die Rechte und Pflichten aus den bestehenden Arbeitsverträgen ein. Da die **Bezugnahmeklausel** Bestandteil des Arbeitsvertrags ist, **gilt sie daher für und gegen den neuen Inhaber** (BAG 22. 10. 2008 NZA 2009, 323, 326 m. w. N.). War sie bereits vor dem Übergang als dynamische Klausel auszulegen, ist sie es auch danach. Der Erwerber wird dadurch nicht in seiner negativen Koalitionsfreiheit beeinträchtigt (BAG a. a. O.). Diese schützt den Arbeitgeber allenfalls davor, normativ an Tarifverträge gebunden zu werden, die von einem Verband stammen, in dem er nicht Mitglied ist (BAG 19. 9. 2007 NZA 2008, 241). Eine normative Tarifbindung besteht bei einer Bezugnahmeklausel jedoch gerade nicht. Die Geltung der Tarifnormen beruht vielmehr darauf, dass sie vom Veräußerer privatautonom vereinbart wurden. Dass der Erwerber hieran gebunden wird, ist schlicht Ausfluss der Vertragsbindung (pacta sunt servanda), die beim Betriebsübergang erhalten bleibt (*Bayreuther* Anm. AP TVG § 1 Bezugnahme auf Tarifvertrag Nr. 53; *Brecht-Heitzmann/Lewek* ZTR 2007, 127; *Thüsing* NZA 2006, 473). Der Erwerber, der eine solche Klausel nicht selbst vereinbart hat, kann und muss sich deshalb schon im Vorfeld eines Betriebsübergangs gewissenhaft über die Rechte und Pflichten erkundigen, in die er eintritt (BAG 22. 10. 2008 NZA 2009, 323, 326 m. w. N.; *Melot de Beauregard* NJW 2006, 2522, 2524; *Kast* BB 2008, 450).

359 Nicht anwendbar auf die in Bezug genommenen Tarifnormen ist dagegen § 613a Abs. 1 Satz 2 BGB (BAG 29. 8. 2007 NZA 2008, 364 m. w. N.; statt aller MünchKomm/*Müller-Glöge* § 613a BGB Rn. 144 m. w. N.). § 613a Abs. 1 Satz 2 BGB überführt vor dem Betriebsinhaberwechsel normativ geltende tarifliche Vorschriften in das Arbeitsverhältnis. Die Regelungen des in Bezug genommenen Tarifvertrags waren aber bereits vor diesem Zeitpunkt Inhalt des Arbeitsvertrags. Dass § 613a Abs. 1 Satz 2 BGB nicht anwendbar ist, bedeutet, dass die dort geregelte **Veränderungssperre für die Dauer eines Jahres nicht gilt.** Mit den übernommenen Arbeitnehmern können deshalb unmittelbar nach einem Betriebsübergang Vereinbarungen zur Änderung oder zur Ablösung der bislang anwendbaren Tarifregeln getroffen werden, gleichgültig ob diese günstiger als die bisherigen sind oder nicht (BAG 7.11.2007 NZA 2008, 530). Ob dasselbe auch für Vereinbarungen gilt, die den Erlass rückständiger Arbeitnehmeransprüche regeln oder die betriebliche Altersversorgung zu Lasten des Arbeitnehmers verschlechtern, hat das BAG offengelassen. Bisher hat das Gericht derartige Verschlechterungen nur dann akzeptiert, wenn ein sachlicher Grund für die Regelung bestand (BAG 18.8.1976 NJW 1977, 1168; BAG 29.10.1985 AP BetrAVG § 1 Betriebsveräußerung Nr. 4).

360 Ebenfalls unanwendbar auf Bezugnahmeklauseln ist § 613a Abs. 1 Satz 3 BGB; er gilt auch nicht entsprechend (MünchKomm/*Müller-Glöge* § 613a BGB Rn. 144 m.w.N.). Ebenso wenig ist davon auszugehen, dass die Arbeitsvertragsparteien die Anwendung dieser Vorschrift bei einer dynamischen Bezugnahmeklausel stillschweigend mit vereinbart hätten (BAG 29.8.2007 NZA 2008, 364, 366; *Henssler* FS Schaub, S. 311, 322 f.). Wollen die Arbeitsvertragsparteien auch für den Fall eines durch einen Betriebsübergang herbeigeführten Branchenwechsels des Arbeitgebers die Gleichstellung des Arbeitnehmers auf der Grundlage der dann einschlägigen Tarifverträge, haben sie die Möglichkeit, eine Tarifwechselklausel zu wählen. Schlicht unterstellt werden kann der Wille zum Tarifwechsel jedenfalls nicht (BAG a.a.O.; a.A. LAG Düsseldorf 20.7.2006, 15 [4] Sa 62/06, BeckRS 2006 44009).

361 Welche Bedeutung die Bezugnahmeklausel bei einem Betriebsübergang im Einzelnen hat, richtet sich im Wesentlichen danach, ob der Veräußerer schon vor dem Inhaberwechsel an einen Tarifvertrag gebunden war (s. Rn. 362 ff.) oder nicht (s. Rn. 366 ff.) und ob der Erwerber an denselben, an keinen oder an einen anderen Tarifvertrag wie der Veräußerer gebunden ist.

b) Veräußerer tarifgebunden

362 **aa) Erwerber an denselben Tarifvertrag gebunden.** Sind Veräußerer und Erwerber kraft Mitgliedschaft im gleichen Arbeitgeberverband an denselben Tarifvertrag gebunden, gelten für organisierte Arbeitnehmer die bislang anwendbaren Tarifverträge kollektivrechtlich fort, weshalb § 613a Abs. 1 Satz 2 BGB als bloße Auffangnorm nicht zum Zuge kommt. Da die Bezugnahmeklausel beim tarifgebundenen Veräußerer – zumindest in Altverträgen, die vor dem 1.1.2002 geschlossen wurden – die Gleichstellung aller Arbeitnehmer bezweckt, gelten die beim Veräußerer anwendbaren Tarifverträge auch für die nichtorganisierten in ihrer jeweiligen Fassung, allerdings kraft Arbeitsvertrags. An diese arbeitsvertragliche Verweisung ist der Erwerber wegen § 613a Abs. 1 Satz 1 BGB gebunden, weshalb auch er allen Arbeitnehmern die Tarifbedingungen in ihrer jeweiligen Fassung zu gewähren hat (vgl. BAG 22.10.2008 NZA 2009, 323, 326 m.w.N.).

363 **bb) Erwerber nicht tarifgebunden.** Ist der Erwerber nicht an den beim Veräußerer geltenden Tarifvertrag gebunden, so findet über die Bezugnahmeklausel, die für den Erwerber nach § 613a Abs. 1 Satz 1 BGB gilt, der bisherige Tarifvertrag weiterhin Anwendung, jedoch nur in der Fassung, die er zum Zeitpunkt des Betriebsübergangs hatte. An der weiteren Tarifentwicklung nehmen die auf den Erwerber übergegangenen Arbeitnehmer selbst dann nicht teil, wenn in ihren Arbeitsverträgen dynamisch auf den beim Veräußerer geltenden Tarifvertrag in seiner jeweiligen Fassung oder die jeweils beim Veräußerer geltenden Tarifverträge verwiesen wurde (BAG 29.8.2001 NZA 2002, 513; BAG 20.6.2001 NZA 2002, 517). Dieses auf den ersten Blick verwunderliche und deshalb kritisierte Ergebnis (*Thüsing/Lambrich* RdA 2002, 193, 210) ist richtig und passt in das vom BAG entwickelte System. Wenn die Bezugnahmeklausel beim tarifgebundenen Arbeitgeber als **Gleichstellungsabrede** fungiert, soll für die nichtorganisierten Arbeitnehmer dasselbe wie für die organsierten gelten. Bei ihnen sorgt § 613a Abs. 1 Satz 2 BGB dafür, dass der bisherige Tarifvertrag auch dann beim Erwerber gilt, wenn dieser nicht tarifgebunden ist, weil ohne die Tarifbedingungen die Arbeitsverhältnisse inhaltsleer zu werden drohen. Der Schutzzweck des § 613a Abs. 1 Satz 2 BGB – Erhalt des bisherigen tariflichen Standards – verlangt bei Organisierten aber nicht die Fortwirkung des bisherigen Tarifvertrags in seiner jeweiligen Fassung; es genügt, dass er in der Fassung beim Erwerber anwendbar ist, in der er zum Zeitpunkt des Betriebsübergangs beim Veräußerer gegolten hat. Eine Dynamisierung ist nicht erforderlich. Da aber die Organisierten beim Erwerber nicht an der weiteren Tarifentwicklung teilhaben, kann für nicht Nichtorganisierte nichts anderes gelten, wenn über die Bezugnahmeklausel beide gleichgestellt werden sollen (wie hier BAG 29.8.2001 NZA 2002, 513; BAG 20.6.2001 NZA 2002, 517; *Löwisch/Rieble* § 3 TVG Rn. 232, 234; a.A. *Annuß* AuR 2002, 361; Däubler/*Lorenz* § 3 TVG Rn. 246; *Prange* NZA 2002, 817, 821; *Thüsing/Lambrich* RdA 2002, 193, 203 ff., 213). Fungiert die Bezugnahmeklausel nicht als Gleichstellungsabrede – und das ist bei nach dem 31.12.2001 geschlossenen **Neuverträgen** regelmäßig der Fall, soweit die Tarifgebundenheit des Arbeitgebers an den im Arbeitsvertrag genannten Tarifvertrag nicht in einer für den Arbeitnehmer erkennbaren Weise zur auflösenden Bedingung der Vereinbarung gemacht worden ist (BAG 22.10.2008 NZA 2009, 323) –, bleibt es bei der dynamischen Fortwirkung der bisherigen Tarifverträge (BAG 14.12.2005 NZA 2006, 607; BAG 22.10.2008 NZA 2009, 323, 326 m.w.N.). Enthält die Klausel in einem Neuvertrag dagegen einen eindeutigen Hinweis, dass es sich um eine Gleichstellungsabrede handelt und die Tarifdynamik bei einem Betriebsübergang auf einen nicht mehr tarifgebundenen Erwerber enden soll (s. das Muster „kleine dynamische Bezugnahmeklausel" in Rn. 354), hat es damit sein Bewenden. Der bisher geltende Tarifvertrag wirkt nur noch statisch in der Fassung zum Zeitpunkt des Betriebsübergangs fort (*Bauer/Günther* NZA 2008, 6, 10).

364 cc) **Erwerber anders tarifgebunden.** Ist der Erwerber an einen anderen Tarifvertrag als der Veräußerer gebunden, gilt der beim Erwerber anwendbare Tarifvertrag für die auf ihn übergegangenen Arbeitnehmer nur dann, wenn sie Mitglied der den „Erwerber-Tarifvertrag" schließenden Gewerkschaft sind oder werden. Fehlt es daran, gilt für sie der beim Veräußerer geltende Tarifvertrag weiter, allerdings nur in der Fassung, die er zur Zeit des Betriebsübergangs hatte; an der weiteren Tarifentwicklung nehmen die übergegangenen Arbeitnehmer nicht mehr teil (BAG 21.2.2001 NZA 2001, 1318; BAG 1.8.2001 NZA 2002, 41). Für die nichtorganisierten Arbeitnehmer kann nichts anderes, vor allem nichts Besseres als für die organisierten gelten, wenn Zweck der Bezugnahme die Gleichstellung aller Arbeitnehmer ist, was **bei Altverträgen, die vor dem 1.1.2002 geschlossen wurden,** regelmäßig anzunehmen ist (BAG 18.4.2007 NZA 2007, 965). Von daher gelten **auch bei den nichtorganisierten Arbeitnehmern nach einem Betriebsübergang die bisherigen Tarifbedingungen statisch weiter,** und zwar selbst dann, wenn eine große dynamische Bezugnahmeklausel vereinbart wurde, die auf die für den Arbeitgeber jeweils einschlägigen Tarifverträge verweist (wie hier BAG 29.8.2001 NZA 2002, 513; BAG 20.6.2001 NZA 2002, 517).

365 **Bei Neuverträgen, die nach dem 31.12.2001 geschlossen wurden, ist zu differenzieren.** Enthält die Bezugnahmeklausel keine besonderen Regelungen für den Fall eines Betriebsübergangs oder eines Branchenwechsels, der zu einem Tarifwechsel führt, sondern verweist sie schlicht auf die beim Arbeitgeber geltenden Tarifverträge in ihrer jeweiligen Fassung, so gilt diese Vertragsbestimmung als kleine dynamische Bezugnahmeklausel, die auch nach dem Betriebsübergang die jeweilige Fassung der beim Veräußerer geltenden Tarifverträge für den Erwerber verbindlich macht. An diese ist der Erwerber sogar dann gebunden, wenn bei ihm ein allgemeinverbindlicher Tarifvertrag gilt und die bisherige Tarifregelung für die übernommenen Arbeitnehmer günstiger war (BAG 29.8.2007 NZA 2008, 364, 366). Es kollidieren hier nicht zwei Tarifverträge, sondern ein Tarifvertrag mit einer arbeitsvertraglichen Regelung. Für diesen Kollisionsfall gilt das Günstigkeitsprinzip, § 4 Abs. 3 TVG (BAG a.a.O.; anders noch BAG 23.3.2005 NZA 2005, 1003). Im Ergebnis führt dies zur parallelen Geltung verschiedener Tarifverträge im selben Betrieb. Diese „Tarifpluralität“ hat das BAG bislang nicht akzeptiert, sondern nach den für die „Tarifkonkurrenz“ geltenden Grundsätzen aufgelöst. Maßgeblich war allein der für den Betrieb speziellere Tarifvertrag, auch wenn sich dieser zuweilen schwer bestimmen ließ und die Nichtanwendung des allgemeineren Tarifvertrags von der Literatur als schwerer Verstoß gegen die positive Koalitionsfreiheit der anders organisierten Arbeitnehmer angesehen wurde (zur Kritik *Jacobs* NZA 2008, 325; *Reichold* RdA 2007, 321; *Bayreuther* NZA 2006 642; *ders.,* NZA 2007 187). Das BAG ist dabei, den Grundsatz der Tarifeinheit im Betrieb aufzugeben (BAG 29.8.2007 NZA 2008, 364, 366; BAG 27.1.2010, 4 AZR 549/08 (A). Darauf werden sich die Unternehmen einstellen müssen. Enthält die Klausel in einem Neuvertrag dagegen einen eindeutigen Hinweis, dass es sich um eine Tarifwechselklausel handelt (s. oben das Muster in Rn. 355) hat es damit sein Bewenden. Ob eine solche Klausel einer Inhalts- und Transparenzkontrolle standhält, ist offen, aber zu bejahen (vgl. *Bauer/Günter* NZA 2008, 1, 7; *Giesen* NZA 2006, 625, 630; *Preis* Arbeitsvertrag II V 40 Rn. 112).

c) Veräußerer nicht tarifgebunden

aa) Erwerber nicht tarifgebunden. Nimmt der Veräußerer, obwohl er nicht verbandlich organisiert ist, einen Tarifvertrag in Bezug, liegt darin keine Gleichstellungabrede; vielmehr bezweckt der Veräußerer die Vereinheitlichung der Arbeitsbedingungen. Daran ist der Erwerber gebunden. Hat der Veräußerer einen Tarifvertrag dynamisch in Bezug genommen, gilt das wegen § 613a Abs. 1 Satz 1 BGB auch für den Erwerber (wie hier BAG 25. 9. 2002 NZA 2003, 807). **366**

bb) Erwerber tarifgebunden. Hat der nicht verbandlich organisierte Veräußerer einen bestimmten Tarifvertrag in Bezug genommen, ist der Erwerber daran gebunden. Es fragt sich aber, ob eine vom Veräußerer vereinbarte große dynamische Bezugnahmeklausel, mit der die jeweils für den Betrieb geltenden Tarifverträge angewendet werden sollen, nach einem Betriebsübergang automatisch auf die beim Erwerber geltenden Tarifverträge verweist. Das soll nach der Rechtsprechung nur unter besonderen Umständen der Fall sein (BAG 25. 9. 2002 NZA 2003, 807). Hatte bereits der Veräußerer ausdrücklich eine „Tarifwechselklausel" vereinbart, so spricht nichts dagegen, dass der Erwerber von dieser Klausel nach einem Betriebsübergang Gebrauch macht. Konnte der Veräußerer den Tarifwechsel bewerkstelligen, muss dies auch dem Erwerber möglich sein, da er das Arbeitsverhältnis genau so übernimmt, wie er es vorgefunden hat. **367**

E. Umstrukturierung und Belegschaftsvertretungen

I. Grundgedanken

1. Strategische Vorüberlegungen

368 Die Gestaltung der „Betriebsratslandschaft"– im Sinne der Struktur der Betriebe als betriebsverfassungsrechtlich relevanter Einheiten und der Organisation ihrer Belegschaftsvertretungen – bedarf bei einer Umstrukturierung aus mehreren Gründen einer sorgfältigen Planung. Nach ihr richtet sich nicht nur, ob eine Umstrukturierung Mitbestimmungsrechte – etwa nach § 111 BetrVG – auslöst. Auch die Zuständigkeit einer Belegschaftsvertretung für aus- und eingegliederte Betriebe und Betriebsteile hängt davon ab. Diese hat wiederum Auswirkungen auf die Größe des Betriebs, nach der sich die Zahl der Betriebsratsmitglieder (§ 9 BetrVG) und der Freistellungen (§ 38 BetrVG) richtet. Möglicherweise müssen Belegschaftsvertretungen außerplanmäßig neu gewählt werden (§ 13 Abs. 2 Nr. 1, § 21a Abs. 1 Satz 2 BetrVG). Umstrukturierungen können auch Auswirkungen auf den Gesamtbetriebsrat (s. unten II), den Konzernbetriebsrat (s. unten III) und die sonstigen Organe der Betriebsverfassung (Jugend- und Auszubildendenvertretung, Schwerbehindertenvertretung, Sprecherausschuss) haben. Noch größerer Sorgfalt bedarf die Prüfung, ob und wie die bisherigen Betriebs- und Gesamtvereinbarungen nach einer Umstrukturierung fortwirken (s. Rn. 401 ff.). Gegebenenfalls müssen Leistungen aus einer Gesamtbetriebsvereinbarung des Veräußerers „geschlossen" oder mittels Überleitungsvereinbarung für den Erwerber „passend" gemacht werden (s. Rn. 454 ff.)

2. Umstrukturierung nur auf Unternehmens- bzw. Gesellschafterebene

369 Schlägt eine Umstrukturierung nicht auf die Ebene des Betriebs durch, bleibt dort alles beim Alten (*Thüsing* DB 2004, 2474). Der Betriebsrat bleibt im Amt, und die Betriebsvereinbarungen – nicht nur die örtlichen, sondern auch die Gesamt- und Konzernbetriebsvereinbarungen (BAG 18. 9. 2002 NZA 2003, 670) – gelten normativ fort, auch für Neueingestellte.

370 Das gilt zunächst für den **Share Deal.** In diesem Fall bleibt der Unternehmensträger derselbe, nur die Gesellschafter wechseln. An der Betriebsorganisation ändert sich dadurch allein nichts. Mitbestimmungsrechte – etwa nach § 111 BetrVG – bestehen bei solchen, ausschließlich auf die Ebene der Gesellschafter bezogenen Änderungen nicht (*Fitting* § 111 BetrVG Rn. 56; Richardi/*Annuß* § 111 BetrVG Rn. 124 ff.; a. A. DKK/*Däubler* § 111 BetrVG Rn. 102). Zu denken ist allenfalls an die Unterrichtung des Wirtschaftsausschusses nach § 106 BetrVG (s. Rn. 470 ff.) sowie an die Pflicht zur Betriebsratsinformation nach § 10 Abs. 5 WpÜG, falls das zu veräußernde Unternehmen börsennotiert ist und das Angebot zum Erwerb seiner Aktien öffentlich erfolgt (§ 1 Abs. 1 WpÜG). In diesem Fall muss die Angebotsunterlage des „Bieters“ bestimmte Angaben über die Auswirkungen des Angebots auf die Arbeitnehmer und ihre Vertretungen sowie über wesentliche Änderungen der Beschäftigungsbedingungen einschließlich der insoweit vorgesehenen Maßnahmen enthalten (§ 14 Abs. 4 Satz 2, 35 Abs. 2 Satz 2, 11 Abs. 2 S. 3 Nr. 2 WpÜG).

371 Aber auch dort, wo der Arbeitgeber wechselt, kann auf der betrieblichen Ebene alles beim Alten bleiben. Das ist der Fall, wenn der **Erwerber den gesamten Betrieb** übernimmt (BAG 11. 10. 1995 NZA 1996, 495; WHSS/*Schweibert* C Rn. 8; Richardi/*Thüsing*, § 21 BetrVG Rn. 28). Der Betrieb bleibt erhalten, weshalb auch der Betriebsrat im Amt bleibt. Der Erwerber tritt von Rechts wegen in die im Betrieb des Veräußerers bestehenden Arbeitsverhältnisse ein, auch in die von Mitgliedern des Betriebsrats. Das war nicht immer so. Vor Einfügung des § 613a in das BGB im Jahre 1972 ging bei einem Betriebsübergang das Arbeitsverhältnis nur nach Abschluss eines dreiseitigen Vertrags zwischen Veräußerer, Erwerber und Arbeitnehmer auf den Erwerber über (BAG 18. 2. 1960, 29. 11. 1962 AP Nr. 1, 6 zu § 419 BGB Betriebsnachfolge). Der Erwerber konnte sich also aussuchen, welche Arbeitnehmer er bei einem Betriebsübergang übernehmen wollte. Einem Betriebsrat konnte er die Übernahme verweigern. Genau das sollte durch § 613a BGB verhindert werden, wobei es das erklärte Ziel des Gesetzgebers war, die Kontinuität des Betriebsratsamts zu wahren (vgl. RegE BT-Drucks. VI/178, S. 27f). All dies gilt, wenn § 613a BGB direkt anwendbar ist, d. h. bei der Einzelrechtsnachfolge, aber auch dort, wo § 324 UmwG bei einer Gesamtrechtsnachfolge nach dem UmwG auf § 613a BGB verweist – also bei der Verschmelzung und bei der Spaltung von Unternehmen, jedenfalls soweit diese keine Auswirkung auf die Betriebsebene haben.

3. Umstrukturierung (auch) auf Betriebsebene

372 Die Umstrukturierung des Unternehmens (Rechtsträgers) kann auf die Betriebsebene durchschlagen und dann zu einer Änderung der Betriebsratslandschaft führen. So liegt es, wenn nur ein Betriebsteil ausgegliedert wird oder wenn ein Erwerber nicht den ganzen Betrieb kauft, sondern nur eine Abteilung. Betriebsspaltungen können auch ohne Unternehmensspaltung vorkommen, um etwa eine erst spätere Ausgliederung vorzubereiten. Zur Vereinfachung wird im Folgenden nur die Spaltung eines Betriebs betrachtet und dies ohne Rücksicht auf den dahinter stehenden Rechtsträger. Für den umgekehrten Fall des Zusammenschlusses von Betrieben gilt das Gesagte entsprechend.

II. Betriebsrat nach Umstrukturierung

1. Organisatorische Grundannahmen

373 Die Vielzahl möglicher Varianten für die Betriebsratslandschaft nach einer Umstrukturierung lässt sich auf wenige Grundtypen zurückführen. Die nachfolgende Fallanalyse geht von einer einfachen Prämisse aus: Aus einem Betrieb wird ein Betriebsteil – eine bisher unselbständige Abteilung – organisatorisch verselbständigt. Zurück bleibt der Restbetrieb. Mit dem ausgegliederten Betriebsteil kann dreierlei geschehen:

- Er kann mit dem Restbetrieb weiterhin gemeinsam geführt werden.
- Er kann in Zukunft selbständig geführt werden.
- Er kann mit einem anderen Betrieb zusammengelegt werden, der demselben oder einem anderen Inhaber gehört.

Das Schaubild zeigt, wie die Betriebsratslandschaft nach einer Umstrukturierung aussehen kann:

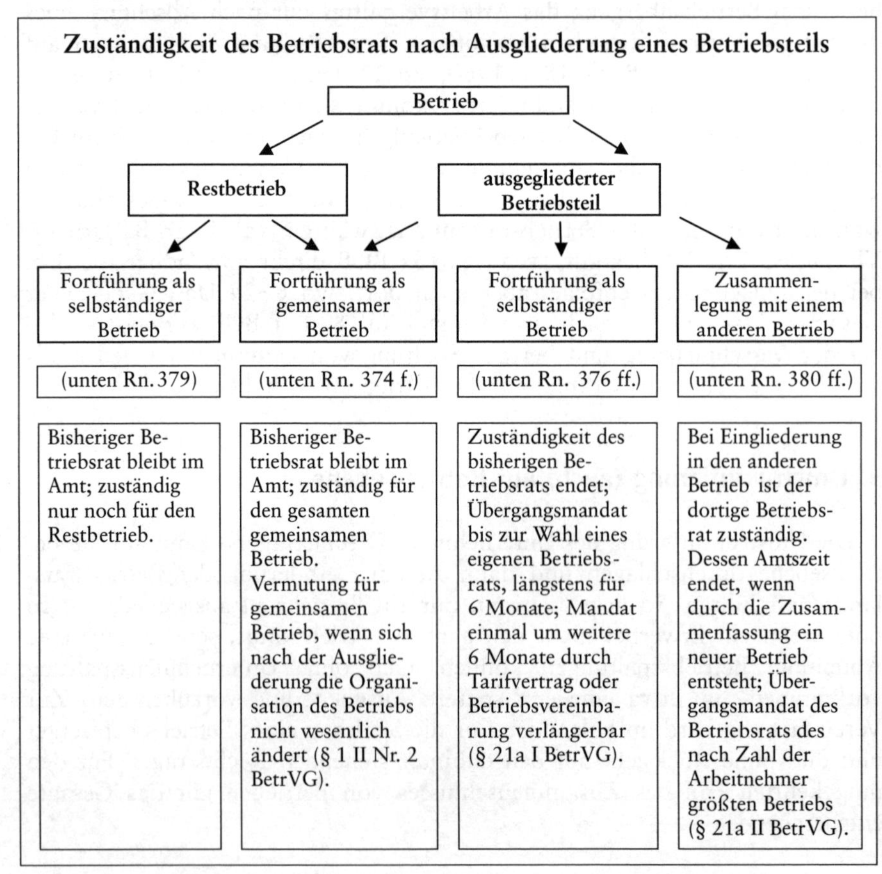

2. Gemeinsame Führung von Restbetrieb und ausgegliedertem Betriebsteil

a) Voraussetzungen

374 Trotz einer rechtlichen Verselbständigung können Restbetrieb und ausgegliederter Betriebsteil einheitlich geführt werden. In diesem Fall entsteht ein **Gemeinschaftsbetrieb** mehrerer Unternehmen (§ 1 Abs. 1 Satz 2 BetrVG) mit der Folge, dass der bisherige Betriebsrat sein ordentliches Vollmandat für den Restbetrieb und den Betriebsteil behält und deshalb weder ein Rest- noch ein Übergangsmandat (§§ 21a, 21b BetrVG) benötigt. Häufig wird der Gemeinschaftsbetrieb eine Zwischenstufe auf dem Weg zu einer vollständigen Betriebsspaltung sein; manchmal dient er schlicht der „Beruhigung der Gemüter" (WHSS/*Willemsen* B Rn. 125 f.). Ein Gemeinschaftsbetrieb besteht, wenn die in einer Betriebsstätte vorhandenen materiellen und immateriellen Betriebsmittel für einen einheitlichen arbeitstechnischen Zweck zusammengefasst, geordnet und gezielt eingesetzt werden (st. Rspr., vgl. nur BAG 13.8.2008 NZA-RR 2009, 255). Darüber hinaus muss der Einsatz des Personals von einem **einheitlichen Leitungsapparat** gesteuert werden. Dazu fordert die Rechtsprechung den zumindest stillschweigenden Abschluss einer **Führungsvereinbarung**, auf Grund derer die Unternehmen ihre Funktion als Arbeitgeber in den sozialen und personellen Angelegenheiten des Betriebsverfassungsgesetzes institutionell einheitlich wahrnehmen (BAG 18.10.2006 NZA 2007, 552). Ohne Führungsvereinbarung könne – so das BAG – der gemeinsame Betrieb nicht gelenkt werden, da der Leitungsapparat sonst keine Befugnisse hätte, gegenüber den Arbeitnehmern des anderen Unternehmens zu handeln; nur sie ermögliche es, den Adressaten der Beteiligungsrechte klar und präzise zu bestimmen und die einheitliche Willensbildung zu gewährleisten (BAG 14.9.1988 NZA 1989, 190). Die bloße Zusammenarbeit der Unternehmen – selbst auf Grundlage von Beherrschungs- oder Konzernverträgen – genügt daher nicht (BAG 12.11. 1998 NZA 1999, 590; BAG 29.4.1999 NZA 1999, 932); sie belegt nur die Kooperation, nicht die einheitliche Organisation. Die gemeinsame Leitung der beteiligten Unternehmen muss den Kern der Arbeitgeberfunktionen in den sozialen und personellen Angelegenheiten ausmachen (BAG 24.1.1996 NZA 1996, 1110). Diese muss kraft der Führungsvereinbarung einheitlich für und gegen alle Vertragsarbeitgeber wahrgenommen werden (BAG 13.6. 1985 NZA 1986, 600). Das **Bestehen eines solchen Gemeinschaftsbetriebs** – genauer: der für ihn charakteristischen Führungsvereinbarung zwischen den Trägerunternehmen – wird in den Ausgliederungsfällen von § 1 Abs. 2 Nr. 2 BetrVG widerlegbar vermutet, wenn sich nach der Unternehmensumstrukturierung die Betriebsorganisation nicht wesentlich verändert (BAG 11.2. 2004 NZA 2004, 619; 22.6.2005 NZA 2005, 1248). Die Führungsvereinbarung begründet dabei regelmäßig eine BGB-Gesellschaft (vgl. BAG 16.4. 2008 NZA-RR 2008, 583).

b) Rechtsfolgen

375 Kommt es nach der rechtlichen Ausgliederung der Betriebsabteilung zur Bildung eines Gemeinschaftsbetriebs, liegt mitbestimmungsrechtlich **keine Betriebsspaltung** i.S.d. § 111 Satz 3 Nr. 3 BetrVG vor (ErfK/*Kania* § 111 BetrVG Rn. 14). Da der Betriebsrat des Restbetriebs weiterhin für die Arbeitnehmer der ausgegliederten Abteilung zuständig bleibt, sind Beteiligungsrechte in der Tat nicht angezeigt. Zu einer mitbestimmungspflichtigen Betriebsspaltung kommt es erst, wenn der Gemeinschaftsbetrieb aufgelöst wird (Richardi/*Annuß* § 111 BetrVG Rn. 101). Dazu bedarf es der Beendigung der den Gemeinschaftsbetrieb konstituierenden Führungsvereinbarung, die grundsätzlich jederzeit möglich ist, und der Einsetzung einer eigenständigen Leitung für die Betriebsabteilung (BAG 12. 11. 1998 NZA 1999, 715; *Gaul* NZA 2003, 695, 696; *Richardi* § 1 BetrVG Rn. 75).

3. Organisatorische Verselbständigung des Betriebsteils zu einem eigenen Betrieb

a) Voraussetzungen

376 Die organisatorische Verselbständigung einer Abteilung zu einem Betrieb verlangt nicht unbedingt die räumliche Trennung der Belegschaft. Weder sind Maschendrahtzäune quer durch das Betriebsgelände zu ziehen, noch muss den Arbeitnehmern des ausgegliederten Betriebsteils verboten werden, die bisher gemeinsam genutzte Infrastruktur (z.B. Parkplatz, Kantine, Werksarzt, Personaleinkauf) weiterhin in Anspruch zu nehmen. Entscheidend ist, **dass die einheitliche Leitung von Betrieb und ausgegliedertem Betriebsteil aufgehoben wird.** Dazu muss die ausgegliederte Einheit eine eigene Führung erhalten, die ohne Weisungsgebundenheit vom Restbetrieb selbständig über alle Angelegenheiten entscheiden kann, die der Mitbestimmung unterliegen (vgl. BAG 13. 8. 2008 NZA-RR 2009, 255). Überdies bedarf es der Entflechtung bislang einheitlicher, abteilungsübergreifender Arbeitsprozesse (BAG 24. 1. 1996 NZA 1996, 1110; BAG 22. 6. 2005 NZA 2005, 1298). Ändert sich die Betriebsorganisation nach einer Ausgliederung nicht wesentlich, vermutet § 1 Abs. 2 Nr. 2 BetrVG das Fortbestehen eines Gemeinschaftsbetriebs. Soll die Vermutung widerlegt werden, genügt es nicht, wenn Veräußerer und Erwerber zwar vereinbaren, keinen Gemeinschaftsbetrieb schaffen zu wollen, den Restbetrieb und den Betriebsteil de facto aber gemeinsam führen. Allerdings heißt „gemeinsam führen" mehr als unternehmerisch zusammenzuarbeiten (BAG 13. 8. 2008 NZA-RR 2009, 255, 257 m.w.N.; *Fitting* § 1 BetrVG Rn. 82; *Richardi* § 1 BetrVG Rn. 67; WHSS/*Hohenstatt* D Rn. 40). Es darf – in der Terminologie des BAG – kein „einheitlicher Leitungsapparat" zwischen den Unternehmen bestehen, „dem der Kern der Arbeitgeberfunktionen im sozialen und personellen Bereich zugewiesen ist" (BAG 31. 5. 2000 NZA 2000, 1350; BAG 16. 4. 2008 NZA-RR 2008, 583).

Zur Widerlegung von § 1 Abs. 2 BetrVG dürfte im Regelfall genügen, eine Person einzusetzen, die das operative Personalgeschäft für den ausgegliederten Betriebsteil führt und die sämtliche der Mitbestimmung unterliegenden Fragen autonom, d. h. ohne Bindung an Weisungen der Betriebsleitung des Restbetriebs entscheiden kann (*Rieble* FS Wiese 453, 476). Eine Separierung der Belegschaften auf einem einheitlich genutzten Werksgelände dürfte in der Praxis kaum möglich sein, ist aber auch nicht erforderlich, da die gemeinsame Nutzung von Betriebsmitteln für sich allein noch nicht auf einen Gemeinschaftsbetrieb hindeutet, wie sich unschwer aus § 1 Abs. 2 Nr. 1 BetrVG ergibt; hinzukommen muss der gemeinsame Personaleinsatz (*Richardi* § 1 BetrVG Rn. 74). Ein solcher besteht, wenn das im ausgegliederten Betriebsteil beschäftigte Personal auch nach der Ausgliederung von den Leitungsorganen des Restbetriebs eingesetzt wird, weil die Arbeitsabläufe noch nicht vollständig entkoppelt wurden (*Annuß* NZA-Sonderheft 2001, 12, 16). Es darf – in den Worten des BAG – **kein „arbeitgeberübergreifender Personaleinsatz" erfolgen** (BAG 24. 1. 1996 NZA 1996, 1110; 22. 6. 2005 NZA 2005, 1248). Wann ein solcher vorliegt, ist streitig. Manche lassen es ausreichen, dass der für die Erbringung der Arbeitsleistung maßgebliche Ordnungsrahmen (Arbeitszeit, betriebliche Ordnung usw.) unterschiedlich ausgestaltet ist (*Fitting* § 1 BetrVG Rn. 87; *Richardi*, § 1 BetrVG Rn. 74). Das ist sicher zu wenig, wenn der Ordnungsrahmen schlicht die Nutzung der gemeinsamen Betriebsstätte betrifft. Andere stellen auf Serviceleistungen ab, die ein Unternehmen einheitlich für den gemeinsamen Standort erbringt, z. B. die Lohn- und Gehaltsabrechnung oder die Aktenführung (vgl. BAG 11. 2. 2004 NZA 2004, 618, 619), oder dass Funktionsträger (Datenschutzbeauftragter, Umweltbeauftragter, Fachkraft für Arbeitssicherheit usw.) ihre Aufgaben einheitlich für den gesamten Standort wahrnehmen (LAG Hessen 13. 2. 2003, 9 TaBV 100/02). Doch auch das bewegt sich in den Bahnen schlichter Zusammenarbeit, wenn damit nicht zugleich die einheitliche Leitung des Betriebs einhergeht (BAG 13. 8. 2008 NZA-RR 2009, 255, 259). Zu dem von der Rechtsprechung verlangten „arbeitgeberübergreifenden Personaleinsatz" kommt es in der Tat erst dann, wenn es für den gemeinsamen Standort nicht nur eine einheitliche Personal*verwaltung*, sondern eine **gemeinsame Personal*leitung*** gibt, die über die der Mitbestimmung unterliegenden personellen und sozialen Angeht gelegenheiten für und gegen alle Unternehmen entscheiden kann (BAG 13. 8. 2008 NZA-RR 2009, 255, 259; WHSS/*Hohenstatt* D Rn. 30). Dass Arbeitnehmer einem anderen Arbeitgeber zur Arbeitsleistung überlassen werden, genügt jedenfalls nicht (BAG 16. 4. 2008 NZA-RR 2008, 583); bei einer solchen Personalgestellung richtet sich die betriebsverfassungsrechtliche Stellung der überlassenen Arbeitnehmer nach § 14 AÜG (BAG 10. 3. 2004 NZA 2004, 1340). **Anhaltspunkte für einen gemeinschaftlichen Personaleinsatz** können eine gemeinsame Diensteinsatz- oder Urlaubsplanung oder eine arbeitgeberübergreifende Vertretung während der Urlaubs- und Krankheitszeiten sein (vgl. BAG 13. 8. 2008 NZA-RR 2009, 255, 259); ferner die Personenidentität in der Unternehmensleitung (BAG NZA 2005, 1080 Os. = NJOZ 2005, 3725) sowie das Bestehen einer gemeinsamen Per-

377

sonalabteilung, die nicht lediglich Beratungs- und Unterstützungsleistungen (Vergütungsabrechnung, Personalaktenführung usw.) erbringt (BAG 13.8. 2008 NZA-RR 2009, 255, 259), sondern von einer Person geleitet wird, die die wesentlichen Entscheidungen in personellen und sozialen Angelegenheiten für alle am Gemeinschaftsbetrieb beteiligten Unternehmen einheitlich trifft (BAG 11.2.2004 NZA 2004, 618).

b) Folgen für den abgespaltenen Betriebsteil

378 Mit der Verselbständigung eines Betriebsteils zu einem eigenen Betrieb endet die Zuständigkeit des bisherigen Betriebsrats, weil die im abgespaltenen Betriebsteil Beschäftigten nicht mehr zum Restbetrieb gehören. Ist der Betriebsteil betriebsratsfähig, d.h. sind dort regelmäßig mindestens 5 Arbeitnehmer beschäftigt, von denen drei wählbar sind (§ 1 Abs. 1 Satz 1 BetrVG), erhält der bisher zuständige Betriebsrat kraft Gesetzes ein **Übergangsmandat** (§ 21a Abs. 1 BetrVG). Ohne dieses Übergangsmandat wäre die ausgegliederte Einheit betriebsratslos. Um das zu vermeiden, wurde mit der BetrVG-Reform des Jahres 2001 ein Übergangsmandat für alle Formen der Umstrukturierung geschaffen, das es zuvor nur bei Umwandlungen nach dem UmwG (§ 321a UmwG) und einigen weiteren Spezialgesetzen (§ 13 SpTrUG, § 6b Abs. 9 VermG; § 25 Abs. 1 PostPersRG, §§ 15, 20 DBGrG) gab. Der Begriff „Übergangsmandat" ist freilich irreführend. Der bisherige Betriebsrat ist nach allgem. M. nicht nur zur Regelung von Übergangsfragen befugt, also etwa zur Abhaltung der Wahl eines neuen Betriebsrats, sondern ihm kommt ein **Vollmandat** zu (*Fitting* § 21a BetrVG Rn. 20; Richardi/*Thüsing* § 21a BetrVG Rn. 16; WP/*Wlotzke* § 21a BetrVG Rn. 20; a.A. *Feudner* BB 1996, 1936; *Heinze* ZfA 1997, 1, 10). Dieses ist aber **zeitlich beschränkt auf 6 Monate** und kann durch freiwillige Betriebsvereinbarung verlängert werden; das muss aber vor Ablauf der 6-Monats-Frist geschehen (ErfK/*Koch* § 21a BetrVG Rn. 6). Das Übergangsmandat ist insoweit „unverzichtbar", als die Beschäftigten im ausgegliederten Betriebsteil selbst dann vom bisherigen Betriebsrat vertreten werden, wenn sie ihn nicht gewählt haben. **Der Betriebsrat bleibt auch in seiner personellen Zusammensetzung zuständig.** Die Mitglieder, die dem ausgegliederten Betriebsteil angehören, bleiben für die Dauer des Übergangsmandats ordentliche und mit allen Rechten ausgestattete Mitglieder des gesamten Betriebsrats, obwohl sie nicht mehr dem Betrieb angehören, aus dem der Betriebsteil ausgegliedert wurde (DKK/*Buschmann* § 21a BetrVG Rn. 32; *Däubler* AuR 2001, 1; *Rieble* NZA 2002, 236). Wer die Kosten des Übergangsmandats trägt, ist nicht speziell geregelt. Es gilt § 40 BetrVG als allgemeine Vorschrift (*Fitting* § 21a BetrVG Rn. 27). Das ArbG Leipzig meint in einer Entscheidung vom 5.5.2006 (NZA-RR 2007, 24), dass alter und neuer Arbeitgeber dem Betriebsrat gegenüber als Gesamtschuldner haften. Nach anderer Ansicht soll der Inhaber des Restbetriebs die Kosten allein tragen (DFL/*Maschmann* § 21a BetrVG Rn. 11). Freistellungsansprüche nach § 37 Abs. 2 BetrVG können nur gegenüber dem Vertragsarbeitgeber geltend gemacht werden (WPK/*Wlotzke* § 21a BetrVG Rn. 36).

c) Folgen für den Restbetrieb

379 Durch die Ausgliederung **sinkt die Zahl der Betriebsangehörigen im Restbetrieb.** Werden die Schwellenwerte für die Freistellung nach § 38 BetrVG unterschritten, kann der Arbeitgeber die Freistellung wieder zurücknehmen. Das Übergangsmandat führt zu keiner Erhöhung der Zahl der vollständig von der Arbeit freizustellenden Betriebsräte (a. A. *Gragert* NZA 2004, 289). Das gilt nach richtiger h. M. **auch dann,** wenn der Betriebsrat des Restbetriebs ein **Übergangsmandat** hat (*Fitting* § 21a BetrVG Rn. 27). Durch die Wahrnehmung des Übergangsmandats kann sich aber ein erhöhter Freistellungsbedarf im Einzelfall (§ 37 Abs. 2 BetrVG) ergeben. Die dort vertretenen Arbeitnehmer zählen bei den Schwellenwerten nicht mit. Auf die Freistellungsfrage ist bei Umstrukturierungen besonders zu achten, da der Betriebsrat hierum oft hart kämpft. Sinnvoll sind pragmatische (Übergangs-)Lösungen. Neu zu wählen ist der Betriebsrat, wenn die Zahl der Betriebsangehörigen um mehr als die Hälfte, mindestens aber um 50 gesunken ist und auch nur dann, wenn dies innerhalb von 24 Monaten nach der letzten Betriebsratswahl geschieht (§ 13 Abs. 2 Nr. 1 BetrVG). Sonst bleibt der – zu groß geratene – Betriebsrat bis zum Ende seiner Legislaturperiode im Amt.

4. Zusammenlegung mit einem anderen Betrieb

a) Voraussetzungen

380 Der ausgegliederte Betriebsteil kann auch mit einem anderen Betrieb **zusammengelegt** werden. Das kann durch räumliche Zusammenlegung der Betriebsstätten erfolgen, etwa indem alle Mitarbeiter der ausgegliederten Einheit in den aufnehmenden Betrieb versetzt werden. Notwendig sind solche „Umzüge“ allerdings nicht. Maßgeblich ist auch hier, dass der ausgegliederte Betriebsteil und der aufnehmende Betrieb unter einer einheitlichen Personalleitung stehen (vgl. BAG 13. 8. 2008 NZA-RR 2009, 255) und es zu einem die Organisationseinheiten übergreifenden Personaleinsatz kommt, der nicht nur ausnahmsweise geschieht, sondern für den normalen Betriebsablauf typisch ist (BAG 24. 1. 1996 NZA 1996, 1110; BAG 22. 6. 2005 NZA 2005, 1248).

b) Folgen

381 Existiert im aufnehmenden Betrieb bereits ein Betriebsrat, wird dieser auch für die Arbeitnehmer der aufgenommenen Betriebsabteilung zuständig. Ist das nicht der Fall, ordnet § 21a BetrVG das Übergangsmandat des Betriebsrats des abgebenden Betriebs an. **Streitig** ist, ob dieses **Übergangsmandat nur für die Arbeitnehmer des abgebenden Betriebs** gilt, da ja nur sie in der Vergangenheit von einem Betriebsrat vertreten wurden, oder auch für die Arbeitnehmer des bislang betriebsratslosen Betriebs. Gegen eine Vertre-

tung der Gesamtbelegschaft spricht die fehlende demokratische Legitimation des „Übergangs-Betriebsrats“ durch die Arbeitnehmer des bisher betriebsratslosen Betriebs. Umgekehrt wäre eine Vertretung nur der Arbeitnehmer des abgebenden Betriebs kraft Übergangsmandats in der Praxis kaum durchführbar, vor allem bei der Mitbestimmung in sozialen Angelegenheiten. Eine breite Strömung in der Literatur befürwortet deshalb das Übergangsmandat auf die Gesamtbelegschaft des eingliedernden Betriebs auszuweiten (Bachner/*Bachner* Unternehmensumwandlungen D 62; DKK/*Buschmann* § 21a BetrVG Rn. 38 ff.; *Fischer* RdA 2005, 39; *Fitting* § 21a BetrVG Rn. 11a, 23; *Hanau* FS Küttner S. 357, 361; WHSS/*Hohenstatt* D Rn. 88; WP/*Wlotzke* § 1 BetrVG Rn. 18). Sie stützt sich dabei auf § 21a Abs. 2 BetrVG, der anordnet, dass bei einer Zusammenfassung von Betrieben oder Betriebsteilen der Betriebsrat des Betriebs mit den meisten Mitarbeitern das Übergangsmandat wahrnimmt. § 21a Abs. 2 BetrVG soll nach dieser Ansicht nicht nur gelten, wenn zwei mitbestimmte Betriebe zusammentreffen, sondern auch dann, wenn ein betriebsratsloser Betrieb mit einem mitbestimmten Betrieb zusammengeschlossen wird. Der Gesetzgeber wolle in jedem Fall das Entstehen betriebsratsloser Einheiten verhindern. Andere Stimmen im Schrifttum (GK-BetrVG/*Kreutz* § 21a Rn. 63; *Löwisch/Schmidt-Kessel* BB 2001, 2162; *Rieble* NZA 2002, 233, 237; *Willemsen/Hohenstatt* DB 1997, 2609, 2612) lehnen diese „mitbestimmungsrechtliche Zwangsbeglückung“ der Gesamtbelegschaft kraft Übergangsmandats ab. § 21a Abs. 2 BetrVG biete keinen hinreichenden Anknüpfungspunkt. In der Tat wird diese Ansicht dem das BetrVG beherrschenden „Freiwilligkeitsprinzip“ besser gerecht. Es mangelt dem Betriebsrat des Restbetriebs schlicht an der demokratischen Legitimation für den neuen Betrieb, vor allem wenn der eingegliederte Betriebsteil sehr viel kleiner als der aufnehmenden Betrieb ist; in diesem Fall könnte eine mitbestimmungsfreudige Minderheit der eher skeptischen Mehrheit ihren Willen aufzwingen. Wenn die Gegenauffassung meint, es handele sich nur um eine vorübergehende Vertretung, übersieht sie, dass zu den wesentlichen Aufgaben des Übergangs-Betriebsrats die Einleitung einer Betriebsratswahl für den Gesamtbetrieb und damit die dauerhafte Installierung einer Belegschaftsvertretung gehört (§ 21a Abs. 1 Satz 2 BetrVG).

382 Durch die Aufnahme eines fremden Betriebsteiles kann der **aufnehmende Betrieb seine Identität verlieren.** Entsteht dadurch ein ganz neuer Betrieb, endet automatisch das Amt des bisher zuständigen Betriebsrats, und es müssen Neuwahlen anberaumt werden (§ 13 Abs. 2 Nr. 6 BetrVG); bis dahin besteht ein Übergangsmandat (§ 21a Abs. 2 BetrVG). Die Zusammenfassung berührt die Identität des aufnehmenden Betriebs in aller Regel nicht, wenn ein relativ kleiner Betriebsteil in einem relativ großen Betrieb aufgeht. Hierbei handelt es sich um eine Eingliederung, bei der der aufnehmende Betrieb schlicht größer wird (WHSS/*Hohenstatt* D Rn. 70; GK-BetrVG/*Kreutz* § 21a Rn. 52; *Rieble* NZA 2002, 233, 236 f.; Richardi/*Thüsing* § 21a BetrVG Rn. 5). Ob man aber auch dann noch von einer Eingliederung sprechen kann, wenn Betriebsteil und aufnehmender Betrieb in etwa gleich groß sind, ist im Schrifttum umstritten. Eine dogmatisch überzeugende Lösung ist bislang nicht gelungen (vgl. die Überlegungen bei WHSS/*Hohenstatt* D

Rn. 68 ff.; *Thüsing* DB 2004, 2474; *Salamon* RdA 2007, 153, 158 ff.). Der Arbeitgeber kann selbst für klare Strukturen sorgen, etwa durch Einsetzung einer neuen, einheitlichen Leitung.

III. Gesamtbetriebsrat nach Umstrukturierung

1. Errichtungsvoraussetzungen

383 Bestehen in **einem Unternehmen mehrere Betriebsräte**, ist ein **Gesamtbetriebsrat** zu bilden (§ 47 Abs. 1 BetrVG), in den die Betriebsräte ihre Mitglieder nach Maßgabe von § 47 Abs. 2–8 BetrVG entsenden. Der Betriebsrat eines Gemeinschaftsbetriebs mehrerer Unternehmen entsendet Vertreter in den Gesamtbetriebsrat jedes der beteiligten Unternehmen. Das ergibt sich aus § 47 Abs. 9 BetrVG (BAG 13. 2. 2007 NZA 2007, 825). Der Gesamtbetriebsrat ist eine **obligatorische Dauereinrichtung**, die erst erlischt, wenn die Errichtungsvoraussetzungen nach § 47 BetrVG endgültig nicht mehr vorhanden sind (BAG 16. 3. 2005 NZA 2005, 1069). Das kann der Fall sein, wenn die **Leitung des Unternehmens ins Ausland** und damit außerhalb des Geltungsbereichs des BetrVG verlegt wird (dazu ausf. WHSS/*Hohenstatt* D Rn. 138 ff.). Betreibt ein Unternehmen zwar mehrere Betriebe im Inland, ohne diese aber einer einheitlichen Leitung in Deutschland zu unterstellen, die für Entscheidungen nach § 50 Abs. 1 BetrVG zuständig ist, kommt dem Gesamtbetriebsrat der für ihn in Deutschland zuständige Ansprechpartner abhanden. Dann macht auch ein Gesamtbetriebsrat keinen Sinn mehr (a. A. *Fitting* § 47 BetrVG Rn. 23). Anderes gilt nach der Rechtsprechung für den ebenfalls auf der Unternehmensebene angesiedelten **Wirtschaftsausschuss** (BAG 1. 10. 1974 NJW 1975, 1091). Die Pflicht, dieses Gremium nach § 106 Abs. 3 BetrVG zu informieren, kann nicht dadurch umgangen werden, dass die Unternehmensleitung vom Ausland aus erfolgt. Allerdings müssen für die in Deutschland gelegenen Betriebe ein über die einzelnen Betriebszwecke hinausgehender Unternehmenszweck sowie eine übergeordnete einheitliche Organisation bestehen (BAG a. a. O.).

2. Folgen bei Umstrukturierung

a) Fallgruppen

384 Umstrukturierungen mit Auswirkungen auf den Gesamtbetriebsrat können auf allen Ebenen erfolgen. Sie können sich auf die betriebliche Ebene beschränken (s. Rn. 385), aber auch die Ebene des Unternehmens (s. Rn. 389 f.) und seiner Gesellschafter erfassen (s. Rn. 391). Werden Betriebe auf ein anderes Unternehmen übertragen, können die Folgen beim Veräußerer und beim Erwerber unterschiedlich sein. Der Erwerber kann bereits über mitbestimmte Betriebe und einen Gesamtbetriebsrat verfügen oder betriebsratslos sein (s. Rn. 387f.). Sonderfragen wirft der Gemeinschaftsbetrieb verschiedener Unternehmen auf, der im Zuge einer Unternehmensspaltung entstehen kann (s. Rn. 390).

b) Änderungen rein auf betrieblicher Ebene

385 Eine Umstrukturierung, die sich auf die organisatorische Ebene des Betriebs beschränkt und das dahinter stehende Unternehmen nicht betrifft, **berührt den Gesamtbetriebsrat als Gremium nicht.** Allerdings steigt die Zahl seiner Mitglieder, wenn Betriebe, die beim selben Unternehmen bleiben, gespalten oder unselbständige Betriebsabteilungen zu eigenen Betrieben verselbständigt werden, weil diese nun Mitglieder nach § 47 Abs. 2 BetrVG in den Gesamtbetriebsrat zu entsenden haben. Im Falle von Übergangsmandaten nach § 21a BetrVG (s. Rn. 378, 381) nehmen die „Übergangsbetriebsräte" für die aufgespaltenen oder ausgegliederten Betriebsteile auch das Gesamtbetriebsratsmandat wahr. Verfügt ein Unternehmen nur über einen einzigen mitbestimmten Betrieb, ist ein Gesamtbetriebsrat erst dann zu bilden, wenn dieser in zwei mitbestimmte Betriebe gespalten oder aus diesem eine Betriebsabteilung zu einem eigenen mitbestimmten Betrieb organisatorisch verselbständigt wird (WHSS/*Hohenstatt* D Rn. 113). Umgekehrt erlischt das Amt des Gesamtbetriebsrats, wenn die ursprünglich selbständigen Betriebe des Unternehmens organisatorisch zu einem einzigen Betrieb zusammengelegt werden. Spaltung und Zusammenlegung von Betrieben unterliegen der Mitbestimmung nach § 111 Satz 3 Nr. 3 BetrVG (s. Rn. 495 ff.).

c) Übertragung von Betrieben auf andere Unternehmen

386 Das Ausscheiden einzelner Betriebe aus dem Unternehmen **berührt den Bestand des Gesamtbetriebsrats** wegen seines Charakters als Dauereinrichtung **nicht** (Richardi/*Annuß*, § 47 BetrVG Rn. 26 f.; ErfK/*Eisemann*, § 47 BetrVG Rn. 14; *Fitting* § 47 BetrVG Rn. 26). Erst wenn sämtliche Betriebe auf andere, rechtlich selbständige Unternehmen übertragen werden und das übertragende Unternehmen zu einer arbeitnehmerlosen Holdinggesellschaft geworden ist, endet das Amt des bei ihm gebildeten Gesamtbetriebsrats (BAG 5. 6. 2002 NZA 2003, 336; LAG Düsseldorf 14. 2. 2001 NZA 2001, 594). Betriebsräte, die aus Betrieben in den Gesamtbetriebsrat entsandt wurden, die dem Unternehmen nicht mehr angehören, verlieren mit dem Ausscheiden ihres Betriebs aus dem Unternehmen automatisch ihr Mandat. Wurden sie über einen Entsendekreis bestellt (§ 47 Abs. 5 BetrVG), muss dieser wieder zusammentreten und neue Mitglieder in den Gesamtbetriebsrat entsenden. Ein Übergangsmandat des Gesamtbetriebsrats für aus dem Unternehmen ausgeschiedene Betriebe besteht nicht (*Rieble* NZA 2002, 244, 240). Mit dieser Rechtsfolge nur schwer zu vereinbaren ist allerdings die von der Rechtsprechung (BAG 18. 9. 2002 NZA 2003, 670, 674) befürwortete normative Fortwirkung von Gesamtbetriebsvereinbarungen beim Erwerber (s. Rn. 422 ff.).

387 Eine andere Frage ist, ob der bisherige Gesamtbetriebsrat zumindest dann (unverändert) fortbesteht, wenn der bislang über keine Betriebe verfügende Erwerber sämtliche Betriebe des Veräußerers übernimmt. Das ist zu bejahen. Der Gesamtbetriebsrat ist kein Organ des Unternehmens, sondern die auf der Ebene des Unternehmens angesiedelte Arbeitnehmervertretung (WHSS/*Hohenstatt* D Rn. 101), die unverändert fortbesteht, solange die Umstrukturierung die Betriebsratslandschaft unberührt lässt (offengelassen, aber in diese Richtung BAG 18. 9. 2002 NZA 2003, 670, 674). Übernimmt der bislang betriebsratslose Erwerber nur einzelne Betriebe, scheidet ein Fortbestand des bei dem übertragenden Unternehmen errichteten Gesamtbetriebsrats aus (BAG 5. 6. 2002, NZA 2003, 336). Die Betriebsräte müssen einen neuen Gesamtbetriebsrat bilden und dorthin ihre Mitglieder entsenden. Bis dahin besteht im Erwerberunternehmen eine „gesamtbetriebsratslose Zeit".

388 Verfügt der Erwerber bereits über mehrere mitbestimmte Betriebe und somit auch über einen Gesamtbetriebsrat, so entsenden die Betriebsräte der hinzugekommenen Betriebe dorthin ihre Mitglieder (§ 47 Abs. 2 BetrVG). Damit vergrößert sich der ansonsten als Dauereinrichtung fortbestehende Gesamtbetriebsrat entsprechend. Die höhere Mitgliederzahl kann nach der Zahlenstaffel des § 51 Abs. 1 Satz 2 BetrVG dazu führen, dass sich auch die Zahl der Mitglieder des Gesamtbetriebsausschusses erhöht. Dann sind alle Mitglieder, die außer dem Vorsitzenden des Gesamtbetriebsrats und dessen Stellvertreter dem Gremium angehören, nach dem Prinzip der Verhältniswahl durch den vergrößerten Gesamtbetriebsrat neu zu wählen. Ein Nachrücken von Ersatzmitgliedern oder eine Nachwahl beschränkt auf die zusätzlichen Sitze im Gesamtbetriebsausschuss ist unzulässig (BAG 16. 3. 2005 NZA 2005, 1069). Der Vorsitzende und der stellvertretende Vorsitzende des Gesamtbetriebsrats bleiben dagegen solange im Amt, wie ihre Amtszeit als Betriebsratsmitglied dauert. Sie können jedoch jederzeit den Vorsitz niederlegen, durch Mehrheitsbeschluss des – nach der Umstrukturierung evtl. anders besetzten – Gesamtbetriebsrats abberufen oder von dem sie entsendenden Betriebsrat zurückbeordert werden (*Fitting* § 51 BetrVG Rn. 16 f.).

d) Änderungen auf Unternehmensebene

389 Bei Umstrukturierungen auf Unternehmensebene **kommt es auf die Zuordnung der Betriebe zu den geänderten Rechtsträgern an.** Wird das Unternehmen in zwei oder mehr Unternehmen aufgespalten, bleibt der Gesamtbetriebsrat im Amt, wenn sämtliche Betriebe, die bislang von ihm repräsentiert wurden, auf einen der beiden Rechtsträger übertragen werden. Wird von einem Unternehmen ein Unternehmensteil abgespalten oder ausgegliedert, bleibt der Gesamtbetriebsrat erhalten und verliert nur die Zuständigkeit für die Betriebe, die zum abgespaltenen oder ausgegliederten Unternehmensteil gehören; der Gesamtbetriebsrat geht unter, wenn es im abspaltenden bzw. ausgliedernden Unternehmen an den Errichtungsvoraussetzungen für einen Gesamtbetriebsrat fehlt (s. Rn. 383). Bei einer Verschmelzung eines Unternehmens zur Neugründung (§ 2 Nr. 2 UmwG) bleibt der Gesamtbetriebsrat bestehen, da das aufnehmende Unternehmen erst durch die Umwandlung

entsteht und zuvor keinen Gesamtbetriebsrat besitzt. Bei einer Verschmelzung zur Aufnahme (§ 2 Nr. 1 UmwG) bleibt der Gesamtbetriebsrat erhalten, wenn das aufnehmende Unternehmen noch über keine mitbestimmten Betriebe verfügt. Ist das der Fall, endet das Amt des beim aufgeschmolzenen Unternehmen gebildeten Gesamtbetriebsrat, und der beim aufnehmenden Unternehmen gebildete Gesamtbetriebsrat wird um die von den Betriebsräten der neu aufgenommenen Betriebe entsandten Mitglieder vergrößert (WHSS/*Hohenstatt*, D Rn. 109).

390 Führt die Umstrukturierung zur **Bildung eines Gemeinschaftsbetriebs** mehrerer Unternehmen (s. Rn. 374), ist kein unternehmensübergreifender Gesamtbetriebsrat zu bilden (BAG 13. 2. 2007 NZA 2007, 825). Vielmehr entsenden die Betriebsräte jeweils Mitglieder in sämtliche bei den Trägerunternehmen zu errichtenden Gesamtbetriebsräte. Dies folgt zwingend aus § 47 Abs. 9 BetrVG (*Fitting* § 47 Rn. 80; GK-BetrVG/*Kreutz* § 47 Rn. 21). Allerdings sagt die Vorschrift nicht, ob die Mitglieder dem Unternehmen, in dessen Gesamtbetriebsrat sie vom Gemeinschaftsbetrieb aus entsandt werden, angehören müssen. Das ist zu bejahen (wie hier Richardi/*Annuß* § 47 BetrVG Rn. 77; HWSS/*Hohenstatt* D 117; a. A. *Fitting* § 47 Rn. 81; GK-BetrVG/*Kreutz* § 47 BetrVG Rn. 110; WP/*Roloff* § 47 BetrVG Rn. 11; *I. Schmidt* FS Küttner 2006, S. 499, 503 f.). § 47 Abs. 9 BetrVG soll nur gewährleisten, dass Betriebe, die – zufällig – von mehreren Unternehmen geführt werden, nicht allein aus diesem Grund keine Vertretung im Gesamtbetriebsrat erhalten. Um das zu erreichen, genügt es aber, nur die dem Trägerunternehmen angehörenden Betriebsratsmitglieder zu entsenden, zumal wenn im dortigen Gesamtbetriebsrat über Regelungen befunden wird, die ausschließlich die Angehörigen dieses Unternehmens betreffen. Folgerichtig ist dann die Annahme, dass bei Abstimmungen im Gesamtbetriebsrat abweichend von § 47 Abs. 7 BetrVG nur die Arbeitnehmer mitgezählt werden, die zu dem Unternehmen gehören, für das der Gesamtbetriebsrat gebildet wurde (HWK/*Hohenstatt/Dzida* § 47 BetrVG Rn. 29).

e) Änderungen auf der Ebene der Gesellschafter

391 Umstrukturierungen, die allein auf der Ebene der Gesellschafter eines Unternehmens erfolgen und die die betriebliche Ebene nicht tangieren – reiner Share Deal –, haben – solange die Unternehmensleitung in Deutschland verbleibt – **keine Auswirkungen auf den Gesamtbetriebsrat** (WHSS/*Hohenstatt* D Rn. 109), möglicherweise aber auf den Konzernbetriebsrat (s. Rn. 396).

3. Umstrukturierung und sonstige auf der Unternehmensebene angesiedelte Vertretungsorgane

392 Die Ausführungen gelten sinngemäß auch für die weiteren auf der Ebene des Unternehmens angesiedelten Vertretungsgremien: Gesamtjugend- und Auszubildendenvertretung, Gesamtschwerbehindertenvertretung, Gesamtsprecherausschuss.

IV. Konzernbetriebsrat nach Umstrukturierung

1. Errichtungsvoraussetzungen

393 Ein Konzernbetriebsrat kann – muss aber nicht – gebildet werden, wenn in den zu einem Konzern gehörenden Unternehmen **mindestens zwei Gesamtbetriebsräte** bestehen, die seine Errichtung beschließen. Die Initiative hierzu kann jeder Gesamtbetriebsrat eines zum Konzern gehörenden Unternehmens jederzeit ergreifen (GK-BetrVG/*Kreutz* § 54 Rn 48). Die Errichtung ist nur in einem Unterordnungs- (§ 18 Abs. 1 AktG), nicht aber in einem Gleichordnungskonzern (§ 18 Abs. 2 AktG) möglich (BAG 13. 10. 2004 NZA 2005, 647). Ein **Unterordnungskonzern** liegt vor, wenn abhängige Unternehmen unter der einheitlichen Leitung eines herrschenden Unternehmens zusammengefasst sind. Keine Rolle spielt, in welcher Rechtsform die Konzernunternehmen geführt werden – juristische Person, Personengesellschaft, Verein, Stiftung usw. – (BAG a. a. O.), und ob ein Vertragskonzern (§ 291 Abs. 1 Satz 1 AktG), ein faktischer Konzern (BAG 30. 10. 1986 AP Nr. 1 zu § 55 BetrVG 1972) oder ein qualifiziert faktischer Konzern besteht (BAG 6. 10. 1992 NZA 1993, 316). Es genügt, dass das herrschende Unternehmen direkt oder indirekt Einfluss auf wesentliche Unternehmensbereiche (z. B. Produktion, Personal, Finanzen, Vertrieb, Forschung und Entwicklung) des unter seiner Leitung stehenden Unternehmens nehmen kann. Ob die Leitungsmacht tatsächlich ausgeübt wird, ist unerheblich (BAG 22. 11. 1995 NZA 1996, 706). Die Gesamtbetriebsräte können Auskunft verlangen, ob und mit welchen Unternehmen ein Konzern besteht (ErfK/*Koch* § 54 BetrVG Rn. 6).

394 Liegt der **Sitz des herrschenden Unternehmens im Ausland,** kann im Inland ein Konzernbetriebsrat gebildet werden, wenn mindestens zwei abhängige Unternehmen ihren Sitz in Deutschland haben und der Konzern über eine **im Inland ansässige Teilkonzernspitze** verfügt (BAG 14. 2. 2007 NZA 2007, 999). Eine solche besteht, wenn in einem mehrstufigen, vertikal gegliederten Konzern ein Tochterunternehmen die wesentlichen Entscheidungen in wirtschaftlichen, personellen oder sozialen Angelegenheiten für das eigene und für die von ihm beherrschten („Enkel"-)Unternehmen selbst treffen kann und auch tatsächlich trifft (BAG 21. 10. 1980 EzA § 54 BetrVG 1972 Nr. 1). In diesem Fall liegt ein „Konzern im Konzern" vor. Der Konzernbetriebsrat wird dann bei der Teilkonzernspitze angesiedelt. Liegen umgekehrt abhängige Tochterunternehmen eines inländischen Konzerns im Ausland, nehmen deren Arbeitnehmervertretungen nicht an der Bildung des Konzernbetriebsrats der Mutter teil (Richardi/*Annuß* § 54 Rn. 34).

395 Ein Unternehmen kann als **Gemeinschaftsunternehmen** auch von mehreren anderen Unternehmen beherrscht werden, wenn diese die Möglichkeit gemeinschaftlicher Herrschaftsausübung vereinbart haben (BAG 30. 10. 1986, AP Nr. 1 zu § 55 BetrVG 1972). Dabei gilt die Vermutung des § 18 Abs. 1 Satz 3 AktG, insbesondere bei einer gleichberechtigten 50:50 Beteiligung (BAG a. a. O.). In diesem Fall kann bei jedem der herrschenden Unter-

nehmen ein Konzernbetriebsrat gebildet werden (BAG 13.10.2004 NZA 2005, 647). Bestehen dort bereits Konzernbetriebsräte, können Mitglieder in die Konzernbetriebsräte aller das Gemeinschaftsunternehmen beherrschenden Unternehmen entsandt werden. Ist ein Unternehmen zwar von mehreren anderen Unternehmen abhängig, von denen aber nur eines die einheitliche Leitung ausübt, so bildet das abhängige Unternehmen nur mit diesem einen Konzern (GK-BetrVG/*Kreutz* § 54 Rn. 40), so dass auch nur dort ein Konzernbetriebsrat gebildet werden kann oder Mitglieder in den dort bereits bestehenden Konzernbetriebsrat entsandt werden können.

2. Folgen bei Umstrukturierung

a) Fallgruppen

396 Der **Konzernbetriebsrat** ist wie der Gesamtbetriebsrat eine **Dauereinrichtung ohne feste Amtszeit** (GK-BetrVG/*Kreutz* § 54 Rn. 57). Das Amt endet, wenn die Voraussetzungen für seine Errichtung entfallen sind (BAG 23.8. 2006 NZA 2007, 768), insbesondere wenn ein Konzernverhältnis nicht mehr besteht, wenn eine Mehrheitsbeteiligung zu einer Minderheitsbeteiligung wird, weil dann die Vermutung des § 17 Abs. 2 AktG nicht mehr greift (BAG a.a.O.), oder wenn weniger als zwei Unternehmen mit Betriebsrat/ Gesamtbetriebsrat zum Konzern gehören. **Umstrukturierungen** haben also nur dann **Auswirkungen**, wenn sich an den **Beherrschungsverhältnissen im Konzern etwas ändert.** Änderungen auf der Ebene des Betriebs bleiben für das Amt des Konzernbetriebsrats ohne Bedeutung; sie können aber zu Veränderungen des Stimmgewichts seiner Mitglieder führen (§§ 55 Abs. 3, 47 Abs. 7 Satz 1 BetrVG), wenn die Umstrukturierung mit einem Personalauf- oder -abbau verbunden ist. Erst wenn die Zahl der Arbeitnehmer, die in Konzernunternehmen beschäftigt sind, deren Gesamtbetriebsräte der Bildung eines Konzernbetriebsrats zugestimmt haben, unter 50 % der insgesamt im Konzern Beschäftigten sinkt, ist der Konzernbetriebsrat aufzulösen (§ 54 Abs. 1 Satz 2 BetrVG). Da der Konzernbetriebsrat eine fakultative Arbeitnehmervertretung darstellt, kann er jederzeit durch übereinstimmende Beschlüsse der Gesamtbetriebsräte wieder aufgelöst werden (Richardi/*Annuß* § 54 Rn. 47). Eine Selbstauflösung ist gesetzlich nicht vorgesehen (*Fitting* § 54 Rn. 53).

b) Aus- und Eintritt von Konzernunternehmen

397 Änderungen in der Zusammensetzung des Konzerns haben grundsätzlich keine Auswirkungen auf den Konzernbetriebsrat (*Fitting* § 54 BetrVG Rn. 51). Das **Ausscheiden einzelner Unternehmen** aus dem Konzern **berührt den Bestand** des Konzernbetriebsrats wegen seines Charakters als Dauereinrichtung solange **nicht**, wie mindestens zwei Unternehmen mit Betriebsrat/ Gesamtbetriebsrat beim Konzern verbleiben und bei ihnen wenigstens 50 % der Gesamtbelegschaft des Konzerns beschäftigt sind (vgl. BAG 23.8.2006

NZA 2007, 768). Gesamtbetriebsräte, die aus Unternehmen in den Konzernbetriebsrat entsandt wurden, die dem Konzern nicht mehr angehören, verlieren mit dem Ausscheiden ihres Unternehmens aus dem Konzern automatisch ihr Mandat.

398 Verfügt der aufnehmende Konzern bereits über mehrere mitbestimmte Unternehmen und somit auch über einen Konzernbetriebsrat, so entsenden die Betriebsräte/Gesamtbetriebsräte der hinzugekommenen Unternehmen Mitglieder in den beim Erwerber gebildeten Konzernbetriebsrat (§ 55 Abs. 1 BetrVG). Damit vergrößert sich der ansonsten als Dauereinrichtung fortbestehende Konzernbetriebsrat entsprechend. Die höhere Mitgliederzahl kann nach der Zahlenstaffel der §§ 59 Abs. 1, 51 Abs. 1 Satz 2 BetrVG dazu führen, dass sich auch die Zahl der weiteren Mitglieder des Konzernbetriebsausschusses neben den „geborenen“ Mitgliedern (Vorsitzender des Konzernbetriebsrats und dessen Stellvertreter) erhöht, die nach dem Prinzip der Verhältniswahl durch den erweiterten Konzernbetriebsrat neu zu wählen sind (BAG 16. 3. 2005 NZA 2005, 1069 für die entsprechende Frage beim Gesamtbetriebsausschuss). Besteht beim aufnehmenden Konzern noch kein Konzernbetriebsrat, wohl aber beim abgebenden, besteht das Amt beim Erwerber fort, wenn dieser sämtliche Konzernunternehmen übernimmt (WHSS/*Hohenstatt* D Rn. 136 f.).

c) Änderungen auf Unternehmensebene

399 Umstrukturierungen auf Unternehmensebene können Konzerne entstehen lassen, die die Möglichkeit zur Bildung von Konzernbetriebsräten bieten. Das gilt vor allem bei der Ausgliederung (s. Rn. 119 ff.). Hier behält das ausgliedernde Unternehmen die Anteile am ausgegliederten Unternehmensteil (§ 123 Abs. 3 UmwG), so dass ein Unterordnungskonzern im Sinne des § 18 AktG entsteht. Ein Konzernbetriebsrat kann aber erst dann eingerichtet werden, wenn das herrschende Unternehmen über mindestens zwei Unternehmen mit Betriebs- oder Gesamtbetriebsräten verfügt. Umgekehrt kann die Verschmelzung von Unternehmen zum Entfallen des Konzernbetriebsrats führen.

3. Umstrukturierung und sonstige auf der Konzernebene angesiedelte Vertretungsorgane

400 Die obigen Ausführungen gelten sinngemäß auch für die weiteren auf der Ebene des Konzerns angesiedelten Vertretungsgremien (Konzernjugend- und Auszubildendenvertretung, Konzernschwerbehindertenvertretung, Konzernsprecherausschuss).

F. Betriebsvereinbarungen nach Umstrukturierung

I. Überblick

1. Personalwirtschaftliches Kalkül

401 Besonderer Beachtung bedarf auch die Fortwirkung von Betriebsvereinbarungen nach einer Umstrukturierung. Sie wirft schwierige Fragen auf, die die Rechtsprechung erst zum Teil beantwortet hat und die in der Literatur kontrovers diskutiert werden. Die Praxis behilft sich mit sogenannten **Überleitungsvereinbarungen,** in denen die Modalitäten der Fortwirkung, Ablösung und Beendigung von Betriebsvereinbarungen bei Betriebsübergängen geregelt werden (s. Rn. 454ff.). Geklärt werden muss dabei insbesondere, wer bei einer für notwendig befundenen Kündigung oder Änderung einer Betriebsvereinbarung der richtige Adressat ist und inwieweit die bisherigen Betriebsparteien Regelungen mit bindender Wirkung für den Erwerber und die bei ihm bestehenden Belegschaftsvertretungen treffen können.

402 Relativ einfach liegt es, wenn ein **Erwerber nur einen einzigen Betrieb** übernimmt. Hier ist die Fortwirkung der lediglich für den übernommenen Betrieb geltenden „Einzelbetriebsvereinbarungen" unproblematisch, zumeist auch notwendig, da der Erwerber sonst alle der Mitbestimmung unterliegenden Fragen erneut mit dem Betriebsrat verhandeln müsste. Benötigt der Erwerber eine andere Regelung, kann er die alte kündigen, die jedoch bis zu einer Einigung mit dem Betriebsrat fortwirkt, soweit das ursprünglich vereinbart war oder die Regelung eine Angelegenheit betrifft, die der erzwingbaren Mitbestimmung unterliegt (§ 77 Abs. 6 BetrVG).

403 Die Probleme beginnen, wenn der **Erwerber bereits über Betriebe verfügt** und er einen betriebsübergreifenden Personaleinsatz plant oder wenn der Erwerber nur einen Betriebsteil übernimmt und diesen mit einem bereits bei ihm vorhandenen Betrieb zusammenlegt. Die Fortwirkung der beim Veräußerer geltenden Arbeitsbedingungen würde die Belegschaft spalten, was in der Praxis auf Dauer zu Problemen führt. Personalwirtschaftlich sinnvoll ist eine Angleichung an das Niveau beim Erwerber, die aber die übernommenen Arbeitnehmer benachteiligt, wenn ihre bisherigen Arbeitsbedingungen günstiger waren.

404 Die Schwierigkeiten vergrößern sich, wenn beim Veräußerer nicht nur Einzel-, sondern auch **Gesamt- und Konzernbetriebsvereinbarungen** gegolten haben, die im Regelfall ebenfalls an die beim Erwerber geltenden Vorschriften angepasst werden müssen, zumal sie mit dem Übergang des Betriebs auf einen anderen Inhaber ihren Bezug zum bisherigen Unternehmen oder Konzern verlieren und der Erwerber an unternehmens- oder konzerneinheitlichen Regelungen interessiert ist. Das gilt vor allem für teure und kompliziert zu handhabende (Gesamt-)Betriebsvereinbarungen über eine betriebliche Altersversorgung, die nur einheitlich gelten können. Das Bedürfnis nach einer Vereinheitlichung ist dabei um so größer, je häufiger fremde Betriebe oder Betriebsteile eingegliedert werden. Dem steht das freilich ebenso schutzwürdige Interesse der übernommenen Belegschaft an einer Fortwirkung der bisherigen Betriebsvereinbarungen entgegen, wenn diese günstiger waren.

2. Kollektiv- oder individualrechtliche Fortwirkung?

a) Unterschiede

405 Die Rechtsordnung löst den Interessengegensatz, indem sie die beim Veräußerer geltenden **Betriebsvereinbarungen** beim Betriebsübergang zunächst **fortwirken** lässt, jedoch deren spätere Beendigung oder Ablösung erlaubt. Über dieses Grundmodell herrscht Konsens. Uneins ist man aber darüber, ob Betriebsvereinbarungen **kollektiv- oder individualrechtlich** fortwirken. Der Streit ist nicht rein akademischer Natur, sondern hat erhebliche praktische Auswirkungen, die bei der Gestaltung von Überleitungsbedingungen bedacht werden müssen. **Rechtsprechung** (BAG 18. 9. 2002 NZA 2003, 670, 674) und **h.L.** (statt aller GK-BetrVG/*Kraft* § 77 BetrVG Rn. 390 m.w.N.) befürworten eine **kollektivrechtliche Fortwirkung.** Danach gelten Betriebsvereinbarungen beim Erwerber für alle Betriebsangehörigen – auch für die neu eingestellten – mit unmittelbarer und zwingender Wirkung fort (§ 77 Abs. 4 BetrVG). Sie können aber jederzeit (mitbestimmungsfrei) gekündigt werden und wirken nur dann nach, wenn dies vereinbart wurde oder wenn sie Angelegenheiten regeln, die der erzwingbaren Mitbestimmung unterliegen (§ 77 Abs. 6 BetrVG). Die **Mindermeinung** (*Preis/Richter* ZIP 2004, 925; *Rieble/Gutzeit* NZA 2002, 233) plädiert dagegen für eine **Fortwirkung über** § 613a Abs. 1 S. 2–4 BGB, bei der die Inhaltsnormen einer Betriebsvereinbarung – ähnlich wie bei tariflichen Regelungen (s. Rn. 279 ff.) – in das Arbeitsverhältnis überführt werden. Da damit nur der Bestand der bisherigen Betriebsvereinbarungen gesichert werden soll, gelten diese nicht für neu eingestellte Arbeitnehmer. Überdies kann der Erwerber die überführten Bedingungen nicht einseitig kollektiv gegenüber dem Betriebsrat kündigen, sondern müsste jedem Arbeitnehmer eine Massenänderungskündigung erklären, was praktisch nicht in Betracht kommt. Eine Änderung der in das Arbeitsverhältnis überführten Regelungen ist dagegen möglich: kollektivrechtlich durch eine neue, auch verschlechternde Betriebsvereinbarung jederzeit (§ 613a Abs. 1 Satz 3 BGB), individualrechtlich bei Verschlechterungen unter grundsätzlicher Beachtung einer Sperrfrist von einem Jahr, was bei einer massenhaften Vertragsänderung ebenfalls ausscheiden wird. Damit ist der Weg über § 613a Abs. 1 S. 2–4 BGB der für den Arbeitnehmer günstigere (*Preis/Richter* ZIP 2004, 925, 927).

b) Vorrang der kollektivrechtlichen Fortwirkung

406 Das BetrVG trifft keine ausdrückliche Bestimmung über das Schicksal von Betriebsvereinbarungen im Falle eines Rechtsträgerwechsels. Auch § 21a BetrVG regelt unmittelbar nur die Amtsfortdauer und die Kompetenzen des Betriebsrats als Organ, falls es im Zusammenhang mit einer Betriebsveräußerung oder einer Umwandlung zu einer Spaltung oder Zusammenlegung von Betrieben und Betriebsteilen kommt. Dennoch gehen Rechtsprechung und überwiegende Lehre mit Recht davon aus, dass Betriebsvereinbarungen gegenüber einem neuen Rechtsträger des Betriebs normativ fortwirken, wenn der **Betrieb** bei der rechtsgeschäftlichen Übernahme oder dem gesetzlichen Übergang seine **Identität bewahrt hat** (BAG 18.9.2002 NZA 2003, 670, 674; GK-BetrVG/*Kraft* § 77 BetrVG Rn. 390 m. w. N.). Maßgeblich ist, dass der vorübergehende oder endgültige Wegfall des Betriebsrats keinen Einfluss auf den Fortbestand einer von ihm geschlossenen Betriebsvereinbarung hat, weil diese erst mit Fortfall ihres Regelungsbereichs – des Betriebs oder Betriebsteils, für den sie gilt – gegenstandslos wird, also etwa bei einer (endgültigen) Stilllegung des Betriebs oder Betriebsteils, nicht aber bei dessen Fortführung durch einen anderen Inhaber (BAG 18.9.2002 NZA 2003, 670, 674).

II. Einzelbetriebsvereinbarungen bei Umstrukturierung

1. Grundsatz

407 Die h.M. gibt, wie gesagt, der **normativen Fortwirkung von Betriebsvereinbarungen** – wo immer das möglich ist – den Vorzug. Die Lösung über § 613a Abs. 1 S. 2–4 BGB ist dagegen subsidiär. Die normative Fortwirkung einer Betriebsvereinbarung folgt einer einfachen Regel. Sie kommt immer dann in Betracht, **wenn eine Umstrukturierung die Identität des Betriebs unberührt lässt** (BAG 15.1.2002 NZA 2002, 1034; BAG 18.9.2002 NZA 2003, 670, 673; MünchKomm/*Müller-Glöge* § 613a BGB Rn. 129; ErfK/*Preis* § 613a BGB Rn. 109 f; Richardi/*Richardi* § 77 BetrVG Rn. 213; a.A *Rieble/Gutzeit* NZA 2003, 233). Auf den **Erhalt des Betriebs als organisatorischer Einheit** abzustellen – nichts anderes meint letztlich der etwas diffuse Begriff der Betriebsidentität –, macht durchaus Sinn: Betriebsvereinbarungen gelten für alle Betriebsangehörigen, selbst wenn die Betriebsparteien, die sie geschlossen hatten, nicht mehr im Amt sind. Auf die Identität der Vertragsparteien kommt es folglich nicht an.

408 Anders liegt es, wenn die organisatorische Einheit, für die die Betriebsvereinbarung Geltung beansprucht, durch Stilllegung, Eingliederung usw. untergeht. Hier ist der Betriebsvereinbarung der (örtliche) Regelungsbereich abhanden gekommen, ohne den es eine normative Geltung nicht geben kann (*Kreft* FS Wißmann 2005, S. 347, 351). Für diesen Fall ordnet § 613a Abs. 1 Satz 2 BGB die **Transformation der Inhaltsnormen einer Betriebsver-**

einbarung in das Arbeitsverhältnis an (BAG 5.2.1991 NZA 1991, 639; GK-BetrVG/*Kreutz* § 77 BetrVG Rn. 390; *Kreft* FS Wißmann 2005, S. 347; *Thüsing* DB 2004, 2474, 2475). An diese ist der Erwerber gebunden, weil er das Arbeitsverhältnis als Ganzes übernimmt. **Inhaltsnormen** sind Rechtsnormen, die Rechte und Pflichten aus dem Arbeitsverhältnis regeln (*C. Meyer* DB 2000, 1174). Nicht transformierbar sind Betriebsnormen, die ausschließlich die Ordnung des Betriebs regeln, z B. Betriebsvereinbarungen über Betriebsöffnungszeiten (s. dazu HWSS/*Hohenstatt* E Rn.38) sowie die nur schuldrechtlich zwischen den Betriebsparteien geltenden Regelungsabreden (BeckOK/*Gussen* § 613a BGB Rn. 191 m.w.N.).

2. Umstrukturierung nur auf Unternehmens- oder Gesellschafterebene

409 Die **Betriebsidentität bleibt gewahrt,** wenn sich eine Umstrukturierung allein auf der Ebene der Gesellschafter abspielt, also **beim Share Deal** (WHSS/*Hohenstatt* E Rn. 6 ff.), weil ein schlichter Gesellschafterwechsel den Rechtsträger unberührt lässt. Alle Einzelbetriebsvereinbarungen gelten normativ fort. Beim **Asset Deal** gilt dasselbe, wenn der neue Inhaber den **Betrieb im Ganzen übernimmt** (BAG 28.9.1988 NZA 1989, 188; BAG 11.10.1995 NZA 1996, 495; *Fitting* § 1 BetrVG Rn. 142 und § 21 BetrVG Rn. 34; WHSS/*Schweibert* C Rn. 8; Richardi/*Thüsing* § 21 BetrVG Rn. 28). Der „Krücke“ des § 613a BGB bedarf es folglich nicht. Ob das auch für Gesamtbetriebsvereinbarungen gilt, ist nicht gesagt (s. Rn. 433 ff.).

3. Umstrukturierung auf Betriebsebene

410 Problematisch wird es, wenn die Umstrukturierung zu einer Änderung der betrieblichen Organisation führt. Aber auch hier ist die Rechtsprechung bemüht, Betriebsvereinbarungen normativ fortwirken zu lassen (BAG 18.9. 2002 NZA 2003, 670). Das kann zu Friktionen führen. Aus der Vielzahl der Gestaltungsformen soll hier wieder die Ausgliederung einer Betriebsabteilung herausgegriffen werden. Nach der Ausgliederung kann die Abteilung weiterhin gemeinsam mit dem Restbetrieb geführt werden (zu den Voraussetzungen s. Rn. 374), sie kann aber auch zu einem eigenen Betrieb verselbständigt (s. Rn. 412 ff.) oder zusammen mit einem anderen Betrieb fortgeführt werden (s. Rn. 415 ff.).

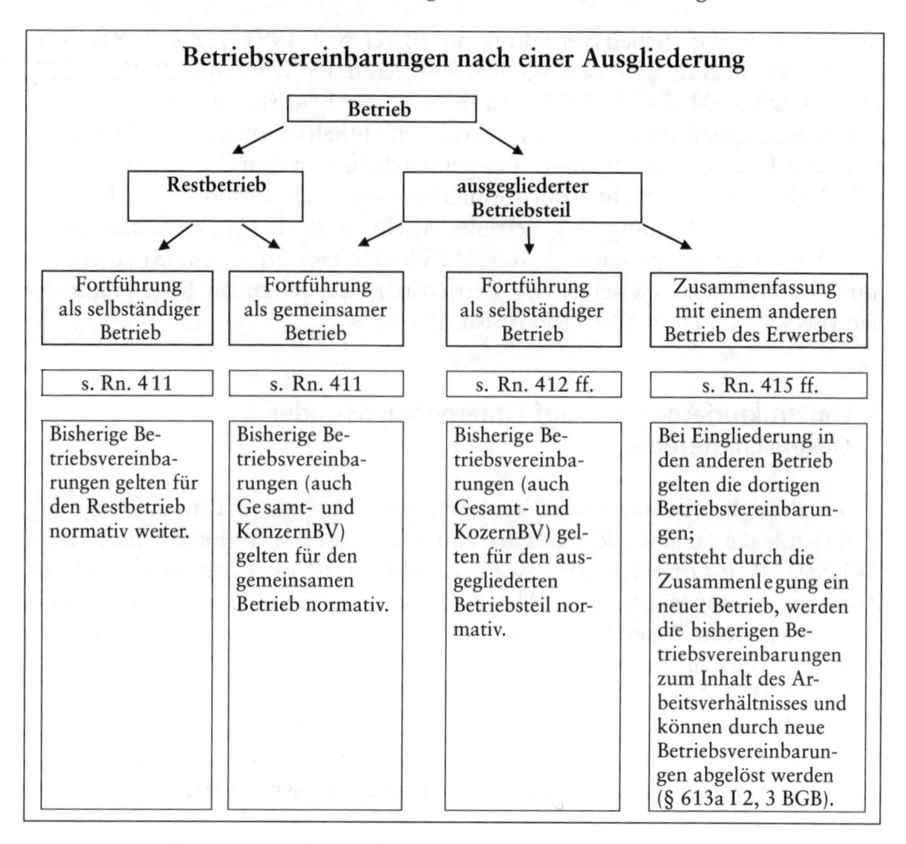

a) Führung als gemeinsamer Betrieb

411 Im ersten Fall bleibt organisatorisch alles beim Alten: Die **Betriebsvereinbarungen gelten normativ** weiter. Das gilt auch dann, wenn der ausgegliederte Betriebsteil einen anderen Rechtsträger erhält (*Richardi* § 77 BetrVG Rn. 215). Das ist evident. Interessanter ist die Frage, was passiert, wenn **ausgegliederter Betriebsteil und Restbetrieb unterschiedlichen Rechtsträgern angehören,** für deren Unternehmen jeweils Gesamtbetriebsräte gebildet sind, die auch Gesamtbetriebsvereinbarungen abgeschlossen haben. Aus § 47 Abs. 9 BetrVG ergibt sich, wie gesehen, dass auch aus Gemeinschaftsbetrieben Betriebsräte in die Gesamtbetriebsräte aller Trägerunternehmen entsandt werden. Damit müssen grundsätzlich **auch in Gemeinschaftsbetrieben Gesamtbetriebsvereinbarungen** gelten können. Sie können aber wegen ihres auf das jeweilige Unternehmen bezogenen Geltungsbereichs **nur für die Arbeitnehmer maßgeblich sein, die bei diesen Unternehmen beschäftigt sind,** nicht auch für die anderen Arbeitnehmer (WHSS/*Hohenstatt* E Rn. 69; *Lindemann/Simon* BB 2003, 2510, 2513). Im Ergebnis kommt es hier also zu gespaltenen Belegschaften. Freilich kann das nicht für Fragen zutreffen, die nur betriebseinheitlich geregelt werden können (Betriebszutritt, Casino,

Parkplatz usw.). Hier fehlt den Gesamtbetriebsräten zumeist ohnehin die Regelungskompetenz (vgl. § 50 BetrVG).

b) Führung als selbständiger Betrieb

412 Wird ein Betriebsteil zu einem eigenen Betrieb verselbständigt, bleibt dessen Identität schon deshalb nicht erhalten, weil er eine eigene Leitung erhält (s. oben Rn. 376 f.). Nach der „Identitätslehre" würde damit die normative Wirkung der Betriebsvereinbarung enden (*Preis/Richter* ZIP 2004, 935, 938 f.; *Rieble/Gutzeit* NZA 2003, 233, 237; *Thüsing* DB 2004, 2478). Erhielte der Betriebsteil auch noch einen anderen Inhaber, müsste § 613a Abs. 1 Satz 2 BGB den Bestand der Inhaltsnormen der Betriebsvereinbarung wahren. Davon will das BAG aber nichts wissen. Vielmehr sollen nach einer – umstrittenen – Entscheidung des 1. Senats **die Betriebsvereinbarungen des Ausgangsbetriebs normativ weitergelten** (BAG 18. 9. 2002 NZA 2003, 670, 675 ff.). Es genüge, dass Restbetrieb und Betriebsabteilung vor der Ausgliederung zumindest „teilidentisch" gewesen seien (*Kreft* FS Wißmann S. 347, 353). Da beim Erwerber keine Betriebsvereinbarungen gölten, seien die Arbeitnehmer schutzbedürftig. Überdies sei es ein Widerspruch, dem Betriebsrat des Ausgangsbetriebs ein Übergangsmandat zu gewähren, ohne die Betriebsvereinbarungen, die er selbst geschlossen habe, fortwirken zu lassen. Freilich hat diese Ansicht mit der „Identitätslehre", so wie sie vom BAG ursprünglich verstanden wurde, nichts mehr zu tun (WHSS/*Hohenstatt* E Rn. 20 ff.). Aus § 21a BetrVG mag man zwar herleiten, dass Betriebsvereinbarungen weitergelten sollen; warum das aber normativ geschehen muss, sagt das BAG nicht. Im Übrigen spräche das Übergangsmandat auch nur für eine vorübergehende Fortwirkung, so wie sie in § 613a Abs. 1 Satz 2 BGB mit dem „Jahresschutz" angelegt ist (LAG Hamm 23. 5. 2002 NZA-RR 2003, 369). Die normative Fortwirkung von Betriebsvereinbarungen in verselbständigten Betriebsteilen entspricht allerdings der mittlerweile h. L. (Staudinger/*Annuß* § 613a BGB Rn. 256; DKK/*Berg* § 77 BetrVG Rn. 52; *Fitting* § 77 Rn. 174; GK-BetrVG/*Kreutz* § 77 Rn. 377 f., 386 m. w. N.; *Kreft* FS Wißmann 2005, S. 347, 353; *C. Meyer* Unterrichtung Rn. 127; *Mues* DB 2003, 1273, 1276; *Salamon* RdA 2007, 153, 157 f.; *Schiefer* DB 2005, 2134; APS/*Steffan* § 613a BGB Rn. 114; HWK/*Willemsen/Müller-Bonanni* § 613a BGB Rn. 253; im Ergebnis auch *Richardi* § 77 BetrVG Rn. 216, der aber nicht in § 77 Abs. 4 BetrVG, sondern in § 613a Abs. 1 Satz 2 BGB die normative Fortwirkungsanordnung erblickt; für eine Transformation in den Arbeitsvertrag nach § 613a Abs. 1 Satz 2 weiterhin MünchKomm/*Müller-Glöge* § 613a BGB Rn. 149). An dieser kommt die Praxis nicht vorbei.

413 Da die h. M. nicht auf die Transformationslösung des § 613a Abs. 1 S. 2–4 BGB angewiesen ist, gelingt ihr eine elegante Lösung für das Problem der **Fortwirkung von Betriebsvereinbarungen bei einer rein unternehmensinternen Umstrukturierung:** Die Regelungen wirken auch dann normativ fort, wenn ein Betriebsteil nur eine neue Leitung, aber keinen neuen Inhaber erhält (*Fitting* § 77 BetrVG Rn. 165 f.; *Kreft* FS Wissmann, S. 348, 354 ff.; GK-BetrVG/*Kreutz* § 77 Rn. 377; *Richardi* § 77 BetrVG Rn. 217). Demgegenüber wollen die Kritiker der h. M. bei unternehmensinternen Umstrukturierungen § 613a BGB entsprechend anwenden (*Hanau* RdA 1989, 207, 210 f.; WHSS/*Hohenstatt* E Rn. 86; *B. Gaul* Betriebsspaltung, S. 983 ff.); andere meinen, es sei Sache der Betriebsparteien, das Problem durch Interessenausgleich bzw. Sozialplan zu regeln (*Kreßel* DB 1989, 1623, 1625); wieder andere plädieren für eine „Nachwirkung" der bisherigen Betriebsvereinbarungen entsprechend § 77 Abs. 6 BetrVG (Richardi/*Richardi* § 77 BetrVG Rn. 215); nur vereinzelt ist man der Ansicht, es könne weder zu einer normativen noch zu einer arbeitsvertraglichen Fortwirkung kommen (*Thüsing* DB 2004, 2474, 2479).

414 Solange **der Betriebsrat des Restbetriebs das Übergangsmandat innehat,** ist er auch die zuständige Partei für **Änderungen** der im ausgegliederten Betriebsteil fortwirkenden Betriebsvereinbarungen. Nur ihm gegenüber können die Vereinbarungen **gekündigt** werden. **Endet sein Mandat,** lassen sich die fortwirkenden Betriebsvereinbarungen nicht mehr ändern. Dem Arbeitgeber bleibt nur, ihre Wirkung dadurch zu beenden, dass er einheitlich gegenüber allen betroffenen Arbeitnehmern des Betriebsteils die Kündigung der entsprechenden Vereinbarungen erklärt (BAG 18. 9. 2002 NZA 2003, 670, 674), etwa durch Aushang am Schwarzen Brett (GK-BetrVG/*Kreutz* § 77 Rn. 383). Zu einer Nachwirkung nach § 77 Abs. 6 BetrVG kommt es nicht, da es an einem Organ fehlt, das die Mitbestimmungsrechte weiter ausüben könnte (so auch *Fitting* § 77 BetrVG Rn. 175 m. w. N. für Betriebsnormen; Inhaltsnormen sollen sich dagegen nur durch Änderungsvertrag oder Änderungskündigung beseitigen lassen).

c) Zusammenfassung des Betriebsteils mit einem anderen Betrieb

415 Der ausgegliederte Betriebsteil kann auch mit einem anderen Betrieb zusammengefasst werden. Führt die Zusammenfassung dazu, dass der ausgegliederte Betriebsteil in der Organisation des aufnehmenden Betriebs aufgeht, dessen eigene Struktur aber erhalten bleibt, kann von einer **Eingliederung** gesprochen werden. Verliert der aufnehmende Betrieb seine Struktur, entsteht also durch die Zusammenfassung aus ausgegliedertem Betriebsteil und aufnehmendem Betrieb ein neuer Betrieb, liegt eine **Verschmelzung** vor (vgl. § 2 Abs. 2 Nr. 2 UmwG). Bei beiden Varianten lässt sich weiter danach unterscheiden, ob der aufnehmende Betrieb bereits mitbestimmt ist (s. Rn. 416 ff.) oder nicht (s. Rn. 420) und ob es dort bereits Betriebsvereinbarungen gibt oder nicht:

416 aa) ***1. Konstellation: Eingliederung. Der aufnehmende Betrieb ist mitbestimmt, es gibt dort Betriebsvereinbarungen.*** In diesem Fall gelten die **Betriebsvereinbarungen des aufnehmenden Betriebs unmittelbar und zwingend** (§ 77 Abs. 4 BetrVG). Die normative Fortwirkung aller bisherigen Betriebsvereinbarungen für den ausgegliederten Betriebsteil endet damit. Es besteht insoweit Parallelität mit dem Übergangsmandat des alten Betriebsrats (BAG 18. 9. 2002 NZA 2003, 670, 675). Dieses endet, wenn der Betriebsteil in einen mitbestimmten Betrieb eingegliedert wird und die Identität des aufnehmenden Betriebs gewahrt bleibt. Entsprechendes gilt für die bisherigen Betriebsvereinbarungen (h.M. DKK/*Berg* §77 BetrVG Rn.48; *Fitting* §77 BetrVG Rn.163; WHSS/*Hohenstatt* E Rn.27; GK-BetrVG/*Kreutz* §77 Rn.379, 394). Das Ende ihrer normativen Wirkung lässt sich auch mit der Identitätstheorie begründen. Sobald der ausgegliederte Betriebsteil vollständig im aufnehmenden Betrieb aufgeht, bleibt nichts von seiner bisherigen Struktur übrig, die die normative Fortwirkung der bisher für den ausgegliederten Betriebsteil geltenden Betriebsvereinbarungen rechtfertigen könnte.

417 Anders könnte es sein, wenn sich der **ausgegliederte Betriebsteil** trotz seiner Zusammenfassung mit dem ihn beherrschenden Betrieb noch eine gewisse **organisatorische Eigenständigkeit bewahrt** oder weiter vom Hauptbetrieb entfernt liegt (§4 Abs.1 BetrVG).

Beispiel: Unternehmen X mit einem Betrieb in München Nord übernimmt einen Betrieb in München Süd, den es organisatorisch dem Betrieb im Norden unterstellt (nur ein zuständiger Personalleiter, nur ein Betriebsrat). Im Norden und Süden gibt es unterschiedliche Betriebsvereinbarungen über die Lage der Arbeitszeit. Die Betriebsleitung des für Personalfragen allein zuständigen Betriebs Nord fragt, ob dessen Arbeitszeitregelung auch für den Mitarbeiter im (jetzigen) Betriebsteil Süd gilt.

418 Hier wird in der Tat von manchen Stimmen in der Literatur die **normative Fortwirkung** der für den ausgegliederten Betriebsteil geltenden Betriebsvereinbarungen befürwortet, **soweit ihre Anwendung dort möglich und sinnvoll ist** (BKMT/*Bachner* §4 Rn.123; *Fitting* §77 BetrVG Rn.163; ähnlich GK-BetrVG/*Kreutz* §77 Rn.377f., der statt auf die Betriebsidentität auf den betrieblichen bzw. persönlichen Geltungsbereich von Betriebsvereinbarungen abstellen will). **Das überzeugt nicht.** Die normative Fortwirkung untergräbt die Autorität des nach der Eingliederung allein und für alle Abteilungen des aufnehmenden Betriebs zuständigen Betriebsrats, weil Betriebsvereinbarungen gelten würden, die nicht von ihm abgeschlossen wurden (WHSS/*Hohenstatt* E Rn.29). Eine nur für bestimmte Arbeitnehmergruppen geltende Betriebsvereinbarung würde zur Spaltung der Belegschaft führen und wäre praktisch zuweilen schwer realisierbar. Über die jeweilige Reichweite einer Betriebsvereinbarung sollten die für den Gesamtbetrieb zuständigen Betriebsparteien befinden, denen es in den Grenzen des auch für sie geltenden allgemeinen Gleichbehandlungsgrundsatzes (BAG 11.11.2008 NZA 2009, 210; BAG 20.1.2009 NZA 2009, 495) freisteht, für eingegliederte Betriebsteile Sondervorschriften zu schaffen (z.B. spezielle Betriebsöffnungszeiten, die den Besonderheiten des Betriebsteils Rechnung tragen) oder sie von Regelungen auszunehmen, die für die bisherige Belegschaft des eingliedernden Betriebs gelten. All dies sind politische Entscheidungen der Betriebsparteien, die von den Gerichten bis zur Grenze der Willkür zu respektieren sind (BAG a.a.O.). Treffen die neu zuständigen Betriebsparteien keine Regelung, bleibt es beim Grundsatz, dass **Betriebsvereinbarungen für sämtliche Betriebsangehörigen gelten,** gleichviel in welcher Abteilung des Betriebs sie beschäftigt sind. Die Betriebsparteien des abgebenden Betriebs können für den ausgegliederten Betriebsteil ebenfalls Regelungen treffen, beispielsweise zur Einschränkung bislang für den Gesamtbetrieb gültiger Betriebsvereinbarungen. Allerdings vermögen diese nicht, die nach der Eingliederung zuständigen Betriebsparteien zu binden. Das ist nur dann anders, wenn die neuen Betriebsparteien den Vereinbarungen zustimmen. Auf diese Weise können Überleitungsvereinbarungen geschlossen werden, die für alle Parteien verbindlich sind (s. Rn. 454 ff.).

419 Verlieren die Betriebsvereinbarungen des ausgegliederten Betriebsteils ihre normative Wirkung, können ihre **Inhaltsnormen in das Arbeitsverhältnis transformiert werden** (§ 613a Abs. 1 Satz 2 BGB). **Dazu kommt es dann nicht,** wenn **im aufnehmenden Betrieb Betriebsvereinbarungen gelten,** die den **gleichen Regelungsgegenstand** wie die bisher gültigen Betriebsvereinbarungen betreffen (DKK/*Berg* § 77 BetrVG Rn. 48; *Brune* AR-Blattei Betriebsvereinbarung Rn. 533; *Fitting* § 77 BetrVG Rn. 163; GK-BetrVG/*Kreutz* § 77 Rn. 379). Gleich muss dabei nicht die Regelung sein, sondern die Regelungsmaterie, wobei es genügt, dass beim Arbeitgeber eine Vereinbarung besteht, mit der dieselbe Sachgruppe kollektivvertraglich geregelt wird (WHSS/*Hohenstatt* E Rn. 47). Besteht im ausgegliederten Betriebsteil und im aufnehmenden Betrieb eine betriebliche Zulagenregelung, gilt die Regelung des aufnehmenden Betriebs, **auch wenn diese für den Arbeitnehmer ungünstiger ist.** Die Verdrängung kann auch durch beim Erwerber geltende Gesamt- oder Konzernbetriebsvereinbarungen erfolgen, jedenfalls soweit der beim Erwerber gebildete Gesamt- bzw. Konzernbetriebsrat originär zuständig ist (§§ 50 Abs. 1, 58 BetrVG). Eine kollektive Regelung auf individualrechtlicher Grundlage – etwa auf Grund allgemeiner Arbeitsbedingungen, Gesamtzusage, betrieblicher Übung, Gleichbehandlung – bewirkt dagegen keine Ablösung (WHSS/*Hohenstatt* E Rn. 47). Für die Ablösung der in das Arbeitsverhältnis überführten Normen der Betriebsvereinbarung gelten die Grundsätze über die Änderung von in das Arbeitsverhältnis transformierten Tarifnormen (s. Rn. 307 ff.). Die Ablösung kann auch durch eine spätere Betriebsvereinbarung geschehen; das Günstigkeitsprinzip gilt auch dann nicht (BAG 14. 8. 2001 NZA 2002, 276, 278).

420 bb) ***2. Konstellation. Eingliederung. Der aufnehmende Betrieb ist betriebsratslos.*** In diesem Fall besteht nach richtiger Ansicht kein Übergangsmandat des Betriebsrats des Betriebs, aus dem der Betriebsteil abgespalten wurde (GK-BetrVG/*Kreutz* § 21a Rn. 63; *Löwisch/Schmidt-Kessel* BB 2001, 2162; Richardi/*Thüsing* § 21a BetrVG Rn. 10; *Rieble* NZA 2002, 233, 237; *Willemsen/Hohenstatt* DB 1997, 2609, 2612). Deshalb ist es konsequent, die **bisherigen Betriebsvereinbarungen im aufnehmenden Betrieb nicht normativ weitergelten zu lassen. Damit kann** § 613a Abs. 1 Satz 2 BGB subsidiär Anwendung finden: die Inhaltsnormen der Betriebsvereinbarung werden in das Arbeitsverhältnis überführt (WHSS/*Hohenstatt* E Rn. 20). Sie können nach Satz 3 aber nur durch kollektivrechtliche, nicht schon durch kollektive Regelungen verdrängt werden (WHSS/*Hohenstatt* E Rn. 47). Besteht also im ausgegliederten Betriebsteil eine Betriebsvereinbarung über eine freiwillige Sozialleistung und wird im aufnehmenden Betrieb eine ähnliche, aber niedrigere Sozialleistung kraft Betriebsübung oder wegen Bindung an den Gleichbehandlungsgrundsatz gezahlt, wird die alte Betriebsvereinbarung nicht abgelöst. Der Erwerber ist auf den mühsamen Weg von § 613a Abs. 1

Sätze 2 und 4 BGB verwiesen. Eine Ablösung im Wege einer (negativen) betrieblichen Übung ist nach der Rechtsprechung nicht zulässig (BAG 24.11. 2004 NZA 2005, 349 für die Ablösung von in den Arbeitsvertrag überführten Tarifnormen).

421 cc) ***3. Konstellation: Verschmelzung. Der aufnehmende Betrieb ist mitbestimmt, es gibt dort Betriebsvereinbarungen.*** Entsteht durch die Zusammenfassung von Betriebsteil und aufnehmendem Betrieb ein ganz neuer Betrieb, verlieren beide an der Verschmelzung beteiligten Organisationseinheiten ihre Identität. Nach der Identitätslehre endet damit auch die normative Fortwirkung sämtlicher Betriebsvereinbarungen (WHSS/*Hohenstatt* E Rn. 33; *Salamon* RdA 2007, 153, 156). Damit ist der Weg frei für eine **Transformation der Inhaltsnormen der Betriebsvereinbarungen in die Arbeitsverhältnisse der von der Verschmelzung betroffenen Arbeitnehmer** (§ 613a Abs. 1 Satz 2 BGB). Die überführten Inhaltsnormen lassen sich **durch Betriebsvereinbarungen ablösen** (§ 613a Abs. 1 Satz 3 BGB), die entweder mit dem kraft Übergangsmandat nach § 21a Abs. 2 BetrVG handelnden oder mit dem neu gewählten Betriebsrat geschlossen werden. Das **Günstigkeitsprinzip gilt dabei nicht** (BAG 14. 8. 2001 NZA 2002, 276, 278). Nach anderer Ansicht sollen die Betriebsvereinbarungen der verschmolzenen Betriebe zumindest im Rahmen ihres ursprünglichen räumlichen, organisatorischen oder persönlichen Geltungsbereichs normativ weitergelten, bis sie durch Abschluss neuer Betriebsvereinbarungen abgelöst werden (DKK/Berg § 77 BetrVG Rn. 49; *Fitting* § 77 BetrVG Rn. 164; GK-*Kreutz* § 77 BetrVG Rn. 378). Wieder andere wollen danach unterscheiden, ob die gleichzeitige Anwendung der in den Ursprungsbetrieben geltenden Betriebsvereinbarungen sinnvoll möglich ist. Sei das nicht der Fall, weil z. B. unterschiedliche Arbeitszeitregelungen aus organisatorischen Gründen nicht durchgeführt werden könnten, seien die Betriebsvereinbarung insoweit als gegenstandslos anzusehen. Stets bestehen bleiben sollen Betriebsvereinbarungen, die gerade aus Anlass der Zusammenfassung in den betroffenen Betrieben abgeschlossen worden seien, z. B. Sozialpläne (*Brune* AR-Blattei SD Betriebsvereinbarung Rn. 532; *Fitting* § 77 BetrVG Rn. 164). Diese Ansicht ist allerdings schwer mit dem Grundsatz zu vereinbaren, dass die Betriebsparteien keine Regelung treffen dürfen, die ihre Nachfolger im Sinne eines Vertrages zu Lasten Dritter binden (LAG München 22. 4. 2009 BeckRS 2009, 67507; LAG Düsseldorf 16. 8. 2006, NZA-RR 2007, 188). Die Regelungskompetenz der Betriebsparteien endet mit dem Untergang des Betriebs, für den sie zuständig sind.

III. Gesamtbetriebsvereinbarungen bei Umstrukturierung

1. Grundsätze

a) Ausgangspunkt der Rechtsprechung

422 Für die Fortwirkung von Gesamtbetriebsvereinbarungen gelten nach der Entscheidung des BAG vom 18. 9. 2002 (NZA 2003, 670) dieselben Grundsätze wie für die Weitergeltung von Betriebsvereinbarungen. **Im Zweifel sollen auch Gesamtbetriebsvereinbarungen normativ weitergelten, wenn bei einer Umstrukturierung die Betriebsidentität gewahrt bleibt.** Das ist nicht unproblematisch (*Rieble* NZA 2003, Beil. zu Heft 16, S. 62, 69 f.). Denn anders als Betriebsvereinbarungen gelten Gesamtbetriebsvereinbarungen nicht nur für einen einzelnen Betrieb, sondern für das gesamte Unternehmen oder für mehrere Betriebe. Das folgt aus der Zuständigkeitsregelung des § 50 Abs. 1 BetrVG. Scheidet ein Betrieb aus dem Unternehmen aus, kann der neue Inhaber an sich nicht mehr an eine nur für das bisherige Unternehmen gültige Regelung gebunden sein. Um den Arbeitnehmern aber den **Bestand** der Gesamtbetriebsvereinbarung zu sichern, sollten ihre Inhaltsnormen beim Betriebsübergang über § 613a Abs. 1 S. 2 BGB zum Inhalt des Arbeitsverhältnisses werden. Das entsprach der bis zu der erwähnten BAG-Entscheidung wohl h. L. (WHSS/*Hohenstatt* E Rn. 58 m. w. N.).

423 Seit 2002 meint nun das BAG (NZA 2003, 670) im Anschluss an *Hanau* (FS Hilger/Stumpf 1983, S. 271, 275 f. und ArbRdG 1997, S. 21, 32), dass **Gesamtbetriebsvereinbarungen der Sache nach nichts anderes als Betriebsvereinbarungen seien.** Selbst wenn diese für sämtliche oder doch mehrere Betriebe eines Unternehmens abgeschlossen würden, beträfen und regelten sie keine Angelegenheiten auf der Rechtsebene „des Unternehmens“; Bezugsobjekt und Regelungssubstrat seien vielmehr die einzelnen Betriebe, weil es keinen „Betriebsverbund“ als entsprechendes überbetriebliches Bezugsobjekt und Regelungssubstrat gäbe. Dem Gesamtbetriebsrat entspreche kein „Gesamtbetrieb“. Eine Gesamtbetriebsvereinbarung gestalte die kollektive Ordnung des von ihr betroffenen Betriebs – und nur des Betriebs – nicht anders als eine Einzelbetriebsvereinbarung. Dass sie zugleich in anderen Betrieben des Unternehmens gelte, ändere daran nichts. Eine Gesamtbetriebsvereinbarung gelte nicht im Unternehmen, sondern *in den Betrieben des Unternehmens* (vgl. ausführlich *Kreft* FS Wißmann S. 347, 357). Deshalb behielte sie ihre normative Wirkung – so wie bei einer Einzelbetriebsvereinbarung –, wenn die Identität des Betriebs bei einem Inhaberwechsel erhalten bliebe (so mittlerweile auch ein Teil der Lehre, vgl. *Fitting* § 77 BetrVG Rn. 169; GK-*Kreutz* § 50 BetrVG Rn. 83 jeweils m. w. N.).

b) Kritik

424 Das BAG hat für diese Ansicht erhebliche Kritik erfahren (*Hergenröder* Anm. zu BAG AP Nr. 7 zu § 77 BetrVG 1972 Betriebsvereinbarung; *Hohenstatt/Müller-Bonani* NZA 2003, 766, 770; *Jacobs* FS Konzen, S. 344, 350 ff.; *Preis/Richter* ZIP 2004, 925, 932; *Rieble* NZA 2003 Beil. Heft 16, S. 62, 69). Ärgerlich ist vor allem, dass das BAG die Kompetenznorm des § 50 Abs. 1 BetrVG und damit **den zwingend vorgesehenen Unternehmensbezug von Gesamtbetriebsvereinbarungen einfach übergeht** (*Maschmann* NZA 2009 Beil. Heft 7, S. 32, 40). Nicht bedacht hat das BAG die **schwierigen Kollisionsprobleme,** die auftreten, wenn beim Erwerber bereits Gesamtbetriebsvereinbarungen bestehen. Die Dinge komplizieren sich, wenn später noch weitere Betriebe hinzuerworben werden, für die wieder ganz andere Gesamtbetriebsvereinbarungen gelten (*Preis/Richter* ZIP 2004, 925, 932). Hier hätte die Anwendung der Transformationsregel des § 613a Abs. 1 S. 2–4 BGB zu einer in sich stimmigen Lösung geführt (*Jacobs* FS Konzen, S. 344, 363). Die Rechtspraxis muss sich freilich auf die vom BAG favorisierte Lösung einstellen.

c) Struktur der Fallgruppen

425 Im Folgenden werden zunächst die Umstrukturierungen betrachtet, die sich auf der Ebene des Unternehmens bzw. seiner Gesellschafter vollziehen (s. Rn. 426). Diese bleiben zumeist ohne Auswirkung auf die Fortwirkung von Gesamtbetriebsvereinbarungen. Da es nach der neueren Rechtsprechung auf die Wahrung der Betriebsidentität ankommt und auch das Bestehen von Gesamtbetriebsvereinbarungen beim Erwerber eine Rolle spielt, wird dann weiter danach unterschieden, ob der Erwerber bislang „(gesamt-)betriebsratslos“ ist (s. Rn. 427 ff.) oder nicht (s. Rn. 433 ff.), ob er sämtliche Betriebe oder nur einen Teil (s. Rn. 429 ff. übernimmt und wie er die übernommenen Einheiten führt: als selbständige Betriebe oder als unselbständige Abteilungen von bei ihm vorhandenen Betrieben).

2. Umstrukturierung nur auf Unternehmensebene

426 Umstrukturierungen, die sich allein auf der Ebene des Unternehmens abspielen, sind der vollständige Wechsel des hinter den Betrieben stehenden Rechtsträgers („Betriebsinhaberwechsel“) und die verschiedenen Umwandlungen, die das UmwG kennt, vor allem Aufspaltung, Abspaltung, Ausgliederung, wobei noch weiter danach unterschieden werden kann, ob der aufnehmende Rechtsträger bereits besteht („Spaltung zur Aufnahme“) oder erst im Zuge der Umwandlung gebildet wird („Spaltung zur Neugründung“). Auch an den umgekehrten Fall der Verschmelzung von Rechtsträgern ist zu denken. Die auf das Unternehmen als den Rechtsträger beschränkten Umstrukturierungen berühren die **normative Fortwirkung von Gesamtbetriebs-**

vereinbarungen dann nicht, **wenn der neue Rechtsträger die Betriebsstruktur unangetastet lässt und damit die „Betriebsratslandschaft" dieselbe bleibt, weshalb auch der Gesamtbetriebsrat weiter amtiert.** Der neue Rechtsträger ist dann normativ an alle Gesamtbetriebsvereinbarungen gebunden, die auch für neu eintretende Arbeitnehmer gelten. Änderungen sind mit dem Gesamtbetriebsrat zu vereinbaren; nur ihm gegenüber können Gesamtbetriebsvereinbarungen gekündigt werden. **Entsprechendes** gilt, wenn bei einem **Share Deal** nur die Gesellschafter des Unternehmens wechseln. Zu Kollisionen mit normativ geltenden (Gesamt-)Betriebsvereinbarung kann es allerdings dann kommen, wenn beim Erwerber bereits mitbestimmte Betriebe und ein Gesamtbetriebsrat bestehen (s. Rn. 433 ff.).

3. Übernahme von Betrieben durch betriebsratslosen Erwerber

a) Übernahme sämtlicher Betriebe

427 Die Rechtsprechung bejaht mit Recht die **normative Fortwirkung von Gesamtbetriebsvereinbarungen als Gesamtbetriebsvereinbarungen,** wenn der bislang „betriebsratslose" Erwerber **sämtliche Betriebe** des Veräußerers übernimmt, die mitbestimmt sind und die deshalb einen Gesamtbetriebsrat gebildet haben (BAG 18. 9. 2002 NZA 2003, 670, 674). Hier ist die normative Fortwirkung schon wegen der Amtskontinuität des Gesamtbetriebsrats sinnvoll. Überdies bestehen auch der Regelungsbereich und der überbetriebliche bzw. unternehmensweite Koordinierungsbedarf fort, die die Zuständigkeit des Gesamtbetriebsrats (§ 50 Abs. 1 BetrVG) beim Veräußerer begründet hatten. Außerdem unterscheidet § 77 Abs. 4 BetrVG, der die normative Wirkung von Betriebsvereinbarungen anordnet, nicht zwischen Einzel-, Gesamt- und Konzernbetriebsvereinbarungen. Dass die Regelungen ursprünglich mit einem anderen Arbeitgeber vereinbart wurden und nach dem Übergang den Bezug zu dessen Unternehmen verlieren, kann im Regelfall nicht schaden. Die Situation ist vergleichbar mit dem Inhaberwechsel in einem einzigen Betrieb, der zur normativen Fortwirkung der Einzelbetriebsvereinbarungen führt (*Fitting* § 77 BetrVG Rn. 169; GK-BetrVG/*Kreutz* § 50 Rn. 83). Eine **Ausnahme** will das BAG allerdings dann machen, wenn der Inhalt einer bestimmten **Regelung die Zugehörigkeit zum bisherigen Unternehmen zwingend voraussetzt** und die deshalb nach dem Betriebsübergang gegenstandslos wird (BAG 18. 9. 2002 NZA 2003, 670, 674). Das trifft z. B. für einen Personalrabatt auf Waren zu, die nur der frühere Betriebsinhaber herstellt (BAG 7. 9. 2004 NZA 2005, 1223).

428 Der Erwerber kann Gesamtbetriebsvereinbarungen nach der Betriebsübernahme gegenüber dem weiter im Amt befindlichen Gesamtbetriebsrat **kündigen** oder mit ihm **andere Regelungen vereinbaren** (DKK/*Trittin* § 50 BetrVG Rn. 11h). Bis dahin gelten sie auch für Arbeitnehmer, die erst nach dem Betriebsübergang in das Unternehmen eintreten. Werden nach dem Betriebsübergang weitere Betriebe übernommen, gelten die Gesamtbetriebsvereinbarungen auch für die erst später hinzuerworbenen Betriebe normativ, soweit keine Überleitungsregeln getroffen wurden (s. Rn. 454 ff.). Sind diese Betriebe mitbestimmt, gelten die Ausführungen unter 4. (s. Rn. 433 ff.).

b) Übernahme mehrerer oder einzelner mitbestimmter Betriebe

429 Wird nur ein Teil der mitbestimmten Betriebe vom bislang betriebsratlosen Erwerber übernommen, muss sich der Gesamtbetriebsrat zwar neu konstituieren (BAG 5. 6. 2002 NZA 2003, 336, 337); das spricht aber nicht gegen die **normative Fortwirkung der bisherigen Gesamtbetriebsvereinbarungen als Gesamtbetriebsvereinbarungen** (BAG 18. 9. 2002 NZA 2003, 670; *Fitting* § 77 BetrVG Rn. 169; *Salamon* RdA 2007, 103, 109). Denn der überbetriebliche bzw. unternehmensweite Regelungsbedarf besteht auch beim Erwerber fort. Eine Überführung in das Arbeitsverhältnis (§ 613a Abs. 1 Satz 2 BGB) macht deshalb wenig Sinn, zumal mangels kollidierender Einzel- oder Betriebsvereinbarungen beim Erwerber auch keine Koordinierung erforderlich ist, die die Anwendung des § 613a Abs. 1 Satz 3 BGB rechtfertigen könnte. Im Rahmen der Zuständigkeit des fortbestehenden Gesamtbetriebsrats – sei es für das Gesamtunternehmen, sei es für überbetriebliche Angelegenheiten mehrerer Betriebe (§ 50 Abs. 1 BetrVG) – gelten die Gesamtbetriebsvereinbarungen der übernommenen Betriebe auch für die bereits beim Erwerber bestehenden Betriebe, jedenfalls soweit nichts anderes bestimmt ist (*Preis/Richter* ZIP 2004, 925, 937). Werden später Betriebe hinzuerworben, gilt Entsprechendes auch für sie. Soweit diese mitbestimmt sind, gelten die Ausführungen unter 4. (s. Rn. 433 ff.).

430 **Beispiel:** Erwerber X übernimmt von Y die Betriebe A1, A2, A3, die allesamt mitbestimmt sind. Bei Y gilt eine Gesamtbetriebsvereinbarung über eine unternehmensweit gewährte Gratifikation. Diese gilt nach der Übernahme auch für die bislang betriebsratslosen Betriebe B1 und B2 des X. Der bei Y gebildete Gesamtbetriebsrat bleibt nach dem Erwerb der Betriebe A1, A2 und A3 durch X im Amt, seine Zuständigkeit erstreckt sich – da es sich um eine unternehmensweit gewährte Gratifikation handelt, selbst dann auf die Betriebe B1 und B2, wenn dort weiterhin kein Betriebsrat besteht (§ 50 Abs. 1 Satz 1 HS 2 BetrVG). Allerdings können Y und sein Gesamtbetriebsrat vor dem Betriebsübergang auf A vereinbaren, dass die Gesamtbetriebsvereinbarungen nur für A1, A2 und A3 gelten sollen. Unterbleibt eine solche Beschränkung, ist davon auszugehen, dass die Regelungen – jedenfalls soweit es sich um unternehmensweite Bestimmungen handelt – in allen Betrieben des X gelten, d. h. den übernommenen (A1, A2, A3) und den eigenen (B1, B2).

431 Übernimmt der Erwerber nur einen einzigen mitbestimmten Betrieb oder hieraus einen Betriebsteil, sollen die Gesamtbetriebsvereinbarungen nach der Rechtsprechung (BAG 18. 9. 2002 NZA 2003, 670) **gleichfalls normativ weitergelten, allerdings nicht als Gesamt-, sondern nur als Einzelbetriebsvereinbarungen.** Dieses Ergebnis wird von Teilen der Lehre kritisiert, weil weder das Amt noch die Zuständigkeit des Gesamtbetriebsrats fortbesteht noch der Unternehmensbezug gewahrt bleibt (*Rieble* NZA 2003 Beil. Heft 16, S. 62, 69). Freilich führt auch der vorübergehende oder endgültige Wegfall des Betriebsrats nicht zum Fortfall der von ihm geschlossenen Betriebsvereinbarungen, und zwar selbst dann nicht, wenn es kein handlungsfähiges

Betriebsverfassungsorgan mehr gibt, mit dem der Arbeitgeber eine Änderung der Betriebsvereinbarung vereinbaren könnte (*Fitting* § 77 BetrVG Rn. 175; *Brune* AR-Blattei SD, 520 Betriebsvereinbarung Rn. 432). Warum das beim Wegfall des Gesamtbetriebsrats anders sein soll, leuchtet nicht ein, wenn man – wie das BAG – davon ausgeht, dass Gesamtbetriebsvereinbarungen nicht im Unternehmen, sondern in den Betrieben des Unternehmens gelten und der Erwerber eines solchen Betriebs den dort geltenden Normenbestand auch dann komplett zu übernehmen hat, wenn zwar der Unternehmensbezug, nicht aber die Betriebsidentität verlorengeht (wie hier GK-BetrVG/*Kreutz* § 50 Rn. 82).

432 Die Lösung der Rechtsprechung hat für die betriebliche Praxis den Vorteil, die **normativ fortwirkende Regelung mit kollektivrechtlichen Mitteln ändern oder beseitigen zu können** (GK-BetrVG/*Kreutz* § 50 Rn. 83; *C. Meyer*, BB-Special 14/2005, S. 5, 6; DKK/*Trittin* § 50 BetrVG Rn. 11h.; krit. dazu *Jacobs* FS Konzen, 245, 358). Der Erwerber ist nicht auf den schwierigen Weg einer Ablösung der in das Arbeitsverhältnis transformierten Kollektivregelungen (§ 613a Abs. 1 S. 2–4 BGB) verwiesen (dafür aber *Jacobs* FS Konzen, 245, 363 f.; *Preis/Richter*, 925, 937, 940). Adressat für Kündigungen oder Änderungsverlangen ist der weiter amtierende Betriebsrat. Ein besonderer Bestandsschutz ist nicht vonnöten, da dieser Gesamtbetriebsvereinbarungen ohne den Betriebsübergang – abgesehen vom Sonderfall der betrieblichen Altersversorgung – ebenfalls nicht zuteil geworden wäre. Die im Erwerberbetrieb als Einzelbetriebsvereinbarungen fortwirkenden Gesamtbetriebsvereinbarungen leben auch dann nicht wieder als Gesamtbetriebsvereinbarungen auf, wenn der Erwerber weitere Betriebe hinzuerwirbt (*Kreft* FS Wißmann S. 347, 362; GK-BetrVG/*Kreutz* § 50 BetrVG Rn. 84 m. w. N.). Gesamtbetriebsvereinbarungen können nur mit einem sich später konstituierenden Gesamtbetriebsrat geschlossen werden. Die bisher beim Veräußerer geltenden Gesamtbetriebsvereinbarungen gelten nur in dem vom Erwerber übernommenen Betrieb als Betriebsvereinbarungen fort, nicht aber in seinen anderen, bislang betriebsratslosen Betrieben. Verfügt der Erwerber bereits über mitbestimmte Betriebe, gelten die Ausführungen unter 4. (s. Rn. 433 ff.).

4. Übernahme von Betrieben durch einen Erwerber mit mitbestimmten Betrieben

433 Sind die beim Erwerber bestehenden Betriebe betriebsratslos, bereitet die normative Fortwirkung von Gesamtbetriebsvereinbarungen – sei es als Gesamt-, sei es als Einzelbetriebsvereinbarungen – in den übernommenen (und ggf. auch in den bei Erwerber bestehenden) Betrieben keine Probleme. Bislang noch nicht entschieden hat das BAG den praktisch häufigen Fall, dass beim Erwerber bereits Gesamt- und/oder Einzelbetriebsvereinbarungen gelten, mit denen fortwirkende Gesamtbetriebsvereinbarungen des Veräußerers kollidieren können.

Beispiel: Im Unternehmen X besteht eine Gesamtbetriebsvereinbarung für ihre beiden mitbestimmten Betriebe A1 und A2 über eine betriebliche Altersversorgung. Das Unternehmen erwirbt von einem Konkurrenten Y den mitbestimmten Betrieb B hinzu, für den ebenfalls eine Gesamtbetriebsvereinbarung über eine Betriebsrente besteht, allerdings auf niedrigerem Niveau. Haben die dort Beschäftigten nach ihrem Übergang auf das Unternehmen X Anspruch auf Betriebsrente nach dessen Gesamtbetriebsvereinbarung? Was gilt, wenn die Betriebsrente bei Y höher ist? Haben die in den Betrieben A1 und A2 Beschäftigten nach dem Hinzuerwerb des Betriebs B womöglich einen Anspruch auf die höhere Betriebsrente aus der Gesamtbetriebsvereinbarung des Konkurrenten Y? (Lösung s. Rn. 436f.; s. auch *Preis/Richter*, ZIP 2004, 925, 937. **434**

a) Echte Kollision nur bei normativer Fortwirkung

435 Zu einer echten Kollision kommt es, wenn die Gesamtbetriebsvereinbarungen des Veräußerers normativ fortwirken. Das ist allein dann der Fall, **wenn der Erwerber die Betriebe auch nach der Übernahme selbständig führt.** Verschmilzt er die übernommenen Betriebe oder Betriebsteile mit bei ihm vorhandenen Betrieben oder gliedert er sie in seine Betriebe ein, endet die Identität der übernommenen Einheiten und mit ihr die – selbst nur übergangsweise – Zuständigkeit des Betriebs- und Gesamtbetriebsrats des Veräußerers (s. Rn. 380ff.). Da der übernommene Betrieb mit der Verschmelzung oder Eingliederung seine Identität verliert, können die Inhaltsnormen der bisherigen Gesamtbetriebsvereinbarungen nicht normativ fortwirken. Sie werden deshalb nach Maßgabe von § 613a Abs. 1 S. 2–4 BGB in das Arbeitsverhältnis überführt, soweit nicht beim Erwerber Gesamt- oder Einzelvereinbarungen gelten, die denselben Regelungsgegenstand betreffen (s. Rn. 419). In diesem Fall gelten wegen § 613a Abs. 1 S. 3 BGB, § 77 Abs. 4 BetrVG die im Erwerberbetrieb einschlägigen Gesamt- bzw. Einzelbetriebsvereinbarungen selbst dann, wenn ihre Regelungen für den Arbeitnehmer ungünstiger als die bisherigen sind (*Fitting* § 77 BetrVG Rn. 171; GK-BetrVG/*Kraft* § 77 BetrVG Rn. 86; a. A. *Jacobs* FS Konzen, S. 345, 361).

436 Im obigen Beispielsfall (s. Rn. 434) würden die im Betrieb B Beschäftigten Ansprüche auf eine betriebliche Altersrente nur noch nach den bei X geltenden Gesamtbetriebsvereinbarungen geltend machen können. Die bei Y geltenden Gesamtbetriebsvereinbarungen werden auch nicht nach § 613a Abs. 1 S. 2 BGB in das Arbeitsverhältnis überführt, weil bei X eine Gesamtbetriebsvereinbarung über denselben Regelungsgegenstand – betriebliche Altersversorgung – kollektivrechtlich nach § 77 Abs. 4 BetrVG gilt, die die bisherige Regelung verdrängt (§ 613a Abs. 1 S. 3 BGB), gleichgültig, wie die dort getroffenen Bestimmungen aussehen. Da damit eine Verschlechterung der beim Veräußerer geltenden Arbeitsbedingungen droht, ist diese Lösung nicht unumstritten (*Preis/Richter* ZIP 2004, 925, 930, 933f.).

b) Pluralität konkurrierender Gesamtbetriebsvereinbarungen im selben Betrieb?

437 Werden die übernommenen Betriebe oder Betriebsteile beim Erwerber als selbständige Einheiten fortgeführt, gelten die Gesamtbetriebsvereinbarungen des Veräußerers nach der Rechtsprechung normativ fort: als Gesamtbetriebsvereinbarungen, wenn alle oder mehrere Betriebe des Veräußerers übernommen werden, sonst als Einzelbetriebsvereinbarungen. Ob das auch dann möglich ist, wenn in den anderen Betrieben die Gesamtbetriebsvereinbarungen des Erwerbers gelten, ist umstritten. Ein Teil des Schrifttums (*Jacobs* FS Konzen, S. 344, 362f. m. w. N.) bejaht das und plädiert für eine Pluralität von Gesamtbetriebsvereinbarungen im Unternehmen. Das BetrVG kenne keinen Grundsatz, dass Gesamtbetriebsvereinbarungen nur einheitlich im Unternehmen gelten könnten, weshalb auch einschlägige Kollisionsnormen fehlten. Anders sieht es die **h. M., die eine solche Pluralität** zumindest für den unter Rn. 434 dargestellten Beispielsfall **ablehnt**, dass die Gesamtbetriebsvereinbarungen des Erwerbers nach ihrem Geltungsbereich auch die neu hinzugekommenen Betriebe erfassen und sie denselben Regelungsgegenstand wie die dort bisher gültigen Gesamtbetriebsvereinbarungen betreffen (*Fitting* § 77 BetrVG Rn. 169). Dem ist zuzustimmen. Ein Nebeneinander von alten und neuen Regelungen zum selben Gegenstand im selben Betrieb kann schon deshalb nicht geduldet werden, weil der zuständige Betriebsrat die Belegschaft einheitlich vertritt und die von ihm geschlossenen Betriebsvereinbarungen grundsätzlich die gesamte Belegschaft erfassen. Nichts anderes gilt für Gesamtbetriebsvereinbarungen, wenn man mit der Rechtsprechung annimmt, dass diese nicht im Unternehmen, sondern in den Betrieben des Unternehmens gelten und § 77 Abs. 4 BetrVG deshalb konsequenterweise nicht zwischen Einzel- und Gesamtbetriebsvereinbarungen unterscheidet, sondern beide für gleich verbindlich erklärt.

438 Freilich ist sorgfältig zu **prüfen, wie weit der betriebliche Anwendungsbereich der beim Erwerber geltenden Gesamtbetriebsvereinbarungen reicht.** Nehmen diese die neu hinzuerworbenen Betriebe ausdrücklich aus, was in Überleitungsvereinbarungen durchaus der Fall sein kann, wenn der Erwerber auf die bisher beim Veräußerer geltenden Sozialleistungen nicht noch „draufsatteln" will, ist diese Regelung – jedenfalls soweit sie rechtlich wirksam ist (s. Rn. 463) – für das Kollisionsproblem maßgeblich. Entsprechendes gilt, wenn Gesamtbetriebsvereinbarungen ausdrücklich oder nach ihren inhaltlichen Regelungen nur für gewisse Betriebe gelten sollen. Fehlt es an solchen Bestimmungen, ist im Zweifel davon auszugehen, dass Gesamtbetriebsvereinbarungen unternehmensweit anzuwenden sind und sie ohne weiteres auch für die übernommenen Betriebe gelten (h. M., vgl. *Fitting* § 50 BetrVG Rn. 76; GK-BetrVG/*Kraft* § 50 BetrVG Rn. 84f. DKK/*Trittin* § 50 BetrVG Rn. 15). Die Argumente der Gegenmeinung (*Jacobs* FS Konzen, S. 344, 361 m. w. N.) überzeugen nicht. Ist die Zuständigkeit des Gesamtbetriebsrats gegeben, weil es um eine Angelegenheit geht, die das Gesamtunternehmen betrifft, spricht alles dafür, dass – soweit nicht ausdrücklich etwas anderes bestimmt ist – eine unternehmensweite Regelung getroffen werden soll. Das gilt selbst dann, wenn sich im Zeitpunkt der Vereinbarung nicht absehen lässt, ob später einmal Betriebe hinzuerworben werden. Es müsste dann nämlich stets festgehalten werden, welche Betriebe beim Abschluss einer Gesamtbetriebsvereinbarung zum Unternehmen gehören. Das kann – da keine Rechtspflicht zu Führung eines Betriebeverzeichnisses besteht – zu erheblicher Rechtsunsicherheit führen und widerspricht dem Grundsatz, dass der Anwendungsbereich einer Norm aus ihr selbst zu ermitteln sein muss. Einfacher und sicherer ist es, die zuständigen Parteien erst im konkreten Falle des Hinzuerwerbs eines Betriebs durch entsprechende Überleitungsregeln bestimmen zu lassen, welche der an sich unternehmensweit geltenden Gesamtbetriebsvereinbarungen nicht oder nur modifiziert gelten sollen. (s. Rn. 454 ff.) Umgekehrt wird man davon auszugehen haben, dass aus dem Unternehmen ausscheidende Betriebe nicht ohne weiteres aus dem Anwendungsbereich der Gesamtbetriebsvereinbarungen herausfallen, da die Arbeitnehmer sonst schutzlos gestellt würden; dies soll ja gerade durch die Fortwirkung – normativ oder über den Arbeitsvertrag vermittelt – vermieden werden.

c) Lösung für das Kollisionsproblem

439 Da ein Zusammentreffen von Gesamtbetriebsvereinbarungen des Veräußerers und des Erwerbers ohne weiteres möglich ist, eine Pluralität von Gesamtbetriebsvereinbarungen im selben Betrieb aber nicht geduldet werden kann, muss die Kollision nach allgemeinen Rechtsgrundsätzen aufgelöst werden, wenn die zuständigen Parteien keine Absprachen getroffen haben. Das Günstigkeitsprinzip scheidet hierfür aus, da es nur zwischen Rechtsquellen unterschiedlichen Rangs gilt. Auch das Spezialitätsprinzip bietet keine Lösung (so aber *Mues* DB 2003, 1273, 1276), weil es an geeigneten Maßstäben für die Frage fehlt, welche Gesamtbetriebsvereinbarung die speziellere ist. Wieder andere wollen auf § 613a Abs. 1 Satz 3 BGB abstellen (*Bachner* NJW 2003, 2861, 1864), der aber nicht unmittelbar gilt, wenn Gesamtbetriebsvereinbarungen normativ fortwirken. Mit Recht geht die h. M. im Ergebnis davon aus, dass bei einer Kollision die Gesamtbetriebsvereinbarungen des Veräußerers verdrängt werden (*Fitting* § 77 BetrVG Rn. 169; *Kreft* FS Wißmann 2005, S. 347, 361 f.; GK-BetrVG/*Kreutz*, § 50 BetrVG Rn. 85 m. w. N.; *Lindemann/Simon* BB 2003, 2510, 2514; *C. Meyer*, Unterrichtung, S. 127; *Mohnke/Betz* BB 2008, 498, 500). Das entspricht der gesetzlichen Wertung des § 613a Abs. 1 Satz 3 BGB, der eine einfachrechtliche Ausprägung des Ablöseprinzips darstellt. Wo im Erwerberbetrieb bereits eine normativ geltende Kollektivregelung besteht, muss sich diese gegen „mitgebrachte“ Regelungen durchsetzen. Nichts anderes ergibt sich aus den Bestimmungen über das Übergangsmandat in § 21a BetrVG. Dieses endet, wenn der Betrieb oder Betriebsteil in einen mitbestimmten Betrieb eingegliedert wird und damit in die Zuständigkeit einer anderen Belegschaftsvertretung fällt. Folgerichtig müssen dann in einem Kollisionsfall auch die bisherigen (Gesamt-) Betriebsvereinbarungen enden.

IV. Konzernbetriebsvereinbarung bei Umstrukturierung

1. Grundsätze

440 Über die Fortwirkung von Konzernbetriebsvereinbarungen bei einer Umstrukturierung hat das BAG bislang nicht entschieden. Das Schrifttum geht überwiegend davon aus, dass die für Einzel- und Gesamtbetriebsvereinbarungen aufgestellten Grundsätze auf Konzernbetriebsvereinbarungen übertragbar sind (WHSS/*Hohenstatt* E Rn. 70ff.; *C. Meyer* BB 2005, Special 14, S. 7ff.; *ders.* Unterrichtung Rn. 129; *Mohnke/Betz* BB 2008, 498, 500f.; *Salamon* NZA 2009, 471, 475; *Kern* NZA 2009, 1313, 1318; a.A *Rieble* NZA 2003, Beil. S. 62, 70). Maßgeblich ist zunächst, ob bei der Umstrukturierung der Konzernbezug des Betriebs oder Unternehmens erhalten bleibt (s. Rn 441f.) oder nicht (s. Rn. 443ff.). Letzterenfalls ist weiter danach zu unterscheiden, welche Unternehmen und Betriebe übernommen werden und ob beim Erwerber bereits Belegschaftsvertretungen bestehen, die mit ihm Einzel-, Gesamt- oder Konzernbetriebsvereinbarungen abgeschlossen haben, die möglicherweise mit den Regelungen der Konzernbetriebsvereinbarung des Veräußerers kollidieren.

2. Konzernbetriebsvereinbarung bei Erhalt des Konzernbezugs

441 Wird ein Konzern nur „intern umgebaut“, bleibt der Konzernbezug der betroffenen Unternehmen und Betriebe erhalten.

> **Beispiel:** Konzern X gliedert sich in die Sparten A, B und C, zu denen die jeweils rechtlich selbständigen Unternehmen A1, A2, B1, B2, C1, C2 gehören. A1 wird aus der Sparte A in die Sparte B überführt.

442 In diesem Fall gelten alle Konzernbetriebsvereinbarungen normativ fort (WHSS/*Hohenstatt* E Rn. 70 m.w.N.; *C. Meyer* BB 2005 Special 14, S. 8). § 613a BGB findet keine Anwendung. Das gilt für Umstrukturierungen, die – wie im Beispiel – auf der Ebene der Gesellschafter erfolgen, ebenso wie für Unternehmens- und Betriebsspaltungen (*Kern* NZA 2009, 1313, 1316).

3. Konzernbetriebsvereinbarungen bei Verlust des Konzernbezugs

443 Werden Unternehmen oder Betriebe aus dem Konzern ausgegliedert, können Konzernbetriebsvereinbarungen normativ als Konzern-, Gesamt- oder Betriebsvereinbarung fortwirken oder über § 613a Abs. 1 S. 2–4 BGB in das Arbeitsverhältnis überführt werden. Wendet man die für Gesamtbetriebsvereinbarungen geltenden Grundsätze entsprechend auf Konzernbetriebsvereinbarungen an, wie es die h.M. vorschlägt (s. Rn. 440), ergibt sich Folgendes:

a) Normative Fortwirkung als Konzernbetriebsvereinbarung

444 Konzernbetriebsvereinbarungen wirken beim Erwerber als Konzernbetriebsvereinbarungen **normativ fort, wenn dieser den Konzern als solchen insgesamt** übernimmt und bei ihm selbst noch **kein Konzernbetriebsrat** besteht. Dafür spricht die Kontinuität des Konzernbetriebsratsamts. Entsprechendes kommt in Betracht, wenn der (konzernbetriebsratslose) Erwerber einen **Teilkonzern** als nach § 54 BetrVG, § 18 AktG konzernbetriebsratsfähige Einheit übernimmt – im Beispiel oben z. B. die Sparte A, B oder C – und die zuständigen Betriebs- oder Gesamtbetriebsräte die Bildung eines Konzernbetriebsrats beim Erwerber beschlossen haben. Anders als beim Gesamtbetriebsrat, der unter den Voraussetzungen des § 47 BetrVG zwingend zu bilden ist, hängt die Einrichtung eines Konzernbetriebsrats vom Willen der Gesamtbetriebsräte bzw. der Betriebsräte ab (§ 54 BetrVG). Fehlt es an einem entsprechenden Beschluss, kommt allenfalls eine Fortwirkung als Gesamtbetriebsvereinbarung (s. Rn. 445) oder – falls das ausscheidet – eine Transformation in das Arbeitsverhältnis in Betracht. Nach a. A. soll maßgeblich sein, ob der Betrieb als Bezugspunkt der „betrieblichen Rechtssetzung“ erhalten bleibt und die „Gestaltungsaufgabe der Konzernbetriebsvereinbarung“ fortbesteht (*Salamon* NZA 2009, 471 ff.). Wirken die Konzernbetriebsvereinbarungen beim Erwerber normativ fort, ist weiter zu prüfen, ob die dort bestimmten Ansprüche auch stets vom Erwerber erfüllt werden müssen. Das kann zu verneinen sein, wenn es um materielle Leistungen geht, die ganz offenkundig nur aktuell konzernangehörigen Arbeitnehmern gewährt werden sollen, wie etwa Freiflüge für Beschäftigte einer Fluggesellschaft, Rabatte auf selbst hergestellte Fahrzeuge usw. (BAG 7. 9. 2004 BB 2005, 1909; *C. Meyer,* BB 2005 Special 14, S. 8).

b) Normative Fortwirkung als Gesamtbetriebsvereinbarung

445 Wird der Konzern weder im Ganzen noch in konzernbetriebsratsfähigen Teilen übernommen oder wird bei der Übernahme eines Teilkonzerns beim bislang konzernbetriebsratslosen Erwerber kein Konzernbetriebsrat gebildet, können die Konzernbetriebsvereinbarungen in den übernommenen Unternehmen als Gesamtbetriebsvereinbarung normativ fortwirken (*Mohnke/Betz* BB 2008, 500, 501; a. A. *Salamon* NZA 2009, 471, 475 als Konzernbetriebsvereinbarung, soweit die bisherige Gestaltungsaufgabe fortbesteht). Das setzt das **Fortbestehen des Gesamtbetriebsratsamtes** beim Erwerber voraus, was der Fall ist, wenn der Erwerber alle Betriebe des betreffenden Unternehmens übernimmt. Aber auch dann, wenn sich der Gesamtbetriebsrat nach der Umstrukturierung anders konstituiert, kommt eine normative Fortwirkung der bisherigen Konzernbetriebsvereinbarungen als Gesamtbetriebsvereinbarungen in Betracht. Das gilt jedenfalls dann, wenn beim Erwerber vor dem Hinzuerwerb der Unternehmen kein Konzernbetriebsrat und keine Gesamtbetriebsräte existiert haben. Anderenfalls kann es – wenn es **im Erwerberunternehmen entsprechende Konzern- und Gesamtbetriebsvereinba-**

rungen gibt, zu Kollisionen kommen, die nach dem oben zur Kollision von Gesamtbetriebsvereinbarungen Ausgeführten (s. Rn. 433 ff.) aufzulösen sind. Im Zweifel setzen sich die beim Erwerber geltenden kollektivrechtlichen Regelungen durch.

c) Normative Fortwirkung als Einzelbetriebsvereinbarung

446 Schließlich ist noch an eine normative Fortwirkung einer Konzernbetriebsvereinbarung als Einzelbetriebsvereinbarung zu denken, wenn der Erwerber **nur einen Betrieb oder Betriebsteil aus einem Konzernverbund übernimmt und diesen als selbständigen Betrieb fortführt** und es bei ihm keine Konzern- oder Gesamtbetriebsvereinbarungen zu dem Gegenstand gibt, der in der Konzernbetriebsvereinbarung des Veräußerers geregelt ist (*C. Meyer,* BB 2005 Special 14, S. 8). Wird der übernommene Betrieb oder Betriebsteil in einen beim Erwerber bestehenden Betrieb eingegliedert oder mit diesem zusammengelegt, kommt nur eine Überführung der Normen der bisherigen Konzernbetriebsvereinbarung in das Arbeitsverhältnis in Betracht (§ 613a Abs. 1 S. 2 BGB). Das gilt wiederum dann nicht, wenn beim Erwerber Einzel-, Gesamt oder Konzernbetriebsvereinbarungen zum selben Regelungsgegenstand bestehen, die dann allein maßgeblich sind (§ 613a Abs. 1 S. 3 BGB, § 77 Abs. 4 BetrVG). Allerdings gilt § 613a BGB nicht beim Share Deal, d. h. wenn der Erwerber nur die Anteile des den Betrieb führenden Rechtsträgers, nicht aber dessen Betriebsmittel übernimmt. In diesen Fällen ist an eine analoge Anwendung der Vorschrift zu denken (WHSS/*Hohenstatt* E Rn. 72 m. w. N.).

V. Gestaltungsmöglichkeiten für die Fortwirkung von Betriebsvereinbarungen

1. Überblick

a) Gründe für eine aktive Gestaltung

447 Die Gründe, die Fortwirkung von Einzel-, Gesamt- bzw. Konzernbetriebsvereinbarung bei einem Betriebsübergang aktiv zu gestalten, liegen auf der Hand (vgl. *Meyer* NZA 2007, 1408; *Klak/Wiesinger* FS Hromadka S. 205 ff.). Die Arbeitnehmer haben ein Interesse daran, dass die bisherigen Betriebsvereinbarungen beim Erwerber möglichst unverändert fortgelten, um Besitzstände zu erhalten, was insbesondere den Ausschluss der Kündbarkeit oder zumindest eine längere Laufzeit von Betriebsvereinbarungen verlangt. Demgegenüber ist der Erwerber an einer Angleichung der Arbeitsbedingungen an das bei ihm bestehende Niveau interessiert. Dem Veräußerer ist zwar an einer reibungslosen Abwicklung des Betriebsübergangs gelegen, die gefährdet wäre, wenn Arbeitnehmer wegen ungünstigerer Arbeitsbedingungen beim Erwerber dem Übergang ihres Arbeitsverhältnisses widersprächen; er muss aber auf Arbeitsbedingungen drängen, die für den Erwerber akzeptabel sind. Gemeinsam haben alle Parteien – auch die Belegschaftsvertretungen – ein Interesse an eindeutigen, handhabbaren und vor allem rechtssicheren Regelungen zur Fortwirkung, Beendigung und Ablösung von Betriebsvereinbarungen. Das ist angesichts der komplizierten Fallgestaltungen und der nicht immer konsistenten Rechtsprechung ein schwieriges, aber unverzichtbares Unterfangen, von dem der Erfolg einer Umstrukturierung bzw. Veräußerung nicht selten abhängt.

b) Gestaltungsformen

448 Im Folgenden wird danach unterschieden, ob die Fortwirkung von Betriebsvereinbarungen bereits durch den Veräußerer (s. Rn. 449 ff.) oder erst durch den Erwerber (s. Rn. 462 ff.) beeinflusst wird. Zu denken ist dabei an die Kündigung bzw. die Teilkündigung sowie die einvernehmliche (ersatzlose) Aufhebung von Betriebsvereinbarungen. Möglich sind auch Überleitungsvereinbarungen, die die bisherigen Betriebsvereinbarungen modifizieren, um einen passgenauen Übergang auf die beim Erwerber geltenden Bedingungen zu ermöglichen (s. Rn. 454 ff. und die Muster im Anhang 6 und 7). Alternativ kann der Erwerber versuchen, die übernommenen Arbeitnehmer vom Anwendungsbereich der bei ihm geltenden Regelungen auszunehmen, was allerdings zu Gleichbehandlungsproblemen führen kann (s. Rn. 463).

2. Gestaltungsmöglichkeiten auf Veräußererseite

a) Kündigung von Betriebsvereinbarungen

449 Der Veräußerer kann Einzel-, Gesamt- und Konzernbetriebsvereinbarungen **kündigen.** Das Kündigungsverbot des **§ 613a Abs. 4 BGB steht dem nicht entgegen,** denn dieses betrifft nur den Arbeitsvertrag, nicht aber Betriebsvereinbarungen; der Veräußerer hätte auch ohne den Betriebsübergang die Befugnis zur Kündigung gehabt, wie § 77 Abs. 5 belegt (*Meyer* DB 2000, 1174, 1177). Auch die Transformationsregeln des § 613a Abs. 1 S. 2–4 BGB besagen nichts Gegenteiliges, da diese bei normativer Fortwirkung von Betriebsvereinbarungen nicht gelten. Erst recht nicht lässt sich ihnen ein Kündigungsverbot als allgemeiner Rechtsgedanke entnehmen (*Meyer* NZA 2007, 1408, 1409). Wie § 613a Abs. 1 S. 4 BGB zeigt, kann die Transformationswirkung mit dem Ende der Kollektivregelung (Tarifvertrag oder Betriebsvereinbarung) beendet werden. Eine Ewigkeitsbindung über die Geltungsdauer der Kollektivregelung hinaus, enthält die Vorschrift gerade nicht (vgl. auch *Preis/Steffan* FS Kraft S. 474, 482 ff.).

450 Die Kündigung muss **gegenüber dem Gremium, mit dem die Vereinbarung geschlossen wurde** (Betriebs-, Gesamt-, Konzernbetriebsrat), erklärt werden. Infolge einer Umstrukturierung kann die ursprüngliche Zuständigkeit auf ein anderes Gremium übergehen. Verfügt ein Betriebsrat infolge einer Ausgliederung über ein Übergangsmandat nach § 21a BetrVG, ist die Kündigung ihm gegenüber auszusprechen. Wirkt eine Gesamtbetriebsvereinbarung nach einer Umstrukturierung als Einzelbetriebsvereinbarung fort, ist der zuständige Betriebsrat richtiger Adressat, bei einer Konzernbetriebsvereinbarung, die als Gesamtbetriebsvereinbarung fortwirkt, ist es der zuständige Gesamtbetriebsrat. **Fehlt es** an einem solchen Gremium, kann die Betriebsvereinbarung auch gesamthaft gegenüber der Belegschaft gekündigt werden (BAG 18. 9. 2002 NZA 2003, 670, 674; *Fitting* § 77 BetrVG Rn. 175). Soweit nichts anderes vereinbart wurde, ist die Kündigung an **keine Form** gebunden; sie muss aber unmissverständlich und eindeutig erfolgen (BAG 19. 2. 2008 NZA-RR 2008, 412). Sie ist unwirksam, wenn sich nicht zweifelsfrei feststellen lässt, auf welche Betriebsvereinbarung sie sich bezieht (BAG a. a. O.). Die Kündigungsfrist beträgt – soweit nichts anderes vereinbart ist - **drei Monate** (§ 77 Abs. 5 BetrVG). Für eine ordentliche Kündigung bedarf es keines sachlichen Grundes (BAG 26. 4. 1990 NZA 1990, 814). Bei Unzumutbarkeit kann eine Betriebsvereinbarung auch fristlos gekündigt werden (*Fitting* § 77 BetrVG Rn. 151 m. w. N.). In Angelegenheiten, in denen der Spruch der Einigungstelle die Einigung zwischen den Betriebsparteien ersetzt, **wirken Betriebsvereinbarungen nach,** bis sie durch eine andere Abmachung ersetzt werden (§ 77 Abs. 6 BetrVG). Diese Regelung ist dispositiv. Die Betriebsparteien können daher die Nachwirkung von vornherein oder nachträglich ausschließen (BAG 18. 2. 2003 NZA 2004, 336). Zuständig für eine solche Ausschlussregelung ist das Gremium, mit dem die Betriebsvereinbarung abgeschlossen wurde, oder auf das die ursprüngliche Kompetenz übergegangen ist. Fehlt es nach einer Umstrukturierung dauerhaft an einem solchen Gremium, endet eine Betriebsvereinbarung nach einer Kündigung ohne Nachwirkung (a. A. *Fitting* § 77 BetrVG Rn. 175). **Freiwillige Betriebsvereinbarungen** wirken bei einer Kündigung nicht nach, es sei denn, die Betriebsparteien hätten anderes vereinbart (BAG 28. 4. 1998 NZA 1998, 1348).

451 Wird ein **Betriebsteil aus einem mitbestimmten Betrieb ausgegliedert,** fragt es sich, ob die Betriebsvereinbarungen nur für diesen Betriebsteil gekündigt werden können, sodass sie im Restbetrieb weitergelten. Da das BetrVG die **Teilkündigung von Betriebsvereinbarungen** nicht geregelt hat, kommt es zunächst darauf an, was die Betriebsparteien selbst bestimmt haben (BAG 6. 11. 2007 NZA 2008, 422). Fehlt es an eigenen Regelungen – etwa dass eine Teilkündigung von vornherein ausgeschlossen oder auf bestimmte Gegenstände beschränkt sein soll – hängt die Zulässigkeit einer Teilkündigung davon ab, ob der verbleibende Rest noch eine sinnvolle und in sich geschlossene Regelung darstellt. Davon ist auszugehen, wenn der gekündigte Teil einen selbständigen Teilkomplex betrifft, der auch den Gegenstand einer eigenständigen Betriebsvereinbarung bilden könnte (BAG a. a. O.). Da die Kündigung nur der für einen Betriebsteil geltenden Betriebsvereinbarungen die Regelungen für den Restbetrieb unberührt lässt, ist diese ohne weiteres zulässig. Für die Nachwirkung der Regelungen im ausgegliederten Betriebsteil gilt das oben Ausgeführte. Wird ein Betrieb aus einem

Unternehmen ausgegliedert, können nach dem Gesagten auch **Gesamtbetriebsvereinbarungen** nur für diesen Betrieb gekündigt werden. Entsprechendes gilt für die Kündigung von **Konzernbetriebsvereinbarungen** bei einer Ausgliederung eines Unternehmens aus dem Konzernverbund. Zuständig sind die jeweiligen Vertragsparteien.

b) Einvernehmliche Aufhebung

452 Ist bereits eine einseitige Beendigung einer Einzel-, Gesamt- oder Konzernbetriebsvereinbarung durch Kündigung aus Anlass eines Betriebsübergangs möglich, steht auch einer einvernehmlichen Beendigung durch einen zwischen den Parteien geschlossenen Aufhebungsvertrag prinzipiell nichts im Wege (*C. Meyer* NZA 2007, 1408, 1409). Die Grundsätze über das Verbot verschlechternder Individualabreden aus Anlass eines Betriebsübergangs (s. Rn. 244 ff.) gelten entsprechend (LAG Hamm 16. 12. 2004, 8 Sa 1526/04 Tz. 32 ff. für eine Klausel, nach der eine Weihnachtsgratifikation unter der auflösenden Bedingung steht, dass es zu keinem Betriebsübergang kommt; das LAG Hamm sieht darin eine unzulässige Umgehung von § 613a Abs. 1 BGB). Insbesondere dürfen auch die Betriebsparteien nicht ohne weiteres in erdiente Anwartschaften auf eine Betriebsrente eingreifen.

453 Überdies unterliegen Betriebsvereinbarungen der gerichtlichen Rechtmäßigkeitskontrolle, weil die Betriebsparteien nach § 75 Abs. 1 Satz 1 BetrVG darüber zu wachen haben, dass alle im Betrieb tätigen Arbeitnehmer nach den Grundsätzen von Recht und Billigkeit behandelt werden. Der wichtigste Unterfall einer solchen Behandlung ist der allgemeine **Gleichbehandlungsgrundsatz** (BAG 9. 11. 1994 NZA 1995, 644). An diesen sind auch die Betriebsparteien gebunden (BAG 11. 11. 2008 NZA 2009, 210; BAG 20. 1. 2009 NZA 2009, 495). Er verbietet eine sachfremde Schlechterstellung einzelner Arbeitnehmer oder Gruppen von Arbeitnehmern gegenüber ihren in vergleichbarer Lage befindlichen Kollegen. Zu einer solchen Schlechterstellung kann es beim Übergang eines Betriebsteils kommen, wenn die dort gültigen Einzel-, Gesamt- oder Konzernbetriebsvereinbarungen ganz oder teilweise aufgehoben werden. Unzulässig ist die Benachteilung aber nur dann, wenn es für die unterschiedliche Behandlung keine billigenswerten Gründe gibt (BAG 28. 10. 1992 NZA 1993, 717). Maßgeblich für eine sachgerechte Gruppenbildung ist der mit der Regelung verfolgte Zweck (vgl. BAG 11. 11. 2008 NZA 2009, 210, Tz. 24). Dieser kann in der **Angleichung der Arbeitsbedingungen liegen.** Die Herstellung einheitlicher Arbeitsbedingungen ist ein berechtigtes Anliegen des Arbeitgebers, weil unterschiedliche Arbeitsbedingungen die Zusammenarbeit innerhalb der Belegschaft erschweren (vgl. BAG 14. 3. 2007 NZA 2007, 862). Dass der Gesetzgeber ein solches Harmonisierungsbedürfnis im Grundsatz anerkennt, belegt § 613a Abs. 1 Satz 3 BGB. Durch klare Bestimmungen, welche bisherigen Betriebsvereinbarungen beim Erwerber nicht mehr fortgelten, lassen sich auch schwierige Kollisionsprobleme lösen, insbesondere die Frage, ob eine bestimmte Materie (betriebliche Zuschläge, Urlaub, Rente usw.) beim Erwerber abschließend geregelt ist; in diesem Fall käme es zu einer vollständigen Verdrängung der bisherigen Bestimmungen durch die beim Erwerber geltenden Vereinbarungen (*C. Meyer* NZA 2007, 1407, 1410).

c) Überleitungsvereinbarungen

454 aa) **Regelungsbedarf.** In der betrieblichen Praxis werden Betriebsvereinbarungen nicht ohne weiteres aufgehoben. Häufig erhalten die Arbeitnehmer einen – einmaligen oder laufenden – Ausgleich für die beim Erwerber nicht mehr gewährten Leistungen (z.B. Personaleinkauf, Nutzung von Sozialeinrichtungen, wie Kantinen, Weiterbildungs- und Kureinrichtungen usw.). Mit solchen Überleitungsvereinbarungen wird versucht, die beim Veräußerer kollektiv geregelten Arbeitsbedingungen an die beim Erwerber geltenden Einzel-, Gesamt- bzw. Konzernbetriebsvereinbarungen anzupassen. Zuweilen versuchen die alten Betriebsparteien die bisherigen Kollektivregelungen vor Veränderungen durch den Erwerber zu schützen oder treffen schon vor dem Betriebsübergang Regelungen, die erst nach dem Betriebsübergang zur Anwendung gelangen sollen, etwa Abfindungsstaffeln für den Fall, dass der Erwerber den Betrieb nach der Übernahme stilllegt (so im Fall LAG München 22.4.2009, BeckRS 2009 67507).

455 bb) **Zulässigkeit.** Dass die Betriebsparteien an sich zum Abschluss von Überleitungsvereinbarungen berechtigt sind, ist allgemein anerkannt (s. nur *Klak/Wiesinger* FS Hromadka S.205ff.; *C. Meyer* NZA 2007, 1409 m.w.N.; vgl. weiter LAG Düsseldorf 16.8.2006 NZA-RR 2007, 188). Für eine Unternehmensspaltung nach den Vorschriften des UmwG, die zu einer Betriebsspaltung führt, ordnet § 325 Abs. 2 UmwG ausdrücklich die Möglichkeit an, durch Betriebsvereinbarung oder Tarifvertrag die Fortwirkung von Rechten oder Beteiligungsrechten des Betriebsrats zu regeln, falls diese infolge der Spaltung entfallen. § 325 Abs. 2 UmwG enthält insoweit einen verallgemeinerungsfähigen Rechtsgedanken, der sich auch auf § 77 Abs. 5 BetrVG stützen lässt: Wenn es bereits zulässig ist, eine Betriebsvereinbarung aus Anlass eines Betriebsübergangs ersatzlos durch Kündigung entfallen zu lassen, muss es erst recht zulässig sein, im Einvernehmen mit dem Betriebsrat die nach dem Betriebsübergang geltende Betriebsverfassungsordnung zu gestalten, indem Rechte und Pflichten fortgeschrieben, verändert, aufgehoben oder durch beim Erwerber geltende Regelungen ersetzt werden.

456 cc) **Grenzen.** Fraglich sind allerdings die Grenzen. Das BAG steht auf dem Standpunkt, dass die bisherigen Betriebsparteien mangels Zuständigkeit keine unmittelbar geltenden Regelungen für die Zeit nach dem Betriebsübergang treffen könnten (BAG 1.4.1987 NZA 1987, 593, 594). Daran ändere auch der Umstand nichts, dass die Arbeitnehmer bei Abschluss der Regelung noch in den Zuständigkeitsbereich des Betriebs-, Gesamt- oder Konzernbetriebsrats fielen; entscheidend sei insoweit allein, dass die Regelung selbst Arbeitsbedingungen treffe, für die der Betriebsrat weder ein Mitbestimmungsrecht beanspruchen könne noch insoweit zuständiger Repräsentant der Arbeitnehmer sei. Auch aus § 613a Abs. 1 Satz 2 BGB ergebe sich

eine solche Befugnis der Betriebspartner nicht. Wenn dort bestimmt sei, dass die durch Betriebsvereinbarung geregelten Rechte und Pflichten bei einem Betriebsübergang Inhalt des Arbeitsverhältnisses mit dem Betriebserwerber würden, so seien damit allein die Rechte und Pflichten gemeint, die gegenüber dem bisherigen Betriebsinhaber bestanden; eine Regelungskompetenz für die Zeit nach dem Betriebsübergang ergebe sich daraus jedoch nicht. Dem haben sich in neuerer Zeit mehrere Instanzgerichte angeschlossen (LAG Düsseldorf NZA-RR 2007, 188, 190; LAG München 22.4.2009 BeckRS 2009, 67507). Hinzukommt, dass eine solche Überleitungsvereinbarung zumeist Regelungen enthält, die nicht mehr der Veräußerer, sondern nur noch der Erwerber zu erfüllen hat und durch die nur er und nicht der Veräußerer belastet wird. Insoweit könnten Überleitungsvereinbarungen auch einen unzulässigen Vertrag zu Lasten Dritter darstellen (dazu allgemein für Personalüberleitungsverträge zwischen Veräußerer und Erwerber, die Arbeitnehmer als Dritte unzulässig benachteiligen, LAG München 15.4.2009, BeckRS 2009, 67507 und BAG 22.4.2009 NZA 2009, 1286, 1290).

457 **dd) Isolierte Betrachtungsweise.** Freilich darf nicht übersehen werden, dass eine Überleitungsvereinbarung ein aus den Nöten der Praxis geborenes **„Gestaltungskonglomerat“** darstellt, dessen Wirkungsweise und Wirksamkeit für jede Einzelregelung gesondert analysiert werden muss. Überleitungsvereinbarungen enthalten zumeist **deklaratorische und konstitutive** Inhalte (vgl. *Klak/Wiesinger* FS Hromadka S. 205, 208 ff.). **Deklaratorische Inhalte** weisen nur auf Rechtsfolgen hin, die sich bereits direkt aus § 613a Abs. 1 BGB oder der normativen Fortwirkung von Betriebsvereinbarungen ergeben. Sie sollen deutlich machen, dass die Arbeitnehmerrechte beim Betriebsübergang gewahrt bleiben. Zumeist soll damit auch der Unterrichtungspflicht nach § 613a Abs. 5 BGB genügt werden (vgl. das Muster im Anhang 6 und 7). Da diese Teile selbst nichts regeln, sondern nur bereits bestehende Rechte (und Pflichten) verlautbaren, sind sie rechtlich bedenkenfrei.

Beispiele: Hinweis auf den Erhalt von (bereits bestehenden) Ansprüchen aus der betrieblichen Altersversorgung (sog. Versorgungsanwartschaften), Dienstjubiläen und Darlehen, Berücksichtigung der Dauer der Betriebszugehörigkeit beim Veräußerer.

458 **Konstitutive Inhalte** gestalten die Rechtslage um. Bei ihnen lassen sich drei Fallgruppen unterscheiden:

- Regelungen, die die bisherigen Einzel-, Gesamt- bzw. Konzernvereinbarungen ersatzlos entfallen lassen (s. Rn. 452 ff.)
- Regelungen, die den bisherigen Inhalt von Betriebsvereinbarungen für die Zeit nach dem Betriebsübergang „konservieren“ sollen, ohne dass daran der Erwerber beteiligt wird, z. B. Standortsicherungsklauseln oder Abfindungstabellen für Kündigungen nach einem Betriebsübergang (s. Rn. 459)
- „echte“ Überleitungsregelungen, die den bisherigen Inhalt von Betriebsvereinbarungen an die Gegebenheiten beim Erwerber anpassen, und die nur unter Beteiligung der Erwerberseite abgeschlossen werden können (s. Rn. 460 f.).

459 **ee) Vorsorglicher Sozialplan.** In die zweite Kategorie fallen insbesondere „vorsorgliche Sozialpläne", die zuweilen auch **„Dauer-, Universal- oder Rahmensozialpläne" genannt** werden. Derartige Vereinbarungen haben Vorteile für beide Betriebsparteien. Der Unternehmer kann mit ihnen die Kosten einer Betriebsänderung verlässlich kalkulieren; der Belegschaft und ihren Vertretungen vermitteln sie ein Gefühl der sozialen Absicherung. Überdies steht die Vereinbarung vorsorglicher Sozialpläne nicht unter dem Verhandlungsdruck, der den Abschluss von Einzelsozialplänen häufig stark beeinflusst. Die Rechtsprechung **erlaubt** den Abschluss derartiger Sozialpläne, **wenn eine Betriebsänderung zwar noch nicht geplant, aber in groben Umrissen abschätzbar ist** (BAG 26. 8. 1997 AP Nr. 117 zu § 112 BetrVG 1972). Vorsorgliche Sozialpläne können **auch bei Unsicherheit der Rechtslage** abgeschlossen werden, insbesondere wenn unklar ist, ob ein Betriebsübergang oder eine Betriebsstilllegung vorliegt (BAG 1. 4. 1998 AP Nr. 123 zu § 112 BetrVG 1972). Sind diese Voraussetzungen erfüllt, hat ein vorsorglicher Sozialplan die **Wirkung einer freiwillig abgeschlossenen Betriebsvereinbarung,** die beim Betriebsübergang kollektivrechtlich fortwirkt (BAG 18. 9. 2002 NZA 2003, 670) und an die der Erwerber schon aus diesem Grunde gebunden ist. Die Frage nach einer fehlenden Abschlusszuständigkeit und eines unzulässigen Vertrages zu Lasten Dritter stellt sich in dieser Situation nicht, da die Betriebsparteien Regelungen treffen, die sowohl in zeitlicher als auch in sachlicher Hinsicht noch in ihrem Zuständigkeitsbereich liegen (*Klak/Wiesinger* FS Hromadka S. 205, 219). Das gilt jedenfalls dann, wenn der Veräußerer die Betriebsänderung bereits eingeleitet hat. Anderenfalls müssen „echte Überleitungsregeln" geschlossen werden.

460 ff) **Echte Überleitungsregeln** können nur unter Beteiligung des Erwerbers wirksam abgeschlossen werden. Das gilt vor allem dann, wenn Regelungen für den Zeitraum nach dem Übergang der Arbeitsverhältnisse getroffen werden, die die Handlungsfreiheit des übernehmenden Rechtsträgers einschränken (*Gaul* Betriebs- und Unternehmensspaltung § 28 Rn. 140 f.) oder den nach dem Betriebsübergang neu zu wählenden Betriebsrat übergehen (*Danne* Umstrukturierungen S. 191; uneinheitlich auch *Sowka* DB 1988, 1318, 1321); bei derartigen Vereinbarungen handelt es sich **um unzulässige Verträge zu Lasten Dritter,** die auch nicht durch die gesetzlichen Regelungen zum Übergangs- und Restmandat gemäß §§ 21a, 21b BetrVG legitimiert sind. Nach anderer Auffassung (*Klak/Wiesinger* FS Hromadka S. 205, 223) ist das nur dann der Fall, wenn die bisherigen Betriebsparteien ausdrücklich die Unabänderbarkeit der betrieblichen Regelungen vereinbaren und damit den in § 613a Abs. 1 Satz 3 BGB angedeuteten Harmonisierungsmechanismus leerlaufen lassen.

461 Wie eine solche Beteiligung ausgestaltet werden kann, ist umstritten (ausf. *Wiesinger* Überführungsvereinbarung S. 195 ff.). Einige wollen den Erwerber im Wege eines schuldrechtlichen Vorvertrags an der Überleitungsvereinbarung beteiligen (*Oetker* ZfA 1990, 43, 83 f.). Andere plädieren für den Abschluss einer aufschiebend bedingten Betriebsvereinbarung oder befürworten eine Genehmigung der auf Veräußererseite abgeschlossenen Vereinbarung durch den Erwerber oder dessen Stellvertretung durch den Veräußerer (LAG Düsseldorf 16.8.2006 NZA-RR 2007, 188ff.; *Seiter* Betriebsinhaberwechsel, S.123; *Bracker* Betriebsübergang, S.108). Vorzugswürdig ist der **Abschluss einer von Anfang an dreiseitigen, einheitlichen Betriebsvereinbarung** (*Birk* ZfA 1986, 73, 99f.; *Klak/Wiesinger* FS Hromadka S.205, 226; *C. Meyer* NZA 2007, 1408, 1410; vgl. auch die Muster Anlagen 6.4a, 6.4b, 7.4a und 7.4b). Solche mehrseitigen Vereinbarungen sind im Arbeitsrecht keine Seltenheit. Im Tarifrecht ist diese Figur seit längerem anerkannt (vgl. BAG 10.11.1993, AP Nr.43 zu § 1 TVG Tarifverträge Einzelhandel); bei Beschäftigungsgesellschaften werden die Mitarbeiter mittels einer dreiseitigen Vereinbarung auf diese überführt. Da auch nach allgemeinem Schuldrecht sogar erst künftig entstehende Forderungen abgetreten werden können, spricht nichts dagegen, dass sich der Erwerber schon vor einem Betriebsübergang an einer Betriebsvereinbarung beteiligen kann, die ihre eigentliche Wirkung erst nach dem Betriebsübergang voll entfaltet.

3. Gestaltungsmöglichkeiten auf Erwerberseite

a) Kündigung von Betriebsvereinbarungen

462 Kollektivrechtlich fortgeltende Betriebsvereinbarungen kann der Erwerber nach einem Betriebsübergang kündigen. Dafür gelten die oben Rn.449ff. dargestellten Grundsätze.

b) Ausschluss der Übernommenen vom beim Erwerber geltenden Vereinbarungen

463 Der Erwerber kann ein Interesse daran haben, die Übernommenen von bestimmten Regelungen auszuschließen, die nur für seine Stammbelegschaft gelten sollen. Bereits oben (Rn.438) wurde ausgeführt, dass ein solcher Ausschluss ausdrücklich erfolgen muss, etwa in einer Überleitungsvereinbarung oder mittels Absprache zwischen dem Erwerber und der zuständigen Belegschaftsvertretung (Betriebs-, Gesamt- oder Konzernbetriebsrat). Unterbleibt dies, ist aus Gründen der Rechtsklarheit davon auszugehen, dass die beim Erwerber geltenden Einzel-, Gesamt- und Konzernbetriebsvereinbarungen auch für die Übernommenen gelten. In jedem Fall muss der Ausschluss dem allgemeinen Gleichbehandlungsgrundsatz genügen. Dieser ist anwendbar, weil der Erwerber mit dem Ausschluss selbst eine Regel aufstellt und nicht nur „fremdes Recht" übernimmt, die die eine Belegschaftsgruppe schlechter als die andere behandelt. Die unterschiedlichen Arbeitsvertrags- und Vergütungssysteme bei der Stammbelegschaft und den Übernommenen bilden für sich allein noch keinen Rechtfertigungsgrund für eine Schlechterstellung (BAG 14.3.2007 NZA 2007, 862). Ein **sachlicher Grund** kann aber in der **Angleichung der Arbeitsbedingungen liegen.** Freilich führt der Ausschluss von Erwerber-Regelungen gerade nicht zur Harmonisierung. Im

Übrigen hat die Rechtsprechung bislang auch nur über Fälle zu entscheiden gehabt, in denen (nur) der Stammbelegschaft bestimmte Vergünstigungen gewährt wurden, um sie an das höhere Niveau der Übernommenen heranzuführen (BAG a.a.O.). Für den umgekehrten Fall, also den Ausschluss der Übernommenen von den – besseren – Regelungen beim Erwerber dürfte es an sachlichen Gründen fehlen.

G. Beteiligung der Belegschaftsvertretungen bei Umstrukturierungen

I. Überblick

464 Entscheidungen in wirtschaftlichen Angelegenheiten – insbesondere Umstrukturierungen – unterliegen nur einem eingeschränkten Beteiligungsrecht. Der Unternehmer muss selbst entscheiden können, was, wann, wo, wie und in welchem Umfang produziert wird oder welche Dienste angeboten werden. Die Beteiligung beschränkt sich daher zunächst auf einen **Unterrichtungs- und Beratungsanspruch** des Wirtschaftsausschusses (s. Rn. 466 ff.) und darüber hinaus, wenn das Unternehmen gemeinschaftsweit innerhalb der Europäischen Union tätig wird, des Europäischen Betriebsrats (s. Rn. 473 ff.). Führen Umstrukturierungen zu **Betriebsänderungen**, die wesentliche Nachteile für die Belegschaft oder erhebliche Teile der Belegschaft zur Folge haben können (s. Rn. 488 ff.), so hat der Betriebsrat zwar kein Einspruchsrecht, er kann aber verlangen, dass der Unternehmer mit ihm darüber berät (§ 111 Satz 1 BetrVG). Ob und Wie einer Betriebsänderung sowie die personellen Folgen (Versetzungen, Kündigungen) können in einem **Interessenausgleich** geregelt werden (s. Rn. 505 ff.), der Ausgleich und die Milderung von sozialen Nachteilen in einem **Sozialplan** (s. Rn. 512 ff.). Die Aufstellung eines Sozialplanes kann der Betriebsrat unter bestimmten Voraussetzungen über die Einigungsstelle erzwingen (§§ 112 Abs. 4, 112a BetrVG). Wird der Betriebsrat nicht ordnungsgemäß beteiligt oder weicht der Arbeitgeber grundlos von einem Interessenausgleich ab, haben die von einer Betriebsänderung betroffenen Arbeitnehmer Ansprüche auf einen **Nachteilsausgleich** (§ 113 BetrVG, s. Rn. 547 ff.). Ob der Betriebsrat daneben noch einen Unterlassungsanspruch hat, um zu verhindern, dass ihn der Arbeitgeber vor vollendete Tatsachen stellt, bevor die Beratungen über die Betriebsänderung abgeschlossen sind (der Arbeitgeber spricht bereits betriebsbedingte Kündigungen aus, entfernt Betriebsanlagen usw.), ist sehr streitig (s. Rn. 504).

465 Beteiligungsrechte in sozialen, technisch-organisatorischen und personellen Angelegenheiten werden durch die §§ 111–113 BetrVG **nicht berührt.** Der Betriebsrat ist also bei Versetzungen, Arbeitszeitänderungen, Kündigungen, die infolge einer Betriebsänderung notwendig werden, zusätzlich nach den §§ 87 Abs. 1, 99, 102 BetrVG zu beteiligen. Auf **Tendenzbetriebe** sind die §§ 111–113 BetrVG nur insoweit anzuwenden, als sie den Ausgleich oder die Milderung wirtschaftlicher Nachteile betreffen, die eine Betriebsänderung für die Arbeitnehmer hat (§ 118 Abs. 1 Satz 2 BetrVG). Dem Betriebsrat steht zwar der Unterrichtungs- und Beratungsanspruch nach § 111 Satz 1 BetrVG zu, er kann aber keinen Interessenausgleich verlangen. Die

Vereinbarung eines Sozialplanes kann dagegen auch in Tendenzbetrieben erzwungen werden (BAG 27.10.1998 NZA 1999, 328).

II. Unterrichtung der Belegschaftsvertretungen

1. Unterrichtung des Wirtschaftsausschusses

a) Inhalt

466 Über Umstrukturierungen hat der Arbeitgeber **zuerst** den Wirtschaftsausschuss zu informieren, der als Hilfsorgan des Betriebsrats (BAG 8.3.1983 AP Nr. 26 zu § 118 BetrVG 1972) in Unternehmen mit in der Regel mehr als 100 ständig beschäftigten Arbeitnehmern zu bilden ist (§ 106 Abs. 1 S. 1 BetrVG). Er besteht aus drei bis sieben Mitgliedern, die vom Betriebsrat für die Dauer seiner Amtszeit bestimmt werden und dem Unternehmen angehören müssen; eines von ihnen muss Betriebsratsmitglied sein. Besteht ein Gesamtbetriebsrat, so bestimmt dieser die Mitglieder. **Gegenstand des Unterrichtungs- und Beratungsanspruchs** sind wirtschaftliche Angelegenheiten des Unternehmens. Was der Gesetzgeber darunter versteht, zeigt der Auffangtatbestand des § 106 Abs. 3 Nr. 10 BetrVG: Vorgänge und Vorhaben, die Interessen der Arbeitnehmer des Unternehmens wesentlich berühren können. Das Gesetz nennt selbst die wichtigsten Fälle:

- die wirtschaftliche und finanzielle Lage des Unternehmens
- die Produktions- und Absatzlage
- das Produktions- und Investitionsprogramm,
- Rationalisierungsvorhaben
- Fabrikations- und Arbeitsmethoden, insbesondere die Einführung neuer Arbeitsmethoden
- Fragen des betrieblichen Umweltschutzes
- die Einschränkung oder Stilllegung von Betrieben oder von Betriebsteilen
- die Verlegung von Betrieben oder Betriebsteilen
- den Zusammenschluss oder die Spaltung von Unternehmen oder Betrieben
- die Änderung der Betriebsorganisation oder des Betriebszwecks.

b) Art und Weise der Information

467 Der Wirtschaftsausschuss ist **rechtzeitig und umfassend** zu informieren (§ 106 Abs. 2 S. 1 BetrVG). **Rechtzeitig** ist der Wirtschaftsausschuss dann unterrichtet, wenn er und der Betriebsrat Initiativen auf wirtschaftlichem und sozialem Gebiet noch in den Entscheidungsprozess einbringen können (KG Berlin 25.9.1978 DB 1979, 112). Die Mitglieder des Wirtschaftsausschusses müssen die Möglichkeit haben, sich gründlich auf die Sitzungen vorzubereiten (BAG 20.11.1984 NZA 1985, 432). Die Länge der Frist hängt von der Schwierigkeit und dem Umfang der jeweils zu behandelnden

Materie ab. Die Unterrichtungspflicht entsteht grundsätzlich mit dem Beschluss des Arbeitgebers zu Planung, weil es dem Wirtschaftsausschuss als Hilfsorgan möglich sein muss, den Betriebsrat vor seiner Beratung mit dem Unternehmer zu unterrichten (BAG 11.7.2000 NZA 2001, 402). Die Unterrichtung gegenüber dem Wirtschaftsausschuss setzt daher in der Regel vor einer entsprechenden Unterrichtungspflicht gegenüber dem Betriebsrat ein (*Wiese* FS Wiedemann S. 617, 625). Die Unterrichtung hat **unaufgefordert, umfassend, wahrheitsgemäß und verständlich** zu erfolgen. Der Unternehmer muss alle Informationen übermitteln, die für eine sinnvolle Beratung im Wirtschaftsausschuss erforderlich sind (ErfK/*Kania* § 106 BetrVG Rn. 5; *Fitting* § 106 BetrVG Rn. 34). Bei umfassenden Daten und Zahlen kann der Unternehmer deshalb verpflichtet sein, dem Wirtschaftsausschuss bereits vor der Sitzung Unterlagen vorzulegen und ggf. zur Einsicht zu überlassen (§ 108 Abs. 3 BetrVG). Zu den Unterlagen gehören Materialien unternehmerischer Planung und Entscheidung aller Art, soweit sie sich auf wirtschaftliche Angelegenheiten beziehen, wie Berichte, Pläne, Statistiken, Gutachten, Analysen, Organisationsmodelle, Rentabilitätsberechnungen, Vorschläge, Zeichnungen, Tabellen und Geschäftsbücher (BAG 17.9.1991 NZA 1992, 418).

468 Anders als § 80 Abs. 2 BetrVG schreibt § 106 Abs. 2 S. 1 BetrVG **nicht** vor, dass der Unternehmer dem Wirtschaftsausschuss die erforderlichen Unterlagen **„zur Verfügung zu stellen"** hat. Deshalb sind die Mitglieder des Wirtschaftsausschusses nicht berechtigt, Kopien oder Abschriften der Unterlagen herzustellen (BAG 20.11.1984 NZA 1985, 432; ErfK/*Kania* § 106 BetrVG Rn. 6). Zur Arbeitserleichterung sind Notizen zulässig. Nimmt die Vorbereitung des Wirtschaftsausschusses längere Zeit in Anspruch, ist es den Mitgliedern nicht zuzumuten, die Unterlagen nur in Gegenwart des Arbeitgebers einzusehen. Im Einzelfall kann der Arbeitgeber dann auch verpflichtet sein, die erforderlichen Unterlagen zur Vorbereitung zu überlassen (BAG a.a.O.); eine Überlassung in den Räumen des Arbeitgebers genügt, wenn die Mitglieder die Unterlagen in Abwesenheit des Arbeitgebers einsehen können (Richardi/*Annuß* § 106 BetrVG Rn. 30).

c) Grenzen

469 Durch die Unterrichtung dürfen **Betriebs- und Geschäftsgeheimnisse nicht gefährdet werden** (§ 106 Abs. 2 BetrVG). Die Vorschrift schützt die gleichen Geheimnisse wie § 79 Abs. 1 S. 1 BetrVG (GK-BetrVG/*Oetker* § 106 BetrVG Rn. 98). Betriebsgeheimnisse liegen meist auf technischem Gebiet, Geschäftsgeheimnisse betreffen wirtschaftliche und kaufmännische Tatsachen, z.B. Absatzplanung, Bilanzen, Vorzugspreise, Kalkulation, unveröffentlichte Jahresabschlüsse, Investitionspläne, Auftragslage, Umsatzhöhe, u.U. wichtige Verträge oder Vertragsverhandlungen, Kundenlisten und -karteien (ErfK/*Kania* § 79 BetrVG Rn. 3 f.; Richardi/*Thüsing* § 79 BetrVG Rn. 5). Stets sind **konkrete Anhaltspunkte** erforderlich, die es als überwiegend wahrscheinlich erscheinen lassen, dass nach der Mitteilung der Charakter als Geheimnis verloren geht, etwa weil zu befürchten ist, dass Informationen von bestimmten Mitgliedern des Wirtschaftsausschusses trotz der ihnen auferlegten Verschwiegenheitspflicht weitergegeben werden (MünchArbR/*Joost* § 231 Rn. 57; GK-BetrVG/*Oetker* § 106 BetrVG Rn. 100). Nicht eingeschränkt wird die Unterrichtungspflicht durch die Vorschriften des nur für börsennotierte geltenden WpHG. Die **Weitergabe von Insider-Information** an den Wirtschaftsausschuss ist nicht „unbefugt" i. S. d. § 14 Abs. 1 Nr. 2 WpHG, so dass auch eine Unterrichtung des Wirtschaftsausschusses vor der Unterrichtung der Öffentlichkeit möglich und zulässig ist (Richardi/*Annuß* § 106 BetrVG Rn. 32). Allerdings werden die Mitglieder des Wirtschaftsausschusses durch die Unterrichtung zu Insidern (*Federlin* FS Hromadka S. 69, 77). Wird eine Auskunft über eine wirtschaftliche Angelegenheit des Unternehmens im Sinne des § 106 BetrVG entgegen dem Verlangen des Wirtschaftsausschusses nicht, nicht rechtzeitig oder nur ungenügend erteilt und kommt hierüber zwischen den Betriebsparteien keine Einigung zustande, so entscheidet die **Einigungsstelle**, die, wenn sie es für erforderlich hält, Sachverständige anhören kann (§§ 109, 76 BetrVG). Die Einigungsstelle hat nur über den Umfang der Auskunftspflicht zu befinden, nicht darüber, ob der Wirtschaftsausschuss überhaupt zuständig ist.

d) Unterrichtung bei Unternehmensübernahme

470 Der durch das Risikobegrenzungsgesetz vom 19. 8. 2008 (BGBl. I S. 1666) neu eingeführte § 106 Abs. 3 Nr. 9a BetrVG verlangt ferner die Unterrichtung des Wirtschaftsausschusses bei einer Unternehmensübernahme, wenn hiermit der Erwerb der Kontrolle verbunden ist. Besteht im unterrichtungspflichtigen Unternehmen kein Wirtschaftsausschuss, ist subsidiär der Betriebsrat über die Gegenstände nach § 106 Abs. 3 Nr. 9a BetrVG zu unterrichten (§ 109a BetrVG). Nach der bisherigen Rechtsprechung war der Wirtschaftsausschuss gemäß § 106 Abs. 3 Nr. 10 BetrVG jedenfalls über die Veräußerung sämtlicher Anteile einer GmbH zu unterrichten (BAG 22. 1. 1991 NZA 1991, 649). Nach neuer Rechtslage wird die Unterrichtungspflicht durch den Erwerb der Kontrolle über das Unternehmen ausgelöst. Laut der Gesetzesbegründung ist – den Hauptversammlungspräsenzen Rechnung tragend – in Anlehnung an § 29 Abs. 2 WpÜG jedenfalls bei börsennotierten Gesellschaften ein Erwerb von mindestens 30 % der Stimmrechte an der Zielgesellschaft erforderlich (BT-Drucks. 16/7438, S. 15). Bei nicht börsennotierten Gesellschaften wird man einen Stimmrechtsanteil von mindestens 50 %, jedenfalls aber einen bestimmenden Einfluss auf die Geschicke der Gesellschaft verlangen müssen (Richardi/*Annuß* § 106 BetrVG Rn. 55a). Ein nur mittelbarer Kontrollerwerb genügt nicht (*Liebers/Erren/Weiß* NZA 2009, 1063, 1065; *Simon/Dobel* BB 2008, 1955, 1956).

471 **Die Unterrichtungspflicht trifft** nach dem eindeutigen Gesetzeswortlaut des § 106 Abs. 3 Nr. 9a, Abs. 2 S. 2 BetrVG **den „Unternehmer"**. Handelt es sich beim Arbeitgeber um eine juristische Person, ist ausschließlich diese – nicht der veräußernde Gesellschafter – unterrichtungspflichtig. Eine Pflicht des Gesellschafters oder aber des Erwerbers, dem Unternehmer die für die Unterrichtung des Wirtschaftsausschusses erforderlichen Unterlagen zur Verfügung zu stellen, besteht nicht (*Löw* AuA 2008, 398, 400; *Schröder/Falter* NZA 2008, 1097; WHSS/*Schweibert* C Rn. 409). Die Unterrichtungspflicht bezieht sich nur auf diejenigen Umstände, die dem Unternehmer bekannt sind (st. Rspr., vgl. BAG 18. 12. 1990 AP Nr. 85 zu § 99 BetrVG 1972; LAG Hamm NZA-RR 2004, 84, 86; *Fitting* § 99 BetrVG Rn. 150). Aus diesem Grund ist auch eine Pflicht der Unternehmensleitung, sich die nötigen Informationen beim Veräußerer oder Erwerber zu beschaffen, abzulehnen (str.; wie hier *Simon/Dobel* BB 2008, 1955, 1956; a. A. DKK/*Däubler* § 106 BetrVG Rn. 80; GK-BetrVG/*Oetker* § 106 BetrVG Rn. 110; *Ratayczak* AiB 2008, 630, 632). Deshalb läuft auch die nach § 106 Abs. 2 S. 1 BetrVG vorgeschriebene Beratungspflicht zumeist leer: Die Unternehmensleitung entscheidet in aller Regel nicht über den Verkauf der Anteile. Die Beratung ist aber nur dann sinnvoll, wenn die Willensbildung des Unternehmers beeinflusst werden kann (*Simon/Dobel* BB 2008, 1955, 1956; *Thüsing* ZIP 2008, 106, 107).

472 Die Unterrichtung ist dann **rechtzeitig**, wenn der Wirtschaftsausschuss infolge der Beratung noch Einfluss auf die Willensbildung des Unternehmers nehmen kann (BAG 18. 12. 1990 NZA 1991, 482; BAG 11. 7. 2000 NZA 2001, 402). Hier zeigt sich erneut ein systematisches Defizit des Gesetzes: Die Unternehmensleitung entscheidet nicht über den Verkauf der Anteile. Als **maßgeblicher Zeitpunkt** muss deshalb derjenige gelten, in dem die Übernahme der Kontrolle nicht mehr nur als spekulative Prognose erscheint (hierzu eingehend *Winstel*, Unterrichtung der Belegschaftsvertretungen, Diss. Mannheim 2010): beim gängigen Transaktionsverfahren im Zeitpunkt der faktischen Einigung über die wesentlichen Eckpunkte des Kaufvertrags (*Liebers/Erren/Weiß* NZA 2009, 1063, 1065; *Schröder/Falter* NZA 2008, 1097, 1100; a. A. Richardi/*Annuß* § 106 BetrVG Rn. 26b), im Auktionsverfahren zum Zeitpunkt der Abgabe der bindenden Angebote, wenn diese mit den wesentlichen Vorstellungen des Veräußerers übereinstimmen (ErfK/*Kania* § 106 BetrVG Rn. 6a; *Simon/Dobel* BB 2008, 1955, 1956.). Die Unterrichtungspflicht steht aber stets unter dem **Vorbehalt der Kenntnis der Unternehmensleitung.** Mitzuteilen sind der potentielle Erwerber und dessen Absichten im Hinblick auf die künftige Geschäftstätigkeit sowie die sich daraus ergebenden Auswirkungen auf die Arbeitnehmer. Der Unternehmenskaufvertrag ist nicht vorzulegen (so vor dem Risikobegrenzungsgesetz BAG 22. 1. 1991 NZA 1991, 649; zur neuen Rechtslage Richardi/*Annuß* § 106 Rn. 28). Bei Unterrichtung nach § 106 Abs. 3 Nr. 9a BetrVG wird es sich in der Regel um Betriebs- und Geschäftsgeheimnisse des Unternehmens handeln. Zu beachten ist jedoch, dass der Geheimnisvorbehalt nur Geheimnisse des Arbeitgebers schützt, nicht solche des Erwerbers (*Thüsing* ZIP 2008, 106, 109; *Vogt/Bedkowski* NZG 2008, 725, 729); eine Verschwiegenheitsvereinbarung kann hieran nichts ändern (*Winstel* a. a. O.).

2. Unterrichtung des Europäischen Betriebsrats

a) Grundsätze

473 Seit 1996 gibt es mit dem Europäischen Betriebsrat ein erstes transnationales Betriebsverfassungsorgan. Der Gesetzgeber der Europäischen Gemeinschaft (Richtlinie 94/45/EG vom 22.9.1994 über die Einsetzung eines Europäischen Betriebsrates, ABl. EG Nr. L 254, S. 64) und ihm folgend die Gesetzgeber der Mitgliedstaaten (für Deutschland: Gesetz über Europäische Betriebsräte (EBRG) v. 28.10.1996, BGBl I S. 1548) haben damit die Folgerung aus der zunehmenden grenzübergreifenden Tätigkeit von Unternehmen und Unternehmensgruppen gezogen. Das deutsche EBRG, das immer dann gilt, wenn das Unternehmen seinen Sitz in Deutschland hat (§ 2 Abs. 1 EBRG), enthält eine sehr flexible Lösung. Sicherstellen will es die Unterrichtung und Anhörung der Arbeitnehmer bei Angelegenheiten, die Auswirkungen auf Betriebe in anderen Mitgliedstaaten der Europäischen Union haben (z.B. Betriebsverlegungen und -stillegungen, Massenentlassungen, vgl. § 1 EBRG). Eine grenzübergreifende Mitbestimmung i.e.S. ist nicht vorgesehen. Unterrichtung und Anhörung können durch einen **Europäischen Betriebsrat** oder durch ein **dezentrales Konsultationsverfahren** geschehen. Für den Europäischen Betriebsrat enthält das Gesetz nicht weniger als drei Alternativen: Europäische Betriebsräte, die vor Inkrafttreten des Gesetzes bestanden und bestimmte Mindestanforderungen erfüllen, können bestehen bleiben (§ 41 EBRG). Europäische Betriebsräte, die danach errichtet werden, können die Parteien maßgeschneidert ausgestalten, wobei wiederum lediglich gewisse Mindeststandards zu wahren sind. Erst wenn es nicht gelingt, einen maßgeschneiderten Europäischen Betriebsrat zu errichten oder ein hauseigenes Informations- und Konsultationsverfahren zu schaffen, kommt es zu dem Europäischen Betriebsrat in der Ausgestaltung der §§ 21 ff. EBRG. Europäische Betriebsräte können in gemeinschaftsweit tätigen Unternehmen gebildet werden. Ein Unternehmen ist gemeinschaftsweit tätig, wenn es **mindestens 1000 Arbeitnehmer** in den Mitgliedstaaten der Europäischen Union oder den Vertragsstaaten des Abkommens über den Europäischen Wirtschaftsraum (Island, Liechtenstein, Norwegen) beschäftigt und **davon jeweils mindestens 150 in mindestens zwei Mitgliedstaaten** (§§ 2 Abs. 1 und 3, 3 Abs. 1 EBRG).

Beispiele: Unternehmen A beschäftigt in Deutschland 850 Mitarbeiter, in Frankreich 200; das EBRG findet Anwendung; Unternehmen B beschäftigt in Deutschland 2000 Mitarbeiter, in Frankreich, Belgien, Luxemburg je 100 und in der Schweiz 200; das EBRG findet keine Anwendung, da nicht in mindestens zwei Mitgliedstaaten mindestens 150 Arbeitnehmer beschäftigt sind.

474 Hat ein gemeinschaftsweit tätiges Unternehmen seinen **Hauptsitz nicht in Deutschland,** sondern in einem anderen EU-Mitgliedstaat, so richtet sich die gemeinschaftsweite Konsultationspflicht grundsätzlich nach dem Umsetzungsrecht des Sitzstaates (z.B. französisches Recht für ein Unternehmen mit Zentrale in Paris); zur Ermittlung der Zahl der Beschäftigten in

Deutschland gilt § 4 EBRG. Liegt die Zentrale eines gemeinschaftsweit tätigen Unternehmens in einem Drittstaat (z. B. in Japan), so gilt das EBRG, wenn es in Deutschland eine der Zentrale nachgeordnete Leitung für die Unternehmen oder Betriebe in den EU-Mitgliedstaaten gibt oder wenn die Zentrale ein Unternehmen oder einen Betrieb in Deutschland ausdrücklich als ihren Vertreter benennt oder, falls keine Benennung erfolgt, wenn das Unternehmen oder der Betrieb mit den meisten Arbeitnehmern in Deutschland liegt (§ 2 Abs. 2 EBRG). Für **Unternehmensgruppen** gilt das EBRG, wenn sie gemeinschaftsweit tätig sind, d. h. mindestens 1000 Arbeitnehmer in den Mitgliedstaaten beschäftigen und ihnen mindestens zwei Unternehmen mit Sitz in verschiedenen Mitgliedstaaten angehören, die jeweils mindestens 150 Arbeitnehmer in verschiedenen Mitgliedstaaten beschäftigen (§ 3 Abs. 2 EBRG), und wenn der Sitz des herrschenden Unternehmens in Deutschland liegt. In einer gemeinschaftsweit tätigen Unternehmensgruppe ist ein Europäischer Betriebsrat nur beim herrschenden Unternehmen zu errichten; das gilt auch, wenn einzelne Gruppenunternehmen die Voraussetzungen erfüllen, nach denen bei ihnen Europäische Betriebsräte gebildet werden müssten (§ 7 EBRG).

b) Grenzübergreifende Unterrichtung und Anhörung kraft freiwilliger Vereinbarung

475 Wie die grenzübergreifende Unterrichtung und Anhörung der Arbeitnehmer im einzelnen ausgestaltet wird, ist Sache freier Übereinkunft zwischen der zentralen Leitung und dem besonderen Verhandlungsgremium (§ 17 EBRG). Die Parteien können einen Europäischen Betriebsrat bilden (§ 18 EBRG) oder ein dezentrales Konsultationsverfahren einrichten (§ 19 EBRG). Mindestvoraussetzung ist, dass alle in den Mitgliedstaaten beschäftigten Arbeitnehmer, in denen das Unternehmen oder die Unternehmensgruppe einen Betrieb hat, in das Verfahren einbezogen werden. Soll ein Europäischer Betriebsrat gebildet werden, enthält § 18 EBRG als Orientierungshilfe einen Katalog von Gegenständen, über die sinnvollerweise Regelungen getroffen werden; einigen sich die Parteien auf ein dezentrales Konsultationsverfahren, ist schriftlich zu vereinbaren, unter welchen Voraussetzungen die Arbeitnehmervertreter das Recht haben, Informationen gemeinsam mit der zentralen Leitung zu beraten, und wie sie ihre Vorschläge und Bedenken mit der zentralen Leitung oder einer anderen geeigneten Leitungsebene erörtern können. Auch nach dem EBRG gilt für alle Beteiligten der Grundsatz der vertrauensvollen Zusammenarbeit (§ 38 EBRG).

c) Beteiligung des Europäischen Betriebsrats kraft Gesetzes

476 Die Beteiligung des Europäischen Betriebsrats kraft Gesetzes besteht in einem Anspruch auf Unterrichtung und Anhörung. Die Unterrichtung hat unter Vorlage der erforderlichen Unterlagen zu erfolgen. Unter Anhörung ist Meinungsaustausch und die Einrichtung eines Dialogs zwischen den Parteien zu verstehen (§ 1 Abs. 4 EBRG). Der Begriff Anhörung im EBRG ist weiter als der in § 102 BetrVG. Der Europäische Betriebsrat hat den örtlichen Arbeitnehmervertretungen oder den Arbeitnehmern Bericht über die Unterrichtung und Anhörung zu erstatten (§ 35 EBRG). Die Mitwirkung des Europäischen Betriebsrats betrifft nur grenzübergreifende Angelegenheiten, die Auswirkungen auf mindestens zwei Betriebe oder Unternehmen in verschiedenen Mitgliedstaaten haben (§ 31 Abs. 1 EBRG).

Beispiel: Die Kölner Zentrale eines gemeinschaftsweit tätigen Unternehmens beschließt, ein Werk in Belgien zu schließen.

477 Die zentrale Leitung hat den Europäischen Betriebsrat **regelmäßig einmal im Kalenderjahr** über die Entwicklung der Geschäftslage und die Perspektiven des gemeinschaftsweit tätigen Unternehmens oder der gemeinschaftsweit tätigen Unternehmensgruppe zu unterrichten und ihn anzuhören (§ 32 Abs. 1 EBRG). § 32 Abs. 2 EBRG zählt beispielhaft die Gegenstände auf, über die der Europäische Betriebsrat zu informieren ist; die Angelegenheiten entsprechen im Wesentlichen den wirtschaftlichen Angelegenheiten im Sinne des § 106 Abs. 3 BetrVG. Bei **außergewöhnlichen Umständen,** die erhebliche Auswirkungen auf die Interessen der Arbeitnehmer haben, besteht eine zusätzliche Konsultationspflicht. Als außergewöhnliche Umstände gelten insbesondere die Verlegung oder Stilllegung von Unternehmen, Betrieben oder wesentlichen Betriebsteilen sowie Massenentlassungen (§ 33 EBRG). Die Unterrichtung hat so rechtzeitig zu geschehen, dass das Unternehmen die Vorschläge und Bedenken des Europäischen Betriebsrats noch berücksichtigen kann. Bei Tendenzunternehmen im Sinne des § 118 Abs. 1 BetrVG ist die Konsultationspflicht nach Maßgabe des § 34 EBRG eingeschränkt. Sanktionen für eine nicht rechtzeitige Konsultation sieht das EBRG nicht vor.

3. Unterrichtung des Sprecherausschusses

478 Nach § 32 Abs. 1 und 2 SprAuG ist der Sprecherausschuss der leitenden Angestellten – entsprechend §§ 106, 111 BetrVG – sowohl über die wirtschaftlichen Angelegenheiten des Unternehmens als auch über geplante Betriebsänderungen im Sinne des § 111 BetrVG, die auch wesentliche Nachteile für leitende Angestellte zur Folge haben können, rechtzeitig und umfassend zu unterrichten.

4. (Kollektive) Unterrichtung der Arbeitnehmer

479 Beschäftigt ein Unternehmen in der Regel mehr als 20 wahlberechtigte ständige Arbeitnehmer, so sind diese mindestens einmal in jedem Kalendervierteljahr über die wirtschaftliche Lage und Entwicklung des Unternehmens zu unterrichten (§ 110 Abs. 2 BetrVG). In Unternehmen mit in der Regel mehr als 1000 ständig beschäftigten Arbeitnehmern muss die Unterrichtung schriftlich geschehen (§ 110 Abs. 1 BetrVG). Der mündliche Bericht kann in der Betriebsversammlung (vgl. § 43 Abs. 2 Satz 3 BetrVG), der schriftliche in der Werkszeitung oder in einer gesonderten Publikation gegeben werden. Der Bericht ist mit dem Gesamtbetriebsrat oder, sofern es nur einen Betriebsrat gibt, mit diesem, oder, wenn ein Wirtschaftsausschuss besteht, mit jenem abzustimmen (§ 110 BetrVG). Ob die Belegschaftsorgane das Recht auf Darstellung ihrer Sicht in dem Bericht oder auf Verteilung eines „Alternativberichts" haben, ist umstritten (dafür GK-BetrVG/*Fabricius* § 110 BetrVG Rn. 20; *Fitting* § 110 BetrVG Rn. 4; dagegen Richardi/*Annuß* § 110 BetrVG Rn. 5). Die Verantwortung und damit die Entscheidung über den Inhalt liegt jedenfalls beim Unternehmer (BAG 1. 3. 1966 AP Nr. 1 zu § 69 BetrVG).

III. Beteiligung bei Betriebsänderungen

1. Voraussetzungen

480 Das Beteiligungsrecht bei Betriebsänderungen nach den §§ 111 ff. BetrVG hat folgende vier Voraussetzungen:
- Unternehmen mit in der Regel mehr als zwanzig wahlberechtigten Arbeitnehmern
- Bestehen eines Betriebsrats
- geplante Betriebsänderung
- möglicherweise wesentliche Nachteile für die Belegschaft oder für erhebliche Teile der Belegschaft.

a) Unternehmensgröße

481 In dem Unternehmen müssen normalerweise mehr als 20 wahlberechtigte Arbeitnehmer beschäftigt sein. Entscheidend sind die Personalstärke, die für das Unternehmen im Allgemeinen kennzeichnend ist, und – außer bei der Stilllegung – eine Einschätzung der künftigen Entwicklung. Abzustellen ist auf den Zeitpunkt, in dem die Planung der Betriebsänderung abgeschlossen ist und zu dem das Beteiligungsrecht des Betriebsrats entsteht (BAG 9. 5. 1995 NZA 1995, 166; BAG 10. 12. 1996 NZA 1997, 733).

482 Berücksichtigt werden nur Arbeitnehmer, soweit es sich nicht um leitende Angestellte im Sinne des § 5 Abs. 3 BetrVG handelt (*Fitting* § 111 BetrVG Rn. 25). Da der zeitliche Umfang der Beschäftigung keine Rolle spielt, zählen auch Teilzeitkräfte mit (BAG 22. 2. 1983 AP Nr. 7 zu § 113 BetrVG 1972; BAG 29. 1. 1992 NZA 1992, 894). Befristet beschäftigte Arbeitnehmer sind zu berücksichtigen, wenn sie auf regelmäßig besetzten Arbeitsplätzen eingesetzt werden (Richardi/*Annuß* § 111 BetrVG Rn. 23). Nicht mitzuzählen sind dagegen freie Mitarbeiter, Arbeitnehmer von Fremdfirmen und Leiharbeitnehmer im Betrieb des Entleihers (BAG 16. 4. 2003 NZA 2003, 1345 m. Anm. *Maschmann*).

b) Bestehender Betriebsrat

483 Der Betriebsrat muss im Zeitpunkt des Entschlusses des Unternehmers bereits bestehen. Wird er erst später gebildet, kann er Rechte nach den §§ 111 ff. BetrVG nicht mehr wahrnehmen (BAG 20.4.1982 AP Nr. 15 zu § 112 BetrVG 1972; BAG 28.10.1992 NZA 1993, 420). Umgekehrt behält ein Betriebsrat, der im Zuge einer Betriebsstilllegung ausscheidet, für die noch offenen Fragen ein Restmandat (BAG 30.10.1979 AP Nr. 9 zu § 111 BetrVG 1972; BAG 16.6.1987 NZA 1987, 858).

c) Geplante Betriebsänderung

484 Der Begriff der Betriebsänderung ist im Gesetz nicht definiert. § 111 Satz 2 BetrVG enthält einen Katalog von wirtschaftlichen Entscheidungen, die als Betriebsänderungen im Sinne des § 111 Satz 1 BetrVG gelten. Umstritten ist, ob dieser Katalog erschöpfend ist. Dafür spricht das Fehlen des Wortes „insbesondere". Die Rechtsprechung hat die Frage bislang offengelassen (BAG 17.2.1981 AP Nr. 9 zu § 111BetrVG 1972; BAG 6.12.1988 NZA 1989, 557). Neben den in Satz 2 erwähnten Fällen sind kaum noch für die Praxis bedeutsame Fälle denkbar.

485 Die Wendung „geplante Betriebsänderung" ist rein zeitlich zu verstehen; die Beteiligung des Betriebsrats soll bereits in der Phase der Vorbereitung sichergestellt werden. Nicht entscheidend ist, ob die Änderung planbar oder unvorhersehbar war und ob die unternehmerische Entscheidung „frei" gewesen ist; das Beteiligungsrecht entsteht auch, wenn der Unternehmer aus wirtschaftlichen Zwängen handelt (BAG GS 13.12.1978 AP Nr. 6 zu § 112 BetrVG 1972). Ob eine geplante Maßnahme eine Betriebsänderung im Sinne des § 111 BetrVG darstellt, kann vom Arbeitsgericht vorab auf Antrag des Arbeitgebers oder des Betriebsrats geklärt werden. In einem späteren Verfahren – etwa wegen eines Nachteilsausgleichs – ist das Gericht an seine Vorabentscheidung gebunden (BAG 10.11.1987 NZA 1998, 287).

d) Wesentliche Nachteile

486 Die Nachteile, die von Betriebsänderungen für die Belegschaft ausgehen, können materieller oder immaterieller Art sein (Verlust des Arbeitsplatzes, Minderung der Vergütung usw. einerseits, Leistungsverdichtung, Qualifikationsverluste usw. andererseits). Nach der Rechtsprechung wird für die in § 111 Satz 2 BetrVG genannten Fälle die Gefahr von wesentlichen Nachteilen fingiert (std. Rspr., vgl. nur BAG 10.12.1996 AP Nr. 110 zu § 112 BetrVG 1972).

487 Der Betriebsrat ist deshalb auch dann zu beteiligen, wenn im Einzelfall keine Nachteile zu befürchten sind; ob ausgleichs- oder milderungsbedürftige Nachteile entstehen oder entstanden sind, ist erst bei der Aufstellung des Sozialplans zu prüfen (BAG 17.8.1982, 10.12.1996 AP Nr. 11 zu

§ 111 BetrVG 1972). Für diese Auffassung sprechen Wortlaut („als Betriebsänderung gelten") und Praktikabilität der Vorschrift.

2. Betriebsänderungen

488 § 111 Satz 2 BetrVG führt 5 Fallgruppen auf, in denen wirtschaftliche Entscheidungen des Unternehmers als Betriebsänderungen gelten:

a) Einschränkung und Stilllegung des ganzen Betriebs oder von wesentlichen Betriebsteilen

489 **Stilllegung** bedeutet die Auflösung der zwischen Arbeitgeber und Arbeitnehmer bestehenden Betriebs- und Produktionsgemeinschaft, die ihre Veranlassung und sichtbaren Ausdruck darin findet, dass der Unternehmer die bisherige wirtschaftliche Betätigung in der ernstlichen Absicht einstellt, die Weiterverfolgung des bisherigen Betriebszwecks dauernd oder für eine der Dauer nach unbestimmte, wirtschaftlich nicht unerhebliche Zeitspanne aufgibt (BAG 27. 6. 1995 AP Nr. 7 zu § 4 BetrVG 1972). **Betriebseinschränkung** ist eine erhebliche, ungewöhnliche und nicht nur vorübergehende Herabsetzung der Leistungsfähigkeit des Betriebs (*Fitting* § 111 BetrVG Rn. 71 f. m. w. N.).

490 Da zum Betrieb nicht nur die technischen und immateriellen Arbeitsmittel gehören, sondern auch die Belegschaft, kann die Betriebseinschränkung sowohl durch Außerbetriebsetzen von Betriebsanlagen als auch durch (bloßen) Personalabbau geschehen (std. Rspr., vgl. BAG 10. 12. 1996 NZA 1997, 898). Letzteres hat der Gesetzgeber 1985 durch § 112a Abs. 1 Satz 1 BetrVG ausdrücklich anerkannt. Ein **wesentlicher Betriebsteil** liegt vor, wenn in ihm ein erheblicher Teil der Gesamtbelegschaft beschäftigt wird. Dabei ist auf die Zahlenwerte für die Massenentlassung im Sinne des § 17 KSchG abzustellen; mindestens muss es sich um 5 % der Belegschaft handeln:

Betriebe mit in der Regel	Personalabbau
21 bis 59 Arbeitnehmern	mehr als 5 Arbeitnehmer
60 bis 499 Arbeitnehmern	10 % oder mehr als 25 Arbeitnehmer
500 oder mehr Arbeitnehmern	mehr als 30 Arbeitnehmer, mindestens aber 5 %

491 Es kommt nicht darauf an, dass die Arbeitnehmer gleichzeitig entlassen werden; entscheidend ist, dass die Entlassungen auf einem einheitlichen Entschluss des Unternehmers beruhen (z. B. im Rahmen einer Sanierung, wegen Auftragsvergabe nach draußen oder Reorganisation). Unter diesen Voraussetzungen ist auch ein stufenweiser Personalabbau, der sich über einen längeren Zeitraum hinzieht, beteiligungspflichtig (std. Rspr., vgl. z. B. BAG 13. 11. 1996 NZA 1997, 390).

492 Liegt zwischen mehreren **„Entlassungswellen"** ein Zeitraum von wenigen Wochen oder Monaten, so spricht eine tatsächliche Vermutung dafür, dass sie auf einer einheitlichen unternehmerischen Entscheidung beruhen. Kein

Beteiligungsrecht besteht, wenn zwar die oben genannte Größenordnung erreicht wird, wenn der Personalabbau aber auf mehreren Entscheidungen beruht, etwa auf andauerndem Auftragsrückgang und dann nochmals auf Fortfall eines wichtigen Dauerkunden (BAG 6. 6. 1978 AP Nr. 2 zu § 111 BetrVG 1972). Mitgezählt werden nur Entlassungen aus betrieblichen Gründen, nicht verhaltens- oder personenbedingte Kündigungen und auslaufende befristete Arbeitsverträge (BAG 2. 8. 1983 AP Nr. 12 zu § 111 BetrVG 1972), dafür aber Arbeitnehmerkündigungen, Aufhebungsverträge und Frühpensionierungen, wenn sie vom Arbeitgeber im Rahmen einer Aktion aus betrieblichen Gründen veranlasst sind (std. Rspr., vgl. etwa BAG 28. 10. 1992 NZA 1993, 793). Für den Fall des Ausscheidens auf Grund von Aufhebungsverträgen hat dies der Gesetzgeber ausdrücklich in § 112a Abs. 1 Satz 2 BetrVG anerkannt. Aus dieser Vorschrift lässt sich der allgemeine Rechtsgedanke ableiten, dass es nicht auf die äußere Form der Beendigung des Arbeitsverhältnisses ankommt, sondern allein darauf, ob die Arbeitnehmer infolge der Betriebsänderung ihre Arbeitsplätze verlieren (BAG 15. 1. 1991 NZA 1991, 629; BAG 28. 10. 1992 NZA 1993, 421). Mitzuzählen sind darum auch diejenigen Arbeitsverhältnisse, die deshalb gekündigt werden müssen, weil Arbeitnehmer dem Übergang auf einen (Teil-)Betriebserwerber widersprechen und im Restbetrieb keine Beschäftigungsmöglichkeit mehr besteht (BAG 10. 12. 1996 NZA 1997, 787).

493 **Keine Betriebsänderungen** sind gewöhnliche Schwankungen der Betriebstätigkeit, die mit der Eigenart des jeweiligen Betriebs zusammenhängen (saisonale oder kurzfristige konjunkturelle Schwankungen, Beendigung von Baustellen), Personalverringerung durch Ausnutzen der natürlichen Fluktuation (BAG 22. 5. 1979, 15. 10. 1979 AP Nr. 4, 5 zu § 111 BetrVG 1972; BAG 7. 8. 1990, NZA 1991, 113), Einschränkungen der Arbeits- oder der Betriebszeiten oder der Übergang von zwei Schichten auf eine (BAG 6. 6. 1978 AP Nr. 2 zu § 111 BetrVG 1972).

b) Verlegung des ganzen Betriebs oder von wesentlichen Betriebsteilen

494 Verlegung ist jede **nicht nur geringfügige Veränderung** der örtlichen Lage (im konkreten Fall 4,3 km, vgl. BAG 17. 8. 1982 AP Nr. 11 zu § 111 BetrVG 1972). Wird im Rahmen einer nicht unerheblichen Verlegung die alte Betriebsgemeinschaft tatsächlich und für unbestimmte, nicht nur vorübergehende Zeit aufgelöst und der Betrieb am neuen Ort mit einer im Wesentlichen neuen Belegschaft fortgeführt, so liegt eine Stilllegung vor (BAG 12. 2. 1987 NZA 1998, 170).

c) Zusammenschluss mit anderen Betrieben oder die Spaltung von Betrieben

495 Mehrere Betriebe können **zusammengeschlossen** werden, indem aus den bisherigen Betrieben ein neuer Betrieb gebildet wird oder indem ein bestehender Betrieb einen anderen aufnimmt, der damit seine organisatorische

Selbständigkeit einbüßt. Mit der **Spaltung** eines bislang organisatorisch einheitlichen Betriebs muss eine grundlegende Änderung der Betriebsorganisation oder des Betriebszwecks verbunden sein. Das ist der Fall, wenn die verselbständigten Teile einer eigenen organisatorischen Leitung unterstellt werden. Auf die Bedeutung eines abgespaltenen Teils kommt es nicht an, solange er eine wirtschaftlich erhebliche Größe und eine abgrenzbare, eigenständige Struktur hat. Die Spaltung setzt weiterhin voraus, dass aus dem Betrieb zumindest zwei **neue Einheiten entstehen, die selbständig fortgeführt** werden. Anders als bei einer Betriebsstilllegung ist für eine Spaltung nicht erforderlich, dass „wesentliche" Betriebsteile betroffen sind (BAG 18.3. 2008 NZA 2008, 957).

496 Abzustellen ist stets auf den Betrieb, nicht auf das Unternehmen. Keine Betriebsänderungen sind der bloße Inhaberwechsel, d.h. der rechtsgeschäftliche Übergang eines Betriebs oder Betriebsteils auf einen anderen Inhaber (Veräußerung, Verpachtung, Eröffnung des Insolvenzverfahrens), sofern er nicht mit Maßnahmen im Sinne der genannten Art verbunden ist, d.h. Betriebseinschränkung, Verlegung (BAG 4.12.1979 AP Nr. 6 zu § 111 BetrVG 1972), und die Unternehmensaufspaltung, z.B. in eine Besitz- und Produktionsgesellschaft, soweit mit ihr keine Veränderung von Organisation und Zweck des ursprünglichen Betriebs einhergeht (BAG 16.6.1987 NZA 1987, 671; BAG 10.12.1996 NZA 1997, 838).

497 Erfolgt die Unternehmensaufspaltung nach den Vorschriften des Umwandlungsgesetzes, muss der Spaltungsvertrag, der auch Angaben über die Folgen der Spaltung für die Arbeitnehmer und ihre Vertretungen sowie die insoweit vorgesehenen Maßnahmen zu enthalten hat, dem zuständigen Betriebsrat vorgelegt werden (§ 126 Abs. 1 Nr. 3, Abs. 3 UmwG).

d) Grundlegende Änderungen der Betriebsorganisation, des Betriebszwecks oder der Betriebsanlagen

498 **Betriebsorganisation** ist die Ordnung, nach der die im Betrieb vorhandenen Produktionsmittel und die dort tätigen Arbeitnehmer zur Erfüllung des Betriebszwecks eingesetzt werden (BAG 22.5.1979 AP Nr. 3, 4 zu § 111 BetrVG 1972). **Betriebszweck** ist der mit dem Betrieb verfolgte arbeitstechnische Zweck (BAG 17.12.1985 NZA 1986, 840; BAG 16.6.1987 NZA 1997, 671), also die Erzeugnisse und Dienstleistungen, **Betriebsanlagen** sind die technischen Einrichtungen, die der Erfüllung des Betriebszwecks dienen. Eine **grundlegende Änderung** der Betriebsorganisation liegt vor, wenn der Betriebsaufbau, insbesondere hinsichtlich Zuständigkeiten und Verantwortung, umgewandelt wird und die Änderung insgesamt einschneidende Auswirkungen auf den Betriebsablauf, die Arbeitsweise oder die Arbeitsbedingungen der Arbeitnehmer hat (BAG 18.3.2008 NZA 2008, 957). Entscheidend ist der Grad der technischen Änderung. Im Zweifel ist auf die Zahl der betroffenen Arbeitnehmer (BAG 26.10.1982 AP Nr. 10 zu § 111 BetrVG 1972) (erhebliche Teile der Belegschaft) und auf das Ausmaß nachteiliger Auswirkungen abzustellen.

499 **Beispiele:** Änderung des Betriebsaufbaus (Zentralisierung, Dezentralisierung, Lean Management, Lean Production), Einführung von Großraumbüros oder EDV-Anlagen, Übergang zur Gruppenarbeit, Outsourcing, Umstellung einer Automobilfabrik auf Fahrradproduktion, Einführung völlig neuer Maschinen, technische Rationalisierung, Bau neuer Werkshallen, Einrichtung von Telearbeitsplätzen. Beim „Outsourcing" der Aufgaben eines Betriebsteils kommt es darauf an, ob sich dies auf den gesamten Betriebsablauf oder auf die Arbeitsweise und -bedingungen der nicht unmittelbar betroffenen Arbeitnehmer gravierend auswirkt (BAG 18. 3. 2008 NZA 2008, 957).

e) Einführung grundlegend neuer Arbeitsmethoden und Fertigungsverfahren

500 Dieser Tatbestand steht im Zusammenhang mit dem vorigen, er stellt mehr auf die Verwertung der menschlichen Arbeitskraft ab. Die Einführung von Datensichtgeräten kann daher beiden Tatbeständen unterfallen. Nicht zu den grundlegenden Änderungen gehören die laufenden Verbesserungen (*Fitting* § 111 BetrVG Rn. 95).

IV. Unterrichtung und Beratung des Betriebsrats

501 Der Unternehmer hat den Betriebsrat rechtzeitig über Art, Umfang, Gründe und Auswirkungen der geplanten Maßnahme zu unterrichten (§ 111 Satz 1 BetrVG). Unterrichtungspflichtig ist der **Unternehmer.** Handelt es sich um eine **Betriebsänderung auf der Ebene der Tochtergesellschaft,** die von der Konzernmutter geplant wurde, bleibt die Tochtergesellschaft ausschließlich für die Unterrichtung des Betriebsrats zuständig. Eine Zuständigkeitsverlagerung auf die Konzernspitze kommt – entgegen vielfach vertretener Ansicht (DKK/*Däubler* § 111 BetrVG Rn. 130; *Wiese* FS Wiedemann S. 617, 642; *Windbichler* Arbeitsrecht im Konzern S. 400) – nicht in Betracht (*Röder/Baeck* Interessenausgleich und Sozialplan S. 6). Die Tochtergesellschaft ist und bleibt Unternehmer. Die Beteiligungsebene nach § 111 BetrVG ist der Tochtergesellschaft betriebsverfassungsrechtlich zwingend zugeordnet. Die Weisung des herrschenden Unternehmens hat allerdings zur Folge, dass sich die Tochtergesellschaft das Wissen über die gemäß § 111 S. 1 BetrVG relevanten Hintergründe zurechnen lassen muss und sich deshalb die Unterrichtungspflicht auch auf das zugerechnete Wissen der Konzernmutter erstreckt. Die ihr zugerechneten Informationen muss sich die Konzerntochter über einen konzerninternen Auskunftsanspruch auf Grundlage des Beherrschungsvertrags (§ 291 Abs. 1 AktG) bei der Muttergesellschaft beschaffen. Kann sich die Tochtergesellschaft die notwendigen Informationen beim herrschenden Unternehmen dennoch nicht verschaffen, ist die Unterrichtung infolge Unmöglichkeit ausgeschlossen. Allerdings haftet die Tochtergesellschaft den Arbeitnehmern bei wirtschaftlichen Nachteilen verschuldensunabhängig auf Nachteilsausgleich (§ 113 Abs. 3 BetrVG), weil sie ihre Unterrichtungspflicht trotz – zugerechneter – Kenntnis nicht erfüllt (ausf. *Winstel* Unterrichtung der Belegschaftsvertretungen, Diss. Mannheim

2010). Die Zuständigkeit auf Seiten des Betriebsrats ist davon abhängig, ob sich die Maßnahme auf einen einzelnen Betrieb, das Unternehmen oder den Konzern (§ 18 Abs. 1 AktG) bezieht. Bei konzerndimensionalen Betriebsänderungen muss die Konzernleitung den Konzernbetriebsrat unterrichten (*Schmitt-Rolfes* FS 50 Jahre BAG S. 1081, 1095).

502 Der Unternehmer hat den Betriebsrat **rechtzeitig** zu informieren. Nicht mitgeteilt werden müssen Vorüberlegungen mit Planspielen zu denkbaren Auswirkungen, die sich noch nicht zu einem Konzept verdichtet haben (LAG Düsseldorf 27. 8. 1985 NZA 1986, 371). Die Informationspflicht setzt in dem Augenblick ein, in dem der Arbeitgeber ernsthaft eine Betriebsänderung plant, wobei die Planung (noch) nicht unumstößlich sein muss. Die Information muss so frühzeitig erfolgen, dass der Betriebsrat noch Einfluss auf die Planung nehmen kann, in jedem Fall vor Beginn der Ausführung (BAG 14. 9. 1976 AP Nr. 2 zu § 113 BetrVG 1972; Richardi/*Annuß* § 111 BetrVG Rn. 144).

503 Die Unterrichtung muss **umfassend und wahrheitsgemäß** geschehen. Umfassend ist die Unterrichtung dann, wenn sich der Betriebsrat aus den Informationen ein vollständiges Bild von der geplanten Maßnahme und ihren Auswirkungen machen kann (*Fitting* § 111 BetrVG Rn. 111; ErfK/*Kania* § 111 BetrVG Rn. 21). Neben den die Betriebsänderung selbst betreffenden Informationen sind dem Betriebsrat auch diejenigen Informationen zu erteilen, die er benötigt, um eigene Vorstellungen in Bezug auf den Inhalt eines abzuschließenden Sozialplans zu entwickeln (BAG 30. 3. 2004 NZA 2004, 931). Der Unternehmer ist nicht berechtigt, die Unterrichtung unter Berufung auf den Schutz von Betriebs- und Geschäftsgeheimnissen zu verweigern (ErfK/*Kania* § 111 BetrVG Rn. 21 m. w. N.). Der Unternehmer hat dem Betriebsrat die Unterlagen zugänglich zu machen, und er muss mit ihm anhand dieser Unterlagen das Für und Wider der geplanten Maßnahmen erörtern (*Fitting* § 111 BetrVG Rn. 111). Die Beratungspflicht erstreckt sich sowohl auf das Ob als auch auf das Wie. Eine bestimmte Verhandlungsdauer muss der Arbeitgeber weder nach nationalem noch nach europäischem Recht einhalten. Ein Zeitraum von drei Wochen kann unter Umständen genügen; die vorübergehend in § 113 Abs. 2 BetrVG enthaltene, zum 1. 1. 1999 entfallene Frist von zwei bzw. drei Monaten ist nicht mehr von Bedeutung (BAG 16. 5. 2007 NZA 2007, 1296).

504 Ob der Betriebsrat verlangen kann, dass der **Unternehmer die Betriebsänderung unterlässt, bis die Gespräche über einen Interessenausgleich abgeschlossen sind, ist streitig.** Die mittlerweile wohl **h. M.** (LAG München 22. 12. 2008 BeckRS 2009, 74014; LAG Hamm 30. 7. 2007 AuR 2008, 117; LAG Schleswig-Holstein 20. 7. 2007 NZA-RR 2008, 244; LAG Thüringen 18. 8. 2003 LAGE BetrVG 2001 § 111 Nr. 1; DKK/*Däubler* § 112, 112a Rn. 23; *Reichold* NZA 2003, 289, 298) **bejaht das,** weil sich nur so die Beteiligungsrechte effektiv sichern ließen. Die Gegenansicht (LAG München 28. 6. 2005 BeckRS 2009, 68027; LAG Köln 27. 5. 2009 BeckRS 2009, 66807; LAG Nürnberg 9. 3. 2009 BeckRS 2009 69297) verweist auf § 113 Abs. 3 BetrVG, wonach jeder von einer Betriebsänderung betroffene Arbeitnehmer einen Nachteilsausgleich beanspruchen kann, wenn das Interessenausgleichsverfahren nicht ordnungsgemäß betrieben wurde. Dieser Anspruch vermag die kollektiven Beteiligungsrechte jedoch nicht zu verdrängen. Vielmehr verlangt mittlerweile auch das europäische Recht einen derartigen Unterlassungsanspruch. Art. 8 Abs. 1 Satz 2 RL 2002/14/EG v. 11. 3. 2003 verpflichtet die Mitgliedstaaten, ein geeignetes Gerichtsverfahren zur Verfügung zu stellen, mit dessen Hilfe die in Art. 4 RL 2000/14/EG genannten Unterrichtungs- und Anhörungsrechte durchgesetzt werden können. Ferner fordert Art. 8 Abs. 2 RL 2000/14/EG die Statuierung angemessener Sanktionen. Beide Pflichten lassen sich nur erfüllen, wenn dem Betriebsrat ein kollektivrechtlicher Unterlassungsanspruch neben dem individual-rechtlichen Nachteilsausgleichanspruch eingeräumt wird (wie hier Richardi/*Annuß* § 111 BetrVG Rn. 168 m. w. N.; im Ergebnis auch *Fitting*, § 111a BetrVG Rn. 137 ff., der aber prozessrechtlich argumentiert). Dieser Anspruch kann auch im Wege einer **einstweiligen Verfügung** durchgesetzt werden (LAG Hamm 26. 2. 2007 NZA-RR 2007, 469; a. A. LAG Köln 30. 4. 2004 NZA-RR 2005, 199). In Unternehmen mit mehr als 300 Arbeitnehmern kann der Betriebsrat zu seiner Unterstützung einen Berater hinzuziehen (§ 111 S. 2 BetrVG).

V. Interessenausgleich (siehe Anhang 8.1)

1. Begriff und Inhalt

505 Unternehmer und Betriebsrat haben zu versuchen, einen Interessenausgleich darüber herbeizuführen, ob, wann und wie die geplante Betriebsänderung durchgeführt wird (§ 112 Abs. 1 Satz 1 BetrVG). Der Interessenausgleich betrifft alle **Fragen der organisatorischen Durchführung einer Betriebsänderung,** die nicht Gegenstand eines Sozialplans sind, d. h. die nicht Regelungen zum Ausgleich wirtschaftlicher Nachteile betreffen (BAG 27. 10. 1987 NZA 1988, 203).

506 In einem Interessenausgleich kann z. B. vereinbart werden, dass die Maßnahmen, wenn sie schon unumgänglich sind, gestreckt werden, dass die Zahl der betroffenen Arbeitnehmer verringert wird, dass vor Entlassungen andere Möglichkeiten der Einsparung oder der Verringerung des Arbeitsvolumens (Abbau von Überstunden, Kündigung von Dienst- oder Werkverträgen) genutzt werden usw.

2. Rechtswirkungen

507 Der Interessenausgleich ist eine **kollektive Vereinbarung besonderer Art** (allg. M., vgl. LAG München 16. 7. 1997 AuR 1998, 89; *Fitting* §§ 112, 112a BetrVG Rn. 44; GK-BetrVG/*Oetker* § 112, 112a Rn. 48 f.). Er bindet beide Betriebsparteien. Der Unternehmer darf die geplante Betriebsänderung nur in dem Umfang und zu dem Zeitpunkt durchführen, wie im Interessenausgleich bestimmt; der Betriebsrat hat seine Beteiligungsrechte bei den zur Durchführung der Betriebsänderung erforderlichen Maßnahmen gemäß den Absprachen im Interessenausgleich auszuüben. Weicht der Unternehmer grundlos vom Interessenausgleich ab, hat der Betriebsrat einen Erfüllungsanspruch; dem einzelnen Arbeitnehmer stehen Ansprüche auf Nachteilsausgleich nach § 113 Abs. 1 und 2 BetrVG zu. Inwieweit der Interessenausgleich normativ gilt, d.h. unmittelbar auf das einzelne Arbeitsverhältnis einwirkt, ist durch Auslegung zu ermitteln (Richardi/*Annuß* § 112 BetrVG Rn. 45; vgl. auch *Willemsen/Hohenstatt* NZA 1997, 345 ff).

508 Bei **betriebsbedingten Kündigungen** kommt dem Interessenausgleich eine wichtige *Vermutungswirkung* zu. Werden Arbeitnehmer, die auf Grund einer Betriebsänderung im Sinne des § 111 BetrVG entlassen werden sollen, in einem Interessenausgleich namentlich bezeichnet – es genügt die Benennung in einer nicht unterschriebenen **Namensliste**, die mit dem Interessenausgleich, der auf sie ausdrücklich Bezug nimmt, mittels Heftmaschine fest verbunden ist (vgl. BAG 7. 5. 1998 NZA 1998, 1110) –, so wird nach § 1 Abs. 5 KSchG vermutet, dass die Kündigung durch dringende betriebliche Gründe bedingt ist, d.h. dass keine Möglichkeit einer Beschäftigung auf einem anderen freien Arbeitsplatz besteht. Bestreitet der Arbeitnehmer dies, obliegt ihm der (volle) Beweis des Gegenteils (BAG 7. 5. 1998 DB 1998, 1768). Ferner kann die durch den Interessenausgleich vorgenommene **soziale Auswahl** (§ 1 Abs. 3 KSchG) vom Gericht nur auf grobe Fehlerhaftigkeit überprüft werden (§ 1 Abs. 5 S. 2 KSchG). „Nicht grob fehlerhaft" heißt „nicht völlig sachfremd". Die besonderen Wirkungen treten allerdings nicht ein, wenn sich die Sachlage nach Zustandekommen des Interessenausgleichs wesentlich geändert hat (§ 1 Abs. 5 S. 3 KSchG). Stets setzt die Berufung auf die Vermutungsregel voraus, dass eine Betriebsänderung vorliegt. Besteht diese in einem reinen Personalabbau, muss der Arbeitgeber darlegen, dass hiervon erhebliche Teile der Belegschaft betroffen sind (BAG 31. 5. 2007 NZA 2007, 1307). Die Vermutungsregel gilt **auch für Änderungskündigungen** (BAG 19. 6. 2007 NZA 2008, 103), **nicht aber für außerordentliche Kündigungen** (BAG 28. 5. 2009 NZA 2009, 954), da § 1 Abs. 5 KSchG nur auf § 1 Abs. 2 KSchG, aber nicht auf § 626 Abs. 1 BGB verweist. Ordentliche und außerordentliche Kündigungen sind nicht vergleichbar. Der wichtige Grund im Sinne von § 626 BGB unterliegt erheblich höheren Anforderungen als die soziale Rechtfertigung einer betriebsbedingten Kündigung nach § 1 Abs. 2 KSchG. Um die Wirkungen des § 1 Abs. 5 KSchG auszulösen, kann der Interessenausgleich auch nach seinem Abschluss noch um eine Namensliste ergänzt werden, wenn das „zeitnah" geschieht, etwa während fortdauernder Verhandlungen der Betriebsparteien über die Erstellung einer Namensliste. In die Namensliste dürfen ausschließlich Arbeitnehmer aufgenommen werden, die aus der (eigenen) Sicht der Betriebsparteien auf Grund der dem Interessenausgleich zu Grunde liegenden Betriebsänderung zu kündigen sind (BAG 26. 3. 2009 NZA 2009, 1151). Ob es genügt, dass nur ein Teil der insgesamt auf Grund der Betriebsänderung zu kündigenden Arbeitnehmer auf der Liste erscheint, ist streitig. Das BAG (a. a. O.) hat die Frage bislang offengelassen. Ebenfalls nur auf grobe Fehlerhaftigkeit lässt sich ein

Interessenausgleich überprüfen, der von den Betriebsparteien bei einer **Unternehmensumwandlung** (Verschmelzung, Spaltung, Vermögensübertragung) nach den Vorschriften des UmwG abgeschlossen wird, wenn mit ihm die Arbeitnehmer nach der Umwandlung bestimmten Betrieben oder Betriebsteilen zugeordnet werden (§ 323 Abs. 2 UmwG).

3. Verfahren

509 Gelingt ein Interessenausgleich nicht, so können Unternehmer oder Betriebsrat den **Vorstand der Bundesagentur für Arbeit um Vermittlung ersuchen** (§ 112 Abs. 2 Satz 1 BetrVG). Ein Einlassungszwang für die jeweils andere Seite besteht nicht. Unabhängig davon können beide die **Einigungsstelle** anrufen (§ 112 Abs. 2 Satz 2 BetrVG). Ruft der Betriebsrat die Einigungsstelle nicht an, so muss der Unternehmer das tun (LAG Hamm 1. 3. 1972 DB 1972, 632). Die Einigungsstelle hat einen Vorschlag zu unterbreiten. Der Vorschlag hat zwar großes tatsächliches Gewicht, er ist aber nach § 112 Abs. 3 Satz 2 BetrVG unverbindlich (LAG München 13. 1. 1989, BB 1989, 916); dem Unternehmer bleibt die Letztentscheidung.

510 Bei Betriebsänderungen im Rahmen eines **Insolvenzverfahrens** kommt es zu einem Vermittlungsversuch des Vorstands der Bundesagentur für Arbeit nur, wenn der Insolvenzverwalter und der Betriebsrat gemeinsam darum ersuchen (§ 121 InsO). Der Insolvenzverwalter braucht auch die Einigungsstelle nicht anzurufen; er kann sogleich beim Arbeitsgericht die Zustimmung zur Betriebsänderung beantragen. Voraussetzung ist, dass der Betriebsrat rechtzeitig und umfassend über die geplante Betriebsänderung unterrichtet wurde und ein Interessenausgleich nicht innerhalb von drei Wochen nach schriftlicher Aufforderung zur Verhandlung oder nach Verhandlungsbeginn abgeschlossen werden konnte (§ 122 Abs. 1 InsO). Das Gericht erteilt die Zustimmung, wenn die wirtschaftliche Lage des Unternehmens auch unter Berücksichtigung der sozialen Belange der Arbeitnehmer die Betriebsänderung ohne vorheriges Verfahren nach § 112 Abs. 2 BetrVG erfordert (§ 122 Abs. 2 InsO). Gegen den Beschluss ist nur die Rechtsbeschwerde zum BAG statthaft, und das auch nur, wenn sie vom Arbeitsgericht zugelassen wurde (§ 122 Abs. 3 InsO).

511 Kommt ein Interessenausgleich zustande, so ist er **schriftlich niederzulegen** und von Unternehmer und Betriebsrat zu unterschreiben (§ 112 Abs. 3 Satz 3 BetrVG). Die Wahrung der Schriftform ist **Wirksamkeitsvoraussetzung** (BAG 9. 7. 1985 NZA 1986, 100). Der Interessenausgleich muss aber weder in einer gesonderten Urkunde niedergelegt noch ausdrücklich als Interessenausgleich bezeichnet werden; es genügt, wenn er Bestandteil eines Sozialplans ist und die Betriebsparteien darin einig sind, dass die Maßnahmen, so wie im Sozialplan vorgesehen, durchgeführt werden (BAG 20. 4. 1994 NZA 1995, 89).

VI. Sozialplan (siehe Anhang 8.2, 8.3)

1. Begriff

512 Außer über einen Interessenausgleich haben die Betriebsparteien auch über den **Ausgleich oder die Milderung der wirtschaftlichen Nachteile,** die den Arbeitnehmern infolge der geplanten Betriebsänderung entstehen (= Sozialplan), zu beraten (§ 112 Abs. 1 Satz 2 BetrVG). Nicht Gegenstand des Sozialplans sind Maßnahmen, die das Ob und Wie der Betriebsänderung betreffen, d. h. Maßnahmen, die soziale Nachteile verhindern sollen, wie Kündigungsverbote oder Versetzungs- und Umschulungspflichten. Sie gehören in den Interessenausgleich. Werden sie in einen freiwilligen Sozialplan aufgenommen, so schadet das nicht; ein Einigungsstellenspruch, der sie zum Gegenstand eines Sozialplans macht, ist aber unwirksam (BAG 17. 9. 1991 AP Nr. 59 zu § 112 BetrVG 1972). Der Sozialplan ersetzt auch nicht die Kündigung des Arbeitsverhältnisses; dafür haben die Betriebsparteien keine Regelungsmacht (BAG 17. 7. 1964 AP Nr. 3 zu § 80 ArbGG).

2. Zweck

513 Der **Zweck** des Sozialplans ist umstritten (BAG 23. 4. 1985 NZA 1985, 628 m. w. N. zum Streitstand). Die einen betonen seine **Zukunftsbezogenheit.** Seine Hauptfunktion bestehe darin, den Arbeitnehmern **Überbrückungsleistungen** zu gewähren. Zugleich komme ihm eine Steuerungsfunktion zu: Da eine Betriebsänderung mit finanziellem Aufwand verbunden sei, werde sich der Unternehmer bemühen, sie so durchzuführen, dass den Arbeitnehmern möglichst geringe wirtschaftliche Nachteile entstehen. Aus Sicht des Arbeitgebers schließlich diene er dazu, die Akzeptanz einer Betriebsänderung zu fördern. Nach anderer, eher **vergangenheitsorientierter Ansicht** soll der Sozialplan in erster Linie für den **Verlust des Arbeitsplatzes entschädigen;** der Arbeitnehmer werde vor allem für die in der Vergangenheit geleisteten Dienste belohnt. Die Rechtsprechung neigt mittlerweile (vermittelnd noch BAG GS 13. 12. 1978 AP Nr. 6 zu § 112 BetrVG 1972) der ersten Meinung zu (BAG 30. 9. 2008 NZA 2009, 386 m. w. N.); maßgeblich sei die (zukunftsorientierte) Überleitungs- und Vorsorgefunktion. Auch bei dieser Betrachtungsweise behält das Moment einer langen Betriebszugehörigkeit seine Bedeutung. Die Erfahrung lehrt, dass Arbeitnehmer mit höherem Lebens- und Dienstalter geringere Chancen auf dem Arbeitsmarkt haben. Allerdings darf ein Sozialplan Abfindungen nicht allein nach der Dauer der Betriebszugehörigkeit bemessen (BAG 14. 9. 1994 NZA 1995, 440). Der Gesetzgeber hat sich einer vermittelnden Sichtweise angeschlossen (vgl. § 112 Abs. 5 Nr. 1–3 BetrVG).

3. Rechtsnatur und Rechtswirkungen

a) Betriebsvereinbarung

514 Sozialpläne sind **Betriebsvereinbarungen besonderer Art** (§ 112 Abs. 1 Satz 3 BetrVG) (BAG 27. 8. 1975, 29. 11. 1978 AP Nr. 2, 7 zu § 112 BetrVG 1972). Für sie gilt die Tarifsperre des § 77 Abs. 3 BetrVG nicht (§ 112 Abs. 1 Satz 4 BetrVG). Sie können deshalb auch Bestimmungen zu Arbeitsbedingungen enthalten, die im einschlägigen Tarifvertrag – etwa in einem Rationalisierungsschutzabkommen – tatsächlich geregelt sind oder üblicherweise geregelt werden. Im Verhältnis von Tarifvertrag und Sozialplan gilt das Günstigkeitsprinzip (allg. M., vgl. nur Richardi/*Annuß* § 112 BetrVG Rn. 181 m. w. N.).

b) Normative Geltung

515 Sozialpläne wirken normativ. Ansprüche auf Sozialplanleistungen stehen den betroffenen Arbeitnehmern unmittelbar und zwingend zu (§ 77 Abs. 4 Satz 1 BetrVG). Das gilt auch für Mitarbeiter, die infolge der Betriebsänderung bereits ausgeschieden sind, wenn das im Sozialplan bestimmt ist (BAG 6. 8. 1997 NZA 1998, 155; BAG 11. 2. 1998 NZA 1998, 895 f.). Der Sozialplan bedarf zu seiner Wirksamkeit der **Schriftform** (§ 112 Abs. 1 Sätze 1 und 2 BetrVG). Die Fälligkeit von Sozialplanansprüchen richtet sich nach der Vereinbarung. Für ihre Geltendmachung können Ausschlussfristen vorgesehen werden. Da es sich um Ansprüche aus dem Arbeitsverhältnis handelt, gelten für sie auch die allgemeinen tariflichen Ausschlussfristen (BAG 30. 11. 1994 NZA 1997, 314). Verzichten kann der Arbeitnehmer auf Sozialplanansprüche nur mit Zustimmung des Betriebsrats, § 77 Abs. 4 Satz 2 BetrVG (BAG 31. 7. 1996 NZA 1997, 167).

c) Vorsorglicher Sozialplan

516 Die umfassende Regelungskompetenz der Betriebsparteien in sozialen Angelegenheiten berechtigt die Betriebsparteien bereits dann zum Abschluss eines freiwilligen Sozialplans, wenn die Betriebsänderung zwar noch nicht geplant, aber in groben Umrissen abschätzbar ist (BAG 26. 8. 1997 NZA 1998, 216). Enthält ein solcher vorsorglicher Sozialplan wirksame Regelungen, ist das Beteiligungsrecht nach § 112 BetrVG bei einer späteren Betriebsänderung verbraucht (str., wie hier BAG 26. 8. 1997 NZA 1998, 216 m. w. N. auch zur Gegenmeinung). Anders ist es, wenn Ob und Wie einer Betriebsänderung noch völlig ungewiss sind; dem Betriebsrat fehlen dann die tatsächlichen Anhaltspunkte für die Abwägung der Interessen der betroffenen Arbeitnehmer und der betrieblichen Belange (BAG 26. 8. 1997 NZA 1998, 216). Vorsorgliche Sozialpläne können auch bei Unsicherheit der Rechtslage abgeschlossen werden, insbesondere wenn unklar ist, ob ein Betriebsübergang oder eine Betriebsstilllegung vorliegt (BAG 1. 4. 1998 NZA 1998, 1471 f.).

4. Zuständigkeit und Verfahren

a) Zuständigkeit

517 Zuständig für die Aufstellung des Sozialplans ist der Betriebsrat des betroffenen Betriebs oder der betroffenen Betriebe (§ 112 Abs. 1 BetrVG); sie können den Gesamtbetriebsrat mit der Wahrnehmung ihrer Rechte beauftragen (§ 50 Abs. 2 BetrVG). Ein vom Gesamtbetriebsrat beschlossener Rahmensozialplan bindet sie nicht. In betriebsratslosen Betrieben besteht keine Sozialplanpflicht; der Gesamtbetriebsrat ist nicht zuständig (BAG 16. 8. 1983 AP Nr. 5 zu § 50 BetrVG 1972). Ein Betriebsrat, der in einem bisher betriebsratslosen Betrieb erst während der Durchführung der Betriebsstilllegung gewählt wird, kann die Aufstellung eines Sozialplans nicht mehr verlangen (BAG 20. 4. 1982 AP Nr. 15 zu § 112 BetrVG 1972). Das gilt auch, wenn dem Arbeitgeber im Zeitpunkt seines Beschlusses bekannt war, dass im Betrieb ein Betriebsrat gewählt werden soll (BAG 28. 10. 1982 AP Nr. 63 zu § 112 BetrVG 1972). Umgekehrt behält ein Betriebsrat auch nach einer Betriebsstilllegung und nach Beendigung der Arbeitsverhältnisse seiner Mitglieder bis zur endgültigen Abwicklung ein Restmandat (BAG 16. 6. 1987 NZA 1987, 858).

b) Verfahren

518 Die Verhandlungen über den Sozialplan werden sinnvollerweise spätestens dann aufgenommen, wenn feststeht, dass eine Betriebsänderung sich nicht umgehen lässt, und parallel zu den Verhandlungen über den Interessenausgleich geführt. Der Betriebsrat kann die Aufstellung eines Sozialplans aber selbst dann noch verlangen, wenn der Unternehmer die geplante Betriebsänderung bereits durchgeführt hat (BAG 26. 8. 1997 NZA 1998, 216).

519 Unternehmer und Betriebsrat haben zunächst zu versuchen, sich über den Sozialplan zu einigen (§ 112 Abs. 1 Satz 2 BetrVG). Sie können sich auch hier der Vermittlung des Vorstands der Bundesagentur für Arbeit bedienen (§ 112 Abs. 2 Satz 1 BetrVG). Unabhängig davon können sie die Einigungsstelle anrufen (§ 112 Abs. 2 Satz 2 BetrVG). Anders als beim Interessenausgleich muss der Unternehmer die Einigungsstelle nicht einschalten, wenn der Betriebsrat darauf verzichtet. Es kommt dann eben zu keinem Sozialplan. Unternehmer und Betriebsrat sollen der Einigungsstelle Vorschläge zur Beilegung der Meinungsverschiedenheiten machen. Die Einigungsstelle hat eine Einigung der Parteien zu versuchen (§ 112 Abs. 3 BetrVG). Gelingt das nicht, dann entscheidet die Einigungsstelle, d. h. letztlich der neutrale Vorsitzende, sobald es ihm gelingt, die eine oder die andere Seite für einen Vorschlag zu gewinnen (§ 112 Abs. 4 BetrVG).

5. Ausnahmen von der Sozialplanpflicht

520 Kein Sozialplan ist aufzustellen, wenn ein **Unternehmen** (nicht der betroffene Betrieb) **noch nicht vier Jahre alt** ist (§ 112a Abs. 2 Satz 1 BetrVG). Damit sollen Neugründungen erleichtert werden. Das gilt allerdings nicht für Neugründungen im Zusammenhang mit der rechtlichen Umstrukturierung von Unternehmen und Konzernen (§ 112a Abs. 2 Satz 2 BetrVG). Eine solche Umstrukturierung liegt immer dann vor, wenn unternehmerische Aktivitäten von einer rechtlichen Einheit auf eine andere übertragen werden (BAG 22. 2. 1995 NZA 1995, 699).

Beispiel: Zwei Unternehmen übertragen einzelne Betriebe auf ein neu gegründetes Unternehmen, das die Betriebe mit einem auf dem Zusammenschluss beruhenden Unternehmensziel fortführen soll.

521 Bei Betriebsänderungen, die in einer **bloßen Personalverringerung** bestehen, ist ein Sozialplan erst dann aufzustellen, wenn der Personalabbau folgende Größenordnung erreicht (§ 112a Abs. 1 BetrVG):

Betriebe mit in der Regel	Personalabbau
21 bis 59 Arbeitnehmern	20 % der Arbeitnehmer, aber mindestens 6
60 bis 249 Arbeitnehmern	20 % der Arbeitnehmer oder mindestens 37
250 bis 499 Arbeitnehmern	15 % der Arbeitnehmer oder mindestens 60
mindestens 500 Arbeitnehmern	10 % der Arbeitnehmer, aber mindestens 60

522 Ob der Personalabbau durch Entlassungen oder durch vom Arbeitgeber veranlasste Aufhebungsverträge oder Eigenkündigungen der Arbeitnehmer geschieht, ist gleichgültig (§ 112a Abs. 1 Satz 2 BetrVG). Die Prozentzahlen für die Sozialplanpflicht liegen etwa doppelt so hoch wie für die Interessenausgleichspflicht. Das hat zur Folge, dass in dem Zwischenbereich nur ein Interessenausgleich versucht, nicht aber ein Sozialplan abgeschlossen werden muss. Die höheren Zahlen gelten nicht, wenn sich die Betriebsänderung nicht in einem bloßen Personalabbau erschöpft, etwa wenn ein wesentlicher Betriebsteil eingeschränkt oder stillgelegt wird.

6. Inhalt freiwilliger Sozialpläne

a) Regelungs- und Beurteilungsspielraum

523 Für den Inhalt von Sozialplänen, die auf freiwilliger Grundlage zustande kommen, enthält das Gesetz keine Detailregelung. Es gilt der allgemeine Satz, dass sie dem Ausgleich oder der Milderung wirtschaftlicher (nicht immaterieller) Nachteile dienen, die den Arbeitnehmern aus den geplanten Betriebsänderungen entstehen (BAG 7. 8. 1975 AP Nr. 169 § 242 BGB Ruhegehalt). Dies erfordert die Berücksichtigung der zukünftigen wirtschaftlichen Situation der Arbeitnehmer. Zu dieser gehört der Umstand, ob der – vorzeitige – Bezug einer Altersrente möglich ist (BAG 30. 9. 2008 NZA 2009, 386).

524 Die Betriebspartner sind **in den Grenzen von Recht und Billigkeit** (§ 75 BetrVG) **frei,** zu entscheiden, welche Nachteile sie bei Verlust eines Arbeitsplatzes ausgleichen und welche sonstigen Nachteile sie mildern wollen (std. Rspr., vgl. BAG 13.11.1996 NZA 1997, 390). Sie sind nicht gehalten, alle denkbaren Nachteile zu entschädigen, und daher auch berechtigt, Arbeitnehmer von Leistungen des Sozialplans auszunehmen (BAG 9.11.1994 NZA 1995, 641; BAG 19.6.1996 NZA 1997, 562f.). Für den Arbeitgeber muss aber erkennbar sein, welche finanziellen Belastungen auf ihn zukommen. Deshalb müssen die Anspruchsvoraussetzungen an tatsächliche Umstände anknüpfen, die bei Abschluss des Sozialplans bekannt sind (BAG 12.3.1997 NZA 1997, 1050).

b) Bindung an den allgemeinen Gleichbehandlungsgrundsatz

525 Der Gleichbehandlungsgrundsatz ist zu wahren (std. Rspr., vgl. BAG 19.2.2008 NZA 2008, 719). Untersagt ist sowohl die sachfremde Schlechterstellung einzelner Arbeitnehmer gegenüber anderen Arbeitnehmern in vergleichbarer Lage als auch die sachfremde Differenzierung zwischen Arbeitnehmern in einer bestimmten Ordnung. Sachfremd ist eine Differenzierung dann, wenn es für die unterschiedliche Behandlung keine billigenswerten Gründe gibt (zusammenfassend BAG 17.4.1996 NZA 1996, 672). Zulässig ist eine Unterscheidung nach der Art des Nachteils (Entlassung, Versetzung) und nach der Vermeidbarkeit (Angebot einer anderen zumutbaren Tätigkeit (BAG 3.3.1999 NZA 1999, 669), Vermittlung eines neuen Arbeitsverhältnisses (BAG 19.6.1996 NZA 1997, 562), Kündigung wegen eines sachlich nicht gerechtfertigten Widerspruchs bei einem Betriebsübergang (BAG 5.2.1997 NZA 1998, 158) usw.).

526 Sozialpläne können pauschale Zahlungen vorsehen, ein Punkteschema zugrunde legen oder jeweils im konkreten Einzelfall entscheiden. Bei Abfindungen müssen sie Betriebszugehörigkeit, Lebensalter und Unterhaltsverpflichtungen berücksichtigen; darüber hinaus muss für eine abschließende Berücksichtigung individueller Besonderheiten des Einzelfalls Raum bleiben, damit persönlichen Umständen der betroffenen Arbeitnehmer, wie Krankheit, Schwerbehinderteneigenschaft usw., Rechnung getragen werden kann (BAG 18.1.1990 NZA 1990, 729). Werden Abfindungen nach der Dauer der Betriebszugehörigkeit berechnet, ist im Regelfall nur die im letzten rechtlich ununterbrochenen Arbeitsverhältnis zurückgelegte Dienstzeit maßgeblich. Beschäftigungszeiten bei einem anderen Arbeitgeber bleiben in der Regel unberücksichtigt. Frühere Dienstzeiten bei demselben Arbeitgeber können zu berücksichtigen sein, wenn zwischen den Arbeitsverhältnissen ein enger sachlicher Zusammenhang bestand oder wenn die Arbeitsvertragsparteien eine entsprechende Vereinbarung getroffen haben (BAG 13.3.2007 NZA 2008, 190).

527 Die Betriebsparteien können **Höchstbegrenzungsklauseln** vereinbaren (BAG 19.10.1999 NZA 2000, 732); umgekehrt sind sie nicht an die Obergrenze für Abfindungen nach dem KSchG gebunden (BAG 27.10.1987 NZA 1988, 255). Als Maßnahmen zur Milderung von Nachteilen kommen

vor allem die Übernahme von Umzugs- oder zusätzlichen Fahrtkosten, die Erstattung von Kosten für Fortbildungs- und Umschulungsmaßnahmen sowie Ausgleichszahlungen bei Übertragung geringer bezahlter Tätigkeiten in Betracht. Der Arbeitgeber kann Sozialplanleistungen individualrechtlich aufstocken, wenn er dafür einen sachlichen Grund hat, etwa wenn er einen Anreiz zum Abschluss von Aufhebungsverträgen geben will (BAG 1. 6. 1988 NZA 1989, 815). Die Zahlung von Abfindungen kann bis zum Abschluss von Kündigungsschutzprozessen zurückgestellt werden; sie darf aber nicht vom Verzicht auf die Kündigungsschutzklage oder auf individualrechtliche Ansprüche (Ausgleichsquittung) abhängig gemacht werden (BAG 20. 6. 1985 NZA 1998, 258).

528 Steigt die Höhe der Abfindung mit der Dauer der Betriebszugehörigkeit, werden **jüngere Arbeitnehmer mittelbar wegen ihres Lebensalters benachteiligt.** Diese Ungleichbehandlung ist aber durch § 10 Satz 3 Nr. 6 AGG gerechtfertigt (BAG 26. 5. 2009 NZA 2009, 849). Die Betriebsparteien dürfen in Sozialplänen danach unterscheiden, welche wirtschaftlichen Nachteile den Arbeitnehmern drohen, die durch eine Betriebsänderung ihren Arbeitsplatz verlieren. Die mit dem Arbeitsplatzverlust verbundenen wirtschaftlichen Nachteile können mit steigendem Lebensalter zunächst zunehmen, weil die Gefahr längerer Arbeitslosigkeit typischerweise wächst, und können geringer sein, wenn Arbeitnehmer nach dem Bezug von Arbeitslosengeld in der Lage sind, vorzeitig Altersrente in Anspruch zu nehmen. Letztere können sogar dann geringere Abfindungen erhalten, wenn der vorzeitige Rentenbezug dauerhaft zu Abschlägen bei der gesetzlichen Altersrente führt (BAG 26. 5. 2009 NZA 2009, 849). Abfindungen für ältere Arbeitnehmer dürfen ab einem bestimmten Alter nach einer anderen Formel als für jüngere berechnet werden, weil sich bei rentennahen Jahrgängen die zu besorgenden wirtschaftlichen Nachteile typischerweise konkreter einschätzen lassen als bei rentenfernen (BAG 20. 1. 2009 NZA 2009, 495; BAG 26. 5. 2009 NZA 2009, 849).

529 Der Sozialplan **darf** grundsätzlich danach **unterscheiden**, ob der Arbeitnehmer durch **Aufhebungsvertrag oder Eigenkündigung** aus dem Unternehmen ausscheidet **oder ob ihm betriebsbedingt gekündigt wird** (BAG 24. 11. 1993 NZA 1994, 716; BAG 6. 8. 1997 1998, 155). Erfahrungsgemäß sind Arbeitnehmer nur dann bereit, das Unternehmen freiwillig zu verlassen, wenn sie bereits einen neuen Arbeitsplatz gefunden oder sicher in Aussicht haben. Umgekehrt haben Arbeitnehmer, die erst nach der offiziellen Bekanntgabe der Betriebsstilllegung aus dem Unternehmen ausscheiden, mit einer erheblich verschärften Situation auf dem Arbeitsmarkt zu rechnen. Zulässig ist es auch, auf das Verhalten der Arbeitnehmer vor und nach einem bestimmten Stichtag abzustellen, wenn die Wahl des Zeitpunktes sachlich vertretbar ist (z. B. Scheitern des Interessenausgleichs, Bekanntgabe einer Betriebsstilllegung) (BAG 20. 5. 2008 NZA-RR 2008, 636).

530 Dagegen ist der **Gleichbehandlungsgrundsatz verletzt,** wenn Arbeitnehmer von Sozialplanleistungen ausgenommen werden, deren **Eigenkündigung oder Aufhebungsvertrag vom Arbeitgeber veranlasst** worden ist (BAG 13. 2. 2007 NZA 2007, 756; BAG 20. 5. 2008 NZA-RR 2008, 636). Das ist der Fall, wenn der Arbeitgeber sie im Hinblick auf eine konkret geplante Betriebsänderung bestimmt hat, selbst zu kündigen oder einen Aufhebungsvertrag zu schließen, um eine sonst notwendig werdende Kündigung zu vermeiden, oder wenn zwar der Arbeitsplatz vorrangig nur verlagert und der Arbeitnehmer versetzt werden sollte, der Arbeitnehmer aber mit einer betriebsbedingten Kündigung des Arbeitgebers rechnen musste, falls er der Versetzung widerspräche (BAG 20. 5. 2008 NZA-RR 2008, 636). Ein bloßer Hinweis auf die unsichere Lage des Unternehmens, auf notwendig werdende Betriebsänderungen oder der Rat, sich eine neue Stelle zu suchen, genügt nicht (BAG 19. 7. 1995 NZA 1996, 271). Eine sachlich nicht gerechtfertigte Ungleichbehandlung ist unwirksam (BAG 25. 11. 1993 NZA 1994, 788). Der übergangene Arbeitnehmer hat regelmäßig Anspruch auf die die Gleichbehandlung bewirkende Leistung, da sich nur so die Diskriminierung beseitigen lässt (BAG 15. 1. 1991 NZA 1991, 692; BAG 17. 4. 1996 NZA 1996, 1480; anders BAG 23. 8. 1988 NZA 1989, 28, dem offenbar eine anteilige Kürzung der Sozialplanleistung vorschwebt, um damit die Ansprüche der übergangenen Arbeitnehmer zu finanzieren). Hängt ein Sozialplananspruch davon ab, ob das Arbeitsverhältnis „betriebsbedingt" beendet wurde, setzt dies regelmäßig voraus, dass der bisherige Arbeitsplatz weggefallen ist und der Mitarbeiter auch auf keinem anderen Arbeitsplatz im Betrieb weiterbeschäftigt wird. Daran fehlt es, wenn der Arbeitnehmer im Gemeinschaftsbetrieb lediglich von einem zum anderen Arbeitgeber wechselt (BAG 26. 8. 2008 NZA 2009, 161).

7. Inhalt erzwungener Sozialpläne

531 Die Einigungsstelle muss sich bei der Entscheidung über einen Sozialplan innerhalb der Grenzen halten, die für die betreffenden Arbeitnehmer und auf die wirtschaftliche Vertretbarkeit für das Unternehmen achten (§ 112 Abs. 5 Satz 1 BetrVG). Bei der Berücksichtigung sozialer Belange muss sie sich insbesondere von folgenden Grundsätzen leiten lassen (§ 112 Abs. 5 Satz 2 BetrVG).

a) Gegebenheiten des Einzelfalls

532 Sie soll beim Ausgleich oder bei der Milderung wirtschaftlicher Nachteile, insbesondere durch Einkommensminderung, Wegfall von Sonderleistungen oder Verlust von Anwartschaften auf betriebliche Altersversorgung, Umzugskosten oder erhöhte Fahrtkosten, Leistungen vorsehen, die in der Regel den **Gegebenheiten des Einzelfalls Rechnung tragen** (Nr. 1). Der Sozialplan darf also für den Verlust des Arbeitsplatzes oder für sonstige Änderungen der Arbeitsbedingungen **nicht** ohne Rücksicht auf zumindest die Wahrscheinlichkeit von Nachteilen **Pauschalzahlungen** vorsehen (vgl. BAG 2. 10. 2007 NZA-RR 2008, 242, 243).

b) Aussichten der betroffenen Arbeitnehmer auf dem Arbeitsmarkt

533 Sie hat die Aussichten der betroffenen Arbeitnehmer auf dem Arbeitsmarkt zu berücksichtigen. Sie soll Arbeitnehmer von Leistungen ausschließen, die in einem zumutbaren Arbeitsverhältnis im selben Betrieb des Unternehmens oder eines zum Konzern gehörenden Unternehmens weiterbeschäftigt werden können und die Weiterbeschäftigung ablehnen (BAG 28.9. 1988 NZA 1989, 186), wobei die mögliche Weiterbeschäftigung an einem anderen Ort für sich allein nicht die Unzumutbarkeit begründet (Nr. 2). Die Einigungsstelle kann die Kriterien für die Zumutbarkeit selbst festlegen (BAG 27.10. 1987 NZA 1988, 203). Eine andere Tätigkeit ist zumutbar, wenn sie in etwa dieselben Voraussetzungen an Berufsbildung und -erfahrung stellt wie die bisherige und wenn mit ihr keine Abgruppierung verbunden ist (LAG Düsseldorf 23.10.1986 DB 1987, 1254). Die Tätigkeit an einem anderen Ort ist jedenfalls dann zumutbar, wenn er täglich vom bisherigen Wohnort aus erreichbar ist oder wenn dem Arbeitnehmer nach seinen persönlichen Lebensumständen ein Umzug zumutbar ist (LAG Düsseldorf 23.10.1986 DB 1987, 1254).

534 Die Einigungsstelle bleibt im Rahmen ihres Ermessens, wenn sie sich innerhalb der Zumutbarkeitsanordnung der Bundesagentur für Arbeit hält (vgl. *Löwisch* BB 1985, 1205). Die Ermessensgrenze wäre überschritten, wenn sie einem Arbeitnehmer Abfindungen zuspräche, der unmittelbar im Anschluss an das bisherige Arbeitsverhältnis in einem Nachbarbetrieb zu denselben Bedingungen Arbeit fände.

c) Wirtschaftliche Vertretbarkeit für das Unternehmen

535 Was die wirtschaftliche Vertretbarkeit für das Unternehmen anbelangt, so hat die Einigungsstelle bei der Bemessung des Gesamtbetrages vor allem darauf zu achten, dass der Fortbestand des Unternehmens oder die nach Durchführung der Betriebsänderung verbleibenden Arbeitsplätze nicht gefährdet werden (Nr. 3). Innerhalb dieses äußersten Rahmens sind sonstige für das Unternehmen bedeutsame Gesichtspunkte zu beachten, wie Kreditwürdigkeit, Liquidität usw. Einzelunternehmern und Gesellschaftern in Personenhandelsgesellschaften, die ihren Lebensunterhalt aus dem Unternehmen bestreiten, ist ein angemessener Unternehmergewinn zu belassen.

d) Schaffung neuer Beschäftigungsperspektiven

536 Die Einigungsstelle soll ferner die im SGB III vorgesehenen Förderungsmöglichkeiten zur Vermeidung von Arbeitslosigkeit berücksichtigen (§ 112 Abs. 5 Nr. 2a BetrVG). Die Sozialplanmittel sollen künftig verstärkt zur **Schaffung neuer Beschäftigungsperspektiven** für die vom Verlust des Arbeitsplatzes bedrohten Arbeitnehmer eingesetzt werden (z. B. inner- oder außerbetriebliche Qualifizierung, Förderung der Anschlusstätigkeit bei einem anderen Arbeitgeber, Vorbereitung einer selbständigen Existenz des Arbeitnehmers). In der chemischen Industrie werden schon seit längerem „Transfer-Sozialpläne“ geschlossen, mit deren Leistungen maßgeschneiderte Lösungen zum Ausgleich oder zur Milderung des drohenden Arbeitsplatzverlustes versucht werden. Liegen die Voraussetzungen des § 216a SGB III vor, kann die Arbeitsverwaltung die Maßnahmen mit Zuschüssen fördern.

e) Ermessensfehler und Unwirksamkeit

537 Werden die in § 112 Abs. 5 Satz 2 BetrVG genannten Gesichtspunkte nicht oder nicht ausreichend berücksichtigt, ist der Sozialplan **ermessensfehlerhaft** und damit **unwirksam** (BAG 14. 9. 1994 NZA 1995, 440).

8. Ablösung, Kündigung und Anpassung von Sozialplänen

a) Ablösung

538 Sozialpläne können jedenfalls dann, wenn sie Dauerregelungen enthalten und fortlaufende, zeitlich unbegrenzte Leistungsansprüche begründen, durch spätere Betriebsvereinbarungen mit Wirkung für die Zukunft abgeändert werden (BAG 24. 3. 1981 AP Nr. 12 zu § 112 BetrVG 1972; BAG 11. 2. 1998 NZA 1998, 895). Allerdings können Ansprüche, die schon auf der Grundlage der früheren Betriebsvereinbarung entstanden sind, nicht mehr durch eine spätere Betriebsvereinbarung beeinträchtigt werden (BAG 10. 8. 1994 NZA 1995, 314). Im übrigen haben die Betriebsparteien die Grundsätze der Verhältnismäßigkeit und des Vertrauensschutzes zu wahren (BAG 23. 10. 1990 NZA 1991, 242 m.w.N).

b) Kündigung

539 Ein erzwingbarer Sozialplan kann, soweit nichts Gegenteiliges vereinbart ist, **nicht ordentlich gekündigt** werden; er bezieht sich auf ein einmaliges Geschehen. **Anderes kann für Dauerregelungen gelten** (BAG 24. 3. 1981 AP Nr. 12 zu § 112 BetrVG 1972), die nicht nur eine einmalige Abfindung vorsehen, sondern laufende Leistungen, z. B. ein zeitlich befristeter oder unbefristeter Fahrtkostenzuschuss bei einer Betriebsverlegung (BAG 10. 8. 1994 NZA 1995, 314).

540 Ordentlich kündbar kann auch ein vorsorglicher Sozialplan sein; er bezieht sich nicht auf ein einmaliges konkretes Geschehen, sondern auf alle möglichen Betriebsänderungen während seiner Geltungsdauer. Nach der Kündigung eines erzwingbaren Sozialplans gelten seine Regelungen gemäß § 77 Abs. 6 BetrVG weiter, bis sie durch eine andere Abmachung ersetzt werden (BAG 24. 3. 1981 AP Nr. 12 zu § 112 BetrVG 1972). Sozialpläne mit Dauerregelungen können auch ohne entsprechende Vereinbarung **außerordentlich gekündigt** werden (anders für Sozialpläne mit einmaligen Leistungen, BAG 10. 8. 1994 NZA 1995, 314)

541 Dass der Arbeitgeber keine Geldmittel zur Verfügung hat, um die vereinbarten Sozialplanleistungen zu erfüllen, begründet für sich allein allerdings nicht die Unzumutbarkeit der Vertragsbindung. Selbst bei einer außerordentlichen Kündigung sollen erzwingbare Sozialpläne aber nachwirken (BAG 10. 8. 1994 NZA 1995, 314).

c) Anpassung

542 Ändert sich die Geschäftsgrundlage eines Sozialplans oder fällt sie später weg, können Sozialplanleistungen den geänderten Umständen anzupassen sein, wenn dem Vertragspartner das Festhalten an der Vereinbarung nicht mehr zumutbar ist (BAG 17. 2. 1981 AP Nr. 11 zu § 112 BetrVG 1972; BAG 10. 8. 1994 NZA 1995, 314).

> **Beispiel:** Beide Vertragsparteien sind bei Abschluss des Sozialplans von irrigen Vorstellungen über die Höhe der für den Sozialplan zur Verfügung stehenden Finanzmittel ausgegangen (Hierzu BAG 17. 2. 1981 AP Nr. 11 § 112 BetrVG 1972).

543 Der Wegfall der Geschäftsgrundlage führt weder zur automatischen Beendigung des Sozialplanes noch gibt er ohne weiteres ein Recht zur außerordentlichen Kündigung. Er gibt dem, der sich auf den Wegfall der Geschäftsgrundlage beruft, einen Anspruch auf Neuverhandlung. Weigert sich die andere Partei oder führen die Verhandlungen zu keiner einvernehmlichen Regelung, kann die Einigungsstelle angerufen werden, die dann verbindlich entscheidet. Bei einem Wegfall der Geschäftsgrundlage können die Betriebsparteien auch die auf der Grundlage der bisherigen Regelung entstandenen Ansprüche zu Lasten der Arbeitnehmer ändern; insoweit besteht kein Vertrauensschutz (BAG 10. 8. 1994 AP Nr. 86 zu § 112 BetrVG 1972).

9. Verhältnis zu anderen Regelungen

a) Abfindung nach §§ 9, 10 KSchG.

544 Die Mitbestimmung nach §§ 111 ff. BetrVG schließt den individuellen Kündigungsschutz nicht aus. Dem Arbeitnehmer steht es daher frei, durch fristgemäße Erhebung der Kündigungsschutzklage (§ 4 KSchG) die soziale Rechtfertigung der Kündigung nach § 1 KSchG überprüfen zu lassen. Obsiegt der Arbeitnehmer, weil die Kündigung nicht sozial gerechtfertigt ist, kann er unter den Voraussetzungen des § 9 Abs. 1 Satz 1 KSchG die Auflösung des Arbeitsverhältnisses gegen Zahlung einer Abfindung beantragen. Abfindungsansprüche aus einem Sozialplan kann er daneben nicht verlangen, denn sie setzen zumeist die Wirksamkeit der Kündigung voraus. Anderes ist denkbar, wenn der Sozialplan nur an das tatsächliche Ausscheiden anknüpft. In diesem Fall werden die Abfindungsansprüche nach §§ 9, 10 KSchG auf die Sozialplanleistungen anzurechnen sein (zu Anrechnungsklauseln in Sozialplänen vgl. BAG 20. 6. 1985 NZA 1986, 258 f.; vgl. weiter *Heinze* NZA 1984, 17; KR/*Spilger* § 9 KSchG Rn. 77).

b) Nachbesserungsklauseln

545 Nachbesserungsklauseln gewähren Arbeitnehmern, die freiwillig auf Grund eines Aufhebungsvertrags vor Abschluss eines Sozialplanes aus dem Unternehmen ausscheiden, einen Anspruch auf Anpassung ihrer Abfindung aus dem Aufhebungsvertrag, falls der Sozialplan eine höhere Ausgleichszahlung vorsieht. Wird der Arbeitnehmer vom zeitlichen Geltungsbereich des Sozialplans erfasst, läuft die Klausel leer, da er unmittelbar einen zwingenden Anspruch auf die höheren Leistungen hat (§ 77 Abs. 4 BetrVG). Nachbesserungsklauseln sind daher regelmäßig so auszulegen, dass dem Arbeitnehmer die Sozialplanansprüche auch dann noch zustehen sollen, wenn er wegen seines frühen Ausscheidens an sich nicht mehr unter den Sozialplan fällt (BAG 6. 8. 1997 NZA 1998, 155).

c) Tarifsozialplan

546 Die Vorschriften der §§ 111, 112 BetrVG schließen es nicht aus, dass auch die Tarifvertragsparteien für die Beschäftigten in Betrieben mit Betriebsrat Abfindungsregelungen schaffen, die dem Ausgleich oder der Milderung der mit einer geplanten Betriebsänderung einhergehenden Nachteile dienen. Der Abschluss derartiger „Tarifsozialpläne" wird durch Art. 9 Abs. 3 GG geschützt. Die Betätigungsfreiheit der Koalitionen wird durch die §§ 111, 112 BetrVG nicht eingeschränkt (BAG 6. 12. 2006 NZA 2007, 821; BAG 24. 4. 2007 NZA 2007, 987; Richardi/*Annuß* § 112 BetrVG Rn. 179 m. w. N.). Tarifsozialpläne können auch erstreikt werden (BAG 24. 4. 2007 NZA 2007, 987 m. w. N. zum Streitstand). Dafür gelten die allgemeinen Regelungen des richterrechtlichen Arbeitskampfrechts, insbesondere die Friedenspflicht. Ein solcher Streik verletzt weder den Grundsatz der Kampfparität noch das Verhältnismäßigkeitsprinzip. Die Gewerkschaft muss mit Streikaufrufen auch nicht warten, bis das betriebliche Interessenausgleichs- und Sozialplanverfahren abgeschlossen ist, und sie ist nicht gehalten, nur „angemessene" Abfindungen zu verlangen. Streikforderungen, deren Gegenstand tariflich regelbar ist, unterliegen keiner gerichtlichen Übermaßkontrolle, weil diese die Funktionsfähigkeit der Tarifautonomie in Frage stellte. Soll ein Unternehmen mit einem Arbeitskampf daran gehindert werden, einen Standort in einen anderen Mitgliedstaat der EU zu verlagern, kann dem die Niederlassungsfreiheit (Art. 49 AEUV) entgegenstehen (EuGH 11. 12. 2007, NZA 2008, 124 – Viking).

VII. Nachteilsausgleich

1. Grundsätze

a) Fallgruppen

547 Führt der Unternehmer eine geplante Betriebsänderung durch, **ohne einen Interessenausgleich** mit dem Betriebsrat versucht zu haben (§ 113 Abs. 3 BetrVG), oder **weicht** er von einem Interessenausgleich **ohne zwingenden Grund ab** (§ 113 Abs. 1 BetrVG), so können Arbeitnehmer, die infolgedessen **entlassen** werden, Klage auf Zahlung von Abfindungen erheben.

548 Den (betriebsbedingten) Entlassungen stehen vom Arbeitgeber auf Grund der Betriebsänderung veranlasste Aufhebungsverträge und Eigenkündigungen von Arbeitnehmern gleich (BAG 23. 8. 1988 NZA 1989, 31; BAG 8. 11. 1988 NZA 1989, 278). Als Abfindungen sind Beträge bis zu zwölf Monatsverdiensten, bei 50 Lebensjahren und 15 Dienstjahren bis zu 15 und bei 55 Lebensjahren und 20 Dienstjahren bis zu 18 Monatsverdienste festzusetzen (§§ 113 Abs. 1 HS 2 BetrVG, 10 KSchG).

549 Arbeitnehmer, die **andere wirtschaftliche Nachteile** erleiden, können einen Ausgleich dieser Nachteile (höhere Fahrtkosten oder Umzugskosten bei Versetzungen, Entgeltausgleich bei Zuweisung einer geringer vergüteten Tätigkeit usw.) für bis zu zwölf Monate verlangen (§ 113 Abs. 2 BetrVG).

b) Normzweck

550 § 113 BetrVG verfolgt das Ziel, betriebsverfassungswidriges Verhalten des Arbeitgebers durch individualrechtliche Ersatzansprüche zu sanktionieren (std. Rspr., vgl. BAG 10. 12. 1996 NZA 1997, 787). Der Arbeitnehmer soll eine Entschädigung dafür erhalten, dass die Chance, durch einen Interessenausgleich die Entlassung oder sonstige Nachteile zu vermeiden, nicht genutzt wurde. Auf ein Verschulden des Arbeitgebers kommt es nicht an; es genügt jedes objektiv betriebsverfassungswidrige Verhalten (BAG 29. 11. 1983 NJW 1984, 1650).

551 Der Anspruch auf Nachteilsausgleich besteht nur, wenn ein Interessenausgleich in Frage steht. Der Arbeitnehmer erhält deshalb keinen Nachteilsausgleich, wenn der Arbeitgeber Leistungen aus einem Sozialplan nicht oder nicht ordnungsgemäß erbringt; hier muss der Arbeitnehmer unmittelbar auf Erfüllung des Sozialplans klagen (§ 77 Abs. 4 BetrVG). Ebenso wenig kommt ein Nachteilsausgleich in Betracht, wenn die Betriebsparteien nur einen Interessenausgleich, nicht aber einen Sozialplan vereinbart haben; letzterer kann vom Betriebsrat auch noch nach einer Betriebsänderung erzwungen werden. Der Abfindungsanspruch nach § 113 BetrVG unterliegt den tariflichen Ausschlussfristen, weil es sich materiell um einen Anspruch aus dem Arbeitsverhältnis handelt (BAG 20. 6. 1978 AP BetrVG 1972 § 113 Nr. 3).

2. Kein Versuch eines Interessenausgleichs

552 Der Arbeitgeber ist nachteilsausgleichspflichtig, wenn er eine geplante Betriebsänderung durchführt, ohne (zuvor) über sie einen Interessenausgleich mit dem Betriebsrat versucht zu haben. Das ist nicht nur der Fall, wenn er einen Interessenausgleich überhaupt nicht oder verspätet, d.h. erst nach eingeleiteter oder bereits abgeschlossener Betriebsänderung, anstrebt, sondern auch dann, wenn er das in §§ 112 Abs. 2–4 BetrVG vorgesehene Verfahren nicht voll ausschöpft. Zum Versuch eines Interessenausgleichs gehört es, dass der Unternehmer die Einigungsstelle anruft (BAG 18. 12. 1984 NZA 1985, 400; BAG 9. 7. 1985 NZA 1986, 100), und zwar unabhängig davon, ob der Betriebsrat von sich aus tätig wird. Der Versuch eines Interessenausgleichs muss auch dann unternommen werden, wenn der Betriebsrat einen Sozialplan nicht erzwingen kann (BAG 8. 1. 1988 AP BetrVG 1972 § 113 Nr. 18), weil bei einem Personalabbau zwar die Zahlen für die Betriebsänderung, nicht aber für den Sozialplan erreicht werden, und weiter, wenn Unternehmer und Betriebsrat einen Rahmensozialplan für künftige Fälle vereinbart haben. Er kann nur dann unterbleiben, wenn Ereignisse wie die Zahlungsunfähigkeit die sofortige Schließung des Betriebs unausweichlich machen und ein weiteres Hinausschieben der Betriebsstilllegung den betroffenen Arbeitnehmern nur Nachteile bringen würde (BAG 23. 1. 1979 AP BetrVG 1972 § 113 Nr. 4). Bei einer Betriebsstilllegung entsteht der Anspruch erst dann, wenn der Arbeitgeber unumkehrbare Maßnahmen zur Auflösung der Betriebsorganisation ergreift, ohne zuvor den Betriebsrat zu konsultieren; die Einstellung der Produktion genügt hierzu ebensowenig wie die widerrufliche Freistellung der Arbeitnehmer (BAG 22. 11. 2005, NZA 2006, 736)

553 Mitunter ziehen Betriebsräte das Interessenausgleichsverfahren in die Länge und versuchen, Druck auf den Arbeitgeber auszuüben, indem sie mit Ansprüchen auf Nachteilsausgleich drohen, um höhere Sozialplanleistungen durchzusetzen. Das Arbeitsrechtliche Beschäftigungsförderungsgesetz hatte dem 1996 einen Riegel vorgeschoben. Es hatte den Versuch eines Interessenausgleichs fingiert, wenn der Arbeitgeber den Betriebsrat zwar gemäß § 111 Satz 1 BetrVG beteiligt hatte, der Interessenausgleich jedoch nicht binnen zwei Monaten nach dem Beginn von Beratungen oder schriftlicher Aufforderung zur Aufnahme von Beratungen zustandegekommen war (§ 113 Abs. 3 Sätze 2–3 BetrVG). Die Regelung wurde zum 1. 1. 1999 wieder aufgehoben (Vgl. Art. 9, 11 KorrekturG v. 19. 12. 1998, BGBl. I, S. 3843). § 113 Abs. 3 BetrVG n.F. gilt allerdings nicht, wenn die Betriebsänderung im Zuge eines Insolvenzverfahrens erfolgt und wenn das Arbeitsgericht seine Zustimmung zur Durchführung einer geplanten Betriebsänderung erteilt hat (§ 122 Abs. 1 Sätze 2–3 InsO).

3. Abweichung vom Interessenausgleich

554 Der Arbeitgeber ist auch nachteilsausgleichspflichtig, wenn er ohne zwingenden Grund von einem Interessenausgleich abweicht. Ein zwingender Grund ist ein nachträglich entstandener oder erkennbar gewordener Umstand, der im Interessenausgleich berücksichtigt worden wäre, wenn er bei Abschluss bereits vorgelegen hätte oder bekannt gewesen wäre (BAG 17. 9. 1974 AP Nr. 1 zu § 113 BetrVG 1972).

555 Das ist mehr als ein wichtiger Grund. Die Abweichung muss vom Standpunkt eines verständigen, verantwortungsvollen Unternehmers aus erforderlich sein, um unmittelbar drohende Gefahren für das Unternehmen und seine Belegschaft abzuwenden. Das ist der Fall, wenn sich die äußeren Umstände, unter denen ein Interessenausgleich geschlossen wurde, nachträglich so geändert haben, dass dem Arbeitgeber das Festhalten am Interessenausgleich nicht zugemutet werden kann.

Beispiel: In einem Interessenausgleich wird vereinbart, dass eine Betriebsstilllegung um ein Jahr verschoben wird. Nach Abschluss des Interessenausgleichs kann der Unternehmer den Betrieb nicht mehr fortführen, weil ihm die Bank weitere Kredite entzieht, keine Aufträge mehr eingehen oder der Hauptkunde zahlungsunfähig wird.

4. Verhältnis zu anderen Abfindungen

a) Sozialplanabfindung

556 Wird ein Sozialplan vereinbart, führt der Arbeitgeber aber die Betriebsänderung ohne Versuch eines Interessenausgleichs durch oder weicht er ohne zwingenden Grund vom Interessenausgleich ab, so hat der Arbeitnehmer an sich zugleich Anspruch auf die Sozialplanabfindung und auf den Nachteilsausgleich. Hier wird der Anspruch auf Nachteilsausgleich auf die Sozialplanabfindung angerechnet. Ist der Nachteilsausgleich höher, wird er durch die niedrigere Sozialplanleistung nicht begrenzt (BAG 18. 12. 1984 NZA 1985, 400; BAG 16. 5. 2007 NZA 2007, 1296).

b) Kündigungsabfindung

557 Die Abfindung nach §§ 9, 10 KSchG erhält der Arbeitnehmer, wenn die Kündigung sozial ungerechtfertigt ist. Ein Anspruch auf Nachteilsausgleich kommt daneben nicht in Betracht, da dieser die Wirksamkeit der Kündigung voraussetzt (*von Hoyningen-Huene/Linck* § 9 KSchG Rn. 68). Umgekehrt wird die Abfindung nach § 113 BetrVG gerade dann gewährt, wenn die Kündigung sozial gerechtfertigt ist und damit eine Abfindung nach §§ 9, 10 KSchG ausscheidet (BAG 31. 10. 1995 NZA 1996, 499).

5. Nachteilsausgleich bei Insolvenz

558 Für Nachteilsausgleichsansprüche bei insolvenzbedingten Betriebsänderungen gelten die allgemeinen insolvenzrechtlichen Grundsätze (BAG 9.7. 1985 NZA 1986, 100; BAG 13.6.1989 NZA 1989, 894). Der Anspruch auf Nachteilsausgleich ist nur dann eine bevorrechtigte Masseverbindlichkeit im Sinne des § 55 Abs. 1 Nr. 1 InsO, wenn die Betriebsänderung erst nach Eröffnung des Insolvenzverfahrens beschlossen wurde. Hat der Insolvenzschuldner bereits vor Eröffnung des Insolvenzverfahrens mit der Durchführung einer Betriebsänderung ohne den Versuch eines Interessenausgleichs begonnen, so ist der Anspruch auf Nachteilsausgleich eine nicht bevorrechtigte einfache Insolvenzforderung nach § 38 InsO, und zwar auch dann, wenn das Arbeitsverhältnis erst durch den Insolvenzverwalter in Ausführung der begonnenen Betriebsänderung gekündigt wird (BAG 3.4.1990 NZA 1990, 619 zur KO).

H. Beendigung von Arbeitsverhältnissen beim Betriebsübergang

I. Kündigungsverbot wegen des Betriebsübergangs (§ 613a Abs. 4 BGB)

1. Sinn und Zweck

559 Der mit der Einführung des § 613a BGB bezweckte Schutz von Bestand und Inhalt des Arbeitsverhältnisses liefe leer, wenn sich der alte oder der neue Betriebsinhaber bei einem Betriebsübergang ohne weiteres von einem Arbeitnehmer trennen könnten. Damit das nicht geschieht, erklärt § 613a Abs. 4 BGB eine Kündigung des Veräußerers oder des Erwerbers, die wegen des Betriebsübergangs erfolgt, für unwirksam. Das Kündigungsverbot komplementiert also § 613a Abs. 1 BGB (BAG 18. 7. 1996 NZA 1997, 148). Es geht zurück auf Art. 4 Abs. 1 Satz 1 RL 2001/23, wurde aber schon 1980 auf der Grundlage der Richtlinie 77/187/EWG in das BGB eingefügt. Kündigungen im Zuge eines Betriebsübergangs bleiben zulässig, wenn sie aus anderen Gründen als dem Inhaberwechsel erfolgen (§ 613a Abs. 4 Satz 2 BGB). Auch das ergibt sich aus dem Gemeinschaftsrecht, das Kündigungen aus wirtschaftlichen, technischen oder organisatorischen Gründen erlaubt, die Änderungen im Bereich der Beschäftigung mit sich bringen. Insoweit schützt das Kündigungsverbot nicht vor Rationalisierungen, die jederzeit und unabhängig von einem Inhaberwechsel erfolgen können (BAG NZA 1997, 148; BAG NZA 2008, 72). Erst recht sind Kündigungen aus personen- und verhaltensbedingten Gründen erlaubt (MünchKomm/*Müller-Glöge* § 613a BGB Rn. 190).

2. Eigenständiges Kündigungsverbot

560 § 613a Abs. 4 BGB enthält ein eigenständiges Kündigungsverbot im Sinne des § 13 Abs. 3 KSchG. Die Norm ordnet die Unwirksamkeit und nicht die Sozialwidrigkeit einer Kündigung an, wenn sie wegen des Betriebsübergangs erklärt wird (BAG 31. 1. 1985 NZA 1985, 593); wäre letzteres gewollt, hätte eine Regelung im KSchG näher gelegen. Eine teleologische Reduktion des § 613a Abs. 4 BGB kommt nicht in Betracht. Es würde einen Wertungswiderspruch bedeuten, nicht bestandsgeschützte Arbeitsverhältnisse zunächst auf den Erwerber übergehen zu lassen, ihm aber sogleich ein freies Kündigungsrecht einzuräumen. Folglich greift das Kündigungsverbot auch dann, wenn der Arbeitnehmer gar keinen (§ 23 KSchG) oder noch keinen (§ 1 Abs. 1 KSchG) Kündigungsschutz genießt (BAG 31. 1. 1985 NZA 1985, 593). Der Unwirksamkeitsgrund des § 613a Abs. 4 BGB brauchte vor dem

1. 1. 2004 nicht innerhalb der dreiwöchigen Klagefrist des § 4 KSchG gerichtlich geltend gemacht zu werden (BAG 5. 12. 1985 NZA 1986, 522). Möglich war nur eine Verwirkung des Klageanspruchs. Seit dem 1. 1. 2004 ist – von § 623 BGB abgesehen – bei jedem Unwirksamkeitsgrund binnen drei Wochen nach Zugang der schriftlichen Kündigung Klage zu erheben (§§ 4 Satz 1, 23 Abs. 1 Satz 2 KSchG), da sonst nach § 7 KSchG materielle Präklusion eintritt (ErfK/*Preis* § 613a BGB Rn. 173).

3. Anwendungsbereich

561 Das Kündigungsverbot des § 613a Abs. 4 BGB gilt

- für ordentliche oder außerordentliche Beendigungskündigungen
- für Änderungskündigungen (HWK/*Willemsen/Müller-Bonanni*, § 613a BGB Rn. 305)
- für alle Arbeitnehmer, auch wenn ihr Arbeitsverhältnis nicht unter den allgemeinen Bestandsschutz des KSchG fällt
- für den Veräußerer und für den Erwerber
- für Kündigungen vor und nach dem Betriebsübergang; ein enger zeitlicher Zusammenhang zwischen Kündigung und Betriebsübergang ist nicht zwingend erforderlich (BAG 19. 5. 1988 EzA § 613a BGB Nr. 82)
- für Kündigungen im Zuge eines Insolvenzverfahrens, die der Verwalter „wegen" eines Betriebsübergangs erklärt (BAG 20. 9. 2006 NZA 2007, 387).

II. Tatbestand des Kündigungsverbots

562 Die Reichweite des in § 613a Abs. 4 Satz 1 BGB angeordneten Kündigungsverbotes lässt sich nur mit Blick auf die nach § 613a Abs. 4 Satz 2 BGB weiterhin zulässige Kündigung aus „anderen Gründen" bestimmen (MünchKomm/*Müller-Glöge* § 613a BGB Rn. 188).

1. Kündigung wegen des Betriebs(-teil-)übergangs

563 Wegen des Betriebsübergangs wird eine Kündigung ausgesprochen, wenn der Betriebsübergang die überwiegende Ursache für die Kündigung ist (BAG 26. 5. 1983 AP Nr. 34 zu § 613a BGB; BAG 13. 11. 1997 NZA 1998, 251). Maßgeblich sind die Verhältnisse beim Zugang der Kündigung (BAG 27. 2. 1997 NZA 1997, 757). Ein erst bevorstehender Betriebsübergang macht die Kündigung nur dann unwirksam, wenn die zum Betriebsübergang führenden Tatsachen bereits bei Zugang der Kündigung feststehen oder zumindest greifbare Formen angenommen haben (BAG 19. 5. 1988 NZA 1989, 761, BAG 26. 8. 1999 DB 2000, 383).

564 Dabei darf nur der Betriebsübergang selbst nicht der Kündigungsgrund sein. Unschädlich ist es, wenn es neben dem Betriebsübergang einen sachlichen Grund gibt, der „aus sich heraus" die Kündigung zu rechtfertigen vermag, so dass der **Betriebsübergang nur der äußere Anlass, nicht aber der tragende Grund** für die Kündigung gewesen ist (BAG 20. 9. 2006 NZA 2007, 387). Es genügt, dass das Motiv der Kündigung durch den Betriebsinhaberwechsel wesentlich bedingt war und andere sachliche Gründe nicht vorgebracht werden (BAG 16. 5. 2002 NZA 2003, 93 m. w. N.). Unerheblich ist dabei, welchen Kündigungsgrund der Arbeitgeber nennt; maßgeblich ist, ob der Betriebsübergang **objektiv** der tragende Grund für die Kündigung gewesen ist (BAG 28. 4. 1988 NZA 1989, 265). Ein Subsumtionsirrtum des Veräußerer ist deshalb unbeachtlich. Wertet ein Arbeitgeber einen Betriebsübergang unzutreffend als eine Betriebsstilllegung und kündigt er deshalb, verstößt er gegen § 613a Abs. 4 BGB (BAG 26. 5. 1983 EzA § 613a BGB Nr. 34; BAG 19. 6. 1991 NZA 1989, 265).

565 Das Kündigungsverbot gilt auch bei **Betriebsteilübergängen**, betrifft aber nur die Mitarbeiter, die dem übergehenden Betriebsteil angehören (BAG 17. 6. 2003 AP Nr. 260 zu § 613a BGB). Das kann zu Problemen führen, wenn der Restbetrieb stillgelegt werden soll. In diesem Fall bezieht sich die Sozialauswahl vor Ausspruch einer betriebsbedingten Kündigung auf den gesamten Betrieb und nicht nur auf den Restbetrieb. Einzubeziehen sind folglich auch vergleichbare Arbeitnehmer, die zur Zeit der Kündigung dem später zu übertragenden Betriebsteil angehören; das Kündigungsverbot wegen des Betriebsübergangs steht dem nicht entgegen (BAG 28. 10. 2004 NZA 2005, 285). All dies gilt freilich nur, solange im Zeitpunkt der Kündigung der Betriebsteil noch nicht aus dem Gesamtbetrieb herausgelöst und auf den Erwerber übertragen wurde (HWK/*Willemsen/Müller-Bonanni* § 613a BGB Rn. 308).

566 Das Kündigungsverbot gilt auch bei **Druckkündigungen**. Wird die Kündigung vor dem Betriebsübergang ausgesprochen, weil der Erwerber einen bestimmten Arbeitnehmer nicht übernehmen will, und droht er, anderenfalls den Betrieb nicht zu übernehmen, so ist diese Kündigung wegen § 613a Abs. 4 BGB unwirksam, weil sonst der Bestandsschutz des Arbeitsverhältnisses unzulässig unterlaufen werden könnte (BAG 26. 5. 1983 NJW 1984, 627). § 613a Abs. 4 Satz 1 BGB gilt auch, wenn der Betrieb mit der vorhandenen Belegschaft „faktisch unverkäuflich ist". Anderenfalls wäre der Rechtszustand geschaffen, der vor Einführung des § 613a BGB bestand und bei dem das Arbeitsverhältnis nur mit Zustimmung des Erwerbers auf ihn überging. Zulässig sind allerdings Kündigungen zur Verkleinerung des Betriebs, wenn dadurch die **Verkaufschancen steigen** und der Betrieb ohne die Rationalisierung stillgelegt werden müsste (BAG 18. 7. 1996 NZA 1997, 148).

2. Kündigung aus anderen Gründen

567 Kündigungen, die aus anderen Gründen als dem Betriebsübergang erfolgen, sind auch bei einem Inhaberwechsel zulässig (§ 613a Abs. 4 Satz 2 BGB). § 613a Abs. 4 BGB schützt nicht vor Risiken, die sich jederzeit unabhängig vom Betriebsübergang aktualisieren können (BAG 20. 9. 2006 NZA

2007, 387). Insbesondere führt die Vorschrift nicht zu einem Ausschluss unternehmerisch notwendiger Rationalisierungsmaßnahmen (BAG 18.7.1996 NZA 1997, 148).

568 Zulässig sind

- alle **verhaltens- und personenbedingten Kündigungen** durch den Veräußerer oder den Erwerber. Der Kündigungsgrund liegt hier in der Sphäre des Arbeitnehmers (MünchKomm/*Müller-Glöge* § 613a BGB Rn. 190)
- betriebsbedingte Kündigungen des Veräußerers, wenn der **Arbeitnehmer dem Übergang seines Arbeitsverhältnisses widerspricht**, das Arbeitsverhältnis deshalb weiter zum Veräußerer besteht, dieser jedoch keine Beschäftigungsmöglichkeit mehr für den Arbeitnehmer hat (s. Rn. 194 ff.)
- **betriebsbedingte Änderungskündigungen**, wenn die Weiterbeschäftigung nur nach einer Änderung des Arbeitsvertrages möglich ist und der Arbeitnehmer erklärt, dieser Änderung nicht zuzustimmen; dann kann bereits der Veräußerer kündigen (BAG 20.4.1989 NZA 1990, 32)
- **betriebsbedingte Kündigungen des Erwerbers,** wenn der Betriebsübergang infolge von **Synergieeffekten** zu Stellenüberbesetzungen beim Erwerber führt (WHSS/*Willemsen* H Rn. 104 ff.).

569 Zulässig sind sogar betriebsbedingte **Kündigungen des Veräußerers vor dem Betriebsübergang:**

- Zulässig ist eine betriebsbedingte Kündigung wegen einer **tatsächlichen Stilllegung** des Betriebs (BAG 27.9.1984 NZA 1985, 493; BAG 28.4.1988 NZA 1989, 265; BAG 27.2.1987 AP Nr. 41 zu § 1 KSchG 1969 Betriebsbedingte Kündigung). Betriebsstilllegung und Betriebsübergang schließen einander aus (BAG 16.5.2002 NZA 2003, 93 m.w.N.). Übergehen kann nur ein vorhandener, nicht aber ein stillgelegter Betrieb.
- Zulässig ist eine betriebsbedingte Kündigung auch wegen einer nur **beabsichtigten Betriebsstilllegung** (BAG 24.8.2006 NZA 2007, 1287 m.w.N.). Der Arbeitgeber, der seinen Betrieb endgültig stilllegen will, ist nicht verpflichtet, mit dem Ausspruch der Kündigung so lange zu warten, bis er die Produktion eingestellt hat; das ist vor allem bei langen Kündigungsfristen von Bedeutung. Entscheidend ist, dass nach der Planung des Arbeitgebers zum Zeitpunkt des Auslaufens der Kündigungsfrist kein Beschäftigungsbedarf mehr für den gekündigten Arbeitnehmer besteht. Der **Entschluss des Arbeitgebers zur Stilllegung** seines Betriebs muss **ernsthaft und endgültig** gefasst worden sein. Er muss **„greifbare Formen"** angenommen haben. Dazu muss zwar nicht bereits mit der Durchführung einzelner Stilllegungsmaßnahmen begonnen worden sein; notwendig ist jedoch, dass die Stilllegung so weit vorbereitet worden ist, dass nach vernünftiger betriebswirtschaftlicher Prognose für die Arbeitnehmer nach Ablauf der Kündigungsfrist mit überwiegender Wahrscheinlichkeit keine Beschäftigungsmöglichkeit mehr vorhanden ist (BAG 10.10.1996 NZA 1997, 251 m.w.N.). Die „greifbaren Formen" können je nach den Umständen des Einzelfalles die Gründe für die Stilllegungsabsicht oder auch ihre Durchführungsformen betreffen (BAG 19.6.1991 NZA 1991, 891). An einer endgültigen, abschließenden Stilllegungsabsicht im Zeitpunkt des Ausspruchs einer betriebsbedingten Kündigung **fehlt es,** wenn zu dieser

Zeit noch über eine Weiterveräußerung der Gesellschaftsanteile verhandelt wird (BAG 10.10.1996 NZA 1997, 251) oder wenn dem Arbeitgeber vor Erklärung der Kündigung ein Übernahmeangebot eines Interessenten vorliegt, das wenige Tage später zu konkreten Verhandlungen mit einer teilweisen Betriebsübernahme führt. Dies gilt jedenfalls dann, wenn im vorausgegangenen Interessenausgleich dessen Neuverhandlung vereinbart war, falls ein Betriebsübergang auf einen dritten Interessenten erfolgt (BAG 29.9.2005 NZA 2006, 720).

- **Schlägt die geplante Betriebsstilllegung fehl,** so ist das für eine deshalb ausgesprochene betriebsbedingte Kündigung insoweit ohne Belang, als es nur auf die Planung des Arbeitgebers und seine Entschlüsse zur Zeit des Ausspruchs der Kündigung ankommt. Die spätere tatsächliche Entwicklung ist für die Beurteilung irrelevant (BAG 28.4.1988 NZA 1989, 265; BAG 4.12.1997 NZA 1989, 461). Entscheidend bei der Kündigung wegen einer geplanten Betriebsstilllegung ist aber, wie gesagt, dass diese bereits „greifbare Formen“ angenommen hatte (BAG 19.5.1988 EzA § 613a BGB Nr. 82).
- Zulässig ist eine betriebsbedingte Kündigung auch bei einer **Betriebsunterbrechung** d.h. einer nur vorläufigen Betriebsstilllegung (BAG 18.7.1996 NZA 1997, 148), wenn sie, wie bei Saisonbetrieben, produktionsbedingt ist. Indes kann eine alsbaldige Wiederaufnahme des Betriebs indizieren, dass von vornherein keine Stilllegung geplant war (KR/*Pfeiffer* § 613a BGB Rn. 112).

3. Sanierende Betriebsübernahmen

570 Problematisch sind **Kündigungen**, die zur Sanierung eines Betriebs **in einem engen zeitlichen Zusammenhang mit einer späteren Übernahme erklärt werden.** Das Kündigungsverbot greift dabei nur, wenn der Arbeitgeber zum Zeitpunkt der Kündigung den Betriebsübergang schon geplant, dieser bereits greifbare Formen angenommen hat und die Kündigung aus der Sicht des Arbeitgebers ausgesprochen wird, um den geplanten Betriebsübergang vorzubereiten und zu ermöglichen (BAG 19.5.1988 NZA 1989, 461). § 613a Abs. 4 BGB gilt dagegen nicht, wenn im Rahmen notwendiger Sanierungen Kündigungen erklärt werden, ohne dass konkrete Übernahmemöglichkeiten bestehen (ErfK/*Preis* § 613a BGB Rn. 167). Solange noch keine Verhandlungen mit einem potenziellen Erwerber aufgenommen wurden, kann eine Kündigung nicht wegen eines Betriebsübergangs ausgesprochen sein.

571 Kopfzerbrechen bereiten jedoch die Fälle, in denen nach einer Verhandlung mit einem potenziellen Erwerber Personal vor einem Betriebsübergang abgebaut werden soll. Zulässig sind Kündigungen trotz der Nähe zu einem späteren Betriebsübergang, wenn sie jeder Betriebsinhaber – auch ohne den Betriebsübergang – aus notwendigen betriebsbedingten Gründen so hätte durchführen müssen und können (BAG 20.9.2006 NZA 2007, 387). Solche sog. **„selbsttragenden Kündigungen“** sind möglich, weil unabhängig vom Betriebsübergang ein eigenes betriebliches Erfordernis des Veräußerers vorliegt, das die Kündigung rechtfertigt; in diesem Fall wäre die Kündigung nämlich auch ohne den Betriebsübergang unvermeidbar gewesen.

Beispiele: Wegfall von Beschäftigungsmöglichkeiten wegen Streichung einer Hierarchieebene (BAG 13.2.2008 NZA 2008, 819), Arbeitsverdichtung (BAG 17.6.1999 NZA 2000, 378), Stilllegung bestimmter Abteilungen wegen einer Konzentration auf das Kerngeschäft, Outsourcing (BAG 22.1.1998 NZA 1998, 536).

572 Keine Rolle spielt dabei, ob das Sanierungskonzept vom Veräußerer oder vom Erwerber stammt. Eine **Veräußererkündigung auf Grund eines Erwerberkonzepts** ist jedenfalls dann zulässig, wenn der Veräußerer dieses Konzept auch selbst sinnvoll verwirklichen könnte (BAG 26.5.1983 AP Nr. 34 zu § 613a BGB).

573 Umstritten ist allerdings, ob der Veräußerer auch dann auf Grund eines Sanierungskonzeptes betriebsbedingt kündigen darf, das er nicht selbst umsetzen kann.

Beispiel: Der Erwerber verlangt vom Veräußerer die Zerschlagung seiner Videorekorderproduktion, damit er mit den – selbst nicht mehr überlebensfähigen – „Bruchstücken" die Produktion bei sich fortsetzen kann.

Das BAG hat das in seiner früheren Rechtsprechung abgelehnt (BAG 26.5.1983 AP Nr. 34 zu § 613a BGB). Wollte man auch solche Erwerberkonzepte anerkennen, die der Veräußerer bei eigener Fortführung des Betriebs nicht hätte durchführen können – im obigen Beispiel macht die Zerschlagung des Betriebs und die damit verbundene Nichtfortführung der Videorekorderproduktion wirtschaftlich nur Sinn, weil der Erwerber selbst Videorekorder baut –, würde das Kündigungsrecht des Veräußerers unzulässig um Gründe erweitert, die allein in der Sphäre des Erwerbers liegen. Nur der Erwerber dürfe kündigen, und zwar erst nach dem Betriebsübergang auf Grund einer weitergehenden, betriebsübergreifenden unternehmerischen Planung. Andernfalls würde der Zweck des § 613a Abs. 4 BGB vereitelt, Kündigungen aus Anlass des Betriebsübergangs auszuschließen.

574 Von dieser Ansicht ist das **BAG** in einer neueren Entscheidung (BAG 20.3.2003 NZA 2003, 1027) **zumindest für den Fall der Insolvenz abgerückt.** Das Wesen der Sanierungsfälle liege häufig gerade darin, dass der Betrieb aus sich heraus nicht mehr sanierungsfähig ist. Zur Stilllegung des Betriebs gebe es oft nur die Alternative der Umstrukturierung durch die finanziellen und organisatorischen Möglichkeiten des Erwerbers. Unter diesen Umständen könne eine vollzogene Kündigung auf Grund des Sanierungskonzepts des Erwerbers nicht gegen den Schutzgedanken des § 613a Abs. 1 Satz 1, Abs. 4 BGB verstoßen. Zweck der Vorschrift sei es nur, den Erwerber an einer freien Auslese der Belegschaft, zu hindern, nicht jedoch Arbeitsverhältnisse „künstlich zu verlängern", wenn auch unter betriebswirtschaftlichen Gesichtspunkten eine Beschäftigungsmöglichkeit wegfalle. Für die Wirksamkeit einer betriebsbedingten Kündigung des Veräußerers nach dem Erwerberkonzept komme es – jedenfalls in der Insolvenz – nicht darauf an, ob das Konzept auch bei dem Veräußerer hätte durchgeführt werden können. Wer das umgesetzte Konzept entwickelt und wer gekündigt habe – der Veräußerer vor oder der Erwerber nach Betriebsübergang –, sei letztlich

unerheblich (BAG 20.3.2003 NZA 2003, 1027 im Anschluss an RGRK/*Ascheid* § 613a BGB Rn. 258; Staudinger/*Annuß* § 613a BGB Rn. 254). Manche fordern zur Abwehr von Umgehungsstrategien bei derart vorgezogenen Kündigungen des Veräußerers eine rechtliche Absicherung des Erwerberkonzepts, etwa in einem rechtsverbindlichen Sanierungsplan oder in einem Vorvertrag, der den Betriebsübergang selbst und die Zahl der zu übernehmenden Arbeitnehmer festschreibt (ErfK/*Preis* § 613a BGB Rn. 171 m.w.N.).

4. Wiedereinstellungs- bzw. Fortsetzungsanspruch

a) Betriebsübergang nach wirksamer Kündigung

575 Aus Gründen der Rechtssicherheit kommt es für die Frage, ob eine Kündigung wegen eines Betriebsübergangs erklärt wird, **nur auf den Zeitpunkt des Kündigungszugangs** an. **Umstände, die danach eintreten, haben auf die Wirksamkeit der Kündigung keinen Einfluss** (BAG 27.2.1997 NZA 1997, 757). Das gilt auch für einen „nachträglichen" Betriebsübergang (BAG 10.10.1996 NZA 1997, 251). Kündigt der Arbeitgeber seinen Mitarbeitern, weil er seinen Betrieb stilllegen will und findet sich nach der Kündigung ein Interessent, der den Betrieb übernehmen will, so sind die (betriebsbedingten) Kündigungen wirksam, wenn die Stilllegungsabsicht im Zeitpunkt der Kündigung bereits **greifbare Formen** angenommen hatte (BAG 29.9.2005 NZA 2006, 720, 722). Allerdings verhielte sich der Arbeitgeber widersprüchlich, wenn er das Arbeitsverhältnis wegen erst künftig eintretender Umstände kündigte – der Betrieb liegt zum Kündigungszeitpunkt noch nicht still –, bei Nichteintritt dieser Umstände aber einseitig Nutzen daraus zöge, dass der Kündigungsgrund nicht mehr bestehe. Er könnte damit im Zweifel auf Kosten der gekündigten Arbeitnehmer einen höheren Kaufpreis für seinen Betrieb erzielen.

b) Wiedereinstellungsanspruch

576 Die Rechtsprechung billigt dem Arbeitnehmer daher einen Wiedereinstellungsanspruch zu, wenn **nach Ausspruch einer – wirksamen – ordentlichen betriebsbedingten Kündigung ein Betriebsübergang stattfindet,** der zur Zeit der Kündigung noch keine greifbaren Formen angenommen hatte (BAG 13.5.2004 DB 2004, 2107; BAG 28.10.2004 NZA 2005, 405, 406 m.w.N). Der Wiedereinstellungsanspruch ist das **Korrektiv** dafür, dass eine Kündigung bereits auf Grund einer Prognoseentscheidung erlaubt ist, obwohl der Verlust des Arbeitsplatzes, vor dem die Arbeitnehmer durch § 1 KSchG geschützt werden sollen, erst mit der Entlassung, also dem Ablauf der Kündigungsfrist eintritt (BAG 25.10.2007 NZA 2008, 357).

577 Die h.M. **stützt** den Wiedereinstellungsanspruch, den sie grundsätzlich bei allen Kündigungen anerkennt, die auf einer sich im nachhinein nicht bewahrheitenden Prognoseentscheidung beruhen, **auf Treu und Glauben**

(§ 242 BGB). Für den Arbeitgeber erwächst daraus eine vertragliche Nebenpflicht, die endet, wenn die Hauptpflichten aus dem Arbeitsvertrag enden, d.h. mit Ablauf der Kündigungsfrist (BAG 25.10.2007 NZA 2008, 357; BAG 21.8.2008 NZA 2009, 29). In den Fällen eines nachträglichen Betriebsübergangs hat der 8. Senat den Wiedereinstellungsanspruch direkt auf § 613a Abs. 1 Satz 1 BGB gestützt (BAG 13.11.1997 NZA 1998, 251, 253). Übernehme der Erwerber freiwillig die Hauptbelegschaft des Veräußerers, würden auch die nicht übernommenen, gekündigten Arbeitnehmer des Veräußererbetriebs als Rechtsfolge des § 613a BGB „ipso iure“ auf ihn übergehen, jedenfalls wenn diese die Fortsetzung ihres Arbeitsverhältnisses verlangten. Bei richtlinienkonformer Auslegung des § 613a BGB ergebe sich daher ein entsprechender Fortsetzungs- bzw. Wiedereinstellungsanspruch als unmittelbar zwingende Rechtsfolge der Norm. Diese Ansicht ist in der Literatur teils auf Zustimmung (KR/*Pfeiffer* § 613a BGB Rn. 196), überwiegend jedoch auf Ablehnung gestoßen (*Peters/Thüsing* EzA BGB § 613a Nr. 154; *Kania* EzA KSchG § 1 Wiedereinstellungsanspruch Nr. 1; *Langenbucher* SAE 1998, 145; *Sandmann* SAE 2000, 295, 300). Zu Recht wird kritisiert, dass sich weder aus Art. 3 noch aus 4 der Betriebsübergangs-Richtlinie ein über die Kündigungsfrist hinausgehender Wiedereinstellungsanspruch ableiten lässt. Nach Art. 3 Abs. 1 RL 2001/23/EG gehen die Rechte und Pflichten aus einem zum Zeitpunkt des Übergangs „bestehenden“ Arbeitsverhältnis über; nach Art. 4 Abs. 1 RL 2001/23/EG sind Kündigungen wegen des Betriebsübergangs unwirksam. Das entspricht § 613a Abs. 1 und 4 BGB. Fortsetzungs- und Wiedereinstellungsansprüche folgen aus der Richtlinie nicht. Die Richtlinie leitet nur Ansprüche über, begründet aber keine neuen. Auch der EuGH hat niemals etwas anderes ausgeführt; auch er hat bislang nur den Übergang bestehender, nicht aber bereits beendeter Arbeitsverhältnisse anerkannt (EuGH 25.7.1991 NZA 1993, 137: „alle zum Zeitpunkt des Übergangs eines Unternehmens ... bestehenden Arbeitsverhältnisse“; ähnlich EuGH 17.12.1987 Rs 287/86 Slg 1987, 5465).

578 Das BAG hat seine bisherige Begründung denn auch ausdrücklich **aufgegeben** (BAG 13.5.2004 NZA 1997, 931 f.). Allerdings hatte der 8. Senat in seiner Entscheidung vom 13.5.2004 nur über den Sonderfall eines **Wiedereinstellungsanspruchs nach einer insolvenzbedingten Kündigung** zu entscheiden, den das Gericht ablehnt. Nach Ansicht des Gerichts widerspreche die Zulassung eines Wiedereinstellungsanspruchs im Insolvenzfall dem auf eine schnelle Abwicklung und Sanierung abzielenden Konzept der Insolvenzordnung; sie würde die durch die §§ 125 – 128 InsO erstrebte Rechtssicherheit erheblich gefährden. Die Wirksamkeit und Unangreifbarkeit von Kündigungen durch den Insolvenzverwalter wäre für den Erwerber nutzlos, weil dieser sich auch und gerade nach wirksamen Kündigungen Wiedereinstellungsansprüchen gegenübersehe (LAG Hamm 4.6.2002, 4 Sa 593/02; *Hanau* ZIP 1998, 1817, 1820; *Hess* AR-Blattei SD 915.8 Rn 152). Dies könnte zu einem Scheitern einer übertragenden Sanierung und damit auch zu einer Zerschlagung wirtschaftlicher Werte führen. Für die Gläubiger entfiele so die bestmögliche Verwertungsmöglichkeit. Das BAG hat deshalb der sanierenden Übertragung und dem damit verbundenen Erhalt einer Mehrzahl von

Arbeitsplätzen den Vorrang gegenüber den Bestandsinteressen einzelner Arbeitnehmer eingeräumt und einen **Anspruch auf Wiedereinstellung** bzw. Fortsetzung des Arbeitsverhältnisses **abgelehnt**, wenn **nach Ablauf der Frist einer insolvenzbedingten Kündigung ein Betriebsübergang stattfindet** (BAG 28. 10. 2004 NZA 2005, 405).

579 In den neuesten Entscheidungen stützt das BAG den Wiedereinstellungsanspruch als vertragliche Nebenpflicht nur noch auf § 242 BGB und lässt ihn grundsätzlich **mit Ablauf der Kündigungsfrist enden** (BAG 25. 10. 2007 NZA 2008, 357; BAG 21. 8. 2008 NZA 2009, 29). **Ausnahmsweise** kann auch danach noch eine Wiedereinstellung verlangt werden, wenn der Betriebsübergang zwar erst kurz nach Ablauf der Kündigungsfrist erfolgt, die Möglichkeit zur Weiterbeschäftigung jedoch schon vorher während des Laufs der Kündigungsfrist bestand, so dass die ursprünglich bei Ausspruch der Kündigung anzustellende Prognose, dass der Arbeitsplatz wegfällt, unzutreffend wurde (BAG a. a. O.).

c) Geltendmachung und Grenzen

580 Der Wiedereinstellungsanspruch besteht zunächst **gegenüber dem Kündigenden,** geht als vertragliche Nebenpflicht nach § 613a Abs. 1 BGB aber auf denjenigen über, der den Betrieb aktuell führt (BAG 25. 10. 2007 NZA 2008, 357). Er ist gerichtet auf Abschluss eines neuen Arbeitsvertrags zu den bisherigen Bedingungen (BAG a. a. O.). Der Anspruch kann auch rückwirkend geltend gemacht werden. **Stichtag** ist der Zeitpunkt, zu dem feststeht, dass der Betrieb nicht stillgelegt, sondern übertragen wird (BAG a. a. O.). Erfüllt der neue Inhaber den Anspruch nicht, muss ihn der Arbeitnehmer auf Annahme des ihm unterbreiteten Angebots auf Abschluss eines Arbeitsvertrags zu den bisherigen Bedingungen verklagen. Mit Rechtskraft des stattgebenden Urteils gilt die verweigerte Willenserklärung gemäß als abgegeben (§ 894 ZPO). Nach neuem Schuldrecht ist auch eine Verurteilung, das begehrte Vertragsverhältnis rückwirkend einzugehen, möglich, weil derartige Vertragsschlüsse nicht mehr wegen § 306 BGB a.F. nichtig sind, sondern nur die Primärleistungen (Arbeit, Entgelt) nicht verlangt werden können (vgl. §§ 275, 326 Abs. 1 Satz 1 BGB);

581 Der Arbeitnehmer muss den Wiedereinstellungsanspruch unverzüglich geltend machen, sobald er Kenntnis von den tatsächlichen Umständen hat, die den Betriebsübergang begründen (BAG 12. 11. 1998 NZA 1999, 331). Entsprechend der Frist zur Ausübung des Widerspruchsrechts muss auch das Wiedereinstellungs- oder Fortsetzungsverlangen binnen einer **Frist von einem Monat** geltend gemacht werden, da der Zweck des Bestandsschutzes Phasen vermeidbarer Ungewissheit über das Zustandekommen eines Arbeitsverhältnisses nicht rechtfertigt (BAG 25. 10. 2007 NZA 2008, 357). Für die Kenntnis des Arbeitnehmers als Umstand, der die Monatsfrist in Gang setzt, trägt der Erwerber die Beweislast (BAG 21. 8. 2008 NZA 2009, 29, 34). Das Wiedereinstellungsverlangen darf nicht von Bedingungen abhängig gemacht werden, deren Eintritt der Erwerber nicht beeinflussen kann (BAG 12. 11. 1998 NZA 1999, 331). Besondere Förmlichkeiten sind nicht einzuhalten; insbesondere muss sich der Arbeitnehmer nicht ausdrücklich auf einen Wiedereinstellungsanspruch berufen. Es genügt, wenn sich ein vom Veräußerer Gekündigter beim Erwerber bewirbt (BAG 25. 10. 2007 NZA 2008, 357).

582 Dem Wiedereinstellungsanspruch können berechtigte **Interessen des Erwerbers entgegenstehen.** Solche nimmt die Rechtsprechung bei Wiedereinstellungsansprüchen allgemein an, wenn der Arbeitgeber einen unvorhergesehen frei gewordenen Arbeitsplatz schon wieder mit einem anderen Arbeitnehmer besetzt hat, weil er auf die Beendigung des Arbeitsverhältnisses vertraut hat (BAG 4. 5. 2006 NZA 2006, 1096). Das Vertrauen des Arbeitgebers, den gekündigten Arbeitnehmer nicht wieder einstellen zu müssen, ist aber nur dann schutzwürdig, wenn er den erneuten Wegfall der in Betracht kommenden Beschäftigungsmöglichkeit nicht treuwidrig herbeigeführt hat (Rechtsgedanke des § 162 BGB). Der Wiedereinstellungsanspruch wird treuwidrig vereitelt, wenn der Veräußerer oder der Erwerber weiß, dass sich Gekündigte auf eine Stelle bewerben (BAG 25. 10. 2007 NZA 2008, 357, 360).

583 **Bewerben sich mehrere Gekündigte um eine Stelle,** darf der Arbeitgeber unter diesen nicht willkürlich auswählen, sondern hat anhand betrieblicher Belange und sozialer Gesichtspunkte eine den §§ 242, 315 BGB genügende Auswahlentscheidung zu treffen. Dabei unterliegt es grundsätzlich der freien unternehmerischen Entscheidung des Arbeitgebers, das Anforderungsprofil für einen eingerichteten Arbeitsplatz festzulegen (BAG 24. 6. 2004 NZA 2004, 1268; BAG 7. 7. 2005 NZA 2006, 266). Die Entscheidung, bestimmte Tätigkeiten nur von Arbeitnehmern mit bestimmten Qualifikationen ausführen zu lassen, ist von den Arbeitsgerichten jedenfalls dann zu respektieren, wenn die Qualifikationsmerkmale einen nachvollziehbaren Bezug zur Organisation der auszuführenden Arbeiten haben (BAG 4. 5. 2006 NZA 2006, 1096, 1101).

d) Wiedereinstellungsanspruch nach Aufhebungsvertrag

584 Wird der Arbeitsvertrag einvernehmlich durch einen Aufhebungsvertrag beendet, können die Parteien einen Wiedereinstellungsanspruch ausdrücklich ausschließen (BAG 28. 6. 2000 NZA 2000, 1097; *Beckschulze* DB 1998, 417; *Nägele* BB 1998, 1686). Haben die Parteien **gerichtlich oder außergerichtlich einen Abfindungsvergleich** geschlossen, wird im Zweifel anzunehmen sein, dass ein solcher Anspruch ausgeschlossen sein soll. Mit der Zahlung einer Abfindung für den Verlust des Arbeitsplatzes bringen die Parteien regelmäßig zugleich zum Ausdruck, das Arbeitsverhältnis auch dann nicht fortsetzen zu wollen, wenn sich die Umstände später ändern (BAG a. a. O.). Der Wirksamkeit eines solchen Vergleichs steht § 779 BGB nicht entgegen. Auf § 779 Abs. 1 BGB können sich die Parteien nämlich nur dann berufen, wenn der von der Norm vorausgesetzte gemeinsame Irrtum der Parteien das gegenwärtige Bestehen des Sachverhalts betrifft, nicht dagegen die zukünftige Entwicklung (vgl. Palandt/*Sprau* § 779 BGB Rn. 15). In Betracht kommt allenfalls die Berufung auf einen späteren **Wegfall der**

Geschäftsgrundlage (§ 313 BGB). Allerdings kann bei einem solchen Abfindungsvergleich nicht stets angenommen werden, die Parteien hätten als Geschäftsgrundlage ihrer Vereinbarung angenommen, dass sich bis zu dem vereinbarten Ende des Arbeitsverhältnisses keine anderweitige Beschäftigungsmöglichkeit ergäbe; sie könnten die Ungewissheit der künftigen Entwicklung auch berücksichtigt haben (BAG 23. 11. 2006 NZA 2007, 866, 868). Unabhängig davon kann es für die Parteien zumutbar sein, trotz Wegfalls der Geschäftsgrundlage am Aufhebungsvertrag festgehalten zu werden, namentlich dann, wenn eine Abfindung gezahlt wird, die über das gesetzlich vorgesehene Maß (vgl. § 10 KSchG) hinausgeht. In diesem Fall führt die Ablehnung eines Wiedereinstellungsanspruchs nicht zu für den Arbeitnehmer untragbaren, mit Recht und Gerechtigkeit schlechthin nicht mehr zu vereinbarenden Ergebnissen (BAG 28. 6. 2000 NZA 2000, 1097, 1102 für die Zahlung einer Abfindung von 13 Monatsgehältern).

III. Umgehungen des Kündigungsverbots

1. Grundsatz

585 Das Verbot des § 613a Abs. 4 BGB bezieht sich unmittelbar nur auf die Kündigung des Arbeitgebers. Unwirksam sind aber auch alle anderen Gestaltungen, mit denen die Rechtsfolgen des Kündigungsverbotes wegen eines Betriebsübergangs umgangen werden (BAG 28. 4. 1987 NZA 1988, 120). Zwar kann das Arbeitsverhältnis auch ohne sachlichen Grund durch einen Aufhebungsvertrag beendet werden (BAG 11. 12. 1997 NZA 1999, 262). Voraussetzung ist aber, dass der Arbeitnehmer tatsächlich aus dem Betrieb **ausscheidet.** Der Aufhebungsvertrag ist dagegen unwirksam, wenn er lediglich die Kontinuität des Arbeitsverhältnisses beseitigen soll. Das ist der Fall, wenn zugleich mit dem Aufhebungsvertrag ein neues Arbeitsverhältnis zum Erwerber vereinbart oder zumindest verbindlich in Aussicht gestellt wird (BAG 18. 8. 2005 NZA 2006, 145 m. w. N.; BAG 25. 10. 2007 NZA-RR 2008, 367).

2. Zwischenschaltung einer Beschäftigungsgesellschaft

586 Zuweilen wird versucht, das Kündigungsverbot des § 613a Abs. 4 BGB durch Zwischenschaltung einer Beschäftigungsgesellschaft zu umgehen (ausf. zur Beschäftigungsgesellschaft s. Rn. 602 ff.). Der alte Betriebsinhaber schließt mit dem Arbeitnehmer einen Aufhebungsvertrag und dieser mit einer Beschäftigungs- oder Transfergesellschaft einen i.d.R. sachgrundlos befristeten neuen Arbeitsvertrag (§ 14 Abs. 2 TzBfG). Nicht selten erfolgen diese Vertragsschlüsse unter Hinweis auf eine sonst drohende betriebsbedingte Kündigung. Sobald die Mitarbeiter in die Transfergesellschaft gewechselt sind, werden die sächlichen und immateriellen Betriebsmittel auf den neuen Inhaber übertragen, so dass dieser den Betrieb ganz oder teilweise fortführen kann. Da sich dort jedoch vor dem Übergang der Leitungsmacht keine Arbeitnehmer mehr befinden, werden die Rechtsfolgen des § 613a Abs. 1 BGB vermieden. Der Erwerber erhält einen Betrieb ohne Mitarbeiter. Das versetzt ihn in die Lage, das erforderliche Personal selbst auszusuchen. Er kann auch den in die Transfergesellschaft gewechselten Mitarbeitern Übernahmeangebote unterbreiten, ohne an die bisherigen Arbeitsbedingungen gebunden zu sein und ohne alle Arbeitnehmer übernehmen zu müssen.

587 Nach Ansicht des BAG wird mit diesem Modell das **Kündigungsverbot nicht umgangen** (BAG 18. 5. 2005, NZA 2006, 145). Der Wechsel in die Beschäftigungsgesellschaft stellt keinen Betriebsübergang dar, da diese weder die Betriebsmittel des bisherigen Betriebsinhabers übernimmt noch dessen Organisation, Betriebszweck oder Kundenkreis. Selbst die Übernahme eines nach Zahl und Sachkunde wesentlichen Teils seines Personals löst nicht die Rechtsfolgen des § 613a BGB aus, weil die Mitarbeiter nicht in ihren bisherigen Positionen und nicht mit ihren vormaligen Aufgaben weiterbeschäftigt werden (*Bissels/Jordan/Wisskirchen*, NZI 2009, 865). Damit kann durch das freiwillige Ausscheiden auch nicht das Kündigungsverbot des § 613a Abs. 4 BGB umgangen werden. Da der bisherige Betrieb verlassen wird, der Aufhebungsvertrag also auf das endgültige Ausscheiden der Arbeitnehmer aus dem Betrieb gerichtet ist, erfolgt auch keine richterliche Kontrolle, ob für den Abschluss des Aufhebungsvertrags ein sachlicher Grund vorlag (BAG a. a. O.).

588 Zu einer unzulässigen **Umgehung des** § 613a Abs. 4 BGB kommt es allerdings dann, wenn der Erwerber zeitgleich mit dem Übertritt in die Beschäftigungsgesellschaft ein neues Arbeitsverhältnis vereinbart oder ein solches zumindest verbindlich in Aussicht stellt (BAG 18. 5. 2005 NZA 2005, 145). Entsprechendes gilt, wenn die Beschäftigungsgesellschaft nur zum Schein vorgeschoben wird oder offensichtlich bezweckt, die Sozialauswahl zu umgehen (BAG 23. 11. 2006 NZA 2007, 866, 868). Letztlich kommt es darauf an, ob der Arbeitnehmer eine sichere Aussicht hat, bei dem Erwerber eingestellt zu werden. Besteht eine feste Zusage, wird mit dem Aufhebungsvertrag die Kontinuität des bisherigen Arbeitsvertrags beseitigt. Das verstößt nach der Rechtsprechung gegen § 613a Abs. 4 BGB (BAG a. a. O.). Für eine derartige Umgehung des § 613a Abs. 4 BGB ist der Arbeitnehmer, der sich darauf beruft, darlegungs- und ggf. beweispflichtig (BAG a. a. O.). Ein Indiz für die verbindliche Zusage der Übernahme kann eine Namensliste des Erwerbers sein, die vor Abschluss der Aufhebungsverträge alle Arbeitnehmer enthält, die aus der Transfergesellschaft übernommen werden sollen (*Leister/Fischer* ZInsO 2009, 986). Auch die Tatsache, dass der Erwerber nahezu alle Arbeitnehmer aus der Transfergesellschaft übernimmt, kann für eine verbindlich in Aussicht gestellte Weiterbeschäftigung sprechen (*Bissels/Jordan/Wisskirchen* NZI 2009, 865, 869). Ein dreiseitiger Vertrag zwischen Arbeitnehmer, Insolvenzverwalter und Beschäftigungsgesellschaft kann vom Arbeitnehmer wirksam wegen arglistiger Täuschung angefochten werden, wenn der Arbeitnehmer vor dessen Abschluss unvollständig bzw. unklar über die Erwerbsbedingungen mit dem potenziellen Betriebserwerber unterrichtet wurde. Sieht der Übernahmevertrag zwischen Insolvenzverwalter und potentiellem Übernehmer die Bedingung vor, dass alle Arbeitnehmer bis zu einem Stichtag einen dreiseitigen Vertrag abschließen, daneben aber auch die einseitig durch den potentiellen Erwerber auszuübende Option, auf die Einhaltung der Bedingung verzichten zu können, so muss der Arbeitnehmer hierüber hinreichend deutlich aufgeklärt werden (ArbG Freiburg 26. 6. 2008 BeckRS 2008, 555292).

3. Sonstige Umgehungen

589 Unwirksam ist auch die **Befristung des Arbeitsvertrags,** wenn sie darauf abzielt, den durch § 613a BGB bezweckten Bestandsschutz bei einem Betriebsübergang zu vereiteln (BAG 15. 2. 1995 NZA 1995, 987). Der für eine Befristung notwendige sachliche Grund kann nicht allein in einem geplanten Betriebsübergang liegen, weil dieser nach der Wertung des § 613a Abs. 1 Satz 1 BGB außer der Auswechslung der Person des Arbeitgebers keine Auswirkungen auf das Arbeitsverhältnis hat (BAG 2. 12. 1998 NZA 1999, 926). Allerdings kann die Befristung auf andere mit der Veräußerung zusammentreffende Umstände als den Wechsel des Arbeitgebers gestützt werden. Erforderlich hierfür ist aber, dass bereits bei Abschluss des befristeten Vertrags Umstände erkennbar sind, die das Bedürfnis für die Beschäftigung des Arbeitnehmers nach einem Betriebsübergang entfallen lassen. Notwendig ist die Prognose, dass der Bedarf an einer Weiterbeschäftigung durch die Veräußerung des Betriebs mit hinreichender Wahrscheinlichkeit enden wird (BAG a. a. O.). Für eine Sachgrundbefristung nach § 14 Abs. 1 Satz 2 Nr. 1 TzBfG genügt die Unsicherheit, ob der Erwerber künftig noch Bedarf hat, den Mitarbeiter weiterzubeschäftigen, für sich allein noch nicht.

IV. Prozessuale Fragen

1. Klageziele

590 Will der Arbeitnehmer die **Unwirksamkeit der Kündigung** geltend machen, muss er binnen drei Wochen nach Zugang der Kündigung **Kündigungsschutzklage** erheben. Das gilt nicht nur dann, wenn er die soziale Rechtfertigung der Kündigung rügt (§ 1 Abs. 2 KSchG) und z. B. darlegt, dass der Betrieb nicht stillgelegt, sondern übertragen wurde, sondern auch, wenn er sich auf das Kündigungsverbot des § 613a Abs. 4 BGB beruft. Rügt der Arbeitnehmer allein den Verstoß gegen § 613a Abs. 4 BGB, handelt es sich um keine Kündigungsschutzklage nach § 4 KSchG, sondern um eine allgemeine Feststellungsklage i. S. d. § 256 ZPO (DFL/*Bayreuther* § 613a BGB Rn. 111). Das in beiden Fällen erforderliche Feststellungsinteresse (§ 256 ZPO) ergibt sich aus § 7 KSchG, da ohne eine rechtzeitige und ordnungsgemäße Klageerhebung die Kündigung als wirksam gilt.

591 Ist der Betriebsübergang streitig, kann der Arbeitnehmer im selben Rechtsstreit **Kündigungsschutzklage gegen den bisherigen Arbeitgeber und Klage auf Feststellung des Bestands des Arbeitsverhältnisses gegen den möglichen Erwerber erheben** (BAG 18.4.2002 NZA 2002, 1207; MünchKomm/*Müller-Glöge* § 613a BGB Rn. 209). Bei dieser subjektiven Klagehäufung sind Veräußerer und Erwerber einfache Streitgenossen. Haben sie verschiedene allgemeine Gerichtsstände, kann – obwohl die Beklagten keine notwendigen Streitgenossen i.S.d. § 62 ZPO sind – ein gemeinsamer Gerichtsstand nach § 36 Abs. 1 Nr. 3 ZPO bestimmt werden (BAG 25.4.1996 NZA 1996, 1062). Der Kläger darf die Klagehäufung nicht von einer Bedingung abhängig machen (BAG 11.12.1997 NZA 1998, 534). Das ist misslich. Erweist sich die Kündigung als wirksam, unterliegt der Arbeitnehmer mit beiden Anträgen. Verneint das Gericht den Betriebsübergang, erweist sich die Kündigung aber aus einem anderen Grund als unwirksam, gewinnt der Arbeitnehmer zwar den Kündigungsschutzprozess, nicht aber die Feststellungsklage, weil diese nicht bedingt erhoben werden darf. Das wird in der Literatur mit Recht kritisiert (ErfK/*Preis* § 613a BGB Rn. 175 m.w.N.). Der Kläger gewinnt nur dann beide Prozesse, wenn sich die Kündigung als unwirksam erweist und das Gericht den Betriebsübergang bejaht. Legt nur der Erwerber gegen die Feststellungsklage Berufung ein, wird die Kündigungsschutzklage nicht Gegenstand des Berufungsverfahrens. Weist das Berufungsgericht trotzdem auch die Kündigungsschutzklage ab, liegt ein von Amts wegen zu berücksichtigender Verstoß gegen § 536 ZPO vor, der insoweit zur Aufhebung des Berufungsurteils führt (BAG 4.3.1993 NZA 1994, 260). Zu beachten ist, dass der Übergang des Arbeitsverhältnisses als solcher kein Rechtsverhältnis i.S.d. § 256 ZPO darstellt und deshalb nicht Gegenstand einer Feststellungsklage sein kann (BAG 16.5.2002 AP Nr. 9 zu § 113 InsO). Richtigerweise ist der Antrag auf Feststellung eines zum Erwerber bestehenden Arbeitsverhältnisses, ggf. mit Datumsangabe zum Beginn zu richten (MünchKomm/*Müller-Glöge* § 613a BGB Rn. 206).

592 Verlangt der Arbeitnehmer bei einer wirksamen Kündigung die **Wiedereinstellung,** weil der Betrieb nicht wie geplant stillgelegt, sondern auf den Erwerber übertragen wurde, muss er gegen diesen eine Leistungsklage mit dem Antrag erheben, das in der Klage enthaltene Angebot des Klägers auf Abschluss eines Arbeitsvertrags zu den bisherigen Bedingungen anzunehmen (BAG 28.6.2000 NZA 2000, 1098; BAG 19.10.2005 NZA 2006, 393). Mit Rechtskraft des obsiegenden Urteils gilt das dem Erwerber unterbreitete Angebot als angenommen (§ 894 ZPO; vgl. BAG 16.5.2002 AP Nr. 9 zu § 113 InsO).

2. Richtiger Beklagter

593 Die Klage wegen unwirksamer Kündigung richtet sich **grundsätzlich gegen den Arbeitgeber, der die Kündigung erklärt hat** (BAG 26.5.1983 EzA § 613a BGB Nr. 34; BAG 27.9.1984 NZA 1985, 493).

594 Kündigt der Veräußerer, hat ein Betriebsübergang nach Rechtshängigkeit einer Kündigungsschutzklage wegen § 265 Abs. 2 ZPO keine Auswirkungen

auf den Prozess (BAG 24.8.2006 NZA 2007, 328; BAG 20.9.2006 NZA 2007, 387). Die in Streit befangene Sache – hier der Betrieb – kann nach Eintritt der Rechtshängigkeit veräußert werden. **Die Rechtsnachfolge hat auf den Prozess gegen den Rechtsvorgänger keinen Einfluss.** Es kommt auch zu keinem gesetzlichen Parteiwechsel auf Beklagtenseite entsprechend §§ 239, 242 ZPO (MünchKomm/*Müller-Glöge* § 613a BGB Rn. 205 m.w.N.). Vielmehr bleibt der Veräußerer als alter Arbeitgeber prozessführungsbefugt. Dabei spielt es keine Rolle, ob das Arbeitsverhältnis vor oder nach dem Betriebsübergang enden soll. Gleichgültig ist auch, ob der Betrieb vor oder nach Eintritt der Rechtshängigkeit der Kündigungsschutzklage auf den Erwerber übergegangen ist (BAG 27.9.1984 NZA 1985, 493; ErfK/*Preis* § 613a BGB Rn. 174). Der neue Arbeitgeber kann den Prozess nur mit Zustimmung des klagenden Arbeitnehmers übernehmen. Ein Beitritt als Hauptpartei mit den Rechtsfolgen des § 62 ZPO ist nach der Rechtsprechung ausgeschlossen (BAG 4.3.1993 NZA 1994, 260). Wird der Betrieb erst nach Rechtshängigkeit einer Kündigungsschutzklage veräußert, kann der Arbeitnehmer einen bisher nicht gestellten Auflösungsantrag nur in einem Prozess gegen den ihm bekannten Erwerber stellen (BAG 20.3.1997 NZA 1997, 937). Zwar richtet sich der Antrag grundsätzlich gegen den Arbeitgeber, der die Kündigung ausgesprochen hat (§ 9 Abs. 1 KSchG); jedoch ist für die Auflösung des Arbeitsverhältnisses der Zeitpunkt festzusetzen, an dem es bei sozial gerechtfertigter Kündigung geendet hätte (§ 9 Abs. 2 KSchG). Da dies den Bestand des Arbeitsverhältnisses voraussetzt, weil es sonst nicht vom Arbeitsgericht beendet werden könnte, das Arbeitsverhältnis aber nach dem Übergang nicht mehr zum Veräußerer, sondern nur noch zum Erwerber besteht, kann auch nur ihm gegenüber der Auflösungsantrag gestellt werden (APS/*Steffan* § 613a BGB Rn. 255). Der Veräußerer bleibt dagegen auch nach dem Übergang befugt, den Auflösungsantrag aus eigenem Recht zu stellen.

595 Kündigt der Veräußerer erst nach dem Betriebsübergang, geht zwar die Kündigung ins Leere, weil das ursprünglich zu ihm bestehende Arbeitsverhältnis auf den Erwerber übergegangen ist. Trotzdem wäre eine Kündigungsschutzklage unbegründet. Denn nach der „punktuellen Streitgegenstandstheorie", die auch beim Betriebsübergang gilt (BAG 18.4.2002 NZA 2002, 1207), ist Voraussetzung für eine solche Klage, dass zum Zeitpunkt der Kündigung noch oder überhaupt ein Arbeitsverhältnis besteht (BAG 5.10.1995 NZA 1996, 651). Das ist aber schon nach dem eigenen Vortrag des Klägers nicht (mehr) der Fall. Deshalb lässt sich die Klageabweisung allein damit begründen, dass im Zeitpunkt der Kündigung kein Arbeitsverhältnis mehr bestanden hat (BAG 18 3.1999 NZA 1999, 706; *Preis/Steffan* DB 1998, 309, 310). Auf eine Kündigungsbefugnis des Veräußerers kommt es nicht an.

596 Nach dem Betriebsübergang kann der Arbeitnehmer gegen den Erwerber auf Feststellung des Fortbestands des Arbeitsverhältnisses klagen, wenn der Erwerber selbst oder aber der Veräußerer gekündigt hat, da auch im letzten Fall die Wirksamkeit der Kündigung im Prozess mit dem neuen Arbeitgeber geklärt werden kann.

597 Bei einer Kündigung des neuen Arbeitgebers kann auch auf Feststellung gegen den alten Arbeitgeber geklagt werden, sofern ein Rechtsschutzbedürfnis vorliegt. Dieses kann sich aus der Nachhaftung des alten Arbeitgebers nach § 613a Abs. 2 BGB ergeben (KR/*Pfeiffer* § 613a BGB Rn. 117).

3. Darlegungs- und Beweislast

598 Macht der Arbeitnehmer ausschließlich die Unwirksamkeit der Kündigung wegen eines Verstoßes gegen § 613a Abs. 4 BGB geltend, so hat er nach den allgemeinen Beweislastregeln den oben dargestellten Zusammenhang zwischen der Kündigung und dem Betriebsübergang darzulegen und ggf. zu beweisen. Besonders schwierig, wenn nicht gar unmöglich, ist es für den Arbeitnehmer, die inneren Beweggründe des Arbeitgebers darzulegen, von denen dieser die Kündigung abhängig gemacht hat. Das BAG hat die Beweislast deshalb wie folgt verteilt:

- Als erstes Indiz für einen Verstoß gegen das Verbot des § 613a Abs. 4 BGB genügt der Hinweis des Arbeitnehmers auf den zeitlichen Zusammenhang zwischen der Kündigung und dem Betriebsübergang.
- Hat der Arbeitnehmer substantiiert dargelegt, dass die Kündigung wegen eines Betriebsübergangs erfolgt ist, muss der Arbeitgeber diesen Vortrag substantiiert beantworten. Dazu genügt das einfache Bestreiten der vom Arbeitnehmer vorgebrachten Tatsachen nicht. Vielmehr muss der Arbeitgeber seinerseits einen sachlichen Grund für die Kündigung nennen, der nichts mit dem Betriebsübergang zu tun hat (BAG 27. 9. 1984 NZA 1985, 493; BAG 5. 12. 1985 NZA 1986, 522).
- Zur Widerlegung dieses Indizes genügt jede nachvollziehbare Begründung des Arbeitgebers, die einen sachlichen Grund dafür enthält, dass die Kündigung nur äußerlich oder formal mit dem Betriebsübergang verbunden ist, nicht aber materiell wegen des Betriebsübergangs erfolgt (BAG 5. 12. 1985 NZA 1986, 522).
- Sachlicher Grund kann die ernsthafte und endgültige Absicht des Arbeitgebers sein, den Betrieb zukünftig stillzulegen, vorausgesetzt, diese Absicht hat „greifbare Formen angenommen" (BAG 24. 8. 2006 NZA 2007, 1287 m. w. N.).
- Gegen eine geplante Betriebsstilllegung spricht allerdings eine alsbaldige Wiedereröffnung des Betriebs (BAG 27. 9. 1984 NZA 1985, 493; BAG 5. 12. 1985 NZA 1986, 522).
- Der Arbeitnehmer kann den Vortrag des Arbeitgebers durch neuen Vortrag erschüttern (KR/*Pfeiffer* § 613a BGB Rn. 115). Ist das KSchG nicht anwendbar, trägt der Arbeitnehmer die volle Darlegungs- und Beweislast dafür, dass die Kündigung wegen des Betriebsübergangs erfolgte. Nennt der Arbeitgeber einen sachlichen Kündigungsgrund, obliegt dem Arbeitnehmer der volle Gegenbeweis. Es genügt nicht, dass der Arbeitnehmer bloße Zweifel an der Darstellung des Arbeitgebers weckt (BAG 31. 1. 1985 NZA 1985, 775; BAG 5. 12. 1985 NZA 1986, 522).

599 Macht der Arbeitnehmer, auf dessen Arbeitsverhältnis das KSchG anwendbar ist (§§ 1, 23 KSchG), die Sozialwidrigkeit der Kündigung nach §§ 1, 4 KSchG geltend, so ändert sich die Beweislastverteilung. Der Arbeitnehmer braucht nicht darzulegen und zu beweisen, dass die Kündigung wegen eines Betriebsübergangs erfolgt ist. Vielmehr ist es Sache des Arbeitgebers, die soziale Rechtfertigung der Kündigung nachzuweisen (BAG 5.12.1985 NZA 1986, 522). Ist die Kündigung bereits ohne den Betriebsübergang sozial ungerechtfertigt, ist sie schon deshalb unwirksam; auf § 613a Abs. 4 BGB kommt es nicht mehr an (MünchKomm/*Müller-Glöge* § 613a BGB Rn. 213).

600 Stützt der Arbeitgeber die Kündigung nicht auf den Betriebsübergang, sondern auf eine Betriebsstilllegung, liegt diese jedoch objektiv nicht vor, so ist die Kündigung bereits nach § 1 Abs. 2 KSchG unwirksam (BAG 27.9.1984 NZA 1985, 493; BAG 28.4.1988 NZA 1989, 265).

4. Rechtskraft und Rechtskrafterstreckung

601 Nach § 325 ZPO wirkt die Rechtskraft eines **Urteils für und gegen denjenigen, der nach Eintritt der Rechtshängigkeit Rechtsnachfolger der beklagten Partei geworden ist.** Das gilt wegen § 613a Abs. 1 Satz 1 BGB **auch beim Betriebsübergang.** Erfolgt der Betriebsübergang nach Erhebung der Kündigungsschutzklage, ist der Rechtsstreit gegen den Veräußerer fortzusetzen; ein gegen ihn ergangenes Urteil wirkt auch für und gegen den Erwerber. Stellt das Gericht die Unwirksamkeit der vom Veräußerer erklärten Kündigung fest, muss der Erwerber dies gegen sich gelten lassen, wenn ihn der Arbeitnehmer auf Zahlung von Arbeitsentgelt nach §§ 611, 615 S. 1 BGB in Anspruch nimmt (MünchKomm/*Müller-Glöge,* § 613a BGB Rn. 214). Um aus einem gegen den Veräußerer gerichteten Titel auch gegen den Erwerber vollstrecken zu können, bedarf es einer **Titelumschreibung** nach § 727 ZPO bzw. einer **Klage auf Klauselerteilung** nach § 731 ZPO. In letzterem Verfahren wird dann geprüft, ob der neue Arbeitgeber tatsächlich den Betrieb übernommen hat im Sinne des § 613a BGB, was durch den Vorprozess nicht rechtskräftig festgestellt ist. Weist das Gericht die Kündigungsschutzklage ab, wirkt die im Kündigungsrechtsstreit zwischen Veräußerer und Erwerber festgestellte Unwirksamkeit der vom Veräußerer erklärten Kündigung ebenfalls für den Erwerber. Der Übergang des Arbeitsverhältnisses auf den Erwerber wird damit allerdings noch nicht festgestellt. Hierzu müsste ein eigener Feststellungsantrag gestellt werden. Wird der Betrieb bereits vor Erhebung der Kündigungsschutzklage übertragen, findet § 325 ZPO weder direkt noch entsprechend Anwendung (BAG 18.2.1999 NZA 1999, 648).

J. Beschäftigungsgesellschaft

I. Alternative zur Kündigung: Die Beschäftigungs„such"gesellschaft

Um die mit Restrukturierungsmaßnahmen verbundenen Personalanpassungen möglichst sozialverträglich zu gestalten, suchen Personalverantwortliche und Betriebsräte nach Alternativen zur betriebsbedingten Kündigung, auch wenn diese durch Interessenausgleich und Sozialplan (s. oben Rn. 505 ff., 512 ff.) sozial abgefedert ist. So wird z. B. der Abschluss von Altersteilzeitverträgen durch zusätzliche betriebliche Leistungen gefördert. Den Arbeitnehmern werden Teilzeit- und Auszeit-Modelle (Sabbatical), Weiterbildungswilligen Stipendien angeboten (zu weiteren Alternativen des Personalabbaus vgl. *Wagner/Wahba* Personalpolitik in schwierigen Zeiten, S. 26 ff.). Die Betriebspartner schließen Vereinbarungen zur kollektiven Absenkung der Arbeitszeit (meist in Verbindung mit einem Tarifvertrag zur Beschäftigungssicherung). **602**

Bleiben all diese Instrumente ohne den gewünschten Erfolg, ist eine weitere Alternative zur Kündigung und der damit häufig verbundenen Arbeitslosigkeit die Einrichtung einer betriebsorganisatorisch eigenständigen Einheit (§ 216b Abs. 3 Nr. 2 SGB III). Diese wird in der betrieblichen Praxis u. a. auch Beschäftigungsgesellschaft, Beschäftigungs- und Qualifizierungsgesellschaft, Transfergesellschaft, Personalentwicklungsgesellschaft oder Transfer- und Personalentwicklungsgesellschaft genannt. Im Folgenden wird von Beschäftigungsgesellschaft gesprochen. **603**

Alle Modelle einer Beschäftigungsgesellschaft (s. unten Rn. 607 ff.) haben das Ziel, Arbeitnehmer, denen der Arbeitgeber in naher Zukunft betriebsbedingt kündigen müsste, bei der Suche nach einer Anschlussbeschäftigung zu unterstützen (*Rieke* AiB 2009, 644, 645 f.). Dafür stellt der Arbeitgeber die Arbeitnehmer von der Arbeit – soweit noch vorhanden – frei. Durch die individuellen Verträge sind die Arbeitnehmer verpflichtet, die so gewonnene Zeit zur engagierten Suche nach einer neuen Arbeitsstelle zu nutzen. Die Beschäftigungsgesellschaft ist also eigentlich eine Beschäftigungs„such"gesellschaft. Die Teilnehmer werden organisatorisch wie auch räumlich von den weiterhin produktiv tätigen Kollegen getrennt und in der Beschäftigungsgesellschaft zusammengefasst (*Sieg* NZA-Beilage 1/2005, 9, 10; *Stück* AuA 2006, 418, 419). Die Arbeitnehmer erhalten gem. § 216b Abs. 4 Satz 1 Nr. 4 SGB III eine Einschätzung, wie ihre Chancen auf Vermittlung am Arbeitsmarkt sind („Profiling"). Neben Unterstützung bei der gezielten Stellensuche werden sie – soweit erforderlich – auch weiterqualifiziert (§ 216b Abs. 6 Satz 2 SGB III). **604**

Das Ziel „Vermeidung von Arbeitslosigkeit durch Verbesserung der Vermittlungsaussichten" unterstützen die Agenturen für Arbeit unter bestimmten **605**

Voraussetzungen durch finanzielle Leistungen (s. unten Rn. 617). Deshalb kann sich die Einrichtung einer Beschäftigungsgesellschaft statt betriebsbedingter Kündigungen mit Sozialplanabfindung auch betriebswirtschaftlich lohnen [s. **Übersicht S. 261**]. Daher sollte frühzeitig eine Abstimmung mit der Agentur für Arbeit erfolgen (*Lembke* BB 2004, 773, 782).

606 Um eine Beschäftigungsgesellschaft zum Erfolg zu führen, empfiehlt es sich, frühzeitig mit dem Betriebsrat und mit den im Betrieb vertretenen Gewerkschaften in Kontakt zu treten (*Lembke* BB 2004, 773, 782).

II. Die Modelle der Beschäftigungsgesellschaft

607 Bei der Einrichtung einer Beschäftigungsgesellschaft kann zwischen dem Modell einer externen und einer internen Beschäftigungsgesellschaft gewählt werden ([s. **Übersicht S. 263**]; *Gaul/Bonanni* DB 2003, 2386, 2388). Argumentationshilfen für die richtige Wahl im Einzelfall s. bei *Wagner/Wahba* (Personalpolitik in schwierigen Zeiten, S. 47) und *Duchetsmann* („Interne Beschäftigungsgesellschaften", S. 34 f.).

1. Externe Beschäftigungsgesellschaft

608 Das Unternehmen kann eine externe Beschäftigungsgesellschaft als eigene Konzerngesellschaft gründen. Es kann aber auch mit einem externen Dienstleister einen Kooperationsvertrag schließen. Von dieser Möglichkeit wird in der Praxis überwiegend Gebrauch gemacht (*Stück* MDR 2005, 361; *Lembke* BB 2004, 773, 774). Die betroffenen Arbeitnehmer scheiden durch Aufhebungsvertrag – ggf. mit einer Abfindung – aus ihrem Unternehmen aus und schließen gleichzeitig mit der externen Beschäftigungsgesellschaft einen neuen – in der Regel befristeten – Arbeitsvertrag. Die Gründung bzw. Beauftragung der Beschäftigungsgesellschaft sowie der Übergang der Arbeitnehmer erfolgt in der Praxis häufig durch einen dreiseitigen Vertrag zwischen Arbeitgeber, Arbeitnehmer und Beschäftigungsgesellschaft (*Gaul/Otto* NZA 2004, 1301, 1302; Küttner/*Kania* Beschäftigungsgesellschaft, Rn. 3; *Raffler/Simshäuser* AuR 2009, 384, 384).

609 Da die Agentur für Arbeit das Transferkurzarbeitergeld nur für maximal 12 Monate zahlt (§ 216b Abs. 8 SGB III), ist der Vertrag zwischen Beschäftigungsgesellschaft und Arbeitnehmer in der Regel auf maximal ein Jahr befristet. Die Möglichkeit der Tätigkeit für ein anderes Unternehmen in dieser Zeit wird eingeräumt. Zudem wird „Kurzarbeit Null" vereinbart. „Kurzarbeit Null" bedeutet, dass für den betroffenen Arbeitnehmer keine Arbeitszeit besteht. Er ist jedoch verpflichtet, an den angebotenen Maßnahmen teilzunehmen.

610 Beschäftigungsgesellschaft und Arbeitgeber treffen im Rahmen des dreiseitigen Vertrags Vereinbarungen über die Finanzierung der Gesellschaft und deren Qualifikationsmaßnahmen (*Lembke* BB 2004, 773, 776).

Beschäftigungsgesellschaft/BG – Sozialplan: Kostenvergleich

Beispiel: Arbeitnehmer: 45 Jahre, 3.000 € brutto Monatsentgelt (ME), 15 Dienstjahre

reines BG-Modell
per Aufhebungsvertrag

Beschäftigungsgesellschaft (Laufzeit 12 Monate)	
AG-Kosten für Kurzarbeit (AG- und AN-Anteil Sozialversicherung; Vergütung Urlaub/Feiertage/Krankheit)	ca. 18.000 €
Kostenaufstockung von 60/67 % auf 80 % Netto	ca. 3.000 €
Verwaltungs-Kosten BG	ca. 2.250 €
AG-Anteil Qualifizierungsmaßnahmen	ca. 2.250 €
Gesamt:	**ca. 25.500 €**

25.500 €*

Kombi-Modell: BG + Sozialplan
per Aufhebungsvertrag

Abfindung

22.500 €
./. Abfindungskürzung
z.B. um 30 %
= **15.750 €**

+

Beschäftigungsgesellschaft

25.500 €

41.250 €*

reines Sozialplan-Modell
per betriebsbedingter Kündigung

Abfindung			
Einkommen	× Dienstjahre	× Faktor	
3.000 €	× 15	× 0,5	**= 22.500 €**

+

Gehaltszahlungen bis Kündigungsfrist

ME × Kündigungsfrist
3.000 € × 6 Monate **= 18.000 €**

+

ggf. Verzögerungskosten wegen Verhandlung eines Interessenausgleichs und Anrufung Einigungsstelle (z.B. 6 Monate)
6 × 3.000 € = 18.000 €

+

ggf. Kosten für AG-Rechtsanwalt im Kündigungsschutzprozess, wenn AN Kündigungsschutzklage verliert = ca. 1.000 €

59.500 €

* Kosten geringer, wenn AN vor BG-Ende vermittelt wird.

611 Beim Arbeitgeber, der die Arbeitnehmer an die Beschäftigungsgesellschaft abgibt, verbleiben die Remanenzkosten. Das sind Personalkosten, die über die Zahlungen der Agentur für Arbeit hinausgehen wie z. B. die Sozialversicherungsbeiträge oder die Vergütung an Urlaubs- und Feiertagen (*Duchetsmann* „Interne Beschäftigungsgesellschaften“, S. 36; *Lembke* BB, 2004, 773, 776).

612 Wenn das Transferkurzarbeitergeld vom Arbeitgeber auf freiwilliger Basis zur Akzeptanzerhöhung einer externen Beschäftigungsgesellschaft – wie in der betrieblichen Praxis häufig üblich – auf ca. 80 % der bisherigen monatlichen Nettobezüge aufgestockt wird, ist es für die Beschäftigungsgesellschaft zulässig, den Arbeitsvertrag mit den Arbeitnehmern unter die auflösende Bedingung zu stellen, dass der bisherige Arbeitgeber diese Zahlungen kontinuierlich leistet (LAG Hamburg 7. 9. 2005 NZA-RR 2005, 658, 659). Zudem kann der Vertrag unter die aufschiebende Bedingung der Förderung durch die Agentur für Arbeit gestellt werden (Küttner/*Kania* Beschäftigungsgesellschaft, Rn. 4).

613 Der Einsatz einer externen Beschäftigungsgesellschaft erhöht zudem den Druck auf die Arbeitnehmer, sich selbstständig um eine neue Beschäftigung zu bemühen (*Meyer* BB 2004, 490, 493), weil das Beschäftigungsverhältnis mit Ablauf der Förderungsdauer endet.

2. Interne Beschäftigungsgesellschaft

614 Die interne Beschäftigungsgesellschaft verbleibt hingegen organisatorisch in dem restrukturierenden Unternehmen: Sei es als eigener Betrieb, sei es als – hinreichend separierte – Betriebsabteilung. Die betroffenen Arbeitnehmer unterzeichnen einen Änderungsvertrag (Beispiel s. unten 3.) und werden in die neue Einheit versetzt. Eine einseitige Versetzung in die Beschäftigungsgesellschaft übersteigt regelmäßig die Grenzen des Direktionsrechts des Arbeitgebers (LAG Köln 3. 5. 2006 AuR 2007, 146; Küttner/*Kania* Beschäftigungsgesellschaft, Rn. 3; *Duchetsmann* „Interne Beschäftigungsgesellschaften“, S. 80 ff.). Wenn sich der Arbeitnehmer weigert, den Auflösungsvertrag zu unterzeichnen, verbleibt dem Arbeitgeber nur der Weg einer (Änderungs-) Kündigung, die im Anwendungsbereich des KSchG sozial gerechtfertigt sein muss (§ 2 KSchG). Hierfür gelten die allgemeinen Regeln. Im Änderungsvertrag werden die gegenseitigen Pflichten und Leistungen auf die Besonderheiten in der Beschäftigungsgesellschaft angepasst, z. B.: „Kurzarbeit Null“ reduziertes Entgelt und (Nicht-)Anwesenheitspflicht.

Bezüglich der Beendigung des Arbeitsverhältnisses gibt es zwei Möglichkeiten:

615
- Bei der einen Variante vereinbaren Arbeitgeber und Arbeitnehmer im Änderungsvertrag eine Beendigung des Arbeitsverhältnisses spätestens zum Ende der Beschäftigungsgesellschaft. Das ist in der Regel keine nachträgliche Befristung für die § 14 TzBfG gilt (BAG 15. 2. 2007 NZA 2007, 614, 615). Die damit erreichte Rechtssicherheit vor Kündigungsschutzklagen muss allerdings oft durch die Zusage von Abfindungszahlungen „erkauft“ werden.

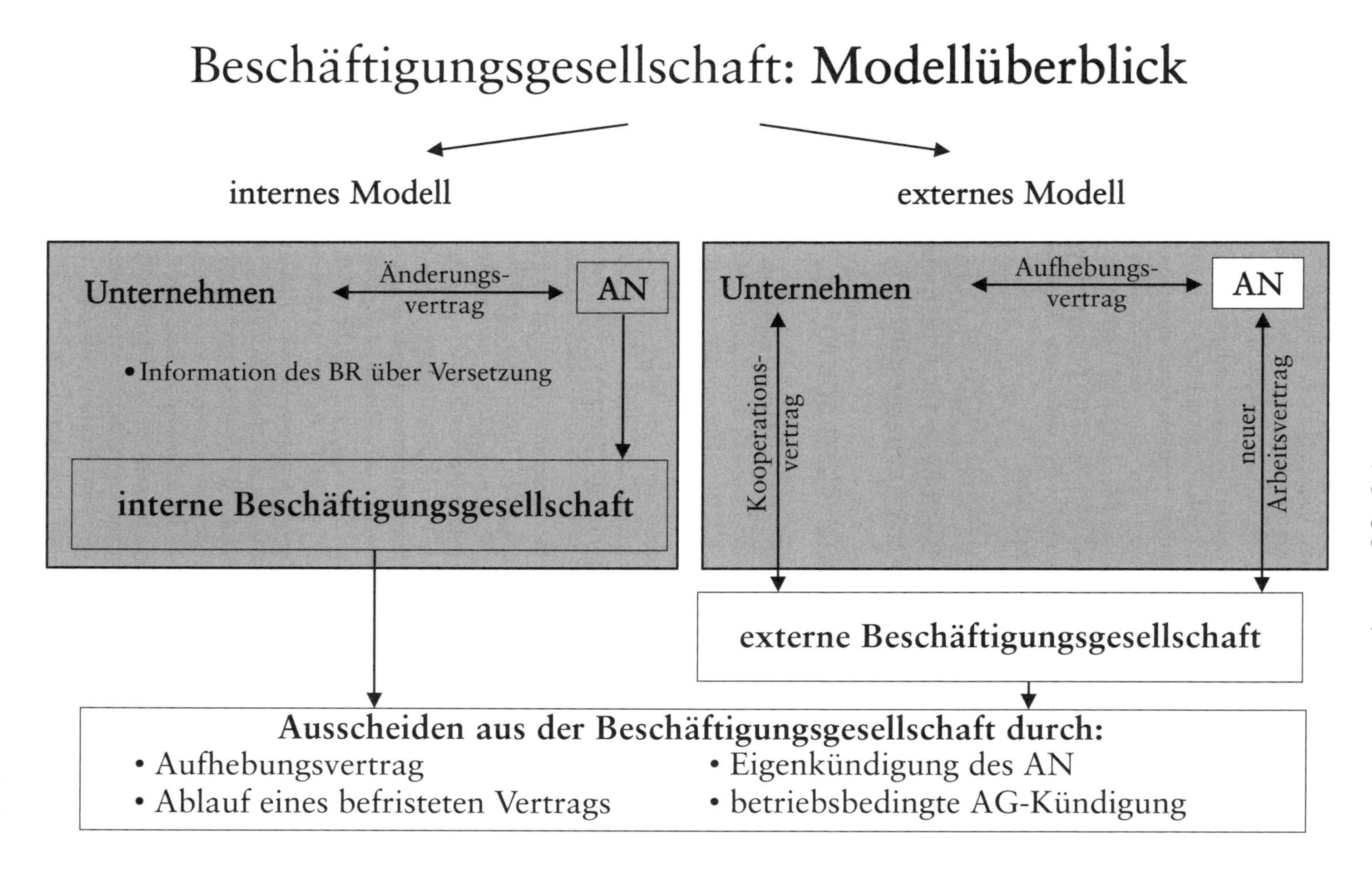
Beschäftigungsgesellschaft: Modellüberblick
internes Modell
externes Modell
Unternehmen
Änderungs-
vertrag
AN
• Information des BR über Versetzung
interne Beschäftigungsgesellschaft
Unternehmen
Aufhebungs-
vertrag
AN
Kooperations-
vertrag
neuer
Arbeitsvertrag
externe Beschäftigungsgesellschaft
Ausscheiden aus der Beschäftigungsgesellschaft durch:
• Aufhebungsvertrag
• Ablauf eines befristeten Vertrags
• Eigenkündigung des AN
• betriebsbedingte AG-Kündigung

616 • Bei der zweiten Variante schließt der Arbeitnehmer (entgegen dem Wunsch des Arbeitgebers) beim Übertritt in die Beschäftigungsgesellschaft keinen Aufhebungsvertrag mit seinem Arbeitgeber. Sollte bei dieser Variante eine Vermittlung des Arbeitnehmers innerhalb der Laufzeit der Beschäftigungsgesellschaft nicht gelingen, muss der Arbeitgeber – falls eine einvernehmliche Trennung nicht möglich ist – das Arbeitsverhältnis durch betriebsbedingte Kündigung beenden. Eine Sozialauswahl mit den Arbeitnehmern des Herkunftsbetriebs muss dabei nicht stattfinden, wenn die Beschäftigungsgesellschaft einen eigenen Betrieb darstellt. Kündigt der Arbeitgeber vor dem Ende der Beschäftigungsgesellschaft betriebsbedingt, ist allerdings eine Sozialauswahl unter den Teilnehmern der Beschäftigungsgesellschaft durchzuführen.

III. Finanzielle Leistungen für Arbeitnehmer in der Beschäftigungsgesellschaft

1. Transferkurzarbeitergeld (§ 216b SGB III)

617 Während das konjunkturelle Kurzarbeitergeld nach §§ 169 ff. SGB III einen vorübergehenden Arbeitsausfall voraussetzt, wird das Transferkurzarbeitergeld nach § 216b SGB III bei einem der Agentur für Arbeit angezeigten dauerhaften unvermeidbaren Arbeitsausfall infolge von Betriebsänderungen gezahlt (vgl. zusammenfassend Merkblatt 8c – Transferleistungen der Bundesagentur für Arbeit vom 22. 12. 2009). Voraussetzung ist, dass infolge einer Betriebsänderung gemäß § 111 BetrVG eine Personalanpassungsmaßnahme durchgeführt wird.

618 Ein Arbeitnehmer in einer Beschäftigungsgesellschaft erhält deshalb von der Agentur für Arbeit unter den Voraussetzungen des § 216b Abs. 1 SGB III Transferkurzarbeitergeld. Dieses beträgt entsprechend dem ihm gemäß §§ 178 f. SGB III hypothetisch zustehenden Arbeitslosengeld zwischen 60 % (falls keine Kinder) und 67 % (falls mindestens ein Kind) des bisherigen regelmäßigen Monats-Nettoeinkommens. Dieses ergibt sich aus dem Bruttoentgelt, das der Arbeitnehmer in den letzten 52 Wochen vor Eintritt der Arbeitslosigkeit durchschnittlich wöchentlich verdient hat. Von diesem werden zur Ermittlung des Arbeitslosengelds, die gewöhnlichen gesetzlichern Abgaben abgezogen (Straub/*Stephan/Kossens*, Rn. K 70). Darüber hinausgehende Leistungen, wie z. B. Weihnachtsgeld, Jahreszahlungen, zusätzliches Urlaubsgeld, Sonderzahlungen werden dabei nicht berücksichtigt. Manche Arbeitgeber stocken das Transferkurzarbeitergeld auch deshalb noch durch einen freiwilligen Zuschuss auf (*Raffler/Simshüser* AuR 2009, 384, 384).

619 Der Arbeitnehmer hat einen Anspruch auf Transferkurzarbeitergeld, solange er von einem dauerhaften unvermeidbaren Arbeitsausfall mit Entgeltausfall betroffen ist (Rn. 620), die betrieblichen (Rn. 621) und die persönlichen (Rn. 622/623) Voraussetzungen erfüllt sind sowie der dauerhafte Arbeitsausfall der Agentur für Arbeit angezeigt worden ist (Rn. 623).

620 Ein dauerhafter Arbeitsausfall liegt vor, wenn infolge einer Betriebsänderung im Sinne des § 216a Abs. 1 Satz 3 SGB III die Beschäftigungsmöglichkeiten für die Arbeitnehmer nicht nur vorübergehend entfallen (§ 216b Abs. 2 SGB III). Dauerhaft ist der Arbeitsausfall, wenn unter Berücksichtigung der Gesamtumstände des jeweiligen Einzelfalles davon auszugehen ist, dass der betroffene Betrieb die aufgebauten Arbeitskapazitäten nicht mehr wie bisher benötigt (*Stück* MDR 2005, 663, 664 mit Verweis auf die Gesetzesbegründung S. 267). Der Arbeitsausfall muss ebenfalls unvermeidbar sein. Die Unvermeidbarkeit wird für jeden Einzelfall von der Agentur für Arbeit überprüft (ErfK/*Rolfs* § 216b SGB III Rn. 8). Der Arbeitsausfall ist nicht unvermeidbar, wenn Arbeitnehmer unbefristet eingestellt worden sind, obwohl der Arbeitgeber offensichtlich nur vorübergehend mehr Personal brauchte (ErfK/*Rolfs* § 216b SGB III Rn. 8). Auf eine Erheblichkeit des Arbeitsausfalls kommt es nicht an. Für den Begriff der Betriebsänderung gilt § 111 BetrVG. Auf die Betriebsgröße kommt es dabei nicht an. Nach Auffassung der Bundesagentur für Arbeit liegt eine Betriebsänderung bei ausschließlichem Stellenabbau vor, wenn der Schwellenwert von § 17 Abs. 1 KSchG erreicht wird (Interpretationshilfen der Bundesagentur für Arbeit von 05/2006, 2.2 Abs. 6). Dies wird auch in der Literatur so gesehen (ErfK/*Rolfs* § 216a SGB III Rn. 9; *Lembke* BB 2004, 773, 774, 780 f.; *Mengel/Ullrich* BB 2005, 1109, 1111). Nach früherer Auffassung der Bundesagentur für Arbeit war in einem solchen Fall § 112a BetrVG als Richtwert heranzuziehen (Interpretationshilfen der Bundesagentur für Arbeit von 01/2004 zu Transfermaßnahmen, 2.2 Abs. 4).

621 Die betrieblichen Voraussetzungen für die Gewährung von Transferkurzarbeitergeld sind erfüllt, wenn in einem Betrieb Personalanpassungsmaßnahmen auf Grund einer Betriebsänderung durchgeführt werden (§ 216a Abs. 3 Nr. 1 SGB III) und die von Arbeitsausfall betroffenen Arbeitnehmer zur Vermeidung von Entlassungen und zur Verbesserung ihrer Eingliederungschancen in einer Beschäftigungsgesellschaft zusammengefasst werden (§ 216a Abs. 3 Nr. 2 SGB III). Personalanpassungsmaßnahmen auf Grund einer Betriebsänderung sind u. a. betriebsbedingte Kündigungen oder Aufhebungsverträge (*Raffler/Simshäuser* AuR 2009, 384, 387). Nicht darunter fallen verhaltens- oder personenbedingte Kündigungen, da der Grund für die Beendigung hier aus der Sphäre des Arbeitnehmers stammt (ErfK/*Rolfs* § 216b SGB III Rn. 11). Eine Vermeidung von Entlassungen liegt bereits vor, wenn die Arbeitnehmer länger als bis zum Ablauf ihrer jeweiligen Kündigungsfrist beschäftigt werden (ErfK/*Rolfs* § 216b SGB III Rn. 16).

622 Die persönlichen Voraussetzungen für die Gewährung von Transferkurzarbeitergeld sind erfüllt, wenn der Arbeitnehmer von Arbeitslosigkeit bedroht ist (§ 216b Abs. 4 Satz 1 Nr. 1 SGB III), er nach Beginn des Arbeitsausfalls eine versicherungspflichtige Beschäftigung fortsetzt (§ 216b Abs. 4 Satz 1 Nr. 2 lit. a SGB III) oder im Anschluss an die Beendigung eines Berufsausbildungsverhältnisses aufnimmt (§ 216b Abs. 4 Satz 1 Nr. 2 lit. b SGB III). Die Voraussetzungen für die Bedrohung von Arbeitslosigkeit ergeben sich aus § 17 SGB III. Der Arbeitnehmer muss demnach einer versicherungspflichtigen Arbeit nachgehen, alsbald mit der Beendigung dieser Beschäftigung rechnen und voraussichtlich nach Beendigung der Beschäftigung arbeitslos werden. Nach Auffassung der Bundesagentur für Arbeit ist mit einer „alsbaldigen“ Beendigung des Beschäftigungsverhältnisses auch dann zu rechnen, wenn die Beendigung bereits eingeleitet worden und letztendlich erst in 18 oder 24 Monaten abgeschlossen ist. Der Arbeitgeber muss in dieser Zeit jedoch die im Rahmen des Transferkurzarbeitergelds vorgesehenen Maßnahmen zur Vermeidung von Arbeitslosigkeit anbieten (Interpretationshilfen der Bundesagentur für Arbeit von 05/2006, 2.3 Abs. 1). Von Arbeitslosigkeit bedroht können auch Arbeitnehmer sein, die ordentlich unkündbar sind, da auch diese aus wichtigem Grund mit sozialer Auslauffrist gekündigt werden können, wenn der Arbeitsplatz beim Arbeitgeber wegfällt und keine andere Beschäftigungsmöglichkeit vorhanden ist (ErfK/*Rolfs* § 216a SGB III Rn. 13 m.w.N.). Dem Arbeitgeber ist es nicht zumutbar, ein solches Arbeitsverhältnis aufrecht zu erhalten. Die Tätigkeit für eine Beschäftigungsgesellschaft stellt auch eine versicherungspflichtige Beschäftigung dar.

623 Ebenso darf der Arbeitnehmer, um die persönlichen Voraussetzungen zu erfüllen, nicht gemäß § 216b Abs. 4 Satz 2 SGB III i. V. m. § 172 Abs. 2 und 3 SGB III vom Kurzarbeitergeldbezug ausgeschlossen sein (§ 216b Abs. 4 Satz 1 Nr. 3 SGB III). Darüber hinaus muss er an einer Profiling-Maßnahme teilgenommen haben (§ 216b Abs. 4 Satz 1 Nr. 4 1. Halbsatz SGB III). Diese kann sowohl durch die Agentur für Arbeit (§ 35 SGB III), als auch im Zuge einer Transfermaßnahme durch den Arbeitgeber oder die Beschäftigungsgesellschaft erfolgen (*Meyer* BB 2004, 490, 493 mit Verweis auf die Interpretationshilfen der Bundesagentur für Arbeit von 05/2006, 3.2.5.). In Ausnahmefällen kann das Profiling auch innerhalb eines Monats nach Übergang in die Beschäftigungsgesellschaft erfolgen (§ 216b Abs. 4 Nr. 4 2. Halbsatz).

624 Gemäß § 216b Abs. 5 SGB III muss der Arbeitsausfall der Agentur für Arbeit gemeldet werden. Zuständig ist die Agentur für Arbeit, in deren Bezirk der Personal abgebende Betrieb seinen Sitz hat (§ 216b Abs. 5 Satz 2 SGB III). Auf Grund des Verweises nach § 173 Abs. 1, 2 Satz 1 und 3 SGB III kann die Anzeige durch den Arbeitgeber und/oder die Betriebsvertretung erfolgen. Dies muss schriftlich geschehen (§ 173 Abs. 1 Satz 1 SGB III).

625 Die Leistung von Transferkurzarbeitergeld ist nach § 216b Abs. 7 SGB III dann ausgeschlossen, wenn die Arbeitnehmer nur vorübergehend in der Beschäftigungsgesellschaft zusammengefasst werden, um anschließend wieder im restrukturierenden Unternehmen bzw. Konzern vermittelt zu werden. Der Gesetzgeber möchte damit nicht nur eine konzern- bzw. unternehmensinterne Qualifikation auf Kosten aller Beitragszahler, sondern auch eine nicht EU-rechtskonforme Subventionierung des Gesamtunternehmens/Konzerns verhindern. Das Transferkurzarbeitergeld ist nämlich eine Beihilfe i. S. v. Art. 107 AEUV (ex Art. 87 EGV) (Gagel/*Bieback* SGB II/III, § 216b SGB III Rn. 17). Das Transferkurzarbeitergeld wird nach § 216b Abs. 8 SGB III längstens zwölf Monate gezahlt. Transferleistungen nach §§ 216a und 216b SGB III kommen nach Auffassung der Bundesagentur für Arbeit nicht nur für Unternehmen in Betracht, die den Regelungen des BetrVG unterfallen, sondern auch für Arbeitnehmer bei Tendenzbetrieben und Religionsgemeinschaften. Voraussetzung ist jedoch auch für diese Arbeitnehmer eine mit § 111 BetrVG vergleichbare Situation. Dies folgt aus der Veränderung von § 216a Abs. 1 S. 3 SGB III (Interpretationshilfen der Bundesagentur für Arbeit von 05/2006 zu Transferleistungen, 2.2 Abs. 2 und Abs. 3, 3.2.1 Abs. 1, so auch: Küttner/*Kania* Beschäftigungsgesellschaft, Rn. 17; ErfK/*Rolfs* § 216a SGB III Rn. 10; *Lembke* BB 2004, 773, 779). Ausgeschlossen von der Zahlung von Transferkurzarbeitergeld sind jedoch Arbeitnehmer des öffentlichen Dienstes, mit Ausnahme der Beschäftigten von Unternehmen, die in selbstständiger Rechtsform erwerbswirtschaftlich betrieben werden (§ 216b Abs. 7 Satz 2 i. V. m. § 216a Abs. 3 Satz 3 SGB III).

626 Für die Dauer des Anspruchs auf Transferkurzarbeitergeld kommt es auf die Gründung der Beschäftigungsgesellschaft an und nicht auf den Eintritt der einzelnen Arbeitnehmer, so dass der Anspruch auf Transferkurzarbeitergeld sich für Arbeitnehmer bei Eintritt in eine bereits bestehende Beschäftigungsgesellschaft auf weniger als 12 Monate verkürzen kann. Deshalb empfiehlt es sich, bei einem größeren Personalabbau, der in zeitlichen Abständen erfolgt, mehrere Beschäftigungsgesellschaften zu errichten (*Mengel/Ullrich* BB 2005, 1109, 1114).

2. Förderung von Transfermaßnahmen (§ 216a SGB III)

627 Maßnahmen zur Eingliederung von Arbeitnehmern in den Arbeitsmarkt (Transfermaßnahmen) können nach § 216a Abs. 2 Satz 2 SGB III mit 50 % der vom Arbeitgeber aufgewendeten Maßnahmekosten, höchstens jedoch mit 2.500 Euro pro gefördertem Arbeitnehmer durch die Agentur für Arbeit gefördert werden (*Raffler/Simshäuser* AuR 2009, 384, 387).

628 Voraussetzung ist allerdings gemäß § 216a Abs. 1 Satz 1 Nr. 1 SGB III, dass die Maßnahmen durch einen Dritten (d. h. nicht vom Arbeitgeber selbst) durchgeführt werden. Die Beauftragung einer Konzerngesellschaft ist möglich (ErfK/*Rolfs* § 216a SGB III Rn. 27; *Mengel/Ullrich* BB 2005, 1109, 1111), dabei muss jedoch § 216a Abs. 3 SGB III beachtet werden.

629 Hinzukommen muss, dass die Arbeitnehmer gemäß § 17 SGB III von Arbeitslosigkeit bedroht werden (vgl. hierzu Rn. 622). Gemäß § 216a Abs. 1 2. Alt. SGB III können auch Auszubildende, die im Anschluss an das Ausbildungsverhältnis nicht übernommen werden, von Arbeitslosigkeit bedroht sein.

630 Gefördert werden nur Maßnahmen, die der Eingliederung in den Arbeitsmarkt dienen (§ 216a Abs. 1 Satz 1 Nr. 2 SGB III). Die Bundesagentur für Arbeit hat eine Liste von förderungsfähigen Maßnahmen zusammengestellt (Interpretationshilfen von 05/2006 der Bundesagentur für Arbeit, 2.4 Abs. 3). Dazu gehören u.a. Praktika und Existenzgründerberatung. Diese Liste ist jedoch nicht abschließend. Über die Förderungsfähigkeit anderer Maßnahmen, sollte mit der zuständigen Agentur für Arbeit Kontakt aufgenommen werden. Zur Zweckmäßigkeitsprüfung der vorgesehenen Maßnahme durch die Agentur für Arbeit s. ErfK/*Rolfs* § 216a SGB III Rn. 25.

631 Eine Förderung durch die Agentur für Arbeit setzt weiterhin voraus, dass die Durchführung der Maßnahme gesichert ist (§ 216a Abs. 1 Satz 1 Nr. 3 SGB III). Der Anbieter der Maßnahme muss sowohl fachlich als auch infrastrukturell (z. B. Räumlichkeiten, Personal) in der Lage sein, die Maßnahme durchzuführen (ErfK/*Rolfs* § 216a SGB III Rn. 28).

632 Außerdem muss die Qualität der Maßnahme gesichert sein (§ 216a Abs. 1 Satz 1 Nr. 4 SGB III). Dies geschieht dadurch, dass der Dritte ein internes Qualitätssicherungssystem anwendet und dieses vom Arbeitgeber nachgewiesen wird (*Mengel/Ullrich* BB 2005, 1109, 1111). Dabei sollen die Zufriedenheit der Teilnehmer, der Vermittlungserfolg und der Verbleib dokumentiert werden (ErfK/*Rolfs* § 216a SGB III Rn. 29). Dies hat sechs Monate nach Abschluss der Maßnahme zu erfolgen.

633 Darüber hinaus muss eine Betriebsänderung gemäß § 111 BetrVG vorliegen. Dabei kommt es auf die Größe des Unternehmens und die Anwendbarkeit des BetrVG auf das Unternehmen nicht an (§ 216a Abs. 1 Satz 3 SGB III, vgl. Rn. 620).

634 Eine Förderung ist gemäß § 216a Abs. 3 Satz 1 SGB III ausgeschlossen, wenn die Arbeitnehmer nur qualifiziert werden, um sie anschließend wieder im Konzern/Unternehmen einzusetzen.

635 Der Arbeitgeber darf auch nicht von bestehenden Verpflichtungen zur Weiterbildung (z. B. auf Grund von Tarifverträgen oder Weiterbildungsgesetzen) entlastet werden (§ 216a Abs. 3 Satz 2 SGB III). Aufgrund dieser Vorschrift kann es zu einer Kollision mit einer arbeitsrechtlichen Grundlagenvereinbarung der Eingliederungsmaßnahme kommen. Um diesem vorzubeugen, kann eine Anrechnungsklausel oder eine Abtretung der Förderungsansprüche der Arbeitnehmer auf den Arbeitgeber vereinbart werden (*Meyer* BB 2004, 490, 492).

636 Wenn Transferkurzarbeitergeld gemäß § 216b SGB III gezahlt wird, gewährt die Bundesagentur für Arbeit keine Leistungen gemäß § 216a SGB III (Interpretationshilfen der Bundesagentur für Arbeit von 05/2006, 2.10 Abs. 10; bejahend *Stück* AuA 2006, 418, 418; *Duchetsmann* „Interne Beschäftigungsgesellschaften", S. 52; die Meinungen hierzu zusammenfassend *Lembke* BB 2004, 773, 781).

637 Der Arbeitgeber muss bei einer Förderung nach § 216a SGB III zunächst in Vorleistung treten. Es kommen jedoch Abschlagszahlungen seitens der Agentur für Arbeit in Betracht (*Meyer* BB 2004, 490, 491 mit Verweis auf die Interpretationshilfen der Bundesagentur für Arbeit von 05/2006, unter 4.1.8.).

IV. Beteiligung des Betriebsrats

1. Mitbestimmung bei der Planung einer Beschäftigungsgesellschaft

638 Als Betriebsänderungen i. S. v. § 216b Abs. 2 i. V. m. § 216a Abs. 1 Satz 3 SGB III gelten die in § 111 BetrVG genannten Betriebsänderungen. Das bedeutet, dass in Unternehmen mit in der Regel mehr als 20 wahlberechtigten Arbeitnehmern und einem Betriebsrat die Planung einer Beschäftigungsgesellschaft an erfolgreiche Verhandlungen mit dem Betriebsrat über einen Interessenausgleich und einen die wirtschaftlichen Nachteile mildernden Sozialplan gekoppelt ist (§§ 111 ff. BetrVG).

2. Beteiligung bei Versetzungen in interne Beschäftigungsgesellschaft

639 Bei der Gründung einer internen Beschäftigungsgesellschaft werden die zu vermittelnden Arbeitnehmer in die Beschäftigungsgesellschaft gemäß § 95 Abs. 3 BetrVG versetzt. Da sich das Gesamtbild der Tätigkeit ändert, muss der Arbeitgeber den Betriebsrat nach § 99 Abs. 1 BetrVG in jedem Einzelfall zuvor über die zu versetzende Person, den Zeitpunkt, die Dauer und die materiellen Auswirkungen der Versetzung in die Beschäftigungsgesellschaft informieren. Das daraus folgende Mitbestimmungsrecht des Betriebsrats entfällt jedoch, wenn die Versetzung im Einvernehmen mit dem Arbeitnehmer erfolgt (s. BAG AP Nr. 84 und Nr. 102 zu § 99 BetrVG 1972; Richardi/*Richardi* BetrVG § 99 Rn. 123).

3. Mitbestimmung bei Einführung von „Kurzarbeit Null"?

640 Ein Mitbestimmungsrecht des Betriebsrats bei der Einführung von „Kurzarbeit Null" gemäß § 87 Abs. 1 Nr. 3 BetrVG ist nicht gegeben, denn im Gegensatz zur konjunkturellen Kurzarbeit nach §§ 169 ff. SGB III ist die Kurzarbeit im Rahmen einer Beschäftigungsgesellschaft nicht nur von „vorübergehender" Dauer. Der Bezug von Transferkurzarbeitergeld setzt vielmehr einen „dauerhaften Arbeitsausfall" voraus, auf Grund dessen „Kurzarbeit Null" eingeführt werden muss. Der zugeordnete Arbeitnehmer kann die Beschäftigungsgesellschaft auch nicht mehr verlassen, um am ursprünglichen Arbeitsplatz seine Tätigkeit wieder aufzunehmen, da dieser dauerhaft weggefallen ist.

4. Mitbestimmung bei Qualifizierungsmaßnahmen

641 Die Mitbestimmung des „abgebenden" Betriebsrats nach § 97 BetrVG (Einrichtungen und Maßnahmen der Berufsbildung) und § 98 BetrVG (Durchführung betrieblicher Bildungsmaßnahmen) kommt bei einer Beschäftigungsgesellschaft – über die vorherigen Verhandlungen und Festelegungen im Rahmen eines Interessenausgleichs und Sozialplans hinaus – nicht in Betracht. Denn die Arbeitnehmer kehren nicht mehr in ihren alten Betrieb zurück. Ihre Qualifizierung erfolgt ausschließlich für den externen Arbeitsmarkt.

5. Erzwingung einer Beschäftigungsgesellschaft durch Einigungsstelle

642 Die Beauftragung oder Gründung einer Beschäftigungsgesellschaft kann durch eine Einigungsstelle nicht erzwungen werden, da dies in die unternehmerische Freiheit des Arbeitgebers eingreifen würde (Küttner/*Kania* Beschäftigungsgesellschaft, Rn. 8; ErfK/*Kania* §§ 112, 112a BetrVG Rn. 37d; *Lembke* BB 2004, 773, 775; a.A. *Wendeling-Schröder/Welkoborsky* NZA 2002, 1370, 1377 und bzgl. einer externen Beschäftigungsgesellschaft *Krieger/Fischinger* NJW 2007, 2289, 2292).

V. Die Beschäftigungsgesellschaft im Verhältnis zu § 613a BGB

643 Der Übergang der Arbeitsverhältnisse vom bisherigen Arbeitgeber auf eine externe Beschäftigungsgesellschaft stellt grundsätzlich keinen Betriebsübergang gemäß § 613a BGB dar, da die Beschäftigungsgesellschaft keine Arbeits- bzw. Betriebsmittel übernimmt und der Zweck der Beschäftigungsgesellschaft mit der Qualifizierung der Arbeitnehmer für den externen Arbeitsmarkt ein ganz anderer als der beim bisherigen Arbeitgeber verfolgte ist (Küttner/*Kania* Beschäftigungsgesellschaft, Rn. 3; *Gaul/Kliemt* NZA 2000, 674, 675).

644 Wird zusätzlich zu einer externen Beschäftigungsgesellschaft – z. B. bei (drohender) Insolvenz – eine Auffanggesellschaft zur (ggf. teilweisen) Weiterführung der bisherigen Geschäftstätigkeit gegründet, stellt sich die Frage der Vereinbarkeit mit § 613a BGB (Küttner/*Kania* Beschäftigungsgesellschaft, Rn. 6).

645 Auch wenn die Auffanggesellschaft nur mit einem ausgesuchten Teil der Arbeitnehmer (Küttner/*Kania* Beschäftigungsgesellschaft, Rn. 6: „olympiareife Mannschaft") neue Arbeitsverträge (ggf. zu schlechteren Arbeitsbedingungen) schließt, hat das BAG darin nicht automatisch eine rechtswidrige Umgehung des § 613a BGB gesehen.

646 Voraussetzung ist jedoch, dass dem Arbeitnehmer bei Abschluss des Aufhebungsvertrags nicht verbindlich ein Arbeitsverhältnis bei der Auffanggesellschaft in Aussicht gestellt oder gar vereinbart wurde und der Aufhebungsvertrag auf das endgültige Ausscheiden im Betrieb gerichtet ist (BAG 18. 5. 2005 NZA 2006, 145, 148; BAG 23. 11. 2006 NZA 2007, 866, 868; *Lembke* BB 2005, 670, 670).

647 In solchen Fällen und bei ausreichender Information über den Zweck der Einbeziehung einer Beschäftigungsgesellschaft in die Restrukturierungsmaßnahmen sowie über deren Folgen, Vor- und Nachteile (*Krieger/Fischinger* NJW 2007, 2289, 2292) kommt eine Anfechtung des dreiseitigen Überleitungsvertrags durch den Arbeitnehmer gemäß §§ 119, 123 BGB nicht in Betracht. Anderes gilt, wenn zum Zeitpunkt des Auflösungsvertrages ein Betriebsübergang bereits geplant war (BAG 23. 11. 2006 NZA 2007, 866, 868).

648 Die Stilllegung des bisherigen Betriebs, die berufliche Zukunft des Arbeitnehmers, der zukünftige Arbeitgeber und die Hoffnungen des Arbeitnehmers von der Auffanggesellschaft übernommen zu werden, stellen keine Geschäftsgrundlage i. S. v. § 313 BGB dar (BAG 23. 11. 2006 NZA 2007, 866, 867 f.).

Eine Umgehung von § 613a BGB liegt jedoch dann vor, wenn offensichtlich eine Sozialauswahl gemäß § 1 KSchG verhindert werden soll (BAG 23. 11. 2006 NZA 2007, 866, 868). Nach Auffassung des BAG (a.a.O.) besteht auch kein Wiedereinstellungs- oder Fortsetzungsanspruch gegen die Auffanggesellschaft. **649**

VI. Betriebsratsfähigkeit einer Beschäftigungsgesellschaft?

650 Eine Beschäftigungsgesellschaft mit eigener Leitungsmacht ist ein Betrieb im betriebsverfassungsrechtlichen Sinne (Arbeitszweck: Qualifikation und Vermittlung der Teilnehmer) und damit grundsätzlich betriebsratsfähig nach § 1 BetrVG.

651 In der Beschäftigungsgesellschaft sind zwei Gruppen von Arbeitnehmern zu unterscheiden: zum einen die Teilnehmer – respektive die Bezieher von Transferkurzarbeitergeld – und zum anderen diejenigen Arbeitnehmer, die mit der Verwaltung oder Durchführung der Vermittlungs- und Qualifizierungsmaßnahmen betraut sind und dadurch den arbeitstechnischen Zweck der Beschäftigungsgesellschaft verwirklichen, also die (nicht selbstständigen) Berater. Nur Letztere sind bei Betriebsratswahlen wahlberechtigt. Das Wahlrecht der Teilnehmer einer Beschäftigungsgesellschaft ist dagegen abzulehnen. Sie sollen qualifiziert werden, d. h. sie sollen Kenntnisse und Fähigkeiten erwerben, die sie „arbeitsmarktfähiger" machen. Sie sind folglich, ebenso wie Auszubildende in reinen Ausbildungsbetrieben, nicht in den betrieblichen arbeitstechnischen Zweck eingegliedert. Mangels Verfolgung eines weitergehenden arbeitstechnischen Zwecks im Sinne eines Produktions- oder Dienstleistungsbetriebes rückt die betriebsorganisatorisch eigenständige Einheit damit in die Nähe eines Ausbildungsbetriebes *(Bachner/Schindele* NZA 1999, 130, 134; so auch *Fitting* § 5 Rn. 139). Das BAG hat in ständiger Rechtsprechung den Auszubildenden eines reinen Ausbildungsbetriebs die betriebsverfassungsrechtliche Arbeitnehmereigenschaft abgesprochen. Auszubildende sind wie die Teilnehmer einer Beschäftigungsgesellschaft selbst Gegenstand des Betriebszwecks. Beide sind die „Kunden" der Ausbilder, Vermittler und Trainer, so dass die Rechtsprechung des BAG zu reinen Ausbildungsbetrieben auf Beschäftigungsgesellschaften zu erweitern ist (Küttner/*Kania* Beschäftigungsgesellschaft, Rn. 3; ErfK/*Eisemann/Koch* § 5 BetrVG Rn. 2–4; grundlegend zur Betriebsratsfähigkeit einer Beschäftigungsgesellschaft *Rieble/Klumpp* NZA 2003, 1169).

VII. Ein Beispiel aus der betrieblichen Praxis

1. Rahmenbedingungen für die Teilnehmer der Beschäftigungsgesellschaft

652 Ein Betrieb aus dem Telekommunikations-Bereich hatte wegen des dramatischen Rückgangs der Aufträge aus der „New Economy" großen Restrukturierungsbedarf. Um den damit verbundenen Personalabbau so sozialverträglich wie möglich zu gestalten, wurde in zähen Verhandlungen mit dem Betriebsrat neben kollektiver Arbeitszeitabsenkung und einem „üblichen" Interessenausgleich/Sozialplan u.a. auch eine „interne Beschäftigungsgesellschaft" vereinbart. Für diese von 20 internen Vermittlern und externen Trainern betreute Beschäftigungsgesellschaft hatten sich 418 Arbeitnehmer gemeldet; Vermittlungsquote nach Ende der Laufzeit: 79 %. Das Transferkurzarbeitergeld wurde von der Firma auf 85 % des bisherigen regelmäßigen Monats-Nettoeinkommens (ohne zusätzliches Urlaubsgeld, Weihnachtsgeld, Jahreszahlung, Beteiligungen am Betriebserfolg u.ä, jedoch mit Anspruch auf vermögenswirksame Leistungen und vergünstigte Belegschaftsaktien) aufgestockt. Die Zeit in der Beschäftigungsgesellschaft wurde als Dienstzeit für die betriebliche Altersversorgung und für das Dienstjubiläum angerechnet. Es bestand keine Anwesenheitspflicht in der Beschäftigungsgesellschaft, jedoch die Pflicht zur Teilnahme an den Veranstaltungen zum Bewerbertraining und an den Einzelberatungen. Der Urlaubsanspruch betrug weiterhin 30 Arbeitstage und war mit dem zuständigen Beschäftigungsgesellschafts-Berater unter Rücksichtnahme auf verpflichtende Veranstaltungen abzustimmen. Bei vorzeitigem Ausscheiden aus der Beschäftigungsgesellschaft erhöhte sich die Abfindung (ca. 70 % der Abfindungshöhe bei betriebsbedingten Kündigungen) für jeden ersparten Monat um 0,4 Monatseinkommen, maximal um 20 % der Abfindung (vgl. zu diesem Beispiel auch *Wagner/Wahba* Personalpolitik in schwierigen Zeiten).

2. Leistungsangebot in der Beschäftigungsgesellschaft zur Neuorientierung des Arbeitnehmers

[s. Übersicht S. 273]

653 **Die Räume der Beschäftigungsgesellschaft sind ausgestattet mit:**

- dem Job-Center
- PC-Arbeitsplätzen mit Intra- und Internet-Zugang
  - Zugang zum E-Mail-Account des Arbeitnehmers
  - Zugriff auf eine Datenbank, die über relevante Firmen deutschlandweit Auskunft gibt
- (Farb-)Drucker, Scanner, Telefon, Fax, Kopierer
- Besprechungs- und Schulungsräumen
- Einzelbesprechungsräumen
- Kommunikationsecke mit Getränkeautomaten

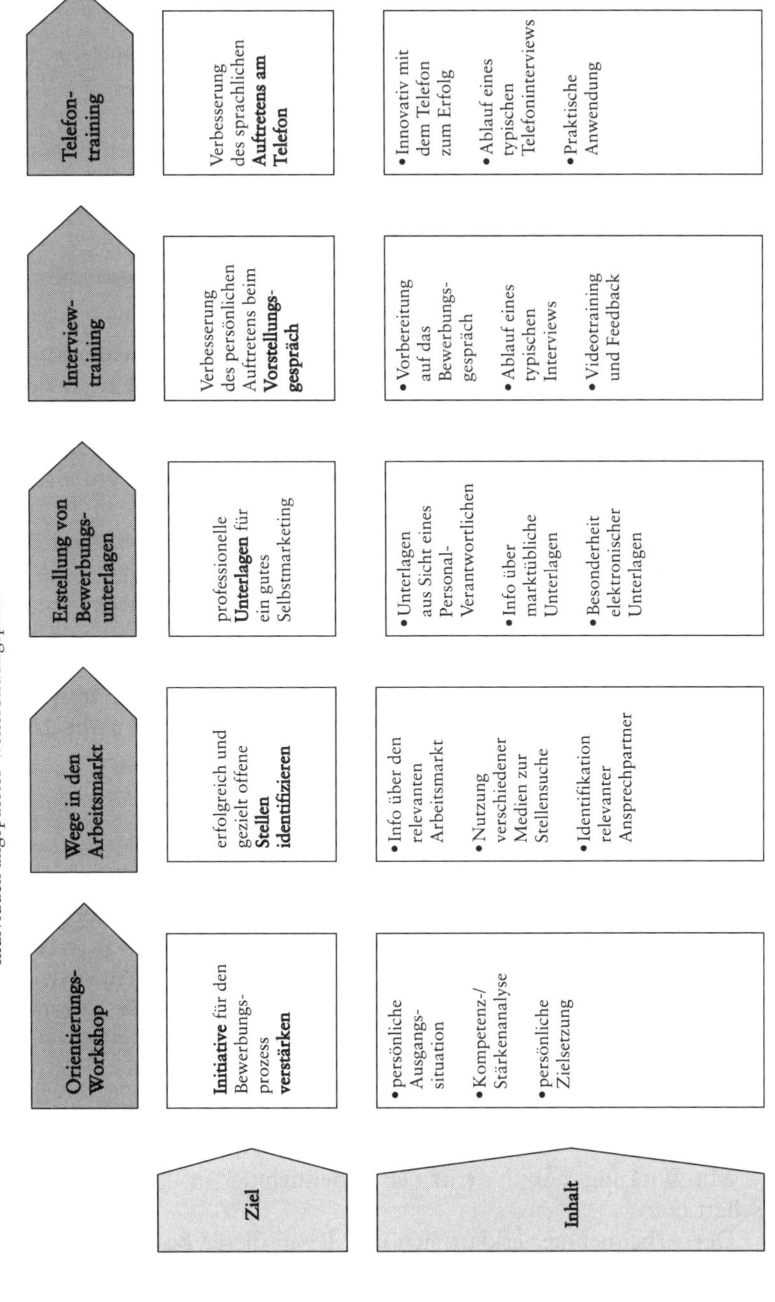
Leistungsangebot in der beE zur Neuorientierung des Arbeitnehmers
• Einzelberatung: Individuelle situationsbezogene Unterstützung im Bewerbungsprozess
• Jobakquise, Jobvermittlung, Job-Börsen, Veranstaltungen
• Individuell angepasster Weiterbildungsplan:
Orientierungs-Workshop
Wege in den Arbeitsmarkt
Erstellung von Bewerbungs-unterlagen
Interview-training
Telefon-training
Ziel
Initiative für den Bewerbungsprozess verstärken
erfolgreich und gezielt offene Stellen identifizieren
professionelle Unterlagen für ein gutes Selbstmarketing
Verbesserung des persönlichen Auftretens beim Vorstellungsgespräch
Verbesserung des sprachlichen Auftretens am Telefon
Inhalt
• persönliche Ausgangssituation
• Kompetenz-/Stärkenanalyse
• persönliche Zielsetzung
• Info über den relevanten Arbeitsmarkt
• Nutzung verschiedener Medien zur Stellensuche
• Identifikation relevanter Ansprechpartner
• Unterlagen aus Sicht eines Personal-Verantwortlichen
• Info über marktübliche Unterlagen
• Besonderheit elektronischer Unterlagen
• Vorbereitung auf das Bewerbungsgespräch
• Ablauf eines typischen Interviews
• Videotraining und Feedback
• Innovativ mit dem Telefon zum Erfolg
• Ablauf eines typischen Telefoninterviews
• Praktische Anwendung

Das Job-Center bietet:

- aktuelle Tageszeitungen mit Stellenmarkt
- „schwarzes Brett“ mit offenen Stellen in der Stadt und deren Umgebung
- tagesaktuelle Arbeitsplatz-Angebote von Partnerfirmen
- Organisation von Job-Börsen mit Partnerfirmen
- individuelle Firmenpräsentationen vor Ort und dadurch direkte Kontakte
- Informationsveranstaltungen durch die Agentur für Arbeit
- Qualifizierungsmaßnahmen in Zusammenarbeit mit Bildungsträgern
- Fachliteratur zu allen Themen rund um die Bewerbung
- schnelle und zielgerichtete Weiterleitung der Unterlagen durch professionelle Job-Berater

Mögliche Schritte der Teilnehmer in den ersten Arbeitsmarkt:

- Festanstellung – neue Aufgaben in einem anderen Betrieb des Konzerns bzw. bei einem externen Unternehmen
- „Schnupperarbeitsverhältnis“/Praktikum (konzernintern oder extern) während der Laufzeit der Beschäftigungsgesellschaft mit dem Ziel einer Festanstellung
- Verleih – über die unternehmenseigene Zeitarbeitsfirma, mit dem Ziel einer Festanstellung
- Existenzgründung – Aufbau eines eigenen Unternehmens

3. Änderungsvertrag zwischen dem Arbeitgeber und seinem in eine interne Beschäftigungsgesellschaft wechselnden Arbeitnehmer (Beispiel)[1]

Präambel

654 Durch diese Vertragsänderung sollen die vertragsrechtlichen Voraussetzungen geschaffen werden, um die Chancen des von Arbeitslosigkeit bedrohten Arbeitnehmers auf dauerhafte Vermittlung in den Arbeitsmarkt zu verbessern. Grundlage für diesen Vertrag ist der zwischen dem Arbeitgeber und dem Betriebsrat abgeschlossene Sozialplan über die interne Beschäftigungsgesellschaft.

a) Inhalt des Arbeitsvertrags

655 Mit Wirkung zum ... tritt der Arbeitnehmer in die Beschäftigungsgesellschaft ein.

656 Der Arbeitnehmer erklärt sich mit der in dieser Beschäftigungsgesellschaft anfallenden „Kurzarbeit Null“ i. S. v. § 216b SGB III einverstanden, darüber hinaus erfolgt keine Beschäftigung.

---

[1] Weiteres Beispiel siehe auch *Duchetsmann* „Interne Beschäftigungsgesellschaften“, S. 199 ff.

b) Pflichten des Arbeitnehmers in der Beschäftigungsgesellschaft

Der Arbeitnehmer ist verpflichtet **657**
- sich bei der Agentur für Arbeit Arbeit suchend zu melden.
- an den innerhalb der Beschäftigungsgesellschaft angebotenen Fortbildungs-, Umschulungs- und Arbeitsvermittlungsmaßnahmen teilzunehmen.
- die von der Beschäftigungsgesellschaft angebotenen Unterstützungen (New-Placement, Beratung, usw.) mit dem Ziel einer Vermittlung in den 1. Arbeitsmarkt aktiv in Anspruch zu nehmen.
- von der Beschäftigungsgesellschaft und/oder der Agentur für Arbeit angebotene Möglichkeiten zur Bewerbung auf freie Stellen aktiv zu nutzen.
- sich selbst um eine Vermittlung auf eine freie Stelle aktiv zu bemühen.

c) Bezüge des Arbeitnehmers in der Beschäftigungsgesellschaft

658 Der Arbeitnehmer erhält in der Beschäftigungsgesellschaft – unter Anrechnung von eventuellen Zahlungen der Agentur für Arbeit – monatlich 85 % von den bisherigen monatlichen Nettobezügen garantiert. Durch die vom Arbeitgeber getragene Aufstockung des gesetzlichen Transferkurzarbeitergeldes (keine Kinder: 60 % / mindestens ein Kind: 67 % der Nettoentgeltdifferenz zwischen Soll- und Ist-Entgelt bis zur Beitragsbemessungsgrenze) auf 85 % sind jedwede sonstigen geldlichen Ansprüche des Arbeitnehmers abgegolten, insbesondere das tarifliche Weihnachts-/Urlaubsgeld und unternehmensinterne Jahreszahlungen/Beteiligungen.

659 An Tagen, an denen dem Arbeitnehmer kein Transferkurzarbeitergeld zusteht (z.B. Urlaub oder Feiertag) übernimmt der Arbeitgeber die Zahlung des Betrags.

660 Verhängt die Agentur für Arbeit gegen den Arbeitnehmer eine Sperrzeit, weil er sich nicht an Arbeitsvermittlungs-/Qualifizierungsmaßnahmen beteiligt hat, so wird bei der Bemessung der vom Arbeitgeber zu leistenden Aufstockungszahlung der Bezug von Transferkurzarbeitergeld fingiert.

d) Urlaubsansprüche des Arbeitnehmers in der Beschäftigungsgesellschaft

661 Der Arbeitnehmer hat weiterhin 30 Arbeitstage Urlaub/Kalenderjahr. Die Urlaubsnahme ist mit der Beschäftigungsgesellschafts-Leitung abzusprechen.

e) Zeugnis

662 Der Arbeitnehmer erhält vom Arbeitgeber auf Wunsch ein qualifiziertes (Zwischen-)Zeugnis.

f) Nebentätigkeit

663 Der Arbeitnehmer ist darüber informiert, dass Einkünfte aus Nebentätigkeiten den Anspruch auf Transferkurzarbeitergeld entsprechend mindern und ggf. zum völligen Verlust dieses Anspruchs führen können. Aus diesem Grund bedarf jede entgeltliche Nebentätigkeit der vorherigen schriftlichen Genehmigung der Beschäftigungsgesellschafts-Leitung. Ein Verstoß des Arbeitnehmers gegen diese Verpflichtung berechtigt den Arbeitgeber zur Kündigung dieses Vertrags.

664 Einkünfte, die der Arbeitnehmer aus genehmigter Nebentätigkeit erzielt, werden auf die Nettoentgeltgarantie gemäß Ziffer 3 dieses Vertrags angerechnet.

g) Garantierte Verweildauer in der Beschäftigungsgesellschaft/Beendigung des Arbeitsverhältnisses

665 Der Arbeitgeber garantiert dem Arbeitnehmer eine Verweildauer von 12 Monaten in der Beschäftigungsgesellschaft.

666 Das Arbeitsverhältnis endet mit Ablauf des ..., ohne dass es einer Kündigung bedarf. Der Arbeitnehmer hat das Recht, das Arbeitsverhältnis jederzeit vorzeitig zu einem Zeitpunkt seiner Wahl durch schriftliche Erklärung zu beenden.

667 Für den Fall, dass der Arbeitnehmer vor Beendigung der Beschäftigungsgesellschaft aus dieser ausscheidet erhält er innerhalb der ersten x Monate eine Prämie in Höhe von x % des Monatsgehalts bei der Beschäftigungsgesellschaft. Nach diesem Zeitpunkt erhält er eine Zahlung in Höhe von x % pro Monat, den er nicht in der Beschäftigungsgesellschaft verbringt.

Die Höchstgrenze der Zahlung beträgt x %.

h) Weitergeltung des Arbeitsvertrags

668 Enthalten diese vertraglichen Regelungen keine Abweichungen, gelten der bisherige Arbeitsvertrag und der Tarifvertrag weiter.

i) Abschlussvorschriften

669 Dieser Vertrag ist auch wirksam, wenn einzelne Regelungen unwirksam werden. In diesem Fall sind die Parteien verpflichtet, andere wirksame Regelungen zu finden, die den unwirksamen möglichst entsprechen.

4. Ergänzungen zum Änderungsvertrag (oben 3.) für den Fall, dass mit Eintritt in die (interne oder externe) Beschäftigungsgesellschaft das Arbeitsverhältnis zum Arbeitgeber durch einen Aufhebungsvertrag beendet wird

a) Aufhebung des Arbeitsverhältnisses

670 Das Arbeitsverhältnis mit dem Arbeitgeber endet zum ... .

Das Arbeitsverhältnis mit der Beschäftigungsgesellschaft beginnt am ... und endet zum ... .

Der Vertrag erlangt erst Gültigkeit, wenn die Agentur für Arbeit Kurzarbeitergeld gewährt (aufschiebende Bedingung).

Er gilt nur, solange der Arbeitgeber seinen Verpflichtungen aus diesem Vertrag nachkommt (auflösende Bedingung).

b) Abfindung

671 Der Arbeitgeber zahlt dem Arbeitnehmer für den Verlust des Arbeitsplatzes eine Abfindung in Höhe von ... € brutto.

c) Abschlussvorschriften

672 Mit Beendigung des Arbeitsverhältnisses zwischen Arbeitnehmer und Arbeitgeber erlöschen alle gegenseitigen Ansprüche aus dem Arbeitsverhältnis. Dabei ist unerheblich, ob diese bekannt sind oder nicht.

5. Beim dreiseitigen Vertrag zwischen Arbeitgeber, Arbeitnehmer und Beschäftigungsgesellschaft ist zusätzlich zu 3. und 4. noch folgendes zu beachten.

Dienstleistungs- und Kooperationsvertrag zwischen AG und BG

673 Der Arbeitgeber trägt die Verwaltungskosten der Beschäftigungsgesellschaft.

Er trägt die in diesem Vertrag vereinbarten Zuschläge zum Transferkurzarbeitergeld.

Zudem übernimmt er die Remanenzkosten, d.h. die Arbeitnehmer- und Arbeitgeberbeiträge zur Kranken-, Renten- und Pflegeversicherung, die Urlaubs- sowie die Feiertagsentgeltzahlungen.

6. Sozialplanregelung über die Bedingungen für eine interne Beschäftigungsgesellschaft (Beispiel)[2]

a) Persönlicher Geltungsbereich

674 Der Arbeitgeber wird 500 Arbeitnehmern aus der Abteilung A des Betriebs B den Wechsel in eine „interne Beschäftigungsgesellschaft" nach Maßgabe der folgenden Bestimmungen anbieten.

b) Arbeitsverhältnis in der Beschäftigungsgesellschaft

675 Der Arbeitgeber wird die Beschäftigungsgesellschaft innerhalb des Unternehmens errichten.

676 Die Arbeitnehmer treten im Einvernehmen mit dem Arbeitgeber durch Vertragsänderung in die Beschäftigungsgesellschaft über. Das Arbeitsverhältnis endet mit Ablauf von 12 Monaten nach Eintritt in die Beschäftigungsgesellschaft. Die Arbeitnehmer haben das Recht, das Arbeitsverhältnis jederzeit zu einem Zeitpunkt ihrer Wahl zu beenden.

c) „Kurzarbeit Null" / Einkommen in der Beschäftigungsgesellschaft

677 Mit dem Wechsel in die Beschäftigungsgesellschaft erklärt der Arbeitnehmer sein Einverständnis mit struktureller Kurzarbeit („Kurzarbeit Null").

678 Die übergetretenen Arbeitnehmer erhalten in der Beschäftigungsgesellschaft – unter Anrechnung der Zahlungen der Agentur für Arbeit – monatlich 80 % ihrer bisherigen monatlichen normalen Nettobezüge für einen Zeitraum von 12 Monaten seit Übertritt garantiert.

679 Der Arbeitgeber trägt die gesetzlich vorgeschriebenen Remanenzkosten (Arbeitgeber- und Arbeitnehmer-Anteil an den Sozialversicherungsbeiträgen, Entgelt für Sonn-/Feiertage, Entgelt für Urlaub usw.), die Verwaltungskosten der Beschäftigungsgesellschaft und stellt für jeden in die Beschäftigungsgesellschaft übertretenden Arbeitnehmer pauschal 2.250 € für Qualifizierungsmaßnahmen zur Verfügung.

d) Abfindung bei Ausscheiden aus der Beschäftigungsgesellschaft

680 Jeder in die Beschäftigungsgesellschaft wechselnde Arbeitnehmer erhält bei Beendigung des Arbeitsverhältnisses mit dem Unternehmen (ausgenommen: Wechsel zu einer Konzerngesellschaft unter Aufrechterhaltung des Besitzstands) eine um 30 % ermäßigte Abfindung gemäß „Ziff. 4 Sozialplan über Abfindungen bei betriebsbedingten Kündigungen" [s. Anhang 8.2].

---

[2] Weiteres Beispiel siehe auch *Duchetsmann* „Interne Beschäftigungsgesellschaften", S. 199 ff.

Die Abfindung erhöht sich bei einem vorzeitigen Ausscheiden aus der Beschäftigungsgesellschaft um 0,4 Monatseinkommen für jeden Monat, der die garantierte Verweildauer von 12 Monaten abkürzt, höchstens jedoch um 20 % der Abfindung gemäß o.g. Sozialplan. **681**

e) Beschäftigungsgesellschaft als eigenständiger Betrieb

Die Beschäftigungsgesellschaft ist ein eigenständiger Betrieb i.S.d. BetrVG und des KSchG, d.h. bei betriebsbedingten Kündigungen findet keine Sozialauswahl mit Arbeitnehmern aus anderen Standorten des Unternehmens, auch nicht mit dem abgebenden Betrieb statt. **682**

f) Beirat

Zur *Beratung* der Beschäftigungsgesellschaft über deren Abwicklung und über die Verwendung erwirtschafteter Mittel (einschließlich Transferkurzarbeitergeld und Mittel aus dem Europäischen Sozialfonds), ersparter Remanenzkosten usw. wird ein Beirat bestellt, der aus je einem Vertreter des Arbeitgebers, der Beschäftigungsgesellschaft, des Betriebsrats, der Agentur für Arbeit, der Gewerkschaft und des Arbeitgeber-Verbandes besteht. **683**

Der Beirat hat Anspruch auf aussagekräftige *Controlling-Berichte* (quartalsweise), insbesondere über Mittelverwendung, durchgeführte/geplante Qualifizierungsmaßnahmen (Inhalt, Teilnehmer, Kosten), Vermittlungsbemühungen und Vermittlungserfolge. **684**

g) Vorbehalt der Kurzarbeitergeld-Gewährung durch die Agentur für Arbeit

Sollte die Agentur für Arbeit die Gewährung von Transferkurzarbeitergeld durch (nicht notwendig rechtskräftigen) Bescheid ablehnen, ist der Arbeitgeber nicht zur Errichtung einer Beschäftigungsgesellschaft verpflichtet. **685**

h) Qualifizierungsmaßnahmen

Den Arbeitnehmern werden in der Beschäftigungsgesellschaft folgende Qualifizierungsmöglichkeiten angeboten: … **686**

K. Anhänge (Übersicht)

Anhang 1: Gesetzestexte zur Umstrukturierung

Anhang 1.1: § 613 a BGB[1]

§ 613a BGB
Rechte und Pflichten bei Betriebsübergang

(1) [1]Geht ein Betrieb oder Betriebsteil durch Rechtsgeschäft auf einen anderen Inhaber über, so tritt dieser in die Rechte und Pflichten aus den im Zeitpunkt des Übergangs bestehenden Arbeitsverhältnissen ein.
[2]Sind diese Rechte und Pflichten durch Rechtsnormen eines Tarifvertrags oder durch eine Betriebsvereinbarung geregelt, so werden sie Inhalt des Arbeitsverhältnisses zwischen dem neuen Inhaber und dem Arbeitnehmer und dürfen nicht vor Ablauf eines Jahres nach dem Zeitpunkt des Übergangs zum Nachteil des Arbeitnehmers geändert werden.
[3]Satz 2 gilt nicht, wenn die Rechte und Pflichten bei dem neuen Inhaber durch Rechtsnormen eines anderen Tarifvertrags oder durch eine andere Betriebsvereinbarung geregelt werden.
[4]Vor Ablauf der Frist nach Satz 2 können die Rechte und Pflichten geändert werden, wenn der Tarifvertrag oder die Betriebsvereinbarung nicht mehr gilt oder bei fehlender beiderseitiger Tarifgebundenheit im Geltungsbereich eines anderen Tarifvertrags dessen Anwendung zwischen dem neuen Inhaber und dem Arbeitnehmer vereinbart wird.

(2) [1]Der bisherige Arbeitgeber haftet neben dem neuen Inhaber für Verpflichtungen nach Absatz 1, soweit sie vor dem Zeitpunkt des Übergangs entstanden sind und vor Ablauf von einem Jahr nach diesem Zeitpunkt fällig werden, als Gesamtschuldner.
[2]Werden solche Verpflichtungen nach dem Zeitpunkt des Übergangs fällig, so haftet der bisherige Arbeitgeber für sie jedoch nur in dem Umfang, der dem im Zeitpunkt des Übergangs abgelaufenen Teil ihres Bemessungszeitraums entspricht.

(3) Absatz 2 gilt nicht, wenn eine juristische Person oder eine Personenhandelsgesellschaft durch Umwandlung erlischt.

(4) [1]Die Kündigung des Arbeitsverhältnisses eines Arbeitnehmers durch den bisherigen Arbeitgeber oder durch den neuen Inhaber wegen des Übergangs eines Betriebs oder eines Betriebsteils ist unwirksam.
[2]Das Recht zur Kündigung des Arbeitsverhältnisses aus anderen Gründen bleibt unberührt.

(5) Der bisherige Arbeitgeber oder neue Inhaber hat die von einem Übergang betroffenen Arbeitnehmer vor dem Übergang in Textform zu unterrichten über:
1. den Zeitpunkt oder den geplanten Zeitpunkt des Übergangs,
2. den Grund für den Übergang,
3. die rechtlichen, wirtschaftlichen und sozialen Folgen des Übergangs für die Arbeitnehmer und
4. die hinsichtlich der Arbeitnehmer in Aussicht genommenen Maßnahmen.

(6) [1]Der Arbeitnehmer kann dem Übergang des Arbeitsverhältnisses innerhalb eines Monats nach Zugang der Unterrichtung nach Absatz 5 schriftlich widersprechen.
[2]Der Widerspruch kann gegenüber dem bisherigen Arbeitgeber oder dem neuen Inhaber erklärt werden.

[1] Aus **BGB** in der Fassung der Bekanntmachung vom 2. 1. 2002 (BGBl. I S. 42, ber. S. 2909), zuletzt geändert durch Art. 4 des Gesetzes vom 30. 7. 2009 (BGBl. I S. 474).

Anhang 1.2: UmwG[1] (Auszug)

§ 1 UmwG
Arten der Umwandlung, gesetzliche Beschränkungen

(1) Rechtsträger mit Sitz im Inland können umgewandelt werden
   1. durch Verschmelzung;
   2. durch Spaltung (Aufspaltung, Abspaltung, Ausgliederung);
   3. durch Vermögensübertragung;
   4. durch Formwechsel.

(2) Eine Umwandlung im Sinne des Absatzes 1 ist außer in den in diesem Gesetz geregelten Fällen nur möglich, wenn sie durch ein anderes Bundesgesetz oder ein Landesgesetz ausdrücklich vorgesehen ist.

(3) [1]Von den Vorschriften dieses Gesetzes kann nur abgewichen werden, wenn dies ausdrücklich zugelassen ist.
[2]Ergänzende Bestimmungen in Verträgen, Satzungen oder Willenserklärungen sind zulässig, es sei denn, daß dieses Gesetz eine abschließende Regelung enthält.

§ 2 UmwG
Arten der Verschmelzung

Rechtsträger können unter Auflösung ohne Abwicklung verschmolzen werden
1. im Wege der Aufnahme durch Übertragung des Vermögens eines Rechtsträgers oder mehrerer Rechtsträger (übertragende Rechtsträger) als Ganzes auf einen anderen bestehenden Rechtsträger (übernehmender Rechtsträger) oder
2. im Wege der Neugründung durch Übertragung der Vermögen zweier oder mehrerer Rechtsträger (übertragende Rechtsträger) jeweils als Ganzes auf einen neuen, von ihnen dadurch gegründeten Rechtsträger

gegen Gewährung von Anteilen oder Mitgliedschaften des übernehmenden oder neuen Rechtsträgers an die Anteilsinhaber (Gesellschafter, Partner, Aktionäre oder Mitglieder) der übertragenden Rechtsträger.

§ 3 UmwG
Verschmelzungsfähige Rechtsträger

(1) An Verschmelzungen können als übertragende, übernehmende oder neue Rechtsträger beteiligt sein:
   1. Personenhandelsgesellschaften (offene Handelsgesellschaften, Kommanditgesellschaften) und Partnerschaftsgesellschaften;
   2. Kapitalgesellschaften (Gesellschaften mit beschränkter Haftung, Aktiengesellschaften, Kommanditgesellschaften auf Aktien);
   3. eingetragene Genossenschaften;
   4. eingetragene Vereine (§ 21 des Bürgerlichen Gesetzbuchs);
   5. genossenschaftliche Prüfungsverbände;
   6. Versicherungsvereine auf Gegenseitigkeit.

(2) An einer Verschmelzung können ferner beteiligt sein:
   1. wirtschaftliche Vereine (§ 22 des Bürgerlichen Gesetzbuchs), soweit sie übertragender Rechtsträger sind;
   2. natürliche Personen, die als Alleingesellschafter einer Kapitalgesellschaft deren Vermögen übernehmen.

(3) An der Verschmelzung können als übertragende Rechtsträger auch aufgelöste Rechtsträger beteiligt sein, wenn die Fortsetzung dieser Rechtsträger beschlossen werden könnte.

---

[1] Vom 28. 10. 1994 (BGBl. I S. 3210, ber. 1995 S. 428), zuletzt geändert durch Gesetz vom 30. 7. 2009 (BGBl. I S. 2479).

(4) Die Verschmelzung kann sowohl unter gleichzeitiger Beteiligung von Rechtsträgern derselben Rechtsform als auch von Rechtsträgern unterschiedlicher Rechtsform erfolgen, soweit nicht etwas anderes bestimmt ist.

§ 4 UmwG
Verschmelzungsvertrag

(1) [1]Die Vertretungsorgane der an der Verschmelzung beteiligten Rechtsträger schließen einen Verschmelzungsvertrag.
[2]§ 311b Abs. 2 des Bürgerlichen Gesetzbuchs gilt für ihn nicht.

(2) Soll der Vertrag nach einem der nach § 13 erforderlichen Beschlüsse geschlossen werden, so ist vor diesem Beschluß ein schriftlicher Entwurf des Vertrags aufzustellen.

§ 5 UmwG
Inhalt des Verschmelzungsvertrags

(1) Der Vertrag oder sein Entwurf muß mindestens folgende Angaben enthalten:
1. den Namen oder die Firma und den Sitz der an der Verschmelzung beteiligten Rechtsträger;
2. die Vereinbarung über die Übertragung des Vermögens jedes übertragenden Rechtsträgers als Ganzes gegen Gewährung von Anteilen oder Mitgliedschaften an dem übernehmenden Rechtsträger;
3. das Umtauschverhältnis der Anteile und gegebenenfalls die Höhe der baren Zuzahlung oder Angaben über die Mitgliedschaft bei dem übernehmenden Rechtsträger;
4. die Einzelheiten für die Übertragung der Anteile des übernehmenden Rechtsträgers oder über den Erwerb der Mitgliedschaft bei dem übernehmenden Rechtsträger;
5. den Zeitpunkt, von dem an diese Anteile oder die Mitgliedschaften einen Anspruch auf einen Anteil am Bilanzgewinn gewähren, sowie alle Besonderheiten in bezug auf diesen Anspruch;
6. den Zeitpunkt, von dem an die Handlungen der übertragenden Rechtsträger als für Rechnung des übernehmenden Rechtsträgers vorgenommen gelten (Verschmelzungsstichtag);
7. die Rechte, die der übernehmende Rechtsträger einzelnen Anteilsinhabern sowie den Inhabern besonderer Rechte wie Anteile ohne Stimmrecht, Vorzugsaktien, Mehrstimmrechtsaktien, Schuldverschreibungen und Genußrechte gewährt, oder die für diese Personen vorgesehenen Maßnahmen;
8. jeden besonderen Vorteil, der einem Mitglied eines Vertretungsorgans oder eines Aufsichtsorgans der an der Verschmelzung beteiligten Rechtsträger, einem geschäftsführenden Gesellschafter, einem Partner, einem Abschlußprüfer oder einem Verschmelzungsprüfer gewährt wird;
9. die Folgen der Verschmelzung für die Arbeitnehmer und ihre Vertretungen sowie die insoweit vorgesehenen Maßnahmen.

(2) Befinden sich alle Anteile eines übertragenden Rechtsträgers in der Hand des übernehmenden Rechtsträgers, so entfallen die Angaben über den Umtausch der Anteile (Absatz 1 Nr. 2 bis 5), soweit sie die Aufnahme dieses Rechtsträgers betreffen.

(3) Der Vertrag oder sein Entwurf ist spätestens einen Monat vor dem Tage der Versammlung der Anteilsinhaber jedes beteiligten Rechtsträgers, die gemäß § 13 Abs. 1 über die Zustimmung zum Verschmelzungsvertrag beschließen soll, dem zuständigen Betriebsrat dieses Rechtsträgers zuzuleiten.

§ 123 UmwG
Arten der Spaltung

(1) Ein Rechtsträger (übertragender Rechtsträger) kann unter Auflösung ohne Abwicklung sein Vermögen aufspalten
1. zur Aufnahme durch gleichzeitige Übertragung der Vermögensteile jeweils als Gesamtheit auf andere bestehende Rechtsträger (übernehmende Rechtsträger) oder

2. zur Neugründung durch gleichzeitige Übertragung der Vermögensteile jeweils als Gesamtheit auf andere, von ihm dadurch gegründete neue Rechtsträger

gegen Gewährung von Anteilen oder Mitgliedschaften dieser Rechtsträger an die Anteilsinhaber des übertragenden Rechtsträgers (Aufspaltung).

(2) Ein Rechtsträger (übertragender Rechtsträger) kann von seinem Vermögen einen Teil oder mehrere Teile abspalten

1. zur Aufnahme durch Übertragung dieses Teils oder dieser Teile jeweils als Gesamtheit auf einen bestehenden oder mehrere bestehende Rechtsträger (übernehmende Rechtsträger) oder
2. zur Neugründung durch Übertragung dieses Teils oder dieser Teile jeweils als Gesamtheit auf einen oder mehrere, von ihm dadurch gegründeten neuen oder gegründete neue Rechtsträger

gegen Gewährung von Anteilen oder Mitgliedschaften dieses Rechtsträgers oder dieser Rechtsträger an die Anteilsinhaber des übertragenden Rechtsträgers (Abspaltung).

(3) Ein Rechtsträger (übertragender Rechtsträger) kann aus seinem Vermögen einen Teil oder mehrere Teile ausgliedern

1. zur Aufnahme durch Übertragung dieses Teils oder dieser Teile jeweils als Gesamtheit auf einen bestehenden oder mehrere bestehende Rechtsträger (übernehmende Rechtsträger) oder
2. zur Neugründung durch Übertragung dieses Teils oder dieser Teile jeweils als Gesamtheit auf einen oder mehrere, von ihm dadurch gegründeten neuen oder gegründete neue Rechtsträger

gegen Gewährung von Anteilen oder Mitgliedschaften dieses Rechtsträgers oder dieser Rechtsträger an den übertragenden Rechtsträger (Ausgliederung).

(4) Die Spaltung kann auch durch gleichzeitige Übertragung auf bestehende und neue Rechtsträger erfolgen.

§ 133 UmwG
Schutz der Gläubiger und der Inhaber von Sonderrechten

(1) [1]Für die Verbindlichkeiten des übertragenden Rechtsträgers, die vor dem Wirksamwerden der Spaltung begründet worden sind, haften die an der Spaltung beteiligten Rechtsträger als Gesamtschuldner.

[2]Die §§ 25, 26 und 28 des Handelsgesetzbuchs sowie § 125 in Verbindung mit § 22 bleiben unberührt; zur Sicherheitsleistung ist nur der an der Spaltung beteiligte Rechtsträger verpflichtet, gegen den sich der Anspruch richtet.

(2) [1]Für die Erfüllung der Verpflichtung nach § 125 in Verbindung mit § 23 haften die an der Spaltung beteiligten Rechtsträger als Gesamtschuldner.

[2]Bei Abspaltung und Ausgliederung können die gleichwertigen Rechte im Sinne des § 125 in Verbindung mit § 23 auch in dem übertragenden Rechtsträger gewährt werden.

(3) [1]Diejenigen Rechtsträger, denen die Verbindlichkeiten nach Absatz 1 Satz 1 im Spaltungs- und Übernahmevertrag nicht zugewiesen worden sind, haften für diese Verbindlichkeiten, wenn sie vor Ablauf von fünf Jahren nach der Spaltung fällig und daraus Ansprüche gegen sie in einer in § 197 Abs. 1 Nr. 3 bis 5 des Bürgerlichen Gesetzbuchs bezeichneten Art festgestellt sind oder eine gerichtliche oder behördliche Vollstreckungshandlung vorgenommen oder beantragt wird; bei öffentlich-rechtlichen Verbindlichkeiten genügt der Erlaß eines Verwaltungsakts.

[2]Für vor dem Wirksamwerden der Spaltung begründete Versorgungsverpflichtungen auf Grund des Betriebsrentengesetzes beträgt die in Satz 1 genannte Frist zehn Jahre.

(4) [1]Die Frist beginnt mit dem Tage, an dem die Eintragung der Spaltung in das Register des Sitzes des übertragenden Rechtsträgers nach § 125 in Verbindung mit § 19 Abs. 3 bekannt gemacht worden ist.

[2]Die für die Verjährung geltenden §§ 204, 206, 210, 211 und 212 Abs. 2 und 3 des Bürgerlichen Gesetzbuchs sind entsprechend anzuwenden.

(5) Einer Feststellung in einer in § 197 Abs. 1 Nr. 3 bis 5 des Bürgerlichen Gesetzbuchs bezeichneten Art bedarf es nicht, soweit die in Absatz 3 bezeichneten Rechtsträger den Anspruch schriftlich anerkannt haben.

(6) [1]Die Ansprüche nach Absatz 2 verjähren in fünf Jahren.
[2]Für den Beginn der Verjährung gilt Absatz 4 Satz 1 entsprechend.

§ 323 UmwG
Kündigungsrechtliche Stellung

(1) Die kündigungsrechtliche Stellung eines Arbeitnehmers, der vor dem Wirksamwerden einer Spaltung oder Teilübertragung nach dem Dritten oder Vierten Buch zu dem übertragenden Rechtsträger in einem Arbeitsverhältnis steht, verschlechtert sich auf Grund der Spaltung oder Teilübertragung für die Dauer von zwei Jahren ab dem Zeitpunkt ihres Wirksamwerdens nicht.

(2) Kommt bei einer Verschmelzung, Spaltung oder Vermögensübertragung ein Interessenausgleich zustande, in dem diejenigen Arbeitnehmer namentlich bezeichnet werden, die nach der Umwandlung einem bestimmten Betrieb oder Betriebsteil zugeordnet werden, so kann die Zuordnung der Arbeitnehmer durch das Arbeitsgericht nur auf grobe Fehlerhaftigkeit überprüft werden.

§ 324 UmwG
Rechte und Pflichten bei Betriebsübergang

§ 613a Abs. 1, 4 bis 6 des Bürgerlichen Gesetzbuchs bleibt durch die Wirkungen der Eintragung einer Verschmelzung, Spaltung oder Vermögensübertragung unberührt.

§ 325 UmwG
Mitbestimmungsbeibehaltung

(1) [1]Entfallen durch Abspaltung oder Ausgliederung im Sinne des § 123 Abs. 2 und 3 bei einem übertragenden Rechtsträger die gesetzlichen Voraussetzungen für die Beteiligung der Arbeitnehmer im Aufsichtsrat, so finden die vor der Spaltung geltenden Vorschriften noch für einen Zeitraum von fünf Jahren nach dem Wirksamwerden der Abspaltung oder Ausgliederung Anwendung.
[2]Dies gilt nicht, wenn die betreffenden Vorschriften eine Mindestzahl von Arbeitnehmern voraussetzen und die danach berechnete Zahl der Arbeitnehmer des übertragenden Rechtsträgers auf weniger als in der Regel ein Viertel dieser Mindestzahl sinkt.

(2) [1]Hat die Spaltung oder Teilübertragung eines Rechtsträgers die Spaltung eines Betriebes zur Folge und entfallen für die aus der Spaltung hervorgegangenen Betriebe Rechte oder Beteiligungsrechte des Betriebsrats, so kann durch Betriebsvereinbarung oder Tarifvertrag die Fortgeltung dieser Rechte und Beteiligungsrechte vereinbart werden.
[2]Die §§ 9 und 27 des Betriebsverfassungsgesetzes bleiben unberührt.

Anhang 1.3: BetrVG[1] (Auszug)

§ 1 BetrVG
Errichtung von Betriebsräten

(1) [1]In Betrieben mit in der Regel mindestens fünf ständigen wahlberechtigten Arbeitnehmern von denen drei wählbar sind, werden Betriebsräte gewählt.
[2]Dies gilt auch für gemeinsame Betriebe mehrerer Unternehmen.

(2) Ein gemeinsamer Betrieb mehrerer Unternehmen wird vermutet, wenn
1. zur Verfolgung arbeitstechnischer Zwecke die Betriebsmittel sowie die Arbeitnehmer von den Unternehmen gemeinsam eingesetzt werden oder
2. die Spaltung eines Unternehmens zur Folge hat, dass von einem Betrieb ein oder mehrere Betriebsteile einem an der Spaltung beteiligten anderen Unternehmen zugeordnet werden, ohne dass sich dabei die Organisation des betroffenen Betriebs wesentlich ändert.

§ 21a BetrVG
Übergangsmandat

(1) [1]Wird ein Betrieb gespalten, so bleibt dessen Betriebsrat im Amt und führt die Geschäfte für die ihm bislang zugeordneten Betriebsteile weiter, soweit sie die Voraussetzungen des § 1 Abs. 1 Satz 1 erfüllen und nicht in einen Betrieb eingegliedert werden, in dem ein Betriebsrat besteht (Übergangsmandat).
[2]Der Betriebsrat hat insbesondere unverzüglich Wahlvorstände zu bestellen.
[3]Das Übergangsmandat endet, sobald in den Betriebsteilen ein neuer Betriebsrat gewählt und das Wahlergebnis bekannt gegeben ist, spätestens jedoch sechs Monate nach Wirksamwerden der Spaltung.
[4]Durch Tarifvertrag oder Betriebsvereinbarung kann das Übergangsmandat um weitere sechs Monate verlängert werden.

(2) [1]Werden Betriebe oder Betriebsteile zu einem Betrieb zusammengefasst, so nimmt der Betriebsrat des nach der Zahl der wahlberechtigten Arbeitnehmer größten Betriebs oder Betriebsteils das Übergangsmandat wahr.
[2]Absatz 1 gilt entsprechend.

(3) Die Absätze 1 und 2 gelten auch, wenn die Spaltung oder Zusammenlegung von Betrieben und Betriebsteilen im Zusammenhang mit einer Betriebsveräußerung oder einer Umwandlung nach dem Umwandlungsgesetz erfolgt.

§ 21b BetrVG
Restmandat

Geht ein Betrieb durch Stilllegung, Spaltung oder Zusammenlegung unter, so bleibt dessen Betriebsrat so lange im Amt, wie dies zur Wahrnehmung der damit im Zusammenhang stehenden Mitwirkungs- und Mitbestimmungsrechte erforderlich ist.

§ 77 BetrVG
Durchführung gemeinsamer Beschlüsse, Betriebsvereinbarungen

(1) [1]Vereinbarungen zwischen Betriebsrat und Arbeitgeber, auch soweit sie auf einem Spruch der Einigungsstelle beruhen, führt der Arbeitgeber durch, es sei denn, dass im Einzelfall etwas anderes vereinbart ist.
[2]Der Betriebsrat darf nicht durch einseitige Handlungen in die Leitung des Betriebs eingreifen.

(2) [1]Betriebsvereinbarungen sind von Betriebsrat und Arbeitgeber gemeinsam zu beschließen und schriftlich niederzulegen.

---

[1] In der Fassung der Bekanntmachung vom 25.9.2001 (BGBl. I S. 2518), zuletzt geändert durch Art. 9 des Gesetzes vom 29.7.2009 (BGBl. I S. 2424).

[2]Sie sind von beiden Seiten zu unterzeichnen; dies gilt nicht, soweit Betriebsvereinbarungen auf einem Spruch der Einigungsstelle beruhen.
[3]Der Arbeitgeber hat die Betriebsvereinbarungen an geeigneter Stelle im Betrieb auszulegen.

(3) [1]Arbeitsentgelte und sonstige Arbeitsbedingungen, die durch Tarifvertrag geregelt sind oder üblicherweise geregelt werden, können nicht Gegenstand einer Betriebsvereinbarung sein.
[2]Dies gilt nicht, wenn ein Tarifvertrag den Abschluss ergänzender Betriebsvereinbarungen ausdrücklich zulässt.

(4) [1]Betriebsvereinbarungen gelten unmittelbar und zwingend.
[2]Werden Arbeitnehmern durch die Betriebsvereinbarung Rechte eingeräumt, so ist ein Verzicht auf sie nur mit Zustimmung des Betriebsrats zulässig.
[3]Die Verwirkung dieser Rechte ist ausgeschlossen.
[4]Ausschlussfristen für ihre Geltendmachung sind nur insoweit zulässig, als sie in einem Tarifvertrag oder einer Betriebsvereinbarung vereinbart werden; dasselbe gilt für die Abkürzung der Verjährungsfristen.

(5) Betriebsvereinbarungen können, soweit nichts anderes vereinbart ist, mit einer Frist von drei Monaten gekündigt werden.

(6) Nach Ablauf einer Betriebsvereinbarung gelten ihre Regelungen in Angelegenheiten, in denen ein Spruch der Einigungsstelle die Einigung zwischen Arbeitgeber und Betriebsrat ersetzen kann, weiter, bis sie durch eine andere Abmachung ersetzt werden.

§ 111 BetrVG
Betriebsänderungen

[1]In Unternehmen mit in der Regel mehr als zwanzig wahlberechtigten Arbeitnehmern hat der Unternehmer den Betriebsrat über geplante Betriebsänderungen, die wesentliche Nachteile für die Belegschaft oder erhebliche Teile der Belegschaft zur Folge haben können, rechtzeitig und umfassend zu unterrichten und die geplanten Betriebsänderungen mit dem Betriebsrat zu beraten.
[2]Der Betriebsrat kann in Unternehmen mit mehr als 300 Arbeitnehmern zu seiner Unterstützung einen Berater hinzuziehen; § 80 Abs. 4 gilt entsprechend; im Übrigen bleibt § 80 Abs. 3 unberührt.
[3]Als Betriebsänderungen im Sinne des Satzes 1 gelten

1. Einschränkung und Stilllegung des ganzen Betriebs oder von wesentlichen Betriebsteilen,
2. Verlegung des ganzen Betriebs oder von wesentlichen Betriebsteilen,
3. Zusammenschluss mit anderen Betrieben oder die Spaltung von Betrieben,
4. grundlegende Änderungen der Betriebsorganisation, des Betriebszwecks oder der Betriebsanlagen,
5. Einführung grundlegend neuer Arbeitsmethoden und Fertigungsverfahren.

§ 112 BetrVG
Interessenausgleich über die Betriebsänderung, Sozialplan

(1) [1]Kommt zwischen Unternehmer und Betriebsrat ein Interessenausgleich über die geplante Betriebsänderung zustande, so ist dieser schriftlich niederzulegen und vom Unternehmer und Betriebsrat zu unterschreiben.
[2]Das Gleiche gilt für eine Einigung über den Ausgleich oder die Milderung der wirtschaftlichen Nachteile, die den Arbeitnehmern infolge der geplanten Betriebsänderung entstehen (Sozialplan).
[3]Der Sozialplan hat die Wirkung einer Betriebsvereinbarung.
[4]§ 77 Abs. 3 ist auf den Sozialplan nicht anzuwenden.

(2) [1]Kommt ein Interessenausgleich über die geplante Betriebsänderung oder eine Einigung über den Sozialplan nicht zustande, so können der Unternehmer oder der Betriebsrat den Vorstand der Bundesagentur für Arbeit um Vermittlung ersuchen, der

Vorstand kann die Aufgabe auf andere Bedienstete der Bundesagentur für Arbeit übertragen.
[2]Erfolgt kein Vermittlungsersuchen oder bleibt der Vermittlungsversuch ergebnislos, so können der Unternehmer oder der Betriebsrat die Einigungsstelle anrufen.
[3]Auf Ersuchen des Vorsitzenden der Einigungsstelle nimmt ein Mitglied des Vorstands der Bundesagentur für Arbeit oder ein vom Vorstand der Bundesagentur für Arbeit benannter Bediensteter der Bundesagentur für Arbeit an der Verhandlung teil.

(3) [1]Unternehmer und Betriebsrat sollen der Einigungsstelle Vorschläge zur Beilegung der Meinungsverschiedenheiten über den Interessenausgleich und den Sozialplan machen.
[2]Die Einigungsstelle hat eine Einigung der Parteien zu versuchen.
[3]Kommt eine Einigung zustande, so ist sie schriftlich niederzulegen und von den Parteien und vom Vorsitzenden zu unterschreiben.

(4) [1]Kommt eine Einigung über den Sozialplan nicht zustande, so entscheidet die Einigungsstelle über die Aufstellung eines Sozialplans.
[2]Der Spruch der Einigungsstelle ersetzt die Einigung zwischen Arbeitgeber und Betriebsrat.

(5) [1]Die Einigungsstelle hat bei ihrer Entscheidung nach Absatz 4 sowohl die sozialen Belange der betroffenen Arbeitnehmer zu berücksichtigen als auch auf die wirtschaftliche Vertretbarkeit ihrer Entscheidung für das Unternehmen zu achten.
[2]Dabei hat die Einigungsstelle sich im Rahmen billigen Ermessens insbesondere von folgenden Grundsätzen leiten zu lassen:

1. Sie soll beim Ausgleich oder bei der Milderung wirtschaftlicher Nachteile, insbesondere durch Einkommensminderung, Wegfall von Sonderleistungen oder Verlust von Anwartschaften auf betriebliche Altersversorgung, Umzugskosten oder erhöhte Fahrtkosten, Leistungen vorsehen, die in der Regel den Gegebenheiten des Einzelfalles Rechnung tragen.
2. Sie hat die Aussichten der betroffenen Arbeitnehmer auf dem Arbeitsmarkt zu berücksichtigen. Sie soll Arbeitnehmer von Leistungen ausschließen, die in einem zumutbaren Arbeitsverhältnis im selben Betrieb oder in einem anderen Betrieb des Unternehmens oder eines zum Konzern gehörenden Unternehmens weiterbeschäftigt werden können und die Weiterbeschäftigung ablehnen; die mögliche Weiterbeschäftigung an einem anderen Ort begründet für sich allein nicht die Unzumutbarkeit.

2a. Sie soll insbesondere die im Dritten Buch des Sozialgesetzbuches vorgesehenen Förderungsmöglichkeiten zur Vermeidung von Arbeitslosigkeit berücksichtigen.

3. Sie hat bei der Bemessung des Gesamtbetrages der Sozialplanleistungen darauf zu achten, dass der Fortbestand des Unternehmens oder die nach Durchführung der Betriebsänderung verbleibenden Arbeitsplätze nicht gefährdet werden.

§ 112 a BetrVG
Erzwingbarer Sozialplan bei Personalabbau, Neugründungen

(1) [1]Besteht eine geplante Betriebsänderung im Sinne des § 111 Satz 3 Nr. 1 allein in der Entlassung von Arbeitnehmern, so findet § 112 Abs. 4 und 5 nur Anwendung, wenn

1. in Betrieben mit in der Regel weniger als 60 Arbeitnehmern 20 vom Hundert der regelmäßig beschäftigten Arbeitnehmer, aber mindestens 6 Arbeitnehmer,
2. in Betrieben mit in der Regel mindestens 60 und weniger als 250 Arbeitnehmern 20 vom Hundert der regelmäßig beschäftigten Arbeitnehmer oder mindestens 37 Arbeitnehmer,
3. in Betrieben mit in der Regel mindestens 250 und weniger als 500 Arbeitnehmern 15 vom Hundert der regelmäßig beschäftigten Arbeitnehmer oder mindestens 60 Arbeitnehmer,
4. in Betrieben mit in der Regel mindestens 500 Arbeitnehmern 10 vom Hundert der regelmäßig beschäftigten Arbeitnehmer, aber mindestens 60 Arbeitnehmer

aus betriebsbedingten Gründen entlassen werden sollen.

[2]Als Entlassung gilt auch das vom Arbeitgeber aus Gründen der Betriebsänderung veranlasste Ausscheiden von Arbeitnehmern auf Grund von Aufhebungsverträgen.

(2) [1]§ 112 Abs. 4 und 5 findet keine Anwendung auf Betriebe eines Unternehmens in den ersten vier Jahren nach seiner Gründung.

[2]Dies gilt nicht für Neugründungen im Zusammenhang mit der rechtlichen Umstrukturierung von Unternehmen und Konzernen.

[3]Maßgebend für den Zeitpunkt der Gründung ist die Aufnahme einer Erwerbstätigkeit, die nach § 138 der Abgabenordnung dem Finanzamt mitzuteilen ist.

§ 113 BetrVG
Nachteilsausgleich

(1) Weicht der Unternehmer von einem Interessenausgleich über die geplante Betriebsänderung ohne zwingenden Grund ab, so können Arbeitnehmer, die infolge dieser Abweichung entlassen werden, beim Arbeitsgericht Klage erheben mit dem Antrag, den Arbeitgeber zur Zahlung von Abfindungen zu verurteilen; § 10 des Kündigungsschutzgesetzes gilt entsprechend.

(2) Erleiden Arbeitnehmer infolge einer Abweichung nach Absatz 1 andere wirtschaftliche Nachteile, so hat der Unternehmer diese Nachteile bis zu einem Zeitraum von zwölf Monaten auszugleichen.

(3) Die Absätze 1 und 2 gelten entsprechend, wenn der Unternehmer eine geplante Betriebsänderung nach § 111 durchführt, ohne über sie einen Interessenausgleich mit dem Betriebsrat versucht zu haben, und infolge der Maßnahme Arbeitnehmer entlassen werden oder andere wirtschaftliche Nachteile erleiden.

Anhang 1.4: SGB III[1] (Auszug)

§ 216 a SGB III
Förderung der Teilnahme an Transfermaßnahmen

(1) [1]Die Teilnahme von Arbeitnehmern, die auf Grund von Betriebsänderungen oder im Anschluss an die Beendigung eines Berufsausbildungsverhältnisses von Arbeitslosigkeit bedroht sind, an Transfermaßnahmen wird gefördert, wenn
1. die Maßnahme von einem Dritten durchgeführt wird,
2. die vorgesehene Maßnahme der Eingliederung der Arbeitnehmer in den Arbeitsmarkt dienen soll,
3. die Durchführung der Maßnahme gesichert ist und
4. ein System zur Sicherung der Qualität angewendet wird.

[2]Transfermaßnahmen sind alle Maßnahmen zur Eingliederung von Arbeitnehmern in den Arbeitsmarkt, an deren Finanzierung sich Arbeitgeber angemessen beteiligen.
[3]Als Betriebsänderungen im Sinne des Satzes 1 gelten Betriebsänderungen im Sinne des § 111 des Betriebsverfassungsgesetzes unabhängig von der Unternehmensgröße und der Anwendbarkeit des Betriebsverfassungsgesetzes im jeweiligen Betrieb.

(2) [1]Die Förderung wird als Zuschuss gewährt.
[2]Der Zuschuss beträgt 50 Prozent der aufzuwendenden Maßnahmekosten, jedoch höchstens 2 500 Euro je gefördertem Arbeitnehmer.

(3) [1]Eine Förderung ist ausgeschlossen, wenn die Maßnahme dazu dient, den Arbeitnehmer auf eine Anschlussbeschäftigung im gleichen Betrieb oder in einem anderen Betrieb des gleichen Unternehmens oder, falls das Unternehmen einem Konzern angehört, in einem Betrieb eines anderen Konzernunternehmens des Konzerns vorzubereiten.
[2]Durch die Förderung darf der Arbeitgeber nicht von bestehenden Verpflichtungen entlastet werden.
[3]Von der Förderung ausgeschlossen sind Arbeitnehmer des öffentlichen Dienstes mit Ausnahme der Beschäftigten von Unternehmen, die in selbstständiger Rechtsform erwerbswirtschaftlich betrieben werden.

(4) Die Agenturen für Arbeit beraten die Betriebsparteien über die Fördermöglichkeiten nach Absatz 1 auf Verlangen im Vorfeld der Entscheidung über die Einführung von Transfermaßnahmen, insbesondere auch im Rahmen von Sozialplanverhandlungen nach § 112 des Betriebsverfassungsgesetzes.

(5) Während der Teilnahme an Transfermaßnahmen sind andere Leistungen der aktiven Arbeitsförderung mit gleichartiger Zielsetzung ausgeschlossen.

§ 216 b SGB III
Transferkurzarbeitergeld

(1) Zur Vermeidung von Entlassungen und zur Verbesserung ihrer Vermittlungsaussichten haben Arbeitnehmer Anspruch auf Kurzarbeitergeld zur Förderung der Eingliederung bei betrieblichen Restrukturierungen (Transferkurzarbeitergeld), wenn
1. und solange sie von einem dauerhaften unvermeidbaren Arbeitsausfall mit Entgeltausfall betroffen sind,
2. die betrieblichen Voraussetzungen erfüllt sind,
3. die persönlichen Voraussetzungen erfüllt sind und
4. der dauerhafte Arbeitsausfall der Agentur für Arbeit angezeigt worden ist.

(2) Ein dauerhafter Arbeitsausfall liegt vor, wenn infolge einer Betriebsänderung im Sinne des § 216 a Abs. 1 Satz 3 die Beschäftigungsmöglichkeiten für die Arbeitnehmer nicht nur vorübergehend entfallen.

---

[1] Vom 24. 3. 1997 (BGBl. I S. 594, 595), zuletzt geändert durch Art. 4 des Gesetzes vom 16. 7. 2009 (BGBl. I S. 1959).

(3) Die betrieblichen Voraussetzungen für die Gewährung von Transferkurzarbeitergeld sind erfüllt, wenn
1. in einem Betrieb Personalanpassungsmaßnahmen auf Grund einer Betriebsänderung durchgeführt und
2. die von Arbeitsausfall betroffenen Arbeitnehmer zur Vermeidung von Entlassungen und zur Verbesserung ihrer Eingliederungschancen in einer betriebsorganisatorisch eigenständigen Einheit zusammengefasst werden.

(4) [1]Die persönlichen Voraussetzungen sind erfüllt, wenn der Arbeitnehmer
1. von Arbeitslosigkeit bedroht ist,
2. nach Beginn des Arbeitsausfalls eine versicherungspflichtige Beschäftigung
   a) fortsetzt oder
   b) im Anschluss an die Beendigung eines Berufsausbildungsverhältnisses aufnimmt,
3. nicht vom Kurzarbeitergeldbezug ausgeschlossen ist und
4. vor der Überleitung in die betriebsorganisatorisch eigenständige Einheit aus Anlass der Betriebsänderung an einer arbeitsmarktlich zweckmäßigen Maßnahme zur Feststellung der Eingliederungsaussichten teilgenommen hat; können in berechtigten Ausnahmefällen trotz Mithilfe der Agentur für Arbeit die notwendigen Feststellungsmaßnahmen nicht rechtzeitig durchgeführt werden, sind diese im unmittelbaren Anschluss an die Überleitung innerhalb eines Monats nachzuholen.

[2]§ 172 Abs. 1a bis 3 gilt entsprechend.

(4a) Arbeitnehmer des Steinkohlenbergbaus, denen Anpassungsgeld gemäß § 5 des Gesetzes zur Finanzierung der Beendigung des subventionierten Steinkohlenbergbaus zum Jahr 2018 (Steinkohlefinanzierungsgesetz) gewährt werden kann, haben vor der Inanspruchnahme des Anpassungsgeldes Anspruch auf Transferkurzarbeitergeld.

(5) [1]Für die Anzeige des Arbeitsausfalls gilt § 173 Abs. 1, 2 Satz 1 und Abs. 3 entsprechend. [2]Die Anzeige über den Arbeitsausfall hat bei der Agentur für Arbeit zu erfolgen, in deren Bezirk der personalabgebende Betrieb seinen Sitz hat.
[3]§ 216 a Abs. 4 gilt entsprechend.

(6) [1]Während des Bezugs von Transferkurzarbeitergeld hat der Arbeitgeber den geförderten Arbeitnehmern Vermittlungsvorschläge zu unterbreiten.
[2]Hat die Maßnahme zur Feststellung der Eingliederungsaussichten ergeben, dass Arbeitnehmer Qualifizierungsdefizite aufweisen, soll der Arbeitgeber geeignete Maßnahmen zur Verbesserung der Eingliederungsaussichten anbieten.
[3]Als geeignete Maßnahme gilt auch eine zeitlich begrenzte, längstens sechs Monate dauernde Beschäftigung zum Zwecke der Qualifizierung bei einem anderen Arbeitgeber. [4]Nimmt der Arbeitnehmer während seiner Beschäftigung in einer betriebsorganisatorisch eigenständigen Einheit an einer Qualifizierungsmaßnahme teil, die das Ziel der anschließenden Beschäftigung bei einem anderen Arbeitgeber hat, steht bei Nichterreichung dieses Zieles die Rückkehr des Arbeitnehmers in den bisherigen Betrieb seinem Anspruch auf Transferkurzarbeitergeld nicht entgegen.

(7) [1]Der Anspruch ist ausgeschlossen, wenn die Arbeitnehmer nur vorübergehend in der betriebsorganisatorisch eigenständigen Einheit zusammengefasst werden, um anschließend einen anderen Arbeitsplatz in dem gleichen oder einem anderen Betrieb des Unternehmens oder, falls das Unternehmen einem Konzern angehört, in einem Betrieb eines anderen Konzernunternehmens des Konzerns zu besetzen. [2]216 a Abs. 3 Satz 3 gilt entsprechend.

(8) Die Bezugsfrist für das Transferkurzarbeitergeld beträgt längstens zwölf Monate.

(9) Der Arbeitgeber hat der Agentur für Arbeit jeweils zum Stichtag 30. Juni und 31. Dezember eines Jahres unverzüglich Daten über die Struktur der betriebsorganisatorisch eigenständigen Einheit, die Zahl der darin zusammengefassten Arbeitnehmer sowie Angaben über die Altersstruktur und die Integrationsquote der Bezieher von Transferkurzarbeitergeld zuzuleiten.

(10) Soweit nichts Abweichendes geregelt ist, finden die für das Kurzarbeitergeld geltenden Vorschriften mit Ausnahme der ersten beiden Titel und des § 182 Nr. 3 Anwendung.

Anhang 1.5: Richtlinie 2001/23/EG des Rates zu Betriebsübergängen[1] (Auszug)

KAPITEL I
Anwendungsbereich und Definitionen

Artikel 1

1. a) Diese Richtlinie ist auf den Übergang von Unternehmen, Betrieben oder Unternehmens- bzw. Betriebsteilen auf einen anderen Inhaber durch vertragliche Übertragung oder durch Verschmelzung anwendbar.

b) Vorbehaltlich Buchstabe a) und der nachstehenden Bestimmungen dieses Artikels gilt als Übergang im Sinne dieser Richtlinie der Übergang einer ihre Identität bewahrenden wirtschaftlichen Einheit im Sinne einer organisierten Zusammenfassung von Ressourcen zur Verfolgung einer wirtschaftlichen Haupt- oder Nebentätigkeit.

c) [1]Diese Richtlinie gilt für öffentliche und private Unternehmen, die eine wirtschaftliche Tätigkeit ausüben, unabhängig davon, ob sie Erwerbszwecke verfolgen oder nicht.
[2]Bei der Übertragung von Aufgaben im Zuge einer Umstrukturierung von Verwaltungsbehörden oder bei der Übertragung von Verwaltungsaufgaben von einer Behörde auf eine andere handelt es sich nicht um einen Übergang im Sinne dieser Richtlinie.

2. Diese Richtlinie ist anwendbar, wenn und soweit sich das Unternehmen, der Betrieb oder der Unternehmens- bzw. Betriebsteil, das bzw. der übergeht, innerhalb des räumlichen Geltungsbereichs des Vertrages befindet.

3. Diese Richtlinie gilt nicht für Seeschiffe.

Artikel 2

1. Im Sinne dieser Richtlinie gelten folgende Begriffsbestimmungen:

a) „Veräußerer“ ist jede natürliche oder juristische Person, die auf Grund eines Übergangs im Sinne von Artikel 1 Absatz 1 als Inhaber aus dem Unternehmen, dem Betrieb oder dem Unternehmens- bzw. Betriebsteil ausscheidet:

b) „Erwerber“ ist jede natürliche oder juristische Person, die auf Grund eines Übergangs im Sinne von Artikel 1 Absatz 1 als Inhaber in das Unternehmen, den Betrieb oder den Unternehmens- bzw. Betriebsteil eintritt.

c) „Vertreter der Arbeitnehmer“ oder ein entsprechender Ausdruck bezeichnet die Vertreter der Arbeitnehmer nach den Rechtsvorschriften oder der Praxis der Mitgliedstaaten.

d) „Arbeitnehmer“ ist jede Person, die in dem betreffenden Mitgliedstaat auf Grund des einzelstaatlichen Arbeitsrechts geschützt, ist.

2. [1]Diese Richtlinie lässt das einzelstaatliche Recht in Bezug auf die Begriffsbestimmung des Arbeitsvertrags oder des Arbeitsverhältnisses unberührt.
[2]Die Mitgliedstaaten können jedoch vom Anwendungsbereich der Richtlinie Arbeitsverträge und Arbeitsverhältnisse nicht allein deshalb ausschließen, weil

a) nur eine bestimmte Anzahl von Arbeitsstunden geleistet wird oder zu leisten ist,

---

[1] Vom 12.3.2001 zur Angleichung der Rechtsvorschriften der Mitgliedstaaten über die Wahrung von Ansprüchen der Arbeitnehmer beim Übergang von Unternehmen, Betrieben oder Unternehmens- oder Betriebsteilen.

b) es sich um Arbeitsverhältnisse auf Grund eines befristeten Arbeitsvertrags im Sinne von Artikel 1 Nummer 1 der Richtlinie 91/383/EWG des Rates vom 25. Juni 1991 zur Ergänzung der Maßnahmen zur Verbesserung der Sicherheit und des Gesundheitsschutzes von Arbeitnehmern mit befristetem Arbeitsverhältnis oder Leiharbeitsverhältnis handelt,

c) es sich um Leiharbeitsverhältnisse im Sinne von Artikel 1 Nummer 2 der Richtlinie 91/383/EWG und bei dem übertragenen Unternehmen oder dem übertragenen Betrieb oder Unternehmens- bzw. Betriebsteil als Verleihunternehmen oder Teil eines Verleihunternehmens um den Arbeitgeber handelt.

KAPITEL II
Wahrung der Ansprüche und Rechte der Arbeitnehmer

Artikel 3

1. [1]Die Rechte und Pflichten des Veräußerers aus einem zum Zeitpunkt des Übergangs bestehenden Arbeitsvertrag oder Arbeitsverhältnis gehen auf Grund des Übergangs auf den Erwerber über.
[2]Die Mitgliedstaaten können vorsehen, dass der Veräußerer und der Erwerber nach dem Zeitpunkt des Übergangs gesamtschuldnerisch für die Verpflichtungen haften, die vor dem Zeitpunkt des Übergangs durch einen Arbeitsvertrag oder ein Arbeitsverhältnis entstanden sind, der bzw. das zum Zeitpunkt des Übergangs bestand.

2. [1]Die Mitgliedstaaten können geeignete Maßnahmen ergreifen, um zu gewährleisten, dass der Veräußerer den Erwerber über alle Rechte und Pflichten unterrichtet, die nach diesem Artikel auf den Erwerber übergehen, soweit diese dem Veräußerer zum Zeitpunkt des Übergangs bekannt waren oder bekannt sein mussten.
[2]Unterlässt der Veräußerer diese Unterrichtung des Erwerbers, so berührt diese Unterlassung weder den Übergang solcher Rechte und Pflichten noch die Ansprüche von Arbeitnehmern gegenüber dem Erwerber und/oder Veräußerer in Bezug auf diese Rechte und Pflichten.

3. [1]Nach dem Übergang erhält der Erwerber die in einem Kollektivvertrag vereinbarten Arbeitsbedingungen bis zur Kündigung oder zum Ablauf des Kollektivvertrags bzw: bis zum Inkrafttreten oder bis zur Anwendung eines anderen Kollektivvertrags in dem gleichen Maße aufrecht, wie sie in dem Kollektivvertrag für den Veräußerer vorgesehen waren.
[2]Die Mitgliedstaaten können den Zeitraum der Aufrechterhaltung der Arbeitsbedingungen begrenzen, allerdings darf dieser nicht weniger als ein Jahr betragen.

4. a) Sofern die Mitgliedstaaten nicht anderes vorsehen, gelten die Absätze 1 und 3 nicht für die Rechte der Arbeitnehmer auf Leistungen bei Alter, Invalidität oder für Hinterbliebene aus betrieblichen oder überbetrieblichen Zusatzversorgungseinrichtungen außerhalb der gesetzlichen Systeme der sozialen Sicherheit der Mitgliedstaaten.

b) Die Mitgliedstaaten treffen auch dann, wenn sie gemäß Buchstabe a) nicht vorsehen, dass die Absätze 1 und 3 für die unter Buchstabe a) genannten Rechte gelten, die notwendigen Maßnahmen zum Schutz der Interessen der Arbeitnehmer sowie der Personen, die zum Zeitpunkt des Übergangs bereits aus dem Betrieb des Veräußerers ausgeschieden sind, hinsichtlich ihrer Rechte oder Anwartschaftsrechte auf Leistungen bei Alter, einschließlich Leistungen für Hinterbliebene, aus den unter Buchstabe a) genannten Zusatzversorgungseinrichtungen.

Artikel 4

1. [1]Der Übergang eines Unternehmens, Betriebs oder Unternehmens- bzw. Betriebsteils stellt als solcher für den Veräußerer oder den Erwerber keinen Grund zur Kündigung dar. [2]Diese Bestimmung steht etwaigen Kündigungen aus wirtschaftlichen, technischen oder organisatorischen Gründen, die Änderungen im Bereich der Beschäftigung mit sich bringen, nicht entgegen.
[3]Die Mitgliedstaaten können vorsehen, dass Unterabsatz 1 auf einige abgegrenzte Gruppen von Arbeitnehmern, auf die sich die Rechtsvorschriften oder die Praxis der Mitgliedstaaten auf dem Gebiet des Kündigungsschutzes nicht erstrecken, keine Anwendung findet.

2. Kommt es zu einer Beendigung des Arbeitsvertrags oder Arbeitsverhältnisses, weil der Übergang eine wesentliche Änderung der Arbeitsbedingungen zum Nachteil des Arbeitnehmers zur Folge hat, so ist davon auszugehen, dass die Beendigung des Arbeitsvertrags oder Arbeitsverhältnisses durch den Arbeitgeber erfolgt ist.

Artikel 5

1. Sofern die Mitgliedstaaten nichts anderes vorsehen, gelten die Artikel 3 und 4 nicht für Übergänge von Unternehmen, Betrieben oder Unternehmens- bzw. Betriebsteilen, bei denen gegen den Veräußerer unter der Aufsicht einer zuständigen öffentlichen Stelle (worunter auch ein von einer zuständigen Behörde ermächtigter Insolvenzverwalter verstanden werden kann) ein Konkursverfahren oder ein entsprechendes Verfahren mit dem Ziel der Auflösung des Vermögens des Veräußerers eröffnet wurde.

2. Wenn die Artikel 3 und 4 für einen Übergang während eines Insolvenzverfahrens gegen den Veräußerer (unabhängig davon, ob dieses Verfahren zur Auflösung seines Vermögens eingeleitet wurde) gelten und dieses Verfahren unter der Aufsicht einer zuständigen öffentlichen Stelle (worunter auch ein nach dem innerstaatlichen Recht bestimmter Insolvenzverwalter verstanden werden kann) steht, kann ein Mitgliedstaat vorsehen, dass

a) ungeachtet des Artikels 3 Absatz 1 die vor dem Übergang bzw. vor der Eröffnung des Insolvenzverfahrens fälligen Verbindlichkeiten des Veräußerers auf Grund von Arbeitsverträgen oder Arbeitsverhältnissen nicht auf den Erwerber übergehen, sofern dieses Verfahren nach dem Recht des betreffenden Mitgliedstaats einen Schutz gewährt, der dem von der Richtlinie 80/987/EWG des Rates vom 20. Oktober 1980 zur Angleichung der Rechtsvorschriften der Mitgliedstaaten über den Schutz der Arbeitnehmer bei Zahlungsunfähigkeit des Arbeitgebers vorgesehenen Schutz zumindest gleichwertig ist, und/oder

b) der Erwerber, der Veräußerer oder die seine Befugnisse ausübenden Personen auf der einen Seite und die Vertreter der Arbeitnehmer auf der anderen Seite Änderungen der Arbeitsbedingungen der Arbeitnehmer, insoweit das geltende Recht oder die geltende Praxis dies zulassen, vereinbaren können, die den Fortbestand des Unternehmens, Betriebs oder Unternehmens- bzw. Betriebsteils sichern und dadurch der Erhaltung von Arbeitsplätzen dienen.

3. [1]Die Mitgliedstaaten können Absatz 2 Buchstabe b) auf Übergänge anwenden, bei denen sich der Veräußerer nach dem einzelstaatlichen Recht in einer schwierigen wirtschaftlichen Lage befindet, sofern das Bestehen einer solchen Notlage von einer zuständigen öffentlichen Stelle bescheinigt wird und die Möglichkeit einer gerichtlichen Aufsicht gegeben ist, falls das innerstaatliche Recht solche Bestimmungen am 17. Juli 1998 bereits enthielt.
[2]Die Kommission legt vor dem 17. Juli 2003 einen Bericht über die Auswirkungen dieser Bestimmung vor und unterbreitet dem Rat erforderlichenfalls entsprechende Vorschläge.

4. Die Mitgliedstaaten treffen die erforderlichen Maßnahmen, damit Insolvenzverfahren nicht in missbräuchlicher Weise in Anspruch genommen werden, um den Arbeitnehmern die in dieser Richtlinie vorgesehenen Rechte vorzuenthalten.

Artikel 6

1. [1]Sofern das Unternehmen, der Betrieb oder der Unternehmens- bzw. Betriebsteil seine Selbständigkeit behält, bleiben die Rechtsstellung und die Funktion der Vertreter oder der Vertretung der vom Übergang betroffenen Arbeitnehmer unter den gleichen Bedingungen erhalten, wie sie vor dem Zeitpunkt des Übergangs auf Grund von Rechts- und Verwaltungsvorschriften oder auf Grund einer Vereinbarung bestanden haben, sofern die Bedingungen für die Bildung der Arbeitnehmervertretung erfüllt sind.
[2]Unterabsatz 1 findet keine Anwendung, wenn gemäß den Rechts- und Verwaltungsvorschriften oder der Praxis der Mitgliedstaaten oder durch Vereinbarung mit den Vertretern der betroffenen Arbeitnehmer die Bedingungen für die Neubestellung der Vertreter der Arbeitnehmer oder die Neubildung der Vertretung der Arbeitnehmer erfüllt sind.
[3]Wurde gegen den Veräußerer unter der Aufsicht einer zuständigen öffentlichen Stelle (worunter auch ein von einer zuständigen Behörde ermächtigter Insolvenzverwalter verstanden werden kann) ein Konkursverfahren oder ein entsprechendes Insolvenzverfahren mit dem Ziel der Auflösung des Vermögens des Veräußerers eröffnet, können die Mitgliedstaaten die erforderlichen Maßnahmen ergreifen, um sicherzustellen, dass die vom Übergang betroffenen Arbeitnehmer bis zur Neuwahl oder Benennung von Arbeitnehmervertretern angemessen vertreten sind.
[4]Behält das Unternehmen, der Betrieb oder der Unternehmens- bzw. Betriebsteil seine Selbständigkeit nicht, so treffen die Mitgliedstaaten die erforderlichen Maßnahmen, damit die vom Übergang betroffenen Arbeitnehmer, die vor dem Übergang vertreten wurden, während des Zeitraums, der für die Neubildung oder Neubenennung der Arbeitnehmervertretung erforderlich ist, im Einklang mit dem Recht oder der Praxis der Mitgliedstaaten weiterhin angemessen vertreten werden.

2. Erlischt das Mandat der Vertreter der vom Übergang betroffenen Arbeitnehmer auf Grund des Übergangs, so gelten für diese Vertreter weiterhin die nach den Rechts- und Verwaltungsvorschriften oder der Praxis der Mitgliedstaaten vorgesehenen Schutzmaßnahmen.

KAPITEL III
Information und Konsultation

Artikel 7

1. [1]Der Veräußerer und der Erwerber sind verpflichtet, die Vertreter ihrer jeweiligen von einem Übergang betroffenen Arbeitnehmer über Folgendes zu informieren:
- den Zeitpunkt bzw. den geplanten Zeitpunkt des Übergangs,
- den Grund für den Übergang,
- die rechtlichen, wirtschaftlichen und sozialen Folgen des Übergangs für die Arbeitnehmer,
- die hinsichtlich der Arbeitnehmer in Aussicht genommenen Maßnahmen.

[2]Der Veräußerer ist verpflichtet, den Vertretern seiner Arbeitnehmer diese Informationen rechtzeitig vor dem Vollzug des Übergangs zu übermitteln.
Der Erwerber ist verpflichtet, den Vertretern seiner Arbeitnehmer diese Informationen rechtzeitig zu übermitteln, auf jeden Fall aber bevor diese Arbeitnehmer von dem Übergang hinsichtlich ihrer Beschäftigungs- und Arbeitsbedingungen unmittelbar betroffen werden.

2. Zieht der Veräußerer bzw. der Erwerber Maßnahmen hinsichtlich seiner Arbeitnehmer in Betracht, so ist er verpflichtet, die Vertreter seiner Arbeitnehmer rechtzeitig zu diesen Maßnahmen zu konsultieren, um eine Übereinkunft anzustreben.

3. [1]Die Mitgliedstaaten, deren Rechts- und Verwaltungsvorschriften vorsehen, dass die Vertreter der Arbeitnehmer eine Schiedsstelle anrufen können, um eine Entscheidung über hinsichtlich der Arbeitnehmer zu treffende Maßnahmen zu erhalten, können die Verpflichtungen gemäß den Absätzen 1 und 2 auf den Fall beschränken, in dem der vollzo-

gene Übergang eine Betriebsänderung hervorruft, die wesentliche Nachteile für einen erheblichen Teil der Arbeitnehmer zur Folge haben kann.
[2]Die Information und die Konsultation müssen sich zumindest auf die hinsichtlich der Arbeitnehmer in Aussicht genommenen Maßnahmen erstrecken.
[3]Die Information und die Konsultation müssen rechtzeitig vor dem Vollzug der in Unterabsatz 1 genannten Betriebsänderung erfolgen.

4. [1]Die in diesem Artikel vorgesehenen Verpflichtungen gelten unabhängig davon, ob die zum Übergang führende Entscheidung vom Arbeitgeber oder von einem den Arbeitgeber beherrschendes Unternehmen getroffen wird.
[2]Hinsichtlich angeblicher Verstöße gegen die in dieser Richtlinie vorgesehenen Informations- und Konsultationspflichten findet der Einwand, der Verstoß gehe darauf zurück, dass die Information von einem den Arbeitgeber beherrschenden Unternehmen nicht übermittelt worden sei, keine Berücksichtigung.

5. Die Mitgliedstaaten können die in den Absätzen 1, 2 und 3 vorgesehenen Verpflichtungen auf Unternehmen oder Betriebe beschränken, die hinsichtlich der Zahl der beschäftigten Arbeitnehmer die Voraussetzungen für die Wahl oder Bestellung eines Kollegiums als Arbeitnehmervertretung erfuellen.

6. Die Mitgliedstaaten sehen vor, dass die betreffenden Arbeitnehmer für den Fall, dass es unabhängig von ihrem Willen in einem Unternehmen oder in einem Betrieb keine Vertreter der Arbeitnehmer gibt, vorher zu informieren sind über
- den Zeitpunkt bzw. den geplanten Zeitpunkt des Übergangs,
- den Grund für den Übergang,
- die rechtlichen, wirtschaftlichen und sozialen Folgen des Übergangs für die Arbeitnehmer,
- die hinsichtlich der Arbeitnehmer in Aussicht genommenen Maßnahmen.

KAPITEL IV
Schlussbestimmungen

Artikel 8

Diese Richtlinie schränkt die Möglichkeit der Mitgliedstaaten nicht ein, für die Arbeitnehmer günstigere Rechts- oder Verwaltungsvorschriften anzuwenden oder zu erlassen oder für die Arbeitnehmer günstigere Kollektivverträge und andere zwischen den Sozialpartnern abgeschlossene Vereinbarungen, die für die Arbeitnehmer günstiger sind, zu fördern oder zuzulassen.

Artikel 9

Die Mitgliedstaaten nehmen in ihre innerstaatlichen Rechtssysteme die erforderlichen Bestimmungen auf, um allen Arbeitnehmern und Vertretern der Arbeitnehmer, die ihrer Ansicht nach durch die Nichtbeachtung der sich aus dieser Richtlinie ergebenden Verpflichtungen benachteiligt sind, die Möglichkeit zu geben, ihre Forderungen durch Gerichtsverfahren einzuklagen, nachdem sie gegebenenfalls andere zuständige Stellen damit befasst haben.

Anhang 2: Rechtsprechungsübersicht zu § 613a BGB
Leit- und Orientierungssätze des BAG

Betriebsübergang und Inhaberwechsel

BAG 21.5.2008 8 AZR 481/07 NZA 2009, 144
1. Gründet ein Kommunalunternehmen, das ein Krankenhaus betreibt, eine Service-GmbH und übernimmt diese alle Reinigungskräfte dieses Krankenhauses, so liegt ein Betriebsteilübergang vor, wenn die Service-GmbH im Wege der Arbeitnehmerüberlassung alle übernommenen Reinigungskräfte an das Kommunalunternehmen „zurück verleiht" und diese dort die gleichen Tätigkeiten wie bisher verrichten.
(...)

BAG 14.8.2007 8 AZR 803/06 NZA 2007, 1428
1. Allein der Wechsel in den Personen der Komplementäre und Kommanditisten einer KG führt zu keinem Betriebsinhaberwechsel und damit nicht zu einem Betriebsübergang i.S.d. § 613a BGB.
2. Übernimmt ein Dritter die bisherigen Kundenbeziehungen eines Unternehmens und beauftragt er nunmehr dieses, in seinem Namen die Aufträge der „übernommenen" Kunden in der bisherigen Art und Weise zu erledigen, so führt dies allein nicht zu einem Betriebsübergang nach § 613a BGB.

BAG 27.10.2005 8 AZR 568/04 NZA 2006, 668
1. Im Einklang mit der Rechtsprechung des EuGH vom 26.5.2005 (NZA 2005, 681) ist als Zeitpunkt eines Betriebsübergangs der Zeitpunkt anzusehen, zu dem die Inhaberschaft, mit der die Verantwortung für den Betrieb der übertragenen Einheit verbunden ist, vom Veräußerer auf den Erwerber übergeht. Die Inhaberschaft geht dann über, wenn der neue Betriebsinhaber die wirtschaftliche Einheit nutzt und fortführt. Erfolgt die Übernahme der Betriebsmittel in mehreren Schritten, ist der Betriebsübergang jedenfalls in dem Zeitpunkt erfolgt, in dem die wesentlichen, zur Fortführung des Betriebs erforderlichen Betriebsmittel übergegangen sind und die Entscheidung über den Betriebsübergang nicht mehr rückgängig gemacht werden kann. Die Frage, welche Betriebsmittel wesentlich oder unverzichtbar sind, hängt von der Eigenart des Betriebs ab.
(...)

Betriebsübergang und Wirtschaftliche Einheit

EuGH 12.2.2009 NZA 2009, 251
Art. 1 Abs. 1 Buchstabe a und b der Richtlinie 2001/23/EG des Rates vom 12.3.2001 zur Angleichung der Rechtsvorschriften der Mitgliedstaaten über die Wahrung von Ansprüchen der Arbeitnehmer beim Übergang von Unternehmen, Betrieben oder Unternehmens- oder Betriebsteilen ist dahin auszulegen, dass diese Vorschrift auch dann angewandt werden kann, wenn der übertragene Unternehmens- oder Betriebsteil seine organisatorische Selbständigkeit nicht bewahrt, sofern die funktionelle Verknüpfung zwischen den übertragenen Produktionsfaktoren beibehalten wird und sie es dem Erwerber erlaubt, diese Faktoren zu nutzen, um derselben oder einer gleichartigen wirtschaftlichen Tätigkeit nachzugehen; es ist Sache des vorlegenden Gerichts, das Vorliegen dieser Voraussetzungen zu prüfen.

BAG 22. 1. 2009 8 AZR 158/07 NZA 2009, 905

1. Für einen Betriebsübergang muss die „organisierte Zusammenfassung von Ressourcen zur Verfolgung einer wirtschaftlichen Haupt- oder Nebentätigkeit" ihre Identität bewahren (Art. 1 Nr. 1 lit. b Richtlinie 2001/23/EG).
2. Dabei ist nicht so sehr auf die konkrete Organisation der verschiedenen Produktionsfaktoren durch den Unternehmer abzustellen als vielmehr auf den Zusammenhang der Wechselbeziehung und gegenseitigen Ergänzung, der die Produktionsfaktoren verknüpft.
3. Wird die übertragende Einheit in die Struktur des Erwerbers eingegliedert, so fällt dieser Zusammenhang der funktionellen Verknüpfung der Wechselbeziehung und gegenseitigen Ergänzung zwischen den für einen Betriebsübergang maßgeblichen Faktoren nicht zwangsläufig weg.
4. Die Beibehaltung der „organisatorischen Selbstständigkeit" der übertragenen Einheit ist nicht erforderlich, wohl aber die Beibehaltung des Funktions- und Zweckzusammenhangs zwischen den verschiedenen übertragenen Faktoren, der es dem Erwerber erlaubt, diese Faktoren zur Verfolgung einer bestimmten wirtschaftlichen Tätigkeit zu nutzen, auch wenn sie in eine andere Organisationsstruktur eingegliedert worden sind.
5. Eine bloße Auftragsnachfolge erfüllt für sich genommen diese Voraussetzung nicht. Dies gilt auch dann, wenn ein Dienstleistungsauftrag der einzige Auftrag eines Betriebs ist.
6. Sind in der Organisationsstruktur des Betriebserwerbers keine in ihrem Funktions- und Zweckzusammenhang beibehaltenen Faktoren des Betriebsveräußerers mehr aufrechterhalten, spricht dies gegen einen Betriebsübergang.
7. Bei der Prüfung, ob eine wirtschaftliche Einheit unter Wahrung ihrer Identität übergegangen ist, sind sämtliche den betreffenden Vorgang kennzeichnenden Umstände zu berücksichtigen.

BAG 30. 10. 2008 8 AZR 855/07 NZA 2009, 723

(...)
2. Wird eine bestehende wirtschaftliche Einheit, die einen Betriebsteil darstellt, in die erstmals aufgebaute Organisationsstruktur eines neu gegründeten Unternehmens eingegliedert, so liegt kein Betriebsteilübergang i.S.d. § 613a BGB vor.

BAG 24. 8. 2006 8 AZR 556/05 NZA 2007, 1320

1. Vereinbaren Veräußerer und Erwerber in einem Übernahmevertrag ausdrücklich nur die Übernahme wesentlicher Betriebsmittel aus bestimmten Betriebsteilen (hier: gewerbliche Abteilungen), geht eine hiervon organisatorisch abgegrenzte selbstständige Verwaltungsabteilung nicht auf den Erwerber mit über. Das Arbeitsverhältnis des Leiters der Verwaltung wird von dem Betriebsteilübergang nicht erfasst.
2. Der Betriebsübergang folgt aus der Wahrung der Identität des übernommenen Betriebs oder Betriebsteils beim Erwerber und nicht aus dem Untergang der früheren Identität des Gesamtbetriebs.

BAG 6. 4. 2006 8 AZR 222/04 NZA 2006, 723

Bei der Prüfung, ob ein Betriebsübergang gegeben ist, ist das Merkmal der eigenwirtschaftlichen Nutzung der sächlichen Betriebsmittel nicht mehr heranzuziehen (im Anschluss an EuGH 15. 12. 2005, Rs. C-232/04 und C-233/04 NZA 2006, 29).

BAG 10. 12. 1998 8 AZR 676/97 NZA 1999, 420

1. Die Wahrung der Identität einer wirtschaftlichen Einheit ist anzunehmen, wenn der neue Auftragnehmer nicht nur die betreffende Tätigkeit weiterführt, sondern auf Grund eigenen Willensentschlusses einen nach Zahl und Sachkunde wesentlichen Teil des Personals übernimmt, weil die Arbeitnehmer in der Lage sind, den Neuauftrag wie bisher auszuführen.

2. Hält der neue Auftragnehmer die frühere Arbeitsorganisation nicht aufrecht und stellen die Arbeitsplätze keine hohen Anforderungen an die Qualifikation der Arbeitnehmer, genügt ein Anteil von 75 % der früheren Beschäftigten nicht, um die Übernahme der Hauptbelegschaft feststellen zu können.

BAG 11. 12. 1997 8 AZR 729/96 NZA 1998, 534
1. Endet ein Reinigungsauftrag und übernimmt der neue Auftragnehmer keine sächlichen Betriebsmittel, setzt ein Betriebsübergang oder Teilbetriebsübergang gem. § 613a BGB voraus, dass der neue Auftragnehmer kraft eigenen Willensentschlusses einen nach Zahl und Sachkunde wesentlichen Teil der bisher für die betreffenden Arbeiten eingesetzten Arbeitnehmer im Wesentlichen unverändert weiterbeschäftigt.
2. Für einen rechtsgeschäftlichen Übergang bedarf es keines Vertrages zwischen den beiden Reinigungsunternehmen. Es genügt die Ausführung der Reinigungsarbeiten auf vertraglicher Grundlage in Verbindung mit der einvernehmlichen Weiterbeschäftigung der Arbeitnehmer.

BAG 22. 5. 1997 8 AZR 101/96 NZA 1997, 1050
1. Nach der Rechtsprechung des Gerichtshofes der Europäischen Gemeinschaften (EuGH Urteil vom 11. 3. 1997, Rs. C-13/95, NZA 1997, 433) und des Bundesarbeitsgerichts (Urteil vom 27. 4. 1995, 8 AZR 197/94, NZA 1995, 1155) ist bei der Prüfung, ob eine wirtschaftliche Einheit im Sinne der EuGH-Rechtsprechung oder ein Betrieb im Sinne von § 613a BGB übergegangen ist, die Dauer einer eventuellen Unterbrechung der betrieblichen Tätigkeit zu berücksichtigen. Im Bekleidungseinzelhandel ist jedenfalls eine neun Monate währende tatsächliche Einstellung jeder Verkaufstätigkeit eine wirtschaftlich erhebliche Zeitspanne, die der Annahme eines Betriebsübergangs entgegensteht.
2. In Branchen, in denen es im Wesentlichen auf die menschliche Arbeitskraft ankommt, kann eine Gesamtheit von Arbeitnehmern, die durch ihre gemeinsame Tätigkeit dauerhaft verbunden ist, eine wirtschaftliche Einheit darstellen (im Anschluss an EuGH Urteil vom 11. 3. 1997, Rs C-13/95, a.a.O.). In diesen Fällen kommt der Übernahme des Personals ein gleichwertiger Rang neben den anderen möglichen Kriterien zur Annahme eines Betriebsübergangs zu.

Betriebsteil

BAG 21. 5. 2008 8 AZR 481/07 NZA 2009, 144
(...)
2. Reinigungsarbeiten in einem Krankenhaus erfüllen einen organisatorisch abgrenzbaren arbeitstechnischen Teilzweck und stellen damit einen Betriebsteil des Krankenhauses dar, der gem. § 613a Abs. 1 BGB auf einen Betriebserwerber übergehen kann.
(...)

BAG 15. 8. 2002 8 AZR 195/01 NZA 2003, 430
Im Fall eines bevorstehenden Teilbetriebsübergangs muss der Arbeitgeber einem davon betroffenen Arbeitnehmer die Weiterbeschäftigung auf einem freien Arbeitsplatz anbieten, sobald er damit rechnen muss, der Arbeitnehmer werde dem Übergang seines Arbeitsverhältnisses widersprechen.

BAG 26. 8. 1999 8 AZR 718/98 NZA 2000, 144
1. Ein nach § 613a Abs. 1 Satz 1 BGB selbstständig übergangsfähiger Betriebsteil setzt voraus, dass innerhalb des betrieblichen Gesamtzwecks ein Teilzweck verfolgt wird. Das Merkmal des Teilzwecks dient nur zur Abgrenzung der organisatorischen Einheit. Im Teilbetrieb müssen nicht andersartige Zwecke als im übrigen Betrieb verfolgt werden.

2. Eine betriebliche Teilorganisation liegt nicht schon dann vor, wenn einzelne Betriebsmittel ständig dem betreffenden Teilzweck zugeordnet sind, auf Dauer in bestimmter Weise eingesetzt werden und dieselben Arbeitnehmer ständig die entsprechenden Arbeiten durchführen.

Funktionsnachfolge

BAG 13. 11. 1997 8 AZR 295/95 NZA 1998, 251
1. Eine Funktionsnachfolge allein ist kein Betriebsübergang.
2. Endet ein Reinigungsauftrag und liegen keine greifbaren Anhaltspunkte dafür vor, dass nach der Rechtsprechung des EuGH von der Wahrung der Identität auszugehen ist, weil der neue Auftragnehmer kraft eigenen Willensentschlusses eine organisierte Gesamtheit von Arbeitnehmern übernehmen wird, kann der frühere Auftragnehmer solchen Arbeitnehmern wirksam betriebsbedingt kündigen, für die er keine Beschäftigungsmöglichkeit mehr hat.
3. Kommt es nach Zugang der Kündigung zu einem Betriebsübergang im Sinne der Rechtsprechung des EuGH, haben die gekündigten Arbeitnehmer, die in einer Einheit beschäftigt waren, einen Anspruch gegen den neuen Auftragnehmer, zu unveränderten Arbeitsbedingungen unter Wahrung ihres Besitzstandes eingestellt zu werden.

(Teil-)Betriebsstilllegung

BAG 29. 9. 2005 8 AZR 647/04 NZA 2006, 720
Kündigt der Insolvenzverwalter einem Arbeitnehmer wegen beabsichtigter Betriebsstilllegung, so spricht es gegen eine endgültige Stilllegungsabsicht, wenn dem Insolvenzverwalter vor Erklärung der Kündigung ein Übernahmenangebot eines Interessenten vorliegt, das wenige Tage später zu konkreten Verhandlungen mit einer teilweisen Betriebsübernahme führt. Dies gilt jedenfalls dann, wenn im vorausgegangenen Interessenausgleich dessen Neuverhandlung vereinbart war, falls ein Betriebsübergang auf einen dritten Interessenten erfolgt.

BAG 16. 5. 2002 8 AZR 319/01 NZA 2003, 93
(...)
4. Eine Betriebsstilllegung und ein Betriebsübergang schließen sich gegenseitig aus.

Beginn des Widerspruchsrechts

BAG 14. 12. 2006 8 AZR 763/05 NZA 2007, 682
(...)
10. Auch wenn eine Unterrichtung erst nach Betriebsübergang erfolgt, ist ein Widerspruch noch möglich. Die Widerspruchsfrist beginnt dann mit der Unterrichtung. Der Widerspruch wirkt auf den Zeitpunkt des Betriebsübergangs zurück.
11. Das Recht des Arbeitnehmers, dem Übergang seines Arbeitsverhältnisses zu widersprechen, kann verwirkt werden. Dies gilt auch nach der gesetzlichen Regelung der Widerspruchsfrist in § 613a Abs. 6 BGB n.F.

BAG 13. 7. 2006 8 AZR 303/05 NZA 2006, 1273
1. Die Frist zur Erklärung eines Widerspruchs gegen den Übergang eines Arbeitsverhältnisses gemäß § 613a Abs. 6 BGB wird nur durch eine ordnungsgemäße Unterrichtung ausgelöst. Eine unterbliebene oder fehlerhafte Unterrichtung führt nicht zum Fristbeginn.

2. Eine fehlerhafte Unterrichtung über Rechtsfragen ist im Rahmen des § 613a Abs. 5 BGB dann aber nicht unwirksam, wenn der Unterrichtungspflichtige die Rechtslage gewissenhaft geprüft und einen vertretbaren Rechtsstandpunkt eingenommen hat.

BAG 13. 7. 2006 8 AZR 305/05 NZA 2006, 1268
1. Die Frist zur Erklärung eines Widerspruchs gegen den Übergang eines Arbeitsverhältnisses gemäß § 613a Abs. 6 BGB wird weder bei einer unterbliebenen noch bei einer nicht ordnungsgemäßen Unterrichtung ausgelöst.
2. Eine Unterrichtung nach § 613a Abs. 5 BGB erfordert eine verständliche, arbeitsplatzbezogene und zutreffende Information. Sie muss u.a. Angaben über die Identität des Erwerbers, den Gegenstand und den rechtlichen Grund des Betriebsübergangs sowie eine korrekte Darstellung der rechtlichen Folgen des Betriebsübergangs für den Arbeitnehmer enthalten.
3. Wird das Widerspruchsrecht nach dem Betriebsübergang ausgeübt, wirkt es auf den Zeitpunkt des Betriebsübergangs zurück.

Widerspruchsrecht

BAG 23. 7. 2009 8 AZR 538/08 NZA 2009, 89
Orientierungssätze der Richterinnen und Richter des BAG:
1. Der Inhalt der gesetzlich vorgeschriebenen Unterrichtung nach § 613a V BGB richtet sich nach dem Kenntnisstand von Betriebsveräußerer und -erwerber zum Zeitpunkt der Unterrichtung.
2. Über die Identität eines Betriebserwerbers ist so zu unterrichten, dass die Adressaten in die Lage versetzt werden, Erkundigungen über den Betriebserwerber und damit ihren etwaigen neuen Arbeitgeber einzuholen. Dazu gehört bei Gesellschaften die Firma, die Angabe eines Firmensitzes, um das zuständige Handelsregister einsehen zu können und die Angabe einer Geschäftsadresse, an die gegebenenfalls ein Widerspruch gerichtet werden kann.
3. Soweit im Zeitpunkt der Unterrichtung solche Angaben zum Betriebserwerber nicht gemacht werden können, weil dieser erst noch zu gründen ist, muss dies bei der Unterrichtung offengelegt werden.
4. Gegebenenfalls kann die Unterrichtung – auch noch nach einem Betriebsübergang – vervollständigt werden, sie muss aber dann in der nach § 613a V BGB gesetzlich vorgeschriebenen Form durchgeführt werden und – wegen des Laufs der Widerspruchsfrist – auch als solche bezeichnet werden.
5. Es kann sinnvoll, gegebenenfalls sogar erforderlich sein, im Zusammenhang mit der Darstellung des Betriebserwerbers auf dessen bisherige und künftige Geschäftsaktivitäten einzugehen und seine Konzernverflechtungen darzustellen. Diese relevanten Informationen werden nicht gegeben, wenn schlagwortartig über Aktivitäten des gesamten Konzerns informiert wird, ohne im Einzelnen auf den Betriebsübernehmer einzugehen.
6. Über den „Grund für den Übergang" (§ 613a V Nr. 2 BGB) wird nur informiert, wenn die zwischen Betriebsveräußerer und Betriebserwerber geschlossenen Vereinbarungen dargestellt werden. Wird der Grund dafür zwischen dem Betriebsveräußerer und einem Dritten vereinbart, so ist darauf bei der Unterrichtung hinzuweisen.
7. Über die rechtlichen Folgen des Betriebsübergangs wird nicht korrekt informiert, wenn darauf hingewiesen wird, Tarifverträge und Betriebsvereinbarungen gölten „gem. § 613a BGB weiter".
8. Über eine gerade und nur für den Fall eines Betriebsübergangs vereinbarte Verschlechterung von ansonsten weiter geltenden Sozialplänen ist in jedem Fall zu unterrichten.

BAG 23.7.2009 8 AZR 357/08 BeckRS 2009 74718

(...)

3. Eine Verwirkung des Widerspruchsrechts ist regelmäßig dann anzunehmen, wenn der Arbeitnehmer über den Bestand seines Arbeitsverhältnisses disponiert hat, z.B. durch den Abschluss eines Aufhebungsvertrages mit dem Betriebserwerber.
4. Hat einer der beiden möglichen Adressaten eines Widerspruchs nach § 613a I BGB Kenntnis von Umständen, welche zur Verwirkung des Widerspruchsrechts führen, so darf sich auch der andere Widerspruchsadressat auf diese Umstände berufen. Insoweit werden der Betriebsveräußerer und der Betriebserwerber als Einheit behandelt.

BAG 27.11.2008 8 AZR 174/07 NZA 2009, 552

(...)

3. Das Recht zum Widerspruch kann verwirkt werden. Für das dazu erforderliche „Zeitmoment" ist nicht auf eine feststehende Monatsfrist abzustellen. Die Frist für das Zeitmoment beginnt aber nicht erst mit der zutreffenden Unterrichtung des Arbeitnehmers zum Betriebsübergang und seine Folgen laufen.
4. Hat der Arbeitnehmer dem Übergang seines Arbeitsverhältnisses erst 15 Monate nach der (fehlerhaften) Unterrichtung widersprochen und hat er innerhalb dieser Zeitspanne schon selbst über den Bestand seines Arbeitsverhältnisses disponiert, so kann das Recht zum Widerspruch verwirkt sein.

BAG 31.5.2007 2 AZR 276/06 NZA 2008, 33

1. Auch die Arbeitnehmer, die einem Übergang ihres Arbeitsverhältnisses auf einen Betriebserwerber nach § 613a Abs. 6 BGB widersprochen haben, können sich bei einer nachfolgenden, vom Betriebsveräußerer erklärten Kündigung auf eine mangelhafte Sozialauswahl nach § 1 Abs. 3 Satz 1 KSchG berufen.
2. Die Gründe für den Widerspruch des Arbeitnehmers gegen den Übergang seines Arbeitsverhältnisses auf einen Betriebserwerber sind seit 1.1.2004 bei der Abwägung der sozialen Auswahlkriterien nicht mehr zu berücksichtigen, da die Auswahlkriterien (Betriebszugehörigkeit, Alter, Unterhaltspflichten, Schwerbehinderung) vom Gesetzgeber nunmehr abschließend benannt worden sind.

BAG 29.3.2007 8 AZR 538/06 NZA 2008, 48

1. Auch wenn der Arbeitnehmer dem Übergang seines Arbeitsverhältnisses auf einen Betriebserwerber widersprochen hat, muss der Arbeitgeber vor einer außerordentlichen Kündigung alle zumutbaren, eine Weiterbeschäftigung ermöglichenden Mittel ausschöpfen.

(...)

BAG 30.9.2004 8 AZR 462/03 NZA 2005, 43

1. Für die Ausübung eines Widerspruchs nach § 613a Abs. 6 BGB ist ein sachlicher Grund nicht erforderlich. Dies gilt auch im Falle der Ausübung des Widerspruchs durch eine Mehrheit von Arbeitnehmern.
2. Ein kollektiver Widerspruch kann aber gem. § 242 BGB rechtsmissbräuchlich sein und daher unwirksam sein, wenn er dazu eingesetzt wird, andere Zwecke als die Sicherung der arbeitsvertraglichen Rechte und die Beibehaltung des bisherigen Arbeitgebers herbeizuführen.

Wirksamkeit des Widerspruchsrechts

BAG 2.4.2009 8 AZR 178/07 DB 2009, 2213

1. Das Recht des Arbeitnehmers, dem Übergang seines Arbeitsverhältnisses auf den Betriebserwerber zu widersprechen (§ 613a Abs. 6 BGB), kann verwirken.
2. Kein Umstandsmoment im Sinne der Verwirkung ist darin zu sehen, dass der Arbeit-

nehmer sich gegen eine Kündigung des Betriebserwerbers nach Betriebsübergang wehrt. Damit akzeptiert er nicht den Betriebserwerber als seinen neuen Arbeitgeber. Vielmehr tritt er der einseitigen Disposition der Arbeitgeberseite über den Bestand seines Arbeitsverhältnisses entgegen, um gerade die Verwirklichung eines Umstandsmoments zu verhindern.

BAG 2.4.2009 8 AZR 220/07 DB 2009, 2214

1. Nur eine ordnungsgemäße Unterrichtung über einen beabsichtigten Betriebsübergang (§ 613a Abs. 5 BGB) setzt für den betroffenen Arbeitnehmer die einmonatige Widerspruchsfrist des § 613a Abs. 6 Satz 1 in Lauf.
2. Das Recht des Arbeitnehmers, dem Übergang seines Arbeitsverhältnisses auf den Betriebserwerber zu widersprechen (§ 613a Abs. 6 BGB), kann verwirken.
3. Könnte sich der Betriebserwerber als neuer Arbeitgeber mit Erfolg auf Umstände berufen, die zur Verwirkung des Widerspruchsrechts geführt haben, so steht dieses Recht auch dem Betriebsveräußerer zu, unabhängig davon, ob und ggf. wann diesem die Umstände bekannt geworden sind.
4. Hat der Arbeitnehmer sein Widerspruchsrecht verwirkt, so hat er im Wege des Schadensersatzes keinen Anspruch auf Fortsetzung des Arbeitsverhältnisses mit dem Betriebsveräußerer, weil dieser seiner Unterrichtungspflicht nach § 613a Abs. 5 BGB nicht ordnungsgemäß nachgekommen war.

BAG 19.2.2009 8 AZR 176/08 NZA 2009, 1095

Die Ausübung des Widerspruchsrechts des § 613a Abs. 6 BGB kann im Einzelfall rechtsmissbräuchlich (§ 242 BGB) sein.

BAG 27.11.2008 8 AZR 174/07 NZA 2009, 552

Hat einer der beiden möglichen Adressaten eines Widerspruchs nach § 613a Abs. 6 BGB Kenntnis von Umständen, die zur Verwirkung des Rechts auf Widerspruch führen, so kann sich der andere Widerspruchsadressat hierauf berufen. Insoweit werden Betriebsveräußerer und Betriebserwerber als Einheit behandelt.

BAG 27.11.2008 8 AZR 188/07 NZA 2009, 752

1. Ist die gesetzlich vorgeschriebene Unterrichtung über einen Betriebsübergang nach § 613a Abs. 5 BGB fehlerhaft, setzt sie die Frist zum Widerspruch gegen den Übergang des Arbeitsverhältnisses (§ 613a Abs. 6 BGB) nicht in Lauf.
2. Der Widerspruch kann grundsätzlich auch noch nach Beendigung des Arbeitsverhältnisses erklärt werden.
(...)
4. Mit einer zunächst erfolgten Weiterarbeit für den Betriebserwerber verwirklicht der Arbeitnehmer in der Regel noch kein „Umstandsmoment" im Sinne einer Verwirkung seines Widerspruchsrechts. Die Weiterarbeit ist vielmehr im Übergang des Arbeitsverhältnisses auf den Betriebserwerber angelegt. Etwas anderes kann gelten, wenn der Arbeitnehmer und der Betriebserwerber das Arbeitsverhältnis in seinem Bestand verändern und dies unabhängig vom Übergang des Arbeitsverhältnisses geschieht.

BAG 20.3.2008 8 AZR 1016/06 NZA 2008, 1354

1. Nur eine ordnungsgemäße Unterrichtung setzt die Widerspruchsfrist in Gang.
2. Die Unterrichtung ist nicht ordnungsgemäß, wenn eine Darstellung der begrenzten gesamtschuldnerischen Nachhaftung gem. § 613a Abs. 2 BGB fehlt.
3. Das Widerspruchsrecht kann auch noch nach Beendigung des Arbeitsverhältnisses ausgeübt werden. Es wirkt auf den Zeitpunkt des Betriebsübergangs zurück.
4. Das Widerspruchsrecht ist verwirkt, wenn der Verpflichtete annehmen durfte, er werde nicht mehr in Anspruch genommen.

BAG 21.2.2008 8 AZR 157/07 NZA 2008, 815

Ein Widerspruchsrecht nach § 613a Abs. 6 BGB gegen den Übergang eines Arbeitsverhältnisses besteht in Fällen, in denen ein Arbeitsverhältnis wegen gesellschaftsrechtlicher Gesamtrechtsnachfolge auf einen neuen Arbeitgeber übergegangen ist, nicht.

BAG 13.7.2006 8 AZR 382/05 NZA 2006, 1406

1. § 613a BGB gilt auch im Ausbildungsverhältnis.
2. Auch nach Aufnahme des Schriftformerfordernisses für die Widerspruchserklärung in § 613a Abs. 4 BGB muss der Widerspruch nicht ausdrücklich erklärt werden. Es reicht aus, dass der einschlägige rechtsgeschäftliche Wille des Arbeitnehmers in einer formgerechten Urkunde einen andeutungsweisen Ausdruck gefunden hat (so genannte Andeutungstheorie)
3. Auch nach dem In-Kraft-Treten des § 613a Abs. 5 und 6 BGB kann die Ausübung des Widerspruchsrechts wegen Verwirkung ausgeschlossen sein. Dabei ist auf die Umstände des Einzelfalles abzustellen.

(...)

BAG 20.10.2003 8 AZR 491/02 NZA 2004, 481

Hat ein Arbeitnehmer dem Übergang seines Arbeitsverhältnisses auf einen Betriebserwerber nach § 613a Abs. 1 Satz 1 BGB wirksam widersprochen, so kann er diesen Widerspruch als einseitige empfangsbedürftige Willenserklärung nicht einseitig nach Zugang beim Erklärungsadressaten widerrufen.

Informationspflichten des Arbeitgebers

BAG 21.8.2008 8 AZR 407/07 NZA-RR 2009, 62

1. Die einmonatige Frist des § 613a Abs. 6 Satz 1 BGB für die Erklärung des Widerspruchs eines vom Betriebsübergang betroffenen Arbeitnehmers gegen den Übergang seines Arbeitsverhältnisses auf den Betriebserwerber wird nicht in Gang gesetzt, solange keine ordnungsgemäße Unterrichtung (§ 613a Abs. 5 BGB) des Arbeitnehmers erfolgt ist.
2. Die Unterrichtung des von einem Betriebsübergang betroffenen Arbeitnehmers nach § 613a Abs. 5 BGB muss die eindeutige Bezeichnung des Betriebserwerbers enthalten.
3. Die Aufklärung des Arbeitnehmers über die in § 613a Abs. 2 BGB geregelte Haftungsverteilung zwischen altem und neuem Betriebsinhaber gehört zu einer ordnungsgemäßen Unterrichtung über die rechtlichen Folgen des Betriebsübergangs (§ 613a Abs. 5 Nr. 3 BGB).

BAG 31.1.2008 8 AZR 1116/06 NZA 2008, 642

(...)

2. Bei einem Betriebsübergang muss der bisherige Arbeitgeber oder der neue Betriebsinhaber die betroffenen Arbeitnehmer auch darüber unterrichten, dass der Betriebserwerber nur die beweglichen Anlageteile des Betriebs, nicht jedoch das Betriebsgrundstück übernimmt.
3. Die Unterrichtungspflicht nach § 613a Abs. 5 BGB stellt eine Rechtspflicht dar, deren Verletzung nach § 280 Abs. 1 BGB eine Schadensersatzpflicht des Unterrichtenden begründen kann. Der Arbeitnehmer, der sich auf eine unzulängliche Unterrichtung beruft, kann verlangen, so gestellt zu werden, wie er gestanden hätte, wenn er richtig und vollständig informiert worden wäre. Dafür muss er vortragen und beweisen, dass ihm in Folge der mangelhaften Unterrichtung der geltend gemachte Schaden entstanden ist.
4. Genügt eine Unterrichtung formal den Anforderungen des § 613a Abs. 5 BGB und ist sie nicht offensichtlich fehlerhaft, ist es Sache des Arbeitnehmers, einen behaupteten Mangel näher darzulegen. Dem Unterrichtenden obliegt dann die Darlegungs- und Beweislast für die ordnungsgemäße Erfüllung der Unterrichtungspflicht.

BAG 14.12.2006 8 AZR 763/05 NZA 2007, 682
(...)
3. Ob die Unterrichtung ordnungsgemäß ist und die Tatsachen korrekt dargestellt sind, kann vom Gericht überprüft werden. Der Veräußerer und der Erwerber sind für die Erfüllung der Unterrichtungspflicht darlegungs- und beweispflichtig. Genügt eine Unterrichtung jedoch zunächst formal den Anforderungen des § 613a Abs. 5 BGB und ist sie nicht offensichtlich fehlerhaft, ist es Sache des Arbeitnehmers im Wege der abgestuften Darlegungslast einen Mangel näher darzulegen. Die Unterrichtungsverpflichteten müssen sodann Einwände des Arbeitnehmers mit entsprechenden Darlegungen und Beweisantritten entkräften.
(...)
5. Neben den gesetzlichen Unterrichtungsgegenständen gem. § 613a Abs. 5 Nr. 1–4 BGB ist dem Arbeitnehmer Klarheit über die Identität des Erwerbers zu verschaffen. Hierzu gehört grundsätzlich die genaue Bezeichnung und die Angabe des Sitzes bzw. der Adresse des Erwerbers. Auch ist der Gegenstand des Betriebsüberganges mitzuteilen.
6. Nach § 613a Abs. 5 Nr. 2 BGB ist der Grund für den Betriebsübergang anzugeben. Hierunter ist in der Regel der Rechtsgrund für den Betriebsübergang wie Kaufvertrag, Pachtvertrag, Umwandlung etc. gemeint. Im Hinblick auf den Sinn und Zweck der Unterrichtung, dem vom Betriebsübergang betroffenen Arbeitnehmer eines ausreichende Wissensgrundlage für seine Entscheidung über die Ausübung oder Nichtausübung des Widerspruchsrechts zu geben, sind die zum Übergang führenden unternehmerischen Erwägungen, soweit sie sich auf den Arbeitsplatz auswirken können, zumindest schlagwortartig anzugeben.
7. § 613a Abs. 5 Nr. 3 BGB erfordert des Weiteren eine Information über die rechtlichen, wirtschaftlichen und sozialen Folgen des Übergangs für die Arbeitnehmer. Der Inhalt der Unterrichtung richtet sich auch insoweit nach dem Kenntnisstand der Unterrichtungsverpflichteten zum Zeitpunkt der Unterrichtung.
8. Zu den rechtlichen Folgen gehören die sich unmittelbar aus dem Betriebsübergang ergebenden Rechtsfolgen. Dies beinhaltet einen Hinweis auf den Eintritt des Übernehmers in die Rechte und Pflichten aus dem bestehenden Arbeitverhältnis (§ 613a Abs. 1 BGB), auf die Gesamtschuldnerschaft des Übernehmers und des Veräußerers und die anteilige Haftung nach § 613a Abs. 2 BGB sowie grundsätzlich auch auf die kündigungsrechtliche Situation. Zu den beim Übernehmer geltenden Rechten und Pflichten gehört auch die weitere Anwendbarkeit tariflicher und betrieblicher Normen und die Frage, inwieweit beim Veräußerer geltende Tarifverträge und Betriebsvereinbarungen durch beim Erwerber geltende Tarifverträge und Betriebsvereinbarungen abgelöst werden.
9. Wegen des oben genannten Zwecks der Unterrichtung kann der Arbeitnehmer auch über die Folgen zu informieren sein, die im Falle eines Widerspruchs zur Anwendung kommen sollen, also z.B. einen Sozialplan.
(...)

Folgen des Betriebsübergangs

BAG 11.12.2008 2 AZR 395/07 NZA 2009, 556
Im Falle des Betriebsübergangs nach § 613a BGB muss sich der Betriebsübernehmer die Kenntnis des Betriebsveräußerers von der Schwerbehinderteneigenschaft eines Arbeitnehmers zurechnen lassen.

BAG 30.10.2008 8 AZR 855/07 NZA 2009, 723
1. Die Befristung eines Arbeitsvertrags ist unwirksam, wenn Grund für die Befristung ein Betriebs(teil)übergang i.S.d. § 613a BGB ist.
(...)

BAG 15.2.2007 8 AZR 397/06 NZA 2007, 739
Der im Arbeitsverhältnis mit dem Betriebsveräußerer auf Grund der Zahl der beschäftigten Arbeitnehmer erwachsene Kündigungsschutz geht nicht nach § 613a Abs. 1 Satz 1 BGB mit dem Arbeitsverhältnis auf den Betriebserwerber über, wenn in dessen Betrieb die Voraussetzungen des § 23 Abs. 1 KSchG nicht vorliegen.

BAG 18.9.2003 2 AZR 330/02 NZA 2004, 319
1. Bei einem Betriebsinhaberwechsel sind die beim Betriebsveräußerer erbrachten Beschäftigungszeiten bei der Berechnung der Kündigungsfrist nach § 622 Abs. 2 BGB zu berücksichtigen.
2. Dies gilt auch, wenn zum Zeitpunkt des Betriebsübergangs das Arbeitsverhältnis kurzfristig unterbrochen war, die Beschäftigungszeiten aber in einem engen sachlichen Zusammenhang stehen.

BAG 27.6.2002 2 AZR 270/01 NZA 2003, 145
1. Bei einem Betriebsinhaberwechsel sind die beim Betriebsveräußerer erbrachten Beschäftigungszeiten bei der Berechnung der Wartezeit nach § 1 Abs. 1 KSchG für eine vom Betriebsübernehmer ausgesprochene Kündigung zu berücksichtigen.
2. Dies gilt auch dann, wenn zum Zeitpunkt des Betriebsübergangs das Arbeitsverhältnis kurzfristig unterbrochen war, die Arbeitsverhältnisse in einem engen sachlichen Zusammenhang stehen.

Kündigung

BAG 24.4.2008 8 AZR 268/07 NZA 2008, 1314
(...)
2. Wird der Arbeitnehmer in einer Namensliste zu einem Interessenausgleich aufgeführt, so wird vermutet, dass die Kündigung durch betriebliche Gründe bedingt ist (§ 1 Abs. 5 KSchG).
(...)

BAG 29.3.2007 2 AZR 31/06 NZA 2007, 855
1. Eine betriebsbedingte Änderung der Arbeitsbedingungen durch Änderungskündigung, mit der der Arbeitgeber eine sonst aus wirtschaftlichen Gründen erforderliche Beendigungskündigung vermeidet, hat der Arbeitnehmer nach dem Verhältnismäßigkeitsgrundsatz stets billigerweise hinzunehmen.
2. Steht im Kündigungszeitpunkt fest, dass der Arbeitnehmer auf Grund seines Widerspruchs gegen einen Betriebsübergang bei seinem Arbeitgeber nicht mehr weiterbeschäftigt werden kann, verstößt das Angebot des Arbeitgebers, den Arbeitnehmer an den Betriebsübernehmer auszuleihen, damit er dort wie bisher weiterarbeiten kann, regelmäßig nicht gegen den Verhältnismäßigkeitsgrundsatz.
3. Dies gilt auch, wenn der Arbeitgeber dem Arbeitnehmer die Fortsetzung des Arbeitsverhältnisses nur zu dem geringeren Entgelt anbietet, das der Betriebsübernehmer nach den in seinem Betrieb einschlägigen Tarifverträgen seinen Arbeitnehmern zahlt.

BAG 20.9.2006 6 AZR 249/05 NZA 2007, 387
Die Kündigung auf Grund eines eigenen Sanierungskonzepts des Veräußerers – Insolvenzverwalters – verstößt nicht gegen § 613a Abs. 4 Satz 1 BGB.

BAG 20.3.2003 8 AZR 97/02 NZA 2003, 1027
1. Die Kündigung des Betriebsveräußerers auf Grund eines Erwerberkonzepts verstößt dann nicht gegen § 613a Abs. 4 BGB, wenn ein verbindliches Konzept oder ein Sanierungsplan des Erwerbers vorliegt, dessen Durchführung im Zeitpunkt des Zugangs der Kündigungserklärung bereits greifbare Formen angenommen hat.
2. Der Zulassung einer solchen Kündigung steht der Schutzgedanke des § 613a Abs. 4 BGB nicht entgegen, denn diese Regelung bezweckt keine "künstliche Verlängerung" des Arbeitsverhältnisses bei einer vorhersehbar fehlenden Beschäftigungsmöglichkeit des Arbeitnehmers bei dem Erwerber.
3. Für die Wirksamkeit einer betriebsbedingten Kündigung des Veräußerers nach dem Sanierungskonzept des Erwerbers kommt es – jedenfalls in der Insolvenz – nicht darauf an, ob das Konzept auch bei dem Veräußerer hätte durchgeführt werden können.

BAG 18.7.1996 2 AZR 127/94 NZA 1997, 148
1. Eine Kündigung wegen des Betriebsübergangs (§ 613a Abs. 4 Satz 1 BGB) liegt nicht vor, wenn sie der Rationalisierung (Verkleinerung) des Betriebs zur Verbesserung der Verkaufschancen dient. Ein Rationalisierungsgrund liegt vor, wenn der Betrieb ohne die Rationalisierung stillgelegt werden müsste.
2. Die Rationalisierung ist auch während einer Betriebspause möglich. Der Betriebsinhaber muss nicht beabsichtigen, den Betrieb selbst fortzuführen.

Wiedereinstellung

BAG 25.10.2007 8 AZR 989/06 NZA 2008, 357
1. Ein Wiedereinstellungsanspruch des Arbeitnehmers als Nebenpflicht aus dem Arbeitsverhältnis (§§ 611, 242 BGB) kann sich nach wirksamer betriebsbedingter Kündigung dann ergeben, wenn sich vor Ablauf der Kündigungsfrist herausstellt, dass entgegen der ursprünglichen Planung ein Betrieb oder Betriebsteil nicht stillgelegt, sondern von einem neuen Betriebsinhaber übernommen werden soll.
2. Der Wiedereinstellungsanspruch als notwendiges Korrektiv zu der auf den Zeitpunkt des Ausspruchs der Kündigung bezogenen Prüfung ihrer Wirksamkeit geht nach § 613a Abs. 1 Satz 1 BGB jedenfalls dann auf den Betriebserwerber über, wenn der Betriebsübergang unmittelbar im Anschluss an den Ablauf der Kündigungsfrist stattfindet.
3. Nach dem BGB in der Fassung des Schuldrechtsmodernisierungsgesetzes vom 26.11.2001 (BGBl I, 3138) kann die Verurteilung zu einem rückwirkenden Abschluss eines Arbeitsvertrags verlangt werden.
4. Der Widerspruch eines Arbeitnehmers gegen den Übergang seines Arbeitsverhältnisses in Folge eines Betriebsübergangs ist dann unbeachtlich, wenn er sich auf eine Maßnahme bezog, über die zwar seitens des bisherigen Betriebsinhabers informiert worden war, die aber in der Folgezeit tatsächlich nicht, auch nicht in anderer Form durchgeführt wurde.
5. Ein Fortsetzungs- und Wiedereinstellungsverlangen muss der Arbeitnehmer entsprechend der Frist zur Einlegung eines Widerspruchs, binnen einer Frist von einem Monat nach Kenntniserlangung von den den Anspruch begründenden Tatsachen geltend machen.
6. Aus der zwischenzeitlichen Wiederbesetzung des Arbeitsplatzes kann der Arbeitgeber dann kein berechtigtes Interesse, das der Wiedereinstellung entgegensteht, ableiten, wenn er die Neubesetzung in Kenntnis der Bewerbung des wiedereinzustellenden Arbeitnehmers vorgenommen hat.

BAG 28.10.2004 8 AZR 199/04 NZA 2005, 405
Findet nach Ablauf der Frist einer insolvenzbedingten Kündigung ein Betriebsübergang statt, besteht kein Anspruch auf Wiedereinstellung bzw. Fortsetzung des Arbeitsverhältnisses.

Umgehung von § 613a BGB

BAG 19.3.2009 8 AZR 722/07 NZA 2009, 1091
Ein Erlassvertrag, der abgeschlossen wird, um die zwingenden gesetzlichen Rechtsfolgen des § 613a Abs. 1 BGB zu umgehen, ist nach § 134 BGB nichtig.

BAG 21.5.2008 8 AZR 481/07 NZA 2009, 144
(...)
3. Schließt im Falle eines Betriebsübergangs ein Arbeitnehmer mit seinem bisherigen Arbeitgeber einen Aufhebungsvertrag und vereinbart er zugleich mit dem Betriebserwerber ein neues Arbeitsverhältnis, so stellt dies eine Umgehung des § 613a Abs. 4 BGB dar. Dies hat nach § 134 BGB die Nichtigkeit des Aufhebungsvertrags zur Folge.

BAG 23.11.2006 8 AZR 349/06 NZA 2007, 866
1. Die Arbeitsvertragsparteien können das Arbeitsverhältnis im Zusammenhang mit einem Betriebsübergang wirksam durch Aufhebungsvertrag auflösen, wenn die Vereinbarung auf das endgültige Ausscheiden des Arbeitnehmers aus dem Betrieb gerichtet ist und nicht der Unterbrechung der Kontinuität des Arbeitsverhältnisses dient. Dies gilt auch, wenn zugleich ein Übertritt des Arbeitnehmers in eine Beschäftigungs- und Qualifizierungsgesellschaft vereinbart wird.
2. § 613a BGB wird nur umgangen, wenn der Aufhebungsvertrag die Beseitigung der Kontinuität des Arbeitsverhältnisses bei gleichzeitigem Erhalt des Arbeitsplatzes bezweckt, weil zugleich ein neues Arbeitsverhältnis vereinbart oder zumindest verbindlich in Aussicht gestellt wird. § 613a BGB gewährt nur einen Schutz vor einer Veränderung des Vertragsinhaltes ohne sachlichen Grund, nicht aber einen Schutz vor einer einvernehmlichen Beendigung des Arbeitsverhältnisses ohne sachlichen Grund.
3. Eine Umgehung des § 613a BGB kann vorliegen, wenn die Beschäftigungsgesellschaft zum Schein vorgeschoben oder offensichtlich bezweckt, die Sozialauswahl zum umgehen.
4. Der Aufhebungsvertrag kann gem. § 123 Abs. 1 BGB angefochten werden, wenn der Arbeitgeber dem Arbeitnehmer beim Abschluss des Vertrags vorspiegelt, der Betrieb solle geschlossen werden, in Wahrheit jedoch ein (Teil-)Betriebsübergang geplant ist.
5. Der Arbeitnehmer, der im Zusammenhang mit einem Betriebsübergang aus dem Arbeitsverhältnis auf Grund eines Aufhebungsvertrags ausgeschieden ist, hat keinen Einstellungsanspruch gegen den Betriebsübernehmer, solange die Wirksamkeit des Aufhebungsvertrages nicht wegen Anfechtung, Wegfalls der Geschäftsgrundlage oder aus einem anderen Grunde beseitigt worden ist.
6. Ein Einstellungsanspruch ergibt sich auch nicht gem. § 242 BGB aus dem Gesichtspunkt des unredlichen Erwerbs einer eigenen Rechtsstellung, wenn ein Betriebserwerber so lange mit einer Betriebsübernahme wartet, bis der Veräußerer eine Stilllegung plant, zahlreiche Arbeitsverhältnisse mittels Aufhebungsvertrag oder Kündigung beendet und deshalb ein Betrieb mit geringerer Arbeitnehmerzahl übernommen werden kann.

BAG 18.8.2005 8 AZR 523/04 NZA 2006, 145
(...)
3. Wird ein Arbeitnehmer von einer Auffanggesellschaft nach Abschluss eines Aufhebungsvertrags zu verschlechterten Arbeitsbedingungen eingestellt, liegt hierin noch keine Umgehung des § 613a BGB, wenn die Änderung der Arbeitsbedingungen sachlich gerechtfertigt ist.

BAG 19. 5. 2005 3 AZR 649/03 NZA-RR 2006, 373

1. Ein Arbeitsverhältnis geht auch dann auf einen Betriebserwerber über, wenn es wirksam auf das Ende des Tages vor dem Betriebsübergang befristet ist und der Erwerber es nahtlos durch Abschluss eines neuen Arbeitsverhältnisses fortsetzt.

(...)

Gleichbehandlung

BAG 22. 1. 2009 8 AZR 808/07 NZA 2009, 547

(...)

4. Haben Arbeitnehmer im Zusammenhang mit Aufhebungsverträgen Abfindungszahlungen vereinbart und erhalten, so kann Gleichbehandlung nur geltend gemacht werden, wenn der Anspruchsteller eine vergleichbare Beendigung seines Arbeitsverhältnisses angestrebt hat. Davon ist nicht auszugehen, wenn von vorneherein eine Eigenkündigung und die nachfolgende Geltendmachung von Schadensersatzansprüchen vorbereitet wurde.

BAG 14. 3. 2007 5 AZR 420/06 NZA 2007, 862

Der allgemeine Gleichbehandlungsgrundsatz findet auf freiwillige Lohnerhöhungen nach einer selbst gegebenen Regelung des Arbeitgebers auch dann Anwendung, wenn der Arbeitgeber zwischen seiner Stammbelegschaft und den auf Grund eines Betriebsübergangs übernommenen Arbeitnehmern differenziert.

Vereinbarungen über Lohnverzicht

BAG 7. 11. 2007 5 AZR 1007/06 NZA 2008, 530

1. § 613a BGB hindert Arbeitnehmer und Betriebsübernehmer nicht, nach einem Betriebsübergang einzelvertraglich die mit dem Betriebsveräußerer vereinbarte Vergütung abzusenken.

(...)

Kollektivrechtliche Regelungen und Betriebsübergang

BAG 19. 9. 2007 4 AZR 711/06 NZA 2008, 241

1. In einem Tarifvertrag geregelte Rechte und Pflichten, die für das Arbeitsverhältnis auf Grund beiderseitiger Tarifgebundenheit der Arbeitsvertragsparteien gelten, werden bei einem Betriebsübergang auf einen nicht tarifgebundenen Erwerber nach § 613a Abs. 1 Satz 2 BGB Inhalt des Arbeitsverhältnisses. Dies gilt auch, soweit sie zwar in der Vergangenheit geregelt worden sind, Wirksamkeit jedoch erst zu einem Zeitpunkt entfalten sollen, der nach dem Betriebsübergang liegt.

2. Darin liegt kein Verstoß gegen die negative Koalitionsfreiheit des Betriebserwerbers.

(...)

BAG 29. 8. 2007 4 AZR 767/06 NZA 2008, 364

(...)

4. Findet auf ein Arbeitsverhältnis, für das ein Tarifvertrag kraft Allgemeinverbindlichkeit gilt, ein anderer Tarifvertrag kraft arbeitsvertraglicher Bezugnahme Anwendung, handelt es sich nicht um Tarifkonkurrenz. Es „konkurriert“ vielmehr ein Arbeitsvertrag mit einem Tarifvertrag. Dieses Verhältnis ist nach Maßgabe des Günstigkeitsprinzips des § 4 Abs. 3 TVG zu lösen (im Anschluss an BAG 26. 1. 1994, 10 AZR 611/92, BAGE 75, 298 unter Aufgabe von Senat 23. 3. 2005, 4 AZR 203/04, BAGE 114, 186).

BAG 6. 11. 2007 1 AZR 862/06 NZA 2008, 542
Die Transformation von Vergütungsregelungen eines Tarifvertrags in das Arbeitsverhältnis nach § 613a Abs. 1 Satz 2 BGB kann durch ungünstigere Regelungen einer Betriebsvereinbarung im Erwerberbetrieb nicht verhindert oder beseitigt werden.

Sozialauswahl bei (Teil-)Betriebsübergang

BAG 28. 10. 2004 8 AZR 391/03 NZA 2005, 285
Bei beabsichtigter Teilbetriebsstilllegung und Teilbetriebsübergang ist eine auf den gesamten Betrieb, einschließlich des später übergehenden Betriebsteils, bezogene Sozialauswahl durchzuführen.

Betriebsübergang und Umwandlungsgesetz

BAG 22. 9. 2005 6 AZR 526/04 NZA 2006, 658
§ 323 Abs. 1 UmwG, wonach im Fall einer Unternehmungsspaltung sich die kündigungsrechtliche Stellung der betroffenen Arbeitnehmer auf Grund der Spaltung für die Dauer von zwei Jahren ab dem Zeitpunkt ihres Wirksamwerdens nicht verschlechtert, steht einer Kündigung durch den Insolvenzverwalter wegen Betriebsstilllegung in der Insolvenz eines abgespaltenen Unternehmens nicht entgegen.

BAG 25. 5. 2000 8 AZR 416/99 NZA 2000, 1115
1. Die Umwandlung ist nicht der gegenüber dem Betriebsübergang speziellere Tatbestand. Die Voraussetzungen des § 613a BGB sind auch im Zusammenhang mit einer Umwandlung selbständig zu prüfen. Soll ein Unternehmen, das von einer Gebietskörperschaft betrieben wird, zur Aufnahme durch eine Kapitalgesellschaft oder zur Neugründung einer Kapitalgesellschaft ausgegliedert werden (§ 168 UmwG), kommt ein Betriebsübergang auf den übernehmenden Rechtsträger schon vor Eintritt der Wirkung der Ausgliederung in Betracht.
2. Das Widerspruchsrecht des Arbeitnehmers gegen den Übergang seines Arbeitsverhältnisses besteht auch bei einem Betriebsübergang im Zusammenhang mit einer Umwandlung.
3. Widerspricht ein Mitglied der Personalvertretung des übergehenden Betriebes dem Übergang seines Arbeitsverhältnisses, so scheidet es mit dem Betriebsübergang aus der Personalvertretung aus. Diese ist bei einer Kündigung des betreffenden Arbeitsverhältnisses nicht mehr zu beteiligen, auch wenn der Arbeitnehmer in dem übergegangenen Betrieb auf Grund einer Arbeitnehmerüberlassung weiterbeschäftigt wird.

Betriebsübergang in der Insolvenz

BAG 30. 10. 2008 8 AZR 54/07 NZA 2009, 432
Die Richtlinie 2001/23/EG des Rates vom 12. 3. 2001 zur Angleichung der Rechtsvorschriften der Mitgliedstaaten für die Wahrung von Ansprüchen der Arbeitnehmer beim Übergang von Unternehmen, Betrieben oder Unternehmens- oder Betriebsteilen gestattet es, im Fall des Betriebserwerbs während eines Insolvenzverfahrens die vor dem Betriebsübergang fälligen Verbindlichkeiten des Veräußerers aus Arbeitsverhältnissen vom Übergang auszunehmen.

BAG 19. 10. 2004 9 AZR 647/03 NZA 2005, 408

1. Wird Altersteilzeitarbeit im Blockmodell geleistet, sind die in der Arbeitsphase für die Zeit vor der Insolvenzeröffnung erarbeiteten Ansprüche Insolvenzforderungen. Die für die Zeit danach erarbeiteten Ansprüche sind dagegen Masseforderungen.
2. Zahlungen, die der Arbeitgeber während der Freistellungsphase „spiegelbildlich“ zu dem Teil der Arbeitsphase zu leisten hat, für den Masseforderungen entstanden sind, sind ebenfalls Masseforderungen.
3. Die Masseforderungen umfassen sowohl das fortzuzahlende hälftige Arbeitsentgelt als auch den Aufstockungsbetrag.

BAG 15. 1. 2002 1 AZR 58/01 NZA 2002, 1034

1. Die Grundsätze über die Beschränkung der Haftung des Betriebsübernehmers nach § 613a Abs. 1 BGB für Ansprüche auf Abfindung aus einem vor Konkurseröffnung geschlossenen Sozialplan gelten auch für Abfindungsansprüche aus einem Sozialplan, den der Konkursverwalter gemäß § 2 SozplKonkG geschlossen hat.
2. Hat der Betrieb durch den Betriebsübergang seine Identität nicht verloren und ist deshalb der Betriebsübernehmer betriebsverfassungsrechtlich in die Rechte und Pflichten aus dem normativ fortwirkenden Sozialplan eingetreten, so hindern die Grundsätze der Haftungsbeschränkung im Konkurs auch ein Einstehenmüssen für Abfindungsforderungen aus diesem Sozialplan.

Anhang 3: Interpretationshilfen der Bundesagentur für Arbeit zu Transferleistungen[1] (Auszug)

2.2 Betriebsänderungen i. S. d. § 111 BetrVG

Betriebe, die das BetrVG nicht anwenden

(3) Durch die Ergänzung des § 216a Abs. 1 Satz 3 SGB III durch das Vierte Gesetz zur Änderung des SGB III und anderer Gesetze vom 19. 11. 2004 (in Kraft ab 27. 11. 2004) wurde der Anwendungsbereich der Regelungen der §§ 216a und 216b SGB III erweitert. Unabhängig von der Anwendung des BetrVG im jeweiligen Betrieb können auch andere betriebliche Maßnahmen als Betriebsänderungen i. S. d. § 111 BetrVG angesehen werden. Somit können auch Arbeitnehmer in Betrieben Transferleistungen erhalten, die das BetrVG nicht anwenden. Nach der Gesetzesbegründung sind damit auch die Arbeitnehmer kirchlicher und kirchennaher Einrichtungen, die nach § 118 Abs. 2 BetrVG ausdrücklich von der Anwendung des BetrVG ausgeschlossen sind, zu fördern. Das sind die in Wohlfahrtsverbänden (z.B. Caritasverbänden) angeschlossenen privatrechtlich organisierten Unternehmen und Betriebe (z.B. Krankenhäuser, Kindergärten), die karitativen oder erzieherischen Zwecken dienen. Arbeitnehmer dieser Betriebe können Transferleistungen nach den §§ 216a und 216b SGB III erhalten, wenn sie von einem Sachverhalt betroffen sind, der mit einer Betriebsänderung i. S. d. § 111 BetrVG vergleichbar ist. In der Regel sind die einer Betriebsänderung vergleichbaren Sachverhalte in Mitarbeitervertretungsgesetzen geregelt (z.B. Kirchliches Gesetz zur Ordnung der Mitarbeitervertretungen in der Evang. Landeskirche in Württemberg – Mitarbeitervertretungsgesetz MVG –, Kirchliche Verordnung zur Ausführung des Mitarbeitervertretungsgesetzes in der Evang. Landeskirche in Württemberg).

Unternehmen oder Betriebe mit karitativer oder erzieherischer Zielsetzung

(4) Nach § 216a Abs. 3 Satz 3 SGB III (§ 216b Abs. 7 Satz 2 SGB III) können nur die Arbeitnehmer in Betrieben öffentlich-rechtlicher Unternehmen gefördert werden, die in selbständiger Rechtsform erwerbswirtschaftlich betrieben werden. In derartigen Unternehmen besteht eine Sondersituation. Sie befinden sich in einer Wettbewerbssituation mit privatwirtschaftlichen Unternehmen. Die Förderfähigkeit der dort beschäftigten Arbeitnehmer gewährleistet gleiche Wettbewerbsbedingungen für alle Marktteilnehmer. Das trifft auf Arbeitnehmer von Verkehrsgesellschaften in öffentlicher Hand und Sparkassen zu. Von einer Förderung bleiben weiterhin die Arbeitnehmer des öffentlichen Dienstes ausgeschlossen, z.B. der BA, der Rentenversicherungsträger, der Krankenkassen (auch Ersatz- und Betriebskrankenkassen) und der Unfallversicherungsträger.

Unternehmen, die in selbstständiger Rechtsform erwerbswirtschaftlich betrieben werden

(6) Bei einer Betriebseinschränkung wird der Betriebszweck weiter verfolgt, aber die Produktionskapazität, z.B. über eine Leistungsdrosselung oder Außerbetriebsetzung von Maschinen vermindert. Auch ein bloßer Personalabbau kann eine Betriebsänderung i.S.v. § 111 Nr. 1 BetrVG sein, auch wenn sächliche Betriebsmittel un-

Betriebseinschränkung, Umfang des Personalabbaus

[1] www.arbeitsagentur.de (Stichwort: Transferleistungen).

verändert beibehalten werden. Es entspricht der Konzeption der Rechtsvorschriften, dass bei einem reinen Personalabbau eine Förderung mit Transferleistungen nur dann erfolgen kann, wenn ein erheblicher Teil der Belegschaft (Ausnahme Kleinbetriebe, die nicht vom BetrVG erfasst werden) von der Betriebsänderung betroffen ist. Davon ist dann auszugehen, wenn eine größere Anzahl von Arbeitnehmern betroffen ist. Richtschnur dafür, wann erhebliche Teile der Belegschaft betroffen sind, sind die Zahlen und Prozentangaben in § 17 Abs. 1 KSchG mit der Einschränkung, dass bei Großbetrieben (Betriebe mit über 600 Arbeitnehmern) eine Betriebsänderung in Form der Betriebseinschränkung erst bei einer Entlassung von 5 v. H. der Belegschaft angenommen wird. Danach gilt für die Frage, ob eine Betriebsänderung (Betriebseinschränkung) vorliegt, folgende Staffel:
Betriebe mit 21–59 Arbeitnehmern 6 Arbeitnehmer,
Betriebe mit 60–499 Arbeitnehmern entweder 10 v. H. der Arbeitnehmer oder mehr als 25 Arbeitnehmer,
Betriebe mit 500–599 Arbeitnehmer 30 Arbeitnehmer,
Betriebe mit über 600 Arbeitnehmer 5 v. H. der Arbeitnehmer, die aus betriebsbedingten Gründen entlassen werden sollen. Als Entlassung gilt auch das vom Arbeitgeber aus Gründen der Betriebsänderung veranlasste Ausscheiden von Arbeitnehmern auf Grund von Aufhebungsverträgen. Findet der Personalabbau in einem wesentlichen Betriebsteil (vgl. Abs. 8) statt, gelten dieselben Größenordnungen mit der Maßgabe, dass an die Stelle des Betriebes der wesentliche Betriebsteil tritt.

Betriebsstilllegung

(7) Unter Stilllegung ist nach herrschender Meinung die Aufgabe des Betriebszwecks unter gleichzeitiger Auflösung der Betriebsorganisation auf Grund eines ernstlichen und endgültigen Entschlusses des Unternehmers für unbestimmte, nicht nur vorübergehende Zeit zu verstehen (BAG, AP Nr. 39 zu § 613a BGB). Die Weiterbeschäftigung weniger Arbeitnehmer mit Abwicklungsarbeiten steht der Annahme einer Stilllegung nicht entgegen.

2.3 Bedrohung von Arbeitslosigkeit

Von Arbeitslosigkeit bedrohte Arbeitnehmer § 17 SGB III

(1) Die Teilnahme an Transfermaßnahmen wird nur für Arbeitnehmer, die von Arbeitslosigkeit bedroht sind, gefördert. § 17 SGB III definiert den Begriff der drohenden Arbeitslosigkeit. Nach § 17 SGB III liegt drohende Arbeitslosigkeit nur dann vor, wenn der Arbeitnehmer

- noch versicherungspflichtig beschäftigt ist.
- alsbald mit der Beendigung der Beschäftigung rechnen muss, d. h. dass Schritte zur Beendigung des Arbeitsverhältnisses bereits eingeleitet sind (z.B. Kündigung ausgesprochen, Aufhebungsvertrag abgeschlossen oder vereinbarte Namensliste im Interessenausgleich – § 1 Abs. 5 KSchG). Welcher Zeitraum als „alsbald“ anzusehen ist, richtet sich grundsätzlich nach den Umständen des Einzelfalles. Das Wort „alsbald“ deutet nach dem Wortverständnis zwar auf eine gewisse zeitliche Nähe der Beendigung des Beschäftigungsverhältnisses hin. Der unbestimmte Rechtsbegriff räumt den Arbeitsagenturen allerdings einen Beurteilungsspielraum ein. Insoweit sind auch Zeiträume von z.B.

18 oder 24 Monaten als „alsbald" anzusehen, wenn die entsprechenden Schritte zur Beendigung des Arbeitsverhältnisses bereits eingeleitet sind und der Arbeitgeber innerhalb dieses Zeitraums die im Rahmen des Transfer-Kug vorgesehenen Maßnahmen zur Vermeidung von Arbeitslosigkeit anbietet (...).

2.7 System zur Qualitätssicherung

Internes System zur Qualitätssicherung

Der Arbeitgeber muss nachweisen, dass der Träger, der für ihn die Transfermaßnahme durchführt, ein internes System zur Qualitätssicherung anwendet. Der Träger hat gegenüber dem Arbeitgeber eine Erklärung abzugeben, dass sowohl die Zufriedenheit der Teilnehmer am Ende der Maßnahme (Feedback) als auch deren Verbleib erfasst werden. Vom Träger ist der Verbleib der Teilnehmer sechs Monate nach Beendigung der Maßnahme festzustellen und dem Arbeitgeber mitzuteilen.

2.8 Zuschuss

Maßnahmekosten

(2) Es werden ausschließlich Maßnahmekosten bezuschusst, die dem Arbeitgeber tatsächlich entstanden sind. Wird ein Teil der Kosten durch Leistungen Dritter (z.B. über Länderprogramme, überbetriebliche Fonds) abgedeckt, ist dieser bei den für die Förderung maßgeblichen Kosten nicht zu berücksichtigen. Sonstige Kosten des Arbeitgebers (Bereitstellung von Räumen, Kosten für Verwaltungspersonal usw.) sowie Beiträge zur Unfallversicherung an die Berufsgenossenschaften gehören nicht zu den Maßnahmekosten und können somit nicht in die Förderung einbezogen werden. Kosten zur Sicherstellung des Lebensunterhalts der Teilnehmer während der Maßnahme werden nicht gefördert. Durch die maßgebliche finanzielle Eigenbeteiligung des Arbeitgebers wird gewährleistet, dass bei der Auswahl der Eingliederungsmaßnahmen durch die betrieblichen Akteure Sparsamkeits- und Wirtschaftlichkeitsgesichtspunkte ausreichend berücksichtigt werden. Eine zusätzliche Überprüfung durch die Agenturen für Arbeit ist nicht erforderlich.

Wirtschaftlichkeit und Sparsamkeit

2.10 Verhältnis zu anderen Leistungen der Arbeitsförderung

Andere Arbeitsförderungsleistungen

(1) Während der Teilnahme an Transfermaßnahmen sind zur Vermeidung einer Doppelförderung andere Leistungen der aktiven Arbeitsförderung mit gleichartiger Zielsetzung ausgeschlossen. Die Leistungen zur Förderung der Teilnahme an Transfermaßnahmen dienen dem unmittelbaren Transfer der Arbeitnehmer aus Arbeit in Arbeit. Demzufolge können Teilnehmer während der Eingliederungsmaßnahme nach § 216a SGB III individuelle Leistungen der Arbeitsförderung nicht erhalten.

Ausschluss der Förderung während Transfer-Kug

Dies schließt umgekehrt auch aus, dass die Teilnahme an Transfermaßnahmen für Arbeitnehmer gefördert wird, die Transferkurzarbeitergeld nach § 216b SGB III beziehen. Lässt ein Arbeitgeber von einem Dritten für seine Arbeitnehmer, die im Kurzarbeitergeldbezug stehen, Profilingmaßnahmen durchführen, können diese nicht über § 216a SGB III gefördert werden.

3.2.2 Betriebliche Voraussetzungen (§ 216b Abs. 1 Nr. 2 i.V.m. Abs. 3 SGB III)

Besonderheit: Transfer-Kug im Insolvenzverfahren

(4) Die Vorschriften des BetrVG über Interessenausgleich, Sozialplan und Nachteilsausgleich bei Betriebsänderungen (§§ 111 bis 113 BetrVG) gelten auch in der Insolvenz des Unternehmens. Ebenso wie jeder andere Arbeitgeber hat daher auch der Insolvenzverwalter mit in der Regel mehr als 20 wahlberechtigten Arbeitnehmern den Versuch eines Interessenausgleichs zu unternehmen. Die Zahlungsunfähigkeit steht dieser Verpflichtung nicht entgegen, denn Verhandlungen und Vereinbarungen (Interessenausgleich) über die Art und Weise der Durchführung einer Betriebsänderung sind unabhängig davon sinnvoll, ob finanzielle Mittel für einen Sozialplan zur Verfügung stehen. Unterlässt der Insolvenzverwalter den Versuch eines Interessenausgleichs, haben die Arbeitnehmer gemäß § 113 Abs. 3 i.V.m. § 113 Abs. 1 BetrVG einen Anspruch auf Nachteilsausgleich. Bei der Festsetzung der Höhe der Abfindung ist die Insolvenzsituation ohne Bedeutung. Die Durchführung des Interessenausgleichs ist aber im Insolvenzverfahren insofern erleichtert, als der Insolvenzverwalter nach § 122 InsO die Möglichkeit hat, nach dreiwöchigen ergebnislosen Verhandlungen über einen Interessenausgleich Betriebsänderungen durchzuführen, ohne zuvor das in § 112 Abs. 2 BetrVG vorgesehene Verfahren ausgeschöpft zu haben. Er ist daher nicht verpflichtet die Einigungsstelle anzurufen, muss allerdings zuvor die Zustimmung des Arbeitsgerichts einholen (§ 122 InsO). Wird in einem insolventen Unternehmen eine Betriebsänderung durchgeführt und münden die davon betroffenen Arbeitnehmer zur Vermeidung von Entlassungen in eine beE ein, haben sie bei Erfüllung aller Anspruchsvoraussetzungen Anspruch auf Transfer-Kurzarbeitergeld.

Kündigung/Freistellung durch den Insolvenzverwalter

(5) Wurden die von der Betriebsänderung betroffenen Arbeitnehmer vom Insolvenzverwalter gekündigt und freigestellt oder zunächst nur von der Arbeitsleistung freigestellt, was durch Beratung möglichst vermieden werden sollte, gilt folgendes:
a) Die Voraussetzungen des § 216b SGB III (Einmündung der Arbeitnehmer in eine beE zur Vermeidung von Entlassungen) können nur solange erfüllt werden, wie eine Entlassung nicht wirksam geworden ist. Eine Entlassung im Sinne der kündigungsschutzrechtlichen Vorschriften ist eine rechtliche Beendigung des Arbeitsverhältnisses, also das Ausscheiden des Arbeitnehmers aus dem Betrieb, wenn sie vom Arbeitgeber (Insolvenzverwalter) u. a. durch einseitige Willenserklärung auf Grund ordentlicher Kündigung herbeigeführt wird. Sie wird mit Ablauf der Kündigungsfrist wirksam. Auch dann, wenn eine mit einer Freistellung verbundene Kündigung der Arbeitnehmer durch den Insolvenzverwalter (§ 113 InsO) erfolgt, dauert das Arbeitsverhältnis und das versicherungspflichtige Beschäftigungsverhältnis bis zum Ablauf der Kündigungsfrist fort. Nur im leistungsrechtlichen Sinne wird das

Beschäftigungsverhältnis beendet, wenn eine Arbeitsleistung tatsächlich nicht mehr erbracht wird, weil der Arbeitgeber auf seine Verfügungsgewalt verzichtet hat (BSG, DBlR Nr. 4486a zu § 101 AFG) oder das Arbeitsverhältnis auf Grund einer von ihm ausgesprochenen Kündigung als beendet ansieht und weitere Dienste des Arbeitnehmers nicht annimmt. Im Hinblick auf die Beendigung des leistungsrechtlichen Beschäftigungsverhältnisses (§ 118 Abs. 1 Nr. 1 SGB III) können sich die Arbeitnehmer arbeitslos melden und Alg beziehen. Beabsichtigt der Insolvenzverwalter im Zuge der Durchführung einer Betriebsänderung auch die gekündigten Arbeitnehmer einer beE zuzuführen, so könnten diese Arbeitnehmer nur dann das Transfer-Kug erhalten, wenn die Parteien über die ungekündigte Fortsetzung des Arbeitsverhältnisses einig sind und eine „Rücknahme“ der Kündigung vereinbart wird. Darüber hinaus müssen sie grundsätzlich vor Einmündung in die beE an einer arbeitsmarktlich zweckmäßigen Maßnahme zur Feststellung ihrer Eingliederungsaussichten (§ 216b Abs. 4 Nr. 4 SGB III) teilgenommen haben (vgl. 3.2.5). Dagegen ist von einer Entlassung und damit von einer den Übertritt in eine beE ausschließenden Beendigung des versicherungspflichtigen Beschäftigungsverhältnisses auszugehen, wenn der Arbeitnehmer auf Grund einer unwiderruflichen Freistellung von der Arbeitsleistung aus dem Betrieb ausgeschieden ist, welche auf einem entsprechenden Einvernehmen zwischen dem Arbeitgeber und dem Arbeitnehmer beruht. Dem steht nicht entgegen, dass dem Arbeitnehmer in diesen Fällen gleichwohl bis zum rechtlichen Ende des Arbeitsverhältnisses das geschuldete Arbeitsentgelt fortgezahlt wird.

b) Auch bei einer vorübergehenden Freistellung von Arbeitnehmern im Insolvenzverfahren ohne eine die Arbeitsverhältnisse beendigende Erklärung des Insolvenzverwalters bedarf es des „Wiederauflebens“ des Beschäftigungsverhältnisses, um mit diesen Arbeitnehmern anschließend die Zugangsvoraussetzungen zum Transfer-Kug gem. § 216b SGB III zu erfüllen. Ein rückwirkendes Einmünden in die beE und die Verrechnung des im Rahmen der Gleichwohlzahlung des § 143 Abs. 3 SGB III gewährten Alg ist nicht möglich. Zwischen den beteiligten Arbeitsvertragsparteien muss Einigkeit bestehen, dass der Arbeitgeber seine Hauptpflichten unter Nutzung der noch vorhandenen betrieblichen Kapazitäten bis zum Zeitpunkt der Überführung der Arbeitnehmer in die beE zu erfüllen hat.

Definition beE

(7) Die beE unterscheidet sich vom Betrieb/der Betriebsabteilung i. S. d. Kug-Rechts grundsätzlich dadurch, dass in ihr u. a. wegen ihrer Aufgabenstellung (Zusammenfassung auf Dauer nicht benötigter Arbeitskräfte) sowie der dem Personalstand nicht angemessenen Ausstattung mit technischen Arbeitsmitteln die Verfolgung eines eigenen arbeitstechnischen Zwecks allenfalls Nebensache ist. Wird im Betrieb eine unselbständige beE gründet, ist daher eine eindeutige Trennung zwischen den Arbeitnehmern der beE und des Betriebes unerlässlich.

selbstständige beE

(8) Regelmäßig wird eine beE nicht vom bisherigen Arbeitgeber (Unternehmen), sondern von einem neuen Rechtsträger (eigene Rechtspersönlichkeit) gebildet, der in der Regel keinen weiteren

Betrieb i. S. d. Kug-Vorschriften hat. Es handelt sich hierbei um sogenannte Beschäftigungs- und Qualifizierungsgesellschaften (Transfergesellschaften). Die Arbeitnehmer scheiden aus dem bisherigen Betrieb in der Regel durch einen 3-seitigen Vertrag mit dem abgebenden Unternehmen und der aufnehmenden Transfergesellschaft aus und begründen gleichzeitig einen befristeten Arbeitsvertrag zur Transfergesellschaft. Die Beschäftigungsbedingungen der Arbeitnehmer in der beE können im Sozialplan oder in einer anderen Betriebsvereinbarung zwischen den Betriebsparteien geregelt werden. Sie können auch in einer tariflichen Vereinbarung zwischen der Gewerkschaft und der Transfergesellschaft oder in dem individuellen Arbeitsvertrag selbst geregelt werden. Hierzu zählt neben den im Wesentlichen gleichen Arbeitsbedingungen auch die Dauer des befristeten Beschäftigungsverhältnisses, das Einverständnis des Arbeitnehmers mit der in der Regel auf Null verkürzten Arbeitszeit sowie das Einverständnis zur Aufnahme einer Beschäftigung bei einem anderen Arbeitgeber. Durch die Auflösung des Arbeitsverhältnisses zum bisherigen Arbeitgeber wird regelmäßig auf die Kündigungsfrist ganz oder teilweise verzichtet. Die von Arbeitgeber dadurch eingesparten Lohnzahlungen tragen zur Finanzierung der Remanenzkosten (Beiträge zur Sozialversicherung der Kug-Bezieher) bei und ermöglichen insoweit in vielen Fällen erst die Durchführung einer Transfer-Kug-Maßnahme.

Beschäftigungs- und Qualifizierungsgesellschaften

(10) Liegt ein Personanpassungskonzept auf Grund einer Betriebsänderung vor und sieht dieses Konzept die sukzessive Herauslösung der Arbeitnehmer aus dem produktiven Bereich vor (Stufenplan), bestehen mehrere Möglichkeiten:

Aufstockung der beE

a) die Arbeitnehmer münden in die bisherige beE ein. Die Bezugsfrist bestimmt sich in diesen Fällen nach der Restlaufzeit der beE.
b) es wird eine neue beE (mit einer neuen Laufzeit) für später ausscheidende Arbeitnehmer gegründet. Eine Größenordnung ist nicht zu prüfen; eine beE mit einer neuen Laufzeit kann auch mit einer geringen Zahl von Arbeitnehmern gebildet werden. Bei kurzzeitigem Auseinanderfallen der jeweiligen Übertrittstermine (beispielsweise wenn innerhalb des selben Anspruchszeitraumes mehrere Arbeitnehmer zu unterschiedlichen Zeitpunkten von dieser Betriebsänderung betroffen sind) sollte im Hinblick auf die Koordinierung von Maßnahmen und zur Verwaltungsvereinfachung darauf hingewirkt werden, diese (weiteren) Arbeitnehmer der bereits bestehenden beE zuzuführen.

neue beE

(11) Ist der Betrieb von mehreren eigenständig zu bewertenden und i.d.R. nicht zeitgleich wirksam werdenden Betriebsänderungen betroffen und liegen jeweils alle Anspruchsvoraussetzungen vor, können grundsätzlich mehrere eigenständige beEs bei einem Arbeitgeber bzw. unter dem Dach einer Transfergesellschaft eingerichtet werden. Im Einzelfall ist auch denkbar, die weiteren Arbeitnehmer der schon bestehenden beE zuzuführen, sofern im Rahmen dieser Restlaufzeit zweckmäßige Qualifizierungsinhalte vermittelt werden.

Einrichtung mehrerer beE

(12) Kug kann jedoch nicht an Arbeitnehmer gewährt werden, die von einer in eine andere beE versetzt werden.

Versetzung von einer beE in eine andere

Anhang 4: Musterformulare zum Betriebsübergang

Anhang 4.1: Empfangsbestätigung über die Unterrichtung zum Betriebsübergang

Empfangsbestätigung

Hiermit bestätige ich, ...,
Vorname Nachname

dass ich die ordnungsgemäße Unterrichtung

über den Betriebsübergang von .... auf ....
bisheriger Arbeitgeber neuer Inhaber

in Textform/Schriftform am ....
Datum

erhalten habe.

....
Ort, Datum

....
Unterschrift

Anhang 4.2: Erklärung zum Verzicht auf Widerspruch

Erklärung zum Übergang meines Arbeitsverhältnisses

Hiermit erkläre ich, ...,

Vorname Nachname

dass ich dem Übergang meines Arbeitsverhältnisses

von .... auf ....

bisheriger Arbeitgeber neuer Inhaber

nicht widerspreche.

....

Ort, Datum

....

Unterschrift

Anhang 4.3: Einheitsformular: Empfangsbestätigung und Verzichtserklärung

Empfangsbestätigung und Erklärung zum Übergang meines Arbeitsverhältnisses

Hiermit erkläre ich, ...,
Vorname Nachname

dass ich die ordnungsgemäße Unterrichtung

über den Betriebsübergang von .... auf ....
bisheriger Arbeitgeber neuer Inhaber

in Textform/Schriftform am ....
Datum

erhalten habe.

....
Ort, Datum

....
Unterschrift

Dem Übergang meines Arbeitsverhältnisses auf ....
neuer Inhaber

widerspreche ich nicht.

....
Ort, Datum

....
Unterschrift

Anhang 5: Notwendige Schritte der Umstrukturierung

Anhang 5.1: Ablaufplan für Umstrukturierungen

Je nach Umfang und Bedeutung der Restrukturierungsmaßnahme können einzelne der unten beschriebenen Schritte entfallen.
Alle mit [1] markierten Punkte erübrigen sich bei (in Relation zur betroffenen Einheit) kleinen bzw. örtlich begrenzten Restrukturierungen.
Eine feste Größenordnung, ab wann der Wirtschaftsausschuss bzw. die Organe/Gremien der *Verkauf AG* (z.B. GBR, KBR, EBR) einzubinden sind, existiert nicht.

(A) = nur bei Ausgliederungen relevant
(E) = nur bei Eingliederungen relevant
[1] = nicht bei kleinen oder nur an einem Standort stattfindenden Restrukturierungen

Nr.	Was?	Wer?
1	**Planungsphase**	
	Planung: • Vorplanung • Konzeption • Analyse der rechtlichen und tatsächlichen Situation	Betriebs-/ Unternehmensleitung
	Suche nach Kaufinteressenten (A)/Verkaufswilligen (E)	Betriebs-/ Unternehmensleitung
2	**Vorverhandlungen**	
	Verhandlungen mit potenziellen Erwerbern (A)/ Verkäufern (E)	Betriebs-/ Unternehmensleitung
	Grobvergleich Belegschaftsstruktur und Beschäftigungsbedingungen	Personalabteilung
	Entscheidung für Aufnahme von Verhandlungen mit einem Erwerber (A) / Verkäufer (E)	Betriebs-/ Unternehmensleitung
	„letter of intent“ (Absichtserklärung)	Betriebs-/ Unternehmensleitung
3	**Informationsphase I**	
	Information des Aufsichtsrats(-Vorsitzenden)[1]	Vorstands-vorsitzender
	Vorab-Kurzinformation des GBR(-Vorsitzenden)[1]	Arbeitsdirektor
	Vorab-Kurzinformation des KBR(-Vorsitzenden)[1]	Arbeitsdirektor
	Vorab-Kurzinformation des GSpA(-Vorsitzenden)[1]	Arbeitsdirektor
	Vorab-Kurzinformation des KSpA(-Vorsitzenden)[1]	Arbeitsdirektor
	Information des Wirtschaftsausschusses (WA) des GBR[1] (§ 106 BetrVG) • entweder durch Informationsschreiben an WA-Mitglieder [s. Anhang 6.1 und 7.1] oder • mündliche Unterrichtung und Beratung direkt im WA	Arbeitsdirektor
	Bei kleineren Vorhaben mit nur örtlicher Bedeutung stattdessen: Information des lokalen Betriebsrats	Betriebsleitung

Nr.	Was?	Wer?
4	**Beschluss**	**Betriebs-/ Unternehmensleitung**
5	**Informationsphase II – intern**	
	Zeitgleich Information der • örtlichen Betriebsräte • örtlichen Sprecherausschüsse • örtlichen Schwerbehindertenvertretungen	Betriebsleitung
	Information der Führungskräfte[1]	Betriebsleitung/ Arbeitsdirektor
	Information aller Arbeitnehmer[1] [s. Anhang 6.2 und 7.2]	Betriebs-/ Unternehmensleitung
6	**Informationsphase III – extern**	
	Pressemitteilung[1] [s. Anhang 6.3 und 7.3] Information politischer Institutionen[1] (z.B. Gemeindeverwaltung, Landesregierung) Ggf. Information politischer Mandatsträger am Standort[1] Information des Arbeitgeber-Verbands[1] Ggf. Information der Gewerkschaft/en[1]	Betriebs-/ Unternehmensleitung, Personalabteilung
7	**Konkrete Verhandlungen mit Erwerber/Veräußerer**	
	Ggf. Erstellen einer Synopse (falls Erwerber/Veräußerer andere Beschäftigungs-bedingungen hat) über Beschäftigungsbedingungen [s. Anhang 7.6]	Personalabteilung
	Festlegung der Art des Übergangs Anteilskauf (Share-Deal) – Inhaberwechsel (Asset-Deal)	Unternehmensleitung
	Verhandlungen zur Festlegung der Beschäftigungs-bedingungen [Verhandlungseckpunkte s. Anhang 5.2] • Wenn nur ein Standort betroffen ist, Verhandlung durch • Wenn mehrere Standorte betroffen sind oder bei Delegation durch BR auf die Unternehmensebene durch Ggf. Verhandlung des Interessenausgleichs/Sozialplans (§§ 111 ff. BetrVG) [s. Anhang 8] • Ggf. Vermittlungsversuch durch den Vorstand der Bundesagentur für Arbeit • Ggf. Anrufung der Einigungsstelle	Betriebsleitung und BR Unternehmensleitung und GBR abhängig, ob lokal oder überörtlich
8	**Durchführung**	
	Erläuterung der Überleitungsbedingungen für die Arbeitnehmer	Abgebende und aufnehmende Personalabteilung
	Aushändigung Überleitungsschreiben [s. Anhang 6.4a–c] und Überleitungsbedingungen an Tarif-AN, Außertarifliche AN, Leitende Angestellte [s. Anhang 7.4a–c]	Abgebende Personalabteilung

Anhang 5.2: Gesamtbetriebsvereinbarung über Ausgliederungsbedingungen

Gesamtbetriebsvereinbarung der *Verkauf AG* Nr. ... Hauptstadt, den ...

Verhandlungseckpunkte
zur Überleitung der Beschäftigungsbedingungen
bei Ausgliederungen

Die globalen Markt- und Wettbewerbsbedingungen haben sich in den letzten Jahren grundlegend und außerordentlich rasch verändert.
Dementsprechend war und wird die *Verkauf AG* herausgefordert, die Unternehmensorganisation diesen veränderten Bedingungen anzupassen.
Ein- und Ausgliederungen werden daher auch weiterhin eine wichtige Rolle spielen.

Firmenleitung und Gesamtbetriebsrat sind sich bei allen zukünftigen Ausgliederungen einig über die große Bedeutung
- der Sicherung der Arbeitsplätze und Standorte,
- der Sicherung der *Verkauf AG*-Beschäftigungsbedingungen,
- der Anwendung der Tarifverträge und
- des Erhalts der betrieblichen Interessenvertretung.

Die *Verkauf AG* sichert daher ihre Bemühung zu, im größtmöglichen und wirtschaftlich zumutbaren Umfang diesen Interessen gerecht zu werden.
Sie wird sich ernsthaft bemühen, diese Verpflichtung auf den Erwerber zu übertragen.

Sicherung der Arbeitsplätze und Standorte

Die *Verkauf AG* verpflichtet sich, vor endgültigen Entscheidungen den Wirtschaftsausschuss der *Verkauf AG* so rechtzeitig und umfassend anhand von Unterlagen zu informieren, dass ein entsprechendes Beratungsergebnis bei den geplanten Maßnahmen berücksichtigt werden kann.
Soweit nur ein Betrieb betroffen ist, kann die Zuständigkeit für die Beratung auch dem zuständigen Betriebsrat übertragen werden.

Die Beratungen im Wirtschaftsausschuss beinhalten
- die ausführliche Darlegung und Begründung der beabsichtigten Maßnahme,
- die Vorlage des zukünftigen Unternehmenskonzepts und
- die Darlegung der Auswirkungen aus der Ausgliederung und des Unternehmenskonzepts.

Die Beratungen schließen die Erörterung von Alternativen ein.

Der Wirtschaftsausschuss erhält auf Verlangen weitere Erläuterungen zu
- der Form der beabsichtigten Ausgliederung,
- den Eigentumsverhältnissen (Beteiligung der *Verkauf AG*),
- der endgültigen Rechtsform,
- der Organisation der zukünftigen Gesellschaft,
- der finanziellen Ausstattung der künftigen Einheit (z. B. Übertragung von Grundstücken, Gebäuden oder Vermietung) und
- zu einer gegebenenfalls beabsichtigten Auslastungszusage durch die *Verkauf AG*.

Zielsetzung aller Beratungen ist es, wirtschaftliche Nachteile für die Arbeitnehmer auszuschließen oder im größtmöglichen Umfang zu vermeiden.
Zu den Beratungen können Sachverständige unter Beachtung der Voraussetzungen des § 80 Abs. 3 BetrVG hinzugezogen werden.

Verkauf AG – Beschäftigungsbedingungen

Die Überleitung der Beschäftigungsbedingungen bei Ausgliederungen wird in der Regel zwischen der zentralen Personalabteilung und dem GBR verhandelt.
Einzubinden sind auf Firmenseite die Geschäftsverantwortlichen für das Projekt und deren Personalorganisation, auf der Arbeitnehmerseite Betriebsräte von Standorten, an denen betroffene Arbeitnehmer arbeiten.

Bei kleineren, auf einen Betrieb begrenzten Ausgliederungen können die Betriebsleitung und der Betriebsrat vor Ort die Überleitung der Beschäftigungsbedingungen selbst regeln, wenn dies beiderseits so gewollt ist.
Die Betriebsleitung ist jedoch verpflichtet, zum Thema der Betrieblichen Alters- und Hinterbliebenenversorgung vorab die hierfür zuständige zentrale Fachabteilung einzuschalten. Außerdem stehen die zentrale Personalabteilung und der GBR für alle Themen – siehe den nachfolgend aufgeführten Themenkatalog – beratend zur Verfügung.

Themenkatalog (Themen, die auf Regelungsbedürftigkeit geprüft werden sollen):

- Arbeitsordnung;
- Aussage zur Geltung von Tarifverträgen;
- Betriebliche Alters- und Hinterbliebenenversorgung;
- Dienstzeitanrechnung;
- Monats-/Jahreseinkommen und Zusammensetzung;
- Jahreszahlung/ziel- und ergebnisorientierte Einkommensbestandteile;
- Beschäftigungsbedingungen der Außertariflichen Arbeitnehmer;
- Sonderverträge für bestimmte Arbeitnehmergruppen;
- Belegschaftsaktien;
- Dienstjubiläum;
- Übergangsphase bei Wegfall/Verminderung von Besitzständen (z.B. befristeter Ausgleich/Einmalzahlung);
- Sonderregelung für schwerbehinderte Menschen;
- Altersteilzeit;
- Arbeitszeit, Zeitsalden, Urlaub;
- Verbleib in der Betriebskrankenkasse der *Verkauf AG;*
- Verbesserungsvorschläge;
- Reisekostenregelung;
- Personenversicherungen, Direktversicherung;
- Firmendarlehen;
- Soziale Einrichtungen und Maßnahmen (z.B. Kasino, Betriebsarzt, Betriebliche Sozialarbeit, Wohnungen, Kuren, Erholungsplätze);
- Betriebliches Eingliederungsmanagement;
- Ruhende Dienstverhältnisse;
- Delegationen;
- Firmenwagenregelungen;
- Firmenkreditkarten;
- Unterschriftsberechtigungen;
- Nachteilsausgleich bei späterem Personalabbau;
- Fortführung laufender Ausbildungsverhältnisse (neue Gesellschaft oder *Verkauf AG* im Auftrag);
- Erweiterung der persönlichen Beschäftigungsfähigkeit bei absehbaren Strukturveränderungen;
- Behandlung von Bewerbungen der Arbeitnehmer aus ausgegliederten Einheiten bei der *Verkauf AG;*
- Weitergeltung der bisherigen örtlichen Betriebsvereinbarungen und der GBR-/KBR-Vereinbarungen als Regelungen der Betriebsverfassung;
- Härtefallregelung;
- Ausschluss von Doppelansprüchen.

Praxishinweise

Wenn sich im Einzelfall bei der Ausgliederung in eine Tochtergesellschaft an den Beschäftigungsbedingungen nichts oder fast nichts ändern soll, genügt ein entsprechender Hinweis auf eventuelle Änderungen.

Die getroffenen Regelungen ergänzen die gesetzlichen Bestimmungen und den gegebenen Besitzstand nach § 613a BGB.

Eigene Regelungen über Einkommen, Arbeitszeit und Urlaub sind vielfach entbehrlich, wenn sich dies aus einer Aussage über anzuwendende Tarifverträge bzw. über die Fortführung der Beschäftigungsbedingungen für Außertarifliche Arbeitnehmer ohnehin ergibt.

Für Außertarifliche Arbeitnehmer wird eine gesonderte Vereinbarung erstellt.
Bei den meisten Themen wird zwar die Regelung identisch sein, es gibt aber Punkte, die für Außertarifliche Arbeitnehmer nicht zutreffen (z.B. Hinweise auf tarifliche Themen) oder die nur für diesen Personenkreis zutreffen.

Den Arbeitnehmern sind die Überleitungsbedingungen spätestens einen Monat vor dem Betriebsübergang schriftlich bekannt zu geben.
Dies geschieht am besten mit einem Begleitbrief, der sowohl von der bisherigen als auch von der künftigen Leitung unterschrieben ist.

Betriebsverfassungsorgane

Firmenleitung und GBR haben das Ziel, dass Ausgliederungen nicht zu betriebsratslosen Zeiten und betriebsratsfreien Einheiten führen sollen.
Deshalb ist vorrangig
- der Erhalt einheitlicher Strukturen der Interessenvertretung
- ein Betriebsrats-Übergangsmandat

in dieser Reihenfolge zu prüfen.

Inkrafttreten

Diese Gesamtbetriebsvereinbarung tritt mit sofortiger Wirkung in Kraft.

Verkauf AG	*Gesamtbetriebsrat der Verkauf AG*
....	....
Unterschrift	Unterschrift

Anhang 6: Fallstudie 1

Ausgliederung eines Betriebs aus einem Unternehmen, um den Betrieb als verselbstständigte Gesellschaft anschließend an ein anderes Unternehmen zu verkaufen

6.1: Arbeitsdirektor des ausgliedernden Unternehmens:
Informationsschreiben an den **Wirtschaftsausschuss**

6.2: Arbeitsdirektor des ausgliedernden Unternehmens:
Informationsschreiben an alle **Arbeitnehmer** des auszugliedernden Geschäftszweigs

6.3: Leitung des ausgliedernden Unternehmens:
Informationsschreiben für die **Presse**

6.4a: Leitung des ausgliedernden Unternehmens und
Leitung der verselbstständigten Gesellschaft:
Informationsschreiben gemäß § 613a Abs. 5 BGB für **Tarif-Arbeitnehmer**
mit Gesamtbetriebsvereinbarung des ausgliedernden Unternehmens
„Überleitungsregelungen für Tarif-Arbeitnehmer“

6.4b: Leitung des ausgliedernden Unternehmens und
Leitung der verselbstständigten Gesellschaft:
Informationsschreiben gemäß § 613a Abs. 5 BGB für **Außertarifliche Arbeitnehmer**
mit Gesamtbetriebsvereinbarung des ausgliedernden Unternehmens
„Überleitungsregelungen für Außertarifliche Arbeitnehmer“

6.4c: Leitung des ausgliedernden Unternehmens und
Leitung der verselbstständigten Gesellschaft:
Informationsschreiben gemäß § 613a Abs. 5 BGB für **Leitende Angestellte**
mit Firmenregelung des ausgliedernden Unternehmens
„Überleitungsregelungen für Leitende Angestellte“

6.5: **Erwerberzusage** über
Standortsicherung, Sozialplanabfindungen, Tarifbindung

Anhang 6.1: Informationsschreiben des Arbeitsdirektors des ausgliedernden Unternehmens an den Wirtschaftsausschuss

Arbeitsdirektor der Verkauf AG Hauptstadt, den ...

Information für den Wirtschaftsausschuss

Die *Verkauf AG* beabsichtigt, ihr Musterbau-Geschäft mit Sitz in Musterstadt und weiteren Standorten in New York (USA) und Wroclaw/Breslau (Polen) zu veräußern.

Die Verhandlungen mit einem potenziellen Käufer, der das Geschäft „Musterbau" in der bisherigen Form fortführen will, sind weit fortgeschritten und könnten in den nächsten Wochen abgeschlossen werden.

Die Gründe für den geplanten Verkauf sind im Rahmen einer weiteren Portfoliooptimierung in der *Verkauf AG* zu sehen.
Auch mit dem Filtersystem-Geschäft hat der Standort „Musterstadt" gute Chancen, sich neben dem Musterbau-Geschäft ein zweites Standbein zu schaffen.
Eine eigenständige, von der *Verkauf AG* unabhängige Führung der Musterbau-Aktivitäten wird auf Dauer größere Erfolgschancen bieten.

In einem ersten Schritt soll der Geschäftszweig „Musterbau" rechtlich verselbstständigt werden.
Dazu ist geplant, die Musterbau-Aktivitäten aus der *Verkauf AG* auszugliedern und in rechtlich eigenständige Geschäftseinheiten zu überführen.
Bis zur vollständigen Übernahme der Musterbau-Aktivitäten durch den potenziellen Käufer ist beabsichtigt, den deutschen Standort als Tochter der *Verkauf AG* unter dem Namen *Musterbau GmbH* mit Sitz in Musterstadt zu führen.

Der Betriebsrat in Musterstadt wird nach Abschluss der Beratung im Wirtschaftsausschuss durch die Betriebsleitung, die Arbeitnehmer werden durch einen Brief des Vorstands der *Verkauf AG* informiert.

Der Geschäftszweig „Musterbau" beschäftigt in Musterstadt rund 850 Arbeitnehmer, darunter 40 Auszubildende.

gez. *Arbeitsdirektor der Verkauf AG*

Anhang 6.2: Informationsschreiben des Arbeitsdirektors des ausgliedernden Unternehmens an alle Arbeitnehmer des auszugliedernden Geschäftszweigs

Arbeitsdirektor der Verkauf AG Hauptstadt, den ...

Langfristige Sicherung des Musterbaugeschäfts durch Verkauf des Geschäftszweigs Musterbau

Liebe Mitarbeiterinnen und Mitarbeiter,

wir möchten Sie heute über unsere Absicht informieren, unser Musterbau-Geschäft mit Sitz in Musterstadt und weiteren Standorten in New York (USA) und Wroclaw/Breslau (Polen) zu veräußern.

Wir stehen gerade mit einem potenziellen Käufer in Verhandlungen, die bereits in den nächsten Wochen abgeschlossen sein können.
Der potenzielle Käufer beabsichtigt, das Musterbau-Geschäft fortzuführen.

Die Gründe, die uns zu unseren Verkaufsabsichten veranlasst haben, sind im Rahmen einer weiteren Portfoliooptimierung zu sehen.
Der Betrieb Musterstadt ist zurzeit mit seinem Musterbau-Geschäft vor allem im amerikanischen Markt aktiv.
Hier sind die Betreiber von ...-Großanlagen gesetzlich zum Einsatz von Umweltschutz-Anlagen (wie sie in Musterstadt hergestellt werden) verpflichtet worden.
Diese Nachrüstungen werden jedoch im Wesentlichen bis ... abgeschlossen sein.

Parallel zu diesen Anwendungen entwickelt und vertreibt der Betrieb Musterstadt Filtersysteme für LKW, um sich damit ein zweites Standbein zu schaffen.

In den anderen Geschäftsfeldern des Betriebs Musterstadt ... gibt es heute schon keine Nähe zum Kerngeschäft der *Verkauf AG*.
Für den Aufbau bzw. die Intensivierung der notwendigen eigenen Vertriebskanäle und Kundenkontakte bietet unserer Meinung nach eine von der *Verkauf AG* unabhängige Führung der Musterbau-Aktivitäten auf Dauer noch größere Erfolgschancen.

Die notwendigen nächsten Schritte

Der notwendige erste Schritt, um das Musterbau-Geschäft veräußern zu können, ist aus rechtlichen und organisatorischen Gründen die Verselbstständigung dieses Geschäftszweigs.

Dazu ist geplant, die Musterbau-Aktivitäten aus der *Verkauf AG* auszugliedern und in eine rechtlich eigenständige Geschäftseinheit zu überführen.

Bis zur vollständigen Übernahme durch den potenziellen Käufer ist beabsichtigt, diese Gesellschaft als hundertprozentige Tochter der *Verkauf AG* unter dem Namen *Musterbau GmbH* mit Sitz in Musterstadt zu führen. Die Geschäftsführung der *Musterbau GmbH* sollen der bisherige technische Leiter *Mustermann* und die bisherige kaufmännische Leiterin *Musterfrau* übernehmen.

Wir werden nun umgehend Gespräche mit dem Gesamtbetriebsrat der *Verkauf AG* und dem Standortbetriebsrat in Musterstadt aufnehmen, um die nächsten Schritte zur Verselbstständigung des Geschäftszweigs Musterbau zu diskutieren und zu beraten.
In diesen Gesprächen geht es auch darum, in einer Überleitungsvereinbarung die Beschäftigungsbedingungen für die Arbeitnehmer in der neuen Einheit angemessen zu regeln.

gez. *Arbeitsdirektor der Verkauf AG*

Anhang 6.3: Informationsschreiben der Leitung des ausgliedernden Unternehmens für die Presse

Vorstandsvorsitzender der Verkauf AG Hauptstadt, den ...

Verkauf AG gliedert Musterbau-Geschäft aus: Größere Erfolgschancen des Geschäftszweigs durch unabhängige Führung

Die *Verkauf AG*, Hauptstadt, beabsichtigt, ihr Musterbau-Geschäft mit Sitz in Musterstadt sowie weiteren Standorten in den USA und Polen auszugliedern.
„Als rechtlich selbstständige Einheit sehen wir langfristig bessere Chancen für das Musterbau-Geschäft", erklärte der Vorstandsvorsitzende der *Verkauf AG* zu den Absichten des Unternehmens. Daneben gebe es bereits Gespräche mit einem potenziellen Käufer für die Aktivitäten des Geschäftszweigs Musterbau.

Der Betrieb Musterstadt ist zurzeit mit seinem Anlagenbau vor allem im amerikanischen Markt aktiv. Hier sind die Betreiber von ...-Großanlagen gesetzlich zum Einsatz von Umweltschutz-Anlagen verpflichtet worden. Diese Nachrüstungen werden jedoch im Wesentlichen bis 2012 abgeschlossen sein. Parallel zu diesen Anwendungen entwickelt und vertreibt der Betrieb Musterstadt Filtersysteme, um sich damit ein zweites Standbein zu schaffen.

„Für den Aufbau bzw. die Intensivierung der dafür notwendigen eigenen Vertriebskanäle und Kundenkontakte bietet eine von der *Verkauf AG* unabhängige Führung der Aktivitäten auf Dauer noch größere Erfolgschancen. In den anderen Geschäftsfeldern des Betriebs Musterstadt gibt es schon heute keine Nähe zum Kerngeschäft der *Verkauf AG*", so der Vorstandsvorsitzende, der die Ausgliederung auch als weitere Portfoliooptimierung der *Verkauf AG* versteht.

Für die Verselbstständigung des Geschäftszweigs Musterbau sollen deren Aktivitäten aus der *Verkauf AG* ausgegliedert und in rechtlich eigenständige Geschäftseinheiten überführt werden. Es ist beabsichtigt, diese Gesellschaften als hundertprozentige *Verkauf AG*-Töchter unter dem Namen *Musterbau GmbH* mit Sitz in Musterstadt bzw. *Musterbau Inc.* mit Sitz in New York zu führen. Die Geschäftsführung der *Musterbau GmbH* sollen der bisherige technische Leiter, *Mustermann,* und die bisherige kaufmännische Leiterin, *Musterfrau*, übernehmen.

„Wir werden nun umgehend Gespräche mit dem Gesamtbetriebsrat der *Verkauf AG* und dem Standortbetriebsrat in Musterstadt aufnehmen, um die nächsten Schritte zur Verselbstständigung des Geschäftszweigs zu diskutieren und zu beraten. In diesen Gesprächen geht es auch darum, in einer Überleitungsvereinbarung die Beschäftigungsbedingungen für die Arbeitnehmer in der neuen Einheit angemessen zu regeln", bekräftigte der Vorstandsvorsitzende der *Verkauf AG*.

Am Standort Musterstadt des Geschäftszweigs Musterbau der *Verkauf AG* sind Forschung, Entwicklung, Fertigung, Vertrieb und Service auf einem fast 165.000 m^2 großen Areal konzentriert.

Mit rund 850 Arbeitnehmern, darunter 40 Auszubildenden, ist der Bereich Musterbau in den Aufgabenfeldern Anlagenbau, Werkzeugbau und ... tätig. Hinzu kommt ein Fertigungsbetrieb in Wroclaw/Breslau (Polen) mit rund 130 Arbeitnehmern sowie ein Vertriebsstandort in New York (USA) mit etwa 20 Arbeitnehmern.

Im Geschäftsjahr 2008 erzielte der Geschäftszweig Musterbau einen Umsatz von 123 Mio. Euro und erhielt Aufträge in einem Umfang von 138 Mio. Euro.

Die *Verkauf AG* ist eines der führenden Unternehmen im internationalen Anlagen-Geschäft. Im Geschäftsjahr 2008 erzielte sie einen Umsatz von 8,6 Mrd. Euro und erhielt Aufträge in einem Umfang von 12,2 Mrd. Euro. Das Ergebnis vor Zinsen, Ertragssteuern und Abschreibungen (EBITA) betrug 634 Mio. Euro. Die *Verkauf AG* beschäftigte zum 1. Januar 2009 weltweit rund 26.500 Arbeitnehmer.

Weitere Information unter www.verkauf-ag.com

Anhang 6.4 a: Informationsschreiben gemäß § 613a Abs. 5 BGB[1] des ausgliedernden Unternehmens und der verselbstständigten Gesellschaft für Tarif-Arbeitnehmer mit Gesamtbetriebsvereinbarung des ausgliedernden Unternehmens „Überleitungsregelungen für Tarif-Arbeitnehmer"

Verkauf AG
vertreten durch: ...
Sitz der Gesellschaft: Hauptstadt
Registergericht: Hauptstadt
HRB ...
WEEE-Reg.-Nr. DE ...
Straße Nr.
PLZ Hauptstadt
www.verkauf-ag.com

Musterbau GmbH[2]
vertreten durch: ...
Sitz der Gesellschaft: Musterstadt
Registergericht: Musterstadt
HRB ...
WEEE-Reg.-Nr. DE ...
Straße Nr.
PLZ Musterstadt
www.musterbau-gmbh.com

Hauptstadt/Musterstadt, den ...[3]

Übergang Ihres Arbeitsverhältnisses

Sehr geehrte/r Frau/Herr ...,

wie Ihnen bereits angekündigt wurde, wird der Geschäftszweig Musterbau der *Verkauf AG* am Standort Musterstadt zum ...[4] als eigenständige Gesellschaft in die *Musterbau GmbH,* Anschrift siehe oben, (als 100%ige Beteiligungsgesellschaft der *Verkauf AG*) überführt.
Wir beabsichtigen, die Geschäftsanteile zeitnah an einen Käufer zu übertragen, der das Geschäft in seiner bisherigen Form fortführen wird.

Die Gründe, die zu diesem Schritt geführt haben, sind bereits in der Betriebsversammlung am ... firmenseits eingehend erläutert worden. Darüber hinaus wurden Sie mit Schreiben der Firmenleitung vom ... persönlich informiert.
Die betriebswirtschaftlichen Gründe[5] für den Betriebsübergang sind im Wesentlichen darin zu sehen, dass für den Aufbau bzw. die Intensivierung der geschäftlich notwendigen Vertriebskanäle und Kundenkontakte eine von der *Verkauf AG* unabhängige Führung der Musterbau-Aktivitäten durch die *Musterbau GmbH* auf Dauer noch größere Erfolgschancen bietet.

---

[1] Siehe hierzu Rn. 139 ff.
[2] Name der tatsächlichen Übernahmegesellschaft (nicht der Muttergesellschaft oder eines sonstigen Konzernunternehmens).
Sofern die übernehmende Gesellschaft noch nicht im Handelsregister eingetragen ist, ist die Firmenbezeichnung mit dem Zusatz „in Gründung" zu versehen.
[3] Das Informationsschreiben muss vor dem tatsächlichen Betriebsübergang zugestellt werden.
Wegen der Widerspruchsfrist sollte die Zustellung jedoch mindestens einen Monat vor dem geplanten Betriebsinhaberwechsel erfolgen.
[4] Datum des tatsächlichen Betriebsinhaberwechsels.
[5] Eine schlagwortartige Begründung der unternehmerischen Entscheidung im Informationsschreiben ist unerlässlich. Weitere Beispiele: Beschränkung auf die Kernkompetenzen, Optimierung der Kostenstruktur und Bereinigung des Produktportfolios.

Der Geschäftszweig Musterbau wird durch gesellschaftsrechtliche Umwandlung aus dem Vermögen der *Verkauf AG* ausgegliedert und in Form einer GmbH verselbstständigt.[6] Alle Grundstücke und Patente des Geschäftszweigs Musterbau gehen auf die *Musterbau GmbH* über.[7]

Mit diesem Betriebsübergang geht gemäß § 613a Abs. 1 BGB Ihr Arbeitsverhältnis daher auf die *Musterbau GmbH* über. Sie tritt ab dem ...[8] in die Rechte und Pflichten aus Ihrem Arbeitsverhältnis ein. Damit werden Sie ab diesem Zeitpunkt Arbeitnehmer der *Musterbau GmbH*.

Ihr Arbeitsverhältnis wird folglich anlässlich des Betriebsübergangs – sofern nicht in der auf Wunsch Ihres örtlichen Betriebsrats mit dem Gesamtbetriebsrat verhandelten Überleitungsvereinbarung andere Regelungen getroffen sind – unverändert mit der *Musterbau GmbH* fortgeführt.

Ihr **Aufgabenbereich** bleibt somit bis auf Weiteres unverändert erhalten, sofern nicht Anderes mit Ihnen ausdrücklich beschlossen wurde.

Die Höhe des bisher tariflich abgesicherten **Jahreseinkommens** bleibt unverändert, unbeschadet einer anderen Zusammensetzung.

Die zurzeit gültigen **Tarifverträge** gelten wie bisher durch individualrechtliche Bezugnahme in Ihrem Arbeitsvertrag auch in der *Musterbau GmbH* weiter.

Im Einzelnen gilt für Sie die beiliegende **Gesamtbetriebsvereinbarung zur Ausgliederung** des *Verkauf AG*-Standorts Musterstadt in die *Musterbau GmbH*.

Die *Musterbau GmbH* (Haftungskapital: 50.000 Euro[9]) **haftet** ab dem Zeitpunkt des Betriebsübergangs unbeschränkt für alle, auch rückständigen Ansprüche aus dem Arbeitsverhältnis.
Zusätzlich haftet die *Verkauf AG* als Gesamtschuldner für solche Verpflichtungen, die vor dem Zeitpunkt des Betriebsübergangs entstanden sind und spätestens ein Jahr danach fällig werden.
Soweit Verpflichtungen nach dem Zeitpunkt des Betriebsübergangs, d.h. nach dem ...[10], fällig werden, so haftet die *Verkauf AG* für sie jedoch nur in dem Umfang, der dem im Zeitpunkt des Übergangs abgelaufenen Teil ihres Bemessungszeitraums entspricht.

Eine **Kündigung** wegen des Betriebsübergangs ist gesetzlich gemäß § 613a Abs. 4 BGB ausgeschlossen und im Übrigen auch nicht beabsichtigt[11].
Das Recht zur Kündigung aus anderen Gründen bleibt aber unberührt.
Nach den derzeitigen Planungen beabsichtigt die *Musterbau GmbH* das Geschäft in unveränderter Form weiterzuführen.

Der bisherige **Betriebsrat** bleibt weiterhin für Sie zuständig.

Dem Übergang Ihres Arbeitsverhältnisses auf die *Musterbau GmbH* können Sie nach § 613a Abs. 6 BGB schriftlich **widersprechen**.

---

[6] Der Rechtsgrund des Übergangs ist anzugeben. Andere Beispiele: Betriebsüberführungsvertrag, Schenkung, Kauf.

[7] Sofern Betriebsmittel, wie z.B. Schlüsselpatente, nicht auf die neue Gesellschaft übergehen, ist dies ausdrücklich anzugeben.

[8] Datum des tatsächlichen Betriebsinhaberwechsels.

[9] Alternative bei OHG: Angabe von Nachnamen und allen Vornamen aller Gesellschafter; bei KG: Angabe von Nachnamen und allen Vornamen aller Komplementäre.

[10] Datum des tatsächlichen Betriebsinhaberwechsels.

[11] Sofern betriebsbedingte Kündigungen beabsichtigt sind, ist darüber zu informieren. Bei Betriebsänderungen i.S.d. §§ 111 ff. BetrVG reicht ein Hinweis auf den Interessenausgleich/Sozialplan aus.

Ihr Widerspruch hätte zur Folge, dass Ihr Arbeitsverhältnis nicht auf die *Musterbau GmbH* übergeht, sondern bei der *Verkauf AG* verbleibt.
Für den Fall des Widerspruchs würden Sie allerdings das Risiko einer betriebsbedingten Kündigung Ihres Arbeitsverhältnisses in Kauf nehmen, da auf Grund des Betriebsübergangs Ihr bisheriger Arbeitsplatz bei der *Verkauf AG* ersatzlos wegfällt und ggf. eine alternative Beschäftigungsmöglichkeit für Sie bei der *Verkauf AG* nicht existiert.
Wir bitten Sie deshalb: Machen Sie von Ihrem Widerspruchsrecht nur nach sorgfältiger Abwägung Gebrauch!
Bitte beachten Sie, dass ein einmal zugegangener Widerspruch nicht mehr einseitig von Ihnen zurückgenommen werden kann.
Sollten Sie trotz dieser Hinweise dennoch widersprechen wollen, bitten wir Sie, Ihren Widerspruch unverzüglich – jedoch spätestens innerhalb eines Monats nach Zugang dieser Mitteilung – schriftlich zu richten an:

Verkauf AG
Abteilung …
z. Hd. Frau/Herrn …
Übergabestraße 1
11111 Hauptstadt

oder an

Musterbau GmbH
Abteilung …
z. Hd. Frau/Herrn …
Übernahmestraße 2
22222 Musterstadt.

Auch etwaige Fragen in Bezug auf den Übergang Ihres Anstellungsverhältnisses können Sie an die vorgenannten Stellen richten.

Die *Verkauf AG* bedankt sich für Ihre bisherige Mitarbeit und bittet Sie, Ihre Arbeitskraft in der gleichen Weise der *Musterbau GmbH* zur Verfügung zu stellen.
Wir heißen Sie in der *Musterbau GmbH* herzlich willkommen und freuen uns auf eine gute und erfolgreiche Zusammenarbeit.

Mit freundlichen Grüßen

Verkauf AG

....
Unterschrift

Musterbau GmbH

....
Unterschrift

Anlage
Überleitungsregelung für Tarif-Arbeitnehmer

Gesamtbetriebsvereinbarung zur Überleitung der Beschäftigungsbedingungen der von der *Verkauf AG* zur *Musterbau GmbH* übergehenden

– Tarif-Arbeitnehmer –

Bei der Ausgliederung des Standorts Musterstadt handelt es sich um einen Betriebsübergang gemäß § 613a BGB, d.h. die bei der *Verkauf AG* gültigen Beschäftigungsbedingungen gelten unverändert bis zu einer möglichen Neuregelung weiter, soweit sich aus diesen Überleitungsregelungen nichts anderes ergibt.

Für die zum ... in die *Musterbau GmbH* übertretenden Tarif-Arbeitnehmer gelten folgende Überleitungsregelungen:

1. **Tarifvertrag**
   Die Tarifverträge der ...-Industrie finden gemäß § 613a BGB in der jeweils gültigen Form Anwendung.

2. **Arbeitsordnung**
   Die Arbeitsordnung der *Verkauf AG* gilt sinngemäß in der zum Zeitpunkt des Betriebsübergangs gültigen Form bis zu einer möglichen Neuregelung weiter.

3. **Betriebsvereinbarungen**
   Die zum Zeitpunkt der Ausgliederung bestehenden örtlichen **Betriebsvereinbarungen** gelten kollektivrechtlich bis zu einer möglichen Neuregelung weiter.
   Gesamtbetriebsvereinbarungen gelten bis zu einer möglichen Neuregelung in der zum Zeitpunkt des Betriebsübergangs gültigen Fassung als örtliche Betriebsvereinbarungen fort, sofern nachstehend nichts Abweichendes geregelt ist.
   Für den (beabsichtigten) Fall des Verkaufs der *Musterbau GmbH* garantiert die *Verkauf AG* allen übertretenden Tarif-Arbeitnehmern bei betriebsbedingten Kündigungen innerhalb von drei Jahren nach Verkauf folgende **Abfindungsregelung:**
   - Bei einem Ausscheiden bis zu 1 Jahr ab Übertritt: 100 %
   - Bei einem Ausscheiden bis zu 2 Jahren ab Übertritt: 75 %
   - Bei einem Ausscheiden bis zu 3 Jahren ab Übertritt: 50 %

   der für die letzte Restrukturierung in der *Verkauf AG* abgeschlossenen Abfindungsregelung (Sozialplan vom ...).
   Abfindungsansprüche sind primär an den Erwerber der *Musterbau GmbH* zu richten. Sofern diese nicht, oder nicht in der garantierten Höhe, durchgesetzt werden können, verpflichtet sich die *Verkauf AG* zur Zahlung der Abfindungen an die Betroffenen.

4. **Einkommen**
   Die Höhe des bisherigen Einkommens und die wöchentliche Arbeitszeit werden anlässlich des Betriebsübergangs nicht verändert.
   Freiwillige Sonderzahlungen bleiben – einschließlich ihres widerruflichen Charakters – erhalten.

5. **Jahreszahlung**
   Die Auszahlung der Jahreszahlung der *Verkauf AG* für das laufende Geschäftsjahr ... erfolgt durch die *Musterbau GmbH* nach Maßgabe der für die *Verkauf AG* geltenden Richtlinien.
   Bei der Berechnung der Jahreszahlung wird der Unternehmensfaktor der *Verkauf AG* zugrunde gelegt.
   Anschließend gelten bis zu einer eventuellen Neuregelung die derzeitigen Richtlinien weiter mit der Maßgabe, dass der Unternehmensfaktor (den die Geschäftsführung der *Musterbau GmbH* festlegt) in den nächsten beiden Geschäftsjahren den für die

Jahreszahlung im Tarifkreis der *Verkauf AG* jeweils geltenden Wert nicht unterschreiten wird.
Die Jahreszahlungssystematik kann jedoch durch eine unternehmensspezifische Neuregelung abgelöst werden.

6. **Altersteilzeit**
Sofern vor dem Übertritt in die *Musterbau GmbH* individuelle Regelungen zur Altersteilzeit vereinbart worden sind, gelten diese auch für die Tätigkeit in der neuen Gesellschaft.
Die Insolvenzsicherung von Zeitguthaben aus der aktiven Altersteilzeitphase erfolgt bis auf Weiteres nach den bei der *Verkauf AG* üblichen Regelungen; der Erwerber wird mit dem Betriebsrat über eine Anschluss-Sicherung verhandeln.
Altersteilzeitverträge sind auch in Zukunft möglich.
Die Regelungen der *Verkauf AG* kommen unter der Voraussetzung einer gleichbleibenden gesetzlichen Förderung für die nächsten drei Jahre ab Übertritt weiterhin zur Anwendung.

7. **Dienstzeit**
Die in der *Verkauf AG* verbrachten bzw. anerkannten Dienstzeiten gelten als Dienstzeiten der *Musterbau GmbH.*

8. **Betriebliche Altersversorgung**

a) Die von der *Verkauf AG* zugesagte **Alters- und Hinterbliebenenversorgung** geht mit Ablauf des ... im Wege des Betriebsübergangs (§ 613a BGB) kraft Gesetzes auf die *Musterbau GmbH* über, welche diese in der bisherigen Qualität fortführt. Für Versorgungsanwartschaften haftet nach dem Betriebsübergang nur noch die *Musterbau GmbH.*
Diese ist dem Pensionssicherungsverein (PSV) beigetreten und wird entsprechend der öffentlich-rechtlichen Verpflichtung aus § 10 Abs. 1 BetrAVG die Beiträge an den PSV abführen.

b) **Aufrechterhaltung der Altersversorgung der *Verkauf AG***
Die *Verkauf AG* sagt zu, dass sie für Arbeitnehmer, mit denen vor dem Betriebsübergang bereits eine Regelung über ihre Pensionierung mit Beschäftigungsende nach dem Betriebsübergang getroffen wurde, und für Arbeitnehmer mit bereits vereinbarter Altersteilzeit die Verpflichtungen aus den auf die *Musterbau GmbH* übergehenden Pensionszusagen mit übernimmt (Aufrechterhaltung der Altersversorgung der *Verkauf AG)*. Daher können diese Arbeitnehmer, wenn bei ihnen der Versorgungsfall eintritt, im Umfang der aufrechterhaltenen Zusage bei der *Verkauf AG* Pensionszahlung beantragen.

9. **Zeitsalden/Urlaub/Erholungsplätze/Kreislauftrainingskuren**
Die Zeitsalden können im gegenseitigen Einvernehmen vor dem Betriebsübergang ausgeglichen werden.
Die beim Übergang bestehenden Urlaubsansprüche und Zeitsalden bleiben bestehen.
Bereits für das Kalenderjahr ... genehmigte persönliche Urlaubsplanungen und zugesagte Erholungsplätze der *Verkauf AG* bleiben erhalten.
Dies gilt auch für genehmigte Teilnahmen an Kreislauftrainingskuren.

10. **Firmendarlehen**
Bestehende Firmendarlehen der *Verkauf AG* werden ab ... von der *Musterbau GmbH* übernommen und weitergeführt.
Neuanträge von Arbeitnehmern, die in die *Musterbau GmbH* übertreten, werden von der *Verkauf AG* noch bis zum ... behandelt.

11. **Ausgleich für entfallende Regelungen der *Verkauf AG***
Als Ausgleich für entfallende Regelungen der *Verkauf AG* (Kuren, Erholungsplätze, Aktien etc.) erhalten die Arbeitnehmer eine einmalige Bruttozahlung von ... Euro.

12. **Firmenjubiläum**
Die zum Zeitpunkt des Betriebsübergangs geltenden Regelungen, insbesondere zur Höhe des Jubiläumsgeschenks, gelten bis zu einer eventuellen Neuregelung weiter.

13. **Gesetzliche Krankenkasse**
Arbeitnehmer, die bei der Betriebskrankenkasse der *Verkauf AG* versichert sind, können bei dieser bleiben.

14. **Kreditkarten**
Die Nutzung der bisher über die *Verkauf AG* bezogenen Kreditkarten bleibt bis zur Übertragung der Anteilsmehrheit auf den Erwerber unverändert erhalten.
Die *Musterbau GmbH* wird versuchen, eine vergleichbare Kreditkartenregelung für die Zukunft sicherzustellen.

15. **Aufwandsersatz**
Für Dienstreisen, Abordnungen und Versetzungen werden die einkommensteuerrechtlichen Regelungen übernommen.

16. **Leasing-PKW für „Vielfahrer"**
Die bestehenden Regelungen gelten unverändert bis zu einer möglichen Neuregelung auch für die *Musterbau GmbH*.

17. **Personen-/Direktversicherungen**
Die bisherigen Versicherungen, wie Dienstreise-Unfallversicherung, Reisegepäckversicherung und Auslandskrankenversicherung, bleiben bis zu einer möglichen Neuregelung auch bei der *Musterbau GmbH* bestehen.
Ebenso bleibt die Möglichkeit zur Weiterführung der Direktversicherung unter Umwandlung von Arbeitseinkommen.

18. **Verbesserungsvorschläge**
Verbesserungsvorschläge werden so lange nach den Richtlinien der *Verkauf AG* behandelt, bis bei der *Musterbau GmbH* neue Richtlinien vereinbart werden.

19. **Betriebliche Ausbildung/Weiterbildung**
Bestehende Ausbildungsverträge werden auf die *Musterbau GmbH* umgestellt.
Bereits getroffene rechtsverbindliche Zusagen für Berufsausbildungsverträge werden eingehalten. Die sich zurzeit in der kaufmännischen Ausbildung befindenden Auszubildenden können ihre Ausbildung in der gleichen schulischen Einrichtung beenden.
Für die Übernahme nach der Ausbildung gelten die tariflichen Regelungen.
Die *Musterbau GmbH* wird weiterhin Aus- und Weiterbildung betreiben.

20. **Kantine**
Die *Musterbau GmbH* wird auch weiterhin die Nutzung einer Kantine sicherstellen.

21. **Betriebsärztlicher Dienst / Fachkräfte für Arbeitssicherheit**
Die betriebsärztliche Versorgung im Rahmen des Arbeitssicherheitsgesetzes wird sichergestellt. Gleiches gilt für die Fachkräfte für Arbeitssicherheit.

22. **Ruhende Arbeitsverhältnisse**
Arbeitnehmer mit ruhendem Arbeitsverhältnis erhalten ein Übertrittsschreiben wie aktive Arbeitnehmer.

23. **Unterschriftsberechtigung**
Soweit Arbeitnehmer eine persönliche Unterschriftsberechtigung der *Verkauf AG* erhalten haben, erlischt diese mit Ablauf des Übertritts-Tages.

Die *Musterbau GmbH* wird mit gesondertem Schreiben neue Unterschriftsberechtigungen erteilen.

24. Dienstwohnungen
Mietverträge für Arbeitnehmer mit Dienstwohnungen bleiben von dem Betriebsübergang unberührt.

25. Bewerbungen
Arbeitnehmer, die innerhalb von drei Jahren seit dem Betriebsübergang aus betriebsbedingten Gründen aus der *Musterbau GmbH* ausscheiden und sich im unmittelbaren Anschluss daran bei der *Verkauf AG* bewerben, werden internen Bewerbern der *Verkauf AG* gleichgestellt.

26. Doppelansprüche
Doppelansprüche, die sich aus den bestehenden Regelungen ergeben könnten, sind ausgeschlossen.

27. Härtefälle
Etwaige im Zusammenhang mit der Ausgliederung auftretende besondere Härte-/Sonderfälle werden zwischen der Geschäftsführung der *Musterbau GmbH* und dem Betriebsrat einvernehmlich behandelt.

28. Salvatorische Klausel
Sollten einzelne Bestimmungen dieser Betriebsvereinbarung – gleich aus welchem Rechtsgrund – unwirksam sein, so bleiben die übrigen Regelungen bestehen.
Die unwirksame Regelung ist durch eine neue Regelung zu ersetzen, die dem von den Betriebspartnern mit der ersetzten Regelung gewollten Zweck möglichst nahe kommt.

Hauptstadt, den ...

Verkauf AG	*Gesamtbetriebsrat der Verkauf AG*
....	....
Unterschrift	Unterschrift

Zur Kenntnis genommen:

Musterstadt, den ...

Musterbau GmbH	*Betriebsrat Musterstadt der Verkauf AG*
....	....
Unterschrift	Unterschrift

Anhang 6.4 b: Informationsschreiben gemäß § 613a Abs. 5 BGB[1] des ausgliedernden Unternehmens und der verselbstständigten Gesellschaft für Außertarifliche Arbeitnehmer mit Gesamtbetriebsvereinbarung des ausgliedernden Unternehmens „Überleitungsregelungen für Außertarifliche Arbeitnehmer"

Verkauf AG
vertreten durch: ...
Sitz der Gesellschaft: Hauptstadt
Registergericht: Hauptstadt
HRB ...
WEEE-Reg.-Nr. DE ...
Straße Nr.
PLZ Hauptstadt
www.verkauf-ag.com

Musterbau GmbH[2]
vertreten durch: ...
Sitz der Gesellschaft: Musterstadt
Registergericht: Musterstadt
HRB ...
WEEE-Reg.-Nr. DE ...
Straße Nr.
PLZ Musterstadt
www.musterbau-gmbh.com

Hauptstadt/Musterstadt, den ...[3]

Übergang Ihres Arbeitsverhältnisses

Sehr geehrte/r Frau/Herr ...,

wie Ihnen bereits angekündigt wurde, wird der Geschäftszweig Musterbau der *Verkauf AG* am Standort Musterstadt zum ...[4] als eigenständige Gesellschaft in die *Musterbau GmbH,* Anschrift siehe oben, (als 100%ige Beteiligungsgesellschaft der *Verkauf AG*) überführt.
Wir beabsichtigen, die Geschäftsanteile zeitnah an einen Käufer zu übertragen, der das Geschäft in seiner bisherigen Form fortführen wird.

Die Gründe, die zu diesem Schritt geführt haben, sind bereits in der Betriebsversammlung am ... firmenseits eingehend erläutert worden. Darüber hinaus wurden Sie mit Schreiben der Firmenleitung vom ... persönlich informiert.
Die betriebswirtschaftlichen Gründe[5] für den Betriebsübergang sind im Wesentlichen darin zu sehen, dass für den Aufbau bzw. die Intensivierung der geschäftlich notwendigen Vertriebskanäle und Kundenkontakte eine von der *Verkauf AG* unabhängige Führung der Musterbau-Aktivitäten durch die *Musterbau GmbH* auf Dauer noch größere Erfolgschancen bietet.

---

1 Siehe hierzu Rn. 139 ff.

2 Name der tatsächlichen Übernahmegesellschaft (nicht der Muttergesellschaft oder eines sonstigen Konzernunternehmens).
Sofern die übernehmende Gesellschaft noch nicht im Handelsregister eingetragen ist, ist die Firmenbezeichnung mit dem Zusatz „in Gründung" zu versehen.

3 Das Informationsschreiben muss vor dem tatsächlichen Betriebsübergang zugestellt werden.
Wegen der Widerspruchsfrist sollte die Zustellung jedoch mindestens einen Monat vor dem geplanten Betriebsinhaberwechsel erfolgen.

4 Datum des tatsächlichen Betriebsinhaberwechsels.

5 Eine schlagwortartige Begründung der unternehmerischen Entscheidung im Informationsschreiben ist unerlässlich. Weitere Beispiele: Beschränkung auf die Kernkompetenzen, Optimierung der Kostenstruktur und Bereinigung des Produktportfolios.

Der Geschäftszweig Musterbau wird durch gesellschaftsrechtliche Umwandlung aus dem Vermögen der *Verkauf AG* ausgegliedert und in Form einer GmbH verselbstständigt.[6] Alle Grundstücke und Patente des Geschäftszweigs Musterbau gehen auf die *Musterbau GmbH* über.[7]

Mit diesem Betriebsübergang geht gemäß § 613a Abs. 1 BGB Ihr Arbeitsverhältnis daher auf die *Musterbau GmbH* über. Sie tritt ab dem ...[8] in die Rechte und Pflichten aus Ihrem Arbeitsverhältnis ein. Damit werden Sie ab diesem Zeitpunkt Arbeitnehmer der *Musterbau GmbH.*

Ihr Arbeitsverhältnis wird folglich anlässlich des Betriebsübergangs – sofern nicht in der auf Wunsch Ihres örtlichen Betriebsrats mit dem Gesamtbetriebsrat verhandelten Überleitungsvereinbarung andere Regelungen getroffen sind – unverändert mit der *Musterbau GmbH* fortgeführt.

Ihr **Aufgabenbereich** bleibt somit bis auf weiteres unverändert erhalten, sofern nicht Anderes mit Ihnen ausdrücklich beschlossen wurde.

Die Höhe des **Jahreseinkommens** bleibt unverändert, unbeschadet einer anderen Zusammensetzung.

Im Einzelnen gilt für Sie die beiliegende **Gesamtbetriebsvereinbarung zur Ausgliederung** des *Verkauf AG*-Standorts Musterstadt in die *Musterbau GmbH.*

Die *Musterbau GmbH* (Haftungskapital: 50.000 Euro[9]) **haftet** ab dem Zeitpunkt des Betriebsübergangs unbeschränkt für alle, auch rückständigen Ansprüche aus dem Arbeitsverhältnis.
Zusätzlich haftet die *Verkauf AG* als Gesamtschuldner für solche Verpflichtungen, die vor dem Zeitpunkt des Betriebsübergangs entstanden sind und spätestens ein Jahr danach fällig werden.
Soweit Verpflichtungen nach dem Zeitpunkt des Betriebsübergangs, d.h. nach dem ...[10], fällig werden, so haftet die *Verkauf AG* für sie jedoch nur in dem Umfang, der dem im Zeitpunkt des Übergangs abgelaufenen Teil ihres Bemessungszeitraums entspricht.

Eine **Kündigung** wegen des Betriebsübergangs ist gesetzlich gemäß § 613a Abs. 4 BGB ausgeschlossen und im Übrigen auch nicht beabsichtigt.[11]
Das Recht zur Kündigung aus anderen Gründen bleibt aber unberührt.
Nach den derzeitigen Planungen beabsichtigt die *Musterbau GmbH* das Geschäft in unveränderter Form weiterzuführen.

Der bisherige **Betriebsrat** bleibt weiterhin für Sie zuständig.

Dem Übergang Ihres Arbeitsverhältnisses auf die *Musterbau GmbH* können Sie nach § 613a Abs. 6 BGB schriftlich **widersprechen.**
Ihr Widerspruch hätte zur Folge, dass Ihr Arbeitsverhältnis nicht auf die *Musterbau GmbH* übergeht, sondern bei der *Verkauf AG* verbleibt.

---

[6] Der Rechtsgrund des Übergangs ist anzugeben. Andere Beispiele: Betriebsüberführungsvertrag, Schenkung, Kauf.

[7] Sofern Betriebsmittel, wie z.B. Schlüsselpatente, nicht auf die neue Gesellschaft übergehen, ist dies ausdrücklich anzugeben.

[8] Datum des tatsächlichen Betriebsinhaberwechsels.

[9] Alternative bei OHG: Angabe von Nachnamen und allen Vornamen aller Gesellschafter; bei KG: Angabe von Nachnamen und allen Vornamen aller Komplementäre.

[10] Datum des tatsächlichen Betriebsinhaberwechsels.

[11] Sofern betriebsbedingte Kündigungen beabsichtigt sind, ist darüber zu informieren. Bei Betriebsänderungen i.S.d. §§ 111 ff. BetrVG reicht ein Hinweis auf den Interessenausgleich/Sozialplan aus.

Für den Fall des Widerspruchs würden Sie allerdings das Risiko einer betriebsbedingten Kündigung Ihres Arbeitsverhältnisses in Kauf nehmen, da auf Grund des Betriebsübergangs Ihr bisheriger Arbeitsplatz bei der *Verkauf AG* ersatzlos wegfällt und ggf. eine alternative Beschäftigungsmöglichkeit für Sie bei der *Verkauf AG* nicht existiert.
Wir bitten Sie deshalb: Machen Sie von Ihrem Widerspruchsrecht nur nach sorgfältiger Abwägung Gebrauch!
Bitte beachten Sie, dass ein einmal zugegangener Widerspruch nicht mehr einseitig von Ihnen zurückgenommen werden kann.
Sollten Sie trotz dieser Hinweise dennoch widersprechen wollen, bitten wir Sie, Ihren Widerspruch unverzüglich – jedoch spätestens innerhalb eines Monats nach Zugang dieser Mitteilung – schriftlich zu richten an:

Verkauf AG
Abteilung …
z. Hd. Frau/Herrn …
Übergabestraße 1
11111 Hauptstadt

oder an

Musterbau GmbH
Abteilung …
z. Hd. Frau/Herrn …
Übernahmestraße 2
22222 Musterstadt.

Auch etwaige Fragen in Bezug auf den Übergang Ihres Anstellungsverhältnisses können Sie an die vorgenannten Stellen richten.

Die *Verkauf AG* bedankt sich für Ihre bisherige Mitarbeit und bittet Sie, Ihre Arbeitskraft in der gleichen Weise der *Musterbau GmbH* zur Verfügung zu stellen.
Wir heißen Sie in der *Musterbau GmbH* herzlich willkommen und freuen uns auf eine gute und erfolgreiche Zusammenarbeit.

Mit freundlichen Grüßen

Verkauf AG

....
Unterschrift

Musterbau GmbH

....
Unterschrift

Anlage
Überleitungsregelung für Außertarifliche Arbeitnehmer

Gesamtbetriebsvereinbarung zur Überleitung der Beschäftigungsbedingungen der von der *Verkauf AG* zur *Musterbau GmbH* übergehenden

– Außertariflichen Arbeitnehmer –

Bei der Ausgliederung des Standorts Musterstadt handelt es sich um einen Betriebsübergang gemäß § 613a BGB, d.h. die bei der *Verkauf AG* gültigen Beschäftigungsbedingungen gelten unverändert bis zu einer möglichen Neuregelung weiter, soweit sich aus diesen Überleitungsregelungen nichts anderes ergibt.

Für die zum ... in die *Musterbau GmbH* übertretenden Außertariflichen Arbeitnehmer (mit Ausnahme der Leitenden Angestellten i.S.d. § 5 Abs. 3 BetrVG) gelten folgende Überleitungsregelungen:

1. **Allgemeine Vertragsbedingungen/Einkommen**
   Die Vertragsbedingungen der Vertragsgruppen Außertariflicher Arbeitnehmer werden anlässlich der Ausgliederung nicht berührt, soweit sich aus diesen Überleitungsregelungen nichts anderes ergibt.
   Die Höhe und die Zusammensetzung des Vertragsgehalts sowie die wöchentliche Arbeitszeit bleiben anlässlich des Betriebsübergangs unverändert.
   Freiwillige Sonderzahlungen bleiben – einschließlich ihres widerruflichen Charakters – erhalten.
   Die Auszahlung der Jahreszahlung der *Verkauf AG* für das laufende Geschäftsjahr ... erfolgt durch die *Musterbau GmbH* nach Maßgabe der für die *Verkauf AG* geltenden Richtlinien.
   Bei der Berechnung der Jahreszahlung wird der Unternehmensfaktor der *Verkauf AG* zugrunde gelegt.
   Anschließend gelten bis zu einer eventuellen Neuregelung die derzeitigen Richtlinien weiter mit der Maßgabe, dass der Unternehmensfaktor (den die Geschäftsführung der *Musterbau GmbH* festlegt) in den nächsten beiden Geschäftsjahren den für die Jahreszahlung der *Verkauf AG* jeweils geltenden Wert nicht unterschreiten wird.
   Die Jahreszahlungssystematik kann jedoch durch eine unternehmensspezifische Neuregelung abgelöst werden.

   In Bezug auf die weitere Einkommenspflege sind hinsichtlich des Abstands zu den Tarifeinkommen die jeweiligen tariflichen Vorschriften zu beachten.

2. **Arbeitsordnung**
   Die Arbeitsordnung der *Verkauf AG* gilt sinngemäß in der zum Zeitpunkt des Betriebsübergangs gültigen Form bis zu einer möglichen Neuregelung weiter.

3. **Betriebsvereinbarungen**
   Die zum Zeitpunkt der Ausgliederung bestehenden örtlichen Betriebsvereinbarungen gelten kollektivrechtlich bis zu einer möglichen Neuregelung weiter.
   Gesamtbetriebsvereinbarungen gelten bis zu einer möglichen Neuregelung in der zum Zeitpunkt des Betriebsübergangs gültigen Fassung als örtliche Betriebsvereinbarungen fort, sofern nachfolgend nichts Abweichendes geregelt ist.
   Für den (beabsichtigten) Fall des Verkaufs der *Musterbau GmbH* garantiert die *Verkauf AG* allen übertretenden Außertariflichen Mitarbeitern bei betriebsbedingten Kündigungen innerhalb von drei Jahren nach Verkauf folgende **Abfindungsregelung:**
   - Bei einem Ausscheiden bis zu 1 Jahr ab Übertritt: 100 %
   - Bei einem Ausscheiden bis zu 2 Jahren ab Übertritt: 75 %
   - Bei einem Ausscheiden bis zu 3 Jahren ab Übertritt: 50 %

   der für die letzte Restrukturierung in der *Verkauf AG* abgeschlossenen Abfindungsregelung (Sozialplan vom ...).

Abfindungsansprüche sind primär an den Erwerber der *Musterbau GmbH* zu richten. Sofern diese nicht, oder nicht in der garantierten Höhe, durchgesetzt werden können, verpflichtet sich die *Verkauf AG* zur Zahlung der Abfindungen an die Betroffenen.

4. **Altersteilzeit**
   Sofern vor dem Übertritt in die *Musterbau GmbH* individuelle Regelungen zur Altersteilzeit vereinbart worden sind, gelten diese auch für die Tätigkeit in der neuen Gesellschaft.
   Die Insolvenzsicherung von Zeitguthaben aus der aktiven Altersteilzeitphase erfolgt bis auf Weiteres nach den bei der *Verkauf AG* üblichen Regelungen; der Erwerber wird mit dem Betriebsrat über eine Anschluss-Sicherung verhandeln.
   Altersteilzeitverträge sind auch in Zukunft möglich.
   Die Regelungen der *Verkauf AG* kommen unter der Voraussetzung einer gleichbleibenden gesetzlichen Förderung für die nächsten drei Jahre ab Übertritt weiterhin zur Anwendung.

5. **Dienstzeit**
   Die in der *Verkauf AG* verbrachten bzw. anerkannten Dienstzeiten gelten als Dienstzeiten der *Musterbau GmbH.*

6. **Betriebliche Altersversorgung**
   a) Beim Betriebsübergang tritt die *Musterbau GmbH* in die individuellen Pensionszusagen ein und führt diese in gleicher Qualität fort.
      Für Versorgungsanwartschaften haftet nach dem Betriebsübergang nur noch die *Musterbau GmbH.*
      Diese ist dem Pensionssicherungsverein (PSV) beigetreten und wird entsprechend der öffentlich-rechtlichen Verpflichtung aus § 10 Abs. 1 BetrAVG die Beiträge an den PSV abführen.
   b) **Aufrechterhaltung der Altersversorgung der *Verkauf AG***
      Die *Verkauf AG* sagt zu, dass sie für Arbeitnehmer, mit denen vor dem Betriebsübergang bereits eine Regelung über ihre Pensionierung mit Beschäftigungsende nach dem Betriebsübergang getroffen wurde, und für Arbeitnehmer mit bereits vereinbarter Altersteilzeit die Verpflichtungen aus den auf die *Musterbau GmbH* übergehenden Pensionszusagen mit übernimmt (Aufrechterhaltung der Altersversorgung der *Verkauf AG).* Daher können diese Arbeitnehmer, wenn bei ihnen der Versorgungsfall eintritt, im Umfang der aufrechterhaltenen Zusage bei der *Verkauf AG* Pensionszahlung beantragen.

7. **Zeitsalden/Urlaub/Erholungsplätze/Kreislauftrainingskuren**
   Die Zeitsalden können im gegenseitigen Einvernehmen vor dem Betriebsübergang ausgeglichen werden.
   Die beim Übergang bestehenden Urlaubsansprüche und Zeitsalden bleiben bestehen.
   Bereits für das Kalenderjahr ... genehmigte persönliche Urlaubsplanungen und zugesagte Erholungsplätze der *Verkauf AG* bleiben erhalten.
   Dies gilt auch für genehmigte Teilnahmen an Kreislauftrainingskuren.

8. **Firmendarlehen**
   Bestehende Firmendarlehen der *Verkauf AG* werden ab ... von der *Musterbau GmbH* übernommen und weitergeführt.
   Neuanträge von Arbeitnehmern, die in die *Musterbau GmbH* übertreten, werden von der *Verkauf AG* noch bis zum ... behandelt.

9. **Ausgleich für entfallende Regelungen der *Verkauf AG***
   Als Ausgleich für entfallende Regelungen der *Verkauf AG* (Kuren, Erholungsplätze, Aktien etc.) erhalten die Arbeitnehmer eine einmalige Bruttozahlung von ... Euro.

10. **Firmenjubiläum**
    Die zum Zeitpunkt des Betriebsübergangs geltenden Regelungen, insbesondere zur Höhe des Jubiläumsgeschenks, gelten bis zu einer eventuellen Neuregelung weiter.

11. **Gesetzliche Krankenkasse**
    Arbeitnehmer, die bei der Betriebskrankenkasse der *Verkauf AG* versichert sind, können bei dieser bleiben.

12. **Kreditkarten**
    Die Nutzung der bisher über die *Verkauf AG* bezogenen Kreditkarten bleibt bis zur Übertragung der Anteilsmehrheit auf den Erwerber unverändert erhalten.
    Die *Musterbau GmbH* wird versuchen, eine vergleichbare Kreditkartenregelung für die Zukunft sicherzustellen.

13. **Aufwandsersatz**
    Für Dienstreisen, Abordnungen und Versetzungen werden die einkommensteuerrechtlichen Regelungen übernommen.

14. **Leasing-PKW für „Vielfahrer"**
    Die bestehenden Regelungen gelten unverändert bis zu einer möglichen Neuregelung auch für die *Musterbau GmbH.*

15. **Personen-/Direktversicherungen**
    Die bisherigen Versicherungen, wie Dienstreise-Unfallversicherung, Reisegepäckversicherung und Auslandskrankenversicherung, bleiben bis zu einer möglichen Neuregelung auch bei der *Musterbau GmbH* bestehen.
    Ebenso bleibt die Möglichkeit zur Weiterführung der Direktversicherung unter Umwandlung von Arbeitseinkommen.

16. **Verbesserungsvorschläge**
    Verbesserungsvorschläge werden so lange nach den Richtlinien der *Verkauf AG* behandelt, bis bei der *Musterbau GmbH* neue Richtlinien vereinbart werden.

17. **Kantine**
    Die *Musterbau GmbH* wird auch weiterhin die Nutzung einer Kantine sicherstellen.

18. **Betriebsärztlicher Dienst / Fachkräfte für Arbeitssicherheit**
    Die betriebsärztliche Versorgung im Rahmen des Arbeitssicherheitsgesetzes wird sichergestellt. Gleiches gilt für die Fachkräfte für Arbeitssicherheit.

19. **Ruhende Arbeitsverhältnisse**
    Arbeitnehmer mit ruhenden Arbeitsverhältnissen erhalten ein Übertrittsschreiben wie aktive Arbeitnehmer.

20. **Unterschriftsberechtigung**
    Soweit Arbeitnehmer eine persönliche Unterschriftsberechtigung der *Verkauf AG* erhalten haben, erlischt diese mit Ablauf des Übertritts-Tages.
    Die *Musterbau GmbH* wird mit gesondertem Schreiben neue Unterschriftsberechtigungen erteilen.

21. **Bewerbungen**
    Arbeitnehmer, die innerhalb von drei Jahren seit dem Betriebsübergang aus betriebsbedingten Gründen aus der *Musterbau GmbH* ausscheiden und sich im unmittelbaren Anschluss daran bei der *Verkauf AG* bewerben, werden internen Bewerbern der *Verkauf AG* gleichgestellt.

22. **Doppelansprüche**
    Doppelansprüche, die sich aus den bestehenden Regelungen ergeben könnten, sind ausgeschlossen.

23. **Härtefälle**
    Etwaige im Zusammenhang mit der Ausgliederung auftretende besondere Härte-/ Sonderfälle werden zwischen der Geschäftsführung der *Musterbau GmbH* und dem Betriebsrat einvernehmlich behandelt.

24. **Salvatorische Klausel**
    Sollten einzelne Bestimmungen dieser Betriebsvereinbarung – gleich aus welchem Rechtsgrund – unwirksam sein, so bleiben die übrigen Regelungen bestehen.
    Die unwirksame Regelung ist durch eine neue Regelung zu ersetzen, die dem von den Betriebspartnern mit der ersetzten Regelung gewollten Zweck möglichst nahe kommt.

Hauptstadt, den ...

Verkauf AG	*Gesamtbetriebsrat der Verkauf AG*
....	....
Unterschrift	Unterschrift

Zur Kenntnis genommen:

Musterstadt, den ...

Musterbau GmbH	*Betriebsrat Musterstadt der Verkauf AG*
....	....
Unterschrift	Unterschrift

Anhang 6.4 c: Informationsschreiben gemäß § 613a Abs. 5 BGB[1] des ausgliedernden Unternehmens und der verselbstständigten Gesellschaft für Leitende Angestellte mit Firmenregelung des ausgliedernden Unternehmens „Überleitungsregelungen für Leitende Angestellte"

Verkauf AG
vertreten durch: ...
Sitz der Gesellschaft: Hauptstadt
Registergericht: Hauptstadt
HRB ...
WEEE-Reg.-Nr. DE ...
Straße Nr.
PLZ Hauptstadt
www.verkauf-ag.com

Musterbau GmbH[2]
vertreten durch: ...
Sitz der Gesellschaft: Musterstadt
Registergericht: Musterstadt
HRB ...
WEEE-Reg.-Nr. DE ...
Straße Nr.
PLZ Musterstadt
www.musterbau-gmbh.com

Hauptstadt/Musterstadt, den ...[3]

Übergang Ihres Arbeitsverhältnisses

Sehr geehrte/r Frau/Herr ...,

wie Ihnen bereits angekündigt wurde, wird der Geschäftszweig Musterbau der *Verkauf AG* am Standort Musterstadt zum ...[4] als eigenständige Gesellschaft in die *Musterbau GmbH,* Anschrift siehe oben, (als 100%ige Beteiligungsgesellschaft der *Verkauf AG*) überführt.
Wir beabsichtigen, die Geschäftsanteile zeitnah an einen Käufer zu übertragen, der das Geschäft in seiner bisherigen Form fortführen wird.

Die Gründe, die zu diesem Schritt geführt haben, sind bereits in der Versammlung der Leitenden Angestellten am ... firmenseits eingehend erläutert worden. Darüber hinaus wurden Sie mit Schreiben der Firmenleitung vom ... persönlich informiert.
Die betriebswirtschaftlichen Gründe[5] für den Betriebsübergang sind im Wesentlichen darin zu sehen, dass für den Aufbau bzw. die Intensivierung der geschäftlich notwendigen Vertriebskanäle und Kundenkontakte eine von der *Verkauf AG* unabhängige Führung der Musterbau-Aktivitäten durch die *Musterbau GmbH* auf Dauer noch größere Erfolgschancen bietet.

---

[1] Siehe hierzu Rn. 139 ff.
[2] Name der tatsächlichen Übernahmegesellschaft (nicht der Muttergesellschaft oder eines sonstigen Konzernunternehmens).
Sofern die übernehmende Gesellschaft noch nicht im Handelsregister eingetragen ist, ist die Firmenbezeichnung mit dem Zusatz „in Gründung" zu versehen.
[3] Das Informationsschreiben muss vor dem tatsächlichen Betriebsübergang zugestellt werden.
Wegen der Widerspruchsfrist sollte die Zustellung jedoch mindestens einen Monat vor dem geplanten Betriebsinhaberwechsel erfolgen.
[4] Datum des tatsächlichen Betriebsinhaberwechsels.
[5] Eine schlagwortartige Begründung der unternehmerischen Entscheidung im Informationsschreiben ist unerlässlich. Weitere Beispiele: Beschränkung auf die Kernkompetenzen, Optimierung der Kostenstruktur und Bereinigung des Produktportfolios.

Der Geschäftszweig Musterbau wird durch gesellschaftsrechtliche Umwandlung aus dem Vermögen der *Verkauf AG* ausgegliedert und in Form einer GmbH verselbstständigt.[6] Alle Grundstücke und Patente des Geschäftszweigs Musterbau gehen auf die *Musterbau GmbH* über.[7]

Mit diesem Betriebsübergang geht gemäß § 613a Abs. 1 BGB Ihr Arbeitsverhältnis daher auf die *Musterbau GmbH* über. Sie tritt ab dem ...[8] in die Rechte und Pflichten aus Ihrem Arbeitsverhältnis ein. Damit werden Sie ab diesem Zeitpunkt Arbeitnehmer der *Musterbau GmbH.*

Ihr Arbeitsverhältnis wird folglich anlässlich des Betriebsübergangs – sofern nicht mit der Firmenleitung andere Regelungen getroffen worden sind – unverändert mit der *Musterbau GmbH* fortgeführt.

Ihr **Aufgabenbereich** bleibt somit bis auf Weiteres unverändert erhalten, sofern nicht Anderes mit Ihnen ausdrücklich beschlossen wurde.

Die Höhe Ihres **Jahreszieleinkommens** bleibt unverändert, unbeschadet einer anderen Zusammensetzung.

Im Einzelnen gilt für Sie die beiliegende **Firmenregelung zur Ausgliederung** des *Übergabe AG*-Standorts Musterstadt in die *Musterbau GmbH.*

Die *Musterbau GmbH* (Haftungskapital: 50.000 Euro[9]) **haftet** ab dem Zeitpunkt des Betriebsübergangs unbeschränkt für alle, auch rückständigen Ansprüche aus dem Arbeitsverhältnis.
Zusätzlich haftet die *Verkauf AG* als Gesamtschuldner für solche Verpflichtungen, die vor dem Zeitpunkt des Betriebsübergangs entstanden sind und spätestens ein Jahr danach fällig werden.
Soweit Verpflichtungen nach dem Zeitpunkt des Betriebsübergangs, d. h. nach dem ...[10], fällig werden, so haftet die *Verkauf AG* für diese jedoch nur in dem Umfang, der dem im Zeitpunkt des Übergangs abgelaufenen Teil ihres Bemessungszeitraums entspricht.

Eine **Kündigung** wegen des Betriebsübergangs ist gesetzlich gemäß § 613a Abs. 4 BGB ausgeschlossen und im Übrigen auch nicht beabsichtigt[11].
Das Recht zur Kündigung aus anderen Gründen bleibt aber unberührt.
Nach den derzeitigen Planungen beabsichtigt die *Musterbau GmbH* das Geschäft in unveränderter Form weiterzuführen.

Dem Übergang Ihres Arbeitsverhältnisses auf die *Musterbau GmbH* können Sie nach § 613a Abs. 6 BGB schriftlich **widersprechen.**
Ihr Widerspruch hätte zur Folge, dass Ihr Arbeitsverhältnis nicht auf die *Musterbau GmbH* übergeht, sondern bei der *Verkauf AG* verbleibt.
Für den Fall des Widerspruchs würden Sie allerdings das Risiko einer betriebsbedingten Kündigung Ihres Arbeitsverhältnisses in Kauf nehmen, da auf Grund des Betriebsüber-

---

[6] Der Rechtsgrund des Übergangs ist anzugeben. Andere Beispiele: Betriebsüberführungsvertrag, Schenkung, Kauf.

[7] Sofern Betriebsmittel, wie z.B. Schlüsselpatente, nicht auf die neue Gesellschaft übergehen, ist dies ausdrücklich anzugeben.

[8] Datum des tatsächlichen Betriebsinhaberwechsels.

[9] Alternative bei OHG: Angabe von Nachnamen und allen Vornamen aller Gesellschafter; bei KG: Angabe von Nachnamen und allen Vornamen aller Komplementäre.

[10] Datum des tatsächlichen Betriebsinhaberwechsels.

[11] Sofern betriebsbedingte Kündigungen beabsichtigt sind, ist darüber zu informieren.
Bei Betriebsänderungen i. S. d. §§ 111 ff. BetrVG ist ein Hinweis auf eine eventuell mit dem Sprecherausschuss der Leitenden Angestellten vereinbarte Richtlinie gemäß §§ 28, 32 SprAuG (siehe Anhang 9) ausreichend.

gangs Ihr bisheriger Arbeitsplatz bei der *Verkauf AG* ersatzlos wegfällt und ggf. eine alternative Beschäftigungsmöglichkeit für Sie bei der *Verkauf AG* nicht existiert.
Wir bitten Sie deshalb: Machen Sie von Ihrem Widerspruchsrecht nur nach sorgfältiger Abwägung Gebrauch!
Bitte beachten Sie, dass ein einmal zugegangener Widerspruch nicht mehr einseitig von Ihnen zurückgenommen werden kann.
Sollten Sie trotz dieser Hinweise dennoch widersprechen wollen, bitten wir Sie, Ihren Widerspruch unverzüglich – jedoch spätestens innerhalb eines Monats nach Zugang dieser Mitteilung – schriftlich zu richten an:

Verkauf AG	oder an	*Musterbau GmbH*
Abteilung ...		Abteilung ...
z. Hd. Frau/Herrn ...		z. Hd. Frau/Herrn ...
Übergabestraße 1		Übernahmestraße 2
11111 Hauptstadt		22222 Musterstadt.

Auch etwaige Fragen in Bezug auf den Übergang Ihres Anstellungsverhältnisses können Sie an die vorgenannten Stellen richten.

Gemäß § 5 BetrVG sind Sie weiterhin **Leitender Angestellter** und können sich deshalb weder aktiv noch passiv an Betriebsratswahlen beteiligen.

Die *Verkauf AG* bedankt sich für Ihre bisherige Mitarbeit und bittet Sie, Ihre Arbeitskraft in der gleichen Weise der *Musterbau GmbH* zur Verfügung zu stellen.
Wir heißen Sie in der *Musterbau GmbH* herzlich willkommen und freuen uns auf eine gute und erfolgreiche Zusammenarbeit.

Mit freundlichen Grüßen

Verkauf AG	*Musterbau GmbH*
....	....
Unterschrift	Unterschrift

Anlage
Firmenregelungen für Leitende Angestellte

Firmenregelung zur Überleitung der Arbeitsbedingungen der von der *Verkauf AG* zur *Musterbau GmbH* übergehenden

– Leitenden Angestellten –

Bei der Ausgliederung des Standorts Musterstadt handelt es sich um einen Betriebsübergang gemäß § 613a BGB, d.h. die bei der *Verkauf AG* gültigen Arbeitsbedingungen gelten unverändert bis zu einer möglichen Neuregelung weiter, soweit sich aus diesen Überleitungsregelungen nichts Anderes ergibt.

Für die zum ... in die *Musterbau GmbH* übertretenden Leitenden Angestellten gelten folgende Überleitungsregelungen:

1. **Allgemeine Vertragsbedingungen**
   Die **Vertragsbedingungen** der Leitenden Angestellten werden anlässlich der Ausgliederung nicht berührt, soweit sich aus diesen Überleitungsregelungen nichts anderes ergibt.
   Das **Jahreszieleinkommen** bleibt in der Summe sowie in seiner Zusammensetzung unverändert.
   Die Auszahlung der **Jahreszahlung** für das laufende Geschäftsjahr ... der *Verkauf AG* erfolgt durch die *Musterbau GmbH* nach Maßgabe der für die *Verkauf AG* geltenden Richtlinien. Bei der Berechnung der Jahreszahlung wird der Unternehmensfaktor der *Verkauf AG* zugrunde gelegt.
   Anschließend gelten bis zu einer eventuellen Neuregelung die derzeitigen Richtlinien weiter mit der Maßgabe, dass der Unternehmensfaktor (den die Geschäftsführung der *Musterbau GmbH* festlegt) in den nächsten beiden Geschäftsjahren den für die Jahreszahlung der Leitenden Angestellten der *Verkauf AG* jeweils geltenden Wert nicht unterschreiten wird. Die Jahreszahlungssystematik kann jedoch durch eine unternehmensspezifische Neuregelung abgelöst werden.
   Die Durchschnittswerte für die weitere **Einkommenspflege** werden von der Geschäftsführung der neuen Gesellschaft festgelegt. Dabei sind hinsichtlich des Abstands zu den Tarifeinkommen die jeweiligen tariflichen Vorschriften zu beachten.
   Die Regelungen zum **Jahresbonus** werden fortgeführt.

2. **Stock Options**
   Die Leitenden Angestellten können bis zu dem Zeitpunkt, zu welchem die *Verkauf AG* die Mehrheit der Anteile an der *Musterbau GmbH* an einen konzernfremden Dritten überträgt, weiterhin Aktienoptionen der *Verkauf AG* gemäß den jeweils gültigen Richtlinien erhalten, wenn die *Verkauf AG* weitere Tranchen auflegt und wenn die Leitenden Angestellten für eine Beteiligung ausgewählt werden. Bereits ausgegebene Optionen bleiben nach Maßgabe der Richtlinien der *Verkauf AG* bestehen. Die Optionen verfallen jedoch ersatzlos bei Ausscheiden aus den Diensten der *Musterbau GmbH,* sofern nicht ein direkter Übertritt zu einer Konzerngesellschaft der *Verkauf AG* oder eine Pensionierung erfolgt.

3. **Arbeitsordnung**
   Die Arbeitsordnung der *Verkauf AG* gilt sinngemäß in der zum Zeitpunkt des Betriebsübergangs geltenden Form bis zu einer möglichen Neuregelung weiter.

4. **Sprechervereinbarungen**
   Die im Zeitpunkt der Ausgliederung bestehenden örtlichen Sprechervereinbarungen nach § 28 SprAuG gelten kollektivrechtlich bis zu einer möglichen Neuregelung weiter. Gesamtsprechervereinbarungen gelten bis zu einer möglichen Neuregelung in der zum Zeitpunkt des Betriebsübergangs gültigen Fassung als örtliche Sprechervereinbarungen fort.

5. **Altersteilzeit**
   Sofern vor dem Übertritt in die *Musterbau GmbH* individuelle Regelungen zur Altersteilzeit vereinbart worden sind, gelten diese auch für die Tätigkeit in der neuen Gesellschaft. Die Insolvenzsicherung von Zeitguthaben aus der aktiven Altersteilzeitphase erfolgt bis auf Weiteres nach den bei der *Verkauf AG* üblichen Regelungen; die beim etwaigen Erwerber künftig geltende Anschluss-Sicherung gilt entsprechend für die Leitenden Angestellten.
   Altersteilzeitverträge sind auch in Zukunft möglich.
   Die Regelungen der *Verkauf AG* kommen unter der Voraussetzung einer gleichbleibenden gesetzlichen Förderung für die nächsten drei Jahre ab Übertritt weiterhin zur Anwendung.

6. **Dienstzeit**
   Die in der *Verkauf AG* verbrachten bzw. anerkannten Dienstzeiten gelten als Dienstzeiten der *Musterbau GmbH.*

7. **Betriebliche Altersversorgung**
   a) Beim Betriebsübergang tritt die *Musterbau GmbH* in die **individuellen Pensionszusagen** ein und führt diese in gleicher Qualität fort.
   Für Versorgungsanwartschaften haftet nach dem Betriebsübergang nur noch die *Musterbau GmbH.*
   Diese ist dem Pensionssicherungsverein (PSV) beigetreten und wird entsprechend der öffentlich-rechtlichen Verpflichtung aus § 10 Abs. 1 BetrAVG die Beiträge an den PSV abführen.

   b) **Aufrechterhaltung der Altersversorgung der *Verkauf AG***
   Die *Verkauf AG* sagt zu, dass sie für Leitende Angestellte, mit denen vor dem Betriebsübergang bereits eine Regelung über ihre Pensionierung mit Beschäftigungsende nach dem Betriebsübergang getroffen wurde, und für Leitende Angestellte mit bereits vereinbarter Altersteilzeit die Verpflichtungen aus den auf die *Musterbau GmbH* übergehenden Pensionszusagen mit übernimmt (Aufrechterhaltung der Altersversorgung der *Verkauf AG*). Daher können diese Leitenden Angestellten, wenn bei ihnen der Versorgungsfall eintritt, im Umfang der aufrechterhaltenen Zusage bei der *Verkauf AG* Pensionszahlung beantragen.

8. **Urlaub/Kreislauftrainingskuren**
   Die beim Übergang bestehenden Urlaubsansprüche bleiben bestehen.
   Bereits für das Kalenderjahr ... genehmigte persönliche Urlaubsplanungen und zugesagte Kreislauftrainingskuren bleiben erhalten.

9. **Vorsorgeuntersuchungen und Kurkostenzuschüsse**
   Vorsorgeuntersuchungen und Kurkostenzuschüsse werden entsprechend den bestehenden Regelungen der *Verkauf AG* bis zu einer Neuregelung von der *Musterbau GmbH* zu ihren Lasten gewährt.

10. **Firmendarlehen**
    Bestehende Firmendarlehen der *Verkauf AG* werden ab ... von der *Musterbau GmbH* übernommen und weitergeführt.
    Neuanträge von Leitenden Angestellten, die in die *Musterbau GmbH* übertreten, werden von der *Verkauf AG* noch bis zum ... behandelt.

11. **Ausgleich für entfallende Regelungen der *Verkauf AG***
    Als Ausgleich für entfallende Regelungen der *Verkauf AG* (Kuren, Aktien etc.) erhalten die Leitenden Angestellten eine einmalige Bruttozahlung von ... Euro.

12. **Firmenjubiläum**
Die zum Zeitpunkt des Betriebsübergangs gültigen Regelungen, insbesondere zur Höhe des Jubiläumsgeschenks, gelten bis zu einer eventuellen Neuregelung weiter.

13. **Gesetzliche Krankenkasse**
Leitende Angestellte, die bei der Betriebskrankenkasse der *Verkauf AG* versichert sind, können bei dieser bleiben.

14. **Krankenversicherung**
Ein etwaiger Krankenversicherungsschutz bei der ...-Krankenkasse bleibt unverändert. Der bisher gewährte Zuschuss von minimal ... Euro/Monat wird von der *Musterbau GmbH* weiterhin gewährt.

15. **Kreditkarten**
Die Nutzung der bisher über die *Verkauf AG* bezogenen Kreditkarten bleibt bis zur Übertragung der Anteilsmehrheit auf den Erwerber unverändert erhalten.
Die *Musterbau GmbH* wird versuchen, eine vergleichbare Kreditkartenregelung für die Zukunft sicherzustellen.

16. **Aufwandsersatz**
Für Dienstreisen, Abordnungen und Versetzungen werden die einkommensteuerrechtlichen Regelungen übernommen.

17. **Leasing-PKW für Leitende Angestellte**
Die bestehenden Regelungen gelten unverändert bis zu einer möglichen Neuregelung auch für die *Musterbau GmbH.*

18. **Personen-/Direktversicherungen**
Die bisherigen Versicherungen, wie Dienstreise-Unfallversicherung und Reisegepäckversicherung sowie die Familienhaftpflichtversicherung, bleiben bis zu einer möglichen Neuregelung auch bei der *Musterbau GmbH* bestehen.
Ebenso bleibt die Möglichkeit zur Weiterführung der Direktversicherung unter Umwandlung von Arbeitseinkommen.

19. **Verbesserungsvorschläge**
Verbesserungsvorschläge werden so lange nach den Richtlinien der *Verkauf AG* behandelt, bis bei der *Musterbau GmbH* neue Richtlinien vereinbart werden.

20. **Kantine**
Die *Musterbau GmbH* wird auch weiterhin die Nutzung einer Kantine sicherstellen.

21. **Betriebsärztlicher Dienst/Fachkräfte für Arbeitssicherheit**
Die betriebsärztliche Versorgung im Rahmen des Arbeitssicherheitsgesetzes wird sichergestellt. Gleiches gilt für die Fachkräfte für Arbeitssicherheit.

22. **Arbeitsverhältnisse**
Leitende Angestellte mit ruhenden Arbeitsverhältnissen erhalten ein Übertrittsschreiben wie aktive Leitende Angestellte.

23. **Bewerbungen**
Leitende Angestellte, die innerhalb von drei Jahren seit dem Betriebsübergang aus betriebsbedingten Gründen aus der *Musterbau GmbH* ausscheiden und sich im unmittelbaren Anschluss daran bei der *Verkauf AG* bewerben, werden internen Bewerbern der *Verkauf AG* gleichgestellt.

24. **Unterschriftsberechtigungen**
Soweit Leitende Angestellte eine persönliche Unterschriftsberechtigung der *Verkauf AG* haben, erlischt diese mit Ablauf des Tages vor Übertritt. Eine entsprechende Vollmacht wird die neue Gesellschaft diesen Leitenden Angestellten mit gesonderten Schreiben erteilen.

25. **Status als Leitender Angestellter**
Anlässlich des Betriebsübergangs verlieren die Leitenden Angestellten ihren Status als Leitender Angestellter nicht. Sie können sich deswegen weiterhin weder aktiv noch passiv an Betriebsratswahlen beteiligen.

26. **Grundsatz der Nichtschlechterstellung**
Es gilt der Grundsatz, dass die Leitenden Angestellten nicht schlechter behandelt werden als der vom Betriebsrat mitbestimmte Arbeitnehmerkreis.

27. **Doppelansprüche**
Doppelansprüche, die sich aus den bestehenden Regelungen ergeben könnten, sind ausgeschlossen.

28. **Salvatorische Klausel**
Sollten einzelne Bestimmungen dieser Vereinbarung – gleich aus welchem Rechtsgrund – unwirksam sein, so bleiben die übrigen Regelungen bestehen.
Die unwirksame Regelung ist durch eine neue Regelung zu ersetzen, die dem von den Vertragspartnern mit der ersetzten Regelung gewollten Zweck möglichst nahe kommt.

Hauptstadt, den ...	Musterstadt, den ...
Verkauf AG	*Musterbau GmbH*
....	....
Unterschrift	Unterschrift

Firmenregelung zur Überleitung der Arbeitsbedingungen anlässlich der Ausgliederung des *Verkauf AG* – Standorts Musterstadt in die *Musterbau GmbH*

– Leitende Angestellte –

Bei der Ausgliederung des Standorts Musterstadt handelt es sich um einen Betriebsübergang gemäß § 613a BGB, d. h. die bei der *Verkauf AG* gültigen Arbeitsbedingungen gelten unverändert bis zu einer möglichen Neuregelung weiter, soweit sich aus diesen Überleitungsregelungen nichts anderes ergibt.
Für die zum ... in die *Musterbau GmbH* übertretenden Leitenden Angestellten gelten folgende Überleitungsregelungen:

1. **Allgemeine Vertragsbedingungen**
   Die Vertragsbedingungen der Leitenden Angestellten werden anlässlich der Ausgliederung nicht berührt, soweit sich aus diesen Überleitungsregelungen nichts anderes ergibt.
   Das Jahreszieleinkommen bleibt in der Summe in seiner Zusammensetzung unverändert. Die Auszahlung der Jahreszahlung für das laufende Geschäftsjahr ... der *Verkauf AG* erfolgt durch die *Musterbau GmbH* nach Maßgabe der für die *Verkauf AG* geltenden Richtlinien.
   Bei der Berechnung der Jahreszahlung wird der *Verkauf AG*-Unternehmensfaktor zugrunde gelegt.
   Anschließend gelten bis zu einer eventuellen Neuregelung die derzeitigen Richtlinien weiter mit der Maßgabe, dass der Unternehmensfaktor (den die Geschäftsführung der *Musterbau GmbH* festlegt) in den nächsten beiden Geschäftsjahren den für die Jahreszahlung der Leitenden Angestellten der *Verkauf AG* jeweils geltenden Wert nicht unterschreiten wird. Die Jahreszahlungssystematik kann jedoch durch eine unternehmensspezifische Neuregelung abgelöst werden.
   Die Durchschnittswerte für die weitere Einkommenspflege werden von der Geschäftsführung der neuen Gesellschaft festgelegt. Dabei sind hinsichtlich des Abstandes zu den Tarifeinkommen die jeweiligen tariflichen Vorschriften zu beachten.
   Die Regelungen zum Jahresbonus werden fortgeführt.

2. **Stock Options**
   Die Leitenden Angestellten können bis zu dem Zeitpunkt, zu welchem die *Verkauf AG* die Mehrheit der Anteile an der *Musterbau GmbH* an einen konzernfremden Dritten überträgt, weiterhin Aktienoptionen der *Verkauf AG* gemäß den jeweils gültigen Richtlinien erhalten, wenn die *Verkauf AG* weitere Tranchen auflegt und wenn die Leitenden Angestellten für eine Beteiligung ausgewählt werden.
   Bereits ausgegebene Optionen bleiben nach Maßgabe der Richtlinien der *Verkauf AG* bestehen. Die Optionen verfallen jedoch ersatzlos bei Ausscheiden aus den Diensten der *Musterbau GmbH*, sofern nicht ein direkter Übertritt zu einer Konzerngesellschaft der *Verkauf AG* oder eine Pensionierung erfolgt.

3. **Arbeitsordnung**
   Die Arbeitsordnung der *Verkauf AG* gilt sinngemäß in der zum Zeitpunkt des Betriebsübergangs geltenden Form bis zu einer möglichen Neuregelung weiter.

4. **Altersteilzeit**
   Sofern vor dem Übertritt in die *Musterbau GmbH* individuelle Regelungen zur Altersteilzeit vereinbart worden sind, gelten diese auch für die Tätigkeit in der neuen Gesellschaft.
   Die Insolvenzsicherung von Zeitguthaben aus der aktiven Altersteilzeitphase erfolgt bis auf weiteres nach den bei der *Verkauf AG* üblichen Regelungen; die beim etwai-

gen Erwerber künftig geltende Anschluss-Sicherung gilt entsprechend für die Leitenden Angestellten.
Altersteilzeitverträge sind auch in Zukunft möglich.
Die *Verkauf AG*-Regelungen finden weiterhin unter der Voraussetzung gleichbleibender gesetzlicher Förderung für die nächsten drei Jahre Anwendung.

5. **Dienstzeit**
   Die in der *Verkauf AG* verbrachten bzw. anerkannten Dienstzeiten gelten als Dienstzeiten der *Musterbau GmbH.*

6. **Betriebliche Altersversorgung**
   a) Beim Betriebsübergang tritt die *Musterbau GmbH* in die **individuellen Pensionszusagen** ein und führt diese in gleicher Qualität fort.
   Die *Musterbau GmbH* ist dem Pensionssicherungsverein (PSV) beigetreten und wird die entsprechenden Beiträge an den PSV abführen.
   b) **Aufrechterhaltung der *Verkauf AG*-Altersversorgung**
   Die *Verkauf AG* sagt zu, dass sie für Leitende Angestellte, mit denen vor dem Betriebsübergang bereits eine Regelung über ihre Pensionierung mit Beschäftigungsende nach dem Betriebsübergang getroffen wurde, und für Leitende Angestellte mit bereits vereinbarter Altersteilzeit die Verpflichtungen aus den auf die *Musterbau GmbH* übergehenden Pensionszusagen mit übernimmt (Aufrechterhaltung der *Verkauf AG*-Altersversorgung). Daher können diese Leitenden Angestellten, wenn bei ihnen der Versorgungsfall eintritt, im Umfang der aufrechterhaltenen Zusage bei der *Verkauf AG* Pensionszahlung beantragen.

7. **Zusatzversorgung zur Wahl/Gehaltsumwandlung (Deferred Compensation)**
   Eine in der *Verkauf AG* erworbene Anwartschaft auf Zusatzversorgung zur Wahl (ZW) verbleibt in der *Verkauf AG*. Im Versorgungsfall erbringt dann die *Verkauf AG* die Leistungen gegenüber dem ehemaligen Leitenden Angestellten. Die Rückstellungen hierfür verbleiben bei der *Verkauf AG*. Wird die ZW bei der *Verkauf AG* aufrechterhalten, findet keine weitere Umwandlung von Einkommen mehr statt. Es bleibt nur die bis zum Betriebsübergang erreichte ZW bestehen.
   Für Arbeitnehmer, deren Altersversorgung gem. Ziff. 6 b) bei der *Verkauf AG* aufrechterhalten wird, verbleiben auch die im Rahmen der Regelungen zur Deferred Compensation umgewandelten Beträge bei der *Verkauf AG*. Die Rückstellungen hierfür verbleiben bei der *Verkauf AG*.
   Im Versorgungsfall erbringt dann die *Verkauf AG* die Leistungen gegenüber dem ehemaligen Leitenden Angestellten.
   Für die anderen Leitenden Angestellten, die bereits für eine Umwandlung von Einkommen in Deferred Compensation optiert haben, tritt die *Musterbau GmbH* in die Deferred Compensation Vereinbarungen ein.
   Eine weitere Umwandlung von Einkommen im Rahmen des bisherigen Deferred Compensation Modells findet nicht mehr statt.
   Die *Musterbau GmbH* ist bestrebt, eine vergleichbare Deferred Compensation umgehend einzuführen.

8. **Urlaub/Erholungsplätze/Kreislauftrainingskuren**
   Die beim Übergang bestehenden Urlaubsansprüche bleiben bestehen.
   Bereits für das Kalenderjahr ... genehmigte persönliche Urlaubsplanungen und zugesagte *Verkauf AG*-Erholungsplätze bleiben erhalten.
   Dies gilt auch für genehmigte Teilnahmen an Kreislauftrainingskuren.

9. **Vorsorgeuntersuchungen und Kurkostenzuschüsse**
   Vorsorgeuntersuchungen und Kurkostenzuschüsse werden entsprechend den bestehenden Regelungen der *Verkauf AG* bis zu einer Neuregelung von der *Musterbau GmbH* zu ihren Lasten gewährt.

10. **Firmendarlehen**
Bestehende Firmendarlehen der *Verkauf AG* werden ab ... von der *Musterbau GmbH* übernommen und weitergeführt.
Neuanträge von Leitenden Angestellten, die in die *Musterbau GmbH* übertreten, werden von der *Verkauf AG* noch bis zum ... behandelt.

11. **Ausgleich für entfallende Regelungen der *Verkauf AG***
Als Ausgleich für entfallende Regelungen der *Verkauf AG* (Kuren, Erholungsplätze, Aktien etc.) erhalten die Leitenden Angestellten eine einmalige Bruttozahlung von ... Euro.

12. **Firmenjubiläum**
Die zurzeit geltenden Regelungen, insbesondere zur Höhe des Jubiläumsgeschenks, gelten bis zu einer eventuellen Neuregelung weiter.

13. **Gesetzliche Krankenkasse**
Leitende Angestellte, die bei der Betriebskrankenkasse der *Verkauf AG* versichert sind, können bei dieser bleiben.

14. **Private Krankenversicherung**
Ein etwaiger Krankenversicherungsschutz bei der ...-Krankenkasse bleibt unverändert. Der bisher gewährte Zuschuss von minimal ... Euro/Monat wird von der *Musterbau GmbH* weiterhin gewährt.

15. **Kreditkarten**
Die Nutzung der bisher über die *Verkauf AG* bezogenen Kreditkarten bleibt bis zur Übertragung der Anteilsmehrheit auf den Erwerber unverändert erhalten.
Die *Musterbau GmbH* wird versuchen, eine vergleichbare Kreditkartenregelung für die Zukunft sicherzustellen.

16. **Aufwandsersatz**
Für Dienstreisen, Abordnungen und Versetzungen werden die einkommensteuerrechtlichen Regelungen übernommen.

17. **Leasing-PKW für Leitende Angestellte**
Die bestehenden Regelungen gelten unverändert bis zu einer möglichen Neuregelung auch für die *Musterbau GmbH*.

18. **Personen-/Direktversicherungen**
Die bisherigen Versicherungen, wie Dienstreise-Unfallversicherung und Reisegepäckversicherung sowie die Familienhaftpflichtversicherung, bleiben bis zu einer möglichen Neuregelung auch bei der *Musterbau GmbH* bestehen.
Ebenso bleibt die Möglichkeit zur Weiterführung der Direktversicherung unter Umwandlung von Arbeitseinkommen.

19. **Verbesserungsvorschläge**
Verbesserungsvorschläge werden so lange nach den Richtlinien der *Verkauf AG* behandelt, bis bei der *Musterbau GmbH* neue Richtlinien vereinbart werden.

20. **Kantine**
Die *Musterbau GmbH* wird auch weiterhin die Nutzung einer Kantine sicherstellen.

21. **Betriebsärzlicher Dienst/Fachkräfte für Arbeitssicherheit**
Die betriebsärztliche Versorgung im Rahmen des Arbeitssicherheitsgesetzes wird sichergestellt. Gleiches gilt für die Fachkräfte für Arbeitssicherheit.

22. **Ruhende Arbeitsverhältnisse**
Leitende Angestellte mit ruhenden Arbeitsverhältnissen erhalten ein Übertrittsschreiben wie aktive Leitende Angestellte.

23. Bewerbungen
Leitende Angestellte, die innerhalb von drei Jahren seit dem Betriebsübergang aus betriebsbedingten Gründen aus der *Musterbau GmbH* ausscheiden und sich im unmittelbaren Anschluss daran bei der *Verkauf AG* bewerben, werden internen Bewerbern der *Verkauf AG* gleichgestellt.

24. Unterschriftsberechtigungen
Soweit Leitende Angestellte eine persönliche Unterschriftsberechtigung der *Verkauf AG* haben, erlischt diese mit Ablauf des Tages vor Übertritt. Eine entsprechende Vollmacht wird die neue Gesellschaft diesen Leitenden Angestellten mit gesonderten Schreiben erteilen.

25. Status als Leitender Angestellter
Anlässlich des Betriebsübergangs verlieren die Leitenden Angestellten ihren Status als Leitender Angestellter nicht. Sie können sich deswegen weiterhin weder aktiv noch passiv an Betriebsratswahlen beteiligen.

26. Grundsatz der Nichtschlechterstellung
Es gilt der Grundsatz, dass die Leitenden Angestellten nicht schlechter behandelt werden als der vom Betriebsrat mitbestimmte Arbeitnehmerkreis.

27. Doppelansprüche
Doppelansprüche, die sich aus den bestehenden Regelungen ergeben könnten, sind ausgeschlossen.

28. Salvatorische Klausel
Sollten einzelne Bestimmungen dieser Vereinbarung – gleich aus welchem Rechtsgrund – unwirksam sein, so bleiben die übrigen Regelungen bestehen. Die unwirksame Regelung ist durch eine neue Regelung zu ersetzen, die dem von den Vertragspartnern mit der ersetzten Regelung gewollten Zweck möglichst nahe kommt.

Hauptstadt, den ...	Musterstadt, den ...
Verkauf AG	*Musterbau GmbH*
....	....
Unterschrift	Unterschrift

Anhang 6.5: Erwerberzusage über Standortsicherung, Sozialplanabfindungen, Tarifbindung

Erwerberzusage anlässlich
der Ausgliederung des *Verkauf AG*-Standortes Musterstadt in die *Musterbau GmbH*
und anschließenden Verkauf an die *Kauf KG*

1. **Standortsicherung**
   Die *Kauf KG* beabsichtigt den Standort Musterstadt für mindestens drei Jahre aufrechtzuerhalten.
   Die *Kauf KG* hat kein Interesse, den Standort zu schließen.
   Die *Kauf KG* hat bislang noch keinen Standort in Deutschland geschlossen.

2. **Sozialplanabfindung bei betriebsbedingter Kündigung**
   Aus heutiger Sicht sind keine betriebsbedingten Kündigungen vorgesehen.
   Sollte es dennoch zu betriebsbedingten Kündigungen kommen, erhalten die Arbeitnehmer, die aus der *Musterbau GmbH* ausscheiden, ohne gleichzeitig in den Ruhestand zu treten, von der *Musterbau GmbH* eine Abfindung auf der Basis des Brutto-Monatseinkommens bei Übertritt.

   Es gilt folgende Staffel:
   - Bei einem Ausscheiden bis zu 1 Jahr ab Übertritt: 100 %
   - Bei einem Ausscheiden bis zu 2 Jahren ab Übertritt: 75 %
   - Bei einem Ausscheiden bis zu 3 Jahren ab Übertritt: 50 %

   der am Standort bislang angewandten Abfindungsregelungen des Sozialplans vom ... für den Betrieb Musterstadt.

3. **Mitgliedschaft im Arbeitgeberverband – Tarifbindung**

   Die *Musterbau GmbH* beabsichtigt, dem Verband der ...-Industrie beizutreten.

Musterstadt, den ...

Geschäftsführer der Kauf KG

....
Unterschrift

Anhang 7: Fallstudie 2

Ausgliederung von Betriebsteilen aus einem Unternehmen
(mit Tarifvertrag der Metall- und Elektroindustrie und Betriebsrat)
in den Betrieb eines anderen Unternehmens
(mit Tarifvertrag des Speditionsgewerbes und Betriebsrat)

7.1: Arbeitsdirektor des ausgliedernden Unternehmens:
Informationsschreiben an den **Wirtschaftsausschuss**

7.2: Arbeitsdirektor des ausgliedernden Unternehmens:
Informationsschreiben an alle **Arbeitnehmer** des auszugliedernden Geschäftszweigs

7.3: Leitung des ausgliedernden Unternehmens:
Information der **Presse**

7.4a: Leitung des ausgliedernden und Leitung des aufnehmenden Unternehmens:
Informationsschreiben gemäß § 613a Abs. 5 BGB für **Tarif-Arbeitnehmer** mit
Gesamt-Betriebsvereinbarung des ausgliedernden Unternehmens:
„Überleitungsregelungen für Tarif-Arbeitnehmer"

7.4b: Leitung des ausgliedernden und Leitung des aufnehmenden Unternehmens:
Informationsschreiben gemäß § 613a Abs. 5 BGB für **Außertarifliche Arbeitnehmer**
mit Gesamt-Betriebsvereinbarung des ausgliedernden Unternehmens:
„Überleitungsregelungen für Außertarifliche Arbeitnehmer"

7.4c: Leitung des ausgliedernden und Leitung des aufnehmenden Unternehmens: Informationsschreiben gemäß § 613a Abs. 5 BGB für **Leitende Angestellte**
mit Vertragsangebot des aufnehmenden Unternehmens

7.5: Leitung des ausgliedernden und Leitung des aufnehmenden Unternehmens: **Einbringungsvertrag**

7.6: **Beschäftigungsbedingungen** des ausgliedernden und des aufnehmenden Unternehmens (**Synopse**)

Anhang 7.1: Informationsschreiben des Arbeitsdirektors des ausgliedernden Unternehmens an den Wirtschaftsausschuss

Arbeitsdirektor der Verkauf AG Hauptstadt, den …

Information für den Wirtschaftsausschuss

Die *Verkauf AG* beabsichtigt, die operative Lagerbewirtschaftung ihres Speditions-Geschäfts zu veräußern.

Die Verhandlungen mit einem potenziellen Käufer, der das Geschäft „Spedition" in der bisherigen Form fortführen will, sind weit fortgeschritten und könnten in den nächsten Wochen abgeschlossen werden.
In diesem logistischen Teilgebiet hat sich das wirtschaftliche Umfeld in den letzten Jahren zunehmend verschlechtert und der Wettbewerbsdruck durch Spediteure, die dieselben Leistungen (Lagerhaltung) bei deutlich besserer Kostenposition anbieten, hat stark zugenommen. Zudem hat rückläufiges Geschäftsvolumen dazu geführt, dass trotz jahrelanger erheblicher Restrukturierungesbemühungen ein dauerhaft negatives EBIT erwirtschaftet wird.
Ziel der beabsichtigten Maßnahme ist daher die dauerhafte Absicherung der Arbeitsplätze bei einem namhaften und zuverlässigen Spezialisten bei gleichzeitiger Aufrechterhaltung der Lagerbewirtschaftung in der *Verkauf AG* in bisheriger Qualität.

Deutschlandweit sind neun Standorte unterschiedlichster Größe mit insgesamt ca. 190 Arbeitnehmern von der geplanten Ausgliederung betroffen. Insbesondere sind dies die Lagerbetriebe in Musterstadt 1 und Musterstadt 2 mit jeweils ca. 50 Arbeitnehmern.
Die Unternehmensleitung wird in der Wirtschaftsausschuss-Sitzung vom … zusätzlich über das Vorhaben berichten.
Die örtlichen Betriebsräte werden nach Abschluss der Beratungen im Wirtschaftsausschuss durch die Betriebsleitungen, die Arbeitnehmer werden durch die Führungskräfte informiert.

gez. *Arbeitsdirektor der Verkauf AG*

Anhang 7.2: Informationsschreiben des Arbeitsdirektors des ausgliedernden Unternehmens an alle Arbeitnehmer des auszugliedernden Geschäftszweigs

Arbeitsdirektor der Verkauf AG Hauptstadt, den ...

Langfristige Sicherung der operativen Lagerbewirtschaftung durch Verkauf des Geschäftszweigs

Sehr geehrte(r) Frau/Herr ...,

wir möchten Sie heute über unsere Absicht informieren, unser operatives Lagerbewirtschaftungs-Geschäft zu veräußern.
Wir stehen gerade mit einem potenziellen Käufer in Verhandlungen, die bereits in den nächsten Wochen abgeschlossen sein können.
Der potenzielle Käufer beabsichtigt, das operative Lagerbewirtschaftungs-Geschäft fortzuführen.

Der Verkauf wird einen erheblichen Beitrag zur notwendigen Kostensenkung leisten.
In dem logistischen Teilgebiet hat sich das wirtschaftliche Umfeld in den letzten Jahren zunehmend verschlechtert und der Wettbewerbsdruck durch Spediteure, die dieselben Leistungen (Lagerhaltung) bei deutlich besserer Kostenposition anbieten, stark zugenommen. Zudem hat rückläufiges Geschäftsvolumen dazu geführt, dass trotz jahrelanger erheblicher Restrukturierungsbemühungen ein dauerhaft negatives EBIT erwirtschaftet wird.
Ziel der beabsichtigten Maßnahme ist daher die dauerhafte Absicherung der Arbeitsplätze bei einem namhaften und zuverlässigen Spezialisten bei gleichzeitiger Aufrechterhaltung der Lagerbewirtschaftung in der *Verkauf AG* in bisheriger Qualität.

Die notwendigen nächsten Schritte

Dazu ist geplant, die operativen Lagerbewirtschaftungs-Aktivitäten aus der *Verkauf AG* auszugliedern und in das Unternehmen des Spezialisten zu überführen.

Wir werden nun umgehend Gespräche mit dem Gesamtbetriebsrat der *Verkauf AG* aufnehmen, um die nächsten Schritte zur Überleitung dieses Geschäftsfelds zu diskutieren und zu beraten.
In diesen Gesprächen geht es auch darum, in einer Überleitungsvereinbarung die Beschäftigungsbedingungen für die Arbeitnehmerinnen und Arbeitnehmer in der neuen Einheit angemessen zu regeln.

gez. *Arbeitsdirektor der Verkauf AG*

Anhang 7.3: Informationsschreiben der Leitung des ausgliedernden Unternehmens für die Presse

Vorstandsvorsitzender der Verkauf AG Hauptstadt, den ...

Verkauf AG gliedert operatives Lagerbewirtschaftungs-Geschäft aus: Größere Erfolgschancen des Geschäftsfelds bei renommiertem Spezialisten

Die *Verkauf AG,* Hauptstadt, beabsichtigt, ihr operatives Lagerbewirtschaftungs-Geschäft an insgesamt neun verschiedenen Standorten in Deutschland auszugliedern.

„Bei dem Partner, mit dem wir zurzeit in Verhandlungen stehen, können die Arbeitsplätze der Arbeitnehmer dauerhaft gesichert werden, da es sich um einen Spezialisten auf diesem Gebiet mit entsprechend höherem Auftragsvolumen handelt", erklärte der Vorstandsvorsitzende der *Verkauf AG* zu den Absichten des Unternehmens.

In diesem logistischen Teilgebiet hat sich das wirtschaftliche Umfeld in den letzten Jahren zunehmend verschlechtert und der Wettbewerbsdruck durch Spediteure, die dieselben Leistungen (Lagerhaltung) bei deutlich besserer Kostenposition anbieten, stark zugenommen. Zudem hat rückläufiges Geschäftsvolumen dazu geführt, dass trotz jahrelanger erheblicher Restrukturierungsbemühungen ein dauerhaft negatives EBIT erwirtschaftet wird.

„Gleichzeitig ist es für die *Verkauf AG* jedoch unabdingbar, unsere eigenen Lager weiter in der gewohnten Qualität bewirtschaftet zu haben. Unser Partner hat uns zugesagt, dies sicherzustellen, ohne die übergehenden Arbeitnehmer der *Verkauf AG* entlassen zu müssen", so der Vorstandsvorsitzende, der die Ausgliederung auch als Beitrag zur Kostensenkung versteht.

„Wir werden nun umgehend Gespräche mit dem Gesamtbetriebsrat der *Verkauf AG* aufnehmen, um die nächsten Schritte zur Überleitung des Geschäftszweigs zu diskutieren und zu beraten. In diesen Gesprächen geht es auch darum, in einer Überleitungsvereinbarung die Beschäftigungsbedingungen für die Arbeitnehmer in der neuen Einheit angemessen zu regeln", bekräftigte der Vorstandsvorsitzende der *Verkauf AG.*

Die *Verkauf AG* ist eines der führenden Unternehmen im internationalen Anlagen-Geschäft. Im Geschäftsjahr 2008 erzielte sie einen Umsatz von 8,6 Mrd. Euro und erhielt Aufträge in einem Umfang von 12,2 Mrd. Euro. Das Ergebnis vor Zinsen, Ertragssteuern und Abschreibungen (EBITA) betrug 634 Mio. Euro. Die *Verkauf AG* beschäftigte zum 1. Januar 2009 weltweit rund 26.500 Arbeitnehmer.

Weitere Information unter www.verkauf-ag.com

Anhang 7.4 a: Informationsschreiben gemäß § 613a Abs. 5 BGB[1] des ausgliedernden und des aufnehmenden Unternehmens für Tarif-Arbeitnehmer mit Gesamtbetriebsvereinbarung des ausgliedernden Unternehmens „Überleitungsregelungen für Tarif-Arbeitnehmer"

Verkauf AG
vertreten durch: ...
Sitz der Gesellschaft: Verkaufstadt
Registergericht: Verkaufstadt
HRB ...
WEEE-Reg.-Nr. DE ...
Straße Nr.
PLZ Verkaufstadt
www.verkauf-ag.com

Kauf KG[2]
vertreten durch: ...
Sitz der Gesellschaft: Kaufstadt
Registergericht: Kaufstadt
HRB ...
Straße Nr.
PLZ Kaufstadt
www.kauf-kg.com

Verkaufstadt/Kaufstadt, den ...[3]

Übergang Ihres Arbeitsverhältnisses

Sehr geehrte/r Frau/Herr ...,

wie bereits in der Betriebsversammlung am ... und durch schriftliche Information vom ... angekündigt wurde, werden die Geschäftsaktivitäten unseres operativen Lagergeschäfts bei der *Verkauf AG* zum ...[4] an die *Kauf KG* (Adresse siehe oben) übertragen.

Diese Ausgliederung verfolgt das Ziel[5], die operativen Lagerbewirtschaftungsfunktionen für die *Verkauf AG* wirtschaftlich effizient und leistungsfähig zu erhalten, indem auf dem Gebiet des operativen Lagergeschäfts mit einem etablierten Erfahrungsträger – wie der *Kauf KG*[6] – zusammengearbeitet wird.

Die Übertragung dieses Geschäftsfelds erfolgt auf Grund eines Kaufvertrags[7] (Einbringungsvertrag)[8] im Wege der Einzelrechtsnachfolge auf die *Kauf KG*. Alle Betriebsmittel

---

[1] Siehe hierzu Rn. 139ff.

[2] Name der tatsächlichen Übernahmegesellschaft (nicht der Muttergesellschaft oder eines sonstigen Konzernunternehmens).
Sofern die übernehmende Gesellschaft noch nicht im Handelsregister eingetragen ist, ist die Firmenbezeichnung mit dem Zusatz „in Gründung" zu versehen.

[3] Das Informationsschreiben muss vor dem tatsächlichen Betriebsübergang zugestellt werden.
Wegen der Widerspruchsfrist sollte die Zustellung jedoch mindestens einen Monat vor dem geplanten Betriebsinhaberwechsel erfolgen.

[4] Datum des tatsächlichen Betriebsinhaberwechsels.

[5] Eine schlagwortartige Begründung der unternehmerischen Entscheidung im Informationsschreiben ist unerlässlich. Weitere Beispiele: Beschränkung auf die Kernkompetenzen, Optimierung der Kostenstruktur und Bereinigung des Produktportfolios.

[6] Informationen müssen wahrheitsgemäß und über die tatsächlich übernehmende Gesellschaft angegeben werden. Soweit ebenso über die Muttergesellschaft oder andere Konzernunternehmen informiert wird, ist dies deutlich getrennt darzustellen.

[7] Sofern für den Betriebsübergang ein „negativer Kaufpreis", z.B. „Mitgift" zum Erhalt der Arbeitsplätze gezahlt wird, ist hierüber ebenfalls zu informieren.

[8] Der Rechtsgrund des Übergangs ist anzugeben. Andere Beispiele: Betriebsüberführungsvertrag, gesellschaftliche Umwandlung, Schenkung.

des operativen Lagergeschäfts, inklusive Grundstücke, werden ebenfalls auf die *Kauf KG* übertragen.[9]

Mit diesem Betriebsübergang wird gemäß § 613a BGB die *Kauf KG* Ihr neuer Arbeitgeber, der zum ...[10] in alle Rechte und Pflichten Ihres Arbeitsverhältnisses mit der *Verkauf AG* eintritt. Ihr Arbeitsverhältnis wird also anlässlich des Betriebsübergangs unverändert mit der *Kauf KG* fortgeführt, sofern nicht in der mit dem Gesamtbetriebsrat der *Verkauf AG* vereinbarten „Regelung zur Überleitung der Beschäftigungsbedingungen" andere Regelungen getroffen sind. Diese **Überleitungsvereinbarung** (siehe Anlage) ist Bestandteil dieses Schreibens und für Sie rechtsverbindlich.

Die *Kauf KG* ist Mitglied im „**Arbeitgeberverband** Spedition und Logistik".
Mit Unterschrift des Arbeitnehmers auf diesem Schreiben kommen ab dem Zeitpunkt des Betriebsübergangs durch individualrechtliche Bezugnahme in Ihrem Arbeitsvertrag die jeweils örtlich einschlägigen **tarifvertraglichen Regelungen** für die Arbeitnehmer im Speditionsgewerbe zur Anwendung.

Die Höhe des bisher tariflich abgesicherten **Jahreseinkommens** bleibt (bei veränderter wöchentlicher Arbeitszeit gemäß dem jeweiligen Speditionstarifvertrag) auf Vollzeitbasis unverändert, unbeschadet einer anderen Zusammensetzung.
Die Differenz zum alten Grundentgelt und zur wegfallenden tarifdynamischen Leistungszulage wird durch eine monatlich zahlbare Ausgleichszulage ausgeglichen. Diese beträgt höchstens ...% des neuen Bruttomonatseinkommens und kann auf künftige Tariferhöhungen im Speditionsgewerbe angerechnet werden. Soweit diese Ausgleichszulage nicht ausreicht, wird eine Besitzstandszulage gebildet, die künftigen Tariferhöhungen unterliegt. Freiwillige widerrufliche Sonderzulagen bleiben als solche auch weiterhin erhalten.

Soweit in der Überleitungsvereinbarung nichts Abweichendes geregelt ist, gelten statt den bestehenden **Betriebsvereinbarungen** der *Verkauf AG,* künftig diejenigen der *Kauf KG.*

Die *Kauf KG*[11] (Komplementäre sind: ...) **haftet** ab dem Zeitpunkt des Betriebsübergangs unbeschränkt für alle, auch rückständigen Ansprüche aus dem Arbeitsverhältnis.[12]
Zusätzlich haftet die *Verkauf AG* als Gesamtschuldner für solche Verpflichtungen, die vor dem Zeitpunkt des Betriebsübergangs entstanden sind und spätestens ein Jahr nach diesem Zeitpunkt fällig werden.
Soweit Verpflichtungen nach dem Zeitpunkt des Betriebsübergangs fällig werden, haftet die *Verkauf AG* jedoch nur in dem Umfang, der dem im Zeitpunkt des Übergangs abgelaufenen Teil ihres Bemessungszeitraums entspricht.

Eine **Kündigung** wegen des Betriebsübergangs ist gesetzlich gemäß § 613a Abs. 4 BGB ausgeschlossen und im Übrigen auch nicht beabsichtigt.[13]
Das Recht zur Kündigung aus anderen Gründen bleibt aber unberührt.

Dem Übergang Ihres Arbeitsverhältnisses auf die *Kauf KG* können Sie nach § 613a Abs. 6 BGB schriftlich **widersprechen.**
Ihr Widerspruch hätte zur Folge, dass Ihr Arbeitsverhältnis nicht auf die *Kauf KG* übergeht, sondern bei der *Verkauf AG* verbleibt.

---

[9] Sofern Betriebsmittel, wie z.B. Schlüsselpatente und Markenrechte, nicht auf die neue Gesellschaft übergehen, ist dies ausdrücklich anzugeben.

[10] Datum des tatsächlichen Betriebsinhaberwechsels.

[11] Soweit ein Insolvenzverfahren über die Gesellschaft oder über einen für diese haftenden Gesellschafter eröffnet ist, muss dies mitgeteilt werden.

[12] Bei einer GmbH ist insbesondere bei Unterkapitalisierung das Haftungskapital anzugeben; bei einer OHG sollten Nachnamen und alle Vornamen aller Gesellschafter angegeben werden.

[13] Sofern betriebsbedingte Kündigungen beabsichtigt sind, ist darüber zu informieren. Bei Betriebsänderungen i.S.d. §§ 111 ff. BetrVG reicht ein Hinweis auf den Interessenausgleich/Sozialplan aus.

Für den Fall des Widerspruchs würden Sie allerdings das Risiko einer betriebsbedingten Kündigung Ihres Arbeitsverhältnisses in Kauf nehmen, da auf Grund des Betriebsübergangs Ihr bisheriger Arbeitsplatz bei der *Verkauf AG* ersatzlos wegfällt und ggf. eine alternative Beschäftigungsmöglichkeit für Sie bei der *Verkauf AG* nicht existiert.
Wir bitten Sie deshalb: Machen Sie von Ihrem Widerspruchsrecht nur nach sorgfältiger Abwägung Gebrauch!
Bitte beachten Sie, dass ein einmal zugegangener Widerspruch nicht mehr einseitig von Ihnen zurückgenommen werden kann.
Sollten Sie trotz dieser Hinweise dennoch widersprechen wollen, bitten wir Sie, Ihren Widerspruch unverzüglich – jedoch spätestens innerhalb eines Monats nach Zugang dieser Mitteilung – schriftlich zu richten an:

Verkauf AG
Abteilung ...
z. Hd. Frau/Herrn ...
Übergabestraße 1
11111 Verkaufstadt

oder an

Kauf KG
Abteilung ...
z. Hd. Frau/Herrn ...
Übernahmestraße 2
22222 Kaufstadt.

Auch etwaige Fragen in Bezug auf den Übergang Ihres Anstellungsverhältnisses können Sie an die vorgenannten Stellen richten.

Bitte geben Sie unverzüglich nach dem Betriebsübergang in Ihrem Besitz befindliches **Firmeneigentum** und den **Firmenausweis** zurück.

Die Kopie dieses Schreibens schicken Sie bitte baldmöglichst, spätestens jedoch bis zum ..., unterschrieben an die Personalabteilung der *Verkauf AG* (Anschrift) zurück.

Die *Verkauf AG* dankt Ihnen für Ihre bisherige Mitarbeit.
Wir heißen Sie in der *Kauf KG* herzlich willkommen und freuen uns auf eine gute und erfolgreiche Zusammenarbeit.

Mit freundlichen Grüßen

Verkauf AG

....
Unterschrift

Kauf KG

....
Unterschrift

Anlage
Überleitungsregelung für Tarif-Arbeitnehmer

Ich bin mit dem Übergang meines Arbeitsverhältnisses zu den in diesem Schreiben genannten Bedingungen einverstanden.

....
Ort, Datum

....
Unterschrift

Gesamtbetriebsvereinbarung zur Überleitung der Beschäftigungsbedingungen der von der *Verkauf AG* zur *Kauf KG* übergehenden

– Tarif-Arbeitnehmer –

Für die Beschäftigung der Tarif-Arbeitnehmer, die zum ... zur *Kauf KG* übergehen, gelten die folgenden sozial- und personalpolitischen Grundsätze:

1. **Tarifvertrag**
   Die *Kauf KG* ist Mitglied im „Arbeitgeberverband Spedition und Logistik".
   Mit Unterschrift des Arbeitnehmers auf dem Überleitungsschreiben kommen ab dem Zeitpunkt des Betriebsübergangs die jeweils örtlich einschlägigen tarifvertraglichen Regelungen für die gewerblichen Arbeitnehmer und Angestellten im Speditionsgewerbe zur Anwendung.

2. **Betriebliche Jahreszahlung im Tarifkreis**
   Die Auszahlung der anteiligen Jahreszahlung im Tarifkreis für das Geschäftsjahr ... erfolgt mit den Bezügen des Monats ... an den Kreis der nach den Richtlinien der *Verkauf AG* Anspruchsberechtigten.
   Für die künftig entfallende Jahreszahlung im Tarifkreis wird den zum Zeitpunkt des Übertritts Anspruchsberechtigten ein Ausgleich in Höhe von ... Euro brutto gezahlt. Darin enthalten ist auch ein Ausgleich für die höhere Wochenarbeitszeit.
   Für Arbeitnehmer, die keinen Anspruch auf die Jahreszahlung im Tarifkreis haben, beträgt die Ausgleichszahlung ... Euro brutto.
   Wird innerhalb von drei Jahren nach dem Betriebsübergang eine Beschäftigung bei der *Verkauf AG* oder bei einem verbundenen Unternehmen aufgenommen, besteht eine Rückzahlungsverpflichtung für den zu drei Jahren fehlenden Zeitraum in Höhe von 1/36 der Ausgleichszahlung je Monat.

3. **Belegschaftsaktien**
   Belegschaftsaktien der *Verkauf AG* können nicht mehr bezogen werden.
   Ein Ausgleich hierfür ist in Ziffer 5 enthalten.

4. **Kuren/Erholungsplätze**
   Die Möglichkeit der Teilnahme an Kuren sowie der Inanspruchnahme von Erholungsplätzen in Einrichtungen der *Verkauf AG* besteht künftig nicht mehr.
   Ein Ausgleich hierfür ist in Ziffer 5 enthalten.

5. **Ausgleichszahlung**
   Als Ausgleich für entfallende spezifische Regelungen der *Verkauf AG* erhält jeder Arbeitnehmer einmalig eine Zahlung in Höhe von ... Euro brutto mit den Bezügen des Folgemonats nach Betriebsübergang.

6. **Dienstzeit**
   Die bis zum Übertritt in der *Verkauf AG* verbrachten bzw. anerkannten Dienstzeiten gelten als Dienstzeiten der *Kauf KG*.

7. **Firmenjubiläum**
   Für eine Übergangszeit von drei Jahren ab Übergang erhalten Arbeitnehmer mit 25-, 40- oder 50-jährigem Dienstjubiläum die Jubiläumsleistungen nach den derzeitigen Richtlinien der *Verkauf AG* (unter Anrechnung eventueller tariflicher oder firmeneigener finanzieller Jubiläumsleistungen der *Kauf KG*).
   Im Anschluss daran gelten ausschließlich die Jubiläumsregelungen der *Kauf KG*.

8. **Betriebliche Altersversorgung**
   Die von der *Verkauf AG* zugesagte **betriebliche Altersversorgung** geht im Zeitpunkt des Betriebsübergangs (§ 613a BGB) kraft Gesetzes auf die *Kauf KG* über, welche diese gemäß den gesetzlichen Bestimmungen fortführt. Die *Kauf KG* ist Mitglied des Pensionssicherungsvereins (PSV) und wird entsprechend der öffentlich-rechtlichen Verpflichtung aus § 10 Abs. 1 BetrAVG die Beiträge an den PSV abführen.
   Soweit sich Arbeitnehmer an dem Firmenprogramm „Nachgelagerte Versteuerung von Arbeitsentgelt nach Renteneintritt (**Deferred Compensation**)" der *Verkauf AG* beteiligt haben, gehen die daraus bis zum Betriebsübergang entstandenen Versorgungsverpflichtungen auf die *Kauf KG* über.
   Arbeitnehmer, die bei der *Verkauf AG* Beiträge in die *Muster-Pensionskasse* eingezahlt haben (Riester-/Eichelrente), behalten die dadurch gegenüber der *Muster-Pensionskasse* erworbenen Ansprüche.
   Nach dem Betriebsübergang können die Arbeitnehmer die entsprechenden Angebote der *Kauf KG* wahrnehmen.
   Nach dem Betriebsübergang bestehen gegenüber der *Verkauf AG* keine Ansprüche mehr auf betriebliche Altersversorgung. Für Versorgungsanwartschaften haftet nach dem Betriebsübergang nur noch die *Kauf KG*.
9. **Gesetzliche Krankenkasse**
   Eine Mitgliedschaft in der Betriebskrankenkasse der *Verkauf AG* kann aufrechterhalten bleiben.
10. **Zeitguthaben**
    Die beim Betriebsübergang bestehenden Zeitsalden werden entsprechend den örtlichen Regelungen ausgeglichen.
11. **Urlaub**
    Beim Übertritt vorhandene Urlaubsansprüche bleiben bestehen.
    Bereits genehmigte persönliche Urlaubsplanungen bleiben erhalten.
12. **Personen-/Direktversicherungen**
    Die bisherigen Versicherungen der *Verkauf AG*, wie Dienstreise-Unfall-, Reisegepäckversicherung und Auslandskrankenversicherung, werden bei der *Kauf KG* durch deren Versicherungen im dort bestehenden Leistungsumfang ersetzt.
    Die Möglichkeit zur Weiterführung einer Direktversicherung unter Umwandlung von Arbeitseinkommen besteht weiterhin.
13. **Schwerbehinderte Arbeitnehmer**
    Die Firmenregelungen zugunsten schwerbehinderter Arbeitnehmer gelten unverändert fort, sofern keine Regelungen mit gleichem Regelungsgegenstand in der *Kauf KG* existieren.
14. **Wiedereingliederung nach schwerer Krankheit**
    Arbeitnehmer der *Kauf KG* erhalten die Möglichkeit der stufenweisen Wiedereingliederung in den Arbeitsprozess nach schwerer Krankheit entsprechend der zum Zeitpunkt des Übertritts bei der *Verkauf AG* geltenden Regelung.
15. **Betriebsvereinbarungen**
    Sofern vorstehend nichts Abweichendes geregelt ist, werden sämtliche Gesamtbetriebsvereinbarungen der *Verkauf AG* zum … beendet; die Nachwirkung wird ausgeschlossen.
16. **Unterschriftsberechtigung**
    Soweit Arbeitnehmer eine persönliche Unterschriftsberechtigung der *Verkauf AG* haben, erlischt diese mit dem Ablauf des Tages vor Übertritt.
    Die *Kauf KG* wird mit gesondertem Schreiben neue Unterschriftsberechtigungen erteilen.

17. **Bewerbungen**
Arbeitnehmer, die aus betriebsbedingten Gründen bei der *Kauf KG* ausscheiden und sich in unmittelbarem Anschluss daran bei der *Verkauf AG* bewerben, werden bis zum ... internen Bewerbern der *Verkauf AG* gleichgestellt.

18. **Doppelansprüche**
Doppelansprüche, die sich aus den bestehenden Regelungen ergeben könnten, können nur einmal geltend gemacht werden.

19. **Härtefälle**
Sollten im Zusammenhang mit dem Übergang der Arbeitnehmer Härtefälle auftreten, so werden diese im Einvernehmen zwischen der *Verkauf AG*, der *Kauf KG* und deren Betriebsrat behandelt.

20. **Salvatorische Klausel**
Sollten einzelne Bestimmungen dieser Betriebsvereinbarung – gleich aus welchem Rechtsgrund – unwirksam sein, so bleiben die übrigen Regelungen bestehen.
Die unwirksame Regelung ist durch eine neue Regelung zu ersetzen, die dem von den Betriebspartnern mit der ersetzten Regelung gewollten Zweck möglichst nahe kommt.

Verkaufstadt, den ...

Verkauf AG	*Gesamtbetriebsrat der Verkauf AG*
....	....
Unterschrift	Unterschrift

Zur Kenntnis genommen:

Kaufstadt, den ...

Kauf KG

....
Unterschrift

Anhang 7.4 b: Informationsschreiben gemäß § 613a Abs. 5 BGB[1] des ausgliedernden und des aufnehmenden Unternehmens für Außertarifliche Arbeitnehmer mit Gesamtbetriebsvereinbarung des ausgliedernden Unternehmens „Überleitungsregelungen für Außertarifliche Arbeitnehmer"

Verkauf AG
vertreten durch: ...
Sitz der Gesellschaft: Verkaufstadt
Registergericht: Verkaufstadt
HRB ...
WEEE-Reg.-Nr. DE ...
Straße Nr.
PLZ Verkaufstadt
www.verkauf-ag.com

Kauf KG[2]
vertreten durch: ...
Sitz der Gesellschaft: Kaufstadt
Registergericht: Kaufstadt
HRB ...
Straße Nr.
PLZ Kaufstadt
www.kauf-kg.com

Verkaufstadt/Kaufstadt, den ...[3]

Übergang Ihres Arbeitsverhältnisses

Sehr geehrte/r Frau/Herr ...,

wie bereits in der Betriebsversammlung am ... und durch schriftliche Information vom ... angekündigt wurde, werden die Geschäftsaktivitäten unseres operativen Lagergeschäfts bei der *Verkauf AG* zum ...[4] an die *Kauf KG* (Adresse siehe oben) übertragen.

Diese Ausgliederung verfolgt das Ziel[5], die operativen Lagerbewirtschaftungsfunktionen für die *Verkauf AG* wirtschaftlich effizient und leistungsfähig zu erhalten, indem auf dem Gebiet des operativen Lagergeschäfts mit einem etablierten Erfahrungsträger – wie der *Kauf KG*[6] – zusammengearbeitet wird.

Die Übertragung dieses Geschäftsfelds erfolgt auf Grund eines Kaufvertrags[7] (Einbringungsvertrag)[8] im Wege der Einzelrechtsnachfolge auf die *Kauf KG*. Alle Betriebsmittel

---

[1] Siehe hierzu Rn. 139 ff.

[2] Name der tatsächlichen Übernahmegesellschaft (nicht der Muttergesellschaft oder eines sonstigen Konzernunternehmens).
Sofern die übernehmende Gesellschaft noch nicht im Handelsregister eingetragen ist, ist die Firmenbezeichnung mit dem Zusatz „in Gründung" zu versehen.

[3] Das Informationsschreiben muss vor dem tatsächlichen Betriebsübergang zugestellt werden.
Wegen der Widerspruchsfrist sollte die Zustellung jedoch mindestens einen Monat vor dem geplanten Betriebsinhaberwechsel erfolgen.

[4] Datum des tatsächlichen Betriebsinhaberwechsels.

[5] Eine schlagwortartige Begründung der unternehmerischen Entscheidung im Informationsschreiben ist unerlässlich. Weitere Beispiele: Beschränkung auf die Kernkompetenzen, Optimierung der Kostenstruktur und Bereinigung des Produktportfolios.

[6] Informationen müssen wahrheitsgemäß und über die tatsächlich übernehmende Gesellschaft angegeben werden. Soweit ebenso über die Muttergesellschaft oder andere Konzernunternehmen informiert wird, ist dies deutlich getrennt darzustellen.

[7] Sofern für den Betriebsübergang ein „negativer Kaufpreis", z.B. „Mitgift" zum Erhalt der Arbeitsplätze gezahlt wird, ist hierüber ebenfalls zu informieren.

[8] Der Rechtsgrund des Übergangs ist anzugeben. Andere Beispiele: Betriebsüberführungsvertrag, gesellschaftliche Umwandlung, Schenkung.

des operativen Lagergeschäfts, inklusive Grundstücke, werden ebenfalls auf die *Kauf KG* übertragen.[9]

Mit diesem Betriebsübergang wird gemäß § 613a BGB die *Kauf KG* Ihr neuer Arbeitgeber, der zum ...[10] in alle Rechte und Pflichten Ihres Arbeitsverhältnisses mit der *Verkauf AG* eintritt. Ihr Arbeitsverhältnis wird also anlässlich des Betriebsübergangs unverändert mit der *Kauf KG* fortgeführt, sofern nicht in der mit dem Gesamtbetriebsrat der *Verkauf AG* vereinbarten „Regelung zur Überleitung der Beschäftigungsbedingungen" andere Regelungen getroffen sind. Diese **Überleitungsvereinbarung** (siehe Anlage) ist Bestandteil dieses Schreibens und für Sie rechtsverbindlich.

Soweit in der Überleitungsvereinbarung nichts Abweichendes geregelt ist, gelten statt den bestehenden **Betriebsvereinbarungen** der *Verkauf AG* künftig diejenigen der *Kauf KG*.

Die *Kauf KG*[11] (Komplementäre sind: ...) **haftet** ab dem Zeitpunkt des Betriebsübergangs unbeschränkt für alle, auch rückständigen Ansprüche aus dem Arbeitsverhältnis.[12]
Zusätzlich haftet die *Verkauf AG* als Gesamtschuldner für solche Verpflichtungen, die vor dem Zeitpunkt des Betriebsübergangs entstanden sind und spätestens ein Jahr nach diesem Zeitpunkt fällig werden. Soweit Verpflichtungen nach dem Zeitpunkt des Betriebsübergangs fällig werden, haftet die *Verkauf AG* jedoch nur in dem Umfang, der dem im Zeitpunkt des Übergangs abgelaufenen Teil ihres Bemessungszeitraums entspricht.

Eine **Kündigung** wegen des Betriebsübergangs ist gesetzlich gemäß § 613a Abs. 4 BGB ausgeschlossen und im Übrigen auch nicht beabsichtigt.[13]
Das Recht zur Kündigung aus anderen Gründen bleibt aber unberührt.

Dem Übergang Ihres Arbeitsverhältnisses auf die *Kauf KG* können Sie nach § 613a Abs. 6 BGB schriftlich **widersprechen.**
Ihr Widerspruch hätte zur Folge, dass Ihr Arbeitsverhältnis nicht auf die *Kauf KG* übergeht, sondern bei der *Verkauf AG* verbleibt.
Für den Fall des Widerspruchs würden Sie allerdings das Risiko einer betriebsbedingten Kündigung Ihres Arbeitsverhältnisses in Kauf nehmen, da auf Grund des Betriebsübergangs Ihr bisheriger Arbeitsplatz bei der *Verkauf AG* ersatzlos wegfällt und ggf. eine alternative Beschäftigungsmöglichkeit für Sie bei der *Verkauf AG* nicht existiert.
Wir bitten Sie deshalb: Machen Sie von Ihrem Widerspruchsrecht nur nach sorgfältiger Abwägung Gebrauch!
Bitte beachten Sie, dass ein einmal zugegangener Widerspruch nicht mehr einseitig von Ihnen zurückgenommen werden kann.

Sollten Sie trotz dieser Hinweise dennoch widersprechen wollen, bitten wir Sie, Ihren Widerspruch unverzüglich – jedoch spätestens innerhalb eines Monats nach Zugang dieser Mitteilung – schriftlich zu richten an:

---

[9] Sofern Betriebsmittel, wie z.B. Schlüsselpatente und Markenrechte, nicht auf die neue Gesellschaft übergehen, ist dies ausdrücklich anzugeben.

[10] Datum des tatsächlichen Betriebsinhaberwechsels.

[11] Soweit ein Insolvenzverfahren über die Gesellschaft oder über einen für diese haftenden Gesellschafter eröffnet ist, muss dies mitgeteilt werden.

[12] Bei einer GmbH ist insbesondere bei Unterkapitalisierung das Haftungskapital anzugeben; bei einer OHG sollten Nachnamen und alle Vornamen aller Gesellschafter angegeben werden.

[13] Sofern betriebsbedingte Kündigungen beabsichtigt sind, ist darüber zu informieren. Bei Betriebsänderungen i. S. d. §§ 111 ff. BetrVG reicht ein Hinweis auf den Interessenausgleich/Sozialplan aus.

Verkauf AG
Abteilung ...
z. Hd. Frau/Herrn ...
Übergabestraße 1
11111 Verkaufstadt

Kauf KG
Abteilung ...
z. Hd. Frau/Herrn ...
Übernahmestraße 2
22222 Kaufstadt.

Auch etwaige Fragen in Bezug auf den Übergang Ihres Anstellungsverhältnisses können Sie an die vorgenannten Stellen richten.

Bitte geben Sie unverzüglich nach dem Betriebsübergang in Ihrem Besitz befindliches **Firmeneigentum** und den **Firmenausweis** zurück.

Die Kopie dieses Schreibens schicken Sie bitte baldmöglichst, spätestens jedoch bis zum ..., unterschrieben an die Personalabteilung der *Verkauf AG* (Anschrift) zurück.

Die *Verkauf AG* dankt Ihnen für Ihre bisherige Mitarbeit.
Wir heißen Sie in der *Kauf KG* herzlich willkommen und freuen uns auf eine gute und erfolgreiche Zusammenarbeit.

Mit freundlichen Grüßen

Verkauf AG

....
Unterschrift

Kauf KG

....
Unterschrift

Anlage
Überleitungsregelung für Außertarifliche Arbeitnehmer
Arbeitsvertrag für Außertarifliche Arbeitnehmer der *Kauf KG* (2fach)

Gesamtbetriebsvereinbarung zur Überleitung der Beschäftigungsbedingungen der von der *Verkauf AG* zur *Kauf KG* übergehenden

– Außertariflichen Arbeitnehmer –

Für die Beschäftigung der Außertariflichen Arbeitnehmer (mit Ausnahme der Leitenden Angestellten i. S. d. § 5 Abs. 3 BetrVG), die zum ... zur *Kauf KG* übergehen, gelten die folgenden sozial- und personalpolitischen Grundsätze:

1. **Einkommen**
   Das rechnerische **Jahreszieleinkommen** bleibt anlässlich des Betriebsübergangs unverändert, unbeschadet einer anderen Zusammensetzung.
   Die **anteilige Jahreszahlung** für das Geschäftsjahr ... wird im ... (Monat) mit einem Erfolgsfaktor von ... ausgezahlt; damit ist der Anspruch abgegolten.
   Das **Einkommenssystem** der *Verkauf AG* findet keine Anwendung mehr, es wird durch die Vertragsbedingungen für Außertarifliche Arbeitnehmer der *Kauf KG* (s. Anlage) ersetzt.

2. **Belegschaftsaktien**
   Belegschaftsaktien der *Verkauf AG* können nicht mehr bezogen werden.
   Ein Ausgleich hierfür ist in Ziffer 4 enthalten.

3. **Kuren/Erholungsplätze**
   Die Möglichkeit der Teilnahme an Kuren sowie der Inanspruchnahme von Erholungsplätzen in Einrichtungen der *Verkauf AG* besteht künftig nicht mehr.
   Ein Ausgleich hierfür ist in Ziffer 4 enthalten.

4. **Ausgleichszahlung**
   Als Ausgleich für entfallende spezifische Regelungen der *Verkauf AG* erhält jeder Arbeitnehmer einmalig eine Zahlung in Höhe von ... Euro brutto mit den Bezügen des Folgemonats nach Betriebsübergang.

5. **Dienstzeit**
   Die bis zum Übertritt in der *Verkauf AG* verbrachten bzw. anerkannten Dienstzeiten gelten als Dienstzeiten der *Kauf KG*.

6. **Firmenjubiläum**
   Für eine Übergangszeit von drei Jahren ab Übergang erhalten Arbeitnehmer mit 25-, 40- oder 50-jährigem Dienstjubiläum die Jubiläumsleistungen nach den derzeitigen Richtlinien der *Verkauf AG* (unter Anrechnung eventueller tariflicher oder firmeneigener finanzieller Jubiläumsleistungen der *Kauf KG*).
   Im Anschluss daran gelten ausschließlich die Jubiläumsregelungen der *Kauf KG*.

7. **Betriebliche Altersversorgung**
   Die von der *Verkauf AG* zugesagte **betriebliche Altersversorgung** geht im Zeitpunkt des Betriebsübergangs (§ 613a BGB) kraft Gesetzes auf die *Kauf KG* über, welche diese gemäß den gesetzlichen Bestimmungen fortführt.
   Die *Kauf KG* verpflichtet sich, dem **Pensionssicherungsverein** beizutreten und wird entsprechend der öffentlich-rechtlichen Verpflichtung aus § 10 Abs. 1 BetrAVG die Beiträge an diesen abführen.
   Soweit sich Arbeitnehmer an dem Firmenprogramm „Nachgelagerte Versteuerung von Arbeitsentgelt nach Renteneintritt (**Deferred Compensation**)" der *Verkauf AG* beteiligt haben, gehen die daraus bis zum Betriebsübergang entstandenen Versorgungsverpflichtungen auf die *Kauf KG* über.
   Arbeitnehmer, die bei der *Verkauf AG* Beiträge in die *Muster-Pensionskasse* eingezahlt haben (Riester-/Eichelrente), behalten die dadurch gegenüber der *Muster-Pensi-*

onskasse erworbenen Ansprüche. Nach dem Betriebsübergang können die Arbeitnehmer die entsprechenden Angebote der *Kauf KG* wahrnehmen.
Nach dem Betriebsübergang bestehen gegenüber der *Verkauf AG* keine Ansprüche mehr auf betriebliche Altersversorgung. Für Versorgungsanwartschaften haftet nach dem Betriebsübergang nur noch die *Kauf KG*.

8. **Gesetzliche Krankenkasse**
Eine Mitgliedschaft in der Betriebskrankenkasse der *Verkauf AG* kann aufrechterhalten bleiben.

9. **Zeitguthaben**
Die beim Übergang bestehenden Zeitsalden werden entsprechend den örtlichen Regelungen ausgeglichen.

10. **Urlaub**
Bei Übertritt vorhandene Urlaubsansprüche bleiben bestehen.
Bereits genehmigte persönliche Urlaubsplanungen bleiben erhalten.

11. **Personen-/Direktversicherungen**
Die bisherigen Versicherungen der *Verkauf AG*, wie Dienstreise-Unfall-, Reisegepäck- und Auslandskrankenversicherung, werden bei der *Kauf KG* durch deren Versicherungen im dort bestehenden Leistungsumfang ersetzt.
Die Möglichkeit zur Weiterführung einer Direktversicherung unter Umwandlung von Arbeitseinkommen besteht weiterhin.

12. **Schwerbehinderte Arbeitnehmer**
Die Firmenregelungen zugunsten schwerbehinderter Arbeitnehmer gelten unverändert fort, sofern keine Regelungen mit gleichem Regelungsgegenstand in der *Kauf KG* existieren.

13. **Wiedereingliederung nach schwerer Krankheit**
Arbeitnehmer der *Kauf KG* erhalten die Möglichkeit der stufenweisen Wiedereingliederung in den Arbeitsprozess nach schwerer Krankheit entsprechend der zum Zeitpunkt des Übertritts geltenden Regelung der *Verkauf AG*.

14. **Gesamtbetriebsvereinbarungen**
Sofern vorstehend nichts Abweichendes geregelt ist, werden sämtliche Gesamtbetriebsvereinbarungen der *Verkauf AG* zum … beendet; die Nachwirkung wird ausgeschlossen.

15. **Bewerbungen**
Arbeitnehmer, die aus betriebsbedingten Gründen bei der *Kauf KG* ausscheiden und sich in unmittelbarem Anschluss daran bei der *Verkauf AG* bewerben, werden bis zum … internen Bewerbern der *Verkauf AG* gleichgestellt.

16. **Unterschriftsberechtigung**
Soweit Arbeitnehmer eine persönliche Unterschriftsberechtigung der *Verkauf AG* haben, erlischt diese mit dem Ablauf des Tages vor Übertritt.
Die *Kauf KG* wird mit gesondertem Schreiben neue Unterschriftsberechtigungen erteilen.

17. **Doppelansprüche**
Doppelansprüche, die sich aus den bestehenden Regelungen ergeben könnten, können nur einmal geltend gemacht werden.

18. **Härtefälle**
Sollten im Zusammenhang mit dem Übergang der Arbeitnehmer Härtefälle auftreten, so werden diese im Einvernehmen zwischen der *Verkauf AG*, der *Kauf KG* und deren Betriebsrat behandelt.

19. Salvatorische Klausel

Sollten einzelne Bestimmungen dieser Betriebsvereinbarung – gleich aus welchem Rechtsgrund – unwirksam sein, so bleiben die übrigen Regelungen bestehen.
Die unwirksame Regelung ist durch eine neue Regelung zu ersetzen, die dem von den Betriebspartnern mit der ersetzten Regelung gewollten Zweck möglichst nahe kommt.

Verkaufstadt, den ...

Verkauf AG	*Gesamtbetriebsrat der Verkauf AG*
....	....
Unterschrift	Unterschrift

Zur Kenntnis genommen:

Kaufstadt, den ...

Kauf KG

....
Unterschrift

Anhang 7.4 c: Informationsschreiben gemäß § 613a Abs. 5 BGB[1] des ausgliedernden und des aufnehmenden Unternehmens für für Leitende Angestellte mit Vertragsangebot des aufnehmenden Unternehmens

Verkauf AG	*Kauf KG*[2]
vertreten durch: ...	vertreten durch: ...
Sitz der Gesellschaft: Verkaufstadt	Sitz der Gesellschaft: Kaufstadt
Registergericht: Verkaufstadt	Registergericht: Kaufstadt
HRB ...	HRB ...
WEEE-Reg.-Nr. DE ...	
Straße Nr.	Straße Nr.
PLZ Verkaufstadt	PLZ Kaufstadt
www.verkauf-ag.com	www.kauf-kg.com

Verkaufstadt/Kaufstadt, den ...[3]

Übergang Ihres Arbeitsverhältnisses

Sehr geehrte/r Frau/Herr ...,

wie mit Ihnen besprochen werden die Geschäftsaktivitäten unseres operativen Lagergeschäfts bei der *Verkauf AG* zum ...[4] an die *Kauf KG* (Adresse siehe oben) übertragen.

Diese Ausgliederung verfolgt das Ziel[5], die operativen Lagerbewirtschaftungsfunktionen für die *Verkauf AG* wirtschaftlich effizient und leistungsfähig zu erhalten, indem auf dem Gebiet des operativen Lagergeschäfts mit einem etablierten Erfahrungsträger – wie der *Kauf KG*[6] – zusammengearbeitet wird.

Die Übertragung dieses Geschäftsfelds erfolgt auf Grund eines Kaufvertrags[7] (Einbringungsvertrag)[8] im Wege der Einzelrechtsnachfolge auf die *Kauf KG*. Alle Betriebsmittel

---

1 Siehe hierzu Rn. 139 ff.

2 Name der tatsächlichen Übernahmegesellschaft (nicht der Muttergesellschaft oder eines sonstigen Konzernunternehmens).
Sofern die übernehmende Gesellschaft noch nicht im Handelsregister eingetragen ist, ist die Firmenbezeichnung mit dem Zusatz „in Gründung" zu versehen.

3 Das Informationsschreiben muss vor dem tatsächlichen Betriebsübergang zugestellt werden.
Wegen der Widerspruchsfrist sollte die Zustellung jedoch mindestens einen Monat vor dem geplanten Betriebsinhaberwechsel erfolgen.

4 Datum des tatsächlichen Betriebsinhaberwechsels.

5 Eine schlagwortartige Begründung der unternehmerischen Entscheidung im Informationsschreiben ist unerlässlich. Weitere Beispiele: Beschränkung auf die Kernkompetenzen, Optimierung der Kostenstruktur und Bereinigung des Produktportfolios.

6 Informationen müssen wahrheitsgemäß und über die tatsächlich übernehmende Gesellschaft angegeben werden. Soweit ebenso über die Muttergesellschaft oder andere Konzernunternehmen informiert wird, ist dies deutlich getrennt darzustellen.

7 Sofern für den Betriebsübergang ein „negativer Kaufpreis", z.B. „Mitgift" zum Erhalt der Arbeitsplätze gezahlt wird, ist hierüber ebenfalls zu informieren.

8 Der Rechtsgrund des Übergangs ist anzugeben. Andere Beispiele: Betriebsüberführungsvertrag, gesellschaftliche Umwandlung, Schenkung.

des operativen Lagergeschäfts, inklusive Grundstücke, werden ebenfalls auf die *Kauf KG* übertragen.[9]

Mit diesem Betriebsübergang wird gemäß § 613a BGB die *Kauf KG* Ihr neuer Arbeitgeber, der zum ...[10] in alle Rechte und Pflichten Ihres Arbeitsverhältnisses mit der *Verkauf AG* eintritt. Ihr Arbeitsverhältnis wird also anlässlich des Betriebsübergangs unverändert mit der *Kauf KG* fortgeführt, sofern nicht im Folgenden eine andere Regelung getroffen wird.

Die Regelungen gemäß den beiliegenden **„Vertragsbedingungen für Leitende Angestellte der *Kauf KG*"** treten an die Stelle der bisherigen Systematik und sind wesentlicher Bestandteil dieses Vertrags.

Ihr bisheriges rechnerisches **Jahreszieleinkommen** ([Monatsgehalt × 12] + [individueller Zielbetrag variabler Einkommenskomponenten bei 100% Zielerfüllung]) bleibt unverändert und beträgt weiterhin ... Euro, unbeschadet einer anderen Zusammensetzung.
Ab dem ... setzt sich Ihr Einkommen wie folgt zusammen:
ein Monatsgehalt ab ... in Höhe von ... Euro brutto
und zusätzlich eine weitere variable Einkommenskomponente,
für deren Berechnung ab ... ein Zielbetrag in Höhe von ... Euro gilt.
Für die **variable Einkommenskomponente** werden für jedes Geschäftsjahr neue Ziele festgelegt. Einzelheiten erhalten Sie mit gesondertem Schreiben.
Die effektive Höhe des Jahreseinkommens ergibt sich aus der Summe der gezahlten Monatsgehälter und den Auszahlungsbeträgen der variablen Einkommenskomponenten.
Die Auszahlung variabler Einkommenskomponenten erfolgt spätestens mit den Februar-Bezügen nach dem abgeschlossenen Geschäftsjahr.

Da in der *Kauf KG* keine **Sprechervereinbarungen** abgeschlossen wurden, gelten die im Zeitpunkt der Ausgliederung bestehenden örtlichen Sprechervereinbarungen und Gesamtsprechervereinbarungen der *Verkauf AG* individualrechtlich bis zu einer möglichen Neuregelung weiter.

Wir erteilen Ihnen **Handlungsvollmacht**. Hierzu erhalten Sie ein eigenes Schreiben.
Mit der Gegenzeichnung dieses Schreibens verpflichten Sie sich zugleich zur Einhaltung der geltenden Gesetze und der internen Regeln unseres Unternehmens.
Ferner gelten für Sie insbesondere folgende Regelungen:

Für Ihre **betriebliche Altersversorgung** sind ab Betriebsübergang die Richtlinien der *Kauf KG* (Anlage) maßgebend. Zukünftige Zuwächse erfolgen ausschließlich in der Altersversorgung der *Kauf KG*. Hinweise hierzu können Sie den beigefügten „Bedingungen der Altersversorgung für Leitende Angestellte der *Kauf KG*" entnehmen.
Nach dem Betriebsübergang bestehen gegenüber der *Verkauf AG* keine Ansprüche mehr auf betriebliche Altersversorgung. Für Versorgungsanwartschaften haftet nach dem Betriebsübergang nur noch die *Kauf KG*.
Soweit sich Leitende Angestellte an dem Firmenprogramm „Nachgelagerte Versteuerung von Arbeitsentgelt nach Renteneintritt (**Deferred Compensation**)" der *Verkauf AG* beteiligt haben, gehen die daraus bis zum Betriebsübergang entstandenen Versorgungsverpflichtungen auf die *Kauf KG* über.

Bei der *Verkauf AG* zurückgelegte bzw. anerkannte Dienstzeiten gelten als **Dienstzeiten** der *Kauf KG*.

Wir bieten Ihnen einen **Firmenwagen** an. Einzelheiten entnehmen Sie bitte den entsprechenden Richtlinien nebst Anhang (Anlage), die in der jeweils gültigen Fassung Bestand-

---

[9] Sofern Betriebsmittel, wie z.B. Schlüsselpatente und Markenrechte, nicht auf die neue Gesellschaft übergehen, ist dies ausdrücklich anzugeben.
[10] Datum des tatsächlichen Betriebsinhaberwechsels.

teil Ihres Arbeitsvertrages sind. Ihr derzeit noch laufender Vertrag wird bis zu seinem Auslaufen unverändert fortgeführt.

Für die **Kostenerstattung** bei **Inlands-/Auslandsreisen** und für den **privaten Personenversicherungsschutz** bei Dienstreisen und Entsendungen sind die jeweils gültigen Richtlinien und Merkblätter maßgebend (Anlage). Bisherige Versicherungen der *Verkauf AG* werden durch Versicherungen der *Kauf KG* ersetzt.

Sie sind weiterhin **Leitender Angestellter.** Wir weisen darauf hin, dass Sie sich deshalb an Betriebsratswahlen weder aktiv noch passiv beteiligen können.

Ihre personelle Betreuung erfolgt durch die **Personalabteilung** (Adresse), die Ihnen gerne beratend und helfend zur Verfügung stehen wird.

Die *Kauf KG*[11] (Komplementäre sind: ...) **haftet** ab dem Zeitpunkt des Betriebsübergangs unbeschränkt für alle, auch rückständigen Ansprüche aus dem Arbeitsverhältnis.[12]
Zusätzlich haftet die *Verkauf AG* als Gesamtschuldner für solche Verpflichtungen, die vor dem Zeitpunkt des Betriebsübergangs entstanden sind und spätestens ein Jahr nach diesem Zeitpunkt fällig werden. Soweit Verpflichtungen nach dem Zeitpunkt des Betriebsübergangs, d.h. nach dem ...[13] fällig werden, so haftet die *Verkauf AG* für diese jedoch nur in dem Umfang, der dem im Zeitpunkt des Übergangs abgelaufenen Teil ihres Bemessungszeitraums entspricht.

Eine **Kündigung** wegen des Betriebsübergangs ist gesetzlich gemäß § 613a Abs. 4 BGB ausgeschlossen und im Übrigen auch nicht beabsichtigt.[14]
Das Recht zur Kündigung aus anderen Gründen bleibt unberührt.

Dem Übergang Ihres Arbeitsverhältnisses auf die *Kauf KG* können Sie nach § 613a Abs. 6 BGB schriftlich **widersprechen.** Ihr Widerspruch hätte zur Folge, dass Ihr Arbeitsverhältnis nicht auf die *Kauf KG* übergeht, sondern bei der *Verkauf AG* verbleibt.
Für den Fall des Widerspruchs würden Sie allerdings das Risiko einer betriebsbedingten Kündigung Ihres Arbeitsverhältnisses in Kauf nehmen, da auf Grund des Betriebsübergangs Ihr bisheriger Arbeitsplatz bei der *Verkauf AG* ersatzlos wegfällt und ggf. eine alternative Beschäftigungsmöglichkeit für Sie bei der *Verkauf AG* nicht existiert.
Wir bitten Sie deshalb: Machen Sie von Ihrem Widerspruchsrecht nur nach sorgfältiger Abwägung Gebrauch!
Bitte beachten Sie, dass ein einmal zugegangener Widerspruch nicht mehr einseitig von Ihnen zurückgenommen werden kann.
Sollten Sie trotz dieser Hinweise dennoch widersprechen wollen, bitten wir Sie, Ihren Widerspruch unverzüglich – jedoch spätestens innerhalb eines Monats nach Zugang dieser Mitteilung – schriftlich zu richten an:

Verkauf AG
Abteilung ...
z. Hd. Frau/Herrn ...
Übergabestraße 1
11111 Verkaufstadt

Kauf KG
Abteilung ...
z. Hd. Frau/Herrn ...
Übernahmestraße 2
22222 Kaufstadt.

---

[11] Soweit ein Insolvenzverfahren über die Gesellschaft oder über einen für diese haftenden Gesellschafter eröffnet ist, muss dies mitgeteilt werden.

[12] Bei einer GmbH ist insbesondere bei Unterkapitalisierung das Haftungskapital anzugeben; bei einer OHG sollten Nachnamen und alle Vornamen aller Gesellschafter angegeben werden.

[13] Datum des tatsächlichen Inhaberwechsels.

[14] Sofern betriebsbedingte Kündigungen beabsichtigt sind, ist darüber zu informieren. Bei Betriebsänderungen i.S.d. §§ 111 ff. BetrVG reicht ein Hinweis auf den Interessenausgleich/ Sozialplan aus.

Auch etwaige Fragen in Bezug auf den Übergang Ihres Anstellungsverhältnisses können Sie an die vorgenannten Stellen richten.

Soweit Sie eine **Unterschriftsberechtigung** für die *Verkauf AG* haben, erlischt diese mit dem Betriebsübergang. Eine etwaige Unterschriftsberechtigung für die *Kauf KG* wird Ihnen von dieser mit gesondertem Schreiben erteilt.

Bitte geben Sie unverzüglich nach dem Betriebsübergang in Ihrem Besitz befindliches **Firmeneigentum** und den **Firmenausweis** zurück.

Wir heißen Sie in der *Kauf KG* herzlich willkommen und freuen uns auf eine gute und erfolgreiche Zusammenarbeit.

Wir bitten Sie, uns Ihr Einverständnis mit diesem Schreiben durch Unterschrift auf der beiliegenden Zweitschrift zu bestätigen und diese baldmöglichst, spätestens jedoch bis zum ..., an die Personalabteilung der *Verkauf AG* (Anschrift) zu schicken.

Mit freundlichen Grüßen

Verkauf AG	*Kauf KG*
....	....
Unterschrift	Unterschrift

Einverstanden

....	....
Ort, Datum	Unterschrift

Anlagen
Vertragsbedingungen Leitende Angestellte der *Kauf KG*
Richtlinien für die Überlassung eines Firmenwagens (Leasingzusagen) der *Kauf KG*
Reisekostenrichtlinien der *Kauf KG*
Merkblatt privater Personenversicherungsschutz der *Kauf KG*
Richtlinien zur Altersversorgung der *Kauf KG*

Anhang 7.5: Einbringungsvertrag zwischen dem ausgliedernden und dem aufnehmenden Unternehmen – Kapitel Arbeitsverhältnisse

Arbeitsverhältnisse

1. Übergehende Arbeitsverhältnisse
   Die Kaufvertragsparteien sind sich einig, dass die mit der *Verkauf AG* bestehenden und dem Betrieb zuzuordnenden Arbeitsverhältnisse gemäß § 613a BGB mit allen Rechten und Pflichten mit Wirkung zum ... auf die *Kauf KG* übergehen. Die Anlage (Übergehende Arbeitsverhältnisse) enthält eine Liste der für den Übergang zum Stichtag vorgesehenen Arbeitnehmer. Falls sich die Anzahl der übergegangenen Arbeitsverhältnisse ändert, wird die *Verkauf AG* die Anlage unverzüglich nach Ablauf der in § 613a BGB genannten Monatsfrist entsprechend aktualisieren.
   Die aktualisierte Anlage 1 wird Bestandteil dieses Vertrags.

2. Unterrichtungsverpflichtung
   Die *Verkauf AG* und die *Kauf KG* werden nach Maßgabe des § 613a Abs. 5 BGB die einzelnen betroffenen Arbeitnehmer vor dem Übergang des Betriebs in einem gemeinsamen Schreiben über den geplanten Zeitpunkt des Übergangs, den Grund des Übergangs, die rechtlichen, wirtschaftlichen und sozialen Folgen des Übergangs für die Arbeitnehmer und die hinsichtlich der Arbeitnehmer in Aussicht genommenen Maßnahmen vollständig und umfassend unterrichten.
   Die Parteien werden den Inhalt des Unterrichtungsschreibens rechtzeitig miteinander abstimmen.

3. Widerspruch
   3.1 Die *Kauf KG* und die *Verkauf AG* verpflichten sich, die jeweils andere Partei unverzüglich über Widersprüche zu unterrichten, die von Arbeitnehmern gemäß § 613a Abs. 6 BGB erklärt werden.
   3.2 Sollten nach Ablauf eines Monats nach Zugang des in Ziffer 2 genannten Unterrichtungsschreibens einzelne oder alle Arbeitnehmer der in der Anlage aufgeführten Arbeitnehmer unter Berufung auf die nicht ordnungsgemäße Unterrichtung im Sinne des § 613a Abs. 5 BGB dem Betriebsübergang widersprechen, ist die *Kauf KG* verpflichtet, die *Verkauf AG* von allen aus diesen Arbeitsverhältnissen resultierenden Verpflichtungen sowie von allen mit dem Widerspruch des Arbeitnehmers verbundenen Kosten freizustellen, die der *Verkauf AG* dadurch entstehen, dass a) der betreffende Arbeitnehmer behauptet, nach wie vor Arbeitnehmer der *Verkauf AG* zu sein, oder dass b) in einem arbeitsgerichtlichen Verfahren festgestellt wird, dass das Arbeitsverhältnis des widersprechenden Arbeitnehmers nach wie vor mit der *Verkauf AG* besteht und nicht wirksam auf die *Kauf KG* übergegangen ist. Die Verpflichtung der *Kauf KG*, die *Verkauf AG* von solchen Kosten freizustellen, besteht nur insoweit, als der Widerspruch durch den betreffenden Arbeitnehmer damit begründet wird, dass er nicht ordnungsgemäß über in der Sphäre der *Kauf KG* liegende Umstände im Sinne des § 613a Abs. 5 Nr. 1–4 BGB unterrichtet worden sei. Die *Verkauf AG* wird nach besten Kräften versuchen, geeignete Maßnahmen zu ergreifen, um die finanziellen Freistellungsverpflichtungen der *Kauf KG* zu mindern. Insbesondere wird die *Verkauf AG* alles unternehmen, um eine Kündigung des betreffenden Arbeitsverhältnisses zum nächstmöglichen Zeitpunkt zu bewirken. In diesem Fall sind Teil der Freistellungsverpflichtung durch die *Kauf KG* – neben den Lohn- und Gehaltskosten des widersprechenden Arbeitnehmers – auch eine unter Umständen zu zahlende Abfindung sowie die Verfahrenskosten.

3.3 Sofern die in dem Betrieb beschäftigten Arbeitnehmer dem Übergang ihres Arbeitsverhältnisses rechtswirksam widersprochen haben oder noch widersprechen, verbleiben die Arbeitnehmer bei der *Verkauf AG*. Zwischen den Parteien findet ein Ausgleich in der Weise statt, dass etwaige im Bezug auf die betreffenden Arbeitnehmer bestehenden Verbindlichkeiten in der Einbringungsbilanz nicht zurückgestellt und von der *Kauf KG* nicht übernommen werden. Sollten Arbeitgeberansprüche gegen die Arbeitnehmer bereits auf die *Kauf KG* übergegangen sein, so werden diese hiermit von der *Kauf KG* bereits jetzt an die *Verkauf AG* abgetreten, die diese Abtretung annimmt.

4. **Grundsatz des § 613a BGB**
Vorbehaltlich der nachfolgenden Regelungen gehen sämtliche Verbindlichkeiten und Verpflichtungen, die im Zusammenhang mit den übergehenden Arbeitsverhältnissen stehen (z.B. Pensionsverpflichtungen, Jubiläumsgelder, Altersteilzeitvereinbarungen, Zeitguthaben, Urlaubsansprüche, tarifvertragliche Verpflichtungen und Vereinbarungen etc.) gemäß § 613a BGB von der *Verkauf AG* auf die *Kauf KG* über. Im Innenverhältnis werden vom ... an die Rechte und Pflichten aus den übergegangenen Arbeitsverhältnissen vollständig von der *Kauf KG* getragen, es sei denn, dass sich aus den nachfolgenden Bestimmungen etwas anderes ergibt.

5. **Fortbestand der Betriebsvereinbarungen/Abgeltung**
Die zum ... bestehenden Gesamt-Betriebsvereinbarungen werden zum ... beendet; eine Nachwirkung wird ausgeschlossen. Dies gilt nicht, soweit im Rahmen der Überleitungsvereinbarungen bezüglich der Tarif-Arbeitnehmer [s. Anhang 7.4a] und im Rahmen der Überleitungsvereinbarung bezüglich der Außertariflichen Arbeitnehmer [s. Anhang 7.4b] mit dem Gesamt-Betriebsrat eine (befristete) Weitergeltung vereinbart wurde.

6. **Vertragsbedingungen Leitende Angestellte**
Im Rahmen der Übertragung wird den Leitenden Angestellten durch die *Kauf KG* ein Vertragsangebot unterbreitet, das mit dem zuständigen Sprecherausschuss besprochen wurde [s. Anhang 7.4c].

7. **Pensionszusagen**
Die auf die übergehenden Arbeitnehmer entfallenden Pensionszusagen gehen mit Wirkung zum ... gemäß § 613a BGB auf die *Kauf KG* über. Näheres wird in einer gesonderten Vereinbarung geregelt.

Musterstadt, den ...

Verkauf AG	*Kauf KG*
....	....
Unterschrift	Unterschrift

Anlage: Übergehende Arbeitsverhältnisse

Anhang 7.6: Synopse der Beschäftigungsbedingungen des ausgliedernden und des aufnehmenden Unternehmens

1. Jahreszahlungen

1.1 Tarifliche Jahreszahlung

Merkmal	*Verkauf AG*	*Kauf KG*
Bezeichnung	**Tarifvertrag über die Absicherung eines Teils eines 13. Monatseinkommens**	**Weihnachtsgeld gem. Manteltarifvertrag …**
Voraussetzungen	Am Auszahlungstag: • ⩾ 6 Monate ununterbrochene Betriebszugehörigkeit (BZ) • ungekündigtes Arbeitsverhältnis seitens des Arbeitnehmers • keine verhaltensbedingte Kündigung seitens des Arbeitgebers	• BZ vor dem 1. Juli des lfd. Jahres • Rückzahlung des Weihnachtsgeldes > 105 €, sofern Austritt bis zum 31. 3. des Folgejahres auf eigenen Wunsch
Bemessungsgrundlagen	monatliches ∅ Einkommen der letzten 3 Monate (ohne Mehrarbeitsvergütung und deren Zuschläge) = ME	Feste Beträge gem. Tarifvertrag
Höhe	⩾ 6 Monate BZ: 25 % eines ME ⩾ 12 Monate BZ: 35 % eines ME ⩾ 24 Monate BZ: 45 % eines ME ⩾ 36 Monate BZ: 55 % eines ME	BZ zum 31. 10. des Kalenderjahres ⩽ 12 Monate 150 € ⩽ 3 Jahre 300 € ⩽ 5 Jahre 350 € ⩽ 7 Jahre 450 € ⩽ 10 Jahre 575 € > 10 Jahre 650 € • Dynamisierung entsprechend der jährl. ausgehandelten Tariferhöhung • Teilzeitbeschäftigte: anteilig entsprechend der monatlichen Arbeitszeit
Fehlzeitenregelung	Kürzung bei Ruhen des Arbeitsverhältnisses. Ausnahmen: Tarifvertrag	Kürzung bei Ruhen des Arbeitsverhältnisses
Auszahlungszeitpunkt	abhängig von Betriebsvereinbarung, hilfsweise 1. 12.	Novemberlohn-/-gehaltszahlung
Auszubildende	25–55 % der Ausbildungsvergütung; 3 Monate Wartezeit	⩽ 6 Monate BZ: 83 €, ⩾ 7 Monate BZ: 138 € (Dynamisierung wie oben)

1.2 Betriebliche Jahreszahlung

Bezeichnung	**Jahreszahlung**	**Sondergratifikation**
Grundlage	Gesamtbetriebsvereinbarung	Gesamtbetriebsverein-barung
Voraussetzungen	7 Jahre BZ am 30. 9. des Geschäftsjahres, für das die Jahreszahlung geleistet wird	⩾ 3 Monate BZ
Rückzahlung	nein	Rückzahlung: • bei AN-Kündigung oder • bei AG-Kündigung, sofern • Weihnachtsgeld > 103 € und • Ende Arbeitsverhältnis vor 1. 4. des Folgejahres
Bemessungsgrund-lagen	• Grundbetrag in vier Beteiligungs-stufen abhängig von Tarifgruppe • Faktor (vom Vorstand jährlich festgelegt) von 0–20 (Ø der letzten 5 Jahre: 15)	Durchschnittlicher Bruttomonatsverdienst auf Basis der Oktoberbezüge
Formel	Grundbetrag × Faktor	nein
Höhe (min./max.)	bei Faktor 15 450–900 €	In Abhängigkeit von der BZ: • 3 Monate – 1 Jahr: 30 %; > 1 Jahr: 40 %; > 2 Jahre: 50 % • > 3/4/5/6/7 Jahre: 60/70/80/90/100 %
Teilzeit	anteilige Quotelung	Anteilig pro Monat tat-sächlich erbrachter Arbeit, aber ⩾ 53 €
Auszahlungszeitpunkt	Januar des Folgejahres	Novemberlohn-/ -gehaltszahlung

2. Vermögensbildung

2.1 Tarifliche altersvorsorgewirksame Leistungen (AVWL)

	Tarifvertrag über avwL i.V.m. Manteltarifvertrag	**Tarifvertrag über vwL i.V.m. Manteltarifvertrag**
Voraussetzungen	⩾ 6 Monate BZ	⩾ 12 Kalendermonate BZ
Höhe	• 26,59 € monatlich • Quotelung bei Teilzeitkräften • Azubis: 13,29 € • Kürzung bei Ruhen des Arbeits-verhältnisses	BZ ⩽ 3 Jahre: 13,29 € BZ ⩽ 7 Jahre: 19,94 € BZ ⩽ 9 Jahre: 26,59 € BZ ⩾ 10 Jahre: 39,88 €

2.2 Betriebliche Vermögensbildung

Art	*Verkauf AG* – Belegschaftsaktien zum Vorzugspreis	keine
Grundlage	Vorstandsbeschluss/Richtlinien	
Voraussetzungen	• Eintritt bis zum 1. 10.; • ungekündigtes Arbeitsverhältnis am 1. 1. des Folgejahres	
Firmenbeitrag	360 € (= Steuerfreibetrag)	
∅ Teilnahme	ca. 70 %	

3. Urlaub/Freistellung
3.1 Urlaub

Erholungsurlaub		
Grundlage	Tarifvertrag	Manteltarifvertrag
Urlaubsdauer	30 Arbeitstage/Kalenderjahr	• 28 Arbeitstage, zzgl. je 1 Urlaubstag für je 2 BZ-Jahre bis max. 30 Arbeitstage • Zusatzurlaub für Kraftfahrer und Beifahrer gem. Bundesmanteltarifvertrag für den Güter- und Möbelfernverkehr in Höhe von 2 Arbeitstagen nach 6 Monaten BZ und von 3 weiteren nach 5 BZ-Jahren • Auszubildende: 27 Arbeitstage; kein Zusatzurlaubs-Anspruch
zusätzliche Urlaubsvergütung	50 % des Monatseinkommens je Urlaubstag	Urlaubsgeld: • nach 6 Monaten Wartezeit für jeden tarifvertraglichen Urlaubstag 17 €; • Auszubildende erhalten 8,50 € je tarifvertraglichen Urlaubstag
Jubilarurlaub		Gesamt-BV
	nein	Im Jubiläumsjahr zusätzlich • bei 25-jähriger BZ: 5 Arbeitstage • bei 40-jähriger BZ: 8 Arbeitstage
Zusatzurlaub		
	nein	Zusatzurlaub gem. Gesamt-Betriebsvereinbarung: • ⩾ 10 Jahre BZ: 1 Arbeitstag/Kalenderj. • ⩾ 25 Jahre BZ: +1 Arbeitstag/Kalenderj.

3.2 Freistellung

Freistellung zum Zwecke der Aus- und Fortbildung		
Grundlage	Bildungsurlaubsgesetze und Tarifverträge	Bildungsurlaubsgesetze und Tarifvertrag
Freistellungsdauer	unterschiedlich nach Land/Tarifgebiet	≤ 2 Wochen im Kalenderjahr
Vergütung	Fortzahlung der Vergütung	ohne Fortzahlung der Vergütung
Betrieblich bezahlte Freistellung aus besonderem Anlass		
Grundlage	Arbeitsordnung	Arbeitsordnung
Art/Dauer	verschiedene Freistellungsgründe (z.B. Umzug, Hochzeit etc.) unter Anrechnung auf tarifvertragliche Freistellung: Dauer bis zu 2 Tagen	verschiedene Freistellungsgründe (z.B. Umzug, Hochzeit etc.) Dauer je 1 Tag

4. Mehraufwendungen

4.1 Dienstreisen

Tagegeld		
Grundlage	Reisekostenrichtlinien	Reisekostenrichtlinien bzw. interne Spesenregelung
Tagegeld (1-tägig) Azubis/Praktikanten Tarif-Arbeitnehmer Tagegeld (mehrtägig) Azubis/Praktikanten Tarif-Arbeitnehmer	 max. 11 € max. 14 € max. 16 € max. 24 €	Pauschale Verpflegungsmehraufwendungen in Abhängigkeit von der Abwesenheitsdauer je Kalendertag bei Inlandsdienstreisen: • 24 Stunden: 24 € • ≥ 14 Stunden: 12 € • ≥ 8 Stunden: 6 €
Übernachtungsgeld		
Azubis/Praktikanten Tarif-Arbeitnehmer	15 € 20 €	15 € 20 €
Bezahlung von Reisezeiten		
Grundlage Umfang	Tarifvertrag ≤ 4 Stunden: Arbeitszeit ohne Zuschläge	interne Spesenregelung in Anlehnung an den Bundesmanteltarifvertrag für den Güter- und Möbelfernverkehr

4.2 Leistungen bei Versetzungen/Abordnungen

Trennungsgeld		
Grundlage	Firmenrichtlinien	keine
Azubis/Praktikanten Tarifkreis	8 € 13 €	nein

4.3 Umzugskosten

Grundlage	(Firmen-)Umzugsrichtlinien	ggf. Individualvereinbarung
Voraussetzungen	auf Wunsch der Firma versetzte oder von Beteiligungsgesellschaften übernommene Arbeitnehmer	
Umfang	u. a. • Speditionskosten • Wohnungsvermittlungskosten • Reisekosten der Familie • Umzugsnebenkosten	einzelvertraglich geregelt, jedoch maximal: • Umzugskosten gem. Speditionsrechnung mit Rückzahlungsklausel • Maklergebühren mit Rückzahlungsklausel • Kosten wegen doppelter Haushaltsführung

4.4 Wohngeldzuschuss

Grundlage	Firmenrichtlinien	keine
Voraussetzungen	Versetzung im Firmeninteresse und (Kalt-)Miete am neuen Standort höher als am alten Standort	
Umfang	bis zu 4 Jahren; stufenweiser Abbau; grundsätzlich bis 300 € (max. 460 €) monatlich	

4.5 Kraftfahrzeuge

Benutzung privater Kfz für Dienstfahrten		
Voraussetzung	Genehmigung durch Arbeitgeber	Genehmigung durch Arbeitgeber
Kilometergeld	0,30 € pro km	0,30 € pro km; für Mitnahme weiterer Person zusätzlich 0,02 € pro km
Zuschuss bei Kfz-Unfall	In Abhängigkeit von der Zulassung des Privat-Kfz zur dienstlichen Benutzung durch eine entsprechende Fahrgenehmigung; erstattet werden bei Erfüllung der entsprechenden Voraussetzungen die nachgewiesenen Reparaturkosten im Rahmen der Richtlinien. Vorrangig soll die Versicherung des Arbeitnehmers eingesetzt werden. Ein bei der Schadenregulierung durch eine bestehende Kaskoversicherung des Arbeitnehmers einbehaltener Selbstbehalt wird pauschal als Zuschuss erstattet.	nein
Übernahme Kfz-Steuer	nein	nein
Übernahme Kfz-Versicherung	nein	nein
Leasing-Fahrzeug		
	Vielfahrer-Richtlinie (ab 22.000 dienstliche km/Jahr)	Benutzung gem. Reisekostenrichtlinien

4.6 Firmendarlehen

Arten	Anschaffungs-, Notstands- und Wohnraumbeschaffungsdarlehen	Darlehen nein; Gehaltsvorschüsse möglich bis zu 2 Nettomonatsgehältern; Rückzahlung muss bis zum Jahresende erfolgt sein.

5. Altersversorgung/Sonderregelungen

5.1 a Beitragsorientierte Altersversorgung für Tarif-Arbeitnehmer

Durchführungsweg	Direktzusage	Direktzusage
Voraussetzungen für Leistungen	Keine Wartezeit Lebensalter: • 65. Lebensjahr oder • 60. Lebensjahr (auf Antrag und mit Zustimmung des Unternehmens)	für alle Arbeitnehmer gem. Gesamt-Betriebsvereinbarung, außer • Arbeitsvertrag < 6 Monate • Austritt vor Eintritt der gesetzlichen Unverfallbarkeit, sonst Abfindung
Bemessungsgrundlage	Tarifgruppe/Beitragsgruppe: Höhe der Beiträge ergibt sich aus einer Beitragstabelle, mit der die Tarifgruppen 15 Beitragsgruppen zugeordnet werden.	Jährliche BZ-abhängige Versorgungsbausteine des AG • ≤ 10 BZ-Jahre: 50 €/Jahr • ≤ 20 BZ-Jahre: 400 €/Jahr • > 20 BZ-Jahre: 500 €/Jahr
Leistungsarten	• Alterskapital (ab 65) • Vorgezogenes Alterskapital (ab 60) • Invalidenkapital • Witwen- bzw. Witwerkapital • Waisenkapital Auszahlung in 5–12 Jahresraten, alternativ ist auch eine Verrentung – Versicherungsrente möglich.	• Altersleistungen • Invalidenleistungen • Witwen-/Witwerleistungen • Waisenleistungen
Leistungshöhe	Unternehmen entscheidet jährlich neu über Bereitstellung von Beiträgen. Garantiezins für die Beiträge: zzt. 2,25 %; Überschussgutschrift im Versorgungsfall in Abhängigkeit von der Entwicklung eines Referenzindexes.	Die Höhe der Altersleistungen (Rente oder Kapital) errechnet sich aus der Summe der bis zur festen Altersgrenze (Alter 60) und der nach dem Alter von 60 erworbenen jährlichen Versorgungsbausteine.
Finanzierung	Arbeitgeber	Arbeitgeber

5.1 b Beitragsorientierte Altersversorgung für Außertarifliche Arbeitnehmer

Durchführungsweg	Direktzusage	Direktzusage
Voraussetzungen für Leistungen	siehe Tarif-Arbeitnehmer	siehe Tarif-Arbeitnehmer
Bemessungsgrundlage	Beitragsbänder: je nach Vertragsgruppe bzw. Einkommen	Jährliche BZ-abhängige Versorgungsbausteine des Arbeitgebers: $\leqslant$ 10 BZ-Jahre: 200 €/Jahr $\leqslant$ 20 BZ-Jahre: 600 €/Jahr $\geqslant$ 20 BZ-Jahre: 800 €/Jahr
Leistungsarten	siehe Tarif-Arbeitnehmer	siehe Tarif-Arbeitnehmer
Leistungshöhe	siehe Tarif-Arbeitnehmer	siehe Tarif-Arbeitnehmer
Versorgung bei Invalidität	Anspruch besteht bei unbefristeter Rente wegen verminderter Erwerbsunfähigkeit aus der gesetzlichen Rentenversicherung.	ja
Übergangsbezüge für Witwe/r bei Tod eines Pensionärs	Sterbemonat und 6 Monate die Bezüge, die der Verstorbene in dieser Zeit erhalten hätte unter Anrechnung der Hinterbliebenenbezüge.	nein
Finanzierung	Arbeitgeber	Arbeitgeber

5.2 Gehaltsumwandlung/Deferred Compensation

Durchführung	Umwandlung von variablen Bezügen in betriebliche Altersversorgung; Bildung von Kapitalbausteinen; individuelle Versorgungskonten	Jährliche Gehaltsumwandlung (von Teilen) der Tantieme oder des 13. Gehaltes (mindestens 5.000 €)
Voraussetzungen für Leistungen	Invalidität/Tod oder Alter 60	Alter 60 oder Tod
Höhe der Leistungen	Maximum aus Garantieverzinsung (2,25 %) und Investment-Fondsvermögen	entsprechend versicherungsmathematischer Leistungstabelle
Auszahlung	1–5 Jahresraten	• Kapitalbetrag bis 75.000 €: 5 Jahresraten • Kapitalbetrag ab 75.000 €: monatliche lebenslange Rente

5.3 „Riester-Rente"

Durchführung	Entgeltumwandlung im Rahmen der gesetzlichen und tarifvertraglichen Regelungen Pensionskasse der ...-Versicherung	Fondsgebundene Rentenversicherung mit Sonderkonditionen über die ... Lebensversicherungs AG

5.4 Altersteilzeit

Modelle	2 Altersteilzeitmodelle • verblockt • unverblockt	2 Altersteilzeitmodelle • verblockt • unverblockt
Voraussetzungen; Anlass	Vereinbarung zu ATZ	Vereinbarung zu ATZ
BZ	grds. 10 Dienstjahre zum Beginn ATZ	keine
Lebensalter	$\geqslant$ 55. Lebensjahr bis $\leqslant$ 63. Lebensjahr	$\geqslant$ 55. Lebensjahr
Arbeitszeit	½ bisherige individuelle Arbeitszeit/ Woche	½ bisherige individuelle Arbeitszeit/Woche
Leistungen	25 %ige Aufstockung zum Teilzeitentgelt; Zuschuss zur RV auf 95 % des bisherigen Entgeltes. Altersversorgung wie Vollzeit.	Aufstockung der ATZ-Vergütung in Abhängigkeit der Brutto-Jahresbezüge in den letzten 12 Monaten vor Beginn d. ATZ: > 35.790,43 €: 30 % Aufstockung, ansonsten 35 % Aufstockung; Aufstockung der RV-Beiträge durch AG auf 90 %, höchstens auf 90 % Beitragsbemessungsgrenze

6. Gesundheit

Krankenkasse	Betriebskrankenkasse	Betriebskrankenkasse
Allgemeiner Beitragssatz in %	14,9 %	14,9 %
∅-Krankenstand in % Arbeiter Angestellte	 5,8 % 2,5 %	 5,2 % 1,8 %
Betriebsärztlicher Dienst		
Betriebsärzte hauptberuflich nebenberuflich	 ja ja	Betreuung der Geschäftsstellen auf Grund eines Rahmenvertrags mit Gesundheitsvorsorge GmbH
Hilfskräfte	Krankenschwestern und Sanitätspersonal	
Röntgen-/Reihenuntersuchungen	nein	nein
Schutzimpfung	teilweise	teilweise
Sozialberatung		
	Sozialberater	Suchtberatung
Vorsorgekuren		
Grundlage Personenkreis Dauer	Richtlinie Männer und Frauen 30–60 Jahre 24 Tage, davon 10 angerechnet auf Jahresurlaub	Nein, außer Bewilligung über Rentenversicherungsträger bzw. Krankenkasse ohne Anrechnung auf Jahresurlaub
Unfallverhütungsmaßnahmen		
Fachkräfte für Arbeitssicherheit	ja	Sicherheitsbeauftragter vor Ort
HASK	ja	ja

7. Weitere soziale Einrichtungen und Maßnahmen
7.1 Jubiläen

Feiern	ja	ja
Jubiläumsgeld bei 25 Dienstjahren 40 Dienstjahren 50 Dienstjahren	• jeweils 3.500 € – 6.000 € brutto, abhängig von Tarifgruppe • 750 € für Jubiläumsfeier • Jubiläumsurkunde vom Aufsichtsratsvorsitzenden • bei 40 Dienstjahren: zusätzlich Jubiläumsuhr • bei 50 Dienstjahren: zusätzlich goldene Jubiläumsuhr	25 Dienstjahre: 650 € 40 Dienstjahre: 1.300 € zzgl. Urkunden und Krawattennadeln bzw. Broschetten vom AG ab 25 Dienstjahren zzgl. Urkunden und Medaillen von der IHK, dem Bay. Staatsministerium für Arbeit und Sozialordnung und dem Kuratorium der Bay. Arbeitgeberschaft ab 25 Dienstjahren
Urlaub	nein	gem. Manteltarifvertrag: 25 BZ-Jahre: 5 Arbeitstage 40 BZ-Jahre: 8 Arbeitstage

7.2 Wohnraumbeschaffung

Wohnungen – firmeneigene – geförderte	Hilfestellung bei Wohnungssuche im Einzelfall	nein
Wohnheime		nein

7.3 Versicherungen

Gesetzliche Unfallversicherung		
Branche der Berufsgenossenschaft	Feinmechanik und Elektrotechnik	Großhandels- und Lagerei-Berufsgenossenschaft
Mitgliedsbeitragshöhe	Hängt ab von dem Beitragsfuß und der Gefahrentarifgruppe	tabellarisch zu ermitteln
Zusätzliche firmenfinanzierte Unfallversicherung bei Dienstreisen und Entsendungen	Versicherungsschutz bei Arbeitsunfällen (Betriebs- und Wegeunfällen), auch während der Dauer von Dienstreisen und Entsendungen.	Einzelvertragliche Zusage einer Unfallversicherung für bestimmte Personenkreise im Rahmen eines Gruppenunfallversicherungsvertrages: z.B. Verkäufer mit Zusage PKW
	Verdoppelung der Versicherungsleistungen bei Tod und Invalidität anlässlich von Gewaltakten, Kriegs- und Bürgerkriegsereignissen. Die versicherte Person (Arbeitnehmer) kann Leistungen direkt beim Versicherer geltend machen (ohne Zustimmung des Arbeitgebers).	
Versicherungssumme bei Tod	60.000 €	25.000 €
Versicherungssumme bei Invalidität	Bei Invalidität nach Invaliditätsgrad • bei 1–69 % Invalidität in % aus 60.000 € • bei 70–100% Invalidität 120.000 €	50.000 €

Anhang 8: Interessenausgleich und Sozialplanregelungen

Anhang 8.1: Interessenausgleich (Beispiel)

Interessenausgleich

Zwischen der	Betriebsleitung ...
und dem	Betriebsrat ...

wird Folgendes vereinbart:

1. Präambel

Das Geschäft ... befindet sich nach übereinstimmender Einschätzung der Geschäftsleitung des Geschäftsgebiets und führender Industriebeobachter in einer strukturellen Krise, die mit erheblicher Reduktion des Investitionsvolumens der Kunden und einem dadurch schrumpfenden Markt einhergeht.
Durch Rückgang von Auftragseingang und Umsatz von etwa 25% im Vergleich zum Vorjahr bei gleichzeitiger Beschleunigung des Preisverfalls bewegt sich die Profitabilität des Geschäfts ... in einer kritischen Größenordnung. Die Profitabilität ist nach Meinung der Betriebsleitung in einem sich in Konsolidierung befindenden Markt von herausragender Wichtigkeit, um das Überleben des Geschäfts ... auf Dauer zu sichern.

Betriebsleitung und Betriebsrat haben seit Geschäftsjahresbeginn ausführlich die jeweils aktuelle wirtschaftliche Situation, die Marktlage sowie die Absatz- und Konjunkturprognosen und die daraus notwendigen Personalmaßnahmen beraten.

Da für die Geschäftsleitung auf Grund der anhaltenden schwachen Marktkonditionen eine Rückkehr auf das bisherige Niveau der Profitabilität nicht erkennbar ist, ist eine Anpassung der Kostenstrukturen und damit ein Personalabbau unumgänglich.

In dieser Vereinbarung werden die hiermit einhergehenden Maßnahmen – soweit sie Auswirkungen auf die Beschäftigten haben – geregelt.
Der Ausgleich der mit diesen unternehmerischen Maßnahmen verbundenen materiellen Nachteile für die Belegschaft wird in dem Sozialplan vom ... geregelt.

2. Geltungsbereich

a) räumlich:	Betriebsabteilungen ...
b) persönlich:	alle Arbeitnehmer, die am ... in einem ungekündigten Arbeitsverhältnis stehen, soweit sie keine Leitenden Angestellten gemäß § 5 Abs. 3 BetrVG sind.
c) zeitlich:	bis zum Abschluss der Maßnahmen

3. **Beschäftigungssichernde Maßnahmen**

Um den notwendigen Personalabbau zu erreichen und damit die Beschäftigung für die übrige Belegschaft zu sichern, werden die nachfolgend beschriebenen Maßnahmen umgesetzt:

- **Leiharbeitskräfte** werden vorrangig reduziert, sofern betriebsbedingte Kündigungen drohen und Arbeitnehmer mit entsprechender Qualifikation zur Verfügung stehen.
- Alle Möglichkeiten zum **„Ringtausch"** werden nach Absprache zwischen Betriebsrat und Betriebsleitung genutzt. Ringtausch liegt vor, wenn ein Arbeitnehmer seine Bereitschaft zum Abschluss eines Aufhebungsvertrags bekundet, dessen Arbeitsplatz nicht abgebaut werden soll. Sofern keine betrieblichen Erfordernisse dagegen sprechen, kann das Arbeitsverhältnis einvernehmlich beendet werden. Der frei werdende Arbeitsplatz ist nach Absprache zwischen den Betriebspartnern von einem Arbeitnehmer zu besetzen, dessen Arbeitsplatz entfällt, soweit dies fachlich – ggf. mit einer vertretbaren Anpassungsqualifizierung – möglich ist.
- Verleihung der Arbeitnehmer oder Konzernleihe.
- Reduzierung von 40-Stundenverträgen und Mehrarbeit, wo dies sinnvoll ist.
- Angebot von **Altersteilzeitverträgen** im Blockmodell, wobei die Freistellungsphase spätestens am ... beginnen muss.
- Angebot von **Teilzeitarbeitsverträgen**, Auszeiten („Sabbatical")
- Unbezahlter Sonderurlaub
- Ausscheiden aus dem Unternehmen zur Aufnahme eines weiterführenden Studiums mit Stipendium des Arbeitgebers, soweit dies im Firmeninteresse ist.
- **Abbau** von positiven **Zeitsalden**, bzw. Aufbau negativer Zeitsalden in Abteilungen, in denen kurz-/mittelfristige Verbesserung der Auslastungssituation absehbar ist.
- Die Entlassung weiterer Arbeitnehmer soll durch Kündigung bestehender Dienst-/Werkverträge bzw. deren teilweiser Anpassung vermieden werden („Insourcing").
- Soweit möglich werden Arbeitnehmern vergleichbare freie Arbeitsplätze in **anderen Betrieben** des Unternehmens angeboten.
- Sind im Zuge der Personalanpassungsmaßnahmen strukturbedingt überwiegend weibliche Beschäftigte betroffen, werden Betriebsleitung und Betriebsrat auf örtlicher Ebene Gespräche führen, wie dem Struktureffekt begegnet werden kann.
- Sollten schwerbehinderte Mitarbeiter von geplanten personellen Maßnahmen betroffen sein, wird zwischen Betriebsleitung und örtlichem Betriebsrat/Schwerbehindertenvertretung eine örtliche Lösung versucht, um den Arbeitsplatz des schwerbehinderten Mitarbeiters am Standort zu erhalten bzw. intern an einen anderen Arbeitsplatz zu versetzten.
  Dabei sind die Gesamtbetriebsratsvereinbarungen, insbesondere die Integrationsvereinbarung sowie die geltenden Gesetzte zu beachten.

4. **Weitere Maßnahmen**

Um betriebsbedingte Kündigungen zu vermeiden, werden auch die nachfolgenden Maßnahmen zur Reduzierung der Personalzahl angeboten:

- Aufhebungsvertrag gem. Ziffer 4 des nachfolgenden Sozialplans [s. Anhang 8.2].
- Aufhebungsvertrag mit Wechsel in eine Beschäftigungsgesellschaft nach § 216 b SGB III Beschäftigungsgesellschafts-Sozialplan [s. oben S. 278].

5. **Schlussbestimmungen**

5.1. Diese Vereinbarung tritt mit Unterzeichnung in Kraft.

5.2. Diese Vereinbarung hat die Wirkung eines Interessenausgleichs; das entsprechende Verfahren ist damit abgeschlossen [s. Anhang 8.2].

5.3. Die Betriebspartner werden über den Ausgleich bzw. die Milderung der finanziellen Nachteile eine gesonderte Vereinbarung i.S.d. BetrVG (Sozialplan) abschließen.

5.4. Die Wirkung dieser Vereinbarung endet mit vollständiger Abwicklung der Betriebsänderung.

…, den …

Betriebsleitung	*Betriebsrat*
....	....
Unterschrift	Unterschrift

Anhang 8.2: Sozialplan zum Interessenausgleich (Beispiel)

Sozialplan
zum Interessenausgleich

Zwischen der Betriebsleitung ...

und dem Betriebsrat ...

wird Folgendes vereinbart:

1. **Präambel**
   Zur Milderung der wirtschaftlichen Nachteile, die den Arbeitnehmern durch den geplanten Personalabbau am Standort ... entstehen, werden unter Berücksichtigung der sozialen Belange der betroffenen Arbeitnehmer die nachfolgenden Vereinbarungen getroffen.

2. **Geltungsbereich**

a) räumlich:	Betrieb ...
b) zeitlich:	bis zum Abschluss der Maßnahmen.
c) persönlich:	alle Arbeitnehmer, die in den Geltungsbereich des Interessenausgleichs vom ... fallen, soweit sie keine Leitenden Angestellten gemäß § 5 Abs. 3, 4 BetrVG sind.

   d) Diese Vereinbarung gilt nicht für Arbeitnehmer,
   - deren Arbeitsverhältnis auf Grund einer Befristung endet,
   - die aus anderen als betriebsbedingten Gründen das Unternehmen verlassen,
   - die im unmittelbaren Anschluss an die Beendigung des Arbeitsverhältnisses ungekürztes Altersruhegeld aus der gesetzlichen Rentenversicherung beanspruchen können,
   - die die Voraussetzungen für eine Altersteilzeit erfüllen und mit denen eine solche vereinbart wird oder
   - die in Bereichen, die nicht im Interessenausgleich näher definiert sind, auf Grund einer Eigenkündigung ausscheiden, es sei denn, diese vermeidet eine betriebsbedingte, arbeitgeberseitige Kündigung.

3. **Weiterbeschäftigung**

   a) **Versetzungen/Qualifizierung**
   Das Unternehmen verpflichtet sich, vor einer betriebsbedingten Kündigung Arbeitnehmern, deren Aufgabe/Funktion entfällt, freie Arbeitsplätze anzubieten, die den bisherigen Arbeitsplätzen hinsichtlich der Arbeitsaufgabe und der Bezahlung gleichwertig für die Betroffenen sind.
   Falls der Arbeitnehmer nicht die erforderliche Qualifikation für einen vorhandenen freien Arbeitsplatz hat, werden ihm entsprechende Weiterbildungsmaßnahmen angeboten, wenn eine erfolgreiche Qualifizierung erwartet werden kann.
   Die Qualifizierungsmaßnahmen werden grundsätzlich während der Arbeitszeit des

Arbeitnehmers durchgeführt. Die Kosten der Qualifizierungsmaßnahmen trägt der Arbeitgeber, soweit nicht ein Dritter diese Kosten trägt.
Betriebsleitung und Betriebsrat verfolgen gemeinsam das Ziel, alle Möglichkeiten auszuschöpfen, um betriebsbedingte Kündigungen zu vermeiden. Sollte ein Personalabbau dennoch nicht vermeidbar sein, sollen die Betriebspartner einvernehmliche Lösungen finden.
Ein Arbeitnehmer kann sich auf Wunsch über den ihm angebotenen Arbeitsplatz vor Ort informieren. Reisekosten werden nach der Reisekostenrichtlinie erstattet. Die erforderliche Zeit wird als Arbeitszeit vergütet, ein Überstundenausgleich erfolgt nicht.
Sollte ein gleichwertiger anderer freier Arbeitsplatz nicht zur Verfügung stehen, wird das Unternehmen geringerwertige Tätigkeit auf freien Arbeitsplätzen anbieten. Der Arbeitnehmer wird sofort entsprechend der neuen Tätigkeit eingruppiert, das Tarifentgelt und die Leistungszulage werden entsprechend angepasst, bisherige übertarifliche Zulagen und nicht verrechenbare Sonderzulagen bleiben unverändert erhalten.

Führt eine Versetzung zu einer Verdienstminderung, wird ab dem Zeitpunkt dieser Maßnahme ein Bruttoausgleich des Differenzbetrags gemäß nachstehender Staffel gewährt:
- von 6 Monaten bei einer Betriebszugehörigkeit ≤ 10 Jahren
- von 9 Monaten bei einer Betriebszugehörigkeit > 10 bis ≤ 15 Jahren
- von 12 Monaten bei einer Betriebszugehörigkeit > 15 Jahren.

Sofern Versetzungen nicht in Betracht kommen, sind konzerninterne Übertritte vor weiteren Maßnahmen zu bevorzugen.
Vom Personalabbau bedrohte Arbeitnehmer, die einen anderen Arbeitsplatz finden, werden so rechtzeitig freigegeben, dass die Versetzung/der Übertritt in eine Konzerngesellschaft nicht gefährdet wird.

b) **Leistungsansprüche bei räumlichen Versetzungen**

aa) **Fahrtkosten bei täglicher Rückkehr**

Sofern bei täglicher Rückkehr vom neuen Arbeitsort zum bisherigen Wohnort eine Mehraufwendung an Fahrtkosten entsteht, erhalten die betroffenen Arbeitnehmer für maximal 24 Monate Mehraufwandserstattung für öffentliche Verkehrsmittel vom Wohnort zum neuen Standort. Dabei wird der Preis für den kostengünstigsten Tarif (z.B. Monatskarte, BahnCard 50) zugrunde gelegt. Erstattet werden auch die Zuschlagskosten der Bahn.

bb) **Doppelte Haushaltsführung**

Erhöhter Aufwand wegen doppelter Haushaltsführung wird nach der Firmenrichtlinie für die Dauer von maximal 24 Monaten gezahlt:

- Trennungsgeld
- Erstattung der Kosten für angemessene Unterkunft am neuen Standort
- Heimfahrten
- Fahrtkosten: öffentliche Verkehrsmittel

für Verheiratete und ihnen gleichgestellte Arbeitnehmer (Alleinerziehende mit Kindern im gemeinsamen Haushalt).

cc) **Umzugskosten**

Arbeitnehmer, die ihren Wohnsitz auf Grund der Versetzung verlegen müssen, erhalten die Umzugskosten entsprechend den Firmenrichtlinien erstattet, sofern sich die räumliche Lage der Wohnung gegenüber dem neuen Arbeitsplatz verbessert und der Umzug innerhalb von 24 Monaten nach der Versetzung erfolgt.

dd) **Darlehen**
Darlehensanträge für außergewöhnliche, umzugsbedingte Mehraufwendungen werden bevorzugt behandelt.
Darlehen zur Beschaffung von Mietwohnungen (z.B. Baukostenzuschüsse, Mieterdarlehen, Mietvorauszahlung und andere Kosten, die zur Beschaffung von Wohnraum notwendig sind) bleiben zinsfrei.
Entstehender geldwerter Vorteil durch Zinseinsparung unterliegt der Steuerpflicht.

ee) **Wohngeldzuschüsse**
Soweit Mehrbelastungen durch eine räumlich näher am neuen Beschäftigungsort bezogene Wohnung entstehen, wird ein Wohngeldzuschuss im Rahmen der Firmenrichtlinie gezahlt.

ff) **Räumliche Eingrenzung für Umzugskosten, Darlehen und Wohngeldzuschüsse**
Generelle Voraussetzung ist, dass sich durch die Wohnsitzverlegung in die Nähe des jeweiligen Standorts die Wegezeit mit öffentlichen Verkehrsmitteln um mindestens 1 Stunde pro Tag verkürzt. In Grenzfällen ist der zuständige Betriebsrat und die Personalabteilung zur einvernehmlichen Lösung einzuschalten.

gg) **Sonstige glaubhaft gemachte Belastungen**
Sonstige glaubhaft gemachte Belastungen bei einer Versetzung an einen anderen Standort in einer anderen politischen Gemeinde, z.B.

- bei notwendigem Wechsel von öffentlichen Verkehrsmitteln auf Privat-PKW,
- durch erheblich erhöhten zeitlichen Aufwand bei Fahrten zwischen bisheriger Wohnung und neuem Beschäftigungsort,
- bei erheblich erhöhten zeitlichen Mehraufwand und Kosten zur Erreichung von Arbeitsplatz/Schule von Familienangehörigen nach dem Umzug,

werden mit einer einmaligen Sonderzahlung von bis zu insgesamt ... Euro (brutto) abgegolten, sofern die Mehraufwendungen nicht durch eine andere Regelung dieser Vereinbarung abgedeckt sind.

4. **Beendigung eines Arbeitsverhältnisses**
Arbeitnehmer, die aus betriebsbedingten Gründen aus dem Arbeitsverhältnis ausscheiden, erhalten eine Abfindung nach folgender Formel (beE s. Zusatzsozialplan S. 278):

Bruttomonatsentgelt × Dienstjahre × Faktor

a) **Bruttomonatsentgelt**
Das für die Abfindung maßgebliche Bruttomonatsentgelt berechnet sich für Tarif-Arbeitnehmer nach folgender Formel:

$$\frac{\text{regelmäßiges Monatsbrutto} \times 12 + \text{tarifliches Weihnachts- und Urlaubsgeld}}{12}$$

Das für die Abfindung maßgebliche Bruttomonatsentgelt berechnet sich für Außertarifliche Arbeitnehmer nach folgender Formel:

$$\frac{\text{regelmäßiges Monatsbrutto} \times 12 + (\text{Grundbetrag der Jahreszahlung} \times 13)}{12}$$

b) **Faktor**
Der Faktor ist aus nachstehender Tabelle zu entnehmen:

Dienstjahre	Lebensalter					
	<30	30–34	35–39	40–44	45–49	≥50
<5	0,5	0,55	0,6	0,65	0,7	0,75
5 - 9	0,55	0,6	0,65	0,7	0,75	0,8
10 - 14		0,65	0,7	0,75	0,8	0,85
15 - 19		0,7	0,75	0,8	0,85	0,9
≥20			0,8	0,85	0,9	0,95

c) **Familienzuschlag**
Darüber hinaus wird ein Zuschlag von ... Euro je Kind, bei schwerbehinderten Kindern von ... Euro je Kind bezahlt.
Berücksichtigt werden nur Kinder, für die dem Arbeitnehmer ein Kinderfreibetrag nach den Regelungen des § 32 EStG zusteht. Maßgeblich ist in der Regel die Eintragung auf der Lohnsteuerkarte. Weicht der auf der Steuerkarte angegebene Kinderfreibetrag von der tatsächlichen Anzahl der Kinderfreibeträge ab, so wird auf einen entsprechenden Nachweis des Arbeitnehmers hin die tatsächliche Anzahl der Kinderfreibeträge berücksichtigt.
Alleinerziehende erhalten einen zusätzlichen Betrag von ... Euro.

d) **Schwerbehindertenzuschlag**
Anerkannte schwerbehinderte Arbeitnehmer erhalten einen Zuschlag von ... Euro, einem schwerbehinderten Arbeitnehmer Gleichgestellte erhalten 50% des Zuschlags.

e) **Höchstabfindung**
Der Höchstbetrag einer Gesamtabfindung (einschließlich sämtlicher Zuschläge) beträgt ... Euro.

f) **Abfindungsbeschränkung für ältere Arbeitnehmer**
Arbeitnehmer, die zum Zeitpunkt der Beendigung des Arbeitsverhältnisses die gemäß der jeweils gültigen Firmenrichtlinien bestehenden Voraussetzungen für eine vorzeitige Pensionierung oder eine Altersteilzeit (ATZ) erfüllen, sind vom Bezug einer Abfindung nach diesem Sozialplan ausgenommen.

5. **Berechnungs-Hinweis**
Allgemeine (ggf. tarifliche) Erhöhungen werden bis zur Beendigung des Arbeitsverhältnisses berücksichtigt.

6. **Fälligkeit und Abfindungsumwandlung**
Der Anspruch auf Abfindung entsteht mit Ausspruch der Kündigung bzw. mit Abschluss des Aufhebungsvertrags und ist ab diesem Zeitpunkt vererbbar.
Auf der Grundlage dieser Betriebsvereinbarung werden individuelle Fälligkeitsvereinbarungen getroffen. Bei Abschluss des Aufhebungsvertrags kann der Arbeitnehmer die Fälligkeit und Auszahlung der Abfindung entweder am Tage der rechtlichen Beendigung des Arbeitsverhältnisses oder im Folgejahr nach Ausscheiden festlegen.
Erhebt ein Arbeitnehmer Anfechtungsklage oder Kündigungsschutzklage, wird die Fälligkeit der Abfindung bis zum rechtskräftigen Abschluss des Arbeitsgerichtsverfahrens hinausgeschoben.
Jegliche Abfindungen, die einem Arbeitnehmer im Zusammenhang mit seinem Ausscheiden durch einen Arbeitsgerichtsprozess vom Arbeitsgericht zugesprochen oder vergleichsweise zuerkannt werden sollten, werden auf die Abfindung aus dieser Betriebsvereinbarung voll angerechnet.
Der Abfindungsanspruch kann nicht abgetreten oder verpfändet werden.

7. Sonstiges

a) **Rückzahlung bei Wiedereintritt**
Wird innerhalb eines Zeitraums von 3 Jahren nach dem Ausscheiden eine Beschäftigung bei dem bisherigen oder bei einem verbundenen Unternehmen des bisherigen Arbeitgebers aufgenommen, besteht eine Rückzahlungsverpflichtung der Abfindung durch den Arbeitnehmer für den zu 3 Jahren fehlenden Zeitraum in Höhe von $^{1}/_{36}$ der Abfindungssumme je Monat. Die Rückzahlung erfolgt an die Personalabteilung des bisherigen Arbeitgebers.

b) **Abrechnung sonstiger Bezüge**
Ausscheidenden Arbeitnehmern wird das „13. Monatseinkommen" für das laufende Jahr anteilig (pro rata temporis) gezahlt. Gleiches gilt für Jahreszahlungen, Urlaub und Urlaubsgeld, vorbehaltlich günstigerer tariflicher Regelungen.
Arbeitnehmer, die innerhalb eines Jahres nach dem Zeitpunkt der Beendigung des Arbeitsverhältnisses ihr Firmenjubiläum begehen würden, erhalten ... % des Jubiläumsgeldes.

c) **Arbeitgeberdarlehen**
Arbeitgeberdarlehen werden auf Grund des Ausscheidens nach dieser Regelung nicht vorzeitig fällig. Das Unternehmen behält sich eine entsprechende Besicherung vor. Ist der Arbeitnehmer nicht zu einer entsprechenden Besicherung bereit, wird die Rückzahlung des Arbeitgeberdarlehens mit Ausscheiden fällig.

8. Härteklausel

Falls in Einzelfällen besondere Härten auftreten sollten, die durch die vorstehenden Regelungen nicht abgedeckt erscheinen, werden Arbeitgeber und der örtliche Betriebsrat hierüber eine entsprechende Regelung herbeiführen.

9. Beilegung von Meinungsverschiedenheiten

Kommt es bei der Anwendung dieser Betriebsvereinbarung zu Meinungsverschiedenheiten, sind Betriebsleitung und Betriebsrat hinzuzuziehen.

10. Schlussbestimmung

a) Diese Betriebsvereinbarung tritt mit Unterzeichnung in Kraft.
b) Diese Vereinbarung hat die Wirkung eines Sozialplans; das entsprechende Verfahren ist damit abgeschlossen.
c) Die Wirkung dieser Betriebsvereinbarung endet mit vollständiger Abwicklung der im Interessenausgleich [s. Anhang 8.1] bezeichneten Betriebsänderung.

..., den ...

Betriebsleitung	*Betriebsrat*
....	....
Unterschrift	Unterschrift

Anhang 8.3: Sozialplanformulierungen (Beispiele aus der betrieblichen Praxis)

I. Persönlicher Geltungsbereich/Ausschluss-Regelungen

„Dieser Sozialplan gilt für alle von der Betriebsänderung betroffenen Arbeitnehmer der Abteilungen X und Y, ausgenommen **Leitende Angestellte** gemäß § 5 Abs. 3, 4 BetrVG und **Auszubildende.**"

„Arbeitnehmer, die aus Gründen in ihrer **Person** oder ihrem **Verhalten** ausscheiden oder versetzt werden sowie Arbeitnehmer, deren Arbeitsverhältnis auf Grund einer **Befristung** endet, erhalten keine Sozialplanleistungen."

„Diese Vereinbarung gilt **nicht** für Arbeitnehmer,
deren Arbeitsverhältnis auf Grund einer **Befristung** endet,
die **aus anderen als betriebsbedingten Gründen** das Unternehmen verlassen,
die im unmittelbaren Anschluss an die Beendigung des Arbeitsverhältnisses **ungekürztes Altersruhegeld** aus der gesetzlichen Rentenversicherung beanspruchen können,
die die Voraussetzungen für eine **vorzeitige Pensionierung** erfüllen und mit denen eine solche **vereinbart** wird oder
die in Bereichen, die nicht im Interessenausgleich näher definiert sind, auf Grund einer **Eigenkündigung** ausscheiden, es sei denn, diese vermeidet eine betriebsbedingte, arbeitgeberseitige Kündigung."

II. Angebot von Ersatz-Arbeitsplätzen in anderen Betrieben des Unternehmens oder in Beteiligungsgesellschaften

„Den von der Betriebsänderung erfassten Arbeitnehmern werden im Unternehmen oder in einer Beteiligungsgesellschaft Arbeitsplätze angeboten, die mit der bisherigen Tätigkeit und der Qualifikation annähernd vergleichbar sind."

„Den von der Betriebsänderung erfassten Arbeitnehmern werden im Rahmen der betrieblichen Möglichkeiten unbefristete Ersatzarbeitsplätze angeboten. Diese sollen **gleichwertig** und **zumutbar** sein."

Die Begriffe **„gleichwertig"** und **„zumutbar"** werden in einigen Sozialplänen durch die Betriebspartner definiert:

„**Gleichwertig** bedeutet, dass gleiche Verdienstmöglichkeiten bestehen (gleiche Entgeltgruppe und bisherige Zulagen)."
„Arbeitsplätze sind gleichwertig, wenn ihre Wertigkeit unter Berücksichtigung der Art der Arbeiten, der erforderlichen Vor- und/oder Ausbildung vergleichbar ist".

„Ein angebotener gleichwertiger Arbeitsplatz ist **unzumutbar**, wenn für Arbeitnehmer des Tarifkreises die tägliche Fahrzeit mit öffentlichen Verkehrsmitteln mehr als 2,5 Std. beträgt (bei Teilzeitarbeit entsprechend kürzer). Im Außertariflichen Bereich entscheiden Betriebsleitung und Betriebsrat einvernehmlich über die (Un)Zumutbarkeit."
„Zumutbar ist jeder gleichwertige Arbeitsplatz in der politischen Gemeinde des Betriebssitzes."
„Ein angebotener gleichwertiger Arbeitsplatz muss **wirtschaftlich** zumutbar (bisherige effektive tarifliche Monats-/Jahresvergütung bei gleicher Arbeitszeitdauer, aber ohne Anrechnung betrieblich allgemein gewährter Lohn-/Gehaltszulagen),

funktionell zumutbar (Anforderungen des angebotenen Arbeitsplatzes entsprechen der Qualifikation des Arbeitnehmers oder sind durch Qualifizierungsmaßnahmen erreichbar), **räumlich** zumutbar (Wegezeit mit öffentlichen Verkehrsmitteln überschreitet bei Vollzeitbeschäftigten nicht 2,5 Stunden, entsprechend § 121 SGB III),
arbeitszeitlich zumutbar (Dauer und Lage der Arbeitszeit entspricht der bisherigen bzw. der vertraglichen Regelung, falls sie nicht zwischen dem Arbeitnehmer und seinem neuen Arbeitgeber einvernehmlich geändert wird),
gesundheitlich zumutbar (keine zusätzlichen gesundheitlichen Belastungen; im Zweifel entscheidet der Betriebsarzt) und
sozial zumutbar (soziale Härte jedenfalls, wenn Versetzung die Betreuung und Versorgung von minderjährigen Kindern und pflegebedürftigen Familienangehörigen erschwert oder wenn der Arbeitnehmer auf Grund gesundheitlicher Beeinträchtigungen besonders belastet wird; Kontischichtarbeit kann je nach der individuellen Lebenssituation zu sozialen Härten führen)
sein."

„Bei Annahme eines neuen Arbeitsplatzes in einer **Beteiligungsgesellschaft** werden gleiche oder vergleichbare Arbeitsbedingungen garantiert; die **Betriebszugehörigkeitsdauer**/anerkannte Dienstzeit bleibt erhalten.
Die **Betriebsrentenzusage** gilt weiter oder wird durch eine Zusage mit gleichem Leistungsumfang ersetzt."
„Die Arbeitnehmer erhalten Gelegenheit zur **Information** über den angebotenen **Arbeitsplatz** an Ort und Stelle. **Reisekosten** werden nach der Reisekostenrichtlinie erstattet. Die erforderliche Zeit wird als Arbeitszeit vergütet, ein Überstundenausgleich erfolgt nicht. Für die Annahme der angebotenen Stelle haben sie eine **Überlegungsfrist** von 2 Wochen, in besonderen Fällen kann diese Frist auf 4 Wochen verlängert werden. Bei einem Stellenangebot in einer Beteiligungsgesellschaft kann in besonderen Fällen dem Arbeitnehmer eine Rückkehroption für längstens 6 Monate eingeräumt werden."
„Die Versetzung von Arbeitnehmern, die das **55. Lebensjahr** vollendet haben, und von **schwerbehinderten** Menschen an einen anderen Standort erfolgt grundsätzlich nur mit deren Einvernehmen."
„Von der Betriebsänderung betroffene Arbeitnehmer werden bei der Stellensuche im Unternehmen und bei Beteiligungsgesellschaften gegenüber sonstigen Bewerbern bevorzugt. Zur Unterstützung der arbeitsplatzsuchenden Arbeitnehmer wird eine **betriebliche Stellenvermittlung** eingerichtet."
„In geeigneten Fällen kann einem Arbeitnehmer eine **‚New-Placement-Beratung'** bis zu einem Höchstbetrag von ... Euro gewährt werden; diese wird mit dem halben Betrag auf die Sozialplan-Abfindung angerechnet."

„Sofern Versetzungen nicht in Betracht kommen, sind **konzerninterne Übertritte** vor weiteren Maßnahmen zu bevorzugen.
Vom Personalabbau bedrohte Arbeitnehmer, die einen anderen Arbeitsplatz finden, werden so rechtzeitig freigegeben, dass die Versetzung/der Übertritt nicht gefährdet wird."

III. Weiterbildung, Umschulung

„Die zur Vermeidung betriebsbedingter Kündigung erforderliche Qualifizierung soll nach Möglichkeit **während der Arbeitszeit** erfolgen. Erforderlichenfalls wird die Arbeitszeit unter Berücksichtigung der betrieblichen Belange entsprechend verlegt; ist dies nicht möglich, erfolgt ein finanzieller Ausgleich."
„Vor Ausspruch einer Kündigung mit Abfindung ist zu prüfen, ob im Rahmen eines Aufhebungsvertrags die **Übernahme** der **Kosten** einer qualifizierenden marktgerechten Weiterbildungsmaßnahme einschließlich der Lohn-/Gehaltskosten sinnvoller zu vereinbaren ist."

„Zur Vermeidung von betriebsbedingten Kündigungen sollen betroffene Arbeitnehmer für freie oder in absehbarer Zeit frei werdende Arbeitsplätze qualifiziert werden. Die hierbei anfallenden **Lehrgangskosten** bei externen Bildungsträgern werden bis zu einer Höhe von ... Euro – ab 10 Dienstjahren bis zu einer Höhe von ... Euro – durch den Arbeitgeber übernommen. Der Arbeitgeber übernimmt die Entgeltfortzahlung für längstens 3 bzw. 6 Monate (ab 10 Dienstjahren)."
„Falls der Arbeitnehmer nicht die erforderliche Qualifikation für einen vorhandenen freien Arbeitsplatz hat, werden ihm entsprechende **Weiterbildungsmaßnahmen** angeboten, wenn eine erfolgreiche Qualifizierung erwartet werden kann.
Die Qualifizierungsmaßnahmen werden grundsätzlich während der Arbeitszeit des Arbeitnehmers durchgeführt. Die Kosten der Qualifizierungsmaßnahmen trägt der Arbeitgeber, soweit nicht ein Dritter diese Kosten trägt."

„Die Betriebsleitung organisiert für die von Restrukturierungsmaßnahmen betroffenen Arbeitnehmer **Beratungsgespräche** mit Vertretern der **Agentur für Arbeit**. Die hierdurch ausfallende Arbeitszeit wird bezahlt."

„Ist für eine Versetzung eine Weiterbildungsmaßnahme erforderlich (vor oder nach der Versetzung), weil der vorgesehene Arbeitnehmer die Anforderungsmerkmale des angebotenen Arbeitsplatzes nicht ausreichend erfüllt, trägt die abgebende Abteilung die **Kosten**, soweit nicht andere Kostenträger in Betracht kommen. Der Arbeitnehmer hat vor Aufnahme der Qualifizierungsmaßnahme zu erklären, dass er nach deren erfolgreichem Abschluss das Arbeitsplatzangebot annimmt."
„Von der Möglichkeit eines **ruhenden Arbeitsverhältnisses** zur Weiterbildung kann Gebrauch gemacht werden."

„Der **Betriebsrat** kann zur Erhöhung der Vermittlungschancen auf dem externen Arbeitsmarkt einzelne betroffene Arbeitnehmer als Teilnehmer an internen und externen Qualifizierungsmaßnahmen vorschlagen. Die Betriebsleitung wird die einzelnen Maßnahmen und die dafür vorgesehenen Teilnehmer mit dem Betriebsrat beraten. Auch die betroffenen Arbeitnehmer können sich für einzelne Qualifizierungsmaßnahmen vorschlagen."
„Für die von der Restrukturierung erfassten Arbeitnehmer werden **Bewerbungstrainings** während der Arbeitszeit angeboten. Themen sind u. a. Vorstellung, Erstellung von Bewerbungsunterlagen und Entwicklung beruflicher Perspektiven. Die hierdurch entstehenden Kosten trägt die Firma, soweit sie nicht durch Dritte erstattet werden. Hierfür stellt die Betriebsleitung einen Gesamtetat in Höhe von ... Euro zur Verfügung."
„Zusätzlich zur Sozialplanabfindung gewährt die Firmenleitung eine bezahlte Bildungsfreistellung bis zu 2 Wochen und erstattet die **Lehrgangskosten** bis zu einer Höhe von ... Euro."
„Unter der Voraussetzung, dass ein Aufhebungsvertrag abgeschlossen wurde oder eine rechtlich nicht mehr angreifbare betriebsbedingte Kündigung vorliegt, fördert die Firmenleitung die Teilnahme an Lehrgängen zur Verbesserung der beruflichen Mobilität. Die Qualifizierung wird in der Regel über die Agentur für Arbeit durchgeführt. Der Arbeitgeber zahlt die Differenz zwischen Unterhaltsgeld und Nettolohn/-gehalt bei bis zu 10 Dienstjahren für maximal 6 Monate und ab 10 Dienstjahren für maximal 12 Monate. Diese Kosten werden zur Hälfte auf die Abfindung angerechnet bis zu maximal 25 % des Abfindungsbetrags."
„Auf Wunsch des Arbeitnehmers kann eine vorzeitige **Auflösung des Arbeitsverhältnisses** für die Aufnahme einer externen Qualifizierungsmaßnahme erfolgen. In diesem Fall zahlt die Firma die Nettodifferenz zum Unterhalts-/Arbeitslosengeld bis zum Ablauf der (nicht eingehaltenen) Kündigungsfrist. Diese Zahlung wird nicht auf die Abfindung angerechnet."
„Zur Vermeidung betriebsbedingter Entlassungen sind unbezahlte **Beurlaubungen für Bildungsmaßnahmen** bis zu 2 Jahren vorgesehen. Auf Antrag wird ein Vorschuss in Höhe der möglichen Abfindung gezahlt. Bei Wiederaufnahme der Beschäftigung im Betrieb nach Abschluss der Qualifizierungsmaßnahme hat der Arbeitnehmer den Abfindungsvorschuss in angemessenen individuell zu vereinbarenden Raten zurückzuzahlen."

„Umschulungen sowie Aus- und Weiterbildung zur Höherqualifizierung bei externen Bildungsträgern werden vom Betrieb im Rahmen seiner Möglichkeiten unterstützt, um die Vermittlungschancen der betroffenen Arbeitnehmer zu erhöhen."
„Um für Arbeitnehmer, die ihren Arbeitsplatz verlieren, die internen und externen Vermittlungschancen zu verbessern bzw. ihnen eine berufliche Neuorientierung zu ermöglichen, bemüht sich die Standortleitung in Zusammenarbeit mit externen Anbietern und der Personalabteilung um ein Weiterbildungs- und Qualifizierungsangebot."
„Auf Wunsch eines von der Restrukturierung betroffenen Arbeitnehmers wird versucht, Qualifizierungsmaßnahmen über die Agentur für Arbeit zu vermitteln."

IV. Sozialplanregelungen für Arbeitnehmer, die im Betrieb oder in andere Betriebe versetzt werden oder zu Beteiligungsgesellschaften übertreten

1. Verdienstabsicherung bei Angebot geringer bezahlter Arbeit

„Bei Versetzung auf **Arbeitsplätze mit geringerer Bezahlung** wird zum Arbeitsentgelt eine **Ausgleichszahlung** gewährt, die für die Dauer von ... Monaten das bisherige Netto-Monatseinkommen (Stand: Versetzungsübertritt) absichert. Berücksichtigt wird hierbei auch das tarifliche zusätzliche Urlaubsgeld, das anteilige 13. Monatseinkommen sowie die betriebliche Jahreszahlung. Allgemeine Lohn- und Gehaltserhöhungen führen nicht zu einer Erhöhung der Ausgleichszahlung."
„Sollte ein gleichwertiger anderer freier Arbeitsplatz nicht zur Verfügung stehen, wird das Unternehmen geringerwertige Tätigkeiten auf freien Arbeitsplätzen anbieten. Der Arbeitnehmer wird sofort entsprechend der neuen Tätigkeit eingruppiert. Das Tarifentgelt und die Leistungszulage werden entsprechend angepasst, bisherige übertarifliche Zulagen und nicht verrechenbare Sonderzulagen bleiben unverändert erhalten.
Führt eine Versetzung zu einer Verdienstminderung, wird ab dem Zeitpunkt dieser Maßnahme ein **Bruttoausgleich** des Differenzbetrags gemäß nachstehender Staffel gewährt:
von ... Monaten bei einer Betriebszugehörigkeit von bis zu 10 Jahren
von ... Monaten bei einer Betriebszugehörigkeit von mehr als 10 bis 15 Jahren
von ... Monaten bei einer Betriebszugehörigkeit von mehr als 15 Jahren."

„**Finanzielle Härten** werden zwischen den Betriebspartnern beraten und einer einvernehmlichen Lösung zugeführt."
„Bei Versetzung an einen anderen Standort erfolgt die Ausgleichszahlung zum Zeitpunkt der Versetzung mit der letzten Lohn-/Gehaltsabrechnung."

„Bei einer Rückgruppierung in den letzten 5 Jahren vor der Pensionierung wird die Pensionsstufe nach der bisherigen Tarifgruppe garantiert."

2. Mehraufwand für Fahrten zwischen Wohnung und Arbeitsstätte

„Der durch die Versetzung bedingte **finanzielle** und **zeitliche** Mehraufwand für Fahrten zwischen der Wohnung und dem neuen Arbeitsplatz wird mit einem zum Zeitpunkt der Versetzung zu zahlenden pauschalen Einmalbetrag in Höhe von ... Euro ausgeglichen."
„Der nachgewiese **Fahrtkostenmehraufwand** infolge der sozialplanbedingten Versetzung wird für die Dauer von ... Monaten bis zur Höhe des Preises einer Monatskarte für öffentliche Verkehrsmittel 2. Klasse als monatliche Gehaltszulage erstattet."

„Sofern eine Genehmigung für die dienstliche Nutzung des Privat-PKW vorliegt, wird für die Dauer von ... Monaten ein **Kilometergeld** in Höhe von ... Euro gewährt."
„Zur Vermeidung eines finanziellen Mehraufwands durch höhere Fahrtkosten zwischen neuem Arbeitsplatz und Wohnung werden für die Dauer von ... Monaten **Werkbusse** zur kostenlosen Benutzung bereitgestellt."

„Der **zeitliche** Mehraufwand für Fahrten Wohnung – Arbeitsstätte wird in den ersten 2 Jahren nach der Versetzung bei einem Mehraufwand von mindestens einer Stunde mit ... Euro, bei mindestens 2 Stunden Mehraufwand mit ... Euro und bei mindestens 3 Stunden Mehraufwand mit ... Euro/Jahr ausgeglichen. Die Zahlung erfolgt in 2 Jahresraten."

3. Firmenleistungen bei Wohnungswechsel

„Generelle Voraussetzung ist, dass sich durch die Wohnsitzverlegung in die Nähe des jeweiligen Standortes die **Wegezeit** mit öffentlichen Verkehrsmitteln **um mindestens 1 Stunde pro Tag verkürzt.** In Grenzfällen ist der zuständige Betriebsrat und die Personalabteilung zur einvernehmlichen Lösung einzuschalten."
„Arbeitnehmer, die ihren Wohnsitz auf Grund der Versetzung verlegen müssen, erhalten die **Umzugskosten** entsprechend den **Firmenrichtlinien** erstattet, sofern sich die räumliche Lage der Wohnung gegenüber dem neuen Arbeitsplatz verbessert und der Umzug innerhalb von 24 Monaten nach der Versetzung erfolgt."
„Bei infolge des Arbeitsplatzwechsels erforderlichem Wohnungswechsel wird ein zinsloses Darlehen in Höhe der **Maklergebühr** gewährt, das jährlich zu $1/3$ erlassen wird. **Speditionskosten** für Umzüge innerhalb von 6 Monaten nach dem Arbeitsplatzwechsel (bei Arbeitnehmern mit schulpflichtigen Kindern bis zum Schuljahresende) werden bis maximal ... Euro als zinsloses Darlehen gewährt, das jährlich zu $1/3$ erlassen wird. Für eine vom Mieter zu zahlende **Kaution** wird ein zinsloses Darlehen in Höhe von 2 Monatsmieten gewährt, das in 3 Jahren zurückzuzahlen ist.
Die **Rückzahlung** von Darlehen für Maklergebühr, Speditionskosten und Kaution wird beim Ausscheiden wegen Niederkunft, vorzeitiger Pensionierung, Erwerbs- oder Berufsunfähigkeit und Tod **erlassen.**"
„**Darlehensanträge** für außergewöhnliche, **umzugsbedingte Mehraufwendungen** werden bevorzugt behandelt.
Darlehen zur Beschaffung von Mietwohnungen (z. B. Baukostenzuschüsse, Mieterdarlehen, Mietvorauszahlung und andere Kosten, die zur Beschaffung von Wohnraum notwendig sind) bleiben zinsfrei.
Entstehender geldwerter Vorteil durch Zinseinsparung unterliegt der Steuerpflicht."
„Soweit Mehrbelastungen durch eine räumlich näher am neuen Beschäftigungsort bezogene Wohnung entstehen, wird ein **Wohngeldzuschuss** im Rahmen der Firmenrichtlinie gezahlt."

4. Trennungskosten

„Versetzte **verheiratete und ihnen gleichgestellte Arbeitnehmer** (Alleinerziehende mit Kindern im gemeinsamen Haushalt) erhalten für längstens ... Monate **Trennungsgeld** in Höhe von ... Euro/Tag sowie Kostenerstattung (bis zur Höhe des Fahrpreises Deutsche Bahn AG, 2. Klasse) für 14-tägige Familienheimfahrten für längstens ... Monate.
Für längstens ... Monate werden die Kosten für ein Zimmer bis max. ... Euro/Monat erstattet.
Wenn die tägliche Rückkehr an den bisherigen Wohnort zumutbar ist, werden lediglich die notwendigen Mehraufwendungen für Fahrtkosten bis längstens ... Monate vergütet."

5. Sonstige glaubhaft gemachte Belastungen

„Sonstige glaubhaft gemachte Belastungen bei einer Versetzung an einen anderen Standort in einer anderen politischen Gemeinde, z.B.
bei notwendigem Wechsel von öffentlichen Verkehrsmitteln auf Privat-PKW,
durch erheblich erhöhten zeitlichen Aufwand bei Fahrten zwischen bisheriger Wohnung und neuem Beschäftigungsort,
bei erheblich erhöhtem zeitlichen Mehraufwand und Kosten zur Erreichung von Arbeitsplatz/Schule von Familienangehörigen nach dem Umzug,

werden mit einer **einmaligen Sonderzahlung** von bis zu insgesamt ... Euro (brutto) abgegolten, sofern die Mehraufwendungen nicht durch eine andere Regelung dieser Vereinbarung abgedeckt sind."

V. Sozialplanregelungen für Arbeitnehmer, die aus dem Arbeitsverhältnis im bisherigen Betrieb ausscheiden

1. Abfindungen

a) Formeln

Nach einer empirischen Untersuchung der Sozialplanpraxis in der Bundesrepublik Deutschland durch das Institut der Deutschen Wirtschaft lautet die gebräuchlichste Formel:

(1)

$$\text{Abfindung} = \frac{\text{Lebensalter} \times \text{Betriebszugehörigkeit} \times \text{Bruttomonatsentgelt}}{\text{Devisor}}$$

Der Devisor ist von Betrieb zu Betrieb je nach den wirtschaftlichen Rahmenbedingungen sehr unterschiedlich, üblicherweise schwankt er in finanziell gesicherten Unternehmen zwischen den Werten 50 und 140. Das Schwergewicht der Devisoren liegt in der betrieblichen Praxis bei Werten zwischen 65 und 80.

(2)

$$\text{Abfindung} = \frac{\text{Dienstalter in Monaten} \times \text{Matrixwert} \times \text{Bruttomonatsentgelt}}{12}$$

Der Matrixwert (MW) errechnet sich wie folgt:

$$\frac{\text{Lebensalter in Monaten} + \text{Dienstalter in Monaten} + X}{1000}$$

Dieser Formel liegt folgender Gedanke zugrunde:
Die Abfindung soll mindestens einen bestimmten Prozentsatz eines Monatsverdienstes betragen und um 1‰ eines Monatsverdienstes je Monat Lebens-und Dienstalter ansteigen.

Beispiel:
Mindestabfindung bei Lebensalter 20 und einem Dienstjahr:
0,35 eines Monatsverdienstes.
Setzt man diesen gesetzten Matrixwert (MW) in obige Formel ein, so ergibt sich:

$$\text{MW} = 35/100 = \frac{240 + 12 + X}{1000}$$

Für X ergibt sich 98.

(3)

„Arbeitnehmer, die aus betriebsbedingten Gründen aus dem Arbeitsverhältnis ausscheiden, erhalten eine Abfindung nach folgender Formel:

$$\text{Bruttomonatsentgelt} \times \text{Dienstjahre} \times \text{Faktor"}$$

In einzelnen Sozialplänen werden Mindest- und Höchstwerte festgelegt,
z.B. „Der Matrixwert ist mindestens 0,4 und höchstens 0,9."

b) **Faktor/Matrix**

In vielen Unternehmen wird eine Matrix erstellt, d.h. eine tabellarische Übersicht über die Höhe des Faktors für die Abfindungsberechnung in Abhängigkeit von Lebensalter und Beschäftigungszeiten.

Dienstjahre	Lebensalter					
	< 30	30–34	35–39	40–44	45–49	≥ 50
< 5	0,5	0,55	0,6	0,65	0,7	0,75
5 - 9	0,55	0,6	0,65	0,7	0,75	0,8
10 - 14		0,65	0,7	0,75	0,8	0,85
15 - 19		0,7	0,75	0,8	0,85	0,9
≥ 20			0,8	0,85	0,9	0,95

c) **Mindest- und Höchstabfindungen**

„Der **Höchstbetrag** einer Gesamtabfindung (einschließlich sämtlicher Zuschläge) beträgt ... Euro."
„Der **Mindestbetrag** der (Grund-)Abfindung beträgt ... Euro, der **Höchstbetrag** ... Euro."
„Mindestens 2 ME bis maximal 18 ME."

„**Mehrfache Deckelung:** Ein ... Euro überschießender Betrag wird je nach Tarif-/Vertragsgruppe auf 0,9 bis 0,3 abgesenkt. Gesamtabfindung max. 0,9 Monatseinkommen (ME) × Dienstjahre (DJ), höchstens jedoch 20 ME, nach 25 DJ 25 ME und nach 30 DJ 30 ME."
„Der **Höchstbetrag** einer **Gesamtabfindung** (einschließlich Zuschläge für Kinder und schwerbehinderte Menschen) beträgt ... Euro, bei mind. 20 DJ kann die 10%ige Erhöhung der Grundabfindung den Höchstbetrag übersteigen."

d) **Abschläge bei unverfallbarer Anwartschaft auf Ruhegeld**

„Hat der Ausscheidende einen unverfallbaren Anspruch auf betriebliches Altersruhegeld, mindert sich die Abfindung um 10 %. Ist der Ausscheidende mindestens 50 Jahre alt und weist er mindestens 15 Dienstjahre auf, mindert sich die Abfindung um 16 %."

e) **Monatsentgelt, Dienstzeit, Lebensalter**

Viele Sozialpläne enthalten Angaben über die Berechnungsbasis (Monatsentgelt, Dienstzeit, Lebensalter) für Abfindungen:

„Das für die Abfindung maßgebliche **Bruttomonatsentgelt** berechnet sich im **Tarifkreis** nach folgender Formel:
(regelmäßiges Monatsbrutto × 12 + tarifliches Weihnachts- und Urlaubsgeld) : 12
Das für die Abfindung maßgebliche **Bruttomonatsentgelt** berechnet sich im **übertariflichen Kreis** nach folgender Formel:

(regelmäßiges Monatsbrutto × 12 + (Grundbetrag × 13)) : 12"

„Bei den Angestellten wird das **Monatsgehalt** einschließlich Zulagen, bei Zeitlöhnern der Monatslohn und bei Leistungslöhnern der Durchschnittsverdienst in den letzten 3 Beschäftigungsmonaten (korrigiert um zwischenzeitliche Tariferhöhungen) zugrunde gelegt."

„Stichtag für die Dienstjahre ist grundsätzlich das Firmenjubiläum. Ausbildungszeiten, unbezahlte Sonderurlaubszeiten, Elternzeiten sowie Arbeitsunfähigkeitszeiten > 1 Jahr zählen nicht als Firmendienstzeit i. S. d. Abfindungsformel."

„Für das Dienstalter zählen nur vollendete Monate."
„Für das Dienstalter zählen nur vollendete Jahre."
„Angefangene **Dienstjahre** bis zu 6 Monaten werden abgerundet und ab 6 Monaten aufgerundet (Kaufmännische Rundung)."
„Angefangene **Dienstjahre** ab dem 2. Monat eines Vierteljahres werden jeweils um 0,25 abgerundet."
„Angefangene Beschäftigungsjahre und unvollendete Lebensjahre zählen anteilig."
„Aufrundung, wenn mehr als die Hälfte eines Lebensjahres zurückgelegt wurde."
„Formel: Betriebszugehörigkeit/Lebensalter = Differenz zwischen aktuellem Kalenderjahr und Eintrittsjahr/Geburtsjahr."

f) Teilzeitarbeit

„Wurde die Arbeitszeit wegen der Personalanpassung reduziert, ist die Arbeitszeit vor dem Wechsel maßgeblich. Gleiches gilt bei einem Wechsel von Teil- in Vollzeitarbeit mit Rücksicht auf die bevorstehende Beendigung des Arbeitsverhältnisses."
„Es wird bei einem Wechsel von Vollzeit auf Teilzeit in den letzten 3 Jahren das Vollzeitentgelt als Berechnungsgröße angesetzt. Die Anzahl der Dienstjahre wird jedoch entsprechend der Dauer und dem Umfang der Teitzeittätigkeit gekürzt."

g) Kinderzuschläge

„**Unterhaltsverpflichtete Arbeitnehmer** erhalten je Kind eine zusätzliche Abfindung in Höhe von ... Euro, bei schwerbehinderten Kindern von ... Euro je Kind. Der Nachweis ist durch Lohnsteuerkarte, ersatzweise Geburtsurkunde, ggf. Ausbildungsbescheinigung zu erbrigen."
„Alleinerziehende erhalten eine Abfindung von mindestens ... Monatseinkommen."
„Unterhaltsverpflichtete Arbeitnehmer erhalten für jedes Kind
bis zum vollendeten 1. Lebensjahr ... Euro;
bis zum vollendeten 2. Lebensjahr ... Euro;
ab dem vollendeten 3. Lebensjahr ... Euro."
„Unterhaltsverpflichtete Arbeitnehmer erhalten für das 1. Kind ... Euro, für das 2. Kind ... Euro, ab dem 3. Kind ... Euro. Für ein schwerbehindertes Kind erhöht sich die Zusatzabfindung um ... Euro."
„Unterhaltsverpflichtete Arbeitnehmer erhalten pro Kind eine Zusatzabfindung in Höhe von 10 % (20 % bei alleinverdienenden Arbeitnehmern) der Sozialplanabfindung."
„Berücksichtigt werden **nur Kinder, für die dem Arbeitnehmer ein Kinderfreibetrag nach den Regelungen des § 32 EStG zusteht.** Maßgeblich ist in der Regel die Eintragung auf der Lohnsteuerkarte. Weicht der auf der Steuerkarte angegebene Kinderfreibetrag von der tatsächlichen Anzahl der Kinderfreibeträge ab, so wird auf einen entsprechenden Nachweis des Arbeitnehmers hin die tatsächliche Anzahl der Kinderfreibeträge berücksichtigt."

h) Zuschläge für schwerbehinderte Menschen und Gleichgestellte

„Schwerbehinderte Menschen erhalten eine zusätzliche Abfindung in Höhe von ... Euro; ihnen von der Agentur für Arbeit Gleichgestellte erhalten eine zusätzliche Abfindung in Höhe von ... Euro."
„Schwerbehinderte Menschen erhalten eine zusätzliche Abfindung in Höhe von ... % der Sozialplanabfindung."
„Schwerbehinderte Menschen erhalten pro 10 Grad der Behinderung eine Abfindung in Höhe von ... Euro."

i) Begrenzung der Abfindung bei älteren Arbeitnehmern

„Arbeitnehmer, die zum Zeitpunkt der Beendigung des Arbeitsverhältnisses die gemäß der jeweils gültigen Firmenrichtlinien bestehenden Voraussetzungen für eine vorzeitige Pensionierung oder eine Altersteilzeit (ATZ) erfüllen, sind **vom Bezug einer Abfindung nach diesem Sozialplan ausgenommen.**"

j) **Berechnungshinweise**

„Allgemeine (ggf. tarifliche) Erhöhungen werden bis zur Beendigung des Arbeitsverhältnisses berücksichtigt."

k) **Fälligkeit der Abfindung**

„Die Abfindungen sind bei schriftlichem Verzicht auf Kündigungsschutzklage mit der Beendigung des Arbeitsverhältnisses fällig, ohne Verzichtserklärung 6 Wochen nach Zugang der Kündigung, frühestens jedoch zum Zeitpunkt der rechtlichen Beendigung des Arbeitsverhältnisses."
„Wird Klage erhoben, ist die Abfindung erst nach rechtskräftiger Beendigung des Rechtsstreits (z.B. Klagerücknahme, rechtskräftige Klageabweisung, Vergleich) zu gewähren. Jegliche **Abfindungen,** die einem Arbeitnehmer im Zusammenhang mit seinem Ausscheiden durch einen Arbeitsgerichtsprozess vom Arbeitsgericht zugesprochen oder vergleichsweise zuerkannt werden sollten, werden auf die Abfindung aus dieser Betriebsvereinbarung **voll angerechnet.**"
„Bei Abschluss des Aufhebungsvertrags kann der Arbeitnehmer die **Fälligkeit** und Auszahlung der Abfindung entweder am Tage der rechtlichen Beendigung des Arbeitsverhältnisses oder im Folgejahr nach Ausscheiden **festlegen.**"

l) **Rückzahlung der Abfindung**

„Bei Wiedereintritt in das Unternehmen oder Einstellung durch eine Beteiligungsgesellschaft ist die Abfindung wie folgt an die einstellende Gesellschaft zurückzuzahlen:
84 % bei Unterbrechung < 1 Monat,
bei längerer Unterbrechung 7 % je Monat weniger."
„Bei (Wieder-)Einstellung innerhalb von 6 Monaten Rückzahlung der Abfindung außer der Differenz letztes Netto-Monatseinkommen minus Arbeitslosengeld."
„Bei (Wieder-)Einstellung innerhalb von 3 Monaten Rückzahlung der Abfindung in Höhe von 75 %, innerhalb von 6 Monaten 50 % und innerhalb von 12 Monaten 25 %."
„Bei Wiedereintritt innerhalb eines Jahres: Rückzahlung von $^1/_{12}$ der Abfindung für jeden fehlenden Monat."
„Bei Wiedereintritt innerhalb von 6 Monaten: Rückzahlung von 80 % der Abfindung, bei 12 Monaten 50 %, bei 24 Monaten 30 %."
„Bei Wiedereintritt in das Unternehmen oder in eine Beteiligungsgesellschaft innerhalb von 3 Jahren hat der Arbeitnehmer pro fehlendem Monat $^1/_{36}$ der Sozialplanabfindung zurückzuzahlen."
„Bei Wiedereinstellung in ein unbefristetes vergleichbares Arbeitsverhältnis innerhalb von 24 Monaten hat der Arbeitnehmer pro Monat anteilig $^1/_{24}$ der Abfindung zurückzuzahlen."

m) **Anspruchsausschluss und Anrechnung von Abfindungen**

„Bei Versetzungen/Übertritten **innerhalb** des **Unternehmens/Konzerns** ist die Zahlung einer Abfindung ausgeschlossen.
Die volle Abfindung ist jedoch nachzugewähren, wenn der Arbeitnehmer seinen neuen Arbeitsplatz innerhalb von 6 Monaten ohne eigenes Verschulden verliert."

„Bei **Ablehnung** eines zumutbaren Arbeitsplatzes im **Unternehmen** entfällt der Anspruch auf Abfindung nach diesem Sozialplan."
„Die Abfindung beträgt maximal ein Monatseinkommen, wenn ein von dem Unternehmen angebotener Arbeitsplatz bei einer **externen** Firma in der politischen Gemeinde des Betriebs abgelehnt wird."

„Abfindungen aus Kündigungsschutzprozessen werden auf die Abfindung nach diesem Sozialplan **angerechnet.**"
„Abfindungen, die ein Arbeitnehmer aus Anlass eines früheren Ausscheidens aus dem Unternehmen erhalten hat, werden auf diese Abfindung angerechnet, d. h. Betriebszugehörigkeitszeiten können nicht doppelt gerechnet werden."

2. bevorzugte Wiedereinstellung

„Sollte sich die wirtschaftliche Situation des Betriebes in den nächsten drei Jahren wieder so verbessern, dass Einstellungen vorgenommen werden können, wird die Betriebsleitung den Einstellwunsch eines gemäß diesem Sozialplan ausscheidenden Arbeitnehmers bevorzugt berücksichtigen."

3. Jahreszahlungen und sonstige Bezüge

„Bei Ausscheiden nach dem 30. 6. wird die Jahreszahlung voll gewährt, bei Ausscheiden bis zum 30. 6. anteilig."
„Ausscheidenden Arbeitnehmern wird das **„13. Monatseinkommen"** für das laufende Jahr anteilig (**pro rata temporis**) gezahlt. Gleiches gilt für Jahreszahlungen, Urlaub und Urlaubsgeld, vorbehaltlich günstigerer tariflicher Regelungen."

4. Jubiläen u.Ä.

„Eine ‚Anerkennungsprämie', die innerhalb von 12 Monaten nach dem Ausscheiden zu zahlen gewesen wäre, wird zum üblichen Fälligkeits-Zeitpunkt gewährt."
„Für Betriebszugehörigkeit von mehr als 10 Dienstjahren erhält der Arbeitnehmer eine ‚Anerkennungsprämie' von ... Euro als Zusatzabfindung, die sich für je 5 Dienstjahre um ... Euro erhöht."
„Wenn der Arbeitnehmer innerhalb der Laufzeit des Sozialplans ein Dienstjubiläum hätte feiern können, erhält er einen Betrag von ... Euro."
„Wenn der Arbeitnehmer im Kalenderjahr des Ausscheidens ein Betriebsjubiläum hätte feiern können, erhält er im Zeitpunkt der Beendigung des Arbeitsverhältnisses das volle Jubiläumsgeld."
„Ein Arbeitnehmer, der innerhalb eines Jahres nach dem betriebsbedingten Ausscheiden ein Betriebsjubiläum hätte feiern können, erhält bei Beendigung des Arbeitsverhältnisses 90 % des Jubiläumsgeldes."

5. Vermögenswirksame Leistungen

„Die Zahlung der vermögenswirksamen Leistungen endet mit dem Austrittsmonat."
„Die vermögenswirksamen Leistungen werden auf Antrag des Arbeitnehmers bei entsprechender vermögenswirksamer Anlage bis zum Ende des Kalenderjahres vom Arbeitgeber weitergewährt."
„Die vermögenswirksamen Leistungen werden nach dem Ausscheiden des Arbeitnehmers für weitere 6 Monate vom Arbeitgeber gezahlt."

6. Firmendarlehen

„Vom Arbeitnehmer noch zu tilgende Firmendarlehen werden mit der Sozialplanabfindung **verrechnet.**"
„Der noch zu tilgende Rest von Firmendarlehen ist im Zeitpunkt des Ausscheidens in voller Höhe zurückzuzahlen. In sozialen Härtefällen sind einvernehmliche Lösungen anzustreben."
„Die Tilgung von Firmendarlehen erfolgt auch nach dem Ausscheiden aus dem Unternehmen entsprechend den ursprünglich vereinbarten Rückzahlungsbedingungen. Bei Verlegung des Wohnsitzes ins Ausland ist das restliche Firmendarlehen in voller Höhe sofort

zurückzuzahlen. Das Unternehmen behält sich eine entsprechende **Besicherung** vor. Ist der Arbeitnehmer nicht zu einer entsprechenden Besicherung bereit, wird die Rückzahlung des Arbeitgeberdarlehens mit Ausscheiden fällig."

7. Zwischenzeugnis

„Auf Wunsch des Arbeitnehmers ist ein qualifiziertes ‚berufsförderndes' Zwischenzeugnis zu erstellen."

VI. Härteklausel

„Für besondere soziale Härtefälle wird ein Härtefonds in Höhe von ... Euro vereinbart, über dessen Verwendung eine paritätische Kommission aus zwei Arbeitgebervertretern und zwei Betriebsratsmitgliedern entscheidet."
„Besondere soziale Härtefälle im Zusammenhang mit der Betriebsänderung werden einvernehmlich zwischen Betriebsleitung und Betriebsrat gelöst."

VII. Beilegung von Meinungsverschiedenheiten

„Im Zusammenhang mit diesem Sozialplan entstehende Streitfragen werden zur Vermeidung externer Streitverfahren (Arbeitsgericht, Einigungsstelle) zwischen Betriebsleitung und Betriebsrat im Sinne einer einvernehmlichen Lösung besprochen."

VIII. Schlussbestimmungen

„Diese Betriebsvereinbarung tritt mit Unterzeichnung **in Kraft.**"
„Diese Vereinbarung hat die Wirkung eines **Sozialplans**; das entsprechende Verfahren ist damit **abgeschlossen.**"
„Die Wirkung dieser Betriebsvereinbarung **endet** mit vollständiger Abwicklung der im Interessenausgleich vom ... bezeichneten Betriebsänderung."

Anhang 9: Rahmenvereinbarung gemäß §§ 28, 32 SprAuG

Rahmenvereinbarung gemäß §§ 28, 32 SprAuG zur Regelung der Belange Leitender Angestellter (L.A.) im Zusammenhang mit Restrukturierungsmaßnahmen zwischen Unternehmensleitung ... und Gesamtsprecherausschuss ...

Inhaltsübersicht:

Präambel

Auf der Grundlage der bisherigen konstruktiven und vertrauensvollen Zusammenarbeit zwischen der Unternehmensleitung und dem Gesamtsprecherausschuss der L.A. (GSpA) wird die nachfolgende Rahmenvereinbarung gemäß §28 Abs.2 SprAuG mit unmittelbarer und zwingender Wirkung für die Arbeitsverhältnisse der L.A. geschlossen.
Diese Vereinbarung gilt als Vereinbarung i.S.d. §32 Abs.2 SprAuG.

Mit dieser Rahmenvereinbarung sollen die wirtschaftlichen Nachteile ausgeglichen werden, die L.A. infolge von Restrukturierungsmaßnahmen entstehen können.

Aufgrund ihrer herausgehobenen verantwortungsvollen Stellung im Unternehmen werden für die L.A. Regelungen vereinbart, die mindestens gleichwertig denen des vom Betriebsrat mitbestimmten Kreises sind; das gilt insbesondere für die Vermeidung von betriebsbedingten Kündigungen.

Beide Seiten vereinbaren Lösungen auf der Grundlage gegenseitigen Vertrauens und großer Fairness, die den Einsatz externer Anwälte für individuelle Vereinbarungen erübrigen sollen.

I. Geltungsbereich

Diese Rahmenvereinbarung gilt für anfallende Restrukturierungsmaßnahmen in Deutschland.

Für alle L.A. des Unternehmens gelten einheitliche Konditionen für den Ausgleich wirtschaftlicher Nachteile.

Diese Vereinbarung gilt nicht für L.A.,
- deren Arbeitsverhältnis auf Grund einer Befristung endet,
- die aus anderen als betriebsbedingten Gründen das Unternehmen verlassen,
- die die Voraussetzungen für eine Altersteilzeit von Arbeitsverhältnissen älterer Arbeitnehmer erfüllen und mit denen eine solche vereinbart wurde.

II. Maßnahmen bei Wegfall der Beschäftigungsmöglichkeit

1. Versetzungen

Soweit möglich, werden L.A. auf vergleichbaren freien Arbeitsplätzen – auch in anderen Betrieben des Unternehmens bzw. des Konzerns – beschäftigt.

Zur Vermittlung offener Stellen können sich L.A. an folgende Abteilung wenden: ...

Falls eine gleichwertige Aufgabe nicht gefunden werden kann, prüft das Unternehmen, ob eine Aufgabe mit niedrigerer Funktionsstufe angeboten werden kann. In diesen Fällen bleiben für die Dauer von einem Jahr (ab dem 10. Dienstjahr) bzw. 2 Jahren (ab dem 15. Dienstjahr) das Grundgehalt und die Variable bei 100 % Zielerreichung garantiert.

2. Angebot von Altersteilzeitverträgen im Blockmodell mit kürzest möglicher Laufzeit

L.A., die spätestens 1 Monat nach Unterbreitung eines schriftlichen Angebots eine Vereinbarung zur Altersteilzeit abschließen, erhalten stichtagsbezogen eine Zahlung i.H.v. 10 % des Jahresgehalts plus variabler Einkommenskomponente (bei einer Zielerreichung von 100 %), mindestens jedoch ... Euro.

Die L.A. können dafür eine Entgeltumwandlung für die betriebliche Altersversorgung nach den firmeninternen Regelungen (Deferred Compensation) vornehmen.

3. Aufhebungsverträge

Bei Abschluss eines betriebsbedingten Aufhebungsvertrags spätestens 3 Monate nach Unterbreitung eines schriftlichen Angebots mit einem Austrittstermin spätestens 1 Jahr nach Unterbreitung des Angebots erhält der L.A. eine Abfindung für den Verlust des Arbeitsplatzes nach folgender Maßgabe:

a) Abfindungsberechnung

Grundbetrag:
[1/12 des Jahresgehalts
+ 1/12 der variablen Einkommenskomponente (bei einer Zielerreichung von 100 %)]
× Dienstjahre.

Für L.A. ≥ 60. Lebensjahr beträgt der Grundbetrag höchstens die Summe der Jahresgehälter plus der variablen Einkommenskomponente (bei einer Zielerreichung von 100 %), die dem L.A. nach dem Ausscheiden bis zum frühest möglichen Altersrentenbezug zustehen würden, maximal ... Euro brutto.

Anreizprämie:
Für Abschluss eines Aufhebungsvertrags spätestens 1 Monat nach Unterbreitung eines schriftlichen Angebots und < 60. Lebensjahr: + 20 % des Grundbetrags.

b) Schwerbehindertenzuschlag

Schwerbehinderte L.A. sowie diesen gemäß § 2 Abs. 3 SGB IX Gleichgestellte erhalten einen Zuschlag von ... Euro brutto je 10 Grad der Behinderung.

c) Kinderzuschlag

L.A. mit Kind/ern erhalten einen einmaligen Zuschlag von ... Euro brutto je Kind. Berücksichtigt werden nur Kinder, für die dem L.A. ein Kinderfreibetrag nach § 32 EStG zusteht. Maßgeblich ist in der Regel die Eintragung auf der Lohnsteuerkarte.
Weicht der auf der Lohnsteuerkarte angegebene Kinderfreibetrag von der tatsächlichen Anzahl der Kinderfreibeträge ab, so wird auf einen entsprechenden Nachweis des L.A. (z.B. Geburtsurkunde) die tatsächliche Anzahl der Kinderfreibeträge berücksichtigt.

Eltern mit behinderten bzw. pflegebedürftigen Kindern
(nach Einstufung der Pflegekasse, Nachweispflicht beim L.A.)
erhalten einen zusätzlichen Betrag von einmalig ... Euro brutto je Kind.

Alleinerziehende (Nachweispflicht beim L.A.) erhalten einen zusätzlichen Betrag von einmalig ... Euro brutto.

d) Stock Awards

Wenn ein L.A. auf ausdrücklichen Wunsch des Unternehmens ausscheiden soll, bleibt der Anspruch auf die ihm bereits zugesagten Stock Awards (= Zusage einer bestimmten Anzahl von Aktien nach Ablauf einer firmenseits bestimmten Wartefrist) erhalten.
Für die Erfüllung der Ansprüche auf die zugesagten Stock Awards behält sich die Unternehmensleitung vor, einen Barausgleich zum Zeitpunkt des Ausscheidens vorzunehmen (XETRA Eröffnungskurs).
Die Auszahlung erfolgt zusammen mit der Auszahlung der Abfindung.

e) Betriebliche Altersversorgung/Nichterreichen der Unverfallbarkeit

Ein L.A., dessen betriebliche Altersversorgung in einem Zeitraum von bis zu 12 Monaten nach Ausscheiden aus dem Unternehmen unverfallbar würde, erhält einen Zuschlag zur Abfindung in Höhe von ... Euro.

Ein L.A., dessen betriebliche Altersversorgung zwischen dem 13. und dem 24. Monat nach Ausscheiden aus dem Unternehmen unverfallbar würde, erhält einen Zuschlag zur Abfindung in Höhe von ... Euro.

f) Regelung für die Kündigungsfrist

Der L.A. kann auf seinen Wunsch – sofern dringende betriebliche Bedürfnisse nicht entgegenstehen – vom Arbeitgeber bis zum Ablauf seiner fiktiven Kündigungsfrist unter Fortzahlung aller Bezüge freigestellt werden.

Alternativ kann der L.A. vor Ablauf der fiktiven Kündigungsfrist ausscheiden.
Diese fiktive Frist wird dann abgegolten.
In diesem Fall endet das Arbeitsverhältnis unmittelbar mit allen Rechten und Pflichten.

Der noch ausstehende Vergütungsanspruch wird dem Abfindungsbetrag gemäß 3.a) zugeschlagen und errechnet sich gemäß nachfolgender Tabelle:

Betriebszugehörigkeitsjahre	**Kündigungsfrist (Stichtag: Ausscheiden aus dem Unternehmen)**	**Kündigungsfristausgleich**
≥ 2 bis < 5	1 Monat	1 × JE*)/12
≥ 5 bis < 8	2 Monate	2 × JE/12
≥ 8 bis < 10	3 Monate	3 × JE/12
≥ 10 bis < 12	4 Monate	4 × JE/12
≥ 12 bis < 15	5 Monate	5 × JE/12
≥ 15 bis < 20	6 Monate	6 × JE/12
≥ 20	7 Monate	7 × JE/12

*) JE = Jahresgehalt plus variable Einkommenskomponente (bei einer Zielerreichung von 100 %)

g) Newplacement

Jeder L.A., der das Angebot zu einem Aufhebungsvertrag annimmt, hat Anspruch auf Newplacement-Unterstützung durch eine professionelle Personalberatungsfirma im Umfang von maximal 20 % des Jahresgehalts plus variable Einkommenskomponente (bei einer Zielerreichung von 100 %).

Der L.A. kann jedoch bei Abschluss des Aufhebungsvertrags auf diese Unterstützung verzichten und erhält dafür einen Ausgleich i.H.v. 10 % des Jahresgehalts plus variable Einkommenskomponente (bei einer Zielerreichung von 100 %).

h) Ausschluss von Zahlungen

Wird ein Arbeitsverhältnis mit dem Unternehmen, mit einer Landesgesellschaft, mit einem von dem Unternehmen beherrschten anderen Unternehmen oder einem Unternehmen, mit dem eine Vereinbarung zur Dienstzeitanrechnung besteht, unmittelbar nach der Beendigung des Arbeitsverhältnisses mit dem Unternehmen aufgenommen, besteht kein Anspruch auf die Zahlungen gemäß dieser Rahmenvereinbarung.

4. Wechsel in eine betriebsorganisatorisch eigenständige Einheit (§ 216b SGB III)

Wenn das Unternehmen den von der Restrukturierung betroffenen Arbeitnehmern den Wechsel in eine betriebsorganisatorisch eigenständige Einheit innerhalb des Unternehmens anbietet, gilt dieses Angebot auch für die L.A.

III. Dienstjubiläum

L.A., die innerhalb von 12 Monaten nach dem Zeitpunkt der Beendigung des Arbeitsverhältnisses ihr Firmenjubiläum begehen würden, erhalten 90 % des Jubiläumsgelds nach den geltenden Firmenrichtlinien.

IV. Rückzahlungsverpflichtung

Wird innerhalb eines Zeitraums von 3 Jahren nach dem Ausscheiden aus dem Unternehmen ein Arbeitsverhältnis mit dem Unternehmen, einer Landesgesellschaft, mit einem von dem Unternehmen beherrschten Unternehmen, mit einem Unternehmen, an dem das Unternehmen mit mindestens 50 % beteiligt ist oder einem Unternehmen, mit dem eine Vereinbarung zur Dienstzeitanrechnung besteht, aufgenommen, hat der L.A. die Zahlungen gemäß dieser Rahmenvereinbarung für den an 3 Jahren fehlenden Zeitraum in Höhe von 1/36 der o.g. Zahlungen je Monat zurückzuzahlen.

Für den Zeitraum eines **befristeten Arbeitsverhältnisses** in einem der o.g. Unternehmen besteht keine Verpflichtung zu anteiliger Rückzahlung.
Über die Rückforderung wird zum Zeitpunkt des Endes der Befristung entschieden.

V. Fälligkeit sowie steuer- und sozialversicherungsrechtliche Behandlung

Zahlungen gemäß dieser Rahmenvereinbarung werden mit der Entgeltabrechnung im Monat nach dem Austritt fällig. Die Fälligkeit des Kündigungsfristausgleichs kann auch auf einen späteren Zeitpunkt festgelegt werden.

Die Auszahlung des Betrages erfolgt gemäß den jeweils gültigen steuer- und sozialversicherungsrechtlichen Regelungen.

VI. Arbeitgeberdarlehen

Arbeitgeberdarlehen werden auf Grund des Ausscheidens nach dieser Regelung nicht vorzeitig fällig. Die Unternehmensleitung behält sich eine entsprechende Besicherung vor. Ist der L.A. nicht zu einer entsprechenden Besicherung bereit, wird die Rückzahlung des Arbeitgeberdarlehens mit Ausscheiden fällig.

VII. Klageverzicht

Erhebt ein L.A. im Zusammenhang mit dieser Vereinbarung oder mit dem darauf beruhenden Aufhebungsvertrag Klage vor dem Arbeitsgericht, so erhält er keine Leistungen auf der Grundlage dieser Vereinbarung.

VIII. Vererbbarkeit und Abtretung

Abfindungsansprüche sind nach Vorliegen der Anspruchsvoraussetzungen und vor Fälligkeit vererbbar, jedoch nicht abtretbar.

IX. Doppelansprüche

Doppelansprüche, die sich aus anderen Regelungen ergeben, sind ausgeschlossen.

X. Härteklausel

Falls in Einzelfällen besondere Härten auftreten sollten, die durch die vorstehende Vereinbarung nicht abgedeckt erscheinen, werden die jeweilige Betriebsleitung und der örtliche Sprecherausschuss hierüber eine individuelle Lösung herbeiführen.

XI. Beilegung von Meinungsverschiedenheiten

Kommt es bei der Anwendung dieser Vereinbarung zu Meinungsverschiedenheiten, werden die Unternehmensleitung und der Vorsitzende des GSpA im Sinne einer vertrauensvollen Zusammenarbeit eine tragfähige Lösung finden.

XII. Salvatorische Klausel

Sollten einzelne Bestimmungen dieser Vereinbarung – gleich aus welchem Rechtsgrund – unwirksam sein, so bleiben die übrigen Regelungen bestehen.
Die unwirksame Regelung ist durch eine neue Regelung zu ersetzen, die dem von den Parteien mit der ersetzten Regelung gewollten Zweck möglichst nahe kommt.
Dasselbe gilt hinsichtlich eventueller Lücken sowie für den Fall gesetzlicher Änderungen, die die Durchführung dieser Vereinbarung behindern oder gefährden.

XIII. Kündigung

Diese Vereinbarung kann von beiden Seiten unter Einhaltung der gesetzlichen Kündigungsfrist (§ 28 Abs. 2 SprAuG) gekündigt werden.

Verkaufstadt, den ...

Hauptstadt, den ...

Unternehmensleitung	*Gesamtsprecherausschuss*
....	....
Unterschrift	Unterschrift

Anhang 10: Arten der Aus- und Eingliederung von Betrieben/Betriebsteilen/Unternehmen

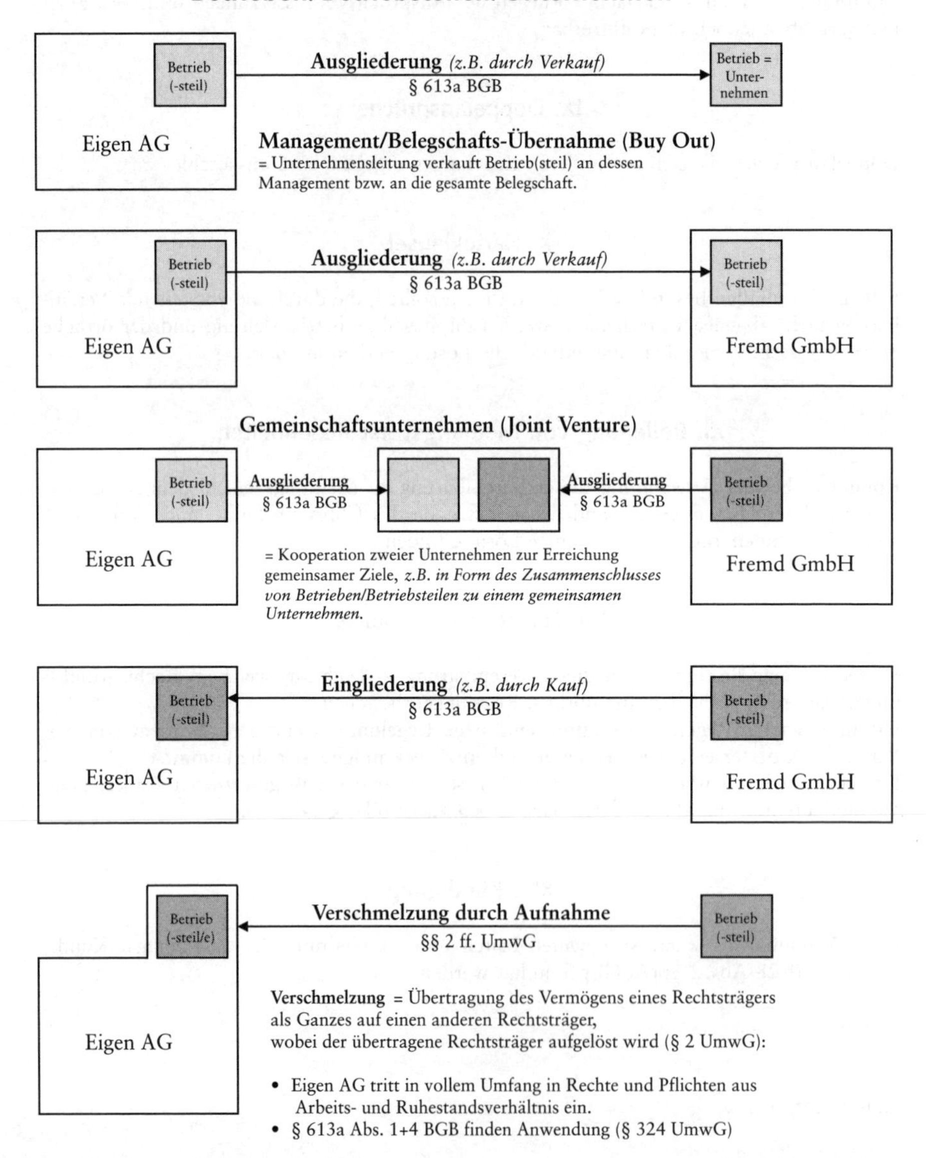

Betrieb (-steil/e)

Verschmelzung durch Aufnahme
§§ 2 ff. UmwG

Betrieb (-steil)

Eigen AG

Verschmelzung = Übertragung des Vermögens eines Rechtsträgers als Ganzes auf einen anderen Rechtsträger, wobei der übertragene Rechtsträger aufgelöst wird (§ 2 UmwG):

- Eigen AG tritt in vollem Umfang in Rechte und Pflichten aus Arbeits- und Ruhestandsverhältnis ein.
- § 613a Abs. 1+4 BGB finden Anwendung (§ 324 UmwG)

Literaturhinweise

A. Allgemeine Überblicksdarstellungen

(s. auch Werke im Abkürzungsverzeichnis)

Annuß/Lembke, Arbeitsrechtliche Umstrukturierungen in der Insolvenz, Köln 2005
Arens (Hrsg.), Handbuch Umstrukturierung und Arbeitsrecht, Bonn 2008
Bachner/Gerhardt, Betriebsübergang: Basiskommentar zu § 613a BGB mit den Folgen für die Mitbestimmung, Frankfurt a. M. 2008
Bachner/Köstler/Matthießen/Trittin, Arbeitsrecht bei Unternehmensumwandlung und Betriebsübergang, 3. Auflage, Baden-Baden 2008
Bauer/Göpfert/Haußmann/Krieger, Umstrukturierung: Handbuch für die betriebliche Praxis, 2. Auflage, Köln 2009
Bernsau/Dreher/Hauck, Betriebsübergang: Kommentar zu § 613a BGB unter Einschluss von betriebsverfassungsrechtlichen und insolvenzrechtlichen Vorschriften, 3. Auflage, Köln 2010
Beseler/Düwell/Göttling, Arbeitsrechtliche Probleme bei Betriebsübergang, Betriebsänderung, Unternehmensumwandlung, 3. Auflage, Münster 2006
Burgmer/Richter, Der Betriebsübergang im Arbeitsrecht: Überblick über die Rechtslage und die Rechtsentwicklung, Stuttgart u. a. 2008
Gaul, B., Das Arbeitsrecht der Betriebs- und Unternehmensspaltung. Gestaltung von Betriebsübergang, Outsourcing, Umwandlung, Köln 2002
Hergenröder, Rechtsgeschäftlicher Betriebsinhaberwechsel, AR-Blattei SD 500
Hess/Hess, Betriebsinhaberwechsel in der Insolvenz (§ 128 InsO), AR-Blattei SD 915.8
Junker (Hrsg.), Betriebsübergang in Europa/Symposion aus Anlass des 10-jährigen Bestehens der Schriften zum Arbeitsrecht und Wirtschaftsrecht, Frankfurt a. M. 2009
Nicola (Hrsg.), Leitfaden zum Betriebsübergang: Rechte und Pflichten von Arbeitnehmern, Arbeitgebern und Betriebsrat, Saarbrücken 2007
Picot/Schnitker, Arbeitsrecht bei Unternehmenskauf und Restrukturierung, München 2001
Seiter, Der Betriebsinhaberwechsel, Berlin 1980
Trittin, Der Betriebsübergang: Handlungshilfe für Betriebsräte zu § 613a BGB, 4. Auflage, Frankfurt a. M. 2005
Wollny, Unternehmens- und Praxisübertragungen: Kauf, Verkauf, Anteilsübertragung, Nachfolgeregelungen in Zivil- und Steuerrecht, 6. Auflage, Berlin 2005

B. Tatbestand des Betriebsübergangs nach § 613a BGB

Bachner, Betriebsübergang und kein Ende (Neueste Entwicklungen in der höchstrichterlichen Rechtsprechung zu § 613a BGB), AiB 2008, 607
Bauer/Lingemann, Das neue Umwandlungsrecht und seine arbeitsrechtlichen Auswirkungen, NZA 1994, 1057
Bayreuther, Konzessionsvergabe im öffentlichen Personenverkehr – Betriebsübergang durch behördliche Anordnung?, NZA 2009, 582
Birnbach, Outsourcing: Abgrenzung von Betriebsübergang zu bloßer Funktionsnachfolge bei betriebsmittelarme Tätigkeiten, Berlin 2008
Bullinger/Kebert (Hrsg.), Outsourcing in Deutschland, Rahmenbedingungen, Konzepte und Best Practices, Stuttgart 2007

Commandeur/Kleinebrink, Gestaltungsgrundsätze im Anwendungsbereich des § 613a BGB, NJW 2008, 3467
Däubler, Das Arbeitsrecht im neuen Umwandlungsgesetz, RdA 1995, 136
Geisler, Insourcing, Diss., Mannheim 2010
Gramse, Betriebliche Umstrukturierung durch Outsourcing: betriebswirtschaftliche Grundüberlegungen, zentrale arbeitsrechtliche Aspekte, Saarbrücken 2007
Hanau, Zur Frage, unter welchen Voraussetzungen die Übertragung von bisher vom übertragenden Betrieb wahrgenommenen Aufgaben auf eine Fremdfirma einen Teilbetriebsübergang ..., ZIP 1994, 1038
Hanau, Perversion und Prävention bei § 613a BGB, ZIP 1998, 1817
Henssler, Aktuelle Rechtsprobleme des Betriebsübergangs, NZA 1994, 913
Hohenstatt/Grau, Der Betriebsübergang nach Güney Görres – Was geht noch?, NJW 2007, 29
Kast, BB-Kommentar: Betriebsübergang – Gründung einer Service-GmbH, BB 2009, 897
Kleinebrink/Commandeur, Der Übergang einer wirtschaftlichen Teileinheit als Betriebsänderung, NZA 2007, 113
Koblitz, Betriebsübergang in der Insolvenz, Berlin 2008
Kock, Betriebsübergang bei der Vergabe von Schlachtarbeiten an einen Dienstleister im Wege eines sog. Outsourcing, NJW 2007, 3374
König/Hauptvogel/Zeidler, Outsourcing: arbeitsrechtliche und umsatzsteuerliche Aspekte bei privaten Krankenhäusern, BB-Special 8, Heft 32, 2005, 9
Langenbucher, Betriebsübergang bei erneuter Fremdvergabe eines Reinigungsauftrags, SAE 1998, 145
Meyer, Der Tatbestand des Betriebsübergangs nach der Rechtsprechung des Europäischen Gerichtshofs und des Bundesarbeitsgerichts, Frankfurt a. M. 2004
Moll, Bedeutung und Voraussetzungen des Betriebsübergangs im Wandel, RdA 1999, 233
Müller-Bonanni, Der Betriebsinhaberwechsel im Rahmen des Umwandlungsgesetzes: zum Verhältnis der Vorschriften des Umwandlungsgesetzes vom 28. 10. 1994 zu den Regelungen des § 613 a Abs. 1 BGB, Frankfurt a. M. 2004
Müller-Bonanni, Betriebsübergang – ja oder nein? – Die aktuelle Rechtsprechung zum Tatbestand des § 613a BGB, NZA Beilage 1/2009, 13
Müntefering, BB-Kommentar: Betriebsübergang bei Eingliederung des übertragenen Betriebsteils in die Organisationsstruktur des Erwerbers, BB 2009, 1133
Pietzko, Der Tatbestand des 613a BGB, Berlin 1988
Pomberg, Betriebsteilübergang: § 613a BGB als Hemmnis für Neueinstellungen in dem verbleibenden Restbetrieb, DB 2003, 2177
Rebhahn, Probleme der Ausführung der Betriebsübergangsrichtlinie in Kontinentaleuropa, RdA 2006, Sonderbeilage, 4
Rebhahn/Kietaibl, Die Auswirkungen des Einsatzes von Subunternehmern auf die Anwendbarkeit des Betriebsübergangsrecht, ZfA 2007, 325
Reimann, BB-Kommentar: Betriebsübergang bei Schließung einer Rechtsanwaltskanzlei, BB 2009, 1077
Rohde, Teile und herrsche – Umstrukturierung als alltägliches Übel, AiB 2005, 22
Schaub, Rechtsprobleme des Betriebsüberganges, ZIP 1984, 272
Schiefer/Pogge, Betriebsübergang und dessen Folgen – Tatbestandsvoraussetzungen des § 613a BGB und Fortgeltung kollektiv-rechtlicher Regelungen, NJW 2003, 3734
Schiefer/Worzalla, Betriebsübergang (§ 613a BGB) – Fragen über Fragen, DB 2008, 1566
Schlachter, Betriebsübergang bei „eigenwirtschaftlicher Nutzung“ von Betriebsmitteln des Auftraggebers, NZA 2006, 80
Weiß, Arbeitsverhältnisse im Rahmen eines Betriebsübergangs: § 613a BGB und die Rechtsprechung des EuGH, Hamburg 2009
Welzbacher, Die Rolle des § 613a BGB bei Umwandlung & Insolvenz: Wissen und Rechtssicherheit für Manager, Düsseldorf 2004

Wiedemann, Arbeitsrechtliche Probleme der Betriebsaufspaltung (Festschrift für Hans-Joachim Fleck zum 70. Geburtstag), Berlin 1988, 447

Willemsen, Der Grundtatbestand des Betriebsübergangs nach § 613a BGB, RdA 1991, 204

Willemsen, Arbeitsrechtliche Aspekte der Reform des Umwandlungsrechts, RdA 1993, 133

Willemsen, Erneute Wende im Recht des Betriebsübergangs – ein „Christel Schmidt II"-Urteil des EuGH?, NZA 2009, 289

Willemsen/Müntefering, Outsourcing nach „Güney-Görres", NZA 2006, 1185

Windt, Die Neukonstruktion des Tatbestands des Betriebsübergangs: Eine Untersuchung zu den dogmatischen und methodischen Grundlagen des § 613a Abs. 1 BGB, Berlin 2005

Wissmann/Schneider, Europa hat gesprochen: Betriebsübergang ohne Erhalt der organisatorischen Einheit!, BB 2009, 1126

Wlotzke, Arbeitsrechtliche Aspekte des neuen Umwandlungsrechts, DB 1995, 40

Wöhlermann, IT-Outsourcing: Personalüberlassung und Betriebsübergang, Aachen 2006

Wulff/Kahl, Der Betriebsteilübergang, AiB 2007, 143

Zöllner, Bemerkungen zu allgemeinen Fragen des Referentenentwurfs eines Umwandlungsgesetzes, ZGR 1993, 334

C. Individualrechtliche Rechtsfolgen

Arnold, Übergang von Pensionsverbindlichkeiten im Licht der Änderung des Umwandlungsgesetzes, DB 2008, 986

Bader/Ebert, Risiken bei der Ausgliederung/Abspaltung von Pensionsverpflichtungen nach dem Umwandlungsgesetz – Zugleich Bespr. der Entscheidungen des Amtsgerichts Hamburg vom 1.7.2005 – HRA 100711, DB 2005, 1562 und des Landgerichts Hamburg vom 8.12.2005 – 417 T 16/05, DB 2006, 941, DB 2006, 938

Baldringer/Jordans, Altersteilzeit in der Insolvenz, Betriebsübergang und Sicherung von Wertguthaben, AuR 2005, 429

Bauer/Göpfert/von Steinau-Steinrück, Aktienoptionen bei Betriebsübergang, ZIP 2001, 1129

Boecken, Der Übergang von Arbeitsverhältnissen bei Spaltung nach dem neuen Umwandlungsrecht, ZIP 1994, 1087

Dzida/Wagner, Vertragsänderung nach Betriebsübergang, NZA 2008, 571

Engesser Means/Clauss, Eintritt in Altersteilzeitvertrag bei Arbeitgeberwechsel, NZA 2006, 293

Frahm, Betriebsteilübergang gemäß § 613a BGB und die Zuordnung der übergehenden Arbeitsverhältnisse, Frankfurt a.M. u.a. 2006

Gaul, B., Sozialauswahl nach Widerspruch gegen Betriebsübergang, NZA 2005, 730

Gulbins, Unternehmensspezifische Vergütungsregelungen beim Betriebsübergang, Heidelberg 2005

Haupt, Die Zuordnung von Arbeitsverhältnissen beim Betriebs- und Betriebsteilübergang, Hamburg 2009

Hausch, Gestaltungsmittel im Asset Deal-Unternehmenskaufvertrag im Hinblick auf § 613a BGB, BB 2008, 1392

Hohenstatt/Schramm, Vertragsregelungen beim Unternehmenskauf als Zusagen zu Gunsten der Belegschaft, NZA 2006, 251

Hohner, Der Übergang von Arbeitsverhältnissen wider Willen bei einer Unternehmensumwandlung, Frankfurt a.M. 2004

Joussen, Kirchliche Arbeitsvertragsinhalte beim Betriebsübergang, NJW 2006, 1850

Langohr-Plato, Unternehmensspaltung nach dem UmwG – Konsequenzen für betriebliche Versorgungsverpflichtungen, NZA 2005, 966

Lembke, Besonderheiten beim Betriebsübergang in der Insolvenz, BB 2007, 1333
Liedtke, Das rechtliche Schicksal des Datenschutzbeauftragten im Falle der Betriebsveräußerung, NZA 2005, 390
Lindemann/Simon, Ablösung und Bestandsschutz von Altersversorgungsregelungen beim Betriebsübergang, BB 2003, 2510
Lingemann/Diller/Mengel, Aktienoptionen im internationalen Konzern – ein arbeitsrechtsfreier Raum?, NZA 2000, 1191
Lipinski/Melms, Die Gewährung von Aktienoptionen durch Dritte, zB eine Konzernmutter – von Dritten geleistetes Arbeitsentgelt?, BB 2003, 150
Lörcher, Aktienoptionen bei Strukturveränderungen der Arbeitgebergesellschaft: der Schutz der Arbeitnehmeraktienoption bei Eingliederung, Squeeze-out, Umwandlung, Delisting, Betriebsübergang und Insolvenz, Hamburg 2004
Louis/Nowak, Unternehmensumwandlung: Schicksal von Versorgungsverbindlichkeiten gegenüber Betriebsrentnern – Zugleich Besprechung der Entscheidungen des BAG vom 22.2.2005 – 3 AZR 499/03 (A) und des Amtsgerichts Hamburg vom 1.7.2005 –, DB 2005, 2354
Lützeler, Aktienoptionen bei einem Betriebsübergang: gemäß § 613a BGB, Hamburg 2007
Mechlem/Melms, Verfall- und Rückzahlungsklauseln bei Aktienoptionsplänen, DB 2000, 1614
Meyer, C., Arbeitsvertragsänderungen bei Betriebsübergang, NZA 2002, 246
Meyer, C., Das Rechtsgeschäft gemäß § 613a BGB als möglicher Vertrag zugunsten Dritter, SAE 2007, 9
Meyer, C., Anm. zu BAG 31.8.2005, BB 2006, 440
Moll, Die Rechtsstellung des Arbeitnehmers nach einem Betriebsübergang, NJW 1993, 2016
Nehls/Sudmeyer, Zum Schicksal von Aktienoptionen bei Betriebsübergang, ZIP 2002, 201
Neufeld, Besonderheiten bei der betrieblichen Altersversorgung bei der übertragenden Sanierung, BB 2008, 2346
Powietzka, Die Unterstützungskasse bei Betriebsübergang und Unternehmenskauf, DB 2008, 2593
Reichel/Schmandt, Betriebliche Altersversorgung bei Unternehmenskauf und Umstrukturierung, München, 2006
Richardi, Übergang von Arbeitsverhältnissen bei Zwangsvollstreckungsmaßnahmen im Rahmen einer Konkursabwicklung, RdA 1976, 56
Rieble, Verschmelzung und Spaltung von Unternehmen und ihre Folgen für Schuldverhältnisse mit Dritten, ZIP 1997, 301
Sandmann, Betriebsübergang – Urlaubsabgeltung, SAE 2000, 295
Schmitz, Betriebsübergang: Recht und Praxis in kirchlichen und caritativen Einrichtungen, Freiburg i.Br. 2008
Schnitker/Grau, Übergang und Anpassung von Rechten aus Aktienoptionsplänen bei Betriebsübergang nach § 613a BGB, BB 2002, 2497
Schiefer, Rechtsfolgen des Betriebsübergangs nach § 613a BGB, NJW 1998, 1817
Tappert, Auswirkungen eines Betriebsübergangs auf Aktienoptionsrechte von Arbeitnehmern, NZA 2002, 1188
Tenbrock, Die betriebliche Altersversorgung im Betriebsübergang bei konkurrierenden Versorgungszusagen, Frankfurt a.M. 2006
von Tiling, Die Rechtsfolgen des Betriebsübergangs im Spannungsfeld von Kirchenfreiheit und staatlicher Arbeitsrechtsordnung, Heidelberg 2004
Wisskirchen/Bissels, „Kontrollierte Insolvenz": Arbeitsrechtliche Gestaltungsmöglichkeiten des Insolvenzverwalters, BB 2009, 2142

D. Informationspflicht

Bauer/von Steinau-Steinrück, Neuregelung des Betriebsübergangs: Erhebliche Risiken und viel mehr Bürokratie!, ZIP 2002, 457
Bittmann/Rosemann, BB-Kommentar zu BAG, Urt. v. 20. 3. 2008 – 8 AZR 1016/06: „Unterrichtung über die rechtlichen Folgen eines Betriebsübergangs", BB 2008, 2075
Eckhardt, Die Informationspflichten der Arbeitgeber beim Betriebsübergang: unter besonderer Berücksichtigung kirchlicher Einrichtungen, Berlin 2005
Franzen, Informationspflichten und Widerspruchsrecht beim Betriebsübergang nach § 613a Abs. 5 und 6 BGB, RdA 2002, 258
Gaul, B./Niklas, Wie gewonnen, so zerronnen: Unterrichtung, Widerspruch und Verwirkung bei § 613a BGB, DB 2009, 452
Gaul, B./Otto, Unterrichtungsanspruch und Widerspruchsrecht bei Betriebsübergang und Umwandlung – Ergänzung von § 613 a BGB, DB 2002, 634
Gaul, B./Otto, Rechtsfolgen einer fehlenden oder fehlerhaften Unterrichtung bei Betriebsübergang und Umwandlung, DB 2005, 2465
Grau, Arbeitnehmerunterrichtung beim Betriebsübergang – Bespr. der Urteile, BAG v. 13. 7. 2006 – 8 AZR 303/05 und 305/05, RdA 2007, 367
Grau, Rechtsfolgen von Verstößen gegen die Unterrichtungspflicht bei Betriebsübergang gemäß § 613a Abs. 5 BGB, RdA 2005, 367
Grau, Unterrichtung der Arbeitnehmer und ihrer Vertreter gemäß Art. 7 der Betriebsübergangsrichtlinie 2001/23/EG und die Umsetzung der europäischen Vorgaben im deutschen Recht, ZfA 2005, 647
Grau, Unterrichtung und Widerspruchsrecht der Arbeitnehmer bei Betriebsübergang gemäß § 613a Abs. 5 und 6 BGB, Köln 2005
Grobys, Die Neuregelung des Betriebsübergangs in § 613a BGB, BB 2002, 726
Grosjean/Biester, Betriebsübergang: Offene Fragen zur Informationspflicht nach § 613a Abs. 5 BGB – Zugleich Besprechung des BAG-Urteils vom 14. 12. 2006 – 8 AZR 763/05 –, DB 2007, 1466
Hauck, Information über einen Betriebsübergang nach § 613a V BGB und Widerspruch nach § 613a VI BGB, NZA Beilage 1/2009, 18
Hohenstatt/Grau, Arbeitnehmerunterrichtung beim Betriebsübergang, NZA 2007, 13
Huke, Die Unterrichtung beim Betriebsübergang: § 613a Abs. 5 und 6 BGB, Berlin 2003
Jaeger, Die Unterrichtungspflicht nach § 613a Abs 5 BGB in der Praxis der Betriebsübernahme, ZIP 2004, 433
Kania/Joppich, Informationspflicht über die wirtschaftlichen Bedingungen eines Betriebsübergangs nach § 613a Abs 5 BGB, Personalrecht im Wandel (Festschrift für Wolfdieter Küttner zum 70. Geburtstag), München 2006, 383
Knapp-Müller, Informationsbeschaffung bei Betriebsübergang, AiB 2007, 162
Langner, Betriebsübergang: Form und Sprache der Unterrichtung gem. § 613a Abs. 5 BGB, DB 2008, 2082
Lindemann/Wolter-Roßteutscher, Die Informationspflicht nach § 613a Abs. 5 BGB – Rechtsgutachten oder plausible Entscheidungshilfe für den Arbeitnehmer, BB 2007, 938
Maschmann, Die Unterrichtungspflicht beim Betriebsübergang nach § 613a BGB, BB-Special 2006, Nr 6, 29
Meyer, C., Informationspflichten des Arbeitgebers gegenüber den einzelnen Arbeitnehmern bei einem Betriebsübergang unter europarechtlichen Gesichtspunkten, Frankfurt a. M. 2003
Meyer, C., Unterrichtungspflicht und Widerspruchsrecht beim Betriebsübergang, BB 2003, 1010
Meyer, C., Die Unterrichtung der Arbeitnehmer vor Betriebsübergang: Grundlagen – Gestaltung – Muster, Baden-Baden 2007
Meyer, C., Inhalt einer Unterrichtung bei Betriebsübergang, DB 2007, 858

Mohnke/Betz, Unterrichtung der Mitarbeiter über die Fortgeltung von Betriebsvereinbarungen beim Betriebs(teil-)übergang, BB 2008, 498
Mückl, Das Problem mangelnder Kooperationsbereitschaft der beteiligten Rechtsträger im Rahmen der Unterrichtung nach § 613 a Abs. 5 BGB, RdA 2008, 343
Nehls, Die Neufassung des § 613a BGB – Bewertung und Gestaltungsmöglichkeiten, NZA 2003, 822
Ratayczak, Neue Unterrichtungspflichten bei Veräußerungen von Gesellschaftsanteilen, AiB 2008, 630
Reinhard, Die Pflicht zur Unterrichtung über wirtschaftliche Folgen eines Betriebsübergangs – ein weites Feld, NZA 2009, 63
Rupp, Das Problem widersprüchlicher Unterrichtungen bei § 613a V BGB, NZA 2007, 301
Schiefer/Worzalla, Unterrichtungspflicht bei Betriebsübergang nach § 613a V BGB, NJW 2009, 558
Schielke, Betriebsübergang – Unterrichtungspflicht und Widerspruchsrecht in der Rechtsprechung, MDR 2007, 1052
Simon/Weninger, Betriebsübergang und Gesamtrechtsnachfolge: Kein Widerspruch – keine Unterrichtung?, BB 2009, 117
Schnitker/Grau, Unterrichtung der Arbeitnehmer gemäß § 613a Abs. 5 BGB im Spiegel der Betriebsübernahmepraxis, BB 2005, 2238
Waldenmaier/Pichler, Tarifverträge und Betriebsvereinbarungen im Rahmen des Unterrichtungsschreibens nach § 613a V BGB, NZA-RR 2008, 1
Willemsen/Lembke, Die Neuregelung von Unterrichtung und Widerspruchsrecht der Arbeitnehmer beim Betriebsübergang, NJW 2002, 1159
Worzalla, Neue Spielregeln bei Betriebsübergang – Die Änderungen des § 613a BGB, NZA 2002, 353

E. Widerspruchsrecht

Altenburg/Leister, Der Widerspruch des Arbeitnehmers beim umwandlungsbedingten Betriebsübergang und seine Folgen, NZA 2005, 15
Commandeur, Individualrechtliche Probleme des Widerspruchs des Arbeitnehmers beim Betriebsübergang, NJW 1996, 2537
Diehn, Rückkehrzusagen beim Betriebsübergang, Berlin 2009
Dzida, Die Verwirkung des Widerspruchsrechts als Korrektiv zur uferlosen Unterrichtungspflicht beim Betriebsübergang?, NZA 2009, 641
Dzida, Verwirkung des Widerspruchsrechts beim Betriebsübergang, DB 2009, 167
Eichler, Das Widerspruchsrecht des Arbeitnehmers beim Betriebsübergang nach § 613a BGB: Bestehen – Rechtsnatur – Ausübung – Rechtsfolgen, Berlin 2002
Engesser Means/Klebeck, Sperrzeit durch Widerspruch bei Betriebsübergang, NZA 2008, 143
Eylert/Spinner, Sozialauswahl nach Widerspruch des Arbeitnehmers gegen einen (Teil-) Betriebsübergang, BB 2008, 50
Fischer, Sozialauswahl bei Kündigung nach Widerspruch gegen einen Betriebsübergang, AuR 2002, 291
Gaul, D., Das Widerspruchsrecht des Arbeitnehmers beim Betriebsübergang und seine Rechtswirkungen, ZfA 1990, 87
Gehlhaar, Widerspruch gegen Betriebsübergang nach Verfügung über das Arbeitsverhältnis, BB 2009, 1182
Graef, Das Widerspruchsrecht nach § 613a VI BGB beim umwandlungsbedingten Erlöschen des übertragenden Rechtsträgers, NZA 2006, 1078
Hauck, Der Widerspruch beim Betriebsübergang, NZA 2004, Sonderbeilage 1, 34
Helml, Widerspruch nach Teilbetriebsübergang und Sozialauswahl, AiB 2006, 350

Klumpp, Widerspruch bei Betriebsübergang und Sperrzeit nach § 144 I 2 Nr. 1 SGB III, NZA 2009, 354
Kramm, Das Widerspruchsrecht der Arbeitnehmer bei Übertragung von öffentlichen Einrichtungen durch Gesetz oder Verordnung, AuR 2007, 336
Krause, Kollektiver Widerspruch beim Betriebsübergang – Rechtsmissbrauch wegen zu Grunde liegender Zweckverfolgung, Bespr. des Urteils BAG v. 30. 9. 2004 – 8 AZR 462/03, RdA 2006, 228
Löwisch, Bewältigung eines nach Beendigung des Arbeitsverhältnisses beim Betriebserwerber erhobenen Widerspruchs mit allgemeinen zivilrechtlichen Gestaltungsmitteln, BB 2009, 326
Löwisch/Göpfert/Siegrist, Verwirkung des Widerspruchsrechts beim Betriebsübergang, DB 2007, 2538
Lunk/Möller, Folgeprobleme nach Widerspruch gegen einen Betriebsteilübergang, NZA 2004, 9
Melot de Beauregard, Der kollektive Widerspruch der Arbeitnehmer beim Betriebsübergang, BB 2005, 826
Meyer, Neue Fragen einer Kündigung bei Widerspruch gegen „Betriebsübergang", NZA 2005, 9
Müller, Widerspruchsrecht bei Betriebsübergang (§ 613a Abs. 6 Satz 1 BGB) und Verwirkung nach § 242 Abs. 1 BGB, AuR 2007, 343
Neufeld/Beyer, Der nachträgliche Widerspruch nach § 613a VI BGB und seine Folgen für das Arbeitsverhältnis, die betriebliche Altersversorgung und deren Insolvenzsicherung, NZA 2008, 1157
Oetker, Das Widerspruchsrecht der Arbeitnehmer beim Betriebsübergang zwischen Freiheitsschutz und Bestandsschutz, DWiR 1993, 136
Olbertz/Ungnad, Zeitliche Grenzen des Widerspruchsrechts nach § 613a Abs. 6 BGB im Falle fehlerhafter Unterrichtung der Arbeitnehmer, BB 2004, 213
Quecke, Sozialauswahl nach Widerspruch gegen Teilbetriebsübergang?, ZIP 2007, 1846
Rieble, Widerspruch nach § 613a BGB VI BGB – die (ungeregelte) Rechtsfolge, NZA 2004, 1
Rieble, Kollektivwiderspruch nach 613a VI BGB, NZA 2005, 1
Rieble/Wiebauer, Widerspruch (§ 613a VI BGB) nach Aufhebungsvertrag, NZA 2009, 401
Schmalenberg, Kollektiver Widerspruch und Verwirkung – der Einfluss von Treu und Glauben auf § 613a Abs. 6 BGB, AuR 2008, 165
Schneider/Sittard, Annahmeverzug des Arbeitgebers gegen den Betriebsübergang, BB 2007, 2230
Schnitker/Grau, Kommentar zu BAG, Urteil v. 24. 5. 2005 – 8 AZR 398/04, BB 2006, 110
Schumacher-Mohr/Urban, Sozialauswahl im Veräußererbetrieb nach Widerspruch gegen Betriebsübergang, NZA 2008, 513

F. Fortgeltung und Änderung von Tarifverträgen beim Betriebsübergang

Annuß, Tarifbindung durch arbeitsvertragliche Bezugnahme?, ZfA 2005, 405
Annuß, Das BAG und die „kleine dynamische Bezugnahme" auf Tarifverträge, AuR 2002, 361
Bauer/Günther, Bezugnahmeklauseln bei Verbandswechsel und Betriebsübergang – ein Irrgarten?, NZA 2008, 6
Bauer/Haußmann, Tarifwechsel durch Branchenwechsel, DB 2003, 610
Bayreuther, Dynamische Verweisung auf einschlägige Tarifverträge in Vertragstexten des tarifgebundenen Arbeitgebers: typischerweise Gleichstellungsabrede – Auslegungsgrundsätze, DB 2002, 1008
Bayreuther, Tarifpluralität und -konkurrenzen im Betrieb, NZA 2007, 187

Bayreuther, Anm. zu BAG 18. 4. 2007, AP Nr. 53 zu § 1 TVG Bezugnahme auf Tarifvertrag
Bepler, Tarifverträge im Betriebsübergang, RdA 2009, 65
Braner, Die Geltung von Tarifverträgen im gemeinsamen Betrieb, NZA 2007, 596
Brecht-Heitzmann/Lewek, Von der Gleichstellungs- zur Ungleichstellungsabrede?, ZTR 2007, 127
Etzel, Tarifordnung und Arbeitsvertrag, NZA Beilage 1/1987, 19
Fandel/Hausch, Das Widerspruchsrecht gemäß § 613a Abs. 6 BGB bei Umwandlungen nach dem UmwG unter Wegfall übertragender Rechtsträger, BB 2008, 2402
Gaul, B., Das Schicksal von Tarifverträgen und Betriebsvereinbarungen bei der Umwandlung von Unternehmen, NZA 1995, 717
Gaul, B., Tarifwechsel durch Firmentarifvertrag, DB 2006, 1054
Giesen, Bezugnahmeklauseln – Auslegung, Formulierung und Änderung, NZA 2006, 625
Gussen, Anm. zu BAG 21. 2. 2001, AP Nr. 20 zu § 4 TVG
Haag, Die tarifvertragliche Gestaltung von Betriebsübergängen, AiB 2009, 212
Hanau, Die Rechtsprechung des BAG zur arbeitsvertraglichen Bezugnahme auf Tarifverträge, NZA 2005, 489
Hanau/Kania, Die Bezugnahme auf Tarifverträge durch Arbeitsvertrag und betriebliche Übung, Tarifautonomie für ein neues Jahrhundert (Festschrift für Günter Schaub zum 65. Geburtstag), München 1998, 239
Hanau/Vossen, Die Auswirkungen des Betriebsinhaberwechsels auf Betriebsvereinbarungen und Tarifverträge (Festschrift für Marie Luise Hilger und Hermann Stumpf), München 1983, 271
Hartmann, Die Weitergeltung von firmentariflichen Regelungen im Fall des Betriebsübergangs nach § 613a BGB, Berlin 2008
Haußmann, BAG: Sanierungstarifvertrag gilt nach Betriebsübergang unkündbar weiter, ArbRAktuell 2009, 72
Heinlein, Statik statt Dynamik beim Betriebsübergang?, NJW 2008, 321
Hohenstatt/Kuhnke, Die arbeitsvertragliche Bezugnahme auf Tarifverträge beim Betriebs(-teil)übergang – Zugleich Besprechung der Urteile BAG v. 29. 8. 2007 – 4 AZR 765/06, – 4 AZR 766/06 und – 4 AZR 767/06, RdA 2009, 107
Henssler, Firmentarifverträge und unternehmensbezogene Verbandstarifverträge als Instrumente einer „flexiblen", betriebsnahen Tarifpolitik, ZfA 1998, 517
Henssler, Unternehmensumstrukturierung durch Tarifrecht, Tarifautonomie für ein neues Jahrhundert (Festschrift für Günter Schaub zum 65. Geburtstag), München 1998, 311
Hohenstatt, Die Fortgeltung von Tarifnormen nach § 613a I 2 BGB, NZA 2010, 23
Hromadka/Maschmann/Wallner, Der Tarifwechsel, München 1996
von Hoyningen-Huene, Die Bezugnahme auf den Tarifvertrag – ein Fall der Tarifbindung, RdA 1974, 138
Jacobs, Fortgeltung und Änderung von Tarif- und Arbeitsbedingungen bei der Umstrukturierung von Unternehmen, NZA Beilage 1/2009, 45
Kania, Tarifbindung bei Ausgliederung und Aufspaltung eines Betriebs, DB 1995, 625
Kania, Tarifeinheit bei Betriebsübergang?, DB 1994, 529
Klagges, Bezugnahmeklauseln und Betriebsübergang, Göttingen 2007
Klebeck, Unklarheiten bei arbeitsvertraglicher Bezugnahmeklausel, NZA 2006, 15
Lambrich, Weitergeltung und Ablösung von Tarifverträgen nach Betriebsübergang, Tradition und Moderne (Festschrift für Horst Ehmann zum 70. Geburtstag), Berlin 2005, 169
Melot de Beauregard, Fluch und Segen arbeitsvertraglicher Verweisungen auf Tarifverträge, NJW 2006, 2522
Meyer, C., Regelungsidentität beim Betriebsübergang nach § 613a BGB, DB 2004, 1886
Moll, Fortgeltung von Tarifverträgen bei Betriebsübergang – Bespr. des Urteils BAG v. 11. 5. 2005 – 4 AZR 315/04, RdA 2007, 47
Nicolai, EuGH bestätigt statische Weitergeltung von Tarifnormen nach Betriebsübergang – Anm. zu EuGH vom 9. 3. 2006 – C-499/04, Werhof –, DB 2006, 670

Prange, Tarifverträge im Lichte des § 613a BGB, NZA 2002, 817
Preis/Greiner, Vertragsgestaltung bei Bezugnahmeklauseln nach der Rechtsprechungsänderung des BAG, NZA 2007, 1073
Röder, Die Fortgeltung von Kollektivnormen bei Betriebsübergang gem. § 613a BGB i. d. F. vom 13. 8. 1980, DB 1981, 1980
Schaub, Die Tarifverträge bei Umwandlung von Unternehmen, ZTR 1997, 245
Schiefer, Tarifvertragswechsel beim Betriebsübergang, DB 2003, 390
Schliemann, Arbeitsvertragliche Verweisung auf Tarifverträge, NZA 2003, Sonderbeilage zu Heft 16, 3
Schwab, Mindestarbeitsbedingungen nach Verbandsaustritt des Arbeitgebers, BB 1994, 781
Seitz/Werner, Kommentar zu BAG, Urt. v. 11. 5. 2005 – 4 AZR 315/04, BB 2005, 2467, BB 2005, 2470
Sutschet, Bezugnahmeklausel kraft betrieblicher Übung, NZA 2008, 679
Thüsing, Tarifkonkurrenz durch arbeitsvertragliche Bezugnahme, NZA 2005, 1280
Thüsing, Europarechtliche Bezüge der Bezugnahmeklausel, NZA 2006, 473
Thüsing/Lambrich, Arbeitsvertragliche Bezugnahme auf Tarifnormen, RdA 2002, 193
Waas, Sperrwirkung eines Tarifvertrages – Bespr. des Beschl. BAG v. 22. 3. 2005 – 1 ABR 64/03, RdA 2006, 312
Wank, Die Geltung von Kollektivvereinbarungen nach einem Betriebsübergang, NZA 1987, 505
Wellenhofer-Klein, Tarifwechsel durch Unternehmensumstrukturierung, ZfA 1999, 239
Wieland, Recht der Firmentarifverträge, Köln 1998
Wisskirchen/Jordan/Bissels, ERA ohne Tarifbindung? – Konsequenzen für die Geltung der ERA-Tarifverträge nach Verbandsaustritt oder Betriebsübergang, BB 2007, 2289
Zerres, Fortgeltung tarifvertraglicher Regelungen beim Betriebsübergang im Falle arbeitsvertraglicher Bezugnahme, NJW 2006, 3533
Zöllner, Veränderung und Angleichung tarifvertraglich geregelter Arbeitsbedingungen nach Betriebsübergang, DB 1995, 1401

G. Umstrukturierung und Belegschaftsvertretung

Annuß, Grundfragen des gemeinsamen Betriebs, NZA Sonderheft 2001, 12
Bauer/Krieger, Unterlassungsanspruch bei Betriebsänderungen – Rückenwind für Betriebsräte aus Brüssel?, BB 2009, 53
Blanke/Rose, Die zeitliche Koordinierung der Informations- und Konsultationsansprüche Europäischer Betriebsräte und nationaler Interessenvertretungen bei grenzübergreifenden Umstrukturierungsmaßnahmen, RdA 2008, 65
Bracker, Betriebsübergang und Betriebsverfassung, Berlin 1979
Danne, Betriebsverfassung und Umstrukturierung, Arbeitsrechtsfragen bei der Umstrukturierung und Sanierung von Unternehmen, Stuttgart 1992, 183
Däubler, Tarifliche Betriebsverfassung und Betriebsübergang, DB 2005, 666
Feudner, Übergangs- und Restmandate des Betriebsrats, BB 1996, 1934
Gragert, Übers Ziel hinaus? – Das Übergangsmandat nach § 21a BetrVG, NZA 2004, 289
Hamm/Rupp, Mitbestimmung bei Veräußerung und Restrukturierung: Handlungsmöglichkeiten und Empfehlungen für Betriebsräte, Frankfurt a. M. 2007
Hanau, Arbeitsrecht und Mitbestimmung in Umwandlung und Fusion, ZGR 1990, 548
Kreßel, Betriebsverfassungsrechtliche Auswirkungen des Zusammenschlusses zweier Betriebe, DB 1989, 1623
Lipinski/Reinhardt, Kein Unterlassungsanspruch des Betriebsrats bei Betriebsänderungen – auch nicht bei Berücksichtigung der Richtlinie 2002/14/EG, NZA 2009, 1184
Löw, Übergangs- oder Restmandat bei Widerspruch gegen den Betriebsübergang, AuR 2007, 194

Löwisch/Schmidt-Kessel, Die gesetzliche Regelung von Übergangsmandat und Restmandat nach dem Betriebsverfassungsreformgesetz, BB 2001, 2162
Müller-Bonanni/Müntefering, Arbeitnehmerbeteiligung bei SE-Gründung und grenzüberschreitender Verschmelzung im Vergleich, BB 2009, 1699
Peix, Errichtung und Fortbestand des Gesamtbetriebsrats unter besonderer Berücksichtigung von gewillkürten Arbeitnehmervertretungen und Unternehmensumstrukturierungen, Berlin 2008
Rieble, Kompensation der Betriebsspaltung durch den Gemeinschaftsbetrieb mehrerer Unternehmen (§ 322 UmwG) (Festschrift für Günther Wiese zum 70. Geburtstag), Neuwied 1998, 453
Rieble, Das Übergangsmandat nach § 21a BetrVG, NZA 2002, 233
Schlichting, Umstrukturierung nach dem BetrVG, AiB 2007, 136
Schmidt, Gemeinschaftsbetriebe und Gesamtbetriebsrat, Personalrecht im Wandel (Festschrift für Wolfdieter Küttner zum 70. Geburtstag), München 2006, 499
Sowka, Betriebsverfassungsrechtliche Probleme der Betriebsaufspaltung, DB 1988, 1318
Thüsing, Folgen einer Umstrukturierung für Betriebsrat und Betriebsvereinbarung, DB 2004, 2474
Willemsen/Hohenstatt, Erstreckung des Übergangsmandats (§ 321 UmwG) auf bislang betriebsratslose Einheiten?, DB 1997, 2609

H. Fortgeltung und Änderung von Betriebsvereinbarungen

Bachner, Fortgeltung von Gesamt- und Einzelbetriebsvereinbarungen nach Betriebsübergang, NJW 2003, 2861
Bachner, Neues zum Schicksal von Betriebsvereinbarung und Tarifvertrag, AiB 2007, 153
Betz, Das Schicksal der Gesamtbetriebsvereinbarung beim Betriebsübergang, Würzburg 2006
Braun, Die Fortgeltung von Betriebsvereinbarungen beim Betriebsübergang, Würzburg 2007
Brune, Betriebsvereinbarung, AR-Blattei SD 520
Döring/Grau, Überkreuz mit der Überkreuzlösung – Kein Vorrang von Betriebsvereinbarungen gegenüber „transformierten" tariflichen Ansprüchen beim Betriebsübergang?, BB 2009, 158
Gussen/Dauck, Die Weitergeltung von Betriebsvereinbarungen und Tarifverträgen bei Betriebsübergang und Umwandlung, 2. Auflage, Berlin 1997
Hanau, Rechtswirkungen der Betriebsvereinbarung, RdA 1989, 207
Hergenröder, Anm. zu BAG 18. 9. 2002 AP Nr. 7 zu § 77 BetrVG 1972 Betriebsvereinbarung
Hertzfeld, Freiwillige Betriebsvereinbarungen nach dem Betriebsübergang, DB 2006, 2177
Hohenstatt/Müller-Bonanni, Auswirkungen eines Betriebsinhaberwechsels auf Gesamtbetriebsrat und Gesamtbetriebsvereinbarung, NZA 2003, 766
Jacobs, Gesamtbetriebsvereinbarung und Betriebsübergang (Festschrift für Horst Konzen zum siebzigsten Geburtstag), Tübingen 2006, 345
Kern, Störfälle im Anwendungsbereich von Konzernbetriebsvereinbarungen, NZA 2009, 1313
Klak/Wiesinger, Der rechtliche und personalpolitische Wert von Überführungsvereinbarungen und ihr Einfluss auf den Betriebsfrieden (Festschrift für Wolfgang Hromadka zum 70. Geburtstag), München 2008, 205
Kreft, Normative Fortgeltung von Betriebsvereinbarungen nach einem Betriebsübergang, Arbeitsrecht im sozialen Dialog (Festschrift für Hellmut Wißmann zum 65. Geburtstag), München 2005, 347
Lerch, Auswirkungen von Betriebsübergängen und unternehmensinternen Umstrukturierungen auf Betriebsvereinbarungen, Frankfurt a. M. u. a. 2006

Letzas, Die Fortgeltung von Einzel- und Gesamtbetriebsvereinbarungen beim Betriebsübergang, Leipzig 2008
Maschmann, Betriebsrat und Betriebsvereinbarung nach einer Umstrukturierung, NZA Beilage 1/2009, 32
Meimann, Die kollektivrechtliche Fortgeltung von Betriebsvereinbarungen beim Betriebsübergang, Münster (Westfalen) 2003
Meyer, C., Ablösung von Betriebs-, Gesamt- und Konzernbetriebsvereinbarungen beim Betriebsübergang, DB 2000, 1174
Meyer, C., Das Schicksal von Konzernbetriebsvereinbarungen beim Betriebsübergang, BB-Special 14, Heft 50, 2005, 5
Meyer, C., Kollektiv- und individualrechtliche Überleitungsverträge bei Betriebsübergang, DB 2009, 1350
Meyer, C., Transformierende Betriebsvereinbarungen bei Betriebsübergang, NZA 2007, 1408
Moll, Kollektivvertragliche Arbeitsbedingungen nach einem Betriebsübergang, RdA 1996, 275
Mues, Bestandsschutz und Änderbarkeit von Betriebsvereinbarungen nach Betriebsübergang und Betriebsteilübergang, DB 2003, 1273
Niklas/Mückl, Auswirkungen eines Betriebsübergangs auf betriebsverfassungsrechtliche Ansprüche, DB 2008, 2250
Preis/Richter, Grenzen der normativen Fortgeltung von Betriebsvereinbarungen beim Betriebsübergang, ZIP 2004, 925
Preis/Steffan, Das Schicksal kollektivrechtlicher Regelungen beim Betriebsübergang (Festschrift für Alfons Kraft zum 70. Geburtstag), Neuwied 1998, 477
Rieble, Betriebsverfassungsrechtliche Folgen der Betriebs- und Unternehmensumstrukturierung, NZA 2003, Sonderbeilage zu Heft 16, 62
Rieble/Gutzeit, Betriebsvereinbarungen nach Unternehmensumstrukturierung, NZA 2003, 233
Salamon, Auslegung, Wegfall der Geschäftsgrundlage und Auflösung von Konkurrenzen bei Gesamtbetriebsvereinbarungen (Folgefragen der kollektivrechtlichen Fortgeltung beim Betriebsübergang), RdA 2009, 175
Salamon, Das Schicksal von Gesamtbetriebsvereinbarungen bei Betriebs- und Betriebsteilveräußerungen, Bristol, Berlin 2006
Salamon, Die Fortgeltung von Gesamtbetriebsvereinbarungen beim Betriebsübergang, RdA 2007, 103
Salamon, Die kollektivrechtliche Geltung von Betriebsvereinbarungen beim Betriebsübergang unter Berücksichtigung der neueren BAG-Rechtsprechung, RdA 2007, 153
Salamon, Die Konzernbetriebsvereinbarung beim Betriebsübergang, NZA 2009, 471
Schiefer, Fortgeltung kollektivrechtlicher Regelungen beim Betriebsübergang gem. § 613a BGB – Zugleich Besprechung des BAG-Urteils vom 11. 5. 2005 – 4 AZR 315/04, DB 2005, 2141, DB 2005, 2134
Sieg, Überleitung von Beschäftigungsbedingungen bei Ausgliederungen in der betrieblichen Praxis, NZA Beilage 1/2009, 41
Wiesinger, Personal- und sozialpolitische Überführungsvereinbarungen in der betrieblichen Praxis, Frankfurt a. M. 2007

I. Beteiligung des Betriebsrats bei Umstrukturierungen: Interessenausgleich und Sozialplan

Bachner/Schindele, Beschäftigungssicherung durch Interessenausgleich und Sozialplan, NZA 1999, 130
Bichlmeier, Arbeitsverhältnisse in der Insolvenz – Interessenausgleich, Wiedereinstellung und § 613a BGB, AiB 2006, 355

Federlin, Die Ad-hoc-Publizitätspflicht von Insiderinformationen und die Unterrichtungspflicht nach dem Betriebsverfassungsgesetz (Festschrift für Wolfgang Hromadka zum 70. Geburtstag), München 2008, 69

Gaul, B., Beteiligungsrechte des Betriebsrats aus §§ 111, 112 BetrVG bei der Spaltung eines gemeinsamen Betriebs mehrerer Unternehmen, NZA 2003, 695

Göritz/Hase/Rupp, Handbuch Interessenausgleich und Sozialplan: Handlungsmöglichkeiten bei Umstrukturierungen, 5. Auflage, Frankfurt a. M. 2008

Greiner, „Tarifsozialplan" bei Betriebsübergang, NZA 2008, 1274

Heinze, Sozialplanleistung und Kündigungsschutz, NZA 1984, 17

Karthaus, Betriebsübergang als interessenausgleichspflichtige Maßnahme nach der Richtlinie 2002/14/EG, AuR 2007, 114

Liebers/Erren/Weiß, Die Unterrichtungspflichten des Risikobegrenzungsgesetzes und der Geheimnisgefährdungstatbestand im transaktionsbegleitenden Arbeitsrecht, NZA 2009, 1063

Löw, Arbeitsrechtliche Regelungen im Risikobegrenzungsgesetz, AuA 2008, 398

Meyer, C., Sozialplanabfindung – Höchstbetragsbegrenzung, SAE 2001, 250

Röder/Baeck, Interessenausgleich und Sozialplan, 4. Auflage, München 2009

Rupp, Interessenausgleich und Sozialplan, AiB 2009, 649

Schmitt-Rolfes, Interessenausgleich und Sozialplan in Unternehmen und Konzern (Festschrift 50 Jahre Bundesarbeitsgericht), München 2004, 1081

Schröder/Falter, Die Unterrichtung des Wirtschaftsausschusses bei Unternehmensübernahmen nach Inkrafttreten des Risikobegrenzungsgesetzes, NZA 2008, 1097

Simon/Dobel, Das Risikobegrenzungsgesetz – neue Unterrichtungspflichten bei Unternehmensübernahmen, BB 2008, 1955

Thannheiser, Keine Betriebsänderung ohne Interessenausgleich, AiB 2008, 605

Thüsing, Beteiligungsrechte von Wirtschaftsausschuss und Betriebsrat bei Unternehmensübernahmen, ZIP 2008, 106

Trittin/Fütterer, Interessenausgleich und Sozialplan in Kleinbetrieben, NZA 2009, 1305

Wiese, Zur rechtzeitigen Unterrichtung der Betriebsräte und der Wirtschaftsausschüsse von Konzernunternehmen über Investitionsrahmenpläne eines Unterordnungskonzerns (Festschrift für Herbert Wiedemann zum 70. Geburtstag), München 2002, 617

Vogt/Bedkowski, Risikobegrenzungsgesetz – Arbeitsrechtliche Auswirkungen auf M&A-Transaktionen, NZG 2008, 725

Willemsen/Hohenstatt, Zur umstrittenen Bindungs- und Normwirkung des Interessenausgleichs, NZA 1997, 345

Winstel, Unterrichtung der Belegschaftsvertretungen, Diss. Mannheim 2010

J. Beendigung von Arbeitsverhältnissen im Zusammenhang mit einem Betriebsübergang

Andelewski, Anm. zu BAG, Urt. v. 24. 5. 2005 – 8 AZR 246/04 (Antrag des Betriebsveräußerers auf Auflösung des Arbeitsverhältnisses seines ehemaligen Arbeitnehmers ...), DB 2005, 2083

Beckschulze, Der Wiedereinstellungsanspruch nach betriebsbedingter Kündigung, DB 1998, 417

von Bühlow, Bestandsschutz und Beschäftigungskrise: ein Beitrag zum Problem der Beschäftigungswirkung institutionellen Bestandsschutzes; dargestellt am Beispiel des deutschen Kündigungsschutzes bei betriebsbedingter Kündigung und Kündigung wegen Betriebsübergangs, mit vergleichenden Aspekten aus englischer und amerikanischer Sicht, Frankfurt a. M. u. a. 2003

Deneke, Die betriebsbedingte Kündigung im Rahmen der übertragenden Sanierung, Hamburg 2009

Freihube, Kommentar zu BAG, Urteil v. 18.8.2005 – 8 AZR 523/04, BB 2006, 665 [Aufhebungsvertrag bei einem geplanten Betriebsübergang im Rahmen eines dreiseitigen Vertrags mit einer Beschäftigungs- und Qualifizierungsgesellschaft], BB 2006, 669
Gerig, Kündigung wegen Betriebsübergangs oder wegen Betriebsstilllegung?: Abgrenzungskriterien im deutschen und österreichischen Arbeitsrecht, Hamburg 2003
von Hoyningen-Huene, Betriebsbedingte Kündigung – keine Beschränkung der Sozialauswahl auf den stillzulegenden oder übergehenden Betriebsteil – Bespr. des Urteils BAG v. 28.10.2004 – 8 AZR 391/03, RdA 2006, 44
Kania, Zum Wiedereinstellungsanspruch nach einer betriebsbedingten Kündigung, Amn. zu BAG 27.2.1997 EzA § 1 KSchG Wiedereinstellungsanspruch Nr. 1
Linck, Die soziale Auswahl bei betriebsbedingter Kündigung, Köln 1990
Mischewski/Thannheiser, Betriebsübernahme und Zerschlagung, AiB 2005, 108
Nägele, Die Renaissance des Wiedereinstellungsanspruchs, BB 1998, 1686
Nicolai, Die Kündigung widersprechender Arbeitnehmer nach Betriebsübergang, BB 2006, 1162
Peters/Thüsing, Betriebsübergang und Wiedereinstellungsanspruch, Anm. zu BAG 13.11. 1997 EzA § 613a BGB Nr. 154
Pfefferle, Der Betriebsübergang (§ 613a BGB) als Dealbreaker?: Rechtsentwicklung und gestalterische (Sanierungs-)möglichkeiten, Hamburg 2009
Preis/Steffan, Neue Konzepte des BAG zum Betriebsübergang nach § 613a BGB, DB 1998, 310
Rost, Beendigung von Arbeitsverhältnissen bei Umstrukturierung, NZA Beilage 1/2009, 23
Schiefer/Conrad, Beendigung des Arbeitsverhältnisses und Umstrukturierung: Kündigung, Aufhebungsvertrag, Abwicklungsvertrag, Anfechtung, Änderungskündigung, Befristung, Versetzung, Betriebsübergang und Outsourcing, Betriebsänderung/Interessenausgleich/Sozialplan, 3. Auflage, Düsseldorf 2008
Sprenger, Kündigung wegen Betriebsübergangs: Ist § 13 Abs. 3 KSchG n.F. europarechtskonform?, AuR 2005, 175
Unfried, Betriebsübergang und Sanierung in der Insolvenz, Bayreuth 2007
Zwanziger, Wiedereinstellungsansprüche nach Kündigung, AiB 2005, 429, 431

K. Beschäftigungsgesellschaften

Bachner/Schindele, Beschäftigungssicherung durch Interessenausgleich und Sozialplan, NZA 1999, 130
Bissels/Jordan/Wisskirchen, Sozialverträglicher Personalabbau durch den Einsatz von Transfergesellschaften, NZI 2009, 865
Duchetsmann, „Interne Beschäftigungsgesellschaften", Baden-Baden 2008
Gagel (Hrsg.), Kommentar, Sozialgesetzbuch II/III Grundsicherung und Arbeitsförderung, 37. Auflage, München 2010
Gänßbauer, Beschäftigungs- und Qualifizierungsgesellschaften zur Unternehmenssanierung in der Insolvenz, Hamburg 2002
Gaul/Bonanni, Hartz III: Veränderte Rahmenbedingungen für Kurzarbeit, Sozialplanzuschüsse und Transfermaßnahmen, DB 2003, 2386
Gaul/Kliemt, Aktuelle Aspekte einer Zusammenarbeit mit Beschäftigungsgesellschaften, NZA 2000, 674
Gaul/Otto, Aktuelle Aspekte einer Zusammenarbeit mit Beschäftigungsgesellschaften, NZA 2004, 1301
Krieger/Fischinger, Umstrukturierung mit Hilfe von Beschäftigungs- und Qualifizierungsgesellschaften, NJW 2007, 2289
Leister/Fischer, Arbeitsrechtliche Empfehlungen für eine Umstrukturierung mittels einer Beschäftigungs- und Qualifizierungsgesellschaft in der Insolvenz, ZInsO 2009, 985

Lembke, Kommentar zu LAG Bremen, Urt. v. 26. 8. 2004 – 3 Sa 80/04 und 1 Sa 81/04, BB 2005, 665, BB 2005, 670

Lembke, Umstrukturierung in der Insolvenz unter Einschaltung einer Beschäftigungs- und Qualifizierungsgesellschaft, BB 2004, 773

Mengel/Ullrich, Erste praktische Erfahrungen mit dem neuen Recht der Beschäftigungs- und Qualifizierungsgesellschaften, BB 2005, 1109

Meyer, C., Transfer-Maßnahmen und Transfer-Kurzarbeitergeld nach §§ 216a und b SGB III, BB 2004, 490

Raffler/Simshäuser, Die Transfergesellschaft als Mittel zur Sanierung eines Unternehmens in der Krise, AuR 2009, 384

Rieble/Klumpp, Betriebsräte in "betriebsorganisatorisch eigenständigen Einheiten" nach § 175 SGB III?, NZA 2003, 1169

Rieke, Wenn alle Stricke reißen..., AiB 2009, 644

Sieg, Rechtliche Rahmenbedingungen für Beschäftigungsgesellschaften, NZA Beilage 1/ 2005, 9

Stück, Beschäftigungsgesellschaften – Arbeitsrechtliche Kriterien zur Planung und Umsetzung, MDR 2005, 361

Stück, Personalabbau – Transferkurzarbeitergeld, AuA 2006, 418

Stück, Sozialrechtliche Aspekte im Zusammenhang mit Beschäftigungsgesellschaften, MDR 2005, 663

Wagner/Wahba, Personalpolitik in schwierigen Zeiten, Neue Wege mit dem Siemens-beE-Modell, Frankfurt a. M. 2005

Welkoborsky, Instrument in der Krise: Transfersozialplan?, AiB 2009, 428

Wendeling-Schröder/Welkoborsky, Beschäftigungssicherung und Transfersozialplan, NZA 2002, 1370

Sachverzeichnis

Zahlen = Randnummern
A = Anhänge